诉讼精细化

要件诉讼思维与方法

SUSONG JINGXIHUA

YAOJIAN SUSONG SIWEI YU FANGFA

段清泉 ◎著

中国法制出版社
CHINA LEGAL PUBLISHING HOUSE

谨以此书献给
我的爷爷和奶奶
段成定和张秀梅①
他是一位老党员，老村长，老父亲
她是一位普普通通的农村妇女
他们的一生，他们的慈爱
和这片热土上
千千万万的父母一般模样
日复一日地劳作
满怀深情地凝望
坚韧，付出与期待
小村口的灯光
照得见未来

---

① 我自幼跟着爷爷奶奶长大。爷爷年龄大了，有一次我和他一起走在路上，聊起了过去的事，他想让我把他的经历写一写。当时我少不更事，满不在乎地和奶奶奚落他没有丰功伟绩，没什么可写。他走以后，我才深刻地领悟到，时间的流逝是如此无情，生命到最后总会希望让人记忆。每每回想起这一幕我都泪流满面。他一生最大的骄傲，就是含辛茹苦培养了我，我一直想为他做一些事情，希望这首献词能略微弥补当初的遗憾。

序一

嫁接理论与实务的桥梁

李昊[①]

段清泉先生与我系属同乡，又系同行，在从事企业管理之余，勤勉于请求权基础思维方式在理论与实务上的桥接。他从律师对抗思维角度入手，借鉴已逝的邹碧华法官所倡导之要件审判九步法，提出要件诉讼九步法，数易其稿，结成本书。感念于段清泉先生的勤奋，并在法律人思维方式形成上的共鸣，爰作此序，并略阐己见。

德国的完全法律人的培养，分为第一次国家考试前的大学教育阶段和第二次国考前的实务训练阶段，在两个阶段的案例研习上，分别体现了理论教学和实务训练的差异。第一阶段的鉴定式案例研习以既定事实为前提，充分考察学生对于理论体系的掌握，注重的是对规范的理解和要件拆分，以及将既定案件事实涵摄入规范要件，并形成最终的鉴定式结论，鉴定式的案例分析在结构上注重请求和三类抗辩（权利阻却的抗辩、权利消灭的抗辩和抗辩权）的依次递进，训练的是学生在实体法上思维的完整性。而在实务训练阶段，则采用法庭报告技术（Relationstechnik），注重当事人的不同事实主张，分别从程序上的可诉性审查原告的诉请，从诉请的合理性［从原告角度审查充足性（Schlüssigkeit）和从被告角度审查相关性（Erheblichkeit）］角度依次审查原告的诉请、被告的抗辩、原告的反抗辩（Replik）、被告的再抗辩（Duplik），再通过证据阶段的判断（聚焦于争议事实），形成最终的裁判。一个完整的法庭报告技术的训练通常包括了上述程序阶段（Prozessstation）、原告阶段（Klagerstation）、被告阶段（Beklagtenstation）和证据阶段（Beweisstation）四个阶段［也有将裁判阶段（Entscheidungsstation）纳入称为五个阶段的］。这一训练更偏重法官裁判技能的养成，注重

---

① 李昊，现任北京航空航天大学法学院教授，博士生导师。德国慕尼黑大学和明斯特大学、奥地利欧洲损害赔偿法研究所访问学者。兼任德国奥格斯堡大学法学院客座教授、中国网络与信息法学研究会理事、北京市法学会理事、北京市物权法学研究会常务理事兼副秘书长等，兼任《燕大法学教室》和《北航法律评论》主编、《月旦法学杂志》副主编。

程序法和证据法的研习。但在民事案件领域，无论是理论教学阶段的鉴定还是实务训练阶段的诉请审查，都要基于以请求权基础为中心的规范群（含抗辩规范），以及涵摄的作业。

与德国的法庭报告技术相近，日本司法研修所发展出了要件事实论，它与德国的法庭报告技术的共通之处在于二者都借鉴了罗森贝克的规范说，注重对不同规范在功能上的分类，并区分不同功能规范的构成要件，对相关的要件事实进行证明责任的分配（日本分为权利根据事实、权利障碍的事实、权利消灭的事实和权利阻止的事实）。同时，也注重请求—抗辩的对抗性思维，区分请求—抗辩—复抗辩—复再抗辩阶段依次进行审查。只是德国的实务训练并不强调规范分类的具体识别，因为《德国民法典》自身的规范即已体现出请求—抗辩的规范构造，证明责任不再成为关注的重点问题，而《日本民法典》在规范起草上对这一点未臻明确，以致首先需要对规范进行分类，并基于规范的性质对作为规范构成要件的事实在客观证明责任和主张责任上进行分配。

同时，德日的实务训练模式也受到其民事诉讼构造的强烈影响，辩论主义以及诉讼标的理论等都是这些模式得以展开的前提并影响其具体的操作。

可以说，德国的法庭报告技术和日本的要件事实训练都为接受过大学教育的法科生走向实务提供了一种桥接，填补了理论分析和现实案件操作之间的鸿沟。但这样的训练在中国仍然属于匮乏品，而作为其基础的请求权基础的案例分析方法在大学的法学教育层面也不过刚刚展开，有待进一步形成共识和比较稳定的模式。

所幸，桥接这种理论和实践之间鸿沟的努力已经初步显现。邹碧华法官所提倡的要件审判九步法就建立在请求权基础思维的基础之上，并在某种程度上吸收借鉴了德日的实务训练模式，注重的是法官的视角。其中，第一步固定权利请求与诉讼标的有关，并为请求权基础的探寻确立了目标，但在这一阶段，采用新旧诉讼标的理论将对审查步骤是否需多次进行造成影响。第二步至第四步则是对规范性质和规范要件的分析，类似于日本要件事实论中的规范性质的探寻。第五步（诉讼主张的检索）则类似于德国和日本对当事人诉请的审查（审查要件事实是否齐备，但法官可以释明并令当事人补充）。第六（争点整理）、七（要件事实证明）、八（事实认定）步则相当于德国的证据阶段。第九步是要件归入和裁判阶段。与前述德国的四个阶段的审查相比，要件审判九步法引入了法官的能动性，强调了法官的释明义务和心证公开义务，并且在第九步和第五步分割了对当事人诉请的要件审查，这也是考虑到我国并未完全采纳辩论主义，在证据收集上仍存在着法官释明和依职权进行的可能性，而在德国，审查当事人诉请时已经进行了涵摄作业，证据阶段只是针对争议的要件事实（争点）进行举证和确认，无需重复进行涵摄作业。与德日模式相比，这种九步法的作业最明显的不足就是没有充分呈现当事人主张责任的递进往复（即请求—抗辩—复抗辩—复再抗辩）及相应的审查，而是呈现了静态的效果。

这样一种基于请求—抗辩思维的训练模式同样也适用于当事人和律师的视角，因为原告和被告恰恰分置于请求和抗辩的两端。段清泉先生的要件诉讼九步法即旨在实现九步法在当事人诉讼领域的运用，促进律师攻防技术的体系化。其中前三个步骤相当于确立原告的诉请，明确诉讼标的，并确立请求权基础，对相关规范依其性质进行分类，明确其要件构成和要件事实的证明责任；第四到第七个步骤则注重从请求、抗辩角度根据对要件事实的分类去收集证据，并对要件事实进行充分性、真实性、妥当性的分析，进行涵摄作业，同时发现和集中争点；第八到第九个步骤则是诉讼策略的制定和实施阶段。这样一套体系借鉴了德国的请求权基础的分析方法和日本的要件事实论，系统梳理了我国现行民法中的重要请求权基础和抗辩类型，引入了证明责任的原理，体现了动态的诉讼过程，并介绍了法学方法论的作业，同时，也注重可视化的作业，为律师进行精细化作业和动态攻防体系的建构提供了良好的坐标系。可以说，段清泉先生为德日理论模式的中国化提供了另一个视角的努力，对法律人共同体的养成提供了良好的助力！但九步法所提炼的模式也仍然只是个起点，仍然有待于实践的检验。同时，《民法典》甫通过，在请求权基础及关联的抗辩规范的构成分析上仍有待通说的形成，实体法和程序法在理论和实践的相互衔接上也有待进一步的发展，这些都会对要件诉讼九步法的具体操作提出难题。我衷心期待段清泉先生所提倡的这一模式今后能逐步为律师同仁们所接受、批评并能不断加以完善。这种对理论和实务的嫁接也会为准备进入职场的法科学生提供有益的借鉴，促进法律人共同体的成长！

序二

百达翡丽与民事诉讼精细化

许可[①]

一

百达翡丽是世界知名的腕表奢侈品牌，据说他们于19世纪后半叶制造出世界上第一只定制手表。将一人高的座钟变化为可穿戴的时计，本身就是钟表迈向小型化、精细化的标志。由于那时尚未发明精密的加工设备，因此精细化往往意味着工匠需要投入更多的时间和智慧，这样的手表当然也只有伯爵夫人才能享用得起，由此号称奢侈品。随着科技的进步，制作一只手表所需的零部件都可以通过精密机床得到大批量的生产，由此降低了成本，也导致手表走下神坛，成为大多数人都可以享用的日常消费品。这种精细化的好处当然也是显而易见的，用一句当下时髦的表述，就是增加了普通民众的获得感和幸福感。

机械钟表的小型化、精组化的历程同样可以视为民事诉讼发展方向的一种隐喻。但敏锐的读者此时一定会发现，与百达翡丽不同的是，司法制度是国家提供的公共产品，而前者是市场提供的消费品。今天的中国，民商事纠纷动辄几百万件，案多人少的压力从未得到过根本解决，司法制度作为国家提供的公共产品，应当是每个人都能够消费得起的“制度消费品”，而不应当成为“制度奢侈品”。准此以言，精细化必然意味着与目前相比，民事司法需要投入更多的资源，这样的投入或者消耗值得吗？

增加公共产品的投入往往会增加普通民众的获得感和幸福感，但也并不绝对，关键看投入的方式和方向。如果我们认为民事诉讼的精细化意味着每一个案件可以配备更多的裁判者，或者更多地适用普通程序，那么我们可能需要设置更

① 许可，国际关系学院教授，硕士生导师。主要著作有《民事审判方法——要件事实引论》《侵权责任法要件事实分析》。

多的法院、增加更多的法官，而这种成本必然会通过制度链条向下传导，搞不好最后就出现“羊毛出在羊身上”的结果，比如提高诉讼收费标准。这样的投入方式和方向有可能导致司法制度远离普通民众，使其蜕变为一种“制度奢侈品”。这当然是不可取的，那么相对合理正确的投入方式、方向是什么呢?

正如我们从机械钟表的发展史中看到的，有限的资源并没有都投入到工匠身上，而是投入到零部件的精密加工设备的发明和制造上，通过生产方式的变迁实现了钟表从奢侈品向大众消费品的转变。那么，民事司法制度中的“精密机床”是什么呢?

也许这是一个仁者见仁智者见智的问题，但我认为其中一定包括规范的审判方法，而且是极为重要的一部分。

司法制度的运行以公正和效率为价值目标。这一目标的实现不仅有赖于法律的创制与完善（即包括实体法和程序法在内的良法之治），也有赖于法律职业共同体的队伍建设。司法者掌握规范的审判方法，从纷繁复杂的社会现实生活中准确地提取对司法裁判有意义的法律事实，进而正确适用法律，在诉讼过程以及结果方面“以法服人”，不仅是较高职业素养的体现，更是司法公正与效率的保障。将有限的资源投入到规范的审判方法的发现与传播上，是制造民事诉讼“精密机床”的重要一环，对于实现“让人民群众在每一个司法案件中都感受到公平正义”的制度目标意义重大，不可或缺。

二

要件事实理论搭建了民法与民事诉讼法在实体问题解释学层面的有效沟通桥梁，能够指导法官根据民事诉讼法及其基本原理的要求，正确处理案件审理过程中的实体问题，因此可以被视为一种规范的民事审判方法。

学界对要件事实理论的关注始于20世纪末、21世纪初，经过二十多年的发展，这一理论已经从比较法（主要是日本法）研究的阶段快速进入本土化阶段。《要件事实原论——一种民事诉讼思维的展开》（龙宗智教授指导，章恒筑，2006）、《要件事实的基础——民事裁判构造论》（陈刚教授指导，段文波，2007）以及《民事审判方法——要件事实引论》（张卫平教授指导，许可，2007）三本博士论文搭建了要件事实理论的基础框架，并且初步完成了本土化建构的任务。这一阶段的理论贡献主要在于，从诉讼的场景出发总结提炼了要件事实（法律事实）的性质和特征；阐明了诉讼标的理论、证明责任理论与要件事实理论之间的关系；为约束性辩论原则的落地提供了法技术工具（攻击防御方法体系）；为民法解释学的应用开辟了更为广阔的空间；系统归纳了要件事实理论的应用流程并提供了中国法上的应用实例。

这一阶段的理论成果引起的反响是具体的，也是迅速的。

2009 年，已故上海市高级人民法院副院长邹碧华博士，在长宁区法院担任院长期间，以要件事实理论为基础，结合审判实践，创造性地提出了一种全新的审判方法——要件审判九步法。同名书的上市立即引起了实务界的关注。要件审判九步法最大的贡献在于，它将理论研究的成果与中国审判一线的实务经验、操作习惯有机地结合起来，摆脱了理论的晦涩，具有十分优越的可操作性。虽然关于九步法的操作步骤的合理性存在着一定争议，法官也未必需要严格按照九步法的先后步骤实际审理案件，但根据当事人围绕诉讼请求展开的争议，选择相应的实体法依据，并就该实体法构成要件的主张证明责任在当事人之间进行合理分配，识别当事人攻击防御行为的法律效果，并最终在要件事实证明活动的基础上适用实体法，作成裁判结论。这种流程是实体法和诉讼法法理与制度的内在逻辑的必然要求，不论分成九步还是几步，都无损于该方法的科学性和正当性。《要件审判九步法》一书的影响也是显而易见的。该书已经重印十余次，成为很多法官和律师入行的必读教材。这恐怕也是对邹碧华院长最好的纪念了。

虽然《要件审判九步法》的读者群是民事法律职业共同体，但操作方法的执牛耳者毕竟是裁判者，律师则只能从法官应用方法的过程来梳理提供法律服务的流程，虽非不可能，但总有隔靴搔痒之感。

三

段清泉先生的这本《诉讼精细化——要件诉讼思维与方法》完成了要件事实理论应用研究的最后一块拼图。至此，要件事实作为一种民事诉讼思维方法，基本完成了从理论建构到实务应用的过程。

本书提出了要件诉讼九步法的律师思维方法，以要件事实理论为基本理论来源，将律师代理工作划分为九个步骤，逻辑清晰、环环相扣，操作简便，基本实现了律师代理工作逻辑化、结构化、标准化的目标，有利于促进诉讼精细化。同时，作者也融合管理学知识绘制了证据事实整理表、要件事实攻防表、要件事实攻防图、请求方案 SWOT 分析表，使九步法更具操作性和实战性。

在应用要件诉讼九步法的过程中，笔者认为律师朋友应当特别注意以下两点。

第一，要坚持从律师民事诉讼执业的客观规律出发。与法官中立裁判的地位不同，律师的职业伦理要求律师必须尽最大努力实现委托人的利益，因此需要律师从委托人提供的所有事实中提取有利于委托人的诉讼请求（诉之声明），而不是根据委托人的诉讼目的寻找可支撑的案件事实。这也是要件诉讼九步法将“发现案件事实”而非“固定诉讼请求”作为第一步的原因。再如，九步法基本上是从原告代理人的视角出发进行的设计，因此需要在起诉前或者开庭审理前完成大多数工作，最后只要“精准实施方案”即可。但实际上被告代理人依然可以从原告的起诉状入手，在协助被告完成答辩状的过程中按照九步法的工作逻辑提供法律服务。

第二，要注意把握精髓实质，而非僵化套用。虽然有律师将九步法比喻为“律师代理的公式化”，但并不宜僵化套用。比如，“论证要件事实”作为九步法中的第六步，从原告代理人的角度来看，基本上属于起诉前应当完成的工作，但这一工作同样也有可能成为开庭审理程序中法庭辩论环节的重要内容，因此不宜忽视。理由在于，关于案件所涉社会生活事实能否涵摄为要件事实，既是诉讼过程中法官适用实体法的体现，也是当事人证明活动的前提，是要件事实理论的重要内容。但从法官的视角来看，除非导致证明对象的改变甚至诉讼请求（诉讼标的）的变化，当事人提出的社会生活事实能否被涵摄为要件事实，基本上属于法官在诉讼过程中的内在判断，并没有成为显性的工作步骤。当事人一方与法官一旦在“何为本案要件事实”的判断上出现不一致的观点，那么对己方观点的论证就显得极为重要。

要件诉讼九步法是构建规范的民事诉讼审判流程的重要组成部分，同时对于促进民事诉讼精细化具有重要的意义，因此属于民事司法“精密机械”的重要部件。理想的场景是，当整个精密机械制造完成，就可以生产出能够让社会大众感受到公平正义的司法产品。当然，作为国家提供的公共必需品，民事司法的精细化也应当存在一定的限度或者边界，这是由社会大众对于公正、效率的认知以及司法投入的多少来决定的。因此这种精细化与腕表的精细化还存在着本质上的差异，后者作为个人消费的奢侈品，其精细化的边界受制于工程师的想象力和加工能力。比如百达翡丽的镂空工艺，既能够令复杂的机械结构更显精致，还可以使人欣赏到那不经意射入的光影沿着精心打磨的表面翩翩起舞的艺术美景。如果民事司法制度既能够带来公平正义，还能让参与者享受到法的艺术体验，那该是一种何等境界的精细化呢？

目录

第一编　方法编

第二编 基础编

第一编

方 法 编

第一章　导　论

工欲善其事，必先利其器。

——《论语》

第一节　九步法的总体介绍

“没有好的思维模型，再多的知识积累也是低水平重复。”成年人学习的重点不是获取更多的信息量，而是要学习更好的思维模型。对于法律适用来说，好的思维模型胜过知识的堆积。

记得刚拿到驾照自己上路行驶的时候，会遇到各种各样的复杂情形需要判断，距离是否足够宽能够过得去，路中间的水坑能不能跨过去等。大多数老司机的回答都是：“主要靠感觉呀，你自己感觉不出来吗？”我确实不知道如何去感觉，因为没有经验可以依赖，为此懊恼了很久。直到我遇到了一个善于总结的老司机，他把判断的方法头头是道地讲了一个多小时，一用还果然是灵。这就大大减少了我自己摸索上路的时间和成本。

律师也有两种，善于总结的律师和不善于总结的律师。依靠经验和直觉的律师多是在一个领域深耕多年的老律师。当他带徒弟的时候，他会理所当然地认为“师傅领进门，修行在个人”，当然，这句话有一定的道理，再好的师傅、再好的方法也不能代替个人的自我学习和提升。但是，这种传统手工作坊式的培养方式，这种散养、放养的方式是否也因为培养方式不够科学、成才率不高而影响了律所的发展？青年律师是否也因为得不到体系化、系统化的帮助和引导而在苦苦摸索，也在怀疑自己是否适合这个职业？

德国著名法学家、利益法学代表人物赫克（Heck）说过：“在所有的改变中，方法的改变才是最大的进步。”借用这句话，对律师来说，方法上的反省是进步的开始，方法上的改变是最大的进步。律师行业需要自己的方法论体系。[①]

一、律师为什么需要自己的方法论

（一）律师行业需要一套可传承、可检验、标准化的系统方法

在民事诉讼中，律师接受当事人的委托，尽最大可能维护委托人的合法权益。

面对当事人的信任和期待，律师不仅要有理想和热情，更重要的是要有能力和方法。律师作为一种必须直面责任的职业，没有系统科学的方法，责任就容易化为空谈。随着"互联网+法律"等人工智能工具的日益丰富和完善，律师的不少工作可以假手他人和工具。但无论我们将多少工作外包，有一项核心能力无法外包，无论运用工具还是组织团队，都须臾离不开它，那就是法律思维和法律方法。为此，邹碧华法官强调，"思维方式甚至比他们的专业知识更重要，因为专业知识是有据可查的，而思维方式是靠长期专门训练而成的"。[②] 长期的思维养成需要一套兼具理论性和实践性的思维工具和操作方法。

一直以来，律师方法论的缺乏也困扰着年轻律师。不少律师大咖的佳作以自身办案实践为基础总结了不少好的经验，深度性和专业性很强，但普遍性和适用性略受影响。基于实际案件的说明，针对性太强而普遍性略差，变动其中一个关键事实或情节，案件分析思路和结果可能就大不相同，所谓差之毫厘，谬以千里。新手律师直接上手的可能是涉及多个领域但复杂性一般的案件，这就需要一个融合理论与实务，符合一般办案逻辑同时具有较强操作性的方法。目前，律所在知识管理和标准化建设上取得了长足的进步，但主要侧重于工作步骤流程化、行为管理规范化方面，关于规范办案思维和实体法适用的比较少，而这恰恰是一个法律方案的关键所在。授人以鱼不如授人以渔，无论是律所的发展还是青年律师的成长，都需要一套可传承、可检验、标准化的方法。

（二）现有的法学教育和培养模式还不能适应司法精细化的要求

1. 法学教育理念和培养模式对法律职业技能和职业素养重视不够。审视法

---

① 当然，这个问题不仅存在于律师行业，法务以及其他新入行的法律从业人士也会存在这个问题，本书以律师为例进行说明，是因为律师具有职业典型性，代表了具有立场的一方依据事实和法律全力争取己方利益所能遇到的全部情形。法务、公民代理、自己进行诉讼的当事人等都能从本书中获得一些建议。即使是法官、仲裁员等具有中立立场的从业人员，也应从原告、被告、社会一般观念的角度作权衡比较，才能作出相对公平合理的决定，从这个意义上讲，本书也能起到开卷有益的效果。

② 转引自邹碧华：《要件审判九步法》，法律出版社2010年版，第7页。

学书籍主要有三个视角：法典是编撰者视角，按照立法技术来剪切编排各个条款；教科书是教授者视角，按照法教义学体系来剪切编排各块内容；而作为实践性学问的法学，需要以应用为视角，这就需要按照问题导向的请求权基础来重新梳理自己所学的知识，让知识在方法的统率下舞动起来。诉讼是法律应用的典型场景，其他解决方式或多或少以此为参照。以民事诉讼为例，在大多数民事诉讼中，审判的主要任务是回答原告的权利主张，即原告是否有权要求被告为或不为一定的行为。这种回答不是肆意的，而是要寻找到规定了被告作为或不作为义务的某种法律依据，根据原告主张和证明的事实来判断其是否满足法律的规定。如果满足，支持原告；如果不满足，不予支持。寻找这些可能法条的过程或许是头脑风暴式的，但考察是否满足这些法条规定的过程却是结构化和逻辑化的。这种寻找和考察的过程就是请求权基础方法。这种思考构成了德国法律人共同的思考方法，法科生、法官、律师，莫不如是。目前，我国法学教育也在逐步改进以讲授知识为主的教学方式，不少学校开设了请求权基础案例分析课程，李昊老师主编的《法律人进阶译丛》也在系统地引进介绍德国的法学教育方法，法学方法的逐步引进将会极大地促进司法精细化的水平。

2. 法学学习的专业性和阶段性造成专业有余，融合不足。由于法学学习的专业性和阶段性，处理一个实际法律问题所需要的实体法、程序法、证据法知识被分割为不同的部门法，由不同的专业课程老师在不同的学习阶段来授课，少有系统性、整合性的联合授课。对此，张卫平先生讲道："从实务的角度，我们注意到影响中国司法质量的一个因素在于实体问题的解决与程序运用的分离，在实体法领域与程序法领域之间缺乏一个彼此联系的桥梁，实体法的实现缺乏程序的契合。这就导致了我们在司法实践中不能精确司法，导致司法缺失应有的确定性和统一性。"①

德国的法学教育以培养法官为模板。民法、法学方法论、诉讼法教材多是从法官角度来进行写作的，恪守法律与事实的二分法，当事人提供事实，法官知法，发现法律是法官的专有权，为此还要"拆卸当事人双方罩在其事实引证上的法律概念"。② 但是律师也知法，是连接当事人和法官的桥梁，你给我事实，我给你法律，事实和法律的静态划分并不符合实际的情形。对此，梁慧星先生有过精彩的论述："我在此前的讲课中，均按照教科书讲法官找法，即审理案件的法官在查清案情之后，要从现行法寻找可以用来作为裁判依据的法律规范。现在看

① 许可：《民事审判方法——要件事实引论》，法律出版社2009年版，第1页。

② ［德］奥特马·尧厄尼希：《民事诉讼法》，周翠译，法律出版社2003年版，第131页。

来，这样讲‘找法’似不准确。裁判实践中，原告向人民法院起诉时，通常在其起诉状中已经就本案所应适用的法律规范提出建议。特别在有律师代理的案件中更是如此。审理案件的法官无须自己去‘找法’，原告律师已经代劳。法官只需判断原告律师所建议的法律规范是否适当。”① 诉讼就是当事人双方裹在法律外衣之下的证据和事实之间的攻防。对于律师来讲，处理事实问题可能是更为棘手和急迫的问题。这就需要律师兼容并包，不仅要重点学习大陆法系擅长的法教义学方面的内容，还要学习英美法系更擅长的事实问题的处理技巧和方法。以法官为视角应用法学方法论解决实际问题的方法被称为裁判方法论，以律师和当事人为视角应用法学方法论解决实际问题的方法可以称为诉讼方法论，两者有不同的旨趣和侧重点。

（三）实现律师攻防系统与审判系统的对接

作为法官审判方法的具体化和步骤化，邹碧华法官的要件审判九步法已经进行了开创性的研究。在当事人主义的模式下，法官审判权受到当事人处分主义和辩论主义的约束，没有当事人的配合，要件审判方法也无法完全发挥其效力。许可先生讲，要借助要件事实理论实现法官的审理系统与当事人的攻防系统的对接。邹碧华法官讲，律师和法官之间的关系应该是良性的，互相尊重的，应该共同重视请求权基础，提高庭审效率。庭审水平是一国法治水平的缩影。一个好的庭审取决于当事人、律师、法官之间的成功合作。从这个角度来说，研究律师和当事人视角的要件事实理论也就非常必要了。在学习邹碧华法官《要件审判九步法》的过程中，笔者萌生了以要件事实理论为指导构建律师方法论的想法，经过六年的琢磨，逐步形成了现在的要件诉讼九步法。

该方法以查找请求权基础为先导，以证明责任划分为枢纽，以要件事实理论为支撑，将律师的代理工作细分为环环相扣的九个步骤，看似稀疏平常的五十四个字，却把民事实体法、民事诉讼法和证据法的相关知识串联了起来，把律师代理案件的抽象思路分解成具体的工作步骤，标准化、结构化地展现出来，有助于律师体系化、精细化地适用法律，对于律师理清代理思路、制定诉讼策略、把握诉讼进展具有较强的参考和借鉴作用。

二、要件诉讼九步法具体内容

要件诉讼九步法就是律师的方法论，它以当事人和律师为视角，以应用为目

① 梁慧星：《裁判的方法》，法律出版社 2017 年版，第 321 页。

的，融合了民法、民事诉讼法、证据法三门学科，将静态的知识体系对抗地、动态地运用起来，既有一定的理论高度和普遍适用性，又有一定的实践深度和具体指导性。

法律适用坚持“以事实为依据，以法律为准绳”，凡是起诉必先有事实根据，有事实根据才能寻找请求基础，有请求基础就能划分法律要件，有法律要件必有其相对应的要件事实。在诉讼中，请求方应当对请求权产生的要件事实进行主张、证明和论证：在起诉答辩阶段，请求方对其要件事实进行主张；在法庭调查阶段，请求方对其有争议的主张进行举证证明；在法庭辩论阶段，请求方对其证明的主张符合法律要件进行论证。被告可以否定原告的主张、证明和论证，也可以进行抗辩。被告进行抗辩的，对请求权障碍、消灭、阻止的要件事实进行主张、证明和论证。诉讼是双方的博弈，都需要时刻关注对方，都需要综合考察请求权产生、障碍、消灭、阻止的规范。请求方胜诉的秘诀，就是消除请求的争点，找出抗辩的争点。律师的工作就是综合分析请求要件事实的优势、劣势，对方抗辩造成的机会、威胁（SWOT 分析），全面衡量诉讼的收益、成本和可能性，制定利益最大化方案，精准实施方案。步骤分解如下：

1. 发现案件事实
2. 寻找请求基础
3. 划分法律要件
4. 整理要件事实
5. 证明要件事实
6. 论证要件事实
7. 排查诉讼争点
8. 合理制定方案
9. 精准实施方案

分步详述如下：

（一）发现案件事实

1. 收集证据、构建案情。

审核当事人的陈述和证据，通过扎实有效的事实调查，形成合理可信的生活事实。此阶段主要运用社会常识、生活经验进行推理，尽量不作法律评价，避免先入为主的法律评价影响事实调查。我们不能像盲人摸象一般，只摸到一条腿或者一只耳朵就进行法律适用。这种重构越接近真实，越能为法律适用奠定扎实的基础。

2. 寻找差距，明确痛点。

在进行下一步的分析之前，我们要寻找案件的痛点，围绕痛点进行法律分析，突出问题导向，避免思维太过发散，分析不够聚焦。

当事人的遭遇就是现状，想要实现的目标就是期望，现状和期望之间的差距就是我们案件分析的重点，实现目标遇到的问题很可能就是案件的痛点，律师的工作就是寻找并消除痛点，帮助客户实现目标。

（二）寻找请求基础

在第一步发现案件事实之后，第二步就要对该案件的事实进行初步的法律分析，寻找可适用于本案的实体法法条。众里寻他千百度，蓦然回首，那人却在灯火阑珊处。在万千法条之中，找到“只取那一瓢饮”的法条，实在是辛苦和茫然。对此，齐佩利乌斯建议采取“拉入视野”的技术，像剥洋葱皮，先从最外最上位的划分开始，公法与私法；再到物权法、合同法，再到具体的物权、具体的合同，一步步寻找到本案适用的法律规范。① 在寻找请求基础的过程中，我们也按照这样的思路，逐步拉近，最终实现具体化，主要经过四个小阶段：

1. 法律关系主观化，客观的法律关系因法律事实的存在而在当事人之间存在，首先要界定当事人之间是否存在法律关系，是一般的社会关系还是法律关系，主要目的是排除法外空间。主要方法是针对生活事实，运用历史方法，对案件事实赋予可能的意义预期，将其翻译为法言法语叙述的法律事实。

2. 法律关系部门化，确认存在的法律关系是属于刑法、行政法还是民法，明确刑民交叉、行民交叉时的处理策略。

3. 法律关系类型化，沿着民法十大类请求权基础逐步梳理可能的请求权方向。

4. 法律关系具体化，沿着选定的请求权类型寻找最具体的法条，找到与本案联系最密切的请求权基础。

可以看到，这是一种逐步深入、逐步细化的思考步骤，类似于漏斗形状的筛选。在找法的过程中，我们围绕法律事实特征点的组合寻找联系最密切的法条。

比如一个法考案例事实如下：小赵带着小钱家的狗到小孙家做客参加聚会，小赵想把狗放在阳台上，小孙提醒说狗在阳台上容易掉下去砸到其他人。但小赵执意放上去，小孙也未采取措施阻止。结果狗果然掉下去，还砸伤了同样前来参加聚会的小李。此时试问：小赵、小钱、小孙谁该负责？

---

① ［德］齐佩利乌斯：《法学方法论》，金振豹译，法律出版社 2009 年版，第 126～127 页。

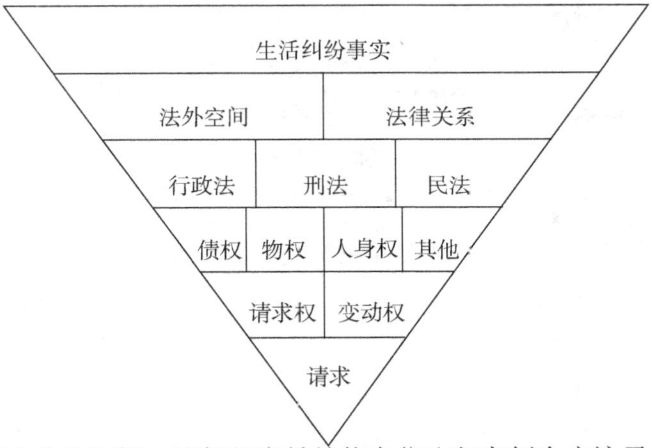

借助对于法律的理解，我们很容易就能定位这起案例中应该予以适用的是民法典侵权责任编。但具体要适用哪一个法条，还需要结合本案的特征点来确定。在寻找侵权责任编的请求权基础时，我们先考察特殊侵权类型，然后再考虑一般过错侵权。

根据本案的特征点我们去寻找法条：

根据第一组特征点——家养的小狗、砸伤，我们找到了《民法典》第一千二百四十五条："饲养的动物造成他人损害的，动物饲养人或者管理人应当承担侵权责任；但是，能够证明损害是因被侵权人故意或者重大过失造成的，可以不承担或者减轻责任。"

根据第二组特征点——放置在阳台、掉下去砸伤等，我们找到了《民法典》第一千二百五十三条："建筑物、构筑物或者其他设施及其搁置物、悬挂物发生脱落、坠落造成他人损害，所有人、管理人或者使用人不能证明自己没有过错的，应当承担侵权责任。所有人、管理人或者使用人赔偿后，有其他责任人的，有权向其他责任人追偿。"

找法是一个不断试错、不断验证的过程，找到的这两条只是大致可能适用的法条，还要通过下一步的分析进行验证。对案例的思考不是直线的、单向的思考，而是一种在事实和法律之间对向交流、相互解明的思考，直至事实和法律彼此一致为止。

（三）划分法律要件

法律依据就是我们据以解决这个纠纷的法律框架，这个法律框架具体规定了法律关系的具体内容及其产生、障碍、消灭、阻止的各种情形，我们希望用这个框架来认识和规范这个纠纷。

从请求权基础的角度来讲，就是请求权的产生、障碍、消灭、阻止等。

请求权产生
请求权障碍
请求权消灭
请求权阻止

实体法的请求权基础方法作为案例分析方法，类似于上帝视角或法官视角，并没有区分程序法上的原告和被告，但在实际的诉讼中，却是有鲜明的立场和不同的视角。按照法律要件分类，我们划分了请求与抗辩两大阵营：

请求：对于请求权产生的要件，原告应该进行积极的主张、证明和论证；

抗辩：对于请求权障碍、消灭、阻止的要件，被告应该进行积极的主张、证明和论证。

请求权产生
请求权障碍 请求权消灭 请求权阻止

根据法律要件分类说，我们把效果轴划分为上下两个部分，立场的不同，决定了其在诉讼各个阶段处理方式的不同。

以原告为视角：

在起诉答辩阶段：对于请求权产生事由积极主张，不能遗漏必要的主张。对于请求权障碍、消灭、阻止的事由，律师应该避免自作主张造成自认的效果。

在法庭调查阶段：提出证据证明请求权产生事由，应该避免自己提出的证据对己方事实主张证明作用小，而对对方的证明作用大。否则，庭审结束后，对方律师还很感激地对你说，谢谢你方提供的证据，这不是很难堪吗？

在法庭辩论阶段：提出论据论证请求权产生事由，而提出反论驳斥请求权障碍、消灭、阻止的事由。

实体法视角和加入证明责任视角的法律分析可能会得出完全不同的法律结论。兹以王泽鉴先生所举的一个案例为例：①

甲教授预定在退休后到乡间居住，专心写作，乃与乙商议租赁其在某地的A屋。某日甲接到乙的信件，表示愿依商议内容，自某日起，以每月3万元出租A

① 王泽鉴：《法律思维与案例研习：请求权基础理论体系》，台北元照出版公司2019年版，第299页。

屋，为期三年，并于某月某日支付租金。甲即写好回函表示同意，贴好邮票。在寄出回函前，甲以18%优惠利率将被取消，租金偏高，尚须考虑，乃将该信放在研究室办公桌上，外出讲学。甲新来的研究助理丙发现该信，认为甲教授忘记寄出，乃代为投邮。甲教授一周后回来，接到乙的信件，表示准备交屋，请于某日支付租金，并特别表示因尊重教授，拒绝他人高价租屋的要约。甲教授以该租屋函件非其寄发为由，主张不成立租赁契约。乙得否向甲教授请求支付租金？

王泽鉴先生从实体法视角分析，乙对甲作出要约，甲对乙承诺的意思表示虽已作成，但未发出，承诺未生效，合同不成立。

但从法律要件分类和实务视角来看，乙发出要约，并且收到甲的回函，从客观的意思表示受领人乙的视角看，甲的回函构成承诺，乙可以证明双方已经达成合意，合同已经成立，据此乙对甲请求支付租金的请求权产生。

从原告乙的视角看，乙不需要纠结到底谁寄发了这封信，如何证明这封信确实是甲寄发的，而不是其助理丙误发的。合同的效力障碍、合同可撤销事由需要由甲教授证明。根据通说观点，甲可主张类推适用重大误解撤销已经成立的租赁合同，但甲须对乙承担缔约过失责任，赔偿乙的信赖利益损失。也就是说，甲需要证明这封信确实不是自己发出的，从而通过类推撤销该合同。从实务的角度看，这个事实举证难度极大，没有直接证据及客观证据能够证明该错误，而且甲与丙具有利害关系，丙作为证人证言的可信度受到影响。法官的心证会在真正的误发和肆意地找个理由毁约之间作出判断，如果轻易采纳别人误发这样的理由，会给现实中的毁约行为提供法律上的通道，会对交易安全造成严重的影响。

走向实务的民法学人，需要从实体法视角走向实体法和程序法融合的视角。作为案例分析方法的请求权基础方法，一个人需要考察所有肯定与否定的情形："请求权方法中单个请求权基础的检视步骤，所呼应的恰是举证分配。特定请求权基础是否成立，须完成'请求权已成立→未消灭→可行使'三个层次的检索，拆解为四个步骤：第一，满足请求权成立要件；第二，不存在请求权未产生的抗辩；第三，不存在请求权已消灭的抗辩；第四，不存在阻止请求权行使的抗辩权。"① 但罗森贝克认为这种实体法的视角不适用于实务，"这种思考方式是不适合诉讼法官的。从实体法的立场出发，下面的情况是可以理解的，即只有当法律规定和当事人约定的请求权产生的所有前提条件都已经具备，且不存在妨碍权利产生或者在权利产生之后权利又消灭的情况，人们才愿意承认请求权的存在……

① 吴香香：《民法典编纂中请求权基础的体系化》，载《云南社会科学》2019年第5期。

实体法的思考方式将对权利的产生和存在产生影响的所有情况，以同样的方式加以考虑，并将它们等而视之……这种思考方法是不适合法官的。对此，同样存在一个认同问题，因为没有一个理论要求原告证明产生事实的存在以及权利障碍事实、权利消灭事实、权利排除的事实的不存在，就像它必须与实体法的观点相适应一样”①。

在诉讼实务中，权利发生规范是原告据以主张权利的法律依据，权利障碍规范、权利消灭规范、权利阻止规范是被告据以反对原告权利主张的法律依据。根据罗森贝克的规范说：凡主张权利存在的当事人，应当对权利发生的法律要件事实负证明责任；否认权利存在的当事人，应当对权利障碍、权利消灭或权利阻止的法律要件事实负证明责任。② 这样的规则是普遍有效的，被称为“证明责任休止符”的《现代证明责任问题》的作者普维庭，在对比世界十几个国家或法系的相关规定后，得出结论：“德国民法典第一草案第一百九十三条的基本规则已经明确地或者默认地为所有的法律秩序所承认。人们是否能够像茨威格特那样将这条基本规则称为世界习惯法尚不能下结论。但毫无疑问可以认为这条基本规则在世界范围内是有效的。”③ 德国民法典第一草案第一百九十三条规定，如果谁提出请求权，应当证明其依据必要的事实。如果谁提出请求权的消除或者请求权的阻碍，就应当证明消除或者阻碍请求权的必要的事实依据。后来该条因为如此显而易见而被删除，但其精神却被贯彻。

为了方便论述，后面的步骤，我们就以原告为视角，来考察原告对请求权产生事由的主张、证明和论证。然后，再考察对请求权障碍、请求权消灭、请求权阻止事由的反驳。

（四）整理要件事实

要件事实就是能够引起请求权产生的具体事实。要件事实具有以下四个特征。

请求权基础的所有构成要件都能满足，才能得出请求权产生的效果，是为要件事实的完整性。与每一个要件相对应的事实都必须具备真实性和符合性两个特征，真实性是指该事实有相应的证据证明，符合性是指该事实有相应的理由证成符合法律的规定。在诉讼程序早期，符合性体现为更低要求的实质性。以下分别论述之：

---

① ［德］莱奥·罗森贝克：《证明责任论》，庄敬华译，中国法制出版社 2018 年版，第 139 页。
② 江伟、傅郁林：《民事诉讼法学》，北京大学出版社 2015 年版，第 204 页。
③ ［德］普维庭：《现代证明责任问题》，吴越译，法律出版社 2006 年版，第 378 页。

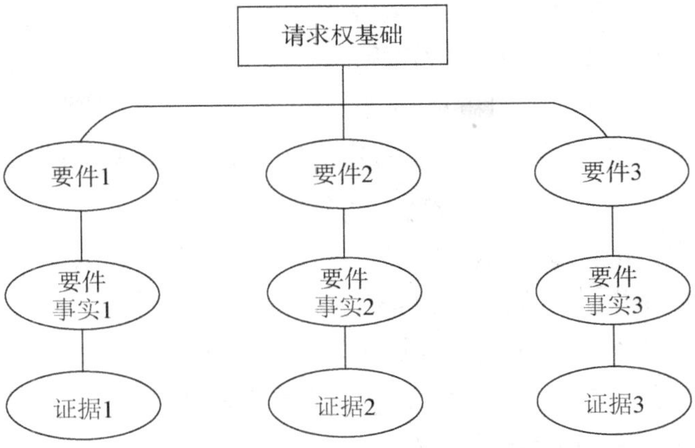

一是实质性：指该事实与法律构成要件的相关关系、指向关系，是事实对请求权能够产生的影响。比如，过错的事实对于一般过错侵权就具有实质性，对违约责任就没有实质性。实质性是事实能够成为要件事实的前提条件，此步骤判断标准宜宽泛，也就是尽最大可能把法律适用相关的事实考虑进来，同时排除明显不相关的其他法律事实和不具有法律意义的生活事实。

二是完整性：构成要件相对应的具体事实缺一不可。主要是作形式上的判断，确保构成要件所需要具备的特征点都有相对应的具体事实。

三是真实性：事实是历史的和经验的，具有可证明性。前述相对应的具体事实在诉讼中证明为法律真实。

四是符合性：该具体事实具备了相应的构成要件所要求的要素，经过民法解释学的操作能够妥当地归入构成要件之下，可评价为导致法律效果发生的法律事实。

在不同的诉讼阶段，四个特性的重要性有所不同：

起诉答辩阶段，侧重对具有实质性的事实进行完整的主张。

法庭调查阶段，侧重对具体事实的真实性进行证明。

法庭辩论阶段，侧重对具体事实的符合性进行论证。

整理要件事实就是把请求权产生事由的具体构成要件一一分解出来，按照构成要件逐一检索比对本案的具体事实，确保具有实质性的具体事实能够和构成要件一一对应，满足要件事实实质性、完整性的要求。

主张是举证的前提和根据。通过整理，一是明确下一步举证证明的重点。二是发现缺失必要的实质性事实的，返回第一步发现案件事实继续调查。

（五）证明要件事实

事实是历史的和经验的，具有可证明性。证明要件事实，就是要根据整理的要件事实有的放矢地补充完善证据，构建证明体系，达到高度盖然性的要求，满足要件事实真实性的要求。这里我们运用三阶层证明分析方法，即按照证明必要性、证据可采性、推理可靠性逐层推进。

1. 证明之必要性：从实体法的适用来讲，只有存在争议的实质性事实才需要运用证据进行证明，是为证明之必要性。

2. 证据之可采性：所用来证明事实的证据只有具备关联性、合法性、真实性才能被法官所采纳，是为证据之可采性。

3. 推理之可靠性：如果前述证据属于直接证据，则无需推理。而现实诉讼中大多为间接证据，需要运用事实推理，通过考察单个证据的证明力和各个证据之间的证据链条，来确定待证事实的真实性。

证明是论证的前提和根据。法律论证具有个案针对性，总是针对已经查明的具体事实讨论能否归入的问题。

（六）论证要件事实

符合性是指某一事实具备了相应的法律要件所必需的要素，经过民法解释学的操作能够妥当地归入，可评价为导致法律效果发生的事实。

论证要件事实，就是要根据证明的要件事实，有针对性地说理论证，对事实和法律之间的落差通过解释性的操作予以弥补，直至能将具体案件事实与构成要件严丝合缝地连接起来，满足要件事实符合性的要求。为此，这里我们运用三阶层的论证分析方法，即法律解释、基于规范的法官法、超越规范的法官法逐层推进，越靠前的方法论证越有力度，应作为首选。越往后论证难度越高，需要更充足的论证理由。

1. 法律解释：文义、体系、历史、目的、合宪性解释，比较法解释。

2. 基于规范的法官法：当然解释、目的性扩张、类推、目的性限缩、一般条款的价值补充、习惯法。

3. 超越规范的法官法：指导性案例、法律原则、学说和法理、法外论证。

（七）排查诉讼争点

民事诉讼以两造对抗为模型，前面我们着重考察了原告的请求，现在我们把被告也纳入分析视角。

针对原告方请求，被告方的反对有两种路径：

一种是抗辩，通过主张、证明、论证请求权障碍、消灭、阻止的要件事实达到反对请求的法律效果。

一种是对原告主张、证明、论证请求权产生的要件事实进行否定，主要从实质性、完整性、真实性、符合性方面进行否定。

无论是原告的请求，还是被告的抗辩，都会面临来自对方的反对，我们称之为否定。所以，我们以效果轴为界，划分了左右两边，左边是主张法律效果一方的积极主张、证明和论证，右边是另一方的否定。这样就形成了四个象限的诉讼争点排查表。

请求权产生 原告的请求	被告的否定
请求权消灭、变更、阻止 被告的抗辩	原告的否定

所谓争点也就是因对方否定所形成的争议点，主要围绕要件事实的四个特性展开。不同性质的争点，解决方式也不同。

实质性：实质性是法律问题，由法官决定。如果排除这个有争议的事项，当事人的要件事实主张仍然完整的话，这个事实也可以排除出审理范围。

完整性：如果对于完整性存在争议，那法官就需要进行判断。如果根据请求权基础或者抗辩权基础，一方当事人缺少必要的主张，那么法官应该行使释明权，促使当事人提出相应的主张。如果法庭辩论终结，相关主张仍然缺失的，法律要件负担方将因为主张责任而败诉。

真实性：如果真实性存在争议，就需要当事人举证证明。法官根据证据进行自由心证，如果无法形成心证结论，则按照证明责任去裁判，法律要件负担方因为证明责任而败诉。

符合性：对于涉及符合性的争点，主要是由当事人去辩论，但是当事人的意见并不约束法官。法官知法，自行进行判断，但是需要在判决书中对符合性争点说明理由。为了避免裁判的突袭，法官具有法律观点开示义务。

主张某种法律效果，需要确保上诉四种特性全部满足，而否定方只需否定其中一项就可实现否定的效果。

高手下棋走三步，我们要预测被告的反对，有针对性地提出相应的措施。

如果被告否定的，我们要进一步采取消除措施，消除争点，使我们的请求满足条件。对于请求权基础的产生要件来讲，所有要件事实都得到满足，请求才能得到支持。所以，要逐一考察请求权基础的各个要件事实。

如果被告抗辩的，我们要找出争点，否定被告的抗辩，使我们的请求能够得到支持。对于特定的请求权基础来讲，抗辩的事由和方向是多维的，我们需要尽可能查找所有可能的抗辩。但在具体的某一项抗辩上，只要我们能够有效地找出一个争点，就足以化解一个抗辩。所以，我们在下面逐一考察针对某一请求权基础的多个可能的抗辩。

概括起来，原告胜诉的秘诀就是消除请求的争点，找出抗辩的争点。具体运用方法如下：

原告视角下的争点排查表

权利请求	原告的主张	被告的否定	消除措施
要件1：		完整性争点	补充事实主张
要件2：		真实性争点	收集和补充证据
要件3：		符合性争点	法律解释说理论证
抗辩	**被告的主张**	**原告的否定措施**	
抗辩1：		主张无实质性	法律说理论证
抗辩2：		主张缺失	
抗辩3：		主张不真实	辅助证据等
		主张不符合	法律说理论证

在前述法考案例中，《民法典》第一千二百五十三条规定："建筑物、构筑物或者其他设施及其搁置物、悬挂物发生脱落、坠落造成他人损害，所有人、管理人或者使用人不能证明自己没有过错的，应当承担侵权责任。所有人、管理人或者使用人赔偿后，有其他责任人的，有权向其他责任人追偿。"构成要件有五个：建筑物、构筑物上的搁置物、悬挂物，发生脱落、坠落，受害人遭受了可受救济的损失，加害和损失之间存在因果关系，所有人、管理人具有过错。该条特殊之处在于，为了平衡受害人的利益，实行过错推定，即所有人、管理人或者使用人不能证明自己没有过错的，应当承担侵权责任。

权利成立	原告的主张	被告的否定	消除措施
要件1：建筑物、构筑物上的搁置物、悬挂物	搁置在阳台上的狗	符合性争点：狗不是物	类推适用
要件2：发生脱落、坠落	狗掉下去		
要件3：可受救济的损失	小李人身损失		
要件4：因果关系	狗砸伤	真实性争点：小李并非狗砸伤，看热闹没注意自己绊倒	证人证言
要件5：过错推定	存在过错		
权利反对	**被告的主张**	**原告的否定**	**制造措施**
抗辩1：所有人无过错	制止小赵放狗	1. 无符合性	未采取措施
抗辩2：小李的过错	已经提醒过小李注意，但他自以为没事	2. 没有提醒	证人与被告具有利害关系，不真实
抗辩3：小狗不是自己的		3. 无实质性	

1. 原告的请求 vs. 被告的否定。

对于原告的请求，被告提出了相应的否定，一个是存在符合性争点：狗不是物。另一个是真实性争点，被告认为不具有因果关系：小李并非狗砸伤，是看热闹时没注意自己绊倒。

（1）对于符合性争点，小李的措施是进行法律解释的论证：

归入存疑的是放在阳台上的小狗是否属于搁置物。

我们可以从以下方面进行考察：动物是否属于物？我国《民法典》并未规定动物是否属于物，但理论和实务上把动物当作物。德国民法规定动物不是物，但准用物的有关规定。放置在阳台上的狗类似于搁置物。并且从立法目的考察，也可以类推适用，论证流程如下：

基础法条："建筑物、构筑物或者其他设施及其搁置物、悬挂物发生脱落、坠落造成他人损害，所有人、管理人或者使用人不能证明自己没有过错的，应当承担侵权责任。所有人、管理人或者使用人赔偿后，有其他责任人的，有权向其他责任人追偿。"

文义解释：通过文义解释，这一法条不能直接适用于这个案件，放置在阳台上的狗依照字面意思还不能解释成搁置物。

目的解释：搁置物、悬挂物发生脱落、坠落造成他人损害要负损害赔偿责任，是因为这些物件由于其自身重力，脱落后具有危险性。现代社会高楼林立，物件脱落、坠落造成伤害事件频发，有特别予以规制的必要性。

相同点：动物从其自身重力来讲，脱落后与物件具有同样的危险性。

所以，可以类推适用该条，要求房主小孙承担责任，但携带小狗的小赵是最终的责任人，小孙可以向小赵进行追偿。

（2）对于因果关系真实性争点，房主小孙争辩说小李并非由小狗砸伤，而是自己摔倒。小李的措施是针对小孙提供的证人证言的真实性进行质证，也可提出反证。

2. 被告的抗辩 vs. 原告的否定。

（1）被告抗辩说自己无过错。

该条实行过错推定，所有人、管理人或者使用人不能证明自己没有过错的，应当承担侵权责任。所有人小孙可以通过证明自己没有过错来免责，所以小孙提出证人证言说，自己提醒小赵不要把狗放在阳台上。针对这个抗辩，可以从真实性、符合性等方面找出争点，比如，证人具有利害关系，不可靠；即使提醒过，也没有采取必要的措施，不能认为没有过错等。

（2）原告具有过错。

《民法典》第一千一百七十三条规定："被侵权人对同一损害的发生或者扩大有过错的，可以减轻侵权人的责任。"被告小孙也可以通过证明被害人小李具有过错来减轻责任。比如，证明已经提醒小李注意，而小李没有注意，其自身也存在过错，可以从证言真实性等方面找出争点。

（3）被告答辩称并非动物所有人。

房主小孙举证说自己并非动物所有人或者管理人，该答辩意见无实质性，该条并不要求侵权人是该物品的所有人，房主小孙承担责任后，可以向小赵进行追偿。

（八）合理制定方案

理性人考虑成本和收益。一个好的诉讼方案总要在这两者之间作出衡量。律师的工作就是综合分析己方要件事实的优势、劣势，对方抗辩要件事实造成的机会、威胁（SWOT 分析），全面衡量胜诉的可能性。除去一些无法用金钱衡量的利益，比如停止对人格权的侵害，或者返还一件具有纪念价值的物，大部分情况下，诉讼请求是能够用价值来衡量的，在这种情况下就可以和诉讼成本进行直接地比较，选择利益最大化的方案。

（九）精准实施方案

根据诉讼方案精细地组织实施，一体化地考虑法律文书和诉讼活动的配合，各阶段侧重不同：

起诉状：要件事实的故事模型，建构起法官的认知前见。

开庭陈述："案由+诉讼请求"的 3 分钟简述模式，迅速切入案情。

法庭调查：要件事实的真实性攻防模式。

法庭辩论：要件事实的符合性攻防模式。

总结发言：消除己方争点，找出对方争点。

精准实施并非机械实施，像《三国演义》描述的那样，诸葛军师传授锦囊，赵云将军依计而行。精准实施只是说明方案和执行之间的配合问题，并不排斥根据诉讼进展动态调整方案，随机应变。对于这个问题，能征善战的岳飞讲过一句名言："阵而后战，兵法之常，运用之妙，存乎一心。"

三、美国律师如何思考

以下这篇文章摘选自《美国民事诉讼的真谛》一书。从该文的描述中，我们可以看到似曾相识的身影，美国律师的代理思路也是规范出发型、要件式的，整体思路和要件诉讼九步法基本一致。讲到这里，有的读者就会产生疑问，中美的诉讼理念和制度设计迥异，美国律师的思路是否适用于中国，要件诉讼九步法是否有实用价值？

从法律适用来讲，都是强调事实和法律的连接，虽然法律的表现形式不同，一者是制定法，一者是判例法。法律适用中的关键问题都是法律规定的必备要素是否在本案中真实地存在。当事实真伪不明时如何裁判是两国的法律适用者需要思考的问题，无论是对抗制还是职权主义都存在这样的证明责任问题。而根据证明责任进行案件的分析、预测是两国律师共同的思维方式。根据我国现行民事诉讼法，主要依靠当事人进行事实的主张和证据的提供，在事实和证据方面已经比较具有对抗性了。虽然法官还保留一定的依职权调查事实的权力，但在实际的运行中已经限定在非常必要的范围内了，年均结案300件左右甚至更多的法官很少有精力能够投入到主动的事实调查中去，况且居中审理的要求也不允许法官进行法律规定之外的事实调查。所以，从法律适用的基本思路和当事人主义的模式出发，本文的叙述和中国律师的职业思维也基本吻合。为了便于理解，笔者以括号注明的方式对必要的区别予以阐释。

以下为正文部分：①

如果我们可以进入一个律师的头脑之中，那么，当她倾听一位潜在的客户向她诉说自己的冤情时，她的思维过程将是怎样的呢？在本书附录B的第一份文件中，你会看到阿尔伯特·李的冤情——他在饮了一罐Yum Yum软饮料之后病得非常严重。本案的律师，伊丽莎白·谢尔曼，在倾听阿尔伯特·李的悲惨遭遇时会想些什么呢？

“可审判性”是深深根植于美国诉讼律师头脑中的一个概念。与此含义相同的法律概念可能以不同的表达形式存在于大多数的法律制度中——即法律并不认可，或者说并不接受“审理”人们所遭受的所有伤害。你可能由于自身的笨拙或白日做梦而在自己的家中跌倒；你可能由于别人看你的方式或所说的不友好的言辞而感到被人蔑视。但如果这就是所发生的一切，那么，法律制度通常不允许给予赔偿。（笔者注：即我们所说的可诉性，或者属于法院的受案范围）

美国律师可能会说你没有“诉因”。思考法律的一种方式是，法律规定了这样一些变量，如果其是真实的，那么，法律将允许遭遇伤害的人诉诸法院以使法

① ［美］史蒂文·苏本、玛格瑞特·伍：《美国民事诉讼的真谛》，蔡彦敏、徐卉译，法律出版社2002年版，第92~94页。

院强制他人给予其救济，这通常是一种金钱上的判决。按照法律规定，如果“A”“B”“C”和“D”是真实的，那么，因“A、B、C和D”的共同作用而受到伤害的人就可以诉诸法院，然后法院作出“X”的判令——某种救济，即法律所规定的因被告实施了“A、B、C和D”的行为而导致的法律后果。（笔者注：类似我们的请求权基础，如果满足了损害、违法行为、因果关系、过错等要件，就可以依据一般过错侵权请求损害赔偿）

在美国，有成百上千的法律规定了如果原告可以证明被告对自己实施了某种行为，那么原告就可从被告处获得救济的情形。还有其他的法律规定，如果你已经做了某事，那么，政府或一些私人实体必须为你做某事（如在你到达一定年龄后向你支付养老金或月收入），或者规定政府或私人实体可以强制你做某事（如缴税或禁止侵占土地）。在每一个这样的案件中，律师，通过查阅法律，试图为客户预测，特定事情的组合是否会获得法院强制性的救济。换言之，律师必须确定是否存在一个似乎合理的“诉因”。在美国组合构成“诉因”的各种变量或事项被称为诉因的“构成要件”。当美国法学院的学生研修他们的实体法课程时，除诸多的内容之外，各种各样诉因的构成要件就存在于他们所学习的法律领域中。在侵权法的课程中，学生学习相当多的普通法中的侵权构成要件以及由被告律师所主张的普通法抗辩的构成要件。原告律师所依据的最为常见的侵权诉因是“过失”。当伊丽莎白·谢尔曼律师倾听阿尔伯特·李对Yum Yum案件的陈述时，她将考虑的一件事就是整个事件是否能构成过失的诉因。如同我们在第四章里所介绍的，一个过失的诉因包括以下构成要件：被告对原告负合理作为的义务、违反了合理注意的义务、构成了可预见的（近因）实际的伤害（实际原因）、导致了对原告的损害。（笔者注：类似我们说的寻找请求基础，根据法律事实的梳理寻找可能的法律依据）

但伊丽莎白·谢尔曼不会仅仅是抽象地思考阿尔伯特·李案件的诉因及其构成要件。在对抗制下运作的美国律师被要求搜集并提出证据，以使法官或陪审团根据律师所呈示的证据决定案件。因此，早在第一次与客户会面之时，伊丽莎白·谢尔曼就要考虑，她最终究竟必须证明什么才能使阿尔伯特·李获得胜诉，同时，她还必须考虑，站在对方立场上的被告律师为使被告获得胜诉又将试图证明什么。（笔者注：根据证明责任划分法律要件，分析双方的事实对抗）

这就把我们引入美国法律更为技术性的一面。如前所述，当我们说原告必须证明某些情况，或者说原告承担证明责任时，包括两部分：“举证责任”和“说服责任”。律师要获得有关诉因上的成功（假设被告的律师提出了适当的抗辩），她就必须首先令法官信服，就其诉因的每一构成要件她都已经提出了充分的证据，使得事实认定者（法官或陪审团）认定每一构成要件是真实的。（笔者注：证明要件事实）在美国民事诉讼中，原告的律师通常必须满足其举证责任，即有足够的证据允许事实认定者认定每一构成要件是真实的。但原告此后还必须满足其说服责任，即令事实认定者信服其每一构成要件是真实的“可能性大于不可能性”，这才是当我们说原告对某一争点承担证明责任时的确切所指。（笔者注：事实不是举出证据就能自动呈现的，有时候还需要进行推理和推断，说服责任就是利用推理说服法官相信的过程，这个过程在我们的书籍和著作中是缺失的，我们可以借鉴吸收以增强我们的证据说理能力。美国民事审判实行优势证据规则）

在本章稍后部分，你会发现被告可能会对原告的诉因提出积极抗辩。在美国，通常诉讼必须在诉因发生后即一般是从原告遭受损害之时起的若干年限内提起。一般的情形是，各州关于诉讼时效的法律规定，侵权案件必须自诉因发生之时起三年内提起诉讼。如果被告认为案件在超过诉讼时效后才被提起，或者像在罗伯特诉萨莉的案件中，如果萨莉的律师认为罗伯特跌倒是由于其自己的过失，她就可以提出此类积极抗辩。通常，被告对于积极抗辩要承担完全的证明责任——举证责任和说服责任。因此，当伊丽莎白·谢尔曼倾听阿尔伯特·李对 Yum Yum 案件的叙述时，她会不由自主地在内心开始思考有关潜在的诉因问题，以及她如何才能满足对于举证和说服责任的要求。她还会开始考虑被告所可能提出的潜在的抗辩。（笔者注：诉讼时效抗辩与有过错抗辩。类似于我们所说的排查诉讼争点的过程，对于原告来说，胜诉的秘诀就是消除请求的争点，找出抗辩的争点）

四、德国律师如何思考

德国虽然不像美国那样采用对抗制，但在民事诉讼中，原告和被告仍然是对抗性的。我们从下文可以看到，德国律师代理案件的思路和方法与要件诉讼九步法也是相通的。内容摘选如下：①

给当事人提供诉讼的建议是相当棘手的，因为律师很难获得审判前披露的信息。自然而然，他的首要目标就是从客户处获得尽可能多的信息。（笔者注：发现案件事实）如果当事人的陈述理由不足以构成诉因，律师会给出相应的建议，如果当事人坚持要起诉，律师则可能停止代理工作。如果他选择继续代理

① ［德］米夏埃尔·施蒂尔纳：《德国民事诉讼法学文萃》，赵秀举译，中国政法大学出版社 2005 年版，第 454~456 页。

这位客户，他必须警告当事人：起诉可能会使他因“恶意诉讼”而对其相对人承担某种侵权法上或缔约过失的责任，当然还包括相关费用。当无理不当的诉讼给被告的名誉造成了损害，原告将承担上述后果。（笔者注：寻找请求基础，排除明显于法无据的诉讼）

在决定代理该当事人的案子后，律师将查阅相关的实体法，找出构成本案诉因的基础，确定是否需要采取一些初步措施（如发出通知），并探查任何可能的救济，如损害赔偿或恢复原状。（笔者注：查找所有可能的请求权基础）接着，他将转而考察通过何种方式能有效证明本案的必要基础，现有的证据和举证责任将对本案产生怎样的影响。（笔者注：证明要件事实）

诉讼开始之前与对方当事人或其律师接触是明智之举，尤其是需要提出偿还债务，提供劳务等诸如此类的请求的时候。原告（请求人）若未能提出法律要求的请求，他将承担不利的费用令，或败诉的后果。任何情况下，诉前请求一般都会引发对方当事人的回应，这有助于律师形成一种思路，使他清楚需要就哪些事实展开辩论，提出防御。（笔者注：排查诉讼争点）

经常遇到的情况是，当事人描述的案情在对方回应前后会相差很大，所以律师不得不重新审视胜诉的几率，他还得广泛地查阅相关法律，以弄清当事人是否能驳倒对方的论据。而这需要博览案例法。尽管德国没有遵循先例的原则，但联邦最高法院和上诉法院的判决有着相当大的权威。（笔者注：论证要件事实，案例检索）

如果律师认为普遍的法律意见或判例不利于这个案子，他必须通知当事人。否则，他将因违约而对客户承担责任。律师也可不顾不利的法律背景而建议当事人继续诉讼，这或许是因为有机会说服法院对本案作出不同判决——通过识别或取消原来的法律观点。（笔者注：律师的论证责任，如果对选择的方案不能作出法律职业共同体普遍接受的法律论证，很难说尽到勤勉尽责的义务）

法律适用的形式性和规律性决定了法律适用的基本思路和框架是相通的，我们应该秉持开放的态度，既能区别也能联系，取他人之长，补己之短。

第二节 作为实质民法的请求权基础

一、民法的静态体系：人、物、人和人、人和物

从人类的视角来观察这个物质世界的话，主要可以分为两大类：一类是人，一类是人以外的物质世界。人类占主导的、支配的地位，人类以外的物质世界是人类观察和改造的客体。在民法的视角里，受人支配且能够满足人的利益的，称之为物，是主要的客体。这种人类中心主义的思路可能与天人合一、和谐共处的思想不融洽，有进行反思的必要，但它确实深刻影响着人们的思维方式。与此相对应，在民事法律的构建中，也存在人和物的区分。人是民事法律关系的主体，物是民事法律关系的客体。从这主体和客体的区分中，按逻辑划分，又可从人与人的关系、人与物的关系、物与物的关系三个方面构建民事法律制度。以下分别论述之。

（一）作为权利主体的人以及权利主体的扩展

1. 自然人。

（1）民事权利能力。

自然人是当然的民事主体。自然人从出生时起到死亡时止，具有民事权利能力，依法享有民事权利，承担民事义务。（第十三条[①]）自然人的民事权利能力一律平等。（第十四条）

（2）民事行为能力。

具有权利能力并不当然具有以自己的行为参与民事法律关系的能力，民法创设了行为能力制度，以年龄和辨认能力为标准分为完全民事行为能力、限制民事行为能力、无民事行为能力。（第十八条、第十九条、第二十条、第二十一条、第二十二条）

2. 民事主体的扩展。

随着人类社会的发展，人类构造的组织体参与民事法律关系的情形越来越多，有必要将其作为单独的一类主体对待。

① 括号中的条文，如未特别注明，均是指《民法典》的条文，全书同。

《民法典》将权利能力扩展至法人。法人是具有民事权利能力和民事行为能力，依法独立享有民事权利和承担民事义务的组织。（第五十七条）法人的民事权利能力和民事行为能力，从法人成立时产生，到法人终止时消灭。（第五十九条）法人以其全部财产独立承担民事责任。（第六十条）

法人可以分为营利法人、非营利法人和特别法人。以取得利润并分配给股东等出资人为目的成立的法人，为营利法人。营利法人包括有限责任公司、股份有限公司和其他企业法人等。（第七十六条）为公益目的或者其他非营利目的成立，不向出资人、设立人或者会员分配所取得利润的法人，为非营利法人。非营利法人包括事业单位、社会团体、基金会、社会服务机构等。（第八十七条）机关法人、农村集体经济组织法人、城镇农村的合作经济组织法人、基层群众性自治组织法人，为特别法人。（第九十六条）

还有一些组织不具有法人资格，但是能够以自己的名义从事民事活动，这类组织包括个人独资企业、合伙企业、不具有法人资格的专业服务机构等，它们统称为非法人组织（第一百零二条）。与法人最大的不同是，非法人组织的财产不足以清偿债务的，其出资人或者设立人承担无限责任。（第一百零四条）

关于各类法人的具体规定多见于特别法，《民法典》关于人格权、婚姻家庭、继承的多数规定也不适用于法人。

3. 人格权。

虽然《民法典》把权利义务的主体扩展为自然人、法人和非法人组织，但是这并未改变自然人的主体地位。

民法的基本假定是：人依其本质属性，有能力在给定的各种可能性的范围内，自主地和负责地决定他的存在和关系，为自己设定目标并对自己的行为加以限制。其理论基础是康德创立的伦理人格主义哲学。康德讲“人依其本质即为目的本身，而不能仅仅作为手段来使用”，“每个人都享有要求他人尊重自己的权利，而他也必须相对于任何人受到该义务的约束”。黑格尔将此简化为“所有法的命令是：做一个人，并尊重他人为人”。人是权利义务的承担者，人格权是人之为人的核心权利范围，与人相始终，人在人格权在，人亡人格权亡，人格权不能抛弃，不能降等，不许侵害。人生而在权利之中，不能把人和人格权进行分离。人也构成其他部门法的伦理基础，从侵权责任来讲，主动承担责任以及被要求承担责任是人的特权，也是人的负担。没有人会要求野生的动物或者无生命的物进行赔偿。从物权来讲，所有权是法律所承认的对物的支配，让人负有不作为义务。从合同来讲，是法律所承认的私法自治和合同的自我约束。[①]

（二）作为权利客体的物以及权利客体的扩展

1. 物。

物是存在于人体之外，能满足权利主体的利益需要，而且能被主体所支配的物质实体。物包括不动产和动产。法律规定权利作为物权客体的，依照其规定。（第一百一十五条）

2. 权利客体的扩展。

随着人类社会和法律技术的发展，权利的客体也逐渐扩展到给付、智力成果和人身利益。

随着科学技术的发展，人类可支配的物质范围随之扩大，物的概念从有体物扩展至无体物，比如电、光、热等。随着债权概念的发展，人们把给付作为债权债务关系的客体。随着知识产权的发展，智力成果成为知识产权的客体。而权利本身又可以作为法律关系的客体，比如股权转让等。

（三）人和人

人无往而不在社会之中，以自己为核心，推己及人，由内而外，由近而远，构成了强度不一、远近不同、亲疏有别的身份利益群，一圈一圈向外扩散，犹如水中泛起的涟漪，费孝通先生称之为差序格局。其中，个人为核心，是权利义务的主体、具有独立人格的生命个体。夫妻、子女、父母为家庭的核心，身份利益最多。往外衍生，对其他亲属的身份利益已经比较稀薄，对宗族甚至只能说是在公序良俗或者习惯法的程度上存在了。在古代，未成年的孩子、妻子、奴隶等未必有独立的人格，对家族、对宗族所负的义务甚至高过自己的生命。

从近代民法的哲学基础来讲，强调人格平等、人格自由、人格独立，从本质上来讲，是个人自由主义，在财产行为部分极力地贯彻意思自治，只是在现代又逐步转向重视社会公益的保护。作为人的社会属性，一个人在法律上会有不同的身份，如作为儿子、作为丈夫、作为父亲。相应的，也就产生了与身份相关的权利，如配偶权、亲权、亲属权等权利。近现代以来，发生了梅因爵士所说的从身份到契约的转变，成年孩子从父权中解放出来，女子从夫权中解放出来，身份权已经缩小到了非常必要的范围。婚姻家庭等身份上的法律仅在必要的范围内调和个人主义和集体主义。其中，最典型的就是婚姻。两个独立的成年异性，经由结

---

① ［德］卡尔·拉伦茨：《德国民法通论（上册）》，王晓晔、邵建东、程建英等译，法律出版社2013年版，第46~56页。

婚而走入家庭，其人格的独立并不因结婚而受到影响，债权债务也没有发生混同，这点不同于法人的合并。除了因为结婚而享有一定的身份利益，在财产上也将产生重大影响，如果没有约定财产制，一般而言新产生的财产和债务就属于共同财产和共同债务。结婚也可产生家事代理权，这又涉及代理行为的效力和第三人善意保护的问题。结婚生子后，因监护而产生法定代理资格；如未成年人侵权，还要承担无过错替代责任等。

（四）人和物

民法关系只是人和人、主体和主体之间的关系。初学者常会以为物权是作为主体的人和作为客体的物之间的关系，其实是一种误读，物权的支配性是通过他人的不作为义务体现出来的，是通过物折射出的人和人之间的关系。即使在讨论供役地和需役地时（第三百七十二条），也是在讨论他们的所有人，通行权的供役地所有人应该容忍他人的通行，本来他可以禁止通行。采光权的供役地所有人本来可以建设建筑物，但为了需役地所有人的利益，他同意不进行建筑。[①] 在讨论主物和从物的时候，也是在讨论权利人处分的范围。主物转让的，从物随主物转让，但是当事人另有约定的除外。（第三百二十条）因标的物的主物不符合约定而解除合同的，解除合同的效力及于从物。因标的物的从物不符合约定被解除的，解除的效力不及于主物。（第六百三十一条）

物有两种价值，一种是使用价值，一种是交换价值。当然，所有权是全面的，包括全部处分权和对这两种价值的利用，另外，还有从所有权中分离出来的用益物权和担保物权。用益物权是对物的使用价值的利用。由于我国土地属于国家和集体所有，个人和组织对土地的使用只能在用益物权的范围内，所以我国的用益物权种类多、应用多，这是我国民法的一大特色。从本质上讲，这是我国社会主义公有制面临的重大课题，在理论和实践上的成就将为世界法治文明作出卓越的贡献。

1. 所有权：所有权人对自己的不动产或者动产，依法享有占有、使用、收益和处分的权利。（第二百四十条）按照所有制形式，所有权可以分为国家所有权、集体所有权、私人所有权。民法典规定，国家、集体、私人的物权和其他权利人的物权受法律平等保护，任何组织或者个人不得侵犯。（第二百零七条）按照所有人，所有权又可以分为单独所有、共有、建筑物区分所有等。

① ［德］迪特尔·梅迪库斯：《请求权基础》，陈卫佐、田士永、王洪亮、张双根译，法律出版社2012年版，第17页。

2. 用益物权：用益物权人对他人所有的不动产或者动产，依法享有占有、使用和收益的权利。（第三百二十三条）用益物权包括土地承包经营权、建设用地使用权、宅基地使用权、居住权和地役权。

两种用益物权和农村土地相关，一种是盖房子的宅基地使用权，一种是进行农业生产的土地承包经营权。宅基地使用权人依法对集体所有的土地享有占有和使用的权利，有权依法利用该土地建造住宅及其附属设施。（第三百六十二条）土地承包经营权人依法对其承包经营的耕地、林地、草地等享有占有、使用和收益的权利，有权从事种植业、林业、畜牧业等农业生产。（第三百三十一条）目前我国正在推进三权分置改革，所有权属于集体，承包权属于农民，长期不变；然后从承包权中再分离出一项土地经营权，由具体的经营人进行经营。土地承包经营权人可以自主决定依法采取出租、入股或者其他方式向他人流转土地经营权。（第三百三十九条）这样妥善地解决了以下几个问题：一是城镇化过程中，农民就业方式转向其他，可将经营权转给他人。二是解决我国农业现代化、集约化与土地不集中、分散之间的矛盾。三是保障农民进城过程中不失地，不造成社会矛盾。

建设用地使用权：指因建筑建筑物或其他构筑物而对国家所有的非农业用地进行占有、使用、收益的用益物权。

居住权：居住权人有权按照合同约定，对他人的住宅享有占有、使用的用益物权，以满足生活居住的需要。（第三百六十六条）

地役权：指为了利用自己土地的便利而对他人土地进行一定程度的利用或对他人行使土地权利进行限制的权利。

3. 担保物权：指为确保债务清偿为目的，而于债务人或第三人的特定物或权利上所设定的担保其他债权实现的他物权。市场经济条件下，信心比黄金更重要，信心赋予信用，信用融通资金，资金发展经济。为了融通资金，用实物进行担保融入一定的资金非常必要。随着现代金融的发达，证券化融资、信用融资等日益发展，传统的担保物权有逐渐减弱的趋势，因为担保融资一是受到担保物价值的影响，融资额受限；二是担保物变现过程长，成本高。

抵押权：债务人或第三人不转移财产的占有，将财产抵押给债权人，只是在债务人不履行债务时，债权人有权就该财产优先受偿。

质权：债务人或第三人把动产或权利移交给债权人占有，将该财产作为债的担保，当债务人不履行债务时，债权人有权依法以该财产变价所得优先受偿。

留置权：债务人不履行到期债务，债权人可以留置已经合法占有的债务人的动产，并有权就该动产优先受偿。

知识产权：指以对于人的智力成果和工商业标志的独占的、排他的利用为内容的权利，包括著作权、专利权、商标权等。随着现代文明的发展，知识产权的体量和形态都在呈几何级数地扩张。

二、民法的动态体系：自治、防卫、赔偿

前面我们讲述的主要是这样一些权利，权利人得直接支配其标的，而具有排他性的权利。比如，人格权、身份权、物权、知识产权等。如果就像鲁滨孙一样独居荒岛，我们也无需法律关系的考察。但我们总是在和他人的行为进行互动，并因此而产生了各种法律关系的变动。自治、防卫、赔偿构成了民法规制这种行为互动的三个主题。所谓自治就是通过自己的行为来塑造法律关系，最为常见的就是通过合同进行交易。所谓防卫，就是使支配权恢复其圆满状态的防御请求权。所谓赔偿，就是要求他人对民事权益的损害进行赔偿。

（一）自治

民法实行意思自治，“所谓私法自治，亦称意思自治，是指经济生活和家庭生活中的一切民事权利义务关系的设立、变更和消灭，均取决于当事人自己的意思，原则上国家不作干预。只在当事人之间发生纠纷不能通过协商解决时，国家才以仲裁者的身份出面予以裁决。私法自治的实质，即是由平等的当事人通过协商决定相互间的权利义务关系。私法自治这一基本原理，体现在民法的各个部分，例如在物权法上称为所有权自由，指所有权人在法律许可范围内可以自由占有、使用、收益和处分其所有物；在合同法上称为合同自由，指当事人自己决定是否订立合同，与谁订立合同，以什么形式订立合同及决定合同内容；在亲属法上称为婚姻自由与收养自由，个人有结婚与离婚的自由，收养关系的设立与解除原则上亦由个人自决；在继承法上称为遗嘱自由，指个人在生前可以订立遗嘱，决定其身后遗产的处分；在商事法上称为‘营业自由’，指具有行为能力的人，可以按照自己的意思从事商事活动。须说明的是，私法自治并非不受限制，在现代市场经济条件下，国家为了对市场宏观调控和维持市场秩序，为了保护消费者、劳动者利益及社会公共利益，有必要制定一些特别法规对自治私法予以适度的限制”①。法律行为是私法自治的工具，② 所谓法律行为，指以发生私法上效果

① 梁慧星：《民法总论》，法律出版社 2017 年版，第 39 页。

② ［德］迪特尔·梅迪库斯：《德国民法总论》，邵建东译，法律出版社 2013 年版，第 143 页。

的意思表示为要素的一种法律事实。[①] 法律行为主要指双方法律行为。

双方财产行为称为合同，双方身份行为称为协议，《民法典》第四百六十四条规定：“合同是民事主体之间设立、变更、终止民事法律关系的协议。婚姻、收养、监护等有关身份关系的协议，适用有关该身份关系的法律规定；没有规定的，可以根据其性质参照适用本编规定。”此处主要论述财产行为。

民法对财产关系采用了不同于人身关系的构建技术，那就是物权和债权的二分技术。

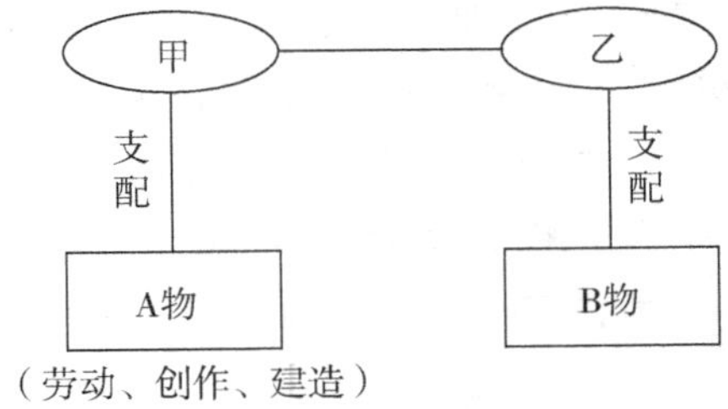

民法中的人和物

资源具有稀缺性是法律产生的根本原因，我们生存必需的阳光、空气相对丰富，就没有成为民法中的物权。当然，在某些具体情形下也会成为物权的客体，如高原地区的吸氧罐。所以，马克思才敏锐地总结说，物质极大丰富的共产主义社会，法律最终消亡。

在一个资源丰富、自给自足、老死不相往来的社会里，人们不需要争夺，不需要交易，甲自由自在地享有自己的A物，乙自由自在地享有自己的B物，甲乙之间没有冲突、没有交易，甲、乙之间也就没有什么法律关系。但现实世界里，资源是有限的，人类的物质文化需要是无限的，所以人类社会的生存就需要一定的秩序来调和有限的资源和无限的需求之间的矛盾。我们需要一些秩序和规则来界定谁应该享有这些资源。比如，粮食是谁种的？房屋是谁建的？宝物是谁先发现的？这个秩序由宪法和其他法律来建立，如宪法规定的国家所有权和集体所有权等。

在一定的规则和秩序之下，甲对自己的A物享有支配权，乙对自己的B物享有支配权，出于交易的需要，甲和乙可能想互换A和B。那么，甲和乙就达成了一个买卖协议，甲同意将A物交付给乙以换取B物，乙同意将B物交付给甲以换取A物。请注意这里的区别，在甲和乙交付之前，甲不享有对B物的支配

① 梁慧星：《民法总论》，法律出版社2017年版，第165页。

权，乙不享有对A物的支配权，甲只是享有请求乙交付B物的权利，乙只是享有请求甲交付A物的权利，这种权利就是债权。通过交易甲享有B物、乙享有A物是目的，甲、乙交换的债权是手段。在市场经济社会，社会化分工日益精细，我们的大部分需要都是通过债权实现的。这里和物权不同，是存在于特定人之间的一个协议。对于这个协议，在立法技术上，法学家创设了法律行为的概念，把这个通过自己的意思而追求一定法律上的效果称为意思表示，而根据私法自治，就按照当事人自己的意思发生法律效果。

这可能是早期的交易模式，随着货币作为一般等价物的出现，交易一般就变成我们现实生活中的情形，通过货币来交易商品。除去交换物品，我们还可能需要别人的服务、劳务、劳动成果等，这就构成了各种各样的合同。现代信息社会，万物互联，你可以宅在家里，但不可能不和别人发生合同关系。可以毫不夸张地说，我们天天都生活在合同之中，如买早点、使用网络服务、打车、寄快递等。

（二）防卫

从生活的本源来讲，支配权是目的性的权利，是保障人类赖以生存的物质基础（物权）和人自身的人格尊严（人格权）的权利。但作为一种绝对权，权利人自由支配其标的就可满足其目的，仍不涉及特定人的特定义务。只有在支配权被妨害、被侵害的情况下，才涉及要求特定的人履行特定的义务，如停止侵害、排除妨害、消除危险。

（三）赔偿

侵权之债：侵权之债规制的是你的行为自由和他人的人身、财产之间的紧张关系，当你的行为损害了别人的人身、财产的时候，你会因为你的过错承担赔偿责任。现代侵权法以过错责任为原则，就是为了在行为人的行为自由和他人损失赔偿之间进行平衡。

综合前述分析，人格权、身份权、物权、知识产权等属于绝对权，其权利实现一般不需假手他人。根据私法自治，绝对权可以根据协议或合同进行安排和交易。绝对权圆满状态受到妨害、侵害时，有权要求他人不得侵害和干涉。如果他人侵犯了前述的绝对权，可根据侵权责任要求他人赔偿。所以，自治、防卫、赔偿构成了民法的三个主题。

三、请求权基础的重要作用

(一) 何为请求权

自治、防卫和赔偿都涉及他人的行为,从而产生相应的请求权。

请求权是指权利人得请求他人为特定行为(作为、不作为)的权利。请求权人自己不能直接取得作为该权利的内容的利益,只能通过他人的特定履行行为间接取得。请求权是牵起民法知识体系的牛鼻子。根据民法的体系,任何权利,无论是相对权还是绝对权,为发挥其功能,或恢复不受侵害之圆满状态,均须借助于请求权之行使。①

人际关系包含多个维度,道不同,不相为谋,价值观和理念对于人际交往来说,是个很重要的问题,但法律只调整外在的行为。在私法上,由于主体平等,并不能由一方主体对另一方的行为进行强制,也不允许自行凭着私力去实现权利,只是赋予一方以请求权,一方只能请求他人为特定行为(作为、不作为)。对强制的垄断是现代国家的通行做法,目的是避免霍布斯所说的"一切人对一切人的战争"。

(二) 何为请求权基础

在诸多法律规范之中,能够起到纲举目张、高屋建瓴作用的法条就是直接规定一方对他方负有某种义务的规范,这类规范被称为"请求权基础",也形象地称为 www. 法律基础(www. legal basis),是"谁以什么为法律基础向谁请求什么(Who Wants what from whom on what legal basis)"的简写。② 请求权基础是一个具有构成要件与法律效果的完全性法条。其中,构成要件的内容包括规范对象与情景描述,法律效果则包括应然规则及被规制的行为模式。比如,《民法典》第五百七十七条规定:"当事人一方不履行合同义务或者履行合同义务不符合约定的,应当承担继续履行、采取补救措施或者赔偿损失等违约责任。"前段构成要件以合同当事人为规范对象,以"一方不履行合同义务或者履行合同义务不符合约定"为情景描述,若存在构成要件描述的情形,即存在不履行合同义务或者履行合同义务不符合约定的描述情景,则应适用如下法律后果:"应当承担继续履行、采取补救措施或者赔偿损失等违约责任"。请求权基础将请求权的前提条件

---

① 梁慧星:《民法总论》,法律出版社 2017 年版,第 73 页。

② 国家法官学院、德国国际合作机构:《法律适用方法合同法案例分析方法(第 2 版)》,中国法制出版社 2015 年版,第 34 页。

（构成要件）和义务人作为或不作为的义务（请求权法律效果）联系起来。比如，得利人没有法律根据取得不当利益的（构成要件），受损失的人可以请求得利人返还取得的利益（法律效果）。(第九百八十五条)

在此需要明确区分“请求权基础”和“请求基础”这两个概念。二者都具有条件和效果的规范结构，根据产生的法律效果是所有权、请求权、形成诉权而有不同。请求权基础是给付之诉的法律依据，其规定了在何种条件之下产生何种请求权。请求基础是其上位概念，还包括形成之诉和确认之诉的法律依据。比如，《民法典》第一千零七十九条规定，“夫妻一方要求离婚的，可以由有关组织进行调解或者直接向人民法院提起离婚诉讼。人民法院审理离婚案件，应当进行调解；如果感情确已破裂，调解无效的，应当准予离婚”。该条并非请求权基础，而是离婚形成诉权的请求基础。

如赵某和李某是邻居，赵某将垃圾倾倒在李某家门口，导致李某出行困难。《民法典》第二百三十六条规定：“妨害物权或者可能妨害物权的，权利人可以请求排除妨害或者消除危险。”本案中，李某可以请求赵某排除妨害。赵某有倾倒垃圾的自由，李某有通行的自由，在相互冲突的利益中，立法者通过赋予一方以请求权的方式表达了自己的利益衡量和评断，这种评断在法院审判类似的案件时具有拘束力。请求权基础就是立法者预先根据设想的利益冲突的情形（构成要件）所作出的具有约束力的评判抉择。①

（三）请求权基础有何用

请求权基础是民事法律适用基本的思维框架，以下从理论、功能、逻辑和现实四个方面分别论述②：

1. 请求权构成了给付之诉的法律依据。

给付之诉，即基于具有给付内容的实体法律关系，当事人可以提出给付请求权，包括行为给付和财产给付等。行为给付可以是请求作为（消除危险，赔礼道歉），也可以是请求不作为（停止侵害）。财产给付之诉的诉讼请求则是给付什么（返还某处房屋）或者给付多少（支付货款5000万元）。

2. 请求权基础体现了民法作为救济法的特色。

按照亚里士多德关于分配正义和矫正正义的区分，分配正义涉及立法性权力考量，主要是立法者基于一定的考量，将某种利益或不利益分配给其他人。这种

① 参见［德］迪特尔·施瓦布：《民法导论》，郑冲译，法律出版社2006年版，第8页。

② 参见吴香香：《民法典编纂中请求权基础的体系化》，载《云南社会科学》2019年第5期。

分配主要考虑平等原则，等者等之，不等者不等之。分配正义并非倡导大锅饭，也允许合理标准的差别待遇。比如，民事权利能力无差别地赋予每个自然人，但为了保护未成年人利益和特殊群体的利益，基于年龄和识别能力规定了无行为能力、限制行为能力制度。

分配正义更多体现于民法的配置性规范，矫正正义更多体现于民法的冲突解决规范。“矫正正义通常是由法院或其他被赋予了司法或准司法权力的机关执行的。它的主要适用范围乃是合同、侵权和刑事犯罪等领域。一种违约行为将通过一个规定支付损害赔偿费的判决而得到矫正，除非规定了某种其他救济手段（诸如强制照约履行方式）。在侵权行为人使他人遭受故意或过失损害的案件中，判以恰当补偿也是法官或陪审团的义务。在刑法领域中，矫正正义问题则表现在下述方面，即确定给予罪犯以何种刑罚的方面。”① 请求权基础即是民法领域关于矫正正义的实现措施，因为它规定了何种情形下以何种方式进行矫正。

3. 请求权基础凸显了民法作为裁判法的纠纷解决功能。

民法奉行私法自治，以任意规范为主要内容，主要体现为约束法官的裁判规范。民事纠纷奉行意思自治的处分原则，原告不告不理，告什么理什么。民事审判的主要任务就是回答原告的权利主张。所以，通过诉讼保护民事权利，总是特定的主体要求特定的人履行特定的义务。找到了这种义务的法律依据也便找到了案件的突破口。“适用法律即由寻求法律规定开始，从中可以得出所宣称的法律后果。也就是说，所涉及的必须是将一个法律后果（如一项请求权）同特定前提（构成要件）联系起来的法律规定。这是真正意义上的法律规范，任何一个法律案件的解决办法都要从它们出发。法律中的所有其他规定都只能作为对这些规范的补充来理解。”② “法官不能根据自己的裁量而对所主张的请求权作出决定。法官只有在对此存在法定的基础的前提下，才能强制这个国家的一个自由的公民做些什么事情。那些赋予民事法庭为了其他公民的利益，而命令或施加针对某个公民的强制的权利的法律规定，被称为请求权基础。它们对于律师和法官以及所有法律使用者来说都是任何案件的轴心和关键。”③

---

① ［美］E. 博登海默：《法理学：法律哲学与法律方法》，邓正来译，中国政法大学出版社 1999 年版，第 267 页。

② ［德］迪特尔·施瓦布：《民法导论》，郑冲译，法律出版社 2006 年版，第 33 页。

③ ［德］本德·吕斯特、阿斯特丽德·施塔德勒：《德国民法总论》，于馨淼、张姝译，法律出版社 2017 年版，第 87 页。

4. 请求权基础展现了民法展开公因式之后的规范全貌。

现实世界是动态的、复杂的、多维的，语言描述是静态的、一维的，法条不是一个很好的现实的描述者，它像洞悉世间百态一样，把一个完整的故事按照节省立法资源的原则剪辑得七零八乱。民法典运用提取公因式的做法，先规定通用的一般规定，再作出个别的特殊规定，好处是节省立法资源，不必在每个相关的地方再重复规定或者提示参照适用。比如总则编关于法律行为的相关规定，既可以适用于财产行为，也可以适用于身份行为。而对于双方财产行为的合同，又在合同编规定了通则，既可以适用于买卖合同，又可以适用于赠与、委托等合同。然后再具体规定各种有名合同的具体规则。但提取公因式的做法也造成了适用上的困难，“公因式一旦被提取，将出现规范体系的双重不完整：一方面，总则规范失去独立适用能力，须与括号之内的因素相结合，始得合成一项完全规范……另一方面，既然总则已将部分构成要件与法律效果提取于括号之外，括号内的分则规范亦不再完整”①。而请求权基础则把按照立法技术分离的各个要件重新整合为一个完整的规范，复原了提取公因式之前的民法规范全景，从而可直接适用于司法裁判。请求权基础是德国民法思维的主导，梅迪库斯称其为“民法教学法的脊梁”，被深度植入学理、教学与实务之中。德国民法教义学的最新发展，即以请求权基础为线索重述民法，彼得森认定请求权基础是民法的内在体系，沙普直接将民法定义为请求权基础体系。②

5. 请求权基础逐渐成为学界和实务界的共识。

鉴于请求权基础对法律适用的重要意义，近年来它已成为中国民法教义学的焦点，受到理论、教育与实务的多方瞩目。经过王泽鉴先生的引入，大批留德民法学者的推广介绍，请求权基础不仅在各大高校案例教育中掀起热潮，在实务界也引起广泛的共鸣。国家法官学院自 1998 年起，与德国国际合作机构共同举办法律适用方法培训班，并自 2012 年起出版《法律适用方法》系列丛书。要件事实理论的传播和推广应用更将请求权基础理论推到了法律实践的最前沿。

2019 年 7 月 3 日，最高人民法院审判委员会委员刘贵祥在全国法院民商事审判工作会议上的讲话中，明确提出“统一裁判尺度，要有正确的裁判方法……要树立请求权基础思维。在当事人之间可能存在多重法律关系时，要根据当事人的诉讼请求确定法律关系的性质。在当事人提起多个诉讼请求的情况下，要考虑这些诉讼请求是竞合还是聚合关系，进而确定当事人能否一并提起，还是只能择其

---

① 朱庆育：《民法总论》，北京大学出版社 2016 年版，第 27 页。

② 参见吴香香：《民法典编纂中请求权基础的体系化》，载《云南社会科学》2019 年第 5 期。

一提出。要寻找请求权据以提出的规范依据，在出现多个可以适用的法律规范时，要根据特别规定优于一般规定、新的规定优于旧的规定、具体规定优于原则性规定等法律适用规则准确适用法律；在出现法律漏洞时，要根据类推适用、价值补充等方法填补漏洞”。

为此，王泽鉴先生在《法律思维与案例研习：请求权基础理论体系》再版序言中写道：“撰写本书的最大鼓励，是请求权基础方法30年来已逐渐成为两岸法律人共同的语言，教学研究的内容，希望有助于增强所有法律人的思维能力，提升司法品质及奠定法治的根基。”

四、请求权基础的案例应用

直接规定特定主体之间产生特定义务的规范我们称为请求权基础，而直接规定该义务障碍、消灭、阻止的规范我们称为抗辩规范。其他规定或者是关于这些规定构成要件的辅助规定，或者是关于这些规范法律后果的补充规定。这样，请求—抗辩的思维就构成了民法规范梳理的主干和脉络。由于有请求才有相应的抗辩，请求是进攻，抗辩是防御，针对特定的请求有其相应的防御。再加上请求比较明确和易于确定，因为其指向某个特定主体特定义务的产生，从请求的原因和内容就能固定一个请求权基础，而抗辩规范具有发散的特性，任何一种与请求效果相排斥的法律效果都可以作为抗辩规范。所以，掌握请求—抗辩规范群的诀窍就是以请求权基础为核心，以此为基点延伸掌握可能的抗辩规范。这样就相当于牵住了规范群的牛鼻子。

以下举几个例子来说明请求权基础的框架作用。

（一）侵权案件

比如，张三和李四素来不睦，一日李四打猎归来，两人发生口角，张三将李四打伤，为此李四在家疗伤5天，花去医药费1500元，因为张三一脚踢烂兔笼，李四捕猎所得的四只野兔跑丢了，野兔市价300元。

在李四向张三提起的侵权之诉中，因为不属于特殊侵权，可能的请求权基础是《民法典》第一千一百六十五条第一款：“行为人因过错侵害他人民事权益造成损害的，应当承担侵权责任。”适用这一条规范，还需要进一步考察过错、民事权益、侵权责任的承担方式等条款的内容。

首先是张三是否侵犯了李四的权益。侵犯了哪些权益，也是需要进一步查清的。李四受伤属于健康权受损，踢烂的兔笼属于李四所有权受侵害。需要进一步考察的是，丢失的野兔属于李四的财产吗？我国民法并没有规定先占制度，但是根据民法理论和实务，也承认先占，否则捡破烂、采蘑菇、摘野果等都不具有法律基础。在此处还需要特别考虑的是野生动物保护法，野兔是否属于重点保护野生动物，李四是否在禁猎期、禁猎区或者采用禁用的工具和方法捕猎等，都涉及该野兔的所有权归属和相关责任，违反相关规定的，还可能没收违法所得，承担行政责任乃至刑事责任，仅在此处作些提示，不再展开。

行为、因果关系等要件在本案例中没有疑义，不再展开。其次是过错，民法没有关于过错的立法定义，根据民法理论，过错分为故意和过失，可以参考刑法上的规定。根据《刑法》第十四条规定，“明知自己的行为会发生危害社会的结果，并且希望或者放任这种结果发生”，属于故意。《刑法》第十五条规定，“应当预见自己的行为可能发生危害社会的结果，因为疏忽大意而没有预见，或者已经预见而轻信能够避免，以致发生这种结果的”，属于过失。张三明知道殴打会致伤，但希望这种结果发生，属于过错中的故意，符合《民法典》第一千一百六十五条的规定。

损害赔偿责任成立后，还要进一步考察赔偿范围。为此需要考察《民法典》第一千一百七十九条：“侵害他人造成人身损害的，应当赔偿医疗费、护理费、交通费、营养费、住院伙食补助费等为治疗和康复支出的合理费用，以及因误工减少的收入。造成残疾的，还应当赔偿辅助器具费和残疾赔偿金；造成死亡的，还应当赔偿丧葬费和死亡赔偿金。”李四的医药费有相关凭证可以证明，疗伤5天的误工损失该如何计算呢？为此找到了《人身损害赔偿解释》第七条：“误工费根据受害人的误工时间和收入状况确定。误工时间根据受害人接受治疗的医疗机构出具的证明确定。受害人因伤致残持续误工的，误工时间可以计算至定残日前一天。受害人有固定收入的，误工费按照实际减少的收入计算。受害人无固定收入的，按照其最近三年的平均收入计算；受害人不能举证证明其最近三年的平均收入状况的，可以参照受诉法院所在地相同或者相近行业上一年度职工的平均工资计算。”平均工资又从哪里可以查到呢？该解释第二十二条有明确规定：“本解释所称‘城镇居民人均可支配收入’‘农村居民人均纯收入’‘城镇居民人均消费性支出’‘农村居民人均年生活消费支出’‘职工平均工资’，按照政府统计部门公布的各省、自治区、直辖市以及经济特区和计划单列市上一年度相关统计数据确定。‘上一年度’，是指一审法庭辩论终结时的上一统计年度。”这样，分别确定误工的时间和收入以后，才能进一步计算出误工费。

四只丢失的野兔的损失如何确定呢？《民法典》第一千一百八十四条规定：“侵害他人财产的，财产损失按照损失发生时的市场价格或者其他合理方式计算。”所以，野兔的损失按照损失发生时的市价300元进行计算，即使判决时野兔价格涨到了400元，也只能按损失发生时的价格计算。

（二）物权案件

所有物返还之诉中，基础规范就是《民法典》第二百三十五条：“无权占有不动产或者动产的，权利人可以请求返还原物。”例如，甲将自己的相机租赁给乙使用，乙正好缺钱，就按市价卖给了不知情的丙，丙的朋友丁恰巧知道这个相机的来龙去脉，但是非常喜欢，就从丙手里买了过来。假设甲想要向丁取回相机，甲可能的请求权基础是《民法典》第二百三十五条，构成要件包括两项，一是请求权人甲是物权人，二是被请求人丁是现时的无权占有人。

我们逐次考察这两个要件：

要件一：甲是否系所有权人

1. 甲是相机的所有人，甲乙成立租赁合同，甲为出租人，乙为承租人，甲为间接占有人，乙为直接占有人。

2. 乙丙买卖合同有效，但乙是无权处分，丙并不能依照合同取得相机的物权。

3. 丙符合善意取得的构成要件，根据法律规定取得相机的所有权，甲的相机所有权消灭。

结论一：甲是物权人这个要件不能满足。只有满足全部构成要件才能适用该规范，一个要件不满足已经能够得出否定结论，一般就没有必要再分析其他要件。但是我们出于学习的目的，接着分析第二个要件。

要件二：丁是否系无权占有人

1. 丙符合善意取得的构成要件，根据法律规定取得相机的所有权，甲的相机所有权消灭。

2. 丙是所有权人，其转让系有权处分，丁虽然属于恶意，但仍取得所有权。

结论二：丁是现时的所有权人，不是无权占有人。

总的结论：甲不能对丁行使返还原物请求权。

从该案例我们可以看出，其他关于所有权、用益物权、含占有的担保物权的取得和丧失的规范，都可以构成该条“权利人”要件的辅助规范，而关于可构成占有本权的相关规范都可能成为该条“无权占有”要件的障碍规范。

（三）合同案件

要求对方承担违约责任的诉讼中，请求权基础是《民法典》第五百七十七条："当事人一方不履行合同义务或者履行合同义务不符合约定的，应当承担继续履行、采取补救措施或者赔偿损失等违约责任。"但要求对方当事人承担违约责任的前提条件是合同已经成立并且生效，而判断合同是否成立并生效，就需要进一步考察要约、承诺等合同成立规则和附条件、附期限等合同生效规则。根据案件事实和当事人争议，可能还要进一步考察要约的方式和期限。根据案情，如一方主张自己根据交易习惯通过行为作出了承诺，另一方予以否认，双方对是否存在这样的交易习惯产生争执，就可能需要进一步考察交易习惯的定义。而对于交易习惯是否生效，又以不违反法律、行政法规强制性规定为消极要件，这属于空白式规定，可能要查找的法律就比较多了。解决一个案例不仅仅是需要一个条文，而是随着案情的进展和双方争点的转移，动用整个民法的条文和体系来分析、论证、解决问题。这种分析具体进展到哪一步，纵深有多深取决于案情的复杂程度和标的的重要程度。

从上述分析可以看出，请求权基础方法在分析案例时具有很多优势。王泽鉴先生归纳了三个优点：分别是实务需要、经济原则、可检验："1. 实务需要：在诉讼上所争执的，多属一方当事人有无某种作为或不作为的义务，请求权方法适合实务的需要。2. 经济原则：请求权方法有助于针对问题作答，避免重复，得集中于检讨请求权基础。3. 检验思路过程：可从法律的立场去思考问题，避免个人主观的价值判断及未受节制的衡平思想，而能有可供检验的思考过程。"①稍作分析如下：

1. 目标导向，直面问题。"请求权基础的模式为'谁得向谁，依据何种法律规范，有所主张'。法律问题的发生源起于具体案例的一方当事人对他方当事人有所主张，而启动了探寻得支持其所为主张的请求权基础。所谓有所主张，例如买受人向出卖人请求交付某物，并移转其所有权；车祸被害人向加害人请求财产上或非财产上的损害赔偿。"② 诉讼上所争执的，多属一方当事人有无请求对方为某种作为或者不作为的权利，请求权基础方法直接从契合当事人利益诉求的法律效果出发，寻找相关实体法规范并考察其适用，目的明确，突出主题。

2. 体系清晰，可操作性强。请求权基础方法不仅关注权利请求的实体法规范，而且关注权利障碍、消灭、阻止等规范，有利于全面掌握案件的权利义务关系，于法官而言是全面准确地适用法律，于律师而言是全面把握双方的攻防。

3. 重在涵摄，训练思维。请求权基础分析法是先找出法律规范，然后将事

① 王泽鉴：《法律思维与案例研习：请求权基础理论体系》，台北元照出版公司2019年版，第70页。
② 王泽鉴：《法律思维与案例研习：请求权基础理论体系》，台北元照出版公司2019年版，第71页。

实归入其下，[1] 亘在检验是否能够适用某一请求权基础规范。可以培养法律人按照法律规定的立场去思考问题，避免主观的价值判断及未受节制的衡平思想。

4. 实务导向，适用性强。请求—抗辩的效果轴就是根据个案整合相关规范的基本框架。请求权基础与抗辩规范构成的效果轴使得实务思考具备了清晰的思考框架，明确了考察的基本范围，明显排除了一些无关的事项，突出了思维的目的性、经济性和严谨性。辅助规范只有在对请求或抗辩的构成要件存在争议的情况下才需要进一步考察，补充性规范只有在对法律效果需要阐明的情况下才需要考察。这样就将零散的法条根据案情的需要提纲挈领地组织了起来。对于法律适用者来讲，一个非常复杂的使命就是“把由于技术原因在制定法中分开放置的，但不应该说成是分裂的一个完整的法律应然思维的构成部分，组成一个整体，具体就是把法律应然思维的那些部分，对于具体法律案件及判断是急需的部分，拉近、整合”。[2] 这个拉近、整合的框架就是请求权基础。王泽鉴先生说，适用一个法条，就是适用整个民法典。请求—抗辩的效果轴根据案件的复杂程度，可以逐渐向最基础的领域延伸，适用整个民法甚至整个法律体系。比如，通过一般性条款等可以转向宪法、行政法等法律的适用。请求权基础是浮在海面上的冰山一角，通过效果轴而串起整个民法体系。

梅迪库斯在其名著《德国民法总论》中对请求权基础方法进行了高度评价，并回应了相关批评，非常深刻，值得多次研读：“当今流行最广的案例分析方法，是根据请求权进行操作的。只要案例中提出的问题指向那些可通过请求权达到的目标，如支付金钱、损害赔偿、返还、停止侵害等，那么在解答案例时，就应当以能够产生这些法律后果的请求权规范作为出发点。如案例中提出的问题是某当事人是否有权要求另外一个人返还‘所有权’，则应考察第 985 条、第 861 条、第 1007 条、第 2018 条的要件是否具备；此外可能还要考察其他规定有相同法律后果的规定，如第 812 条或第 823 条第 1 款及第 249 条第 1 句。[3] 这些规范即是请求权规范或主要规范，它们的事实构成决定了考察问题的范围。在这样确定的框架内，考察者一般还会接触到其他规范，即所谓的辅助性规范。辅助性规范规

① 王利明：《法学方法论》，中国人民大学出版社 2012 版，第 293 页。

② ［德］卡尔·恩吉施：《法律思维导论》，郑永流译，法律出版社 2014 年版，第 71 页。

③ 第九百八十五条是关于所有人返还请求权的规定，第八百六十一条是关于占有被侵夺的请求权的规定，第一千零七条是关于前占有人的请求权的规定，第八百一十二条是关于不当得利请求权的规定，第八百二十三条是关于损害赔偿的规定。

定了主要规范的各项构成要件是否具备。如就第985条而言，有关所有权和占有的取得及丧失的规定（即第929条及以下条款，第854条及以下条款）便是辅助性规范。这些辅助性规范只有在考察某项请求权规范的构成要件时才具有意义。

“对于这一程序，我在我所著的《民法》一书中作了详细的说明，并在刊登在《民法实务档案》的文章中作了进一步的分析。对此，有学者批评道，‘竭尽全力去构筑一张案例解答的草图’，会使‘探索主导性法律思想的意义’黯然失色。然而我认为这一批评是没有道理的。把问题分解为各类法律关系，再把法律关系分解为各项请求权，正是为了指明通向那些‘主导性法律思想’的道路；而待决案件的处理，则取决于这些主导性的法律思想。我们把考察的范围限制在请求权规范的事实构成，以及由该请求权规范为媒介得出的辅助性规范的事实构成方面，就可以使虽然在案情叙述中出现，但对我们所寻找的答案没有意义的一切情况排除在考察范围之外，因为这些情况不会对是否适用此项请求权规范产生什么影响。所以，只要正确地实施这一排除行为，那么在被排除的东西中，就不可能有对案例分析具有‘主导性’意义的法律思想。当然，一个不是训练有素的人有时会过分重视案例分析的结构，因而忽略了对实质问题的分析。如有人可能会对第985条与第1007条之间的关系苦思冥想，结果却没有时间去考察原告是不是标的物的所有权人这个问题了。不过我觉得，如果在分析案例时不以一项结构原则作指导，那么这种忽略分析实质问题的危险只会更大。恰恰对一个不是训练有素的人而言，期待他能够几乎凭直觉发现‘主导性的法律思想’，这只能是一种不太可能出现的巧合。

“所以，我一如既往地认为，实体法上的请求权对未经严格训练的初学者来说，是其分析案例的一种不可缺少的思维辅助手段。用请求权及抗辩权来思维，可以使对法律关系内的问题的分析，集中在一些重要的问题上；解决了这些问题，案例中提出的问题也就迎刃而解了。”①

① ［德］迪特尔·梅迪库斯：《德国民法总论》，邵建东译，法律出版社2013年版，第71~72页。

第三节 请求权适用的实体和程序

一、请求权的法律适用

案例：甲向乙借款1000元，约定一年后还款并支付利息200元，到期后甲以种种理由不还款。由此发生争议。

（一）请求权的私力救济

请求权的存在是一个应然的判断，不受权利人是否提出主张的影响，也不受权利人是否知晓影响。已经产生的请求权，其行使受到诉讼时效的限制，自权利人知道或者应当知道权利受到损害以及义务人之日起，诉讼时效就开始计算。

请求权不是必须通过诉讼行使，现实情况中大部分是通过义务人的自觉履行而实现。产生争议时，当事人可以通过自力救济、社会救济、公力救济等方式得到实现。

在上述案例中，乙享有要求甲支付本金和利息的请求权，如果甲自觉履行，就不会产生争议。现实情况也大多属于此种类型。

乙也可以和甲自行达成和解，比如延期还款，或者放弃部分利息等。这种情形属于自力救济。

乙也可以委托第三人进行调解，或者申请人民调解组织进行人民调解，如果担心人民调解书没有强制执行力，也可以向法院提出司法确认申请，司法确认裁定书具有执行力。

如果签订有仲裁协议，乙也可以向仲裁委申请民商事仲裁，仲裁裁决具有强制执行力。调解和仲裁属于社会救济。

当然，乙也可以向甲提起民事诉讼，请求法院凭借国家审判权保护自己的权利。诉讼属于公力救济。

在上述救济途径中，民事诉讼程序法定，规范性程度最高，但耗费的时间精力也最多。有时候，当事人会综合考虑诉讼的成本和收益，从而最终选择放弃诉讼救济。

（二）请求权的诉讼救济

通过诉讼实现请求权，一般需要经过三个阶段。

起诉：此阶段并不涉及实体请求权是否产生的问题，只是判断是否符合起诉条件。此阶段涉及当事人诉权的行使，是一种宪法上的权利，指向的是法院审判权的启动，是对法院提出的利用国家审判权保护民事权利、解决民事纠纷的请求。所以，立案条件审查过严，过多涉及实体上请求权产生事项的审查，不利于当事人诉权的行使，立案登记制改革就顺应了保护诉权的趋势。

审判：审判程序对请求权是否存在进行审查。一项请求权的存在需要具备两个要素，一是请求权基础，这是请求权存在的规范因素，二是构成要件具体事实，这是请求权存在的事实因素，体现了“以事实为依据，以法律为准绳”。

执行：针对生效的裁判文书确定的请求权基础的法律效果，通过国家强制执行力予以实现。审判程序强调公正，强调原被告双方的对抗，而执行程序注重效率。

二、司法三段论——法律适用的起点和终点

请求权通过诉讼救济，就需要运用司法三段论，“以事实为依据，以法律为准绳”。

司法三段论是形式三段论在法律适用领域的应用，形式三段论内容如下：

大前提：所有 M 是 P，

小前提：所有 S 是 M，

结　论：所有 S 是 P。

原理图示：

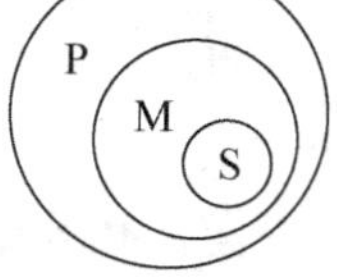

三段论公理：一类对象的全部是什么或不是什么，这类对象的部分也是什么或不是什么。三段论方法是逻辑规则（演绎归纳）在司法领域的具体体现，是法律适用的起点和终点。

法律适用的核心，就是用预先规定的普遍性的规范来处理已经发生的案件。这就需要法官在事实认定无误的基础上作出正确的法律判断，这一过程被实体法学者表述为司法裁判的三段论推理过程。即若以法律规范（T）为大前提，以待决案件事实（S）为小前提，以特定法律效果之发生（R）为其结论，则这一推论过程如下：

逻辑结构	
大前提	T→R（如果具备 T 的要件，那么适用 R 的法律效果）
小前提	S=T（特定的案件事实 S 该当于 T 的要件）
结 论	S→R（特定的案件事实 S 应当适用 R 的法律效果）

大陆法系的审判被称为规范出发型审判，就是以实体法为大前提，以案件事实为小前提，最后通过判断案件事实是否符合法律规定的要件从而得出审判结论。

以不当得利为例：甲到银行去取钱，银行工作人员操作失误，甲用 1000 元存单得到 10000 元，多得了 9000 元。根据这个事实寻找到了不当得利的相关规定，《民法典》第九百八十五条规定："得利人没有法律根据取得不当利益的，受损失的人可以请求得利人返还取得的利益，但是有下列情形之一的除外：（一）为履行道德义务进行的给付；（二）债务到期之前的清偿；（三）明知无给付义务而进行的债务清偿。"

证立的司法三段论如下：

大前提：得利人没有法律根据取得不当利益的（构成要件），受损失的人可以请求得利人返还取得的利益（法律效果）。

小前提：甲没有合法根据，取得不当利益，造成银行损失。（案件事实属于构成要件事实的肯定判断）

结论：银行有权请求甲返还不当利益。（适用法律效果的结论）

司法三段论是形式逻辑在司法领域的具体运用，是人类共通的思维方式。无论是大陆法系还是英美法系，无论是法官还是律师，都在自觉不自觉地运用司法三段论。司法三段论主要有如下作用①：

1. 司法三段论提供了法律适用的工具。法律规定是对类型化生活事实的抽象，在具体案件适用法律时，我们总是把生活事实的基本特征与抽象的规范进行对照，从抽象到具体的这一经典过程就是演绎的三段论。司法三段论构成了成文法国家审判的基本思路，法律适用首先确定应当依据的法律条文，即确定法律推理的大前提，然后看案件事实是否符合法律的构成要件，即确定法律推理的小前提，最后作出判决，即得出司法三段论的结论。②

诉讼与其他纠纷解决机制的不同就在于，诉讼是严格依法的裁判，其结论是

① 邹碧华：《要件审判九步法》，法律出版社 2010 年版，第 4 页。
② 邹碧华：《要件审判九步法》，法律出版社 2010 年版，第 24 页。

通过普遍适用的法律规范予以保证的。通过司法三段论进行的事实和规范之间的涵摄关系，表明结论是以法律规范为大前提，以事实为小前提，合乎逻辑地推导出来，通过演绎推理保障结论的正确性。有时候，这种推理不是一步就能得出的，通过大前提的解释，小前提的证明，中间的推导链条或长或短，加入的价值判断、辅助条件或多或少，任何好的法律论证，都应该在三段论的大框架下进行，不能游离于事实和法律之外进行论证。[①] 演绎推理，也就是形式理性，对于确定法律适用的确定性和稳定性具有十分重大的意义。德国法学家汉斯·普维庭指出："经典的三段论推理模式在今天仍然占据主导地位。"[②]

2. 司法三段论体现了形式理性，是实现法律面前人人平等的理性基础，有助于法律适用的平等性和统一性。所有符合大前提规定的情形，都应该适用法律。如果法律规定"闯红灯罚款"，那么王子和庶民闯红灯都应该处以罚款，实现同案同判。严格遵守法律的形式理性，不因裁判主体的不同而不同，不因裁判对象的不同而不同，可以有效抑制法律适用者的自由裁量，为法律的平等适用提供方法论支撑。

法治之所以是法治，而不是圣君贤相的临机决断，就在于依法实现正义，依法的形式理性实现正义。如果裁判者可以凭自己的好恶随个案选择自己所认为的正义，那么法治的生命和灵魂也就荡然无存，法治也就变成了人治。"在专制的社会中，所谓的'法律'实际上是专制者的主观任意，'朕即法律'，法律可以随专制者的意愿任意变动，所以，逻辑因素在法律中的地位并不重要。但是，在民主的社会中，法律从主观性、任意性走向客观性、普遍性，这一变迁的主要标志就是法律的逻辑性日益显凸，立法者同样也在法律逻辑的制约之下，而当人们将自己的命运交付给法律的逻辑而不是专制者的意志时，社会正义就由此获得了基本保障。"[③]

3. 司法三段论体现了法律的秩序价值，为人们提供了行为预期，满足了人们对社会秩序的期待。古代的神判或者圣君贤相的审判依据裁判者每次的判断，一般不能预测裁判的结果，使法的安定性受到影响。近现代以来，裁判必须基于一定的基准，司法三段论可以使人们根据法律规定预判自己的行为后果，并且根据法律调整自己的行为。

---

① 王利明：《法学方法论》，中国人民大学出版社 2012 年版，第 680 页。

② 转引自邹碧华：《要件审判九步法》，法律出版社 2010 年版，第 34 页。

③ 王涌：《私权的分析与建构：民法的分析法学基础》，北京大学出版社 2020 年版，第 19 页。

三、加入事实查明过程和责任的司法三段论

司法三段论假定事实是真实的，在此基础上，探讨事实和法律之间的涵摄可能。司法三段论是法律适用的起点和终点。

所谓起点，是在考察应该查清何种事实，何者对法律适用具有重要性时，应以三段论为框架，重点考察与构成要件相对应的事实。

所谓终点，在相应案件事实已经得到认定，即事实确定地存在或不存在之后，才利用该模型得出结论。而最终得到支持的请求，总是符合司法三段论的形式。

在真实的诉讼场景中，事实是需要查明的。在大多数情况下，事实查清楚了，案件纠纷也就解决了。在事实查明方面，按照历史顺序经历了超职权主义→职权主义→辩论主义的诉讼模式。①

（一）超职权主义诉讼模式

在超职权主义的诉讼体制下，无论当事人提起的是一般的财产权纠纷，还是涉及公共利益的纠纷（比如人身关系的诉讼），当事人的责任只是提出一个可供裁判的诉讼请求，至于剩下的事情，比如事实的提出、证据的收集都是法官职权范围内的事项。法官的职责是在法律允许的情况下，采取各种方式化解当事人的纠纷，在主动查清案件事实的基础上，法官既可以在当事人的诉讼请求的范围内裁判案件，也可以超越这一范围，只要法官认为案件事实已经查清，那么就应当产生相应的法律效果，而不必顾虑其是否在当事人的请求范围内。

（二）职权主义诉讼模式

超职权主义的诉讼体制在改革开放之前的中国大陆存在有其合理性，当时的民事纠纷以婚姻家庭纠纷为主，财产也多以国家、集体财产为主，纯粹私人的纠纷不多。由于个人财产的激增以及社会经济的日趋活跃，在通过民事诉讼程序解决的纠纷中，真正显现出“私的性质”的纠纷大量增加，甚至逐渐成为民事诉讼的主流，诉讼中的当事人越来越多地真正成为为自身权利而“斗争”的战士，无视当事人意愿，超越请求范围解决纠纷的做法已经无法获得当事人的认同，因此，裁判结果的妥当性在超职权主义下无法获得确保，这促成了处分主义的登场。

处分主义，即民法贯彻意思自治，民事主体得依自己的意志自由安排其民事

① 许可：《民事审判方法——要件事实引论》，法律出版社 2009 年版，第 3~7 页。

生活。与民法相衔接，现代法治国家大都贯彻处分主义。当事人有权在法律规定的范围内处分自己的民事权利和诉讼权利。(《民事诉讼法》第十三条)“当事人在民事诉讼中能够提出来要求法院予以解决的问题，应当是民商事实体法领域所能涵盖的法律问题。这种情形一方面意味着当事人提出的实体问题受到民商事法律的制约，另一方面，只要这些问题在民商事法律的框架或范围之内，当事人在是否提出问题，提出什么样的问题或者怎样提出等事项上就具有自由选择的空间或余地。”①

在职权主义体制下，虽然当事人的处分权得到了尊重，得以制约法官的审判权，但是法官在诉讼资料的形成方面仍然拥有广泛的权力。

(三) 辩论主义诉讼模式

职权探知主义是指法院依据职权查明所有的事实和证据。我国改革开放之前实行职权探知主义，并且有其合理性。当时私产匮乏，财产诉讼多以国家、集体财产为主，而个人之间的人身关系、婚姻关系也包含公序良俗在内的公共利益，从准确、妥当解决纠纷的角度，法官应当依据职权查明相关的案件事实。随着市场经济的发展，个人财产的激增以及企业财富的积累，真正“私的纠纷”成为民事诉讼的主流，在这种情形下，民事诉讼法逐步地将形成案件诉讼资料的权利交给当事人，这就导致了辩论主义的登场。②

由于辩论主义迎合了当事人追求胜诉的天性，因此发现真实也在一定程度上获得了保障，而且这种效果的取得并没有以消耗更多的司法资源为代价。英国证据学家戴维林说，“获得真相的最好方法是，让各方寻找能够证实真相的各种事实，然后双方展示他们所获得的所有材料……两个带有偏见的寻找者从田地的两端开始寻找，他们漏掉的东西要比一个无私的寻找者从田地中间开始寻找所要漏掉的东西少得多”③。辩论主义也有助于克服职权探知主义的一些弊端，避免法官肆意地运用公权力偏袒和偏护一方，保障公平。

“民事审判方式改革的开展过程虽然在各地法院表现得并不平衡，但到了20世纪90年代中期以后，则差不多波及全国所有的法院。由于这项改革的推行，可以说目前我国法院系统总体上已经大致实现从‘超职权主义’或‘调解型’诉讼的原有民事审判模式走向‘当事人主义’或‘审判型’诉讼的结构性转

① 王亚新、陈杭平、刘君博：《中国民事诉讼法重点讲义》，高等教育出版社2017年版，第12页。

② 许可：《民事审判方法——要件事实引论》，法律出版社2009年版，第5页。

③ 何家弘、刘品新：《证据法学》，法律出版社2013年版，第10页。

变。”[①] 适应这种审判模式的转变，律师需要自己的当事人主义下的诉讼方法论。

四、融合了实体法和程序法的要件诉讼九步法

（一）请求权的实体与程序

1. 法律要件分类。

法官判案以事实为依据，以法律为准绳，就是将案件事实涵摄归入法律规范的构成要件之下。符合法律规定的构成要件，就支持当事人关于法律效果的请求。反之，就不予支持。所以，法律需要判决的是法律效果，但作为判断依据的却是法律规范的构成要件。因为法律效果也就是法律关系作为一种制度性的存在是无法感知和判断的，只能通过相应的构成要件事实来判断。构成要件事实在现实中具体、特定、真实地存在，就成为法律效果应予实现的充足理由。所以，当事人所欲求的是法律效果，但是所要依据的却是构成要件及其具体事实。近代民法典的编纂，就充分考虑了这样的法律适用过程，围绕着民事权利的法律要件事实建构民法典，由此促成了民事诉讼法上辩论主义的诞生和证明责任分配标准的革命。[②]

根据法律要件分类说，原告应当对请求权成立的构成要件的具体事实承担证明责任，被告对抗辩规范的构成要件的具体事实承担证明责任。

主张责任：主张某种法律效果的，应该对与其相连接的构成要件的具体事实进行主张。

证明责任：如果对事实问题发生争议，谁主张，谁举证。如果构成要件事实真伪不明，按照证明责任进行裁判。谁是该法律要件的负担者，就判决谁败诉。

论证责任：[③] 如果对某一事实归入存疑，要求适用法律效果的一方就应该积极证成这种归入。

对于原告的要件，原告应该主张、举证和论证相应的事实。辩论终结，会有主张责任、证明责任、论证责任的发生。

主张责任：缺失要件事实，该说的没有说，败诉。

证明责任：要件事实未证明，说了的不真实，败诉。

论证责任：要件事实不符合，真的事不满足要求，败诉。

---

① 王亚新、陈杭平、刘君博：《中国民事诉讼法重点讲义》，高等教育出版社 2021 年版，第 124 页。

② 江伟、肖建国：《民事诉讼法》，中国人民大学出版社 2018 年版，第 3 页。

③ 法官知法，论证责任与证明责任、主张责任、举证责任有着本质不同，具体内容见论证要件事实部分。从实际承担的角度，这确确实实是由追求某种法律效果的一方来承担的风险。

对请求权基础得到适用的结论之后，还要进一步考察被告的抗辩规范，只有排除了相应的抗辩规范，才能最终支持权利人的权利请求。抗辩规范的考察和请求权基础的考察相同。

2. 请求权适用的阶层性。

在民法案例中，考察原告的请求权是否能得到支持须完成“请求权已成立→未消灭→可行使”三个层次的检索，拆解为四个步骤：第一，满足请求权成立要件；第二，不存在请求权未产生的抗辩；第三，不存在请求权已消灭的抗辩；第四，不存在阻止请求权行使的抗辩权。这四个步骤，在民事诉讼实务中，被分为两个阵营，也就是请求—抗辩两个阶层①，请求权满足的条件由原告负责，后三个事项由被告负责。

请求—抗辩的二阶层分析结构和刑法上的构成要件符合性、违法性、有责性三阶层既有相同，也有不同。相同点是前一阶层不满足的，不能进入下一阶层的考察。不同点是民法的阶层带来证明责任的转换，请求的证明责任由原告承担，抗辩的证明责任由被告承担，而刑法的三个阶层都由公诉方来承担证明责任。

（二）要件诉讼九步法

要件诉讼九步法是前述过程的融合应用，是民法教义学和民事诉讼法教义学的逻辑化、体系化整理。

1. 发现案件事实。

对于当事人和律师来讲，总是先有一个大致的初步的事实判断，再去进行相应的要件事实的分析验证。

2. 寻找请求基础。

根据依法裁判原则，原告对被告的主张，应当具有实体法依据，这个依据就是请求权基础。没有实体法依据的请求，得不到法院的支持。在给付之诉中，当事人选定了请求权基础，也就选定了诉讼标的。这体现了民事诉讼中的处分主义，是当事人的处分权，是民事领域意思自治的贯彻。当事人的处分权总是律师的处分责任，只有经过严谨细致的分析验证才能提出一个相对靠谱的诉讼请求。

3. 划分法律要件。

原告在法院的帮助下选定了诉讼标的后，也要承受被告的防御。被告可以进行否定，也可以援引其他法律依据进行抗辩。攻防的依据就是对诉讼标的的要件分

① 在实际诉讼中，针对被告的抗辩，原告可能再抗辩；针对原告的再抗辩，被告可能再再抗辩，从而形成三个、四个阶层，但为了说理简洁清晰，我们以请求—抗辩的二阶层作论述。

类。诉讼标的是整体，要件分类说是划分的依据，划分了双方的立场和各自承担的风险。

4. 整理要件事实。

请求权基础的构成要件规定了应该查明的事实的必要范围，但是，谁应该对此负责，由当事人负责提供事实还是由法官利用职权查明，构成了辩论主义和职权探知主义的区别。根据辩论主义，当事人提供事实，法院进行法律判断。原告至少应该提供哪些事实，由请求权产生的构成要件来确定，也就是要件事实。要件事实决定了主张责任的必要范围，主张缺失的，可能因为主张责任而败诉。

5. 证明要件事实。

根据辩论主义，原告主张、被告自认的不需要进行证明。根据证据裁判主义，被告否认但又不属于免证事实的，由原告举证证明。原告不能等到诉讼中遇到否认才去收集证据，而是需要针对整理出的要件事实在诉前就收集完善证据，构建证明体系。

6. 论证要件事实。

事实得以查明后，被告可以对事实是否归入要件发表法律意见，原告对此需要用实体法的法律解释方法进行论证。

7. 排查诉讼争点。

诉讼是双方的博弈，原告请求权确定产生的，还要继续考察是否存在障碍、消灭、阻止等情形。原告胜诉的秘诀就在于消除对方否定造成的争点，制造对方抗辩的争点。

8. 合理制定方案。

律师的工作就是综合分析要件事实的优势、劣势、机会、威胁，全面衡量诉讼请求的收益、成本和可能性，合理制定方案。

9. 精准实施方案。

射箭比赛中，有效的射击是面向靶心的射击。精准实施，不是强调对既定方案的一成不变，而是强调以终为始，结果导向，强调面向结果精准地实施行为。未经过分析的行为不应该实施，而实施的行为都应是锚定要件的行为，或者单纯的策略行为。

五、从王泽鉴先生书中的一则案例说起

作为从当事人和律师视角运用请求权基础的方法，要件诉讼九步法和请求权基础方法具有相同的实质内核。兹以王泽鉴先生《法律思维与案例研习：请求权

基础理论体系》一书中的相关内容作个介绍。

案例事实：甲晨间在台大校园散步，乙在附近遛狗，与遛狗的朋友闲聊，甲靠近狗，狗咬伤甲。①

九步法的核心逻辑是鉴定体裁，鉴定体裁系由案例事实（狗咬伤人）引发法律问题（案例问题，被害人向动物占有人请求损害赔偿）、寻找选定得适用的法律规范（请求权基础），分解其构成要件，认定案例事实得否涵摄于各该构成要件，而获得结论，解决法律问题。分步介绍如下：

（一）发现案件事实

“关于案例事实的建构，应以律师的工作作为法律思维的出发点。在前揭狗咬伤人的案例，当被害人找上律师，述说事件的‘故事’时，律师倾听故事，不断地交谈发问，就在寻找法律规范（请求权基础），建构事实，将社会生活转化为法律事实，启动了认事用法的过程。”② 在前揭狗咬伤人案例，律师之所以倾听当事人述说“故事”，其主要目的在于认定与法律规范相关、无关的事实（相关原则），以判断有无可适用的规范，能否接办案件。③ 案例指向法律问题……依案例事实去发现法律规范。④

（二）寻找请求基础

法律思维始于具体案例的法律问题，经由寻找请求权基础、法之适用，终于作成判断（判决），此乃认事用法的过程。⑤ 为寻找得适用于具体案例的法律规范（请求权基础），一方面须依案例事实去发现法律规范，他方面须将法律规范适用于案例事实，因而产生恩吉施（Engisch）教授著名的格言：“上位规范前提与生活事实间来回穿梭的观察。”⑥ 由狗，咬伤人等案例事实特征，可以指向我国台湾地区“民法”第一百九十条：动物加损害于他人者，由其占有人负损害赔偿责任。但依动物之种类及性质已为相当注意之管束，或纵为相当注意之管束而仍不免发生损害者，不在此限。动物系由第三人或他动物之挑动，致加损害于他人者，其占有人对于该第三人或该他动物之占有人，有求偿权。

① 王泽鉴：《法律思维与案例研习：请求权基础理论体系》，台北元照出版公司 2019 年版，第 105 页。
② 王泽鉴：《法律思维与案例研习：请求权基础理论体系》，台北元照出版公司 2019 年版，第 106 页。
③ 王泽鉴：《法律思维与案例研习：请求权基础理论体系》，台北元照出版公司 2019 年版，第 106 页。
④ 王泽鉴：《法律思维与案例研习：请求权基础理论体系》，台北元照出版公司 2019 年版，第 104 页。
⑤ 王泽鉴：《法律思维与案例研习：请求权基础理论体系》，台北元照出版公司 2019 年版，第 103 页。
⑥ 王泽鉴：《法律思维与案例研习：请求权基础理论体系》，台北元照出版公司 2019 年版，第 104 页。

（三）划分法律要件

“分解请求权基础的构成要件（T：t1、t2、t3），并就其法律概念加以定义：例如我国台湾地区‘民法’第184条第1项前段规定的故意、过失、不法侵害权利，精确明辨构成要件并加以定义，最属根本，可以避免许多无谓的争论，节省诉讼成本。”①

将台湾地区“民法”第一百九十条的构成要件划分如下：②

甲得否向乙依台湾地区“民法”第一百九十条规定请求损害赔偿？

1. 甲被狗咬伤。

（1）狗是动物。

（2）动物加害于甲。

2. 乙是占有人。

（1）占有人的定义：不同的法律见解。

（2）乙是占有人？

3. 管束动物的过失。

（1）推定过失。

（2）乙能（未能）证明其对动物已依其种类及性质为必要相当注意的管束。

结论：甲得（不得）向乙依台湾地区“民法”第一百九十条规定请求损害赔偿。

（四）整理要件事实

“被初步选定的法律规范，属于所谓的规定假设。应先明确其构成要件（T），解析其个别构成要素及其举证责任问题，再就案例事实判断是否得为可适用的规范。”③“在依案例事实认定得适用的法律规范后，须更进一步建构能够符合该法律规范要件构成的案例事实（要件事实），此为实务上困难的重大问题，攸关司法品质、诉讼效率和当事人利益，应受重视。”④

这也只是要件事实假设，还需要进行真实性验证和符合性论证。

---

① 王泽鉴：《法律思维与案例研习：请求权基础理论体系》，台北元照出版公司2019年版，第130页。

② 王泽鉴：《法律思维与案例研习：请求权基础理论体系》，台北元照出版公司2019年版，第131页。由于此书主要介绍案例分析，并未按照证明责任进行划分。本条为过错推定责任，后句没有过错由被告来进行举证免责。

③ 王泽鉴：《法律思维与案例研习：请求权基础理论体系》，台北元照出版公司2019年版，第105页。

④ 王泽鉴：《法律思维与案例研习：请求权基础理论体系》，台北元照出版公司2019年版，第106页。

（五）证明要件事实

案例事实的重构系针对过去发生的事物，在诉讼上须确认其真伪，并认定其是否系符合构成要件的事实，而为法之适用。在狗咬伤人之例，若经确认甲系被狗咬伤，乙系占有人，乙未依该狗之种类及性质为相当注意之管束，或纵为相当注意之管束而仍不免发生损害，甲得向乙依台湾地区“民法”第一百九十条规定请求因被狗咬伤的损害赔偿。关于案例事实真伪的确认，涉及民事诉讼中的当事人辩论主义、证据及其举证责任（我国台湾地区“民事诉讼法”第二百七十七条：当事人主张有利于己之事实者，就其事实有举证之责任。但法律别有规定，或依其情形显失公平者，不在此限）。[①]

罗森贝克在其名著中也清晰阐述了划分法律要件、整理要件事实、证明要件事实的具体步骤。“法官在法律适用方面有三个任务。首先，他必须了解和熟悉客观的法，以便他清楚，由他作出的裁决是否能在法秩序的规范中找到根据，以及在何等条件下法秩序给予他一个命令，该命令是他在具体案件的判决中可以重复运用的。（笔者注：划分法律要件、规范的客观性）其次，他还必须将已掌握的为裁判所需的事实、具体的案件事实，与客观的法的规范联系起来。其方法是，他将诉讼中所提出的事实主张与法秩序所规定的、当事人所要求的法律效果的发生所依赖的前提条件相比较，并确认，是否以及在多大程度上该事实主张和该前提条件是相吻合的（笔者注：整理要件事实）。最后，他还必须审查此等主张的真实性，并试图查清该案件事实的真实情况。只有当他得出结论认为主张的事实情况与那些前提条件相吻合且是真实的，他才能支持当事人的权利保护请求。反之，他必须驳回当事人的请求。（笔者注：证明要件事实）如果出现这样的结果，如上所述，不仅仅是因为该请求未被客观的法所承认，不仅仅是因为呈现在他面前的案件事实不具备法秩序所规定的、当事人所请求的法律效果的前提条件的特征。更主要的是因为，虽然当事人主张的那些特征已经具备，但法官仍不能对此等主张的真实性获得有根据的心证。”[②]

（六）论证要件事实

法之释义非因文本，乃由案例所提出。“具体的事实须具备法律规范的构成要件，始克发生一定的法律效果。在法之适用涵摄的过程中，常须对构成要件或

---

① 王泽鉴：《法律思维与案例研习：请求权基础理论体系》，台北元照出版公司2019年版，第108页。

② ［德］莱奥·罗森贝克：《证明责任论》，庄敬华译，中国法制出版社2018年版，第6页。

法律效果所使用的法律概念，加以解释，明确其规范意义。”①

在狗咬伤人案例，何谓占有人，此涉及台湾地区“民法”第一百九十条为何不规定所有人而规定占有人；占有人是否包括间接占有人或占有辅助人；若乙为占有辅助人，只是受雇照看该狗，是否包括在内。

（七）排查诉讼争点

请求权如要得到支持，需要经过请求权已产生→请求权无障碍→请求权未消灭→请求权可实行这四个考察步骤，第一项需肯定存在相应事项，后三项需不存在相应事项。“一方当事人行使请求权，要求相对人为一定的作为或不作为时，相对人得提出各种抗辩，因而形成了‘请求权’与‘抗辩’的对立。此‘对立性’的思考，是每一个学习法律人所必须确实掌握的，不仅有助于辩证的思考方法，实务上亦甚重要。”②

对于台湾地区“民法”第一百九十条中的占有人，在本案中就有几种解释方法。③ 律师在法律之限度内为当事人争取利益，自当留意能够支持自身立场的观点。

（八）合理制定方案

“因为各个请求权的构成要件、时效，举证责任及法律效果，多有不同，主张何者，关系至巨。”“设有某人就某案件请教某律师（或某教授），该律师（或教授）回答说：您没有任何请求权。在作此回答前，必须确实检查所有可能的请求权基础，当事人问：确定吗？律师再深思熟虑后说：确实没有。这一个回答代表多少法律上的自信，可能影响当事人的权益，因为当事人可能不再寻求法律救济而遭受损失。”④

前述过程图示如下：

① 王泽鉴：《法律思维与案例研习：请求权基础理论体系》，台北元照出版公司 2019 年版，第 185 页。

② 王泽鉴：《法律思维与案例研习：请求权基础理论体系》，台北元照出版公司 2019 年版，第 83 页。

③ 王泽鉴：《法律思维与案例研习：请求权基础理论体系》，台北元照出版公司 2019 年版，第 208～209 页。针对书中的解释方法，结合了几种角色进行介绍。

④ 王泽鉴：《法律思维与案例研习：请求权基础理论体系》，台北元照出版公司 2019 年版，第 80 页。

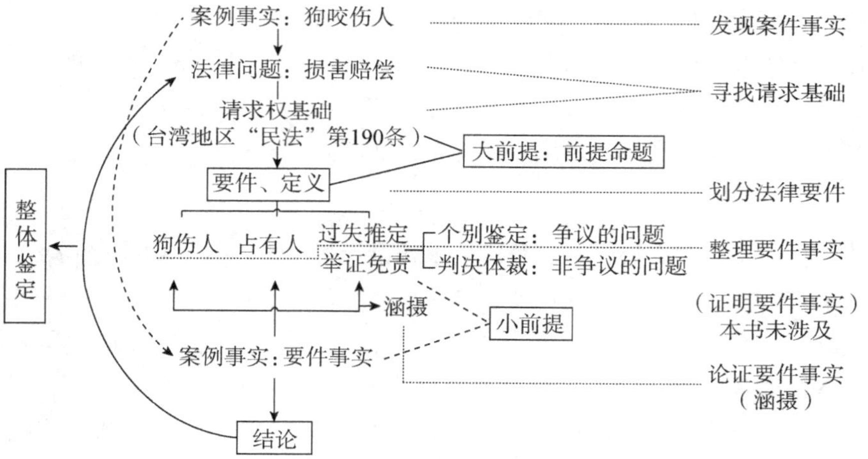

除去证明要件事实上图没有涉及外，九步法和王泽鉴先生的讲解保持了一致。

第四节　九步法的继承和创新

九步法充分吸收和借鉴了大陆法系和英美法系方法论的特色内容，其核心是笛卡尔的方法论，也就是假设驱动、理性主义和原子主义，假设驱动指有根据地假设引导后续的验证分析，理性主义指通过验证分析得出结论，原子主义是从尽量小的部分去判断整体。

一、笛卡尔的方法论①

笛卡尔在《谈谈正确引导理性在各门科学上寻找真理的方法》中介绍了一种方法，这种方法具有很重要的意义，因为它使科学真正成为可能，同时也普遍地适用于所有的学科。笛卡尔的方法，有意识地区别于众多逻辑规则，仅仅由以下四个简单的条款构成，他将它们置于第二章：

第一条：凡是我没有明确地认识到的东西，我决不把它当成真的接受。也就是说，要谨慎地避免轻率的判断和先入之见，除了清楚分明地呈现在我心中、使

① ［德］卡尔·弗里德里希·斯图肯伯格：《作为笛卡尔方法的法学鉴定式》，季红明、蒋毅译，载《北航法律评论》2017年第1辑。本部分根据原文略有改动。

我根本无法怀疑的东西外，不放任何东西在我的判断里。

第二条：对我所想审查的每一个难点，按其可能与必要分成尽可能多的部分，以便一一妥为解决。

第三条：按次序进行我的思考，从最简单、最容易认识的对象开始，以便一点一点逐步上升，直到认识最复杂的对象；就连那些本来没有先后关系的东西，也给它们设定一个次序。

最后一条：在任何情况之下，都要尽量全面地考察，普遍地复查，做到确信毫无遗漏。

第一条规则以方法上激进的疑问设定了起点并且随之表述了克服该疑问的标准，即只将能清楚明确认知到的因此是自明的东西认为真，亦即不会仅仅因为是长期的传统、父母和老师所教导或者多数人的意见便认为它是真的。

接下来的三条规则陈述了这个真正的流程：划分，排序，列举。因为只有简单的事物才能被清楚明确地认知，所以按照第二条规则，复杂的对象应当一直加以分解，直至其组成部分能被认知、分支难题能被解决为止。

第三条规则规定了对认知秩序的遵守，该秩序不是事物内在的，而是一个由认知主体所构造的，如何能从一个事物中认识另一个事物的秩序。笛卡尔认为有序的、分步骤的程序是“所有人类行为的核心”，与之相反的是，许多人不反思他们所做之事或者无序地应对最难的问题，就好像他们尝试着从一个建筑物的最底层一跃而上到最高层，因为他们出于傲慢或错误而忽略了楼梯。因此，“该项技术最深的秘密”以及这几项规则中最有用的就是，将所有要认识的对象有序地放置，并且注意什么是最为简单的事项以及从其中可以认知到什么。因此，主要的工夫都应放在秩序的建构上。有序地进行不能和僵化的形式主义相混淆，因为按照笛卡尔的观点，秩序并非必须始终严格且毫无变通地加以遵循，因为根据认知兴趣，可能只要明确地认知系列中的某个部分就已经足够了。

第四个规则所要求的完整列举，笛卡尔也称其为归纳，它用于在人的智力可能的范围内全面提出问题，因为长链条的推论经常是必要的，并且需要克服记忆的不可靠性。这种列举必须是连续、充分且有序的，以避免不必要的工作以及不忽略掉东西。“充分”与否取决于各自的认知兴趣和引导秩序的理念。

笛卡尔方法是根据工作任务而构建的高度结构化的工作方法。法律人技能的基本要求是，把逻辑和结构性思维运用到日常的法律工作中。这种结构性思维铸就了法律人，同时区分了法律人和非法律人。[①] 法律人和非法律人的关键不同，不是对正义和良知的认知结果不同，而是法律人可以在构成要件的引导下思考，从而提供可交流、可检验的思考成果。

二、鉴定式

（一）鉴定式[②]

鉴定式充分体现了笛卡尔方法的核心原则，由有疑问的假设开始，划分细小的要件单元逐一进行检讨，从而得到经过验证的请求权基础得否适用的结论。以下按照王泽鉴先生对鉴定式的介绍进行对照分析。

1. 大前提：条件式命题。

大前提系指被选定为得否适用于该具体案例事实的法律规范（请求权基础）。此为鉴定体裁的大前提，采条件式命题，结论开放。大前提（引导命题）采用虚拟的语句，例如：K（出卖人）得否依德国民法第四百四十三条第一项第一句对 V（买受人）享有交付并移转某书的请求权。

（对应笛卡尔方法第一条规则，尽可能地保持合理怀疑，未经验证不确信）

2. 小前提。

法律适用三段论法的小前提，包括两个部分：

（1）分解请求权基础的构成要件（T：t_1、t_2、t_3），并就其法律概念加以定义：例如台湾地区“民法”第一百八十四条第一项前段规定的故意、过失、不法侵害权利，精确明辨构成要件并加以定义，最属根本，可以避免许多无谓的争论，节省诉讼成本。

（对应笛卡尔方法第二条规则，将请求权基础按其可能与必要分成尽可能多的部分，以便一一妥为解决。）

（2）涵摄：认定案例事实（要件事实）是否该当（满足、符合）构成要件，例如甲超速撞伤乙，是否故意或过失不法侵害乙的人格权（身体健康）；甲在乙的房屋自杀，是否侵害乙的所有权（权利）？

（对应笛卡尔方法第三条规则，按照划分的构成要件进行逐一考察）

---

① ［德］托马斯·M. J. 默勒斯：《法律研习的方法》，申柳华、杜志浩、马清伟译，北京大学出版社 2019 年版，第 30 页。

② 王泽鉴：《法律思维与案例研习：请求权基础理论体系》，台北元照出版公司 2019 年版，第 129～132 页。略有改动。

3. 结论。

经由大前提适用于小前提，作成肯定或否定所提出的法律问题的结论。

（对应笛卡尔方法第四条规则，当所有构成要件都满足时，得出肯定结论。当有一项不满足时，得出否定结论。）

（二）IRAC 方法

IRAC 是美国、澳大利亚法学院学生进行案例分析时普遍采用的方法，和德国的鉴定式具有相类似的结构。其中，I 指 Issue，是当下需要解决的问题；R 指 Rule，指可能适用于当前问题的规范；A 指 Application，指将法律规则运用到事实中进行分析；C 指 Conclusion，指根据分析得出结论。IRAC 具有与鉴定式相类似的结构，但其在法律适用中发挥的作用远不如鉴定式，这是因为英美法是判例法，分析步骤是主题化的，而大陆法系法教义学发达，规则的体系化和构成要件比较精细，容易形成明确清晰的分析结构。但本质的思维方式是一致的。事实上，普通法律师通常确信，鉴定式完全就是他们进行私法问题分析的方法。[①]

（三）笛卡尔方法与要件诉讼九步法

从总体上讲，九步法就是一个关于假设与验证的流程。

1. 发现案件事实（依靠证据的事实假设）
2. 寻找请求基础（请求权基础假设）
3. 划分法律要件（对法律规定划分立场）
4. 整理要件事实（要件事实假设）
5. 证明要件事实（真实性验证）
6. 论证要件事实（符合性验证）
7. 排查诉讼争点（证实请求，证伪抗辩）
8. 合理制定方案（优选应用方案）
9. 精准实施方案（理论指导实践）

无论是科学发展还是事实发现，都需要假设和验证。在法律领域，这个假设不仅需要事实的假设，还需要法律的假设。

在发现案件事实部分，律师通过学习和经验具备了对相关事物的前理解。理解事实需要一定的社会经验，这方面的前理解主要通过书本和一般社会生活习得。律师按照历史学家的立场，运用常识和社会知识的前理解，尽可能地收集整理证据，形成案件事实的假设。这个事实假设不是凭空得来，是基于一定的证

① 郅枫：《结构化的法律题解答：以比较视野观德国方法》，苏诺译、季红明校。

据，运用逻辑和经验得到。

在寻找请求基础部分，律师运用历史方法逐一检讨案件事实的法律意义，将案件事实翻译为法言法语表达的法律事实。这是从事实到法律的单向锚定，通过法律关系的主观化、部门化、类型化、具体化等一系列操作，初步明确可能适用的法条。这个过程中找到的，只是不确定的、大概的尝试，我们称之为请求权基础的假设，还要通过以后的步骤进行确证。

在整理要件事实部分，根据请求权基础假设从众多的事实因素中挑拣出相关的事实，如果缺少与构成要件对应的具体事实，则回到第一步继续调查和发现事实，如果确认不存在这个事实，也许需要考虑放弃这个请求权基础假设，继续检验其他可能。如果所有可能都得出明确的否定结论，可能你的请求就得不到法律上的支持。这一步是从法律到事实的交流过程。

在整理要件事实之后，我们致力于验证请求权要件事实的假设。验证的步骤是按照构成要件逐项整理、比对，遵循要件事实假设（整理要件事实）→真实性验证（证明要件事实）→符合性验证（论证要件事实）的步骤。

诉讼是双方的博弈，你无法仅靠证立己方的观点就胜诉。在事实方面，需要巩固己方事实的可能性，排除其他事实的可能性。在法律方面，需要巩固己方的法律观点，证伪对方的法律观点。胜诉的秘诀是消除己方要件事实的争点，找出对方要件事实的争点。

对于律师来说，前述的认识过程总是一个持续和深化的过程。在发现案件事实阶段，虽然我们强调实体法无涉的假设，但在具体实践中，我们总是或多或少地依靠想要适用的法律来指引我们的调查方向。在考察法律是否能够适用的过程中，整理要件事实会要求我们更细致地收集、调查与法律适用直接相关的事实和证据，而新发现的证据和事实也可能使得正在考察的请求权不再能够适用而需要作出调整。在法庭审判阶段，也许需要根据对方提供的证据、法庭予以采纳或排除的证据而作出进一步的修正和调整。

总而言之，假设而后验证，将整体周延划分，按照顺序逐项判断，从部分而判断整体，这构成了方法论的共通部分。根据前述分析，律师适用法律的过程可能是大胆假设、小心求证、逐步接近的过程。律师作为一种职业，可能就是在不确定性和模糊性中寻找问题的解决方法，在行动中进行反思。

三、九步法与拉伦茨的《法学方法论》

要件诉讼九步法的基本脉络从拉伦茨的《法学方法论》中也能得到印证，

简要论述如下：

发现案件事实："虽然所有案件事实的形成，最终都是为了回答可能的法律后果是什么的问题，但区分事实问题与法律问题的可能性并不因此而落空。预先思考现实事件的法律判断，通常不妨碍判断者先独立于对事件的法律判断之外，借助自然的经验以及以前者为基础形成的日常用语来把握现实发生事件之实然，并以语言将其反映出来。"①

寻找请求基础："对从事法律判断以及形成最终案件事实具有决定性意义的法条的选择，首先是以如下方式进行的：判断者以'未经加工的案件事实'为出发点，逐一测试可能被适用的法条，在详细审查后排除被证实为不可能适用的法条，而后添加在考察过程中认为可能适用的其他条文。例如，如果判断者发现某案中履行请求权不存在时，他将审查是否可能存在信赖利益的损害赔偿请求权或者不当得利返还请求权。为了能根据这个观点透彻地评估案件事实，他很可能需要一些迄今尚未被留意到的其他事实，并且将它补进最终的案件事实中。"②

整理要件事实："如果当事人没有主动提及，负责对该案件作法律判断的法律人，应该追问所有和法规范的判断有关的情况。他要以这种方式尽可能精简或补全原始的描述，也即'未经加工的案件事实'，以使最终的案件事实只包含对法规范适用可能具有意义的实际事件的全部要素。因此（最终的）案件事实是经过思想加工处理后的结果，法律判断在处理过程中已经被作出。"③

论证要件事实：整理要件事实之后再进行法律解释的证成，用拉伦茨的话描述就是，形成最终的案件事实之后才考虑法律解释（法律论证）的问题，而最终的案件事实是根据拟适用的法条选取和整理的。"在事前对要处理的事物一无所知的人面前，文本什么都不会说。它只向对它提出正确问题的人作答。要适用某一制定法的人必须先将未经加工的案件事实，转化为最终的案件事实之后，才能提出问题。"④

拉伦茨对前述发现案件事实、寻找请求基础、整理要件事实、论证要件事实作了精彩的总结："判断者以其描述的案件事实为出发点进一步审查，哪些法条可以适用于本案事实，根据这些法条的构成要件再进一步补全案件事实，只要法条本身不能直接进行涵摄，就要根据案件情况作进一步的具体化。只有考虑可能

① ［德］卡尔·拉伦茨：《法学方法论》，黄家镇译，商务印书馆 2020 年版，第 391 页。
② ［德］卡尔·拉伦茨：《法学方法论》，黄家镇译，商务印书馆 2020 年版，第 357 页。
③ ［德］卡尔·拉伦茨：《法学方法论》，黄家镇译，商务印书馆 2020 年版，第 354 页。
④ ［德］卡尔·拉伦茨：《法学方法论》，黄家镇译，商务印书馆 2020 年版，第 395 页。

作为裁判依据的法条，关于案件事实的陈述才能获得最终的形式；而法条的选择及其必要的具体化，又必须考虑被判断的案件事实。然而，只有下述情形才是逻辑上错误的循环论证：当判断者把实际事件中未获证实的东西加入作为陈述的案件事实中，或者当判断者‘曲解’法条以便可以得到判断者希望的结论。这两种情形均不能容许。恩吉施曾提及‘眼光在大前提与生活事实之间的来回流转’，朔伊勒则说：‘在确认事实的行为与对事实的法律该当性判断之间的相互渗透’。它们都是我们所熟悉的相互释明的过程，一种‘诠释学意义上的循环’现象。我们不能把案件事实与法条间的‘眼光来回流转’想象为：只是判断者眼光方向的改变，其毋宁是一种思想过程，在此过程中‘未经加工的案件事实’逐渐转化为最终的（作为陈述的）案件事实，而规范文本（未经加工的规范）也转化为适宜判断案件事实的足够具体的规范形式。这个程序以提出法律问题始，而以对此问题作最终的（肯定或否定的）答复终。”①

四、要件审判九步法

要件诉讼九步法和要件审判九步法具有相同的内核，也就是坚持了要件事实理论，都是面向实务的综合的法律应用方法，但又有不同的立足点和适用逻辑。首先我们回顾一下要件审判九步法的具体内容。

（一）要件审判九步法概述

要件事实理论脱胎于日本司法研修所针对法律职业共同体的要件事实教育。要件事实理论是一种在明确要件事实法律性质的基础上，对民法内容与结构以及民事诉讼审理与裁判结构进行考察的方法论工具。该理论以证明责任理论为实体法基础，以辩论主义核心原则的推论—主张责任为程序法基础，在程序中体现为请求原因、抗辩、再抗辩的攻击防御方法。②

邹碧华法官的《要件审判九步法》就是要件事实理论在法官审判方法上的成功运用，要件审判九步法以法官为视角，站在居中审判请求能否成立的角度，以固定权利请求为出发点，以此来寻找支持该请求的基础规范和抗辩规范，进行要件分析后，通过双方的诉辩攻防整理出争议焦点，根据证据进行事实认定，归

① ［德］卡尔·拉伦茨：《法学方法论》，黄家镇译，商务印书馆 2020 年版，第 356 页。
② 许可：《侵权责任法要件事实分析》，人民法院出版社 2018 年版，第 4 页。

入要件作出裁判。①

这个裁判的思路可以用下图来表示②：

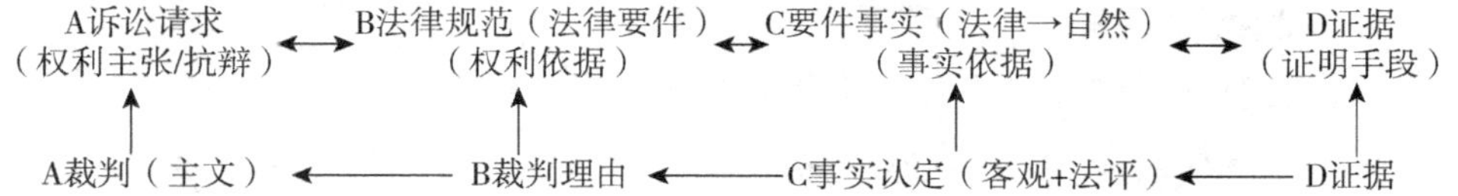

在当事人主义和辩论主义的视角下，法官对当事人的诉讼请求作出回答，从该诉讼请求出发，可以找到支持该请求的法律规范并划分法律要件，从该法律要件出发可以确定当事人需要提出哪些事实主张，有争议的事实主张就构成争点，从而进入要件事实证明环节，双方举证质证之后进行事实认定，事实认定之后看是否能够归入要件从而作出裁判。遵循这个逻辑，要件审判九步法的九个步骤环环相扣，固定权利请求→确定权利请求基础规范→确定抗辩权基础规范→基础规范构成要件分析→诉讼主张的检索→争点整理→要件事实证明→事实认定→要件归入并作出裁判。这九个步骤一气呵成，条理清晰，是法官办案的高效方法，是法官“品菜”的九步法。

要件诉讼九步法是“按照法官口味做菜”的九步法，与要件审判九步法遵循同样的逻辑内核，但有其独特的运用视角和理论创新。各步骤简要对比如下：

步骤	要件审判九步法	要件诉讼九步法
第一步	固定权利请求	发现案件事实
第二步	确定权利请求基础规范	寻找请求基础
第三步	确定抗辩权基础规范	划分法律要件
第四步	基础规范构成要件分析	整理要件事实
第五步	诉讼主张的检索	证明要件事实
第六步	争点整理	论证要件事实
第七步	要件事实证明	排查诉讼争点
第八步	事实认定	合理制定方案
第九步	要件归入并作出裁判	精准实施方案

（二）要件诉讼九步法的创新

为什么是这样的九个步骤，这九个步骤的顺序是怎么考量的，这样的安排是

---

① 邹碧华法官的《要件审判九步法》在审判方法标准化、流程化方面进行了卓有成效的研究。可惜天不假年，若邹碧华法官可以继续研究，一定会更加完善。薪火相传，要件诉讼九步法受到前人启发，进行继承和发展，虽然有所比较和分析，不能误解为轻浮的批评和指责。

② 江伟主编、傅郁林副主编：《民事诉讼法学》，北京大学出版社2015年版，第113页。

否合适？初步接触要件诉讼九步法，都会产生这样的疑问，以下就逐一进行介绍。

1. 发现案件事实。

法官视角先固定权利请求，律师视角先发现案件事实。

法官的审判权受到当事人处分权的制约。现代民事诉讼机制的核心是两造对抗、法官居中裁判。按照裁判居中的要求，法官在诉讼过程中不应超越当事人的诉请范围进行审判。司法审判受到当事人处分权的制约，当事人主张什么，法官审理什么，主要是居中判断原告请求能否成立的问题。所以，人民法院在审前程序中对当事人的诉请、争议焦点加以固定，依法确定案件审理范围，以真正实现居中裁判。

但对于当事人和律师来讲，诉讼结果关系重大，当事人的处分权一定程度上也是律师的处分责任。律师在法律允许的范围内最大限度地维护当事人利益，可能首要的任务不是从当事人要求的结果中固定权利请求，而是研究案件事实，对当事人是否需要提起诉讼，提出何种诉讼，如何提出诉讼等提出专业意见。当事人的诉讼请求直接影响诉讼质量和成败，律师必须全面检索所有的请求权，并分析每种请求权的利益、内容、风险，提供专业意见，帮助当事人作出符合其利益的最佳判断。① 对于法官和律师而言，案件分析的起点并不同：对于法官来说，他们只针对已经提出的诉讼请求进行裁判；不同于法官，对于律师来讲，诉讼请求不是现成的，而是必须加以发现的。所以，律师的思维是全面撒网，看哪一网能捕到大鱼，最能实现当事人的利益。而法官的思维是重点捕鱼，除了有限的释明的情况，当事人主张什么就审理什么。打蛇打七寸，法官审判第一步就从固定权利请求开始，但是律师的要件诉讼九步法却要从事实开始，从事实中全面撒网，全面分析可能的利益主张。

要件审判九步法第一步就是固定权利请求，对当事人处分主义要求比较高，对于我国当事人的法律素质、制度设计而言还有很大的差距。事实上邹碧华法官在固定权利请求中也讲到要对当事人不合理、不完整的权利请求进行释明，要求当事人更正、补充和完善。但是对当事人的释明在不了解大致的案情，没有根据案情找到可能的法条的情况下是没有办法完成的。实际的应用更类似要件诉讼九步法，也就是从大致的事实出发，法官主动找法，主动释明。“法律人遇到法律

① 和曹云吉博士探讨，采用旧诉讼标的理论的话，律师的处分责任会相对轻一些，因为这个请求权基础不成功，还可以用另一个请求权基础来重新起诉，只是会耗费时间和金钱成本，法律上依然保留救济的通道。但是在新诉讼标的理论下，这一件事已经审理过了，就可能构成重复起诉。

问题，系先就案例事实寻找规范（请求权基础），再检验是否具备构成要件而作成结论。律师、其他法务工作者及法官评议时均采此种思考方法，具有普遍适用性。”①

2. 寻找请求基础。

法官从第一步固定的诉讼请求出发，寻找法律效果与诉讼请求相匹配的请求权基础。

律师主要从事实出发去找法，朝着任何可能的方向去思考，全面撒网，全面分析可能的请求权基础。请求权基础的构成要件就是类型化的故事模型，找法就是案情故事与请求权故事模型匹配的过程。

法官从诉讼请求出发定点找法，律师从事实出发全面找法。当然，这种区别也是相对的，因为在各种可能的请求权基础中，律师还是要最先考虑与当事人诉求最相匹配的请求权基础。这种区别是由法官和律师的职业立场决定的，法官只是居中审查当事人提出的请求得否成立，而律师则是接受当事人委托寻找法律框架下的最大利益解决方案。

3. 划分法律要件。

在要件审判九步法中，邹碧华法官将确定权利请求基础规范、确定抗辩权基础规范、基础规范构成要件分析分成三个独立的步骤，但是从要件事实理论来讲，某一个要件到底是属于请求权的要件，还是属于抗辩的要件，这是要通过法律要件分类来进行解决的。所以我们将这三部分统一归纳于“划分法律要件”部分。

法官居中进行裁判，结果与法官没有利害关系，所以找准找全请求权规范和抗辩规范之后，法官开始进行诉讼主张的检索和争点整理，庭审结束后根据心证结果和证明责任判决，更注重证明责任的裁判功能。而律师和当事人需要承担案件结果，这就需要找准找全规范后就进行证明责任的划分，在诉前就需要对证明责任了然于胸，以便分清敌我，收集和整理证据，准备诉讼策略。所以，律师的方法论更加注重证明责任的预测和攻防指导功能。②

4. 整理要件事实。

根据辩论主义，法官被动地接受事实，律师积极地主张事实。为了达到法律

① 王泽鉴：《法律思维与案例研习：请求权基础理论体系》，台北元照出版公司2019年版，第127页。

② 为了区分，本书将客观意义上的证明责任仍使用证明责任。对于主观意义上的证明责任，本书采用举证责任。

适用的效果，律师应该以结果为导向，以终为始，积极地主张相关事实。对法官来讲，准入或者涵摄只是一种结果。而对于律师来讲，却需要按照准入的要求去积极准备事实、准备证据，积极主动地进行说理论证，证立我方请求的三段论，证伪对方抗辩的三段论，所以准入法在法官视角放在最后，而在律师视角则放在证明责任划分之后。由于要件审判九步法将证明责任放在靠后位置，也就相对弱化了证明责任划分对主张责任的指导作用，弱化了要件事实理论对于诉讼的预测和攻防准备功能，而这是律师的方法论需要更加突出的部分。

整理要件事实就是把请求权产生的具体构成要件一一分解出来，按照构成要件逐一检索比对本案的具体事实，确保具有实质性的具体事实能够和构成要件一一对应，满足要件事实实质性、完整性的要求。

为什么在这一步整理要件事实？这样的安排是否妥当？这可能是不少初步接触该方法的人都会产生的疑问，因为准入法，或者叫涵摄在法官的方法论中是处于最后的位置，而在律师的方法论中却如此靠前，是否可行不无疑问。

根据司法三段论，当一个法律结论是以一个妥当的法律规范为大前提，以一个真实的案件事实为小前提，合乎逻辑地推理出来的时候，这个法律结论必然是现行法律框架下正确的结论。这是由演绎逻辑的特点决定的。

在前三步，我们根据发现的案件事实，初步寻找到可能适用的法律，并进行了证明责任的划分，明确了我方需要证立的请求三段论，和对方抗辩需要证立的反对三段论。划分法律要件之后进行分析，有助于站定立场，明确有利方面和不利方面，准确评估利益得失。整理要件事实、证明要件事实、论证要件事实都是站在证明责任一方立场进行积极的主张、证明和论证，排查诉讼争点，预测可能的否定和抗辩并准备应对。

在请求方的证明责任范围内，法律不理会琐碎之事，能够对法律适用有影响的只是效果轴上的要件事实。明确拟定的请求规范之后，就可以根据构成要件去整理相关的事实，有些事实就变得重要起来，有些事实则显得无关紧要。比如，在美容失败案中，如果以违约起诉，关于美容院过错的事实就不是要件事实。同样，美容院也不能主张达到当时的医疗水平来进行免责，而应该对合同约定负责。

整理要件事实就是将请求规范和初步整理的事实进行试连接，根据涵摄的要求来倒推正确的法律结论需要证明本案中的哪些事实。也就是说，内部证成是法律适用的结果，但内部证成的分析是先导，“通过内部证成的分析，可以显明推论出法律后果所需要的所有前提，从而确立了需要进行外部证成的对象。外部证成需要证立什么，证立要符合什么样的标准，恰恰是由内部证成来决定”[①]。

内部证成的分析决定了小前提之真实性的外部证成。如果要件事实需要证明，通过这一步的分析，就可以有的放矢地收集证据。我们进行举证、质证的时候，首先会判断事实的实质性，与法律适用无关的事实就不会成为裁判事实，也就没有举证质证的必要。而实质性判断的前提就是明确证明的对象，明确需要证明什么，再去考虑证明的手段和方式问题，否则就如大海捞针，没有目标和方向。证明的对象又需要从实体法的构成要件中得出，整理要件事实为证明要件事实提供了目标和靶心。

内部证成的分析决定了大前提论证的方向。如果案件事实和构成要件之间存在误差，就需要通过层层递进的解释（语义规则、经验法则）等来精确化法律概念的含义，直至能将具体案件事实和构成要件严丝合缝地连接起来为止。整理要件事实、证明要件事实为论证要件事实提供了基准。

如前所述，罗森贝克将整理要件事实放在了证明要件事实前面。“他还必须将已掌握的为裁判所需的事实、具体的案件事实，与客观的法的规范联系起来。其方法是，他将诉讼中所提出的事实主张与法秩序所规定的、当事人所要求的法律效果的发生所依赖的前提条件相比较，并确认，是否以及在多大程度上该事实主张和该前提条件是相吻合的（笔者注：整理要件事实）。最后，他还必须审查此等主张的真实性，并试图查清该案件事实的真实情况。只有当他得出结论认为主张的事实情况与那些前提条件相吻合且是真实的，他才能支持当事人的权利保护请求。反之，他必须驳回当事人的请求。”[②]（笔者注：证明要件事实）

5. 证明要件事实。

根据证据裁判主义，争议事实需要证据证明才能认定。但根据辩论主义，法官一般不主动收集证据，当事人需要积极主动地提交证据。提交哪些证据以争议的主张为准。

主张是证明的方向和靶心。只有把要件事实整理出来，才能明确法律应用上不可或缺的事实有哪些，从而有针对性地收集、整理证据。诉讼和审判不是为了还原全部的事实真相，而是针对当事人的请求和争议进行裁判，应该是在方法论指导下有针对性地查明事实。所以，证据规则证明的事实应该在方法论整理的事实之后。对于律师来讲，就是要根据方法论整理的事实有的放矢地收集和整理证据。否则，判断事实是否具有实质性就失去了标准和依据。

---

① 舒国滢、王夏昊、雷磊：《法学方法论》，中国政法大学出版社 2018 年版，第 198 页。

② ［德］莱奥·罗森贝克：《证明责任论》，庄敬华译，中国法制出版社 2018 版，第 6 页。

大前提和小前提在法律适用中具有同等重要的作用，正确地适用法律首先在于准确地认定事实。法律适用上的疑难案件，也总是建立在事实已经查清的基础上。比如，在啤酒瓶爆炸炸伤消费者眼睛的案件中，只有啤酒瓶确实发生了爆炸并炸伤眼睛，在法律上讨论啤酒瓶发生爆炸是否构成产品缺陷才有实际意义。然而，与如何处理法律问题相比，如何处理事实问题却没有受到足够的重视。“对于从事实务工作的法律适用者来说，不能忘记在很多案件中更为重要的‘事实工作’领域，即查明和评价事实的领域。对此，我们的大学明显缺乏这方面的理论教育：‘对于事实查明、举证、质证证人的可信度、谈判以及法院和诉讼参与人之间的交流等’，还没有理论教育，这无疑是个缺陷；它们是在‘边做边学’的过程中学得和/或通过‘师徒关系’传授习得。”① “由于我国法学教育先天性不足，在三大知识板块中，目前最缺的是证据科学知识，过去 16 门法学核心课程都是关于法律适用的，而疑难案件 90%以上都是事实认定问题。因此，法学院应当加强证据法学课程建设，使我们培养的法官、检察官和律师能够掌握证据科学知识，以适应未来从事法律工作的需要。”②

鉴于学科的专业性和学习研究的阶段性，民法上的案例分析和请求权基础练习主要在于考察事实和规范的符合性，也就是论证要件事实，主要方法是实体法上的法律解释和法的漏洞填补。要件事实理论结合诉讼场景对事实在诉讼程序中的重要作用进行了相对动态的介绍，主要特点是融合实体法和程序法，贯通了请求权基础、主张责任和证明责任。相对民法解释学的静态特征，要件事实理论相对动态，实践导向更明确。但由于要件事实理论仍未深入涉及证据和证明部分，实践导向的方法还需要再往前迈一步。要件诉讼九步法加入了证据这个实务中更为关键的环节，提出了要件—事实—证据这个法律适用的循环，形成了一个融合的整体性理论。作为实践导向的要件诉讼九步法，将把查明事实和解释法律有机融合起来。

6. 论证要件事实。

法官知法，要件审判九步法在事实认定之后就直接归入进行裁判，而忽略法律适用的法律辩论部分，并没有给传统民法解释学以足够的重视。从职责划分来讲，法律判断是法官的职责，当事人的法律意见并不约束法官，但是从当事人主义下避免法官裁判的突袭来讲，法官还是应该认真听取原被告双方对法律适用的辩论意见，并对自己的法律观点进行开示，在判决书中也应该对当事人法律争点

① ［奥］恩斯特·A. 克莱默：《法律方法论》，周万里译，法律出版社 2019 年版，第 4 页。
② 张保生：《事实认定及其在法律推理中的作用》，载《浙江社会科学》2019 年第 6 期。

作出回应，因而要件诉讼九步法将此作为一个单独步骤。

在证立的三段论中，当大前提和小前提之间存在落差时，就需要通过层层递进的解释（语义规则、经验规则）等来精确化法律概念的含义，直至能将具体案件事实与构成要件严丝合缝地连接起来为止。[①]

在当事人主义和法学方法论的框架下，不考虑法官的其他判决动机，仅从法律论证的维度分析，提出法律方案的一方不仅要证明该事实，还要对该事实的法律适用进行论证。论证得越充分，当事人胜诉的可能性越大。无疑，这种论证的责任归到了律师身上。法官可以诉诸权威，根据法律判决如下云云，至于如何根据的，则不予说明。[②] 律师只能诉诸理性，诉诸论证。对于事实，律师是帮助当事人穷尽证明资源，努力证明事实。对于法律，律师需要结合事实对其选择的法律方案作出充分有效的论证，这种充分有效是以职业共同体的可检验性和可接受性为标准的。如果律师不能对其法律方案进行论证，就很难说他是勤勉尽责的。

虽然我国没有明文规定法官的说理义务或论证义务，但法官的决断主义与依法裁判是严重背离的，不能说明理由的判决很难让人信服是依法作出的判决。所以，最高人民法院在实践中日益增强对裁判文书的说理要求，裁判文书公开也倒逼法官增强文书的说理，在此背景下，律师的法律论证虽然不能拘束法官，但是却会有效地制约法官的自由裁量权，并且在日后成为上诉和再审的依据。

7. 排查诉讼争点。

法院居中审判，争点的立场性不明显。基于民事诉讼的对抗性，本书明确提出了争点的立场性，并总结了四种类型的争点，有针对性地提出了争点的运用方法。诉讼就是争点的艺术，原告胜诉的秘诀就是消除请求的争点，找出抗辩的争点。

8. 合理制定方案。

将 SWOT 分析方法引入请求权方案的对比分析。

9. 精准实施方案。

法官的方法已经体现在诉讼程序之中，所以结合程序进展进行介绍。要件诉讼九步法更注重诉前的分析和准备，融合了孙子兵法慎战、重战、备战的思想精髓。

九步法按照法律适用的逻辑和步骤将实体法和程序法内容整合在一起介绍，而在第九步精准实施方案部分结合诉讼程序介绍实务的应用技巧，给人的感觉是

---

① 舒国滢、王夏昊、雷磊：《法学方法论》，中国政法大学出版社 2018 年版，第 205~211 页。

② 这只是一种实然的观察。从应然的角度，判决应该进行充分的说理。

理论的内容多，诉前准备的内容多，实务的内容少，诉中实施的内容少。其实不然，九步法不仅适用于诉前分析，也适用于诉讼的进展和应对。前面介绍的内容构成实战中的弹药库，应该根据诉讼的进展和战况随时取用和调整，及时更新，随机应对。一名美国律师写的业务畅销书也采用了这样的体例："依一个庭审律师、一个对抗制课程讲授教师的经验，我意识到，优秀的庭审律师应该具备两种互补的能力。一方面，为应对庭审，他们要掌握一种分析和准备每个案件的有效方法；另一方面，他们要掌握使得己方诉求获得满足的说服技巧。正是'准备和实施'这两种素质的结合，保证了有效的对抗制庭审。"①《孙子兵法》云：夫未战而庙算胜者，得算多也；未战而庙算不胜者，得算少也。多算胜，少算不胜，而况于无算呼！用孙子重战、慎战、备战的思想来讲，诉讼律师也需要在诉前进行仔细的分析，把利弊得失分析透，必要时请当事人作出决策。战场情况瞬息万变，诉讼过程也是激烈对抗的，诉前准备越充分，诉讼中的应对也就越从容。

要件诉讼九步法结合具体的案件代理过程非常清晰地展现了每个阶段所要处理的重点任务以及所采用的主要方法。这九个步骤是每一个律师代理案件时都会遇到的步骤，没有一个步骤是可以省略的。九步法的具体内容也没有什么特别的东西，都是现有的知识，只不过按照适用的过程进行了体系化的梳理，把原先因为部门法以及专业化的原因割裂的知识整合到整体的诉讼场景中来。

五、九步法的应用价值与若干质疑的回应

（一）九步法的应用价值

要件诉讼九步法是根据法律适用规律进行理性建构的方法，其作用不应被高估，但尤其不应被低估。"'方法'意指通往某一目标的路径。在科学上方法是指这样一种路径，它以理性的，因而也是可检验和可控制的方式导向某一理论上或实践上的认识或导向对已有认识之界限的认识。"② 论及可检验可控制的方法，多以诉讼程序为主线对程序性事项进行信息化、标准化的构建。要件诉讼九步法则以实体法的适用逻辑为主线进行构建，对照实体法应用的每个环节进行流程化、结构化的梳理，明确每个环节重点解决哪些问题，对可能遇到什么难题以及如何解决等进行全面分析，以便精准地识别和定位问题点，快速调用相关理论知识予以解决。理性建构的方法虽有其不足，但在我国目前的司法现状和法律适用

① ［美］托马斯·A. 马沃特：《庭审制胜》，郭烁译，中国人民大学出版社2012年版。

② ［德］齐佩利乌斯：《法学方法论》，金振豹译，法律出版社2009年版，第1页。

水平下却有其重要而不可或缺的价值，对此金振豹先生有过精彩论述："法学作为以'正义问题'的解决为其研究对象的科学，必须有一套足以保证其可论证性及客观性的公认的思维方法，才能维持其科学性，才能使'正义问题'的解决得以在最大限度上不受个别司法者或执法者的恣意或无知的左右和影响，并使最终的解决方案在民众当中具有最大限度的说服力。而这方面理论准备的不足，已经在相当程度上成为我国通往法治国家发展道路的一个'瓶颈'。"①

要件诉讼九步法则有助于解决这个瓶颈问题。分析如下：

1. 有助于法律适用的精细化、统一化和标准化，为社会主义法治建设提供方法和工具。

形式理性就是对法的秩序的尊重，而实际上，法总是对特定价值的保护，这种通过法的形式所保护的价值，我们形象地称之为"被遮盖的实质理性"。无论是漏洞填补还是法的续造，我们总是要求类推适用相类似的法律规范，与该规范相一致的价值判断，我们都归为形式理性这一类，因为他们总是声称"这就是法律的意旨"，总是把实质判断隐藏在法的形式背后，这样更容易得到正当性的支持。

尊重法律适用的形式理性于当下而言更具有重大的现实意义。张岱年先生曾说："由于重视整体思维，因而缺乏对事物的分析研究。由于推崇直觉，因而特别忽视缜密论证的重要。中国传统之中没有创造出欧几里得几何学那样完整的体系，也没有创造出亚里士多德的形式逻辑的严密体系……应该承认，这是中国传统思维方法的重大缺陷。"② 事实上，这种重结果轻过程、重实体轻程序、重辩证轻逻辑的思维也影响着我们法律人的思维。我们的学校教育里也存在这样的倾向，初学者动辄以法感情、公平正义讨论案件，不重视得出结论的思维过程，不重视具体的技术性规定，这是青年律师最应该注意克服的。"法律人的日常作业，更多不在于激扬文字、呈现无限接近天空的浪漫想象，而在以庖丁解牛般的手艺析出事实中的法律问题，将现有的法律规范恰当地运用于这些问题之上。循规蹈矩地戴着镣铐跳舞不仅是法律人的宿命，也是一种自我坚守。"③

王伯琦先生在其深具哲理性的"论概念法学"论文中谓："我可不韪地说，我们现阶段的执法者，无论其为司法官或行政官，不患其不能自由，唯恐其不知科学，不患其不知逻辑，唯恐其没有概念。"这些振聋发聩的语言，于当前国内

① ［德］齐佩利乌斯：《法学方法论》，金振豹译，法律出版社2009年版，第180页。
② 张岱年：《文化与哲学》，教育科学出版社1988年版，第208页。
③ 舒国滢、王夏昊、雷磊：《法学方法论》，厦门大学出版社2013年版，第1页。

的司法现状具有十分的警醒意义。①

2016年网上热炒的“诗意判决”以另外一种方式说明了逻辑和概念的重要性，其中写道：“本院认为，婚姻关系的存续是以夫妻感情为基础的。原、被告从同学至夫妻，是一段美的历程：众里寻他千百度，蓦然回首，那人却在灯火阑珊处。令人欣赏和感动。若没有各自性格的差异，怎能擦出如此美妙的火花？然而生活平淡，相辅相成，享受婚姻的快乐与承受生活的苦痛是人人必修的功课。人生如梦！当婚姻出现裂痕，陷于危机的时刻，男女双方均应该努力挽救，而不是轻言放弃，本院极不情愿目睹劳燕分飞之哀景，遂给出一段时间，以冀望恶化的夫妻关系随时间流逝得以缓和，双方静下心来，考虑对方的付出与艰辛，互相理解与支持，用积极的态度交流和沟通，用智慧和真爱去化解矛盾，用理智和情感去解决问题，不能以自我为中心，更不能轻言放弃婚姻和家庭，珍惜身边人，彼此尊重与信任，重归于好。综上所述，依照《中华人民共和国婚姻法》第三十二条之规定，判决如下：不准予原告黄某与被告王某离婚。”

判决讲求说理性，并不是文学创作或者自由辩论，也不是风花雪月之理，应该在三段论的框架内进行说法，说明本案事实为什么不能充分满足法律规定的构成要件，从而不能支持原告诉求的法律效果。婚姻法第三十二条规定：“男女一方要求离婚的，可由有关部门进行调解或直接向人民法院提出离婚诉讼。人民法院审理离婚案件，应当进行调解；如感情确已破裂，调解无效，应准予离婚。”

离婚的关键构成要件是感情确已破裂，法院应根据查明的事实，比如双方婚前的感情基础、婚姻生活情况、起诉离婚的原因和事实等进行判断，得出尚没有达到感情确已破裂的结论，从而不准予离婚的请求。说理和价值判断应该在三段论的逻辑框架内，应该在概念也就是构成要件的归摄过程中，在相关事实和法概念的有效连接过程中。

当然，强调形式理性的优先性只是从约束法官肆意裁判的意义上讲的，并不能和机械司法画等号，不能把法官比作自动售货机，提供事实自动就能得出判决。其间，还要进行形式理性框架下的价值评价，以及形式理性之外的实质理性的考量。

2. 提高诉讼效率，节约司法成本，法官辨法析理，当事人息诉服判，化解社会矛盾。

九步法是帮助律师、当事人、法官认识民事诉讼内在运行逻辑，认真分析风

① 转引自王泽鉴：《民法思维——请求权基础理论体系》，北京大学出版社2009年版，第8页。

险和负担，积极准备诉讼资料，理性对话交流，理解诉讼结果的一套机制和方法。

要件诉讼九步法，实现了法官的审判系统和律师的攻防系统的对接，有利于提高法官的审判效率，有助于增强判决的正当性和合法性。但是也有这样一种担忧，就是要件诉讼九步法是否会造成诉讼的达尔文主义，九步法是否会因律师过度的技术化、专业化而让诉讼成为律师的竞技场。

首先，要件诉讼九步法的核心是德国的请求权方法和关系分析法，在明确的请求权基础的基础上，当事人双方可以清楚地知道如何请求，如何抗辩，法官知道自己如何审判，构建起了诉讼参与人对话的基础，有利于法治教育，有助于凝聚共识。要件诉讼九步法是从原告和律师角度，研究如何准备诉讼，如何赢得诉讼的方法。但作为一种有理论追求的方法，其终极的目标显然不能是诉讼达尔文主义的，让懂得运用方法的一方胜诉而不是有理的一方胜诉。通过锚定客观标准的证明责任和论证负担，原告方因法而胜，因法而败，一决于法。原告、被告、法官都在一个客观的框架和标准之下进行理性的交流和对话，也就是据法实现权利主张，据法实现正义。所能感知的正义不是诉求一定得到满足，而是被认真对待，认真倾听，并根据客观的法、客观的标准给出判断的理由。九步法有助于人民群众感知公平正义，促进法治社会建设。当事人从自身的行为中寻找胜诉或者败诉原因，从而增进对判决结果的理解，可以实现息诉服判。

其次，在我国的诉讼模式下，也有足够的手段和措施来促进事实的查明，保障程序的推进，比如，法官的释明权，公益和程序事项的调查权，证明妨害措施等。

最后，上述担忧需要辩证地看待，就如心理学的知识也可能被用来诈骗一样，但我们不能因噎废食，掩盖这门学科的价值。

3. 提高律师执业水平，实现诉讼精细化，切实保障当事人合法权益。

民事诉讼的全过程都是围绕要件事实展开的，从构成要件的角度分析和组织诉讼能够实现诉讼精细化。融合了鉴定式方法的要件诉讼九步法以其逻辑性、清晰性的工作步骤，提高了法律适用的效率和准确性，通过争点理论和 SWOT 分析的引入，贯彻了私法竞争性、对抗性的特点，突出了律师诉讼思维的实践特性，增强了实践价值。要件诉讼九步法有助于理解法官的裁判思维，增强对法律适用的预期性判断，促进诉讼精细化；有助于律师养成科学缜密的法律思维方法，通过详细的分析和应对，提高诉讼方案的科学性和合理性，减少职业风险，增强说理性，取得当事人的支持。

要件诉讼九步法以诉讼为典型场景进行介绍，但对于非讼业务也有帮助，只要是通过法律预防和解决争议，其本质上都是一致的。“律师、法务人员提供法律意见，亦涉及法的适用。制定法令，订立章程，缔结契约，拟定定型化契约条款，从事商务仲裁，均须认识适用法律时可能会发生的争议，始能制定较完善的法令规章、订立契约等法律文件，避免争议，减少交易成本。”①

（二）对于若干讨论的回应

要件诉讼九步法形成已有六年时间了，其间也面临一些实务中的不同意见，在此作一个统一的说明。

1. 九步法不能也不曾想过要包打天下。律师的工作是知识、方法、经验共同作用的结果。要件诉讼九步法是一套将实体法和程序法、证据法结合起来的思考工具和逻辑框架，是当事人主义诉讼模式下民事主体适用法律的基本思路，它能提高法律适用的准确率，但不能替代具体的业务知识的学习，不能替代在实际业务中逐渐积累的业务经验，只能相互促进。九步法只是思维工具和逻辑步骤，不是规范性的理论，指明律师应当如何完成代理任务；也不是描述性的理论，描述律师实际办案的具体业务流程；而是一种启发式的理论，通过理论的整合和梳理，帮助律师和当事人思考如何更好地进行诉讼。九步法试图构建的是一个完整的法律适用框架，并非每个案件都要严丝合缝地适用每个步骤，需要根据案件的具体情况灵活运用。

2. 九步法以三段论为核心框架，但不应视为是三段论的简单扩展和类比。外行人常常认为，法律适用的重点就是一个以三段论为核心的形式逻辑的思考过程，即以法律规范为大前提，以事实为小前提，以确定规范性法律后果适用于这一事实为结论。然而形式逻辑对于法律思维的重要性不可被过高估计。发现以及准确地界定或者明确法律适用的各项前提，也即一方面是应适用的法律规范，另一方面是需要对其作出裁判的事实，是更为艰难的任务。在这里叔本华的观点同样适用：“确定前提，而不是从前提中得出结论，才是真正的困难所在，也是易于出错的地方。从前提中得出结论是一个必然的、自发的过程。然而困难在于发现前提，在这里逻辑是不起作用的。”② 无论是发现案件事实部分的侦查假设，还是寻找请求基础部分的论题学方法，更多地具有头脑风暴的性质。只有在整理要件事实部分，考察拟适用的请求权基础的过程中，才更多地具有逻辑的特性，

① 王泽鉴：《法律思维与案例研习：请求权基础理论体系》，台北元照出版公司 2019 年版，第 9 页。
② ［德］齐佩利乌斯：《法学方法论》，金振豹译，法律出版社 2009 年版，第 125 页。

但在后续的步骤中，证明要件事实更多地涉及经验法则，论证要件事实更多地涉及论题学的方法，而不是逻辑的决定。所以，对于真实的法律适用过程来讲，三段论只是提供了一个所欲达成的目标和最终的结果框架。九步法则是以达成这个结果为导向，对工作流程进行结构化的建构，并不是机械的扩展和简单类比。形象地说，三段论是关于结果的建构，九步法是关于过程的建构。

3. 九步法在逻辑上是清晰和递进的，但实际适用上却是循环和相互关照的，类似于解释学上的循环。九步法的步骤不是直线、一次运用就能完成的。它是一个预定与返视、多次反复、逐步推进、不断试错、改进改善的过程。比如，寻找请求基础是运用法律前理解对事实片段的法律意义的单纯推定或假定，整理要件事实可能需要根据法律要件的意义去发现新的事实。也可能进展到后一步后需要再返回到前面的步骤，比如根据被告的答辩调整相应的请求权基础，调整诉讼请求。虽然实际运用是综合的、多维的、循环的，但是，逻辑上的清晰有助于理清思路，娴熟运用。

拉伦茨对于法学方法论作用的说明，也适用于对于九步法的作用的认识。"方法上的提示给出方向上的协助，使控制思维过程成为可能，尤其是可以审查是否遗漏了重要的观点，并可以强制解释者说明其运思过程。然而，如果认为解释者应该盲目机械地遵从方法指示，那就未免将事情看得太过简单……不过，下述相反的推论也不正确：因为方法上的指示既然不是始终能以相同方式、机械式运用的规则，它就是纯属多余的、'空洞的公式'。这种推论放弃了理性作为尺度的可能性，而完全听任主观意见的恣意妄为。"①

4. 没有经过系统整理的方法就无法达到应用自如的效果，没有静态的逻辑和步骤上的清晰也无法在复杂多变的实际案例中随机应变。

九步法的静态是因为它采取了假设和模型的方法，该方法是科学研究和经济学上常用的方法。"如果你问一位物理学家，一块大理石从10层楼的楼顶落下来需要多长时间，她可能会通过假设这块大理石在真空中落下来回答这个问题。当然，这个假设是不现实的。事实上，楼房周围是空气，空气对下落的大理石产生摩擦并使其下落速度变慢。但物理学家将指出，这种对大理石的摩擦力如此之小，以至于其影响可以忽略不计。因此假设大理石在真空中下落能使问题简化，而对答案又没有实质性影响。经济学家由于同样的原因而作出假设：假设可以使复杂的世界简单化，而且使解释这个世界变得更为容易……高中生物教师用塑料

---

① ［德］卡尔·拉伦茨：《法学方法论》，黄家镇译，商务印书馆2020年版，第316页。

人体模型来讲授基础解剖学。这些模型包括所有主要的器官，如心脏、肺、肾等。这些模型使教师可以用一种简单的方式向学生说明，人体的这些重要器官是如何组合在一起的。由于这些塑料模型是程式化的，并略去了许多细节，没有人会把它们误认为是真人。尽管它缺乏真实性——实际上正是由于缺乏真实性，研究这些模型对了解人体的构造是有帮助的。经济学家也用模型来了解世界，但不是塑料模型，而通常是由图形和方程式组成的模型。与生物学教师的塑料模型一样，经济模型也忽略了许多细节，以便使我们了解真正重要的东西。正如生物教师的模型并不包括人体所有的肌肉和毛细血管一样，经济学家的模型也不包括经济的每一个特征。"[①] 九步法即是理解法律适用的模型。

对于九步法静态化、理想化的批评，我想王泽鉴先生这段话可以回应："应强调的是，具体的案例事实，殊少雷同之处，差之毫厘谬以千里，务必审思明辨。法律上的实例，犹如数学演算题，不可徒事记忆，非彻底了解其基本原则和推理过程，实不足应付层出不穷的案例。实例演习的目的在于培养思考方法，去面对未曾遇见的法律问题。"[②] 九步法就是对诉讼基本规律的认识和把握，熟练掌握九步法就是为了应对复杂多变的现实。拉德布鲁赫曾经说道："世界的色彩斑斓仅是由七种基色组合而成"。0 和 1 的二值支撑起超级计算机的运算，针对具体案件呈现万千形态的技巧和运用，不外乎九步之内。就像刚开始考驾照，会使用各种口诀、各种点位，熟练驾驶之后，就会应用自如，但不能以老司机的口吻质疑当初方法的僵化和不够实战化。

我们承认，有经验的法官和有经验的律师并不需要太多体系化的方法，在自己擅长的领域凭着自己的经验就能把案子办得很漂亮。但关键是这些经验和技能从哪里来呢？能不能把这些经验和技能总结提炼，从而有助于年轻人的成长呢？

九步法作为一种方法论，强调的是普遍适用性，在具体个案中，可能并不需要这么多步骤，但懂得了这套原理，面对不确定的各种类型的案件，总是知道该如何分析一个案件，知道自己现在做了哪些工作，下一步该从哪里入手。九步法作为一个思考框架，方便我们打通知识之间的勾连，高效地整理、存储和调用知识，提高思维的效率，提高思考的深度和广度。框架的简单是为了应对现实的复杂，为此，从画鸡蛋开始成为大画家的达·芬奇说过一句名言："简单就是最终极的复杂。"

---

① ［美］曼昆：《经济学原理：微观经济学分册》，梁小民、梁砾译，北京大学出版社 2012 年版，第 22~23 页。

② 王泽鉴：《民法思维——请求权基础理论体系》，北京大学出版社 2009 年版，第 14 页。

成功没有捷径，九步法是一套思维体系，是将法学理论应用于律师实践的一整套思维步骤，只有投入必要的时间，反复地实践才能熟练应用，但这些投入是非常值得的。王涌老师讲，解决问题时最好能“化繁为简”，但在理解问题时，还是应当“化简为繁”。只有经过化简为繁的深刻分析和准备，才能在实务中具有庖丁解牛般“化繁为简”的能力。化简为繁，这正是要件诉讼九步法正在做的。构建体系和理解问题是从最全、最复杂处着手，把各种可能遇到的问题和解决方法考虑周全，把相关知识进行体系化的整理和学习，处理实务时才能迅速调用，举重若轻。九步法刚开始应用的时候会感觉有点不适应或者有点繁琐，但应用久了以后，所有的步骤都会变得连贯娴熟起来，内化于心，隐于无形，见招拆招，随心而动。

5. 九步法虽然从主张权利的视角也就是原告视角进行描述，但对被告视角同样适用，因为胜利取决于双方的博弈，都需要时刻关注对方，都需要综合考察请求权产生、障碍、消灭、阻止规范。这就相当于足球比赛，双方的规则是同一的，只不过攻防视角和运用策略不同而已。本方法虽然以一审案件为模型，但对于二审、再审案件同样适用，因为都面对同样的证据、事实和法律的审查。子曰：“不愤不启，不悱不发。举一隅不以三隅反，则不复也。”对于被告视角和其他程序的应用道理相通，思路相同，只要作变通和调整即可。

6. 构成要件理论源自刑法，体现了罪刑法定主义。民法法律渊源多元，如习惯法和法律行为，解释方法多样，如类推和法官造法等，强调构成要件及其要件事实理论是否有其实用价值？其实，构成要件理论体现了立法和司法的区分，体现了法的安定性的价值。立法者通过构成要件的设置表达了其评价标准和依据，自应在法律适用中得到遵守，只有在法无具体规定时才能进行漏洞填补。而且，漏洞的填补也是有方法论的要求的，不能按喜好随意选择法律解释的方法而得出自己想要的结论。实务的法律人，应当区分应然的法和实然的法，区分制定法的立法论和解释论。在讨论法哲学和立法问题时，大可以指点江山，激扬文字，但也不要只是陈述意见，而应拿出论证理由。如果是讨论具体的案件，请先站在解释论的视角。“敬法者始能成为护法者，法律一旦成为法律，就意味着权威，就必须得到尊重，学习之时，当有敬畏之感。学习的路径应当是由解释论入手，学习的重点毕竟也在于解释论，适当兼及立法论……毕竟，我们所造就的法律人才，更多的都是要走上应用法律的岗位。法律人各自应有明确的角色意识……”[①] 有规范没有价值是机械司法，有价值没有规范是目中无法，合适的做法是在规范的框架下论证价值，本于法教义学而超越法教义学。对此，可以形象地说，法学是戴着镣铐起舞的艺术，一边是规范的拘束，一边是公平的追求，至高境界是随心所欲而不逾矩。

7. 在差异中看到相同。法学方法论有各自的历史背景和学术传统。在英美法系国家，注重归纳法和论题式的思维；而在以德国为代表的大陆法系国家，强调演绎法和体系化的思维。事实上，成文法与判例法植根于不同的文化背景和哲学倾向，大陆法系的理性主义偏重演绎推理，想要从一个逻辑原点出发依靠推理建构一个理论体系的大厦，最典型的如笛卡尔，从“我怀疑，所以我存在”的逻辑起点出发，构建了自己的哲学体系。这种对人类理性的高度自信影响了法典化的趋势，想依靠严谨的概念、科学的推理，建立一部传之万世而不朽的法典，可以囊括世间千姿百态。英美法系的经验主义偏重归纳推理，从对个别事物的观察、实验、证伪之中建立起一般性知识。真理往往在折中的位置，虽然演绎法能够保证推理严谨性，但却无法提供新的知识，无法保证大前提的真实性。归纳法虽然欠缺严谨性，但却能够让人们通过科学实验发现新的知识，保证一定情况下大前提的真实性。现代科学是这两种方法的综合应用，而现代法学也是如此。演绎法能够保证法的安定性，但却无法发现新的法律原则、法律规则，无法创制适应社会发展的新的大前提。

英美法系与大陆法系的主要区别在于成文法与判例法的不同，而非法律思维与推理方式的不同。德国诗人诺瓦利斯说：“一切认识、知识均可溯源于比较。”[②] 法律的适用也就是在于案件与法律进行相似性和差异性比较的过程。只不过比较的对象在形式上有所区别，大陆法系比较成文法，英美法系比较判例法。抛开制度和文化的具体差异，在要件诉讼九步法这个法律适用规律和逻辑步骤的层面，两者是一致的。无论是德国的归入法、关系法还是美国的 IRAC 方法，两者都是要件式，都涉及要件诉讼九步法的基本步骤。

---

① 韩世远：《合同法总论》，法律出版社 2018 年版，第 3 页。

② 转引自孙华璞、王利明、马来客：《裁判文书如何说理》，北京大学出版社 2016 年版，第 7 页。

第五节 法律规范及其推理

一、法条的命令说

（一）命令说的具体含义

法是对行为的规整，法规范就是关于在什么条件下存在什么行为义务的命题。法的所有规定，或者是直接规定这种作为或不作为的命令，或者是规定构成此种命令的组成部分，或者是对谁能规定这些命令进行授权。

命令说认为，所有法律规定最终都能还原为命令或禁止一定行为的语句，或者以命令形式对特定人科以作为义务，或者以禁止形式科以不作为义务。

1. 刑法。

在刑法上，法无明文规定不为罪，刑法上的犯罪规定是不得作某种行为的禁令，以及因此产生的国家公诉机关对犯罪行为追诉的义务。

2. 行政法。

在行政法上，法无授权不可为，主要是对行政机关的授权，规定行政行为的权属和程序，可以对行政相对人设立、变更或废除法律义务。行政处罚是对相对人违反义务的制裁，行政许可是对某种禁止命令的豁免。

3. 民法。

在民法上，一方的权利总是与他方的义务相对。民法的规定根据不同的权利而略有区别：法律行为的规定，是对当事人根据意思自治创设个别法律义务的授权。侵权之债的规定，则是关于在何种情况下对方负有损害赔偿义务的规定。关于所有权也是如此，人和物之间的支配只是一种事实生活关系，其本质却是人们对于所有权人负有某种不作为的义务，也即尊重所有人对物的支配、收益、处分，其他人不得干涉，不得抢夺、毁坏或损坏属于他人的物。所有权转让的法律规范只是对不作为义务的主体对象变更作了规定。物权返还请求权涉及他人的归还义务，妨害排除请求权或停止侵害涉及不作为义务，物权受到侵害的，涉及他人的损害赔偿义务。关于所有权确认之诉，也总是以前述的义务群为目的。①

① ［德］齐佩利乌斯：《法学方法论》，金振豹译，法律出版社 2009 年版，第 1~9 页。

（二）法律义务与法律自由

“法哲学家将法律出现之前的人类状态，拟设为‘自然状态’，在这一状态中人们享有绝对的自由，此即‘自然自由’。但是，‘自然自由’只能导致人类的盲目冲突乃至巨大混乱，所以，法律出现了。法律自其诞生始就是作为对自然状态的一种反动而存在的，所以，法律状态与自然状态是两个相互对立的状态，其对立性就表现在法律的本质功能就是限制人们的自然自由，使人的自由通过法律而达到协调。所以，康德这样界定法律，‘法律是全部条件，根据这些条件，任何人的有意识的行为，按照一条普遍的自由法则，确实能够和其他人的有意识的行为相协调。’”①

一方“必须做什么，或必须不做什么”就是法律义务，它是对自然自由的否定。这些义务有公法上的义务，有私法上的义务，私法上的义务体现为平等主体一方可以请求对方做什么或不做什么。义务的否定即是自由，法无义务即自由，只不过这种自由已经从“自然自由”上升为“法律自由。”

二、适用规定说

从法律规范作为行为规范的角度讲，所有法条都只有和关于义务规定的法条结合在一起，才能真正显现出其对行为秩序的建构力量。请求权基础和抗辩规范就是关于义务的直接规定。

但诚如前面案例分析所显示的，对于请求权的争议往往取决于某个要件成就与否。而某个要件作为法律效果进行考察，又需要考察能够产生这个要件的其他条件，这时候法律适用并不直接和关于行为的命令相关。适用规定说认为：“并不是每一个法条都必然包含命令或禁令，但肯定都包含适用规定。法条作为规范性语句的意义在于，使法律后果被适用。根据它的逻辑形式，它是一种假言语句。这就是说，如果具体案件事实 S 现实化了构成要件 T，那么法律后果 R 对于该案件事实就总是适用；简言之，R 适用于所有包含 T 的案件……大量法条的直接或者最密切的法律后果并不在于科加或改变某种义务，而在于导致权利的取得或丧失。”② 比如，关于所有权、其他物权、债权的取得和丧失的规定，关于处分权、代理权等“私法上的权力”等。

---

① 王涌：《私权的分析与建构：民法的分析法学基础》，北京大学出版社 2020 年版，第 129 页。

② ［德］卡尔·拉伦茨著：《法学方法论》，黄家镇译，商务印书馆 2020 年版，第 324 页。

（一）作为应然的规定语句

“法条也是词素与词素的联结组合。它以普遍化的方式描述案件事实、‘构成要件’，并赋予其同样以普遍化的方式描绘的‘法律后果’。赋予意指：当构成要件所描述的案件事实存在时，法律后果即应发生，换言之，即应适用于该具体案件。”①

如《民法典》第七百一十二条规定：“出租人应当履行租赁物的维修义务，但是当事人另有约定的除外。”该条的构成要件仅仅通过“出租人”来加以说明，何以构成出租人，还需要结合第七百零三条来确定，即“租赁合同是出租人将租赁物交付承租人使用、收益，承租人支付租金的合同”。只要从双方一致的意思表示中得知，一方将某物交付他方使用，他方支付租金，那么，这个约定就符合法秩序对于租赁契约的要求，一方也就满足关于出租人的要求。因此，出租人就有义务维修租赁物。该义务之所以产生，乃是因为它是有效的法条所赋予的，并不取决于其他事实。而且，该法条只是在说，法律上应当如此，应予适用，并没有对事实上如何作出说明，出租人是否履行属于事实领域，还要依赖于出租人的履行意愿、履行能力和履行行为。

（二）构成要件和法律效果的连接及立法理由

诚如恩吉施所述，法律规范是一种充分条件的论述，也即法律规定“假如某一案件符合该规范的事实构成，那么该案件发生该规范的法律结果”。换成完整表述则是：如果该案件具备 T 的要件，则该案件适用 R 的法律效果，即 T→R。那么，T 的要件就是 R 法律效果的充分条件。

“法律规范是应然规范，也即如人们习惯说的：假定的应然规范。它表示了一个有条件的应然，即同样经由‘事实构成’的有条件的应然……只要人们注意抽象与具体的区分，人们也将面临一个经常讨论到的，我不想在此忽视的问题，因为这对法律思维的特性富有启发性。它是指事实构成与法律结果相互处在何种关系之中。至今我们把这个关系只是标称为一个条件式的关系：事实构成包括作为法律规范的抽象组成部分的概念上的条件，根据这些条件，法律结果指令插手进来。没有什么东西妨碍把这种关系也理解为简单的评价，一如立法者自己经常所作的。因为代替说：‘如果有人故意地或过失地侵害生命、身体、健康……那么他对他人有义务赔偿由此产生的损害’，立法者说：‘故意或过失地

① ［德］卡尔·拉伦茨：《法学方法论》，黄家镇译，商务印书馆 2020 年版，第 321 页。

侵害……的人，有义务赔偿他人由此产生的损害。’”①

在形式逻辑上，充分条件的表述如下：假如A命题成立则B命题必然成立。那么我们把A命题叫作B命题的充分条件，把B命题叫作A命题的必要条件。

拉伦茨在法学方法论中指出，将该构成要件与法律效果连接起来的，显示了立法者对此种情形的评价，在对案件事实所涉及的各种利益衡量之后，立法者根据其评价赋予相应的法律效果，这种评价就构成了立法的法律理由。通过事实构成与法律后果的连接，立法者部分地表达了他们如何组织社会的设想。所以，在解读和适用相关规范时，就常常需要考虑立法者的立法理由。但是这种连接的实效性是现行法规定的，一般不容置疑，除非依据宪法和立法法对其效力进行审查。

（三）混合假言三段论

由一个条件前提和一个直言前提组成的三段论叫作混合假言三段论。② 在逻辑学上，法律适用的三段论是混合假言三段论。“如果”前面的命题叫前件，“如果”后面的命题叫后件。

假言语句：如果案件事实属于构成要件的情形，那么适用法律效果。这是完整的构成要件和法律效果之间组成的假言语句，由制定法确保其适用的法定关联，这种关联反映了立法者的价值判断，会随着法律的修改而变化。

直言判断：案件事实是构成要件的具体情形之一，直言判断是关于案件事实的判断句。这里的事实应该是要件事实，也就是根据该条法律规定对自然事实整理的结果，并且经过审判程序达到了法律真实的标准。

结论：该案件应该适用该法律效果。

“我把这些逻辑形式称为‘确定法律后果的三段论推理’。在其中，一个完整法条构成大前提，将作为一个‘事例’的某具体案件事实归属于法条构成要件之下的过程构成小前提。结论则是对此案件事实应适用该法条所规定的法律后果。”③

举个具体的例子：

《民法典》第二百三十五条规定：无权占有不动产或者动产的，权利人可以请求返还原物。

---

① ［德］卡尔·恩吉施：《法律思维导论》，郑永流译，法律出版社2014年版，第35页。

② ［美］欧文·M. 柯匹、卡尔·科恩：《逻辑学导论》，张建军等译，中国人民大学出版社2014年版，第317页。

③ ［德］卡尔·拉伦茨：《法学方法论》，黄家镇译，商务印书馆2020年版，第345页。

这个命题是立法者简化后的命题，还原为原来命题，表述如下：

假言语句：如果某案件属于无权占有不动产或者动产的，那么，该案中的权利人可以请求返还原物。

直言判断：张三无权占有李四的动产，属于无权占有不动产或者动产的情形。（生活事实满足构成要件）

结论：李四可以请求张三返还占有的动产。（结论是该案适用该规范法的律效果）

三、混合假言判断的正确推理与谬误

（一）正确推理及其在实践中的运用

充分条件的三段论中，有效的推理有形式逻辑上所谓的肯定前件式推理和否定后件式推理。

1. 肯定前件式推理。

大前提：如果具备 T 的要件，则适用 R 的法律效果，即 T→R。

小前提：案件事实符合构成要件，即 S=T。

结　论：得出结论 S 即适用 R 的法律效果，即 S→R。

该推理主要用于起诉状的撰写和权利主张。找到能够支持我方请求的请求权基础后，就要根据该请求权基础进行事实主张和证明，证明该案满足请求权基础的构成要件，从而适用该法律效果。

2. 否定后件式推理。

大前提：如果具备 T 的要件，则适用 R 的法律效果，即 T→R。

小前提：S 不能适用 R 的法律效果。

结　论：S 不符合 T 的构成要件。

该推理主要是被告用来撰写答辩状，如果被告主张该法律后果不适用于他，就需要通过主张构成要件不成立来进行。在民事诉讼攻防的情形下，还可能援引抗辩规范，被告援引抗辩的，构成被告需要证立的三段论。

另外，否定后件式推理也可以用来审查判决，决定是否提起上诉或再审时使用。比如，法院驳回了李四要求张三返还占有的动产的请求，那么，必然要否定张三无权占有李四的动产这个要件事实。在审视法院判决的时候，法院如果没有对李四主张张三无权占有的构成要件事实找出有效的争点，这种法律适用就是存在问题的。

这种否定诉讼请求，必须要否定请求权基础成立的思路，在不同的诉讼标的理论下有不同的运用。

在旧实体法学说的诉讼标的理论下，审判的标的只是当事人主张的请求权，否定其主张的请求权基础，即可否定诉讼请求。

在二分支说的情况下，本案事实+诉讼请求构成了本案的诉讼标的，法官不能只否认当事人主张的请求权基础，还要否定所有支持该诉讼请求的请求权基础。“某案件事实不能归属特定法规范的构成要件，并不必然导致对适用该法律后果的否定，因为同一法律后果可以另一构成要件为根据。因此要否定某一法律后果（例如损害赔偿义务），首先要求法律适用者确定，此处不存在其他规定同一法律后果的法条。例如，因加害人欠缺责任能力，因此既不能由违约，也不能由《德国民法典》第八百二十三条推导出赔偿义务，但只要在这一场合存在第八百二十九条所规定的特殊条件，则仍可以第八百二十九条为依据产生赔偿义务。由此可知，为解决某一‘法律案件’，必须全面审查所有可能适用于该案件的规范的构成要件。”①

虽然我们采用旧实体法学说，但这种考察思路对于被告答辩来讲也是非常有启发意义的，因为被告的最终目的不是击退原告基于某一个请求权基础的请求，而是击退所有于法有据的请求，原告还可以通过变更诉讼标的、另行起诉等方式来发起新一轮进攻。

（二）推理谬误及其注意事项

1. 否定前件谬误。

有一种谬误叫作否定前件谬误，即否定该条文的构成要件，并不能否定该法律效果的成立。这是因为现实中存在请求权竞合，某一规范的要件不满足，不意味着具有相同法律效果的其他法律规范的构成要件也不满足。

这和刑法上的定罪三段论是有区别的，所谓定罪三段论，就是以有关罪名概念的定义为大前提，以表述某人或某些人的犯罪事实的判断为小前提，推出某人或某些人是否犯了某罪的推理形式。如：凡乘人不备，公开夺取公私财物据为己有的行为是抢夺罪，某甲的行为是乘人不备，公开夺取公私财物据为己有的行为，所以，某甲的行为是抢夺罪。当然，这种推理的否定前件推论也是成立的。如，凡乘人不备，公开夺取公私财物据为己有的行为是抢夺罪，某甲的行为不是乘人不备，公开夺取公私财物据为己有的行为，所以，某甲的行为不是抢夺罪。

---

① ［德］卡尔·拉伦茨：《法学方法论》，黄家镇译，商务印书馆2020年版，第346页。《德国民法典》第八百二十三条为关于一般过错侵权损害赔偿义务的规定，第八百二十九条为基于衡平事由的赔偿义务的规定。

这是因为根据罪刑法定，罪名是对该行为的定义，是等值的，不构成该行为，就不构成该罪。但是民法规范中一般不具备构成要件和法律效果的这种等值关系，所以要慎用这种否定前件即否定结果的推理。

作为律师，应当全面检索法律规范，只有穷尽法律途径仍然不能实现当事人愿望时才能放弃。任重老师结合诉讼标的理论对请求权案例教学进行了分析，对律师的工作方法论也颇有启发意义："民事诉讼立法、司法与理论均认可，我国民事诉讼标的识别标准贴近传统诉讼标的理论或称旧实体法学说。而德国民事诉讼标的识别标准采诉讼法二分支说。在民事诉讼处分原则的限制下，请求权基础分析法的培养目标将不得不从法官转换为律师。以给付之诉为例，民法案例在尚未特定请求权的情况下，首先需要依顺序分别检索合同上请求权→准合同请求权→无因管理上请求权→物上请求权→侵权法上的各种请求权→不当得利请求权。在诉讼法二分支说的环境下，无论是合同请求权抑或侵权请求权本身均非诉讼标的本身，而是支持诉讼标的的诉讼理由或法律观点。一方面，法律并不要求原告在起诉时必须指明其究竟是根据合同请求权或是根据侵权请求权要求法院判决被告给付，另一方面，即便当事人明确指明系根据合同请求权，法官也可以侵权请求权在原告诉讼请求范围内支持原告的诉讼请求，前提是根据民事诉讼辩论原则的第一要义，当事人提出过侵权请求权的要件事实。相反，由于我国在诉讼标的识别标准上接近旧实体法学说，合同请求权和侵权损害赔偿请求权分别构成不同诉讼标的，这使上述法官的做法严重违背处分原则，并根据民事诉讼法第 200 条第 1 款第 11 项规定的'原判决、裁定遗漏或者超出诉讼请求的'情形符合法定再审事由。其实，上述区别并非新发现，而是伴随着'电车事件'的讨论逐渐被学界和学生所熟知。遗憾的是，诉讼标的识别标准对请求权基础分析方法的影响并未得到足够强调和重视。如上所述，从合同请求权到不当得利请求权的请求权基础检索方法适合德国法官对民事案件的审理和裁判，但却并不能完全适用于我国民事诉讼。法官如若按照上述请求权基础检索方法进行审理和裁判，必然落入'判非所请'的漩涡。可见，上述在德国以法官为培养目标的民法案例分析方法在我国存在着本土化改造的必要性和急迫性。尽管如此，上述请求权基础检索方法并非在我国全无用武之地，其可以用于律师的诉讼策略选择。不过，这也就意味着上述德式民法案例分析方法的趣旨从培养法官变为培养律师或其他为当事人提供法律咨询的服务者。相反，以培养法官为目标的民事诉讼案例分析方法必须在请求权基础的选择上恪守处分原则：法官不能越过当事人主动寻找请求权基础，而是必须根据当事人的意图划定诉讼标的。超越当事人真意释明变更诉讼请求，不仅可能违反处分原则，而且使法官僭越了中立性这一公正裁判的生命线。”①

2. 肯定后件谬误。

同样由于请求权竞合的存在，适用某一规范的法律效果并不能推出该构成要件的满足，也有可能是满足了其他构成要件。

四、对法条中各种条件的判断

由于法律规范是条件式的判断，这就需要我们在阅读法条的时候注意区分是哪一种条件句，进一步区分充要条件，充分但不必要条件，必要但不充分条件。民法规范一般没有逻辑词表明是充分条件还是必要条件，这就需要适用者根据立法意旨和法律体系自己进行判断。

（一）充要条件

该种条件可以进行如下推理：有该种条件，必有该结果。有该结果，必有该条件。没有该条件，必没有该结果。没有该结果，必没有该条件。充要条件可以作反面解释。也就是说，法律规定该条件发生该法律效果，可反面解释为不满足该要件的就不发生该法律效果。当然，这种充要条件的判断在民法规范中并不多见。

（二）充分但不必要条件

民法是权利法，针对各种情况规定了对当事人的不同救济方案，相同或类似的法律效果可能有不同的构成要件，要注意考察其他能够得出相同法律效果的构成要件，进行比较考量。此路不通，自有殊途同归。作为律师，要穷尽列举各种请求权基础，全面比较衡量，作出最优选择。这种条件句不能作反面解释。

（三）必要但不充分条件

如《宪法》第七十九条规定，有选举权和被选举权的年满四十五周岁的中华人民共和国公民可以被选为中华人民共和国主席、副主席。有选举权和被选举权的年满四十五周岁的中华人民共和国公民就是成为国家副主席的必要但不充分的条件，只有具备这个条件才有可能当选。如果当选，则必然具备这个条件。当然，必要但不充分条件可以作反面解释。

（四）不必要不充分条件

民法法条中大量存在的是不必要不充分条件。满十八周岁就是完全民事行为

① 任重：《论民事诉讼案例分析框架：案例教学与研究方法》，载《法治现代化研究》2020年第1期。

能力人的不必要不充分条件，满十八周岁还需要具备辨认能力才是完全民事行为能力人。即使不满十八周岁，还可以依据《民法典》第十八条第二款，即“十六周岁以上的未成年人，以自己的劳动收入为主要生活来源的，视为完全民事行为能力人”。

（五）实务中的矫正

在实体法上，支持一个请求权，需要存在请求权产生事实，同时不存在请求权障碍事实、请求权消灭事实、请求权阻止事实，似乎充分条件需要考察所有这些情形。但在实务处理中，所谓的充分条件，只是证明责任意义上的充分条件，原告主张权利，对应负证明责任的请求权产生的要件事实进行了主张和证明就是充分的，法官就可暂时得出请求权应予支持的结论，从而将请求权障碍、请求权消灭、请求权阻止等事由的证明责任分配给抗辩方。如果法庭审理终结，抗辩方没能成功证明相关抗辩事实，则法官终局地作出请求权得予支持的结论。

第二章　发现案件事实

虽然所有案件事实的形成，最终都是为了回答可能的法律后果是什么的问题，但区分事实问题与法律问题的可能性并不因此而落空。预先思考现实事件的法律判断，通常不妨碍判断者先独立于对事件的法律判断之外，借助自然的经验以及以前者为基础形成的日常用语来把握现实发生事件之实然，并以语言将其反映出来。①

——拉伦茨

案件事实就像一面打碎了的镜子，在法庭上证明案件事实，就相当于把这面镜子拼起来。

——邹碧华

形象地，实践当中如果有一千个事实问题，那么真正的法律问题还不到事实问题的千分之一。

——魏德士

争议围绕事实进行的比重之大可能会使参与其中的法律人士吃惊。他太轻易地以为，现实中占绝大多数的是对棘手的法律问题进行裁判，就像在大学练习中或者多半也在出版的法院判例中所呈现的一样。然而一个古老的经验教喻人们：在实践中，一罗特重的法律问题建立在50公斤事实基础上。②

——尧厄尼希

就像我们不能在沙子上建设城堡一样，我们也不能在子虚乌有的陈述上制定法律方案。生活事实（客观事件）发生之后，我们凭借当事人的引导，凭借证

① ［德］卡尔·拉伦茨：《法学方法论》，黄家镇译，商务印书馆2020年版，第391页。

② ［德］奥特马·尧厄尼希：《民事诉讼法》，周翠译，法律出版社2003年版，第114页。一罗特相当于0.015公斤。用来比喻事实问题比例之大。

据和常识去认识客观事实，所认识到的内容，我们称之为案件事实。我们要时刻注意，别人希望我们看到的和我们应该了解的事实之间，总是存在距离。我们要像侦探一样，通过当事人的陈述，收集必要的证据，形成一个相对可靠而合理的事实版本。这一步更多的是自向证明，也就是让律师自己相信。

任务和目标决定方法，由于发现案件事实是为了法律适用，法律适用的思维方式也就决定了发现案件事实的思维框架和基本方式，所以，本章从介绍分析法学基础和利益负担分析表开始。

第一节 分析法学基础

一、关于行为的法律关系

（一）行为的法律意义

1. 法律义务与法律自由。

法律调整人的行为，一种调整方式是规定法律义务。在法律评价上，一方“必须做什么，或必须不做什么”就是法律义务，它是对自然自由的否定。这些义务有公法上的义务，也有私法上的义务，私法上的义务体现为平等主体一方可以请求对方做什么或不做什么。义务的否定即是自由，法无义务即自由，只不过这种自由已经从“自然自由”上升为“法律自由。”

2. 法律领域与法外空间。

法律对行为的另一种限制是赋予某些行为以法律意义，以便由人的有意识的行为参与刻画、塑造法律世界。法律按照一定的条件撷取一定的行为予以评价，分为合法性行为和违法性行为。法律无意评价的行为没有法律意义，属于法外空间，由道德、习俗、宗教去调整，不能进行漏洞填补的操作。法无规定即无法律意义，同样，这种行为也已经从“自然行为”上升为法律评价后的法外空间。

（二）关于行为的两种争议模式

法律以人的行为为规制对象，而其规制方式主要表现为法律规范，那么就可以从法律规范的两个部分出发去考察行为。如下表所示：

部门＼规范	构成要件	法律效果
刑　法	犯罪行为	刑罚
民　法	行为以及其他法律事实	义务人的行为

刑法和民法具有不同的调整方式。从规范的两个部分来看，前面是构成要件，后面是法律效果。这样，行为就可以分为作为法律事实的行为和作为法律效果的行为两大种类。

法律总是对人的行为的调整。刑法只调整犯罪行为，没有行为，不构成犯罪，实行罪刑法定，法无明文规定的行为不为罪。刑事责任的承担方式主要是生命刑、自由刑、财产刑。从构成要件上来看，民事法律事实以行为为主，但不仅仅包括行为，还包括事件、状态等自然法律事实。而从法律效果来看，民事责任不以惩罚为目的，主要包括义务人的行为。

当两个人产生争议的时候，或者是思想的争议，或者是行为的争议。关于思想的争议可以通过辩论或其他方式解决，法律不予调整。只有行为的争议才需要诉诸法律。对于行为的争议主要对应以下两个部分。

一种争议是一方对他方的行为提出要求，法律需要考察这种行为要求的正当性。回答这个问题的关键是请求权基础。满足请求权基础的，就是请求权—义务模式，这种行为要求就具有正当性。反之就是无义务—无请求权模式，行为要求不具有正当性。这是我们最常见、最传统的诉讼模式——给付之诉的构建原理。

另一种争议是一个行为已经从事实上作出，双方对这种行为的法律意义产生争议。事实行为、准法律行为、违法行为的效果由法律规定，符合相应的法律规定就产生相应的法律意义，不符合相应的法律规定就不产生该法律意义，其争议按照法律规定解决。法律行为按照主体的效果意思发生法律效果，总是要考察法律行为的内容与效力。变动权的考察总是和法律行为相关联，因为“设定性是法律行为的本质特征，而法律权力必然是通过法律行为而不是事实行为来实现的”①。双方法律行为的效力来自于意思自治和双方的合意。实践中更为关键的是考察单方法律行为，因为按照单方意思发生法律效果，总是要追问按照单方意思产生法律效果的正当性。法律效果的正当性来自变动权，有变动权则按其意思产生法律效果，无变动权不能按其意思产生法律效果。变动权或者是法律认为属于个人自由决定的事项，比如处分权，遗嘱自由等；或者是法律的规定，比如撤

① 王涌：《私权的分析与建构：民法的分析法学基础》，北京大学出版社 2020 年版，第 87 页。

销权；或者是双方的约定，比如意定解除权；或者是单方授权，比如代理权授予。具有变动权的，就是变动权—拘束模式，仅凭单方的意思就能发生相应的法律效果。否则，就是无拘束—无变动权模式，单方的意思不能发生相应的法律效果。

二、法律利益和负担的关联性理论

（一）法律关系辨析

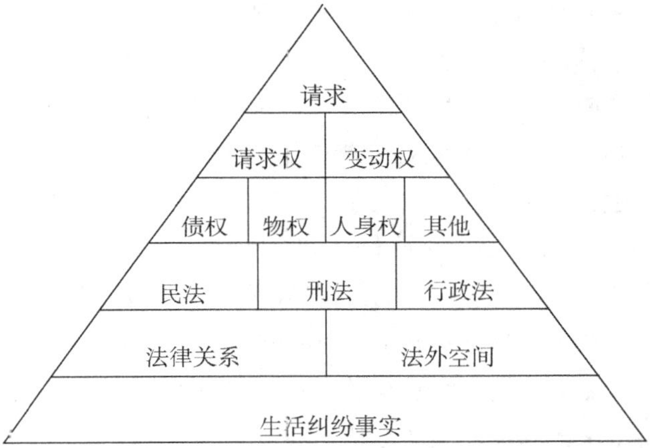

法律关系图

在民法学习中，从没有一个概念像法律关系一样造成如此多的误解而又被人们理所当然地使用。据笔者观察，通常可以在五个层次上使用法律关系这个概念：

1. 在和道德关系、社会关系相对应的层次上使用，通常指权利义务关系。

2. 在部门法的层次上使用，比如私法关系或公法关系。

3. 在民法典各编内部使用，比如债法关系、物权关系等。

4. 在类型化的复合关系上使用，比如买卖关系、雇佣关系。我们的民事诉讼案由在这个层次上使用法律关系一词。

5. 在请求权层次上使用，比如交付货物请求权关系、侵权损害赔偿请求权关系等。请求权基础分析方法以及诉讼标的识别在这个层次上使用法律关系一词。“与实体法上含义宽泛的用语相比，这一限缩到较细层次上的狭义概念可以帮助我们梳理和厘清需要通过诉讼程序去解决的问题在实体上如何具体地构成，还可能借此对程序运作过程中面临的不同局面进行有效的处理。”①

① 王亚新、陈杭平、刘君博：《中国民事诉讼法重点讲义》，高等教育出版社2021年版，第12页。

（二）法律利益和法律负担关联性理论

1. 民法法律关系的元形式只涉及两个主体。

法律关系以双边关系为原型和通常情况。梅迪库斯称这种双边关系的考察是法律思考的必要限制。“此种限制的一个特别典型的事例是债务关系。根据第241条规定[①]，债务关系是两个人之间以给付为内容的法律关系。在这个定义中，首先至少将其他人可能对这种两人关系感兴趣的情形排除在外了……在其他法律关系中，同样存在着与债务关系相类似的限制技术。虽然像所有权这样的绝对权并非仅仅针对某个特定的人产生效力，但是一旦有人不法侵害这种绝对权，从中又会形成一种具有两人关系性质的请求权。这种请求权与是否还有第三人也侵害了这种权利、权利人是否也可对这些第三人享有请求权无关。”[②] 这也体现在程序法上，“诉讼建立在双方—当事人—系统的基础上。这意味着双重性：在任何诉讼中（只）有双方当事人（‘原告’和‘被告’）”[③]。

科宾在《耶鲁法学杂志》上的那篇名著《法律分析》一文就特别强调：“（单一的）法律关系只涉及两个人，既不可多也不可少。”

两个法律主体之间的复合性法律关系也可以分解为若干单一的法律关系。一个法律主体和多个法律主体之间的法律关系或多个法律主体与多个法律主体之间的关系可以分解为若干单一的法律关系。比如，代理制度涉及三方结构，但仍然需要两两考察，例如在甲与乙之间，甲有代理权，乙有拘束，甲能够决定乙与丙之间的法律关系，尽管这里涉及丙，但是，这里的由代理权产生的变动权—拘束关系仍然只是存在于甲和乙这两个法律主体之间，丙和甲之间是因代理而产生的法律行为的另一个法律关系。

2. 民法法律关系的元形式只涉及两个主体之间的一种行为。

每一种单一的法律关系都指向一种行为，它是对这种行为的规范关系。多种行为涉及两个主体之间的复合法律关系。

这种行为可以与物有关，也可以与物无关，可以是事实行为，也可以是法律行为。

无因管理中，管理人有费用请求权，但没有报酬请求权，具体法律分析中，

---

① 《德国民法典》第二百四十一条规定：“因债务关系而发生的义务。（1）根据债务关系，债权人有权向债务人请求给付。给付也可以是不作为。（2）债务关系可以依其内容使任何一方负有顾及另一方的权利、法益和利益的义务。”

② ［德］迪特尔·梅迪库斯：《德国民法总论》，邵建东译，法律出版社2013年版，第53~54页。

③ ［德］奥特马·尧厄尼希：《民事诉讼法》，周翠译，法律出版社2003年版，第85页。

需要明确我们指向的是哪一种行为。

3. 对于同一种行为，其必属于四种形式中的其中一种。从逻辑上分，只有两种模式：

一种模式是一方对另一方的行为要求，包括有正当性的请求权—义务，以及不具有正当性的无义务—无请求权两种形式。另一种模式是一方行为对另一方的法律意义，包括具有正当性的变动权—拘束模式，以及不具有正当性的无拘束—无变动权模式。

法律行为是私法主体实现意思自治的工具，变动权考察的主要是法律行为。现实中还会对事实行为和违法行为产生争议，但那是依据法律规定直接产生相应的法律效果，也就是直接依照法律进行判断。

法律行为则是按照意思表示中的效果意思发生法律效果，当一方宣称应该按照自己的意思产生相应的法律后果，我们就需要考察一方是否仅凭自己的行为就能塑造自己与他人之间的法律世界，并且这种塑造对对方具有约束力，这就需要考察作出行为方是否享有这种塑造效果的正当性。回答这个问题的关键是变动权基础。满足变动权基础的，就是变动权—拘束模式，这种行为就能产生该种法律效果，另一方就应该承受这种变动。反之就是无拘束—无变动权模式，这种行为就不足以产生该种法律效果。

4. 法律利益总是和法律负担相互关联，一方法律主体承受法律利益，另一方法律主体承受法律负担，法律利益表现为请求权、无义务（自由）、变动权、无拘束四种形式，相应地，法律负担表现为义务、无请求权、拘束、无变动权四种形式。

5. 法律关系是主体之间的规范性关系。

法律关系是两个主体之间关于规范行为的规范关系，必须存在相应的法律规范及规范形式。对于法律关系，萨维尼下了一个经典定义，“所有的具体法律关系就是通过法规则而界定的人与人之间的联系”。

6. 主体之间必有产生法律关系的事实存在。

三、霍菲尔德概念矩阵[①]

根据霍菲尔德分析，有以下四组元法律关系，如前所述，法律关系是一个关

① 了解分析法学的详细内容，请参阅王涌：《私权的分析与建构：民法的分析法学基础》，北京大学出版社 2020 年版。为了吸收分析法学精细的思考范式，同时又最大化地和传统民法学对接，不增加学习的负担，本书对相关术语进行了调整，但其精神实质是一致的。

系概念，至少要有两方，单一法律关系有且只有两方，一方享有法律利益，另一方承受法律负担。

法律利益方	法律负担方
请求权	义务
无义务	无请求权
变动权	拘束
无拘束	无变动权

（一）请求权—义务

请求权，是指在一方法律主体（乙）必须为另一方法律主体（甲）做什么或不做什么的法律关系中，另一方法律主体（甲）所处的法律地位，即另一方法律主体（甲）具有要求一方法律主体（乙）做什么或不做什么的正当性，“义务”则指（乙）所处的位置，指“必须做什么或不做什么”。比如，乙欠甲 100 元，甲有权利要求乙偿还 100 元，乙有义务偿还甲 100 元。

正如法律利益负担关联理论所揭示的，一方享有请求权，必有另一方负担相应的义务。一方有什么样的请求权，对方就负有什么样的义务。有多少请求权，就有多少相对应的义务。这也就充分说明了为什么民法条文中，有些请求权基础采用权利视角的表达式，有些请求权基础采用义务表达式，因为它们是一个意思。《民法典》第七百零八条规定：“出租人应当按照约定将租赁物交付承租人，并在租赁期限内保持租赁物符合约定的用途。”根据这一规定，出租人有义务将租赁物交付承租人，承租人即有租赁物交付的请求权。第九百七十九条第一款规定：“管理人没有法定的或者约定的义务，为避免他人利益受损失而管理他人事务的，可以请求受益人偿还因管理事务而支出的必要费用；管理人因管理事务受到损失的，可以请求受益人给予适当补偿。”根据这一规定，管理人有必要费用的请求权，受益人有偿还必要费用的义务。

请求权—义务模式对应通常的给付之诉，也就是原告要求被告履行一定的义务或承担一定的责任。

什么情况下，谁得向谁请求什么，又在什么情况下，谁不得向谁请求什么，这些规定充分体现了立法者的价值判断，从而构成了不同法律规定之间的区别。

在雇佣合同中，雇用人的劳务请求权与受雇人的报酬请求权互为对价。台湾地区“民法”第四百八十七条规定：“雇用人受领劳务迟延者，受雇人无补服劳务之义务，仍得请求报酬。但受雇人因不服劳务所减省之费用，或转向他处服劳务所取得，或故意怠于取得之利益，雇用人得由报酬额内扣除之。”根据这一规定，雇用人受领劳务迟延的，雇用人和受雇人之间：对于雇用人劳务的请求权，就由请求权—义务模式转化为无请求权—无义务模式；受雇人的报酬请求权不受影响，仍然是请求权—义务模式。

赠与人与受赠人之间，对于交付赠与物，处于无义务—无请求权的模式。但经过公证的赠与合同或者依法不得撤销的具有救灾、扶贫、助残等公益、道德义务性质的赠与合同，赠与人不交付赠与财产的，受赠人可以请求交付，此时则是义务—请求权模式。(第六百六十条)

（二）无义务—无请求权

前述请求权—义务关系的否定，就是无义务—无请求权。无义务是对义务的否定，它是指在一方法律主体（乙）无权利要求另一方法律主体（甲）做什么或不做什么的法律关系中，另一方法律主体（甲）所处的法律地位。无请求权是乙所处的法律地位。

1. 无义务的含义。

无义务的情形有三种可能：

第一种是法律无意予以规制的法外空间，法无禁止即自由，自然也没有义务、无义务的区分。比如，好意施惠、社交礼仪等。

第二种是虽属法律调整的领域，但法律通过利益衡量，规定为无义务。比如，赠与人并不像出卖人一样，承担瑕疵担保的义务。承租人按照约定的方法或者根据租赁物的性质使用租赁物，致使租赁物受到损耗的，不承担赔偿责任。(第七百一十条)

第三种是原本存在义务，因存在约定或法律规定的情形，复归于无义务。比如，甲拥有一栋房屋，乙有不侵害、不使用的义务。甲乙签订房屋租赁合同，甲就从有义务不使用变成无义务不使用，乙的使用行为就不会违反法律规定。

根据私法自治，当事人之间可以创设自己的法律关系，从而在有义务和无义务之间转换。比如，甲有一块地，甲有使用这片土地的自由，即甲没有“不使用这片土地”的义务，乙无请求权要求甲不使用这片土地。但如果甲和乙签订了地役权合同，甲就有义务不使用这片土地，乙就有请求权要求甲不使用这片土地。如果地役权到期后，乙仍然要求甲不使用这片土地，甲就是无义务的。

无义务也是一种法律利益，意味着法律主体可以依照自己的意志自主决定自己的行为。无义务这个利益粗看之下似不重要，但在现实生活中却具有非常重要的作用。对于某个争议的行为，对于他人的行为要求，如法律给出了无义务的结论，就保证了某个人的行为自由。网上流传一个案例，老太太家的媳妇怀孕了，听说 WI-FI 信号影响胎儿发育，贴出告示要求邻居不要使用 WI-FI 网络。对于这种请求，老太太是无请求权，邻居是无义务。你在非休息时间弹钢琴，并没有超过一定分贝，别人无请求权要求你不弹琴，你也无义务不弹琴。但是如果你的邻居给你一定的补贴，要求你去琴房练琴而你也答应了，你就有义务不弹琴，邻居就有请求权要求你不弹琴。如果你的邻居出去度假了，别的邻居也要求你去琴房弹琴，那么，别的邻居无请求权，你无义务。

泛泛地考察无义务也是没有必要的，而应围绕争议，针对具体情形讨论具体行为。因为，请求权从诉中分离出来，诉的利益的考察留给了程序法，但脱离具体争议去从理论上考察一个太原人对于一碗刀削面是否具有针对远在北极的爱斯基摩人的物权请求权是无意义的。

2. 无义务和自由的关系。

在我们日常的理解中，自由意味着你可以自主决定做什么或不做什么，结婚自由包括有结婚的自由，也有不结婚的自由，无论作出结婚或者不结婚的决定都不违反什么，包括宗教自由、遗嘱自由都是如此。生育自由包括生孩子的自由和不生孩子的自由，丈夫有想要生育的自由，妻子有不想生育的自由。夫以妻擅自中止妊娠侵犯其生育权为由请求损害赔偿的，人民法院不予支持。（《婚姻家庭编解释一》第二十三条）

但是在义务的定义语句里，有跳舞的义务和没有跳舞的义务，有不跳舞的义务和没有不跳舞的义务却具有不同的含义。比如，甲有跳舞的义务，我们就必须明确甲是针对谁的请求权有跳舞的义务，比如甲和乙签订了演出合同。甲没有跳舞的义务，则是对前述情形的否定，甲和乙之间没有签订演出合同，或者合同未成立、未生效、已撤销、已解除，乙没有相应的请求权。在生活中的有些情形，也会以不作为为义务，这时候更需要贯彻前述要求。甲有不跳舞的义务，比如，甲和乙签订了独家演出合同，不能在竞争平台跳舞。前述的否定，即甲和乙之间没有签订独家演出合同，或者合同未成立、未生效、已撤销、已解除，乙没有相应的请求权要求甲，甲在其他平台跳舞没有违反乙的正当性请求。

虽然有点拗口，但这种表述的意义是清晰的：一方无义务做什么，就是一方不做什么并不违反另一方的正当性请求。一方无义务不做什么，就是一方做什么不违反另一方的正当性请求。无义务跳舞，则不跳舞不构成对义务的违反。无义务不跳舞，则跳舞不构成对义务的违反。甲没有跳舞的义务，只论断了不跳舞并不构成对义务的违反，并没有论断不跳舞是自主的决定，还是遵守了竞业禁止的协议。甲没有不跳舞的义务，只论断了跳舞并不构成对义务的违反，并没有论断跳舞是自主的决定，还是履行演出合同。

而自由则包含了两者，跳舞或者不跳舞都不违反什么，都没有他人可以提出要求。

（三）变动权—拘束

变动权，指权利人依自己的行为，使法律关系发生变动的权利。[①] 拘束就是一方对他方塑造的法律状态不依照其意志而必须予以承担。变动权，依所变动之法律关系不同，再分为形成权、抗辩权和可能权。形成权，是指权利人依自己的行为，使自己与他人间的法律关系发生变动的权利，如撤销权、解除权、追认权。抗辩权，指权利人用以对抗他人请求权之权利。如同时履行抗辩权、不安抗辩权等。可能权，是指权利人依自己的行为而使他人与他人间的法律关系发生变动的权利。比如，代位权、代理权、法人代表人之事务执行权。[②]

受要约人的状态也是一种变动权，其承诺即可使合同生效。比如，甲向乙发出要约，甲的要约行为就使乙取得了一种法律上的资格，也就是受要约人的地位。当然，乙没有义务作出承诺。但乙的承诺具有变动权，甲应该受承诺产生的生效合同的拘束。

（四）无拘束—无变动权

变动权—拘束关系的否定，就是无拘束—无变动权，指在甲与乙之间，乙不能够通过自己的行为对甲的法律状态产生影响。对于甲即为无拘束，对于乙即为无变动权。

无拘束也是一种法律利益。比如，终止代理关系后，原代理人就无变动权，被代理人就是无拘束。

就像数字 0 是人类思维最后理解的数字，从一定程度上讲，法律主体之间没有请求权—义务关系和变动权—拘束关系也是一种广义的法律关系，因为人们的行为从自然自由上升为法律自由。就像 0 所发挥的功能一样，这既是法律推理的要求，也是对现实状态的客观描述。

四、复合法律关系的分析

法律关系的元形式的各种组合构成了各种类型化的复合法律关系，所有权、

① 梁慧星：《民法总论》，法律出版社 2017 年版，第 74 页。

② 梁慧星：《民法总论》，法律出版社 2017 年版，第 74~75 页。

债权等是各种复合法律关系集合而组成的法律制度。下面，我们运用法律关系元形式对私法制度进行一个简单的勾勒。

（一）所有权

1. 请求权—义务：所有权人有权利要求每一个其他人不侵占其财物、不妨碍其对于财物的任意行为（如占有、使用甚至损毁行为），每一个其他人都有义务不侵占其财物、不妨碍所有权人对于其财物的任意行为。

2. 无义务—无请求权：所有权人有自由对其财物进行任意行为，每一个其他人都无权利要求所有权人不进行对其财物的任意行为，如占有、使用甚至损毁等。

在有的情形中，所有权人却无此自由，如在相邻关系中，所有权人对其不动产的行为就不能影响邻居的安宁和光线等。

一般情况下，物的所有权人对于妨害人处于有请求权—有义务的模式，但在特殊情况下处于无请求权—无义务模式，比如在紧急避险情形下。德国民法典第九百零四条对此进行了规定："他人为避开现时的危险而有必要干涉物，且将要发生的损害与因该干涉而对所有人发生的损害相比过于巨大的，物的所有人无权禁止该他人对物的干涉。"

3. 变动权—拘束：所有权人有权利处分其财物，每一个其他人都有受到因所有权人的处分行为而产生的法律关系的拘束。

在有的情形中，所有权人却无权利，如破产清算时，所有人无权利处分财产。在预告登记中，所有人的处分权也受到限制。

4. 无拘束—无变动权：每一个其他人无权利处分所有权人的财物，每一个其他人的处分行为对所有权人都不产生法律效力。

（二）合同

在合同成立之前，对于拟约定的履行行为，甲和乙都处于无请求权—无义务的状态。甲发出要约，使乙取得了承诺的资格。承诺的资格就是一种变动权，乙的承诺单方面使合同成立。合同成立生效后，甲具有合同的请求权，乙具有履行合同的义务。

互为对价的请求权定义了合同的类型。买卖合同是出卖人转移标的物的所有权于买受人，买受人支付价款的合同。（第五百九十五条）买受人移转标的物所有权的请求权与出卖人的价款请求权互为对待给付。租赁合同是出租人将租赁物交付承租人使用、收益，承租人支付租金的合同。（第七百零三条）出租人的租金请求权与承租人的交付、使用请求权互为对待给付。

（三）侵权

对于绝对权，权利人享有针对其他人的不作为请求权。如果发生了侵权事实，构成侵权责任，就产生了权利人针对侵权人的损害赔偿请求权，权利人就有相应的请求权，侵权人就有赔偿的义务。

（四）知识产权

某一专利权包括要求他人不按照某技术的方式来生产产品的权利。专利许可就是将不得按照专利技术生产产品的义务，变成无义务的状态。

五、可单方决定承受法律负担，赋予对方法律利益

论及私法上的权利，我们总是在讨论法律行为。因为准法律行为、事实行为、违法行为按照法律规定发生法律效果，并非按照当事人意思发生法律效果，自无考察权利的必要。

法律行为又可分为双方法律行为和单方法律行为，双方法律行为主要是合同和协议，是民法学习的重中之重，此处不再赘述，主要介绍单方法律行为。

单方法律行为，又称单独行为，指仅由当事人一方的意思表示成立的法律行为。单方行为又可以分为涉他和不涉他的行为。不涉他的行为，属于无相对人的行为，所谓无相对人，不是说不会对他人产生实际影响，而是说在法律评价上，相对人的利益没有保护的必要，比如遗嘱。不涉他的单方法律行为还有抛弃、先占等。

在涉他的行为中，又可以区分为利他和不利他行为。如此区分的原因，梁慧星先生有精彩论述："基于私法自治原则，非依本人的意思，不能对其发生权利变动。所以，唯于法律有特别规定之情形，始得依单方意思为自己设定义务，是为例外。至于以单方行为赋予他人权利者，固属当然。"① 扩展开来的话，就是利他的单方行为原则上有效，而不利他的单方行为原则上无效，因为不能依靠一方的意志就赋予他人不利益。

请求权、无义务、变动权、无拘束就是法律利益，与此相对应，义务、无请求权、拘束、无变动权就是法律负担。总而言之，享有法律利益，也即科以对方负担必须法律有明文规定、双方有约定，或者法律负担方事先授权，不能仅凭单方的意志就赋予自身法律利益。但仅凭单方的意志就可以承受法律负担，赋予对

① 梁慧星：《民法总论》，法律出版社 2017 年版，第 165 页。

方法律利益。这在民法上进一步分为：许可、免除、允诺、豁免和授权行为，具体区分见下图：

行为	法律利益方	法律负担方
许可或免除	请求权	义务
	放弃债权	免除义务
允诺	无义务	无请求权
	放弃无义务状态，单方允诺	产生请求权（悬赏广告）
豁免	变动权	负担
	放弃解除权	不受解除可能的影响
授权	无拘束	无请求权
	放弃无影响，对无权处分进行承认	具有和有权处分同样的效果

在理解这个表格的时候，需要贯彻两个严格的区分，就是二分法和法律利益负担关联理论。在法律适用过程中，有请求权和无请求权，有义务和无义务是两个对立面，一方的否定就是另一方。有请求权的否定就是无请求权，无义务的否定就是有义务。同时，一方的请求权必然要对应对方的义务，一方的无义务必然对应对方的无请求权。

1. 放弃不作为请求权：许可行为。

甲拥有某物，甲对乙有物上请求权，甲放弃该请求权，允许乙使用该物，那么，对乙产生的效果就是许可。在这里并没有说明甲许可的原因，也许是出于好意施惠，也许是基于使用合同。但签订许可合同，甲就应履行许可的义务。

甲是专利权人，甲对乙有不得以专利方式生产的请求权，甲和乙签订专利许可合同后，乙就不再负有该义务，甲也就不再享有请求权。

2. 放弃作为请求权：免除行为。

甲放弃自己的债权，债务人乙免除相应的义务。

3. 放弃无义务：承认或允诺行为。

甲的债权已过诉讼时效，成为自然债务，乙放弃诉讼时效的抗辩，自愿履行，则乙从无义务的状态转化为有义务的状态，甲的债权请求权变成可实行。

甲发布悬赏广告，单方允诺对实施行为方负有义务。

4. 放弃变动权：豁免行为。

乙迟延履行主要债务致使不能实现合同目的，甲放弃自己的解除权，乙卸除了合同可能被解除的负担。甲放弃解除权的行为，就把乙从可能被解除合同的拘束中豁免出来。

5. 放弃无拘束：授权（承认）行为。

甲无权处分乙的祖传字画，将其卖给了丙。甲丙买卖合同有效，但甲的处分行为对于乙并不产生影响，乙仍然是字画的所有人，丙只能要求甲承担违约责任。但是乙放弃这种无影响的状态，对无权处分进行承认，因此产生和有处分权同样的法律效果。

甲和乙之间不存在代理关系时，乙的法律行为不能归于甲，甲也不受其拘束。但是甲单方授予乙代理权时，乙以甲的名义实施的法律行为的后果归属于甲。

六、不可单方决定享有法律利益，科以对方法律负担

根据定义，一方取得法律利益，必须法律有明文规定、双方有约定，或者法律负担方事先授权、事后追认；除此之外，并不能仅凭单方的意志就赋予自己法律利益。

1. 不能单方取得请求权，例外：设定性形成权。

除了法定债权，并不能仅凭一方意志就成立合同关系，让一方享有请求权。但也有例外，在优先购买权的情形下，权利人仅凭一方的意志就可以在自己和相对人之间产生同样内容的合同关系。

2. 不能单方宣称无义务，例外：时效抗辩权。

比如，甲将自己家的旧沙发放置到院门口供自己和邻居聊天使用。甲和乙素来不对付，乙也坐在沙发上，并称：别人坐得，为什么我就坐不得？甲说，这是我的沙发，我有权决定谁能坐谁不能坐，我同意别人坐，但不同意你坐。乙不能单方宣称自己无义务。

在诉讼时效抗辩的情形下，一方通过抗辩权的行使，使对方的债务成为自然债务，则自己无义务进行清偿。

3. 不能单方宣称享有变动权，例外：形成权。

这在实践中并不少见，如一方并没有解除权，但是发律师函，很霸气地写道：收函之日合同解除，或者你方必须如何如何，否则合同解除。是否享有合同解除的权利要看是否享有解除权，没有解除权时单方提出解除合同只是一种违约行为，对方因此而获得解除权。

形成权有其特定的产生事由，不能由一方任意取得。

4. 不能单方宣称无拘束，例外：形成障碍与反对权。

在表见代理中，虽然代理人不具有代理权，但是由于被代理人对于具有代理权的表象具有可归责的事由，因此相关法律行为的后果归于被代理人，被代理人

不能单方宣称无拘束。

在具有形成障碍和形成反对权的情形下，可以例外地宣称无拘束，不受形成权行使的影响。

七、"两必问"的精细分析

王涌老师以非法占有为例反思民法分析中失之笼统的问题："以上就是非法占有状态中较为细致的法律关系之脉络，只有这样具体地分析权利的形式，及其所关联的法律负担和负担主体，才可以真正理解一种法律现象，但是，在民法研究中，不问某特定权利的形式类型是什么，不问某特定权利所关联的负担与负担主体是什么，这种'两不问'的做法已经使得我们在许多问题上陷入了混乱，'非法占有'只是一个典型。"[①]

请求权基础的案例分析就改变了法律分析失之笼统的问题："关于以请求权基础为内容的题目，其基本模式为：1. 谁（诉讼上原告）？2. 得向谁（诉讼上被告）？3. 有所主张？（1）得否请求损害赔偿？（2）可否求偿？（3）请求返还其物，是否有理由（有无法律上依据，法院应如何处理）？（4）有何救济方法？（5）当事人间之法律关系如何？"[②]

在实践中，我们也要按照请求权基础的分析模式进行"两必问"的分析，必问另一方主体为何，必问涉及的行为为何？因为法律关系是一种关系概念，至少是在两个主体之间产生，这从民法典关于民事法律关系的定义中也能看出来："民法调整平等主体的自然人、法人和非法人组织之间的人身关系和财产关系。"（第二条）如果没有两个主体，哪来两个主体"之间的"人身关系和财产关系？但这种相对的关系的概念，往往在稍微特殊点的案例分析中就被抛诸脑后了，我们需要坚持的是，在分析任何民法关系时都首先要明确分析的主体的特定性。另外，我们要问涉及的行为类型是什么？因为民法的法条，无非是关于行为的集合，不同的行为要求和不同的行为影响定义了不同的权利类型，我们总是要讨论涉及什么行为。

1. 必问谁和谁之间，两方主体为谁。

是否有请求权、到底有什么样的请求权，在两个不同的主体之间显然会有不同的答案。在因产品缺陷造成的损害赔偿案件中，购买者和销售者之间既存在违

---

① 王涌：《私权的分析与建构：民法的分析法学基础》，北京大学出版社 2020 年版，第 139 页。

② 王泽鉴：《法律思维与案例研习：请求权基础理论体系》，台北元照出版公司 2019 年版，第 118 页。

约责任的请求权又存在侵权责任的请求权。但是在购买者和生产者之间，只能请求产品责任，因为合同的相对性而不能请求违约责任。

2. 必问涉及谁的行为，谁向谁提出请求。

即使在两个主体之间，也会涉及请求方和义务方的划分，也就是讨论的是谁的行为，谁提出了请求，谁应该如何行为。在双务合同中，常常存在方向相反，内容互为对待给付的两个请求权，比如买卖合同中，买方的货物请求权和卖方的货款请求权。

用这种思维能够更好地理解霍菲尔德小虾沙拉的例子：我允许你吃我的虾，但是我并不答应从橱柜里拿给你吃。① 初读之下好似矛盾，却反映了法律思维的精细。前半句讨论的是你的行为，对于我的小虾物权，你有义务不吃，我有物上请求权和损害赔偿请求权，但是我放弃对你的物上请求权，如果你现在占有它，你吃了也无妨。后半句讨论的是我的行为，前两种防御和赔偿请求权的放弃，并没有产生我把虾拿给你吃的义务，我不同意拿给你吃，我也不违反法律秩序中的应然评价。但如果成立买卖合同的话就不同，我有把虾拿给买方的义务。其实，这并不只是语言游戏，而是生活中经常可能遇到的情形。比如甲乙关系很好，甲说乙可以随便用他的笔记本电脑，后来甲乙关系变差，但还不至于翻脸，甲也没有收回同意，没说乙以后不能用他的电脑，而是将它锁在了柜子里。这里，就产生了霍菲尔德所举小虾沙拉的情形。甲并没有义务拿出笔记本电脑给乙用，乙也没有相应的请求权。但如果同学丙需要写论文，租用了甲的笔记本电脑一个月，甲就有义务交付给丙使用，丙就有相应的请求权。

3. 必须问涉及两个主体之间的什么行为，行为的内容、方式等。

两个主体之间的行为也多种多样，谈论请求权的时候必须细化到请求权基础对应的某一行为。比如，甲和乙是邻居，甲在施工时把与乙相邻的院墙弄塌了。乙要求甲亲自砌墙恢复原状，并要求甲赔礼道歉。在甲和乙之间，对于恢复原状砌墙这个行为，乙有请求权，甲有义务。但是甲却没有义务亲自砌墙，也没有义务赔礼道歉。因为赔礼道歉是针对侵害人格权而进行的救济，不适用于财产侵害。

在中介合同中，我们讨论中介人对委托人的请求权，就需要细化到是报酬请求权还是费用请求权，因为根据中介人是否促成合同成立，对这两种请求权会有不同的处理。中介人促成合同成立的，对委托人有报酬请求权而无费用请求权。

① 王涌：《私权的分析与建构：民法的分析法学基础》，北京大学出版社2020年版，第79页。

（第九百六十三条）中介人未促成合同成立的，对委托人没有报酬请求权而有必要费用请求权。（第九百六十四条）

八、元法律关系与诉讼类型

请求权、无义务、变动权、无拘束四种法律利益需要救济的，各有相应的诉讼类型。请求权对应给付之诉。变动权对应积极确认之诉或者形成之诉（形成诉权）。无义务、无拘束可以通过消极确认之诉进行救济。在常见的诉讼类型中，我们总是考察请求权是否能够产生并行使，也就是考察四种法律关系元形式中的请求权—义务关系。

（一）给付之诉：请求权—义务

在给付之诉中，法官总是围绕着原告提起的请求进行审判。这里只有两种可能，有请求权—有义务，无请求权—无义务。通常人们只把请求权—义务模式称为一种法律关系，但霍菲尔德正确地指出，原告的无请求权，以及与此对应的被告的无义务，这本身也是一种法律关系，被告的无义务已经从自然状态上升为法律保障的法律自由。就好像网传的一个案例，儿媳妇怀孕的老太太并没有请求权要求邻居不使用 WI-FI，与此对应的是邻居的无义务，也就是使用无线上网的自由。

从法教义学上，这种思考意义并不大，因为只要总结何种情况下存在何种请求权就可以了，它的反面就是无请求权—无义务。但针对具体个案的冲突解决，这种思路是必要的。一个主体向另一个主体提出的行为要求，必然有肯定和否定两种模式，肯定即是有请求权—有义务，否定即是无请求权—无义务，肯定是原告的请求权得到确认，否定是被告的自由得到确认，两者都具有受法律保障的利益。

（二）形成之诉

形成之诉是请求法院基于一定的法律条件判决特定权利或者法律关系变动的诉。多数形成权是单纯形成权，也就是依照权利人单方面的意思表示来行使，通知到达即发生效力，形成权行使产生的争议为确认之诉或者给付之诉的前提条件。但是，有些形成权却需要通过诉讼来行使，称为形成诉权，比如离婚之诉，股东会决议撤销之诉，这些才构成形成之诉。

（三）确认之诉

除了形成之诉外，还有确认之诉。

确认之诉：原告请求法院确认争议的民事权利或者法律关系是否存在或者是否是合法有效的诉。确认之诉包括积极确认之诉和消极确认之诉。

1. 积极确认之诉：请求确定法律关系或者民事权利存在。比如，实践中常见的权属争议引起的物权确认，确认租赁、雇佣等继续性法律关系，确认亲子等身份关系。

2. 消极确认之诉：请求确定法律关系或者特定法律事实不存在。比如，确认不侵害专利权，确认不侵害商标权、著作权等。

无义务—无请求权通常会通过消极确认之诉来实现，也就是被告申称有请求权，但是又不通过诉讼行使，不堪其扰的原告提起消极确认之诉。"所声称的请求权的相对人可以提起诉讼，确认被告不享有针对该相对人所声称的请求权，所谓'消极的确认之诉'。"①

无拘束—无变动权也可以通过消极确认之诉来实现。比如，确认某人不享有对自己的代理权，又如对方不享有解除权，合同未被解除，从而要求继续履行合同。

确认之诉需要具有诉的利益才能提起，在不存在争议的情况下，确认某物的所有权或者不存在侵权的行为，由于并不存在的诉的利益，法院可以不予受理。通常法院在作出给付之诉和形成之诉的判决前，均需确认作为前提的某项法律关系是否存在，所以，只有不构成案件判决的先决事项的，才能提起独立的确认之诉。

（四）实务中的互动

在因生活事实引起的一起诉讼中，可能同时具有以上三种诉讼类型。比如，A与B经人介绍相识并于某年结婚，后因性格不合经常发生争吵。B有空就出去赌博，也不分担家务，还在外与人同居。双方感情已经破裂，无法继续共同生活。为此，A提出三项诉讼请求，分别对应三种诉讼类型：

（1）解除A与B的婚姻关系。消灭婚姻关系，属形成之诉。

（2）A与B的儿子C（现年6岁）由A抚养，B每月向A支付C的抚养费××元，直至其年满18周岁。确定子女由一方抚养，属确认之诉。

（3）要求B进行损害赔偿。B与他人同居，A有权要求损害赔偿。要求损害赔偿，属于给付之诉。

请求权和给付之诉具有天然的联系，因为请求权本来就是从诉讼中分离出来的实体法概念。早期的诉讼主要也就是给付之诉，随着法律意识的提高，形成之

① ［德］迪特尔·梅迪库斯：《请求权基础》，陈卫佐、田士永、王洪亮、张双根译，法律出版社2012年版，第3页。

诉和确认之诉才逐渐成为新的诉讼类型。

变动权作为一种工具性权利，常常在给付之诉中发挥作用，比如，解除权可以作为合同履行请求权的抗辩规范，也可以作为解除合同之后返还货款请求权基础的构成要件。单独提起诉讼时，需要证明具有诉的利益。在实务操作中，确认之诉和形成之诉常常围绕给付之诉发挥作用，以达到支持或阻却请求权的效果。

支持请求权：比如，甲和乙签订房屋买卖合同，房屋已经交付使用，甲以欺诈为由撤销合同，并根据《民法典》第一百五十七条要求返还已交付的房屋。再如，已经结婚的甲男和乙女婚外生子丙，乙女提起亲子确认之诉，确认存在亲子关系后要求甲男支付抚养费。

阻却请求权：比如，甲和乙开发商签订房屋买卖合同，乙开发商多次发通知要求甲支付房款，甲以合同已经通知解除为由进行抗辩。

九、分析法学的不足及其他

实务法律人首要的任务是精细入微地阐释适用法律，分析法学的分析方法可以作为一件趁手的主力分析工具，但显然并不是唯一的工具，实务法律人的工具包里还应有更多的工具和方法。

（一）关于意义和目的的法学

请求权是一种工具性的权利，是一种形式—概念的思维方式，在这里出现了意义真空，犹如拉伦茨批评温德沙伊德道：“他将强调的中心从支配客体的可能性，例如所有权人个人对物的支配，转移到了另一种可能性即针对他者的法秩序的诫命在司法上被执行的可能性，他称之为‘请求权’。顺理成章，温德沙伊德在所有权中看到的，更多不是所有权人根据其意志对某物的权力（事实和法律上的处分权），而仅仅是一种排除他人干涉对物支配的可能性：给予所有权人对抗他人的实质性侵扰的请求权的总体。正如冯·图尔指出的，按照这种观点，不仅所有权概念的‘直观性’消失了——‘直观’不是法律概念的任务，更是出现了特别明显的意义真空，这是形式概念的思维不可避免会导致的。所有权本源的和首要的意义不是实现排除他人侵扰的请求权，而是一种可能性，即人格通过拥有物或通过自己拥有的物的力量，创造和保持适合于他的个体性的存在空间并由此表明自己为一个人格，即证明自己是自由的。正是在这一意义上，黑格尔说：‘从自由的角度看，所有权是自由最初的定在，它本身是本质性的目的’，也就是说，为了作为个体的人格能够和他人共同存在于共同体中，他必须拥有属于其个人的必要财产。所有权对人具有的最终的法伦理意义在普赫塔那里总体上被贯彻，但到了温德沙伊德的所有权理论中却可悲地不再能被觉察到。但这就是抽象—概念式思维最典型的特征：抽象出来的概念只能确定现象的表面；现象的核心，即（法律制度，特别是权利的）意义内涵完全被排空了。从形式逻辑看，体系须尽可能地协调一致；但从实质上讲，本质性的东西即精神性的‘实体’恰好缺失了。”[①] “我们曾提及温德沙伊德的观点，他认为：所有权的法律内容只在于它的排除功能，即在于一项指向所有人的禁令：禁止侵害所有权人对物的排他性支配。然而，这种观点并未道出所有权的精义。排除他人染指所有权客体，仅仅是法秩序将此客体分配给所有权人，使其可以对物进行独占性的事实支配和法律支配的反面。由此，所有权人可以依其意志依法处置该物，可以按照所有人确定的目的使用、消费该所有物，改变物的形态或者将其让与他人，因此所有权人取得一个个体的自由空间，在其中他能够作为人格实现自我发展。所有权具有的‘分配的内容’和排除干涉的这两项功能是互为条件的；将其中一方面仅视为另一方面的‘反射’，因而仅赋予前者从属性的意义，这种做法是没有根据的。毋宁说，将一物分配给所有权人在法律上的自主范围，与针对全部人所发的禁止‘侵害’所有权之命令——事实上，我们也可以将其视为针对全部人所发的、要求其积极尊重所有权人之自主范围的命令——这两者都是所有权概念的必要要素。这意味着：我们不能将其中一方面还原为另一方面，进而取消其存在。如果根据某一法条规定，A 丧失某物的所有权，而由 B 取得，那么其法律后果就不仅是所有其他人现在都负有不侵害 B 对该物的所有权的义务；更主要的是发生如下后果：B 现在在法律上可以从事所有权人对所有物可以从事的一切活动。事实上，法律后果是：A 丧失所有权人的地位，B 取而代之，取得所有因所有权归属变动所产生的后果。”[②] 夫妻之间的配偶权也不仅仅是排除他人侵扰的请求权，或者是被侵害之后的损害赔偿请求权，最终的目的和法律意义是实现两个个体的结合，实现人类生存生活最为重要的价值之一——爱情。请求权、变动权的形式的考察思路，忽略了所有权、人格权、身份权等权利背后所欲实现的目的，缺失了其本质的意义。

即使将主体对客体的自由支配理解为无义务—无请求权模式，也存在这种意义缺失。从霍菲尔德的请求权—义务的否定，即无义务—无请求权来讲，权利人对自己的物，做什么都不违反法秩序（无义务），对方要求什么，也是无请求权。从法律关系是主体之间的关系来讲，所有权至大而无形，可以用无义务—无

① ［德］卡尔·拉伦茨：《法学方法论》，黄家镇译，商务印书馆 2020 年版，第 43 页。
② ［德］卡尔·拉伦茨：《法学方法论》，黄家镇译，商务印书馆 2020 年版，第 324 页。

请求权这个否定性的定义来描述所有权人对物的自由支配。

这种思路是冲突解决思路，但是，正如埃塞尔批评的，“法不仅是冲突的裁判标准，还是——并且首先是——健康的社会关系、生活秩序的规则……尤其是利益法学倾向于一刻不停地思考冲突的情形，而不是根据法秩序思考更为常见的和平的共同生活”①。

（二）关于法学的其他面相

法律作为一种人类的创造物，并非如概念法学所设想，是逻辑演绎的产物，而是基于对人类社会生活秩序的观察、归纳、抽象而形成的。这个过程并不是简单的、完整的复制，而是加入了人类自己的创造。基于人们认知能力的局限，观察可能并不全面，归纳过程中的取舍可能不尽合理，表述可能词不达意等，从生活的秩序上升为制定法的过程中，从多姿多彩的生活具象上升为高度概括的规范抽象的过程中，有些本质意义的东西缺失了。另外，法律只是指示，并非说教。指示明确的地方，我们按照指示行事。指示不明确或缺失的地方，我们就需要考察立法者何以作出此种指示，通过意义和目的的探寻来确定立法者身处此种情形该作出何种指示。所以，制定法的表述只是一个引路者，我们要从其给出的文字指引中去理解立法者所欲表达的意义，有时甚至还要回到其生活秩序的整体意义脉络中。

“法规范不仅包含具有法律效力的规则，还调整特定的社会关系、社会进程以及行为模式，而且法律所调整的仅仅是这些事物呈现出的诸多面相中的一个。法律人如果不能同时看到其他面相，就无法理解相关的法律规则。”② 例如，在一份房屋租赁合同中，承租人首先关注的是，借助该租赁合同，他的居住需求得到了满足。而对出租人而言，他自己不直接利用该房屋，转而以出租的方式来利用。除了直接的、私人的利益，还有一般社会政策以及整体经济方面的考量：普通社会公众的居住需求。公众需求是一种社会利益，一方面应保护承租人免受过度榨取以及突然解约的威胁，另一方面也要考量出租人的利益，因为他在住房上投下资本，如果不能从中获利，会减少租赁房屋的整体市场供给，从而间接影响并恶化承租人整体及其中个体的居住状况。所以，《民法典》中关于租赁合同的规定及相关司法解释的规定被理解为一种尽可能广泛地“协调平衡”各个不同方面利益以及房屋市场供求关系的尝试，它才是可理解的。比如，《民法典》第

① ［德］卡尔·拉伦茨：《法学方法论》，黄家镇译，商务印书馆2020年版，第90页。

② ［德］卡尔·拉伦茨：《法学方法论》，黄家镇译，商务印书馆2020年版，第270页。

七百二十五条规定："租赁物在承租人按照租赁合同占有期限内发生所有权变动的，不影响租赁合同的效力。"这里就涉及出租人、买受人、承租人以及公共利益方面的平衡。首先是出租人对于出租物的处分自由的利益，为了保护承租人的利益，法条完全可以规定租赁合同期间，出租人不得出卖租赁物。但是，这样的规定对承租人的保护有些过度，对出租人的处分限制过多，可能将或租或售状态的房屋排除出房屋租赁市场，从而影响租赁房屋供给的整体社会利益。另外，也会影响买受人的利益，买受人基于房屋登记的权利公示而签订买卖合同并过户，买受人的信赖利益也值得保护。综合考量上述因素，法律作出买卖不破租赁的规定。同样，第七百二十六条、第七百二十八条关于承租人优先购买权的规定也体现了这种综合考量，承租人的居住需求需要得到保护，但是出租人的财产利益也需要得到保护，不能过于厚此而薄彼，所以，承租人同等条件下有优先购买权。为了保护交易，出租人妨害行使优先购买权的，只是产生承租人的赔偿请求权，出租人与第三人订立的房屋买卖合同的效力不受影响。

世事洞明皆学问，人情练达即文章。法律人一方面要认真研习法律，熟悉法律的具体规则；另一方面还要深入了解涉及领域的社会事实，对规则所欲规制并作为其基础的事实关系具备一定的"前理解"，方能准确适用法律。比如，《民法典》对租赁合同和融资租赁合同中租赁物的维修义务即有不同规定。第七百一十二条规定："出租人应当履行租赁物的维修义务，但是当事人另有约定的除外。"第七百五十条规定："承租人应当妥善保管、使用租赁物。承租人应当履行占有租赁物期间的维修义务。"在租赁合同中，出租人承担租赁物的维修义务，而在融资租赁合同中，承租人承担租赁物的维修义务。从单纯的文字分析，我们无法精确把握条文的内容，还要回到这两个条文所欲规制的租赁和融资租赁的事实中去，从而理解这两者何以有此区别。"承租人使用租赁物就是要使租赁物发挥其效用，以满足自己的需要，这就要求租赁物本身应保持一个良好的状态，具备它本身的性能，发挥它本身的效能，当该租赁物出现妨碍使用的情况时，就要对其进行维修。法律将维修的义务加诸于出租人是从租赁合同的特点出发的，一是租赁物的所有人在绝大多数情况下是出租人，出租人要对自己的财产负责，延长租赁物的使用期，对租赁物进行正常的养护和维修，维护的是自己的利益；二是出租人出租租赁物是为了收取租金，承租人支付租金是为了使用租赁物，如果租赁物不能使用了，承租人订立合同的目的就不能实现，再让他支付租金是不公平的。因此，各国法律都把对租赁物的维修义务归于出租人一方。”① “在一般的租赁合同中，出租人负有维修的义务，应当负有保证承租人对租赁物使用的义务。但是，在融资租赁合同之中，出租人并不负有维修义务，而应当由承租人承担该义务。法律上作出此种规定的原因在于：一方面，融资租赁中承租人享有实质意义上的所有人权益，与此相适应，其也应当负有维修租赁物的义务。另一方面，承租人对标的物和出卖人进行了选择，而且具有专业技术，因此承租人才最有能力对标的物进行维修。此外，由承租人负担此种义务，有利于促使其妥善保管和使用标的物，从而更能达到融资租赁合同的缔约目的。”②

拉伦茨在《法学方法论》中批评道：概念法学通过抽离概念中的共同因素而形成上位概念，所造成的结果是，越上位的概念，离现实越远，从而形成所谓的意义真空。霍菲尔德分析法学就是用辩证法的思维揭示请求权及其对应物——义务以及义务违反产生的民事责任，变动权及其对应物——法律状态的拘束，由此揭示了四种元法律关系：请求权—义务，无义务—无请求权，变动权—拘束，无拘束—无变动权。除此以外，谁和谁之间，有什么样的请求权和义务，由于涉及千变万化的具体情形，而无法作进一步的概括和抽离，并且这也不是逻辑分析能够解决的问题。正如下文所述，这是当事人的意思自治以及立法目的的问题。霍菲尔德的请求权—义务，无义务—无请求权模式，在现实的应用中，总是要达到德国民法请求权基础的丰盈程度才能适用。

请求权只是一个工具，是法律关系作为人际关系的本质体现。正如拉伦茨批评温德沙伊德的，也正是霍菲尔德分析法学所没有解决的，独立的树木何以成为森林，不同的请求权是如何以及为何集合在一起的？在合约中是当事人的合意，买卖是相对的两个请求权的交换。买卖合同的要约就是一方提出的两个请求权的交换方案，承诺就是对该方案的认可。在法定请求权中，是关于意义和目的的结合。亲子身份权中的排除他人妨害、交还子女以及抚养费请求权，是为了维持一个良好的亲子关系的法律空间，以保障未成年人良好健康地成长。德国民法典虽然提取了请求权这个共同的概念，但仍然保留主观权利的分类并以此作为法典编撰的依据，物权、债权、亲属、继承，不同的分编仍然保留有不同的价值导向。法律不仅仅是关于逻辑和体系的学问，更是关于意义和目的的学问。法学乃实践之学，学问之外，还需要世事洞明。

① 黄薇主编：《中华人民共和国民法典合同编解读（下册）》，中国法制出版社2020年版，第811页。
② 黄薇主编：《中华人民共和国民法典合同编解读（下册）》，中国法制出版社2020年版，第881页。

第二节 利益负担分析表

一、请求权公式（给付之诉）

基于前面的法律利益负担关联理论，我们可以得出，请求权关系主要由两个主体之间的特定事实而引发。请求权法律关系具有四项基本要素，即请求权基础（法定或约定）、法律关系的两方主体、法律事实和法律关系所指向的行为。用公式表达如下：

$Claim_{(s1 \to s2)} = Fact_{(s1s2)} \subset Rule$，简写为 $C_{(s1 \to s2)} = F_{(s1s2)} \subset R$

这个公式的具体含义是：一方 S_1 对另一方 S_2 行为的请求，应该是他们之间的事实 $Fact_{(s1s2)}$ 包含于请求权基础 R。

其中，Claim 代指一方的权利主张，对他人作为或不作为义务的一种要求，具有正当性的 Claim 应该是请求权基础的法律效果所指向的行为。

Rule，代指请求权基础。请求权基础是指“谁得向谁依据什么请求什么”的法律规范。在两个主体之间的关系中，如果没有 R 所规范，那么就不能在法律上要求什么。其他道德和社会关系的要求是另一回事。

Subject，指法律关系的主体。请求权关系是两个主体之间的关系，对应诉讼中的原告和被告。

F 是 fact 的缩写，指事实，两方主体之间发生的能够引起主体之间法律关系产生、变更、消灭等的具体事实。

包含于是指具体事实属于请求权构成要件的情形之一，即法学方法论上的涵摄。具体事实经法律评价为有效性事实，满足构成要件的要求才能产生请求的效果。

你对他人行为的要求，是对他人自由的限制，只能基于法律的规定（法定请求权基础），或者依法律的授权（除禁止事项外，法律主体可以自主决定他和别人间的权利义务，即意定请求权基础，比如合同）作出。你所请求的对象只能是法律主体，比如咬你的狗的主人，而不是那只流浪狗。你所请求的依据只能是实质性的事实。

在实践中，我们总是围绕着这个公式来展开，在找法阶段，我们根据初步的案件事实查找相应的请求权基础，也就是用 $Fact_{(s1s2)}$ 去寻找请求权基础 Rule。在验证阶段，我们从请求权基础 Rule 出发去审查判断 S_1 和 S_2 之间的事实 $Fact_{(s1s2)}$ 是否能够完全满足请求权基础 Rule 的要求，如果满足，则原告据以请求的法律关系能够成立，予以支持；如果不能满足，原告据以请求的法律关系不能够成立，予以驳回。这体现了大陆法系规范出发型审判的特点。根据前述公式的分析，在实践中我们需要“两必问”，必问主体为何，必问两者之间的事实或行为为何。主体不同，法律关系就可能有不同的侧面。

（一）德国实务中的关系分析法①

关系分析法是德国法官在实务中采用的方法。在德国每一个有志于从事法官、律师或者政府部门工作的法律毕业生都接受过这样的训练。

关系分析法的核心也用到了我们这个公式，民事诉讼以原告和被告两造对抗为典型，也就是 S_1 和 S_2 之间产生了关于 Claim 的争议，即一方主体是否能够对另一方主体提出行为的要求。这种争议需要通过 Rule 来解决，也就是据法判决，而判决的依据是他们之间的事实 $Fact_{(s1s2)}$。

于法无据的请求，得不到支持。(Claim 不在 Rule 支持的范围内)

事实不能归属于法规的，得不到支持。结合诉讼进展，关系分析法共有 5 个步骤：事实分类、可受理性阶段、充足性阶段、相关性阶段、证据阶段。

1. 事实分类。

这一阶段主要是对原被告主张的事实按照标准进行分类整理，主要分为：原、被告双方无争议的事实，原告主张而被告否认的事实与被告主张而原告否认的事实；原、被告双方的法律意见；原、被告的诉讼请求。

2. 可受理性阶段。

检查原告的诉讼是否满足在某一个法院提起法律诉讼的所有条件。(立案登记制下，这一阶段的审查更显重要)

3. 充足性阶段。

法院必须判断原告的事实主张是否能够支持其请求。“用事实支持”其请求，意味着原告的事实主张必须包含必要的根据法律规则用以构成请求的所有事实。在这一阶段，不处理真实与否的问题，而是假定原告的主张是真实的，都能得到证明，然后看这些事实主张是否能够满足请求权基础规范所需的要件，具体

---

① 国家法官学院、德国国际合作机构：《法律适用方法：合同法案例分析方法》，中国法制出版社 2015 年版，第 42~53 页。

操作方法同于请求权基础鉴定式。在德国，如果法官认定原告没有为其请求提供充分事实主张的话（当然是在给当事方完全提出其主张的机会之后），法官就会驳回起诉，而不再进行进一步的审查。（主张责任）原告主张的事实满足请求权基础规范所需的要件，则进入下一阶段。

4. 相关性阶段。

判断了原告起诉的充足性之后，法官改变了视角。现在他更近距离地审视被告的事实主张。适用前述同样的方法，在假定被告提供的无争议事实和有争议事实为真实的基础上，他审查被告是否会胜诉。

法官将检查，基于被告主张的事实，请求的条件是否仍然得到满足。进一步地，他会分析是否要考虑是否存在任何迟延或者强制性的例外（被告的抗辩：请求权不发生、消灭、阻止等例外情形），以及这些例外的要件是否在被告主张的基础上得到满足。（方法同于请求权基础的鉴定式）

5. 证据阶段。

对有争议且与判决有关的事实进行证据调查，根据调查结果进行判决。

（二）起诉状

民事诉讼法关于起诉状的要求也是围绕着请求权公式展开，对照分析如下。

根据《民事诉讼法》第一百二十一条，起诉状应当记明下列事项：

1. 原告的姓名、性别、年龄、民族、职业、工作单位、住所、联系方式，法人或者其他组织的名称、住所和法定代表人或者主要负责人的姓名、职务、联系方式；（关于 S1 的信息）

2. 被告的姓名、性别、工作单位、住所等信息，法人或者其他组织的名称、住所等信息；（关于 S2 的信息）

3. 诉讼请求（Claim），所根据的事实（$Fact_{(s1s2)}$）与理由（Rule）；

4. 证据和证据来源，证人姓名和住所。（关于 $Fact_{(s1s2)}$ 的证据）

（三）要件诉讼九步法的吸收与借鉴

要件诉讼九步法充分吸收和借鉴了法律关系分析方法和德国关系分析法的内核，并根据律师的立场进行了相应的调整，实现了律师思维和法官裁判思维的对接。所有的这些工作都基于上述给付之诉的诉讼公式。

1. 发现案件事实。

无论是法官还是律师，都需要一定的事实基础来开展工作。所以要件诉讼九步法第一步就是发现案件事实。所不同的是，法官有两个事实版本，兼听则明；

律师只有当事人版本，需要更加谨慎。

2. 寻找请求基础。

在事实基础上，运用法律关系分析方法来找法，找到拟适用的请求权基础。这一步，由于法官知法，法官的方法中未予以充分介绍。

3. 划分法律要件。

对请求权基础进行法教义学的分析，划分其要件，明确各个要件的证明责任和具体含义。这一步，由于法官知法，法官的方法中未予以充分介绍。

4. 整理要件事实。

围绕请求权基础的构成要件整理要件事实，这一步在德国关系分析方法中用的是“充足性”的标准（也即假定事实为真，该事实满足构成要件的要求），在我们这里用的是“实质性”标准（事实与法律适用相关）。

从罗森贝克的方法论和德国法官关系分析法的步骤来讲，是事实主张和法律要件的符合性考察在前，因为假设所主张的事实都是真实的，都不能满足法律适用的要求，就没有必要进入证据考察环节。这是一种更注重程序正义的主张失权制度。关系分析法这样表述：“必须对‘法律基础’这个问题给予特别的注意。法官的任务在于发现可以让原告有权执行其请求的法律规则，并检查这一法律规则条件在原告的事实主张中是否得到满足……因此我们现在可以认为原告确实为自己的请求提供了充分的事实主张：假定他的主张都是正确的话，他将胜诉。在德国，如果法官认定原告没有为其请求提供充分事实主张的话（当然是在给当事方完全提出其主张的机会之后），法官就会驳回起诉，而不再进行进一步的审查”①。

因为我们没有主张失权制度，法庭辩论终结之前都可以提出新的事实，所以不能因为前期主张的不充足就直接驳回该诉讼请求，理论上讲，只要对诉讼标的有实质性的事实就可以带进诉讼中来，没有实质性的则可以排除。另外，在法庭调查结束、事实经过证据调查的修正后，才能进行更深入的事实和构成要件符合性的论证。因此，邹碧华法官的要件审判九步法在第九步事实认定之后才进行要件归入并作出裁判，而不是像德国法官的方法那样，在诉讼主张检索阶段就可以因为事实主张不符合法律要件而驳回起诉。“法院将查明的案件事实，与原被告主张所对应的法律规范的各项构成要件，逐一进行比对、归入，并根据归入的结

---

① 国家法官学院、德国国际合作机构：《法律适用方法：合同法案例分析方法》，中国法制出版社2017年版，第50页。

果作出适用或不适用该法律条文的裁判。”①

5. 证明要件事实。

根据整理的要件事实有的放矢地补充完善证据，构建证明体系，达到高度盖然性的要求，满足要件事实真实性要求。对法官而言，有实质性且存在争议的事实才需要进行证明。但对当事人和律师来讲，需要尽可能地收集证据，而不能将诉讼的命运交到对方的诚信上，等到对方不承认才去收集证据。当然，基于成本或者其他原因没有收集是另一回事，但通过这一步分析，你总是知道自己的“阿喀琉斯之踵”在哪里。

6. 论证要件事实。

基于法官知法，德国的关系分析法对此也没有更多的关注。但在现实中，律师确实需要发表法律意见，争取法官作出有利于己方的法律判断。在我们的诉讼程序中，由于法律意见要基于法庭调查的情况进行修正和调整，在逻辑上和程序上是后于证明要件事实的。王泽鉴先生认为，先解决事实的真实性问题，再解决符合性问题。“价值判断与事实陈述应予区别。事实可证明其真伪，价值判断则须以确认的事实作为基础加以论证。价值判断应由主张者为举证责任，经由相反质疑的论证而达成一定程度的共识，其有争论时，得由权威机构（例如法院）加以判断。”②

7. 排查诉讼争点。

德国关系分析法要分析被告的主张，这里也同样需要。如果被告否定请求权基础的要件事实满足的，原告就需要消除相关的争点。如果被告抗辩的，原告就需要找出抗辩要件事实不满足的问题点。

二、区分事实和评价

（一）有效性事实和证据性事实

霍菲尔德虽然只做过一年律师，但他把律师强烈的问题意识、结果导向和目标导向带到他的学术研究中来。他的研究思路是争议解决型的，而不是概念式的。因为在他不多的几篇论文里，他用较大的篇幅论述了有效性事实和证据性事实的区分，这是非常实务的问题。

霍菲尔德区分了两种事实，一是有效性事实，是指可以直接创造新的法律关

① 邹碧华：《要件审判九步法》，法律出版社2010年版，第150页。

② 王泽鉴：《法律思维与案例研习：请求权基础理论体系》，台北元照出版公司2019年版，第8页。

系的事实，也可以称之为建构性事实；二是证据性事实，是指可以证明有效性事实成立的事实，证据性事实只是为推理有效性事实提供了证明的基础，而不是结论。他举了一个例子以说明有效性事实与证据性事实两个概念的差别。在一个侵权之诉中，A 宣称他被 B 的狗咬了，即被 B 侵权了，不管是被名叫 Jim 的狗，还是被名叫 Dick 的狗咬的，这一侵权事实就是有效性事实。至于究竟是被名叫 Jim 狗咬的，还是被名叫 Dick 狗咬的，这也只是证据性事实，证明上述的 B 的侵权行为这一有效性事实的成立。有效性事实可称为抽象事实，证据性事实可称为具体事实。所以，许多学者对霍菲尔德所谓的有效性事实和证据性事实作出了进一步说明，他们认为，所谓有效性事实并非一种自然事实，而是一种法律的建构和结论，如所谓"要约"和"承诺"就不是一种纯自然事实，而是已经掺入了法律判断的因素于其中。

按照霍菲尔德的区分来讲，所谓的有效性事实和我们的要件事实相对应，证据性事实和具体事实相对应。

（二）区分的意义

法律人最主要的任务就是对过去发生的事实作出法律评价。事实是对现实世界发生了什么的描述。法律事实则是对这些事实运用法律概念进行评价后的结果。比如，汽车厂商对我报价："这辆速腾车 15 万元"，这是事实。对于这个事实，我们把它评价为合同上的"要约"，这是法律事实。民事诉讼中最主要的难点就在于事实和评价这两个环节。首先，我们需要确认汽车厂商确实对我进行了报价，这主要处理事实真实性的问题。其次，我们需要确认这个事实可以评价为要约，不是要约邀请或者别的什么，这主要处理事实对法律概念的符合性问题。

我们学习法律制度主要是从学习法律概念开始，而我们处理实务问题却主要是从了解案件事实开始。法律概念是我们处理法律问题的思维工具，是案件事实打开法律制度大门的钥匙。判例法是从事实到事实的推理，直接从当下案件的事实出发，和判例的事实进行对比分析、推理论证。成文法则要在事实和规范之间进行转换，将相应的事实抽象评价为法律概念，再去找法。

区分事实和评价具有十分重要的意义：

1. 对于理解整个诉讼制度有重要意义。事实问题适用辩论主义，当事人的主张约束法官的裁判。评价是法律问题，法官知法，当事人的意见不约束法官。

2. 解决争点的手段不同。事实问题需要运用证据和常识进行证明。评价问题需要运用法教义学的方法进行论证。

3. 对于举证有重要意义。对于"肯定者承担责任，否定者不承担责任"的认识：描述性事实存在生活中对应的典型，否定该事实的不应该承担证明责任。因为举证就是通过把客观存在的事物展示出来，使人知晓某些事实的存在，而对于本来就不是客观存在的东西，是不可能要求说它不存在的人来举证的，要求否认事实存在的人证明该事实不存在，是违背人的客观认识规律的。而对于评价性事实则不必然遵守这样的要求。这是因为评价性事实是基于一定的间接事实推认出来的，是否应当作出这样的评价依赖于间接事实和评价者的价值评判，其本身并不是客观的存在，所以否定者也可能承担一定的证明责任。比如，过错推定中，侵权人想要免责需对自身无过错进行证明。

另外还要区分法律上的否定性评价和事实。主张权利消灭不同于主张某事实不存在，曾经存在过的权利肯定是因为特定的存在事实才消灭，比如主张货款请求权因为清偿而消灭，这时就应当由主张清偿这个事实的一方来举证。

三、法律利益负担分析表

法律关系总是两个主体之间的关系，我们用己方和相对方来区分。两个主体之间因一定事实而发生法律关系，而事实和法律关系又是时间性的存在，所以中间轴用时间来标示，两边为各自掌握的事实。又因为大陆法系是从事实—法律事实—法律规范去找法，而不像英美法是从事实—事实去找法，所以我们区分了事实和评价。

（一）请求—抗辩证明责任的图示

请求方		时间	反对方	
评价	事实		事实	评价
产生→	产生事实			
			障碍事实	/障碍
			消灭事实	/消灭
			阻止事实	/阻止

请求权的产生、障碍、消灭、阻止总是法律世界的变化，我们在评价部分表示。

我们用“→”表示请求权，箭头的发起方是请求权人，箭头指向义务人。

我们用“/”来表示抗辩，“/”有点像盾牌的样子，表示抗辩是对请求权的防御。

从这个示意图，我们可以看出证明责任的划分，请求方对请求权产生的事实进行证明，反对方对请求权障碍、消灭、阻止的事实进行证明。

（二）双务合同

双务合同的要约就是两个互为对待给付的请求权的交换方案，承诺就是对该方案的认可和接受。以买卖合同为例，买卖合同是出卖人转移标的物的所有权于买受人，买受人支付价款的合同。（第五百九十五条）

请求方		时间	反对方	
评价	事实		事实	评价
交付货物→		买卖合同		←支付货款
提供劳务→		劳务合同		←支付报酬

（三）双务合同的抗辩权

请求方		时间	反对方	
评价	事实		事实	评价
交付货物→		无顺序		←支付货款
		有顺序		←支付货款

在双务合同中，如果两个请求权没有先后履行顺序，任何一方都有同时履行抗辩权。如果有先后履行顺序，后履行的一方被对方要求履行的，后履行的一方有先履行抗辩权。如果掌握了后履行一方的特定情况，在先一方有不安抗辩权。

（四）请求权及履行的证明责任

一般来讲，请求方应对请求权的产生承担证明责任，反对方应对履行的事实承担证明责任。

请求方		时间	反对方	
评价	事实		事实	评价
交付货物→	产生事实		←交付货物	履行

请求权的产生是法律世界的变化，属于评价部分。反对方实际的交货在事实部分。在评价部分，请求权的箭头指向被请求人；在事实部分，义务的履行指向受领方，这样就形成了一个闭环。从技术上，我们可以这样定义，只有方向相反、质量相等的两个箭头才能使请求权因为实现目的而消灭，否则就存在履行不符合约定的情形。

四、法律利益负担分析表的案例运用

考察两方之间的法律关系变动，我们要注意分析其逻辑起点，然后从横向和纵向两个维度进行：首先是事实维度，其次是时间维度。

（一）法律分析的维度

1. 逻辑起点。

为了解决某一纠纷，我们将与纠纷相关的某一片段截取出来进行 CT 式的扫描分析。根据人类的生活经验和法律的价值判断，我们做了若干假设，以此作为案件分析的逻辑起点。比如，原则上不存在合同义务，除非一方证明存在有效的合同。占有动产的人，推定为动产的所有人，除非有相反的证据。

2. 事实维度。

考察两方之间的法律关系变动，我们总是要考察两方之间发生了什么生活事实，根据法律的前理解对这些事实赋予怎样的法律评价。

法律事实一般在民法总论关于法律关系的要素中进行介绍，对于刚接触民法的人来讲，过于抽象和概括，还没有办法准确理解民法事实各种分类的意义和在具体制度中的作用。等到学习各分则的时候要不断地返回到法律事实的分类中来，不断地总结提升、联系比对，提升法律意识的敏感性。这对于快速提升实务水平是非常有帮助的。

民事案件的分析过程，首先就是律师运用法的前理解对生活事实赋予一定的法的意义预期并将其翻译为法律事实的过程。法的知识越扎实，分析运用越娴熟，越能提高实务中的分析效率。试举几例：

甲和乙结婚登记这个身份行为，引起甲和乙之间的夫妻关系。同时，根据民法典婚姻家庭编规定，婚约、按民间习俗举办婚礼等都不是产生婚姻关系的法律事实。

甲和乙婚后生子丙，丙出生的事实产生丙的人格权，甲乙作为父母的事实产生监护权。

丁绑架丙的事实产生侵权法律关系，同时侵犯丙的人身自由和父母的监护权。权利人可以基于身份权要求返还。

丙长大后，颇有绘画能力，创作儿童画属于事实行为，丙对该画产生著作权，他人不得侵犯。甲乙抛弃旧衣服的行为也属于事实行为。

由于丙长柞可爱，颇受喜爱，甲乙和广告商签订广告合约，使用丙的肖像权拍摄广告，从而产生合同请求权，后来广告商未按期支付广告费，甲乙代理并起诉要求承担违约责任。

再如，无因管理行为依据法律规定产生法定之债，丙在学校打伤他人产生损害赔偿之债。

法规范的构成要件其实就是对案情的假设、对法律事实组合的类型化表述，在学习具体的规范时，要带着生活经验去琢磨体会在具体的事实中如何体现，遇到生活中的案例时，要去联系比对，提高连接规范和事实的效率和水平，在实践中锻炼法意识的敏感性。

3. 时间维度。

历史长河漫无边际，人类生活生生不息，法律关系变动不居。明确了事实的逻辑起点，明确了过程中发生了什么事实，我们就能明确现在处于什么法律关系之中。如果处在地役权法律关系之中，对所有人不动产的使用就是一种正当的权利行使；如果地役权已经到期，就是一种侵权行为。

（二）合同的例示

1. 初始法律关系。

在这一片段的初始端，必定存在着四种法律关系元形式的其中一种。比如，在合同成立之前，对于拟约定的履行行为，甲和乙都处于无请求权—无义务的状态。

2. 痛点法律关系。

痛点法律关系是指围绕纠纷而构成的法律关系。

甲发出要约前的法律关系是甲有权利能力发出要约，他通过发出要约并到达乙处，使乙处于受要约人的法律状态。这是一种变动权—拘束的法律关系。

乙并没有承诺的义务，除非是强制缔约的场合。但是乙具有承诺的变动权，也就是承诺生效合同即告成立。其他非受要约人就不具有这种资格，只能成立新的要约。要约承诺生效，合同成立生效，双方之间就具有了权利义务关系。以买卖合同为例，买方就产生了交付货物请求权，卖方就产生了支付货款请求权。

比如，己方作为汽车交易商发出要约，速腾车 15 万元。买方收到报价后，于 3 月 1 日签订了合同书，合同成立并生效。

3 月 5 日，汽车交易商的货款请求权可以行使，相对方应该支付货款，如果到期没有支付，则属于迟延履行。收到货款后，3 月 6 日，交易商应该交付汽车，如果没有交付行为，同样属于迟延履行。

3 月 6 日，汽车交易商有一个在先的请求权，如相对方没有相应的事实来实现的话，汽车交易商具有先履行抗辩权。

3月6日，汽车交易商有一个在先的请求权，如相对方有证据证明交易商出现法定情形（转移资产、经营严重恶化），则相对方就有不安抗辩权。

假如两个请求权没有先后顺序，那么，双方就有同时履行抗辩权。

己方		时间	相对方	
评价	事实		事实	评价
无权利义务	无事实		无事实	无权利义务
要约	速腾车15万元		收到报价单	受要约人
合同成立	合同书签字	3月1日	合同书签字	承诺
货款请求权 3月5日→	合同书	3月1日	合同书	交付汽车请求权 ←3月6日
货款请求权 3月5日→		3月5日	←支付货款	
	交付汽车→	3月6日		交付汽车请求权 ←3月6日

（三）侵权的例示

请求方		时间	反对方	
评价	事实		事实	评价
权利	人身权		无	不得侵犯义务
人身权受损	手指被咬破		狗伤人	侵权
侵权损害赔偿→				
			←支付赔偿款	履行

1. 初始法律关系。

初始存在着人身权不受侵犯的请求权—义务关系，乙负有管束好自己的狼狗不侵犯甲的人身权的义务。

2. 痛点法律关系。

如前所述，乙的狼狗咬伤甲的事实，引发了侵权这个建构性事实，由此产生了损害赔偿的权利义务关系。

乙支付赔偿款之后，损害赔偿的权利义务关系即告实现，归于消灭。如果乙拒绝赔偿，甲可以起诉乙要求赔偿。

如果发生侵权行为，应先标明侵权行为的时间，这时就产生了侵权损害赔偿请求权。从这个时间起，最长考虑20年时效，先排除最长时效经过的情形。然后，再考虑知道或者应当知道的时点，确定这个时点后，看是否超过了3年的诉讼时效。如果超过了3年，才有必要进一步考察是否有时效中断、中止的情形。

（四）不当得利

不当得利制度的本意是规制不当的利益变动，用利益负担分析表来表示，就是你的利益流向了对方，而对方并没有相应的请求权箭头来抵消（无法律上原因），因此通过利益返还来实现双方之间的利益平衡。

请求方		时间	反对方	
评价	事实		事实	评价
无法律依据				无法律依据
	受损失→		受利益	
不当得利返还请求权→				
			←返还不当得利	

五、精益诉讼：推动式思考 or 拉动式思考

上述法律利益负担分析表是按照事情的进展顺序进行推动式的思考。但真实的应用场景还需要以问题解决为导向进行拉动式的思考。就好像病人去做检查，称职的医生不可能让病人从头到脚做个全身检查，而总是围绕病灶进行重点检查，否则就有过度医疗的嫌疑。进行法律分析也一样，如果事实是清晰且无争议的，这样推动式的思考就不存在操作上的问题。但真实的诉讼中，事实总是存在争议和需要查明的。这样，我们就需要以现在的状况为起点来进行拉动式的分析，也就是把相关的事实片段按照需要拉入进来。

（一）上帝视角还是躬身入局

在大学的案例分析中，由于事实的边界和内容是清晰和明确的，所以法律分析可以站在上帝视角在任何可能的方向上进行。但在实务处理中，这几乎是行不通的。

相信不少读者有过这样的经历，站在迷宫导览图前，会觉得一览无余。但如果身处迷宫之中，所见的只是目力所及，脑中所有的只是已经走过的部分（有时候还迷迷糊糊），所能做的只是一步步走下去，一步步去试探、去试错，最终才能形成完整的印象。

法律针对过去的事实而适用，过去的事实总是需要查明。但是，时间之河川流不息，人类生活变动不居，在比迷宫还复杂无数倍的事实面前，需要查明哪些

事实，必须要有一些技术上和规则上的限制。历史学家只关注具有历史意义的事件，并且不受时间和成本的限制，可以穷其一生去研究、还原历史。律师和当事人则没有这样无约束的条件，通常只具有自己一方的证据和事实，还要有约束地发现和收集其他的证据和事实。

事实虽然多多益善，但美好的想法总需要现实的钱袋子去支撑。理性人要考虑成本和收益。

（二）以争议解决为导向拉入事实

讲一个法律故事，不应该从万物起源开始讲起，而是要艺术地进行节选，围绕当前的争议问题，把原来发生的事实背景有需要地拉入进来。比如，郑某起诉张某借贷纠纷案的起诉状中写道“郑某和张某系恋爱关系”，这一句恋爱关系就大有玄机。这种关系既亲密到一定程度，使大额资金借贷成为可能；又保持一定的距离，还没有亲密到可以财产共同以至于无偿赠与的程度。对于处理这起借贷纠纷，把以前交往的事实拉到这个程度就可以了。在有些离婚的起诉状中，会更详细地说明“双方婚前并不熟悉，经人介绍，只见了三次面就订婚”，这样的说明主要是指向“感情破裂”这个法律要件，因为婚前感情基础薄弱，婚后又发生一些不可调和的矛盾，最终导致感情破裂。

（三）以争议解决为导向进行法律分析

前面所述是以当前的争议解决为背景有策略地拉入相关事实，一定程度上，法律分析也应该如此。梅迪库斯在其名著《请求权基础》一书中，谈到了根据争议问题限制法律分析的思路：“相反，对现时已不（再）具有意义的权利状况的变更则不得审查。例如，不能按照时间上的先后顺序审查在题目出来以后过去可能已发生变化的一切事物。某物可能以买卖方式由 A 出让给了 B，又由 B 出让给了 C。那么，对于 C 基于《民法典》第 985 条（笔者注：所有物返还请求权）的对第三人 D 的返还请求权来说，只需审查 C 是否至少善意地从 B 处取得了所有权。如果答案是肯定的，则不再取决于 B 从 A 处取得所有权的有效性。”①

我们将这个案例稍微延伸一下，假设 D 从 C 手中侵夺了该物的占有，如果 C 的目标是取回该物，则也不需要考察所有权，直接提起侵占之诉要求 D 返还占有就可以了。假设该物是 A 拾得的遗失物，通过两次买卖到了 C 的手上，被 D 无权占有，C 从而要求返还所有物。这个时候，考察这个遗失物是否能够善意取得也是多

① ［德］迪特尔·梅迪库斯：《请求权基础》，陈卫佐、田士永、王洪亮、张双根译，法律出版社 2012 年版，第 28 页。

余的。对于C来讲，其从别人手里买了这个东西，已经证明了其通过交易取得所有权的条件（基于B占有的权利推定，证明C存在恶意是反对方的事）。该物到底是否是遗失物，那是该物的所有权人要证明的，并且那也是该物的所有人与拾得人A或者受让人C之间的纠纷问题。我们不能想象，一个人要排除所有的否定性情形才能进行一桩交易。你在街头买一根冰糕，不可能要小商贩证明这个冰糕是他自己生产并所有的；如果是进货的话，不可能要求证明不存在影响冰糕进货合同效力以及取得所有权的一切否定情形，比如不存在欺诈、重大误解等，又如，他并没有想着卖完这一笔就回老家了，也不计划再到这个城市付清这笔货款。

不少实体法和程序法规则在很多时候提供了处理问题的边界，如占有的推定、不动产登记的公信力、婚姻关系的结婚登记、股权登记等。没有存在合意的证明就没有合同关系，没有发生无因管理、不当得利的事实就没有该种法定之债等。除了实体法规定，辩论主义和证明责任规则也是法官处理事实问题的工具。

法律人要善于运用法律提供的工具来妥善解决当下的争议，法律人不是上帝，法律人也不是历史学家，法律人只是在一定的框架下解决纠纷。辛普森在刑事程序中不构成杀人罪，但在民事程序中要承担杀人的民事责任，这是因为不同的诉讼程序有不同的价值，在承认人类认知能力有限的情况下，我们提供符合价值的解决方案。

与此相对应，按照请求权基础解决实际问题也是从上往下的，是拉动式的，根据请求权基础的构成要件把相关的争议要件和争议事实逐步拉入考察的视野。具体内容见第十章第一节要件诉讼操作要义部分。

法律利益负担分析表构成了我们发现和处理事实问题的思维框架。下一节我们进入发现事实部分。

第三节　发现事实导论

事实引起关系变动，法律实务的第一步总是处理事实问题，不像在学生阶段的案例分析中，事实是给定的，实务中的事实总是要自己发现的。

在发现案件事实的步骤中，我们用两节内容讲述分析法学基础和利益负担分析表，主要是突出法律人处理事实问题的特殊之处。法律人是带着法的前理解处理事实问题，带着法律适用的目的，带着明确的结果导向。通过律师的加工，整理和保留案件中与法律适用有关的事实，去除无关的生活事实。霍姆斯将这一阶段形象地比作“律师将其顾客的叙述中纷乱杂陈的枝蔓除却，仅仅保留具有法律意义的事实，这些事实对案件具有决定性作用并且能够被抽象的法学理论所涵摄。为什么律师不去关注当事人在签订合同时所戴的白帽子，而手执高脚杯的Quickly（意为动作风风火火）夫人于炉火旁弯腰之际肯定会更多注意她的帽子。原因在于，律师会预见到公权力将以同样的方式运行，与他的当事人戴什么帽子毫无关系”①。

一、为什么要发现事实

案例教育以给定的事实为基础，好像事实总是确定且无疑的。但是我们的教学“将关注的焦点集中于实体法对既定事实的应用上，这几乎使学生无法为大量法律实践做好准备，因为在司法实践中，事实从来都不是既定的”②。实际执业中，律师用于发现和证明事实的工作量远远大于寻找和解释法律。

案件事实并不像是一座宝藏、一处矿产，静静地待在那儿等着你去发现。在课堂上进行案例教学的时候，老师抛出了一些案例，当事人的心理状态、动机都介绍得比较清楚，会让我们以为案件事实就像自然界存在的物体一样，发生过就自然存在于那里，等着你去发现，而且你总能发现。但当你处理实务问题以后，你就会发现，要证明一个事实非常困难，除了录音录像，除了当事人自己承认，你无法直接证明一个人的动机和善意，当事人的行为及其后果也是如此。很多时候，这个过程更像是考古，是凭着过去发生的客观事实的证据残片，运用的逻辑、经验等已知的知识去推断、构建我们当下所理解的案件事实。只要有新的证据和新的认识加入，就可能会不得不更改我们对于过去的认识。

比如关于人类的起源，到底是起源于非洲再扩展到其他大洲，还是起源于多地。在亚洲或其他地方古人类考古的发现会改变我们关于这一事实的认知。考古没有期限和成本限制，只要人类存在，就会一直探索关于其起源的事实。与此不同的是，案件事实作为诉讼定分止争的基础，发现事实总是有时间限制的，不可能无休止地争辩；发现事实的成本总是要在当事人之间分担。正如后面将要介绍的，如果案件事实真伪不明，就按照证明责任进行判案，由负有证明责任的一方承担该事实无法证明的后果。

---

① ［美］奥利弗·温德尔·霍姆斯：《法律的道路》，李俊晔译，中国法制出版社2018年版，第5页。

② ［澳］安德鲁·帕尔玛：《证明——如何进行庭前证据分析》，林诗蕴、都敏、张雪燃译，中国检察出版社2015年版，第198页。

"事实先于权利和义务而存在，并且是权利和义务之决定性因素。没有准确的事实认定，权利和义务就会失去意义。对此，李学灯先生也说过同样的话：认定事实，每为适用法律之前提。因而产生各种证据法则，遂为认事用法之所本。"① 对于律师来讲，事实是法律适用的基础，发现案件事实是运用事物的前理解，试图重构已经发生的客观事件。本节所要处理的问题主要是根据当事人的陈述，律师如何收集和整理证据，对生活事实进行重述和整理。

二、事实在诉讼中的六种模式

案件事实的法律评价引发法律关系的变动，在整个诉讼过程中，事实经历了客观事实、当事人陈述的事实、律师重述的法律事实、要件事实、待证事实、裁判事实等不同形态。一个案件可能有很多事实，有的事实具有法律意义，有的事实没有法律意义；在具有法律意义的事实中，有的属于请求权基础的核心事实，也就是要件事实，有的属于边缘事实，与构成要件没有直接关系。同时，裁判事实并不是自然生成的，它们是根据实体法规定、证据法规则、法庭审理规则、辩论技巧等相关因素构设出来的；是诉辩双方根据证据进行攻防，由法官根据法律规定，运用逻辑推理和日常生活经验法则进行自由心证的结果。准确把握它们的区别和意义，有助于我们更加精准地进行法律适用。

（一）客观事实

事件是客观的，是流动和自在的，事件总是在特定的时间和空间条件下发生，连绵起伏，自生自灭。一旦经过，无法重现。如果现实生活中存在一个全方位、全时段的摄像头，争议发生后，法官或律师可以对任何事实进行查明，那么法律适用将变得容易许多（事实上，现代社会广泛设置的摄像头对案件事实的查明助力不少）。然而，如同邹碧华法官所讲，案件事实就像一面打碎了的镜子，在法庭上证明案件事实，就相当于把这面镜子拼起来。如果当场就把这面镜子的碎片捡起来，则拼起来的可能性就会比较大；如果当场丢失了部分碎片，则拼起来就不会太全面；如果过几天再到马路上收拾碎片，那能够找到的碎片就极有限了，能够拼起来的可能性就微乎其微了。在现实生活中，事实也确实如此，有些事件发生的时候，既没有旁观的人，也没有录音录像，要把曾经发生的事实恢复出来，无异于拼接那面打碎的镜子。②

---

① 张保生：《事实认定及其在法律推理中的作用》，载《浙江社会科学》2019 年第 6 期。

② 邹碧华：《要件审判九步法》，法律出版社 2010 年版，第 147 页。

（二）当事人陈述的生活事实

当事人是案件事实的亲历者，律师所能接触到的只能是当事人陈述的事实和证据。当事人陈述的事实是对过去已经完成的事件的陈述，受到认识者主体因素的影响，所以当事人对事件进行陈述的事实命题，有真有假。但是，被我们所认识、交流的也总是陈述的事实。

当事人的陈述以当事人的感知、记忆、表达为基础。这三个环节，都是主观性的认识，都存在失真的可能。当事人加工的陈述，受到个人的认知水平、情感、价值判断、趋利避害等因素的影响。在女权主义者看来，讲黄色笑话、暗示性的肢体接触可能构成性骚扰；在游戏人生的大男子主义看来，也许只是一些无伤大雅的玩笑。在狗毛过敏的人看来，指使小狗扑到身上是一种侵犯；在爱狗人士看来，也许只是一种友好的表示。即使了解了事实真相，人们往往也会有自我合理化的倾向，合理化自己的行为，扩大对方的过错，这些都对律师认识案件事实造成了困扰。

这就需要律师在听取当事人的口头介绍和说明之后，进一步审查当事人提供的书面材料或证据材料，根据审查情况提出需要进一步澄清的问题和相应证据。[①]

在这个过程中，一般社会经验构成了当事人和律师沟通的桥梁。“司法程序不可能像笛卡尔那样在‘我思故我在’的基础上创造世界一样从零开始来解释每一起案件。对这些品目不可能提出证据，事实上也没有人要求这么做。没有人要求裁判者在笛卡尔‘我思故我在’的基础上形成案件事实是因为一般社会经验为案件事实的形成提供了默认的公共性认知框架。”[②] 世事洞明皆学问，人情练达即文章。律师对相关社会经验的积累和运用是办理案件的基础。

（三）律师重述的法律事实

律师所处理的事实只能是通过证据和当事人的陈述所构建出来的事实。法律为未来作规定，律师对过去的事实作代理。律师并不是案件的亲历者，如果是案件的亲历者就发生了身份冲突，应该去做证人而不能做代理人。根据证据裁判的原则，所谓的案件事实也只能是通过证据证明的案件事实。但是证据自身不能自动呈现事实，需要认识者去发现、解释、推理证据背后的案件事实，也就是需要律师合乎经验法则、合乎逻辑地去构建事实。这就需要律师通过陈述、甄别证据，对案件进行构造和想象。

---

① 君合律师事务所：《律师之道——新律师的必修课》，北京大学出版社 2016 年版，第 330 页。

② 舒国滢、王夏昊、雷磊：《法学方法论》，中国政法大学出版社 2018 年版，第 233 页。

使用重述这个词，是因为律师对案件事实的认识不仅仅停留在社会一般经验的层面，还需要按照自己对法律知识的前理解对该事实赋予法律意义，将当事人陈述的生活事实按照法律的图式进行二次陈述。这其中的关键就是一般社会经验和法律概念图式的结合。在车站向友人挥手是道别，在路上向出租车挥手是“打的”，商场售货员把足球交给乙被认为是交货，父亲过生日送的礼物是赠送。法律只会规定要约、交付、赠与的相应法律后果，却无法一一规定什么情况下是要约，什么情况下是交付，这些都需要依靠一般的生活经验去认知。[①] 有些学生看书看得津津有味，却没有把自己和生活代入进去，执业以后面临实际案例茫然无措，就是这个环节不够熟练，可以多做案例，看相关的电影、纪实小说等，积累相关间接经验。

在现实生活中，每天发生大量的生活事实，形成各种各样的社会关系，诚如梅迪库斯所言，生活关系是一个连续、流动的统一体，立法者就是从这连续统一体中采撷其中一部分进行法律观察。采撷哪一部分体现了立法者的价值判断，被立法者采撷的部分就具有法律意义，没有被立法者采撷的部分就不具有立法意义。比如，男房东觉得有可能和女房客建立恋爱关系，就把房子租给了女房客，他们之间恋爱关系的发展程度只是生活关系，并不能影响租赁的法律关系。男房东不能以恋情告吹为由解除租赁合同，解除租赁合同必须具有法律上的理由，比如《民法典》第五百六十三条、第七百一十一条规定的情形等。当事人陈述的时候可能觉得恋爱不成这个事实非常重要，但律师必须区分生活事实和具有法律意义的事实。实际发生的生活事实及其陈述，只要不涉及法律适用，是可以和法律问题完全分离的。律师必须要带着法律前理解的滤镜去对事实进行整理、选择和判断。法律事实并非自始既存地显现给判断者，不如说一方面要考量已知的事实，另一方面要考量个别事实在法律上的重要性，以此二者为基础，才能形成案件事实。[②]

作为法律人，不应该被大量的、千差万别的个性化事实所淹没，要能准确提取出可能被赋予一定意义预期的具有法律效果因素的事实，并通过归纳、分析、整理，形成一个完整的用法言法语讲述的故事。

这一步可能是青年律师最为困惑、感到最为棘手的步骤，这是因为：一般来讲，在学校或者司法考试试题中出现的事实都是教师或者出题者根据考察的目的对事实、表述事实的语言进行加工整理过的，这里的每一句话都不是没有目的的，都需要在选择法律时进行考察。魏德士在法理学中曾这样表述：“在大学的法律教育中，书面上反复出现的事实被假定为完整且切合实际的。因此，学生们

① 舒国滢、王夏昊、雷磊：《法学方法论》，中国政法大学出版社 2018 年版，第 233 页。

② 舒国滢、王夏昊、雷磊：《法学方法论》，中国政法大学出版社 2018 年版，第 185 页。

只需要对它们进行评价就行了。但在实践中情况却截然不同。”[1] 做题和解决实践中的法律问题最关键的区别之一，就是前者是评价别人陈述的法律事实，后者是要自己从生活事件中挖掘、构建、表述这些事实。

（四）请求权基础整理的要件事实

在事实之流汇聚的历史长河中，事无巨细地还原案件的全部情形，依据现在的认知能力和水平仍无可能。并且，法规范只是攫取了部分有意义的片段。在众多事实中，到底是应该忽略其他事实，按照相同案件、相同处理来适用法律，还是应该着重强调法规范之外的事实，按照不同案件、不同处理而适用法律，这些都是需要根据拟适用的法律规范来慎重考察的。

法律事实还包括宪法、刑法、行政法的事实，这就需要予以部门化地区分，判断是否属于民法的事实。如果属于民法的事实，还要进一步具体化，在选定了请求权基础之后，就应该根据规范的构成要件去整理形成要件事实。“面对审理过程中呈现出来的多种多样的事实，法院并非都需要展示足够的重视，更没有必要逐一经过法定程序予以认定，真正需要法院关心的，是那些作为本案判决不可或缺的事实。”[2] 基本拟定请求权基础后，律师就需要区分不同事实的重要性，有些事实是主要事实，有些事实可以作为间接事实或辅助事实，有些事实会显得不那么重要，需要淡化或忽略。比如，要求违约方继续履行的请求，因为是严格责任，就没有必要过多强调对方过错的事实。

在初步确定拟适用的请求权基础之后，才谈得上要件事实的问题，在前面谈论的只能是具有法律意义的事实。律师应根据拟选用的请求权基础，分析构成要件并进一步分解成要件事实，从而有的放矢、有针对性地收集和补充证据。

（五）程序法上的待证事实

只有要件事实才有证明的必要，但并不是所有的要件事实都需要证明，自认的事实、根据常识和经验即可认定的事实等都不需要进行证明。律师根据需要证明的要件事实去收集和整理证据，通过举证、质证呈现到法官面前。这里提示一点，对于对方的自认不要有太高的预期，不要把自己的命运寄托在对方的诚信上，既然已经诉诸法庭，就相当于短兵相接，还是要以扎实的证据证明我方的主张。对于当事人无法收集的证据，可以申请人民法院调查取证，也可以根据情况采取证据保全、申请司法鉴定等。如果对方答辩中提出新的事实和证据，律师就

---

① ［德］伯恩·魏德士：《法理学》，丁晓春、吴越译，法律出版社2013年版，第288页。

② 邹碧华等：《民商事审判方法》，法律出版社2017年版，第13页。

需要判断是否需要增加或者变更诉讼请求。

（六）裁判事实（法律真实）

法官依据诉讼程序和证据法认定的案件事实，上升到法律真实的高度。《证据规定》第八十五条第一款规定：“人民法院应当以证据能够证明的案件事实为根据依法作出裁判。”

根据前面的描述，案件事实经历了客观事件、当事人陈述的生活事实、律师重述的法律事实、请求权基础整理的要件事实、待证的要件事实、裁判事实六个阶段。从感情和理论上来讲，随着诉讼案件的进展，法律真实应该无限接近客观真实，但正如我们所看到的，在形成法律真实的过程中，经过了种种实体法和程序法上的整理和加工，并不排除法律真实与客观真实大相径庭的可能性。在诉讼过程中，通过当事人举证并经过法官认定的事实，即使事后证明它与客观事实不完全符合，只要整个举证、质证、认证过程是符合法定程序的，我们也不能事后诸葛亮般因其与客观事实不符而简单地认为依据这种事实作出的裁判就是错案。

对于维护当事人利益而言，律师对证据的运用、法庭的说理对构建裁判事实发挥着重要的作用，不能忽视这方面的技能和水平。

三、何为真实

我们所交流的、能够用于法庭裁判的事实是我们用语言表述的、叙事化的事实，而我们所依赖的证据却是片段的、非叙事的甚至是非语言的，这就需要我们对证据信息进行加工、建构和叙述，从而形成叙述的事实。既然我们交流、使用的事实是我们加工形成的事实，那么怎么样才算是真实呢？

无论大陆法系还是英美法系，案件事实的形成都需要经过归纳推理，从一定意义上讲，证明就是通过已知的证据事实去推知未知事实（客观事件）。事物自然的存在状态往往是分散的，随机和缺少联系，我们只有运用归纳和抽象思维能力，把事物之间的内在联系寻找出来，才有可能深入地认识事物。这个道理同样适用于对案件事实的认知过程，我们在审理案件时，要善于把各种事实之间的联系找出来。①

从理论上讲，归纳推理在质上是或然的，太阳东升西落虽然亘古未变，但依然是一个不完全归纳的全称命题，只不过尚未遇到反例，我们就暂且认定是确定的命题，并以此进行有效的演绎推理。“事实上，法律职业界几个世纪以前就知

① 邹碧华：《要件审判九步法》，法律出版社2010年版，第117页。

道法律的事实发现是盖然性的。"[①] 但是在量上只要能够形成高度盖然性，那就具有了论证意义上的必然性，因此归纳逻辑形成的案件事实也就可以作为裁判的依据。[②]

"客观认识论认为，案件事实是不以人的意志为转移的生活事实，法律裁判认定的这个事实必须符合这个生活事实。"[③] 但是符合论在实践中是无法操作的，我们判断是否符合，首先需要明确的判断标准，但作为比照标本的生活事实却正是我们苦苦追寻的对象。由于时间的一维性，事件一旦发生，便无法重现，只能运用人类的有限理性，根据事件残存的证据碎片去感知、推测，用人类的语言去叙述。被陈述的事实已经掺入了认识主体的因素，并非如砖头一样客观自在的存在。"基于这一点，人们提出了'法律真实说'，就是在法律及程序可允许的范围内，主观认识最大限度逼近客观真实的概率或者盖然性本身能够视为达到了证明标准或者发现了'真实'。客观真实说可以理解为制度追求的理想，而'法律真实说'是诉讼实务具体操作的指南。"[④] 哈贝马斯形象地指出，"事件是我们经验的对象，而事实是陈述语句对经验现象所作的断言，陈述语句中的事实是对事件的不同演绎，一个事件可以有不同的演绎，在事件不发生改变的情况下，事实却可以是多种多样的"。而这些演绎正确与否，就是要形成一种主体间的理解，达成"交谈意义上合乎情理的客观"，就是"不任性、不个人化和不政治化。既非完全不确定，也不要求本体论意义上的或者科学意义上的确定，而是只要有说服力的……"[⑤]

对于真实，以恐龙为例，我们常常以为真实就是拿我们认知的样子和本来的面貌相比较。但事实的本体已经不可复原，我们所认知的真相，不过是运用古生物学知识对恐龙的残骸进行复原，我们不过是把认知的样子和恐龙的残骸进行比较。个别的、直接的感知（恐龙残骸）是我们确定经验真实的最终根据，但是有时候也需要结合经验法则（古生物学的知识）、逻辑推理等进行事实推理。比如，在事实 S（如道路、屋顶等是湿的）与事实 S2（下雨）之间存在规律性的关联，那么就可以从其中一些事实的存在（如道路、屋顶等是湿的）推导出其他事实的存在或曾经存在（比如曾经下过雨）。历史学家可以同样的方式从一件古陶壶的出土推断出制作该陶壶的人的存在，以及陶壶的制作工艺。这一认识过

---

① ［美］理查德·波斯纳：《证据法的经济分析》，徐昕、徐昀译，中国法制出版社 2001 年版，第 43 页。

② 舒国滢、王夏昊、雷磊：《法学方法论》，中国政法大学出版社 2018 年版，第 244 页。

③ 舒国滢、王夏昊、雷磊：《法学方法论》，中国政法大学出版社 2018 年版，第 251 页。

④ 王亚新、陈杭平、刘君博：《中国民事诉讼法重点讲义》，高等教育出版社 2017 年版，第98 页。

⑤ 舒国滢、王夏昊、雷磊：《法学方法论》，中国政法大学出版社 2018 年版，第 257 页。

程多数情况下也属于最广泛意义上的“历史发现”，即发现在过去发生的某些事件。律师对于案件事实的发现和追寻也是如此。

第四节　调查思维与方法

一、溯因推理

法官和律师总是针对过去的事实适用法律，在发现历史的过程中总是运用已知的证据去推测未知的过去。这种发现案件事实的思维就是调查思维。调查思维，包括各种可能的推理、假设以及寻找能够支持或推翻这些推理和假设的证据。

在任何背景下，调查或发现都涉及想象或创造性思维。许多世纪以来，人们普遍认为假设和新想法的产生涉及归纳推理的一些种类。直到 19 世纪末，关于纯粹通过归纳方法是否会产生新想法的问题才被提出来。基于证据用归纳法证明一些假设为正当是一回事，但是，要说明这个假设起初是如何产生的则完全是另一回事。

查尔斯·桑德斯·皮尔斯认真考察过这种区别。皮尔斯争辩说，新思想不可能通过表明某些事情必然真实的演绎推理而产生。在这种论证中，为此必然付出的代价是新信息的缺失，因为演绎推理的结论不包括在其前提中未包含的东西。皮尔斯还争辩说，新思想不可能严格地在归纳推理基础上产生。这种推理显示出一些基于证据的假设可能为真。但是，这种推理形式涉及已知假设的正当理由，却没有解释这个假设最初是如何生成或发现的。皮尔斯坚信，一定有另一种推理形式，它与假设的生成和发现或可能的解释相关联。他称这第三种推理形式为溯因推理，我们凭借这种方法证明某些事情可能或似乎为真。

皮尔斯继续以下述三段论形式讨论了溯因推理：

观察到令人震惊的事实 E1；

但若假设 H 为真，E1 将是理所当然的事情；

因此，有理由怀疑 H 可能为真。

在下面的修正性拱形知识图中，溯因推理过程以图解方式得到阐明。皮尔斯的溯因三段论规定了朝上的支架，朝下的支架以三段论形式可能得到相似的表达。

如果 H 为真，那么 E2、E3 和 E4 中的一个或多个事实应该存在；

假定 H 为真；

那么，有理由相信 E2、E3 和 E4 中的一个或多个事实存在。①

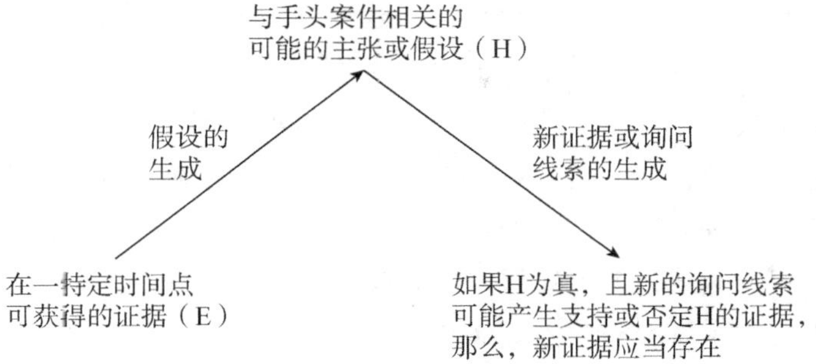

前述推理包括“溯因推理”和“反证法”两部分。

溯因推理是“通过假设来解释已知事实”的推理模式。一个意想不到的事实 C 发生了，根据逻辑和经验我们假设可能是由 A 引起的。接着我们就需要追问自己，假如 A 是真的，哪些事情也是真的。然后我们为这些事情寻找证据，如果我们找到了这些证据，就进一步确认了 A 的真实性。或者我们找到了与 A 不相符的证据，那么就可能排除 A 这种假设。当然我们可能排除 A 这种假设，就需要问自己哪些事实能证明 A 为假。接着我们寻找证据，如果找到了验证 A 为假的证据，就进一步排除了 A 的这种可能性。

例如，我们可能会对某一次特定的会议是否召开存在疑问。根据上述方法，我们进行假设，假如会议确实召开了，那我们希望有其他什么事实发生？首先，会有人通知安排这个会议；其次，参加会议的人会进行记录或者讨论；会议结束后，会有相应的交流资料。如果我们能找到这些资料，就能证明确实召开了这次会议。总而言之，进一步调查可能包括以下三个独立的步骤：

1. 溯因推理：通过想象性的假设和对案件的推理为我们已经获得的证据提供合理的解释。

2. 反证法：通过设计验证“实验”支持或者推翻某种假设。运用逻辑和经验推理，如果某种假设为真，会有哪些证据支持。

3. 调查：寻找支持或反对该假设的证据，运用恰当的调查技巧具体实践上述“实验”。

① ［美］特伦斯·安德森、［美］戴维·舒姆、［英］威廉·特文宁等：《证据分析（第二版）》，张保生、朱婷、张月波等译，中国人民大学出版社 2012 年版，第 75~76 页。

在具体的案件中，我们可能需要多次反复实践上述三个步骤，以便不断地查明案情。[①] 在具体的案件调查中，我们可能会不断地进行推理和修正，可能会排除一些假设，也可能继续完善或具体化一些假设。

在齐佩利乌斯的《法学方法论》中，也谈到了类似的思路："在已经死亡的昂格尔先生头颅内发现了一颗手枪子弹。这颗手枪子弹上有来自芬斯特先生所拥有之手枪枪管的痕迹。基于这些证据，法官根据某些经验法则可以作出有一定或然性的推定：芬斯特先生开枪打死了昂格尔先生。在更为复杂的案件中，犯罪学家们常常设想出几种可以将已知的事实按照经验法则联系起来的案情假定。其目的是在于发现可推翻或证实上述假定的其他事实，直到最后只有一种假定可以对已经发现的事实作出符合经验法则的解释……在实践当中，只要根据所有合乎情理的考量都能推出如果待证明之事实不存在则结果不会发生即可。因此，从科学理论的角度来看，福尔摩斯的行为其实也是经验科学上的设计假定与验证假定的活动。只是，这种假定与验证并不像在物理学上那样，以一般的规律性为其研究对象，而是像在历史学上那样，以具体的事件过程和事实为研究对象。也就是说，在这里研究的不是'一般'的，而是个别的假定。"[②] 客观事件发生之后，其本体已经消逝在历史的长河之中，被我们所交流的，只是通过残留的证据所认识到的解释，这个解释综合考量了我们所能收集到的证据和我们的经验法则，在民事上达到了高度盖然性的标准，在刑事上达到了排除合理怀疑的标准。用逻辑来表达就是"如果不是这样的事实，便不会形成这样的证据"，"依据现在这样的证据，高度可能是发生了这样的事实"。

在齐佩利乌斯所举的案例中，枪管的痕迹证据使得芬斯特先生成为嫌疑人之一，警方据此作出芬斯特先生枪杀昂格尔先生的侦查假设，如果这个假设成立，那么，芬斯特先生有杀人的动机，芬斯特先生有杀人的时间，芬斯特先生当时在案发现场等假设都应该是真实的，我们可以通过进一步收集证据来进行验证。当排除了昂格尔先生使用芬斯特的枪自杀，他人盗取芬斯特先生的枪杀人，芬斯特属于正当防卫等合理怀疑之后，所有的证据都指向芬斯特先生杀人，那么芬斯特就会被认定为刑法上的持枪杀人。

上述方法在民事案件办理过程中也会遇到，以下举例进行说明：

79 岁的美国老太太莉柏克搭乘外孙驾驶的轿车，途经当地一家麦当劳快餐

---

① ［澳］安德鲁·帕尔玛：《证明——如何进行庭前证据分析》，林诗蕴、都敏、张雪燃译，中国检察出版社 2015 年版，第 37~39 页。

② ［德］齐佩利乌斯：《法学方法论》，金振豹译，法律出版社 2009 年版，第 135 页。

店，通过“驾车销售窗口”买了一杯咖啡，驶离餐馆后，莉柏克需要往咖啡里添加奶粉和白糖，外孙便停住了车。当时，老太太坐在前座乘客位，把杯子停放在双膝之间，左手拿着奶粉袋和糖袋，右手试图打开杯盖，没料想，一个意外闪失，整杯滚烫的咖啡泼洒在两腿之间，致使大腿内侧等处严重烫伤。

律师对“老太太烫伤”这一意外事实的假设是麦当劳咖啡温度过高且存在过失，没有尽到足够的警示义务。对此假设，律师展开了调查，据调查，竞争对手的咖啡温度一般在70℃~75℃。而当年麦当劳所售咖啡的温度，竟然高达82℃~86℃，比同业整整高出了大约10℃~16℃。另外，律师也提请法庭要求麦当劳披露内部投诉文件和统计数字，这些文件和数据显示，在1982年至1992年的十年期间，麦当劳总共遭到七百余起咖啡严重烫伤事故的投诉，平均每年花费5万美元赔偿受害者。律师通过调查证实了上述假设，为当事人赢得了巨额赔偿。

二、初步收集证据

（一）会见当事人

在当事人展开具体的陈述之前，我们可以通过三个小问题锁定案件的主题：“请问，您遭遇了什么”，“您的目标是什么”，“实现目标遇到了什么困难”。当事人的遭遇就是现状，想要实现的目标就是期望，现状和期望之间的差距就是我们案件分析的重点，实现目标遇到的问题很可能就是案件的痛点，律师的工作就是寻找并消除痛点，帮助客户实现目标。当然，这个目标应该是合理合法的目标。

比如在一起动物伤害的案件中：

律师：“请问，您遭遇了什么？”

当事人：“我被狗咬伤了。”

律师：“您的目标是什么？”

当事人：“我想要得到应有的赔偿。”

律师：“那你遇到了什么困难？”

当事人：“对方死不认账，还说是我逗弄狗把狗惹恼了，一分钱也不赔偿。”

从这简短的对话中，便可大致勾勒出案件的基本轮廓。律师便可迅速调动相关的前理解来倾听和参与构建案件的事实。

“好吧，让我们来详细了解一下事情的经过。”这样律师就转入了倾听当事人陈述的阶段。律师对事实的整理从当事人的陈述开始，通过耐心听取当事人的叙述，了解事实的经过和来龙去脉。

会见当事人并非像见面聊天那样简单，为了提高工作效率，达到会见效果，美国律师归纳了一种“认知式会见”的方法，以便帮助当事人回忆当时的情况。[①] 认知式会见可以分为导入、开放式陈述、调查、回顾四个阶段。

1. 导入阶段。

首先让当事人放松，营造良好的沟通气氛。一般可以从简单的寒暄开始。进行必要的热场以后，可以采用一些形象化的语言，引导当事人在脑海中复原当时的场景，将当事人的思绪拉回案件事实发生时。

律师有时候也需要像谈话节目主持人一样善于引导，有的当事人刚开始出于紧张、拘谨等原因，谈的并不多，这时候律师就要想办法纾解当事人的紧张情绪，通过寒暄进行热场，引出话题。有时候当事人从案件中受到了打击，陈述的欲望不强，或者有些情况出于隐私，不想过多表述，这时候就要和当事人说明律师的工作职责以及和当事人的关系，通过一些贴心的举动如递一支烟、倒一杯水、说一些暖心的话等建立信任，鼓励当事人进行陈述。

2. 开放式陈述。

在这一阶段，应将主导权交给当事人，由当事人自己进行叙述，不要随意插话。在当事人叙述关联性不强的事实时，律师应克制自己打断当事人的想法，注意倾听，也许不经意的细节会带来意想不到的收获。

在这一阶段，律师需要做很好的倾听者，只是在非常必要的时候才插话或打断，主要是让当事人讲述事实并如实记录，弄清楚案件的经过。在当事人陈述的过程中，律师不要持任何态度，不要随着叙述产生情绪变化，不要对当事人造成不必要的干扰，尽量让其自由自在地叙述。新手律师有些时候会加入自己的情绪，会和当事人产生共鸣，随口说道“对方怎么能这样做”或者“你怎么能这样做”，这都会对当事人造成不良的引导和暗示，不利于当事人全盘、客观地描述案情。在这一阶段也不要急于对案件作出法律判断，在事实没有弄清楚之前作出判断容易产生先入为主的成见。

3. 调查。

这是“认知式会见”中最关键的信息收集阶段。律师应对于适用法律的重要话题进行耐心、细致的询问，可以逐步采用开放式提问、封闭式提问的方式明确相关问题的答案。比如，先开放式地提问：“关于这个债权，你是怎样催收的？”然后再封闭式地提问：“那封催债函是通过 EMS 寄出的吗？保存了相关的凭证吗？”

---

① ［美］斯蒂芬·克里格、理查德·诺依曼：《律师执业基本技能》，中伦金通律师事务所译，法律出版社 2006 年版，第 89~92 页。

在接触当事人的前期，要善于使用开放式的提问，在接触后期，如果对关键性的事实还有疑问，可以使用封闭式的提问，逐步通过漏斗式的提问方式帮助当事人完善案件事实。比如，一起买卖合同纠纷中，当事人作为销售方要求主张货款，接触初期，可以开放式地提问，比如："我们谈谈合同履行的情况？"在接触后期，当事人陈述双方对质量没有纠纷，但是从提供的资料中发现有一封回函，解释说符合合同约定品质，这时就需要进行封闭式的提问，比如："这封回函是公司出具的吗？"如果是公司出具的，还要进一步提问："这封回函是在什么情况下针对什么问题出具的？"这样才能逐步理清当事人之间的纠纷现状。

律师还要善用逻辑帮助对方补齐事实。律师不能在当事人的叙述中迷失自己，不能像看电影一样被动地听故事，而是要积极地倾听，引导性地发问、归纳、整理。比如，原告只拿着一张借条主张借贷关系，要求被告还款付息。十几万元的借款提供不出相应的证明资金支付情况的证据，是得不到法院支持的，这和一般人的生活经验不相符合。这就需要律师进一步追问付款的情况，挖掘其他的可资佐证的材料。比如，圈子里的人证明说他们之间经常有大额的现金拆借，前一段时间被告确实资金周转不开，有借款意向，听说后来通过借款解决了。

4. 回顾。

在这一阶段，律师重复当事人提供的关键信息，一方面请当事人确认，另一方面让当事人挖掘是否还有相关信息没有记录。

应由当事人自行书写或以律师制作笔录、当事人签名的方式收集当事人陈述，并以此作为案件代理的基础，如有调整或补充，务必再次补充记录和确认，避免职业风险。在当事人不出庭的情况下，应注意代为陈述的准确性，避免造成自认。在必要的时候，也可以会见对方当事人，了解一下对方的态度、对事实的看法，以及是否存在调解、和解的可能。

当事人的陈述虽然属于民事诉讼证据的一种，但由于当事人与案件事实利益相关，同时也具有夸大对自己有利的事实和隐瞒对自己不利事实的倾向。律师对于自己一方当事人陈述的事实要认真分析辨别，结合其他证据审查确定本案的事实。

（二）收集和审查证据

律师可以通过制作调查笔录（谈话笔录、询问笔录）等方式收集证人证言。当然，律师也可以调查收集其他形式的证据，比如书证、物证、视听资料、电子数据等，这些内容在证据部分统一介绍。

律师可以指引当事人收集证据，也可以自行收集证据。这里需要强调的是，要按照《证据规定》等规定的主体、程序、形式收集证据，避免因为证据收集和使用不当而在质证环节处于不利情境。比如，对于手机录音、录像的，就不能将其剪切到电脑上进行使用，这样就破坏了其原始载体。对于手机通话录音，应保存好相关的通话记录，使通话时长和录音时长相印证以便说明其完整性。各种证据的关联性、合法性、真实性统一在证明要件事实部分介绍。

律师要合理审慎地对待证据材料。律师应当审核当事人提交的证据，核实是否持有证据原件以及证据是否存在法律上的瑕疵，并由客户确定。原件一般应交由当事人保管。当事人的陈述可能会不准确，记录的同时应梳理其中的不合理之处，发现和纠正当事人的错误和谎言，请当事人重新调整或修正他的表述，要求当事人对所有不利证据事实进行解释。

偏听则暗，兼听则明。要尽量站在中立的角度运用社会生活的前理解去审视案件事实，不要偏听偏信，先入为主。律师为当事人代理，但在发现事实阶段，还是要保持中立的态度，抱着怀疑的心态对待当事人陈述和证据，避免先入为主的立场设定影响事实发现，只关注对自己有利的一面，自动过滤或忽视对自己不利的一面。一般情况下，原告律师是在一方陈述的情况下开始接受委托，提起诉讼，收到答辩状或在法庭上受到对方的反驳后才能全面了解案件的真相。这就需要原告律师具有透彻的洞察力和精准的判断力，分清楚当事人希望律师看到的真相和代理案件应该了解的真相，全面客观地收集证据，排除一些不合理的执业风险。

三、继续调查事实

根据现有的证据，我们会着手构建本案的案件事实，围绕痛点，我们可能发现还有一些事实问题没有查清，从而需要继续调查事实。这里介绍相关手段和方法。

（一）围绕痛点，连接现有的信息点生成假设

律师不是八卦周刊的记者，挖掘一些细节和片段作为茶余饭后的谈资。律师作为问题解决专家，需要时刻关注客户面临的问题是什么。痛点就是客户面对的问题，律师需要将痛点作为自己的调查方向，围绕痛点构建自己的调查方案。根据前面的证据梳理，我们可能已经掌握了关于痛点的一些证据信息点，要把这些信息点连接起来，生成一些可能的事实假设，对这些假设进行优先排序，然后收集证据进行验证。

在生成假设、寻找证据线索时，我们可以运用“情景法”，也就是运用逻辑和经验对缺乏证据的部分进行合理的想象和创作，类似于编故事和放电影，想象这个证据信息之前、之中、之后会产生哪些证据，并寻找这些证据。根据有关情况与争议事件的时间关系，这些证据可以分为：预测证据、共生证据、追溯

证据。

预测证据：争议事件发生前的相关情况。比如，性格特点、人格气质、动机和情绪、主观故意、设计或计划、行为或习惯。

共生证据：与争议事件同时发生的或事件发生时就已经存在的情况。比如争议案件的时间、地点、服装、环境等。

追溯证据：争议事件发生之后产生的证据。比如，机械和物理痕迹、心理痕迹。① 比如，在一起故意杀人案件中，凶手因为被害人和他人发生关系而家暴的证据就是预测证据，现场的打斗痕迹和血迹就是共生证据，案发后凶手掩藏作案工具的证据就是追溯证据。这种分类对于理清证据线索、构建证明体系具有十分重要的作用。

在民事诉讼中，关于货物是否交付，就可以运用“情景法”进行模拟演练，按照整个流程来讲，首先是寻找货运公司，其次是和货运公司签订的运输合同，交付货运的单据，客户收到货后的收货确认单，客户使用货物的证明等。

（二）运用证据事实整理表发现调查方向

证据事实整理表既是我们调查的提纲，指导我们应该寻找哪些方面的证据；也是我们调查的结果，随时将获得的信息更新加入时间轴的信息库。

构建好时间轴之后，律师应该审核时间轴中的每个情节，并问自己三个问题：

1. 根据生活经验和常识，构建一个连贯的故事，我们还想知道其他什么细节？

2. 根据我们对此类事件的构想，特定情节之前或之后还应当发生什么？

3. 根据我们的构想，时间表中的每个情节是否和其他情节一致？

第一个问题能帮助我们寻找更多的关于背景、人物以及他们行为的性质的信息。第二个问题能帮助我们填补事件中的空白。第三个问题有助于我们保持故事的内部连贯性和一致性。②

（三）运用叙事发现调查方向

初步掌握一定的证据后，我们可能会在脑海中构建一个案情故事。根据案情故事，我们可以发现现有情节中的不合理、不连贯之处，揭示出需要填补的漏

---

① ［澳］安德鲁·帕尔玛：《证明——如何进行庭前证据分析》，林诗蕴、都敏、张雪燃译，中国检察出版社 2015 年版，第 44 页。

② ［美］斯蒂芬·克里格、理查德·诺依曼：《律师执业基本技能》，中伦金通律师事务所译，法律出版社 2006 年版，第 183 页。

洞，或者其他需要调查的线索和事项。

（四）按照历史学家的角色去调查

历史学家的任务主要是发现历史真相，而法学家要将法律适用于过去之事实，对真相的探寻还要受探寻的目的也就是实体法的影响。但是过早地限定拟适用的实体法，有可能忽视其他重要的事实和细节，忽视适用其他更优的实体法的可能。这里就有必要适度区分事实真相的查明和事实的法律评价这两个阶段。在发现案件事实阶段，尽可能采用历史学家的立场，尽量不受实体法的影响，只以逻辑、经验、常识去指导事实发现。在寻找请求基础阶段，再对这些事实进行全面而客观的法律分析。

在运用调查思维发现事实的过程中，需要运用经验、逻辑，还需要一些运气。比如，在一起电动车撞伤行人的案件中，当事人没看清对方的情况，律师通过询问证人、调取监控最终锁定了侵权人，帮助当事人赢回了应得的赔偿。但是如果当时没有证人、没有监控，或者通过这些还不能够锁定侵权人，也许当事人就只能自认倒霉、自己承担了。

（五）调查和证明的区别

有的律师可能会疑惑，发现案件事实的证据证明和证明要件事实的证据证明有什么不同，其实，这是自向证明和他向证明的区别。自向证明就是向自己证明，律师对案情有一个自己的理论和假设，然后去寻找证据，并按照一定规则运用证据去证立或证伪该种假设。他向证明，则是律师在自己对事实形成确信的情况下，通过提出证据向法庭证明自己的主张。①

调查思维主要是“从证据中来”，收集和运用证据，结合一定的想象力和创造力构建案件事实的过程；证明思维主要是“到证据中去”，是对已经构建的案件事实运用证据说服别人相信的过程。收集证据的具体措施和注意事项见证据部分，本节主要说明如何运用调查思维指导证据收集。

---

① 何家弘、刘品新：《证据法学》，法律出版社2013年版，第192页。

第五节　整理证据事实

一、概述

"从把握诉讼脉络的角度，当事人关系图表、案件时间顺序表以及攻防配置图被日本实务界称为三大神器。"① 根据要件诉讼九步法的运用实践，我们构建了这个高效整理案情的方法。

<table>
<tr><td colspan="2">工具类型</td><td colspan="3">己方</td><td>时间</td><td colspan="3">相对方</td></tr>
<tr><td colspan="2" rowspan="6">时间轴</td><td>评价</td><td>证据</td><td>陈述</td><td></td><td>陈述</td><td>证据</td><td>评价</td></tr>
<tr><td></td><td></td><td></td><td></td><td></td><td></td><td></td></tr>
<tr><td></td><td></td><td></td><td></td><td></td><td></td><td></td></tr>
<tr><td></td><td></td><td></td><td></td><td></td><td></td><td></td></tr>
<tr><td></td><td></td><td></td><td></td><td></td><td></td><td></td></tr>
<tr><td></td><td></td><td></td><td></td><td></td><td></td><td></td></tr>
<tr><td colspan="2">主线图</td><td colspan="7">根据案件的争议主线按情况绘制流程图、模型图、关系图、路线图、思维导图等</td></tr>
<tr><td rowspan="11">总结表（7W2H）</td><td rowspan="2">案件信息</td><td colspan="3">己　方</td><td rowspan="2"></td><td colspan="3">相对方</td></tr>
<tr><td>证据</td><td colspan="2">陈述</td><td colspan="2">陈述</td><td>证据</td></tr>
<tr><td>Who</td><td></td><td colspan="2"></td><td></td><td colspan="2"></td><td></td></tr>
<tr><td>Whom</td><td></td><td colspan="2"></td><td></td><td colspan="2"></td><td></td></tr>
<tr><td>What</td><td></td><td colspan="2"></td><td></td><td colspan="2"></td><td></td></tr>
<tr><td>When</td><td></td><td colspan="2"></td><td></td><td colspan="2"></td><td></td></tr>
<tr><td>Where</td><td></td><td colspan="2"></td><td></td><td colspan="2"></td><td></td></tr>
<tr><td>What thing</td><td></td><td colspan="2"></td><td></td><td colspan="2"></td><td></td></tr>
<tr><td>How</td><td></td><td colspan="2"></td><td></td><td colspan="2"></td><td></td></tr>
<tr><td>How much</td><td></td><td colspan="2"></td><td></td><td colspan="2"></td><td></td></tr>
<tr><td>Why</td><td></td><td colspan="2"></td><td></td><td colspan="2"></td><td></td></tr>
</table>

① 许可：《民事审判方法——要件事实引论》，法律出版社 2009 年版，第 150 页。

如上表所示，从上往下分为三个区域：

第一个区域为时间轴，运用历史方法，以时间为主轴整理证据信息，形成点状的证据事实，以大事记形式展现出来。证据信息只是点状的、非连续的、没有意义关联的事件排列。下一步要通过主线图来理清事件之间的意义关联，挖掘案件的争议主线。

第二个区域为主线图，运用可视化技术，根据案件的争议主线绘制流程图、关系图、路线图、思维导图等，发现事件之间的意义关联。在大部分案件中，除时间这条主线之外，还需要挖掘另一条主线。另一条主线的挖掘才是真正体现律师功力的地方。这就需要律师在初步熟悉案情的基础上，根据案件涉及的法律关系，把争议点以图表的形式展现出来。

第三个区域为总结表，运用 7W2H 法凝练和概括案件的关键信息，确定故事模型的关键要素。[①] 以下按照这三个模块逐步介绍。

二、时间轴区域

（一）时间轴区域的总体介绍

中间为时间轴，中空留白，根据案情记入时间。

左右两端为事实和证据区域，左边记录自己一方的事实及证据，右边记录当事人陈述中相对方的事实及证据，在陈述过程中及时标明可能需要收集和补充的证据，避免遗漏。

在永恒的时间之流里，特定的事件是唯一的、不可逆的存在。我们只能用当时客观化的证据主观性地认识它。在对事实的认识过程中，时间是最基本的轴线，证据是最基本的手段，我们所能认识的事实只是事件留存的证据碎片在时间中的投影。所以，在时间轴部分，时间、证据、陈述缺一不可。

（二）事实作为时间中的存在

1. 时间的共通性。

事件总是在特定的时空条件下发生，时间是所有存在共同和共有的，以共同的因素来进行界定有助于还原事实的全部面貌。

以时间轴划分两方，既凸显了证据的共通性，又凸显了其党派性。以共有的

---

① 当然这个表主要是整体上的概观图，实际运用中还可以进行调整。建议用 excel 进行制表和记录，这样方便进行编辑、整理和加工。因为我们会根据不同的目的使用和编辑这个表格。比如，整理要件事实部分会按照构成要件进行重新整理，形成要件事实模式。在撰写起诉状时，我们又会回到时间轴模式，而在法庭辩论阶段又主要参照要件事实模式。

时间轴将证据黏合在一起，突出了事实和证据的共通性。只要是通过审查认定的证据和事实，无论由哪方提出，对哪方有利，都是曾经的客观事件的一部分，都属于共同的案件事实。事实是从已经发生的实践中截取出来进行说明、解释、证明的。既然事实是一种截取，就可从不同的角度、长度、层次、联系来进行截取。不同的主体可能会有不同的截取倾向，如同盲人摸象的故事，每个人摸到的可能只是真相的一个片段。原告说被告用拳头打了他一下，被告说原告先辱骂他并动手挥打，自己只是防卫。原告和被告虽然都对事件进行了陈述并形成了各自的事实，但这些事实都无法独立成为案件事实。律师需要借助证据、一般经验、逻辑对这些陈述进行加工、整合，从而形成综合性事实。比如，门房的视频显示"张三在几点几分拿着刀去了李四家"，邻居张大妈听见"李四发出了凄惨的叫声"，在小区乘凉的居民看见"张三匆匆忙忙地跑掉了"，医疗鉴定"李四被砍成重伤"，从这些单个的陈述归纳判断出"张三砍伤了李四"这个综合性事实。[①]

同时，从可视化的角度突出诉讼中的对抗性。诉讼的对抗性划分了原告和被告，根据对自己是否有利，又可以将证据细分为四个种类："原告掌握的对自己有利的证据""原告掌握的对自己不利的证据""被告掌握的对原告有利的证据""被告掌握的对原告不利的证据"。原告律师要认真审查证据，采取相应的策略。对原告掌握的对自己有利的证据要善加利用，对原告掌握的对自己不利的证据，律师不能主动提交导致被动，对被告掌握的对原告不利的证据要合理应对，对被告掌握的对原告有利的证据要积极通过证据保全、证据公证、申请人民法院调查取证、证明妨害等进行有效运用。

这样既突出了案件事实在时间上的共通性，又突出了其党派性，促使我们时刻关注证据和相对方，根据当事人陈述随时完善证据清单，对于可能形成什么证据、可能从哪些方面收集等都可以注明，避免遗漏。

2. 时间与事物发展的一致性。

案件的情节随着时间的推进而推进。时间轴作为证据信息的收集主线，符合事物发展的一般规律，能够比较清晰地反映事件起因、过程、结果等各个发展阶段。律师对过去的事实进行代理，犹如要捡起一面打碎了的镜子，如果镜子背面有一个图案作指引，拼接的效率和效果就会好一些。时间轴就是拼接零散事实的这条主线，将分散的书证、物证，凌乱的证人证言拼接到一个统一的叙事结构中。

---

① 舒国滢、王夏昊、雷磊：《法学方法论》，中国政法大学出版社 2018 年版，第 267 页。

诚如侦探小说所描述的，事件对于局外人而言，最初的呈现就是一来一去的对话、一件一件的证物、一堆一堆的材料，要将这些分离的、零散的、无目的的材料整合在一起，形成一个叙事化的故事，就需要一根主线。时间是将它们串起来的最初的主线。将事件与前后的事件关联起来，有助于更准确地理解事件的意义。就如于某明正当防卫案中，于某明一系列挥刀砍人的动作只有在加入先前刘某龙的殴打砍人行为后，才凸显出正当防卫的意义。

时间轴为因果关系的推理提供了线索。因果关系对于叙述一个有始有终的故事和法律的适用都至关重要。时间上的先后关系是因果关系的必要条件之一，将事件按照时间顺序排列有助于我们考察各个事件之间可能的联系。但需要注意的是，“在此之前”并不就是“因此之故”，还需要结合具体情况进一步考察。比如，电梯劝阻吸烟案，劝阻行为和死亡之间有事实发生的前后关系，但不一定有因果关系。

时间轴方便我们寻找证据。根据经验法则和事物的一般进展，突出事件之间断裂、缺失的部分，也就是前后之间不能合乎逻辑、合乎事理进行连接的部分，可提醒我们及时收集和补充相关信息。根据时间轴的整理，我们可以进一步追问，了解当下的案件还需要进一步收集哪些证据。在这个过程中，按照事件进展在脑海中放电影的方式是一个不错的选择，也就是随着脑海中的事件进展，逐一检讨可能的证人，可能形成的书证、物证以及其他电子痕迹等，然后有针对性地进行查找。

3. 时间与叙事的条理性。

时间是人类认识和把握事物的基本维度。沿着时间顺序整理证据信息，既符合事物本来的发展进程，也符合人类基本的认知习惯和当事人的叙事习惯。心理学家提出过一个理论：人与生俱来就有按时间顺序排列事件的倾向。比如，一项研究显示当把流行故事不按其情节的连续顺序讲给研究对象听的时候，他们会在大脑里重新组织故事并把它们按照顺序讲出来。①

按照时间顺序整理证据信息，还可以提高和当事人的沟通效率，避免当事人讲述过程颠三倒四。同时，通过比对可以发现证人证言中相互冲突和矛盾的地方，己方陈述与对方陈述不一致的地方，这些不一致和相互矛盾的地方很有可能就是将来的争议焦点，要予以格外关注。

---

① ［美］斯蒂芬·克里格、理查德·诺依曼：《律师执业基本技能》，中伦金通律师事务所译，法律出版社2006年版，第174页。

4. 时间的一维性。

时间的流转是单向的、不可逆的。按照时间轴来整理事实，脉络清楚，有助于根据案件脉络，理清矛盾、清晰、模糊之处。具体而言，具有以下优点：

方便以时间的单一性进行事实推理。刑事辩护中常用的策略之一就是主张嫌疑人不具备犯罪时间。如果确有证据证明嫌疑人与案发时间具有时间上的冲突性，就能帮助洗刷嫌疑。在网传某市律师协助越狱一事中，某市律协就精彩地运用了时间的一维性来进行案件事实推理，帮助律师洗脱嫌疑。推理如下："当日下午，经市律协工作人员查看某律师事务所办公区监控设备，监控显示：2018年10月18日11时30分杨某强律师在该所餐厅就餐，下午一直在律师事务所办公区接待当事人至14时42分后离开。当日下午，市律协派员赴某省高级人民法院调取了关于杨某强律师在该院办理案件的视频资料。视频显示：2018年10月18日15时29分，杨某强律师通过安检通道进入该院院内。据此，杨某强律师无可能乘坐目前已知的交通工具在《协查通报》中显示的涉案时间到达某市看守所协助犯罪嫌疑人刘某忠脱逃。"① 当然，民事诉讼中也经常用到这种策略，在一起盗刷信用卡的案件中，原告的信用卡在深圳被盗刷，一小时后原告在上海报警，被告银行抗辩说是原告自己刷卡。律师从时间出发进行了事实推理，一个小时的时间内原告是无法从深圳刷卡然后再到上海报警的。

方便以时间的单一性做索引目录，及时快捷地检索信息，清晰快速地定位证据。收集调查的新的证据和信息，可以很方便地添加到相应的位置，随时更新。

（三）法律关系的时间属性

法律关系属于观念的存在，总是在特定的时间结构中存在。

从权利主体的角度看，时间界定了人的法律属性：自然人从出生时起到死亡时止，具有民事权利能力，依法享有民事权利，承担民事义务。自然人的行为能力也与年龄有关，比如完全行为能力、限制行为能力、无行为能力等。人格权、身份权等同于权利能力，以生命体的存在为时间段。所有权具有永续性，用益物权和担保物权在特定时间内存在。债权具有死亡的基因，清偿即消灭。形成权随时间经过而消灭，称为除斥期间。② 一般来讲，请求权适用于诉讼时效，"向人民法院请求保护民事权利的诉讼时效期间为三年。法律另有规定的，依照其规定"。（第一百八十八条）即使是绝对权，也会因为长期不行使让人产生信赖而

① 长春市律师协会：《关于网络传播北京某律师事务所杨某强律师涉案问题的声明》，载吉林律师网，http：//www.jllawyer.com/tzgg/9900.jhtml，最后访问时间：2018年11月8日。

② 朱庆育：《民法总论》，北京大学出版社2016年版，第532~533页。

导致失权的效果，我国虽然没有规定但理论上还存在取得时效制度。时间对于顺位具有意义，抵押权已经登记的，按照登记的时间先后确定清偿顺序。（第四百一十四条）预告登记后，未经预告登记的权利人同意，处分该不动产的，不发生物权效力。预告登记后，债权消灭或者自能够进行不动产登记之日起九十日内未申请登记的，预告登记失效。（第二百二十一条）考察法律关系须臾离不开对时间的考察。

时间点对于合同成立与否的攻防也很关键。我们要区分受领人事实上了解意思表示的内容的时点和法律上期待其可能对意思表示内容进行了解的时点，“以非对话方式作出的采用数据电文形式的意思表示，相对人指定特定系统接收数据电文的，该数据电文进入该特定系统时生效”。（第一百三十七条第二款）数据电文进入系统时，当事人可能并没有实际上了解该内容，当事人主张对意思表示的生效时间另有约定的，就需要对该约定进行证明。

对时间轴最直观的运用，就是对各种期间的考察。《民法典》第一百五十二条规定了撤销权的除斥期间，可以在图上标明自行为发生日起五年的一段期间，然后再根据案件事实确定自知道或应当知道起一年的期间，如果这两个期间中有一个已经过的，那么说明撤销权已经消灭了。对于合同的履行期间，诉讼时效的中止、中断都可以按照这个思路在时间轴上标明和考察。

时间与程序的匹配性。时间对于诉讼程序也非常关键。比如，诉讼中的各种期限等。

（四）作为双边关系的法律关系

1. 法律事实推定为无。

民事诉讼实行证据裁判原则，法官必须依据法定的证据调查程序，根据具有证据能力的证据来证明和认定案件事实。当事人之间的法律事实推定为无，有事实必有证据，无证据则无事实。所以，整理案情也就是整理证据的过程。

从可视化的角度，时间轴划分了己方和相对方。这一条轴就类似象棋中的楚河汉界，己方和相对方之间原则上推定为没有什么法律事实，从而也没有法律关系。只有双方之间确实发生了一定的法律事实，才在双方之间发生相应的法律关系。联系起己方和相对方的各种事实中，发生什么样的事实，就引起什么样的关系。

2. 时间轴与绝对权。

时间轴划分了支配权人和其他人。从支配权的角度讲，楚河汉界，泾渭分明，权利人在法律的范围内自主地行使和实现自己的权利，如果相对方干涉、干扰、侵害了其领地，就需要根据情况主张排除妨害、消除危险、损害赔偿。

3. 时间轴与相对权。

时间轴也划分了债权人和债务人两方。

从债权的角度讲，除了个别情形，法律把平衡双方的利益放在了主要的位置，这也是我们理解有偿行为等相关制度设计的一把钥匙。从可视化的角度，时间轴划分了己方和相对方，对于双方之间资金流、信息流、物流的流动特别讲求利益的均衡。

对于信息流，最明显的例子莫过于要约与承诺了。要约是否作出，是否到达，这就需要考虑相对方的情况。要约明确了承诺期间的，可以立即在时间轴要约发出方一侧标明承诺期间，接着考察相对方的承诺是否按期作出，超出此期间就是新的要约了。合同规定了履行期间的，应看相关的履行行为是否在此期间内作出，这就涉及迟延履行的考察。如果是附条件、附期限的行为，就应该格外留意相关信息。

对于资金流也是如此，需考察资金是否按时支付，是否足额支付。一般来讲，在双务合同中，双方处于对待给付关系，利益流动明显失衡的，就需要考虑法律上救济的可能。比如，违约金的调整规则、情势变更等。

对于物流也是如此，合同要求标的物是 A 等货，付款也是按照 A 等货，实际交付的却是 B 等货，这就可能存在违约责任或者瑕疵担保责任。

（五）具体使用方法

1. 区分陈述、证据和评价。

当事人陈述是当事人对案件事实的描述，这个陈述可能和实际相吻合，也可能和实际不吻合。如不吻合，可能是客观原因造成的，也可能是当事人故意或者过失造成的。

如果双方对事实产生争议，仅有一方的陈述无法认定案件事实。律师或者法官只能依据呈现在法庭上的证据对事实进行判断，这就是所谓的证据裁判主义。如果你真的还钱了，但就是没有证据，你觉得你比窦娥还冤，但没有证据证明还钱，你就只能承担重新还钱的风险。

证据和陈述都是对现实世界发生了什么的描述。而赋予这些描述以法律上的意义，则是评价。呈现在你眼前的白纸黑字的合同书，是关于签字盖章那一天成立了一个合同的证明。有时候，我们把作为证据的物理世界的合同书和法律世界的那个无形的“合同”混淆了。“合同”是对过去的事实的一种法律评价，是一堆权利义务的集合，只存在于理念的世界里，但是这些思维和理念对现实世界发生影响，规范人们的行为。白纸黑字的合同书上写的，也可能和法律的评价并不一致。如合同书上写的是承揽合同，但是却需要遵守合同一方的工作纪律，报酬也是按日结而不是按照劳动成果，那么法律会把它评价为雇佣合同，而不是当事人自己写的承揽合同。合同的主要内容是当事人自己约定的，但是这些内容构成了什么样的法律评价，为此而需要适用什么样的法律，那是法官知法的范畴。所以，律师在整理相关事实时总是需要在这三者之间作出区分：

己方当事人说了什么，对方说了什么，哪些是一致的，哪些是不一致的？不一致的地方是否有证据证明？

证据显示了什么样的信息，这些和当事人的陈述是否相印证？不吻合的地方是否重要？这种不一致是故意的还是不知情？如果是故意的，动机和目的是什么？还可能有哪些隐瞒？对于承诺，普通法上有个著名的“镜像规则”，也就是一个有效的承诺只能像镜子一样原样照出要约之内容，而不能与其有丝毫之不一致。对于案情的构建，律师也应遵循镜像规则，案情只能像镜子一样原样照出证据之内容，而不能与其有丝毫之不一致，尤其不能忽略或者按照自己的想法对案情进行扭曲和改变。如果律师以前代理过类似的案件，尤其要关注细节，避免因为类似性而忽略了关键细节上的重大不同，差之毫厘，谬以千里。在证据不衔接的地方，可以运用生活中的正常情况进行推测，但是需要清楚地界定证据事实和推测事实。

这些事实可以在法律上怎样评价？这种评价是一个试错的过程，只有在不断假设、验证的过程中才能获得比较稳妥的判断。

在会见当事人的同时和之后，律师可以运用时间轴整理当事人的陈述，按照时间脉络把整个事件的过程捋一捋，看看有哪些断档和缺失的部分，进一步进行补充。主线图则是涉及比较复杂的案情，根据案件的争议主线按情况绘制流程图、模型图、关系图、路线图、思维导图等，进一步梳理案件的争议点。

时间轴是按照时间顺序梳理案情，只是在最初期的时候运用。主线图是掌握一定的案件素材之后，用来梳理案件争议主线的。可视化既是一种表达手段，也是一种梳理手段。我们要克服可视化是毕其功于一役的想法，在事实清晰之后再构思一幅完美的图案。事实上，可视化更重要的功能是作为梳理手段，现有的事实因为可视化的梳理而得到深刻把握，可疑的事实因为可视化而凸显出来。像画家一样，律师也是一边整理素材，一边作画，寻找与本案争点最相匹配的可视化表达。

2. 大事记法。

按照时间轴记录的主要方法就是大事记法。大事记法就是按照时间顺序简要记述案件发展过程中的重要事件、重要活动和重要事实。

时间轴的列表式①

时间	陈述	证据信息	评价

为了方便记忆，在记录阶段可以将时间轴转化为上面的表格，在完成记录后需要进一步考察时再调整回完整的时间轴。具体要注意以下使用要点：

（1）全面。全面地记录相关细节和信息。在这一阶段，我们还无法确知相关信息在法律适用中的重要性，所以最好是事无巨细地把获取的全部信息都整合进来。在整理的过程中，可能有些事实相互矛盾，可能对有些事实有所怀疑，这些都应一一标记出来，留待后查。

（2）完整。保持客观的态度，忠实、完整地记录证据种类、来源和证据信息，不区分重要性，不区分利弊。

大事记法只是一种方法，并非强调只记录一些重要的事件。在没有确定最终的方案之前，要尽可能把相关信息记录下来，注重记录的覆盖性和完整性。这是因为只有在请求权基础的指导下相关事实的重要性才凸显出来，在发现案件事实初期，每一个事实都可能是重要的。当然，也不是所有内容都需要事无巨细地记录下来，和痛点无关的不具有法律意义的事项就不用记录，比如霍姆斯所讲的案例中签订合同时戴什么样的帽子、礼节性的沟通等。对于双方不存在争议的事项，记录时也可以简略一些。

（3）不区分利弊。任何有利的信息，或者不利的信息都应忠实地记录下来。对我方不利的证据，证据之间相互冲突或者矛盾的地方需要予以重点关注，极有可能成为诉讼的争点。

（4）按照顺序。严格按照时间顺序排列，能确定具体日期的填入具体日期，

① 前述两方相对的时间轴我们称之为“对照式”，为了自己一方记录和整理的方便，我们稍微调整了一下顺序，并且这个顺序也是我们使用的主要格式。

不能确定的按照事件进展和推断记录在相应位置，事后补齐。以简练而准确的语言记录主要细节。

从上往下记录，删繁就简，主线突出，可以直观、全面、简单地勾勒案件的情况，便于下一步的文字整理。

（5）言必有据。根据大事记梳理现有的证据，要像考据学大师一样对待证据，本着言必有据、无征不信的原则，有事实必有证据，无证据无事实。

（6）暂不考虑证据的合法性。调查阶段先以查明事实为主，证据的合法性在证明阶段再予以重点考虑。

（7）多方主体。在复杂主体的情况下，我们只能大致区分两方阵营，当事人作为一方，其他各方主体统一放在相对方的位置，这是因为法律关系的全面分析需要两两配对考察，以便不遗漏任何可能的请求方向。

（8）记录的标准化。标准化的记录便于团队合作，便于高效地组织模拟法庭等。

通过整理现有的证据和事实，我们会发现还有不少信息和证据需要补充，这时候就需要我们运用调查思维，去全面详尽地收集更多的信息和证据。

三、主线图区域

在大部分案件中，除时间这条主线之外，还需要挖掘另一条主线。另一条主线的挖掘才是真正体现律师功力的地方。

时间轴的优点是全面、完整、事无巨细。但是这些信息是碎片的、零散的、无关联的。记录的信息过多可能会冲淡相关事件之间的联系。作为最终的叙事化的事实，应该将相关证据信息整合进一个完整、连贯、有意义关联的情节化的故事里。所以，律师不应该沉迷在事无巨细的细节中茫然无措，要能够从大量的证据信息中抽丝剥茧，高屋建瓴地把握纠纷事实的主线和脉络。在这过程中，画图是一种比较有效的方法。常见的图形有：案情推进图、现场示意图、流程图等。

（一）流程图

在时间顺序过于琐碎的时候，流程图法是一个很好的补充。流程图在涉及法定程序或行业标准的时候最为有用，对流程的违反就可能意味着过错或违约。比如，律师办案流程图、诉讼进展流程图、医疗操作流程图、审批流程图等。任何以线性步骤往前推进的事件，流程图都是一个很好的表达方式。

（二）关系图

在出现了多个民事主体的情况下，画出关系图可能更方便我们理清其中的人际关系和法律意义。关系图具体包括人物关系图和法律关系图。

1. 人物关系图：涉及继承纠纷时，人物关系图能够清晰地表明继承和被继承关系。

2. 法律关系图：涉及多个法律关系主体时，理清他们之间错综复杂的法律关系尤为重要，比如对于合同，是突破合同相对性的情形；对于侵权，则是共同侵权。涉及无权代理、无权处分、债的担保、动产多重买卖、阴阳合同、票据关系等复杂法律关系时，可使用法律关系图作为辅助。

（三）路线图

在地点关系、物的移转、占有情况比较重要的情况下，可以画路线图进行辅助。

（四）思维导图

在需要进行多层次深度思考的时候，思维导图能够提供很好的帮助。比如，复杂法律关系中的争点整理，用大纲笔记来做庭审题纲，把握多层次争点等。

（五）现场图

在一些交通事故或人身伤害等案件中，将相关人员的现场位置及其相互关系展示出来，有助于重构这些事件是如何发生的。

（六）演示图

在设备故障、大型机械设备质量纠纷中，制作三维动画模型来分析和展示事故原因，也是非常有必要的。

以上只是几种常用的图形，后续我们会在相应的部分进行重点介绍。

四、总结表区域

时间轴、主线图只是初步整理案件事实的方法，我们可能只关注了事实的某一方面，而欠缺整体把握，以至于不识庐山真面目。这时，我们就需要整体的整理方法，来全面理解和把握案件信息。我们运用 7W2H 方法来全面综合地梳理纠纷事实。“虽然社会生活的复杂性和多样性决定了案件事实的复杂性和多样性，但是形形色色的案件都是由一些基本事实要素构成的，这些案件事实要素可以简称为‘七何’（英文中称七个‘W’），即何事（what matter）、何时（when）、何地（where）、何情（how）、何故（why）、何物（what thing）、何人

（who）。"[1] 本书略微调整了一下，命名为 7W2H 法（who、whom、what、when、where、what thing、how、how much、why）。7W2H 法全面梳理了案件中涉及的主体、动机、关系、因果、时间、地点、背景、行为、后果等因素，是对案件的高度概括和抽象，完成了这一步，可为下一步案由的分析、确定打下扎实的基础。

who：委托人，客户，对律师来讲，是主张的发起方，这符合律师目标导向的思考模式。

whom：委托人提出主张的相对方，是法律关系的另一方当事人，也可能是多数主体。

what：当事人之间发生了什么事实？造成了什么后果？从通常的社会理解上看案件涉及什么事，属于什么性质？

when：主要指案件事实的时间特征。具体有三层含义：首先是指某个时点。比如诉讼时效、除斥期间的起算点，或者承诺期限的起算点等。其次是某个行为的持续时间。比如，对于吃霸王餐的游客阻止其离店，两三个小时内报警处理，应该属于可理解的自助行为；但如果没有报警而是将其拘束在房间里等着拿钱放人，超过一定时间可能就构成非法拘禁。最后是行为之间的先后顺序，别人打你之时，你出手制止，是正当防卫。别人已放弃打你的意图或失去打你的能力，跪地求饶，你还打人，就可能构成防卫过当。如果别人只是随口骂了你两句，你就出手打人，可能构成故意伤害，这时你还没有防卫的正当性。

时间对于时效期间和除斥期间的计算、要约与承诺期间的计算、清偿期的计算、失权的效果、顺位、预告登记等具有重要意义。

where：地点。地点对于清偿地的确定、风险负担、司法管辖、准据法的适用具有重要意义。

what thing：纠纷涉及的标的物或者能够表明案件事实的证据等。

how：案件事实推进的方式和进展过程。

how much：数额、价值、成本等量上的因素。比如，赔偿范围的举证证明等。

why：纠纷产生的主观原因和客观原因。前者指主观的目的、动机、意识状态等，这在一般条款的适用、评价性事实中非常关键。后者指导致或促使产生纠纷的外界因素，比如相关背景等。

这九个方面，并非在任何案件中都同等重要，只是为了帮助我们理清思路和

---

① 何家弘、刘品新：《证据法学》，法律出版社 2019 年版，第 218~223 页。

避免遗漏重要事项，应严格按照这个清单进行思考，刚开始的时候有点费时费力，熟悉以后就能运用自如。总结表的作用就是归纳提炼出核心要素，以便对案情的把握收放自如。只用三分钟便能说清案情梗概，迅速而高效地把法官的思维聚焦到所叙述的事实框架中来。①

下图为一则交通案件的案例运用。

双方主张的案件事实整理表

	案件信息	己方			相对方	
		证据	陈述		陈述	证据
总结表（7W2H）	Who		小轿车车主		无争议	
	Whom		大卡车车主		无争议	
	What		大卡车倒车撞坏小轿车		小轿车刹车不及时	
	When		2017 年 3 月 15 日		无争议	
	Where		某县某镇某村口		无争议	
	What thing		大卡车和小轿车		无争议	
	How		发生碰撞		无争议	
	How much		3000 元		500 元	
	Why		大卡车倒车不注意，撞坏小轿车		小轿车刹车不及时，导致追尾	

从上表对比可以看出，本案的争议更可能发生在诉讼时效（when）、赔偿金额（how much）和事故原因（why）上。机动车之间发生事故适用过错责任，小轿车向大卡车司机要求赔偿首先要证明对方的过错，如果事故原因真伪不明的话，小轿车方要承担败诉风险，所以需要收集证明对方过错的证据，比如事故认定书，在场的证人或者监控等。其次是关于赔偿数额的证明，这个比较容易，去做个定损即可。在现实生活中，如果损失数额不大的话，大卡车方也可能赔偿几百元就进行私了，没有必要走入诉讼，因为诉讼费时费力，浪费的时间精力和赔偿的数额相比，实在不值得。

对于大卡车方来说，其答辩思路应该是先否定请求权基础的构成要件，也就是过错不成立；如果构成要件成立，再转入责任范围因果关系的攻防，也就是赔

① 对于笔记方法，市场上有一本很流行的书叫作《聪明人用方格笔记本》。其实，法律人更应该使用方格笔记本。正如证据事实整理表所示，方格本便于我们按照时间轴的方式记录内容，便于画图，便于进行大纲记录和进行结构化分析。

偿数额不是原告主张的那么多；最后才转入诉讼时效的抗辩，因为抗辩是针对已经成立的请求权的，如请求权自身要件都不能满足的，不应该转入抗辩。这也容易导致法官作出不好的心证，即被告对原告的主张没有什么好争议的，只是想赖账才用了诉讼时效抗辩。

时间轴、主线图、总结表并不能取代文字式叙述。总结表只是整理了案件事实的关键信息，明确了叙事的基本框架，还要运用文字把上述信息整合进一个有始有终、有开头、有进展、有结果、符合人们因果认知的连续的叙事化故事里。这个故事要有主题和意义，要让法官从中感受到正义的呼唤。（具体内容见第一编第九章第二节诉讼故事）

在这个阶段律师主要是运用一般社会经验和常识，不应运用法律知识过早地给出法律评价，因为评价具有自我强化的倾向，过早地作出法律判断会不自觉地忽略其他的细节，要保持发现事实的开放性以便全面、客观地从法律上进行认识和评价。请求权基础就是实体法规定的一个故事模型，它确定了一个叙事的故事模型具有怎样的特点才能产生特定的法律后果。而下一步的寻找请求基础，就是通过将生活故事模型与十大类请求权基础的类型化故事相比对，寻找到最相类似的请求权类型，明确拟适用的请求权规范。

第三章　寻找请求基础

法的获得属于方法问题。

——魏德士

法律思维的核心在法之适用。法之适用系将抽象的法律规范适用于具体案例，其主要工作在于针对具体案例事实的法律问题，寻找得适用的法律规范，此为法之发现、法之获取或法之创造的过程。在民法上的法律规范主要系指请求权基础。请求权基础系一方当事人得向他方当事人有所请求的法律规范。①

请求权基础的寻找，是处理案例、法律适用的核心工作。在某种意义上甚至可以说，处理案例就在于寻找请求权基础。请求权基础是每一个学习法律的人必须彻底了解，确实掌握的基本概念及思考方法。②

——王泽鉴

第一步发现案件事实主要是律师运用常识和逻辑去重构事实，虽然并不是总能排除法律意见的影响，但从方法上区分事实和法律还是很有必要的，这样我们就能更加注重事实的客观性，避免先入为主的法律判断影响事实的认知和查明。

第二步寻找请求基础，则是在前一步工作成果的基础上，通过对事实的加工、分析、筛选，运用法律关系九步法找法。法律规范并不是给定的，是需要适用者自己去查找的。法律作为社会规范的归纳和抽象，广泛使用高度抽象和技术化的语言，若无系统的方法保障，常常会发生理解上的困难和分歧。对于初学者来讲，面对林林总总、多层次的法律规范，甚至可能陷入法律迷宫，对他们来说，法律只是很多相互无关的法律条文的累积，在个案适用时从数量惊人的条文中寻找应该适用的规则，自然是一件十分困难的事情。③ 所以，魏德士指出，“法的获得属于方法问题”。

---

① 王泽鉴：《法律思维与案例研习：请求权基础理论体系》，台北元照出版公司 2019 年版，第 277 页。

② 王泽鉴：《法律思维与案例研习：请求权基础理论体系》，台北元照出版公司 2019 年版，第 42 页。

③ 王利明：《法学方法论》，中国人民大学出版社 2012 年版，第 121 页。

法律关系是连接大前提和小前提的桥梁，是将事实和具体的法律规范连接起来的媒介，是案件分析过程中最基本的分析方法和分析框架。本章我们就是运用法律关系分析方法逐步拉近，寻找与案件最密切联系的请求权基础。我们提供的找法模型为法律关系九步法。这一步找到的只是可能适用于案件的请求权基础，也即请求权基础的假设、待检验的规范命题。

在法律适用的过程中，找法可能比分析更重要，找法更具有创造性和革命性，而之后的验证则相对技术性一些。虽然法律关系九步法已经较为详细，但该方法也只是有助于提高找法的效率，依然无法实现按部就班和一一对应，因为前理解和其中的判断必不可少。

第一节　法律关系九步法

弱水三千，只取一瓢饮。众里寻他千百度，蓦然回首，那人却在灯火阑珊处。在万千法条之中，找到案件最关键、最核心的法条，实在是辛苦和茫然。

一、找法的路径

大陆法系是规范出发型审判，英美法系是事实出发型审判，成文法和判例法的不同导致了两者找法的路径也不相同。判例法是从事实到事实，论题化地找法。成文法是目光往返于规范和事实之间，体系化地找法。[①]

（一）美国法的找法路径

1. 主题化。

“美国法律思维中并不存在德国学生信赖的体系化和教义学，而是在很大程度上坚持主题化。只有通过想象和联想能力，人们才能将具体细节联系在一起。”“当他想处理一个案件时，例如在一场棒球比赛过程中，一位观众被棒球伤到了眼睛，他会用到搜索引擎或者‘Digests’，后者是按照编年顺序整理的判例集，然后输入‘比赛’、‘场地’、‘棒球’或者‘观众’进行检索，因为主要规则体系正是通过‘关键词法’来根据‘行为’‘地点’‘事件’‘任务’加以构建的。

① ［德］马丁内克：《法律文化冲击》，任重译，载《民事程序法研究》第 21 辑。下述形象而深刻的对比摘自该文，笔者读后受益匪浅，建议读者阅读原文。

美国裁判需要处理的生活事实世界，也正是按照这四个要素来进行分类的，即‘行为’‘空间上的联系’‘涉及的物’‘参与的人’。在判决和其他的参考资料中，人们根本无法找到分类和秩序，更找不出我们习以为常的用精致概念所构建起来的内部逻辑一贯的概念大厦。”

2. 从事实到事实的联系。

“美国学生并不会通过具体的裁判抽象出法律规则，然后通过先例约束力原则将其运用于类似的具体案情中去。果真如此的话，判例法就成了有约束力和内在一贯的操作方法，据此在不同裁判主体之间形成可以验证的结论，特别是只有经过抽象化操作才能得出链接两个判例的中间步骤。同样不正确的是，人们把英美法判例法中类推和涵摄的方法与我们的概念联系在一起，进而认为英美法通过类推从判例中提炼出相应的规则，然后将正在处理的案件涵摄到这个规则中去。如果真是如此，那么‘从案件到案件的说理’就成了以逻辑和解释学为基础的法律发现过程。法学院的判例教学法的重要任务是，让学生直面具体细节。人们之所以要学习判例，是因为以下工作是尤为重要的，即在海量判例中找出所有事实并在课堂上进行论证说理。在法学院和法院裁判实践中的法律适用，绝不是从具体案件（先例）中抽象出法律规则，然后再反过来将抽象的法律规则运用到需要裁判的案件中去的所谓两步走。所谓‘从案例到案例的说理’并不是方法论上理性的两步走，而是从事实到事实的联系。”

（二）德国法的找法路径

1. 体系化。

不像美国法那样以经济性原则、实用性原则为主导，德国法以体系化原则、逻辑性原则、精细化原则和概念化原则为主导。拉伦茨论述了依据德国民法典进行体系化找法的优点：“而这正是由抽象的普遍概念出发、一定程度上采用形式的划分观点构造而成的‘外部’体系的重大实践意义之所在。我们将在最后一章指出，这种体系虽然没有或者只有极小的认识价值，但是在帮助确定规范方向上却具有重大价值。如果没有这种体系，在寻找与特定案件事实相匹配的法规范时，法律人将无助地胡乱摸索。在法律人寻求可能应该援引的法条时，这种体系使得在方法上获得某种程度的依凭成为可能。首先，熟悉这种体系的判断者通过他对可被适用的规范所属的领域的认知，一下就能为事件划定可能的范围。”①

针对体系化的特点，齐佩利乌斯建议采取“拉入视野”的技术，像剥洋葱

① ［德］卡尔·拉伦茨：《法学方法论》，黄家镇译，商务印书馆 2020 年版，第 357 页。

皮，先从最外、最上位的划分开始，即分为公法与私法，再到物权法、合同法，再到具体的物权、具体的合同，一步步寻找到案件适用的法律规范。①

2. 目光往返于规范和事实之间。

“德国学生已经习惯了进行剔除，将无法被涵摄的案情排除出去，通过这个方法为案件事实的处理减负。德国学生通过将事实材料纳入已知的法律规范从而降低了其复杂性，并且随着目光往返于规范和事实之间，对生活意义上丰富多彩的案件事实进行了重塑，并最终将其塑造成为‘法律问题’。不像美国学生从事实到事实之间的思考像一条直线，德国学生的思考从事实到规范再到事实，形成了包含抽象性的三角形。”②

(三) 九步法的找法路径

1. 方法的综合应用。

方法各有特色，结果殊途同归。各种方法中都包含着人类的智慧，我们自可以吸收借鉴。在实务中，关键词法、论题化方法和体系化方法共同协力完成了找法的任务。

和前面所说的过程类似，我们先把复杂的案情整理成事实的关键词，然后把这些关键词翻译为法律事实，用这些法律事实的关键词去联想、组合寻找相应的法律规范。和英美学生不同的是，他们是从事实到事实的直接查找和论证，我们则介入了法律评价，将事实翻译为法律事实再去查找。另外，体系化编撰的法典也提高了找法的效率。

比如，根据我国民法典侵权责任编的体系安排，找法时我们先适用和寻找特殊侵权的规定，再适用一般过错侵权的规定。但在专章规定特殊侵权责任类型的安排上，就没有什么特殊的体系考量和逻辑顺序，不如说是立法者随意规定的，更多地参考了以前的体例和顺序。寻找这些法条就不是靠着体系化的考量，更多的是采用论题式的关键词法，看案件的案情落入哪个问题域，涉及产品的就优先考虑第四章产品责任，涉及机动车或动物的，就优先考虑第五章机动车交通事故责任或第九章饲养动物损害责任。从中可以看出，“拉入视野”的体系化找法是一个相对清晰的步骤，但并不是严格的逻辑化的操作，因为法体系本身也并不是一个严丝合缝的逻辑系统。这就有点像论题学的方法：“以已经各就其位的规范、论据或认识之体系为前提。从这些已经存在的材料当中，我们找出可以适用于当

① [德] 齐佩利乌斯：《法学方法论》，金振豹译，法律出版社 2009 年版，第 126~127 页。

② [德] 马丁内克：《法律文化冲击》，任重译，载《民事程序法研究》第 21 辑。

前之事实的部分。这就是所谓的‘穷尽一切材料’的技术。对此，古人使用了这样一个比喻，即人们仿佛是在挨个地敲一扇扇门，看有什么会出来应答。”①

2. 规范假设的找法思维。

寻找规范和发现事实的调查思维类似，都涉及分析现有的材料→生成假设→生成新的考察线索→查证或查否该假设。

一个案件事实摆在律师面前，根据其职业经验和前见，其最可能对事实中的某些片段和特征产生最初的职业判断，用法言法语来描述它。由此关键性的描述，他会去联想、模糊匹配相关的法条。接着就会追问，假如要适用这个法条，还有哪些条件需要满足，由此生成了新的考察线索。如果该考察线索得到确定的答案，就会初步确定一个可适用的规范。如果该考察线索得到否定的答案，就会放弃这个考察的方向。

我们以开篇的法考案例为例，对于狗砸伤人的案例事实，律师很容易把狗归为饲养的动物，把砸伤归为侵权责任上的损害，由此联想到《民法典》侵权责任编第一千二百四十五条：“饲养的动物造成他人损害的，动物饲养人或者管理人应当承担侵权责任；但是，能够证明损害是因被侵权人故意或者重大过失造成的，可以不承担或者减轻责任。”接着，律师追问，想要适用这个法条，还要满足哪些条件？根据该条，损害需要由动物自身危险造成，而坠落砸伤不属于动物自身危险。律师放弃了动物侵权的法条，转而思考“坠落”、高楼等关键词匹配的法条，于是找到了第一千二百五十三条：“建筑物、构筑物或者其他设施及其搁置物、悬挂物发生脱落、坠落造成他人损害，所有人、管理人或者使用人不能证明自己没有过错的，应当承担侵权责任。所有人、管理人或者使用人赔偿后，有其他责任人的，有权向其他责任人追偿。”接着进行对该法条的考察。

总而言之，寻找法条是法律人进行思维实验的过程，在这个过程中，找法者的思想和目光不断地“来回穿梭于法律规范和案件事实之间”。总体上包括如下的步骤：

（1）翻译事实。按照历史方法对案件事实进行意义重构，将案件事实翻译为具有法律意义的法律事实。

（2）生成假设。由关键的事实特征点去模糊匹配、联想最接近的法条。

（3）考察设计。根据法律前见，寻找支持或反对该规范假设的考察方向。

（4）考察验证。通过辨析法律疑点或事实疑点，初步明确可适用的规范。

---

① ［德］齐佩利乌斯：《法学方法论》，金振豹译，法律出版社2009版，第128页。

拉伦茨也论述了这种操作方法："对从事法律判断以及形成最终案件事实具有决定性意义的法条的选择，首先是以如下方式进行的：判断者以'未经加工的案件事实'（笔者注：发现案件事实）为出发点，逐一测试可能被适用的法条，在详细审查后排除被证实为不可能适用的法条，而后添加在考察过程中认为可能适用的其他条文。例如，如果判断者发现某案中履行请求权不存在时，他将审查是否可能存在信赖利益的损害赔偿请求权或者不当得利返还请求权。为了能根据这个观点透彻地评估案件事实，他很可能需要一些迄今尚未被留意到的其他事实，并且将它补进最终的案件事实中。比尔林称之为'某种持续进行的方法实验'，实务界有意无意地在使用这种方法。但如果是在构成法秩序的无数法条中进行没有选择性的测试和实验，那将是几乎没有成功希望的冒险。此外，判断者也不能确保已经发现所有可能的法条。"①

在具体的案件中，我们可能需要多次反复实践上述四个步骤，以便不断地尝试、考察相关的法条。在熟练的法律人那里，前述过程可能是在电光石火之间完成的，但详尽细致地考察这个过程仍然有其意义。在熟能生巧之前，花费一点时间熟悉一套科学的操作规则，能起到事半功倍的效果。

在此，读者可能会生出疑问，在考察验证中也涉及补充事实、解释法律的问题，如何区分后面整理要件事实、论证要件事实不同的步骤？

首先，我们需要区分循环论证和循环适用，循环论证是一个无效的论证，循环适用是一个理解和适用法律过程中有效的方法。法律适用是一个诠释学上循环的过程，是一个来回穿梭于法律和事实之间，对法律和事实的认识螺旋式上升的过程。

其次，工作的目标和确信程度不同。寻找请求基础只是大致匹配，寻找可能适用的法条。后面的步骤是完成最终的证成。

最后，工作的对象不同，是从自向转到他向的过程。寻找请求基础只是律师自己觉得这个法条大致可用，还需要经过方法论上严谨细致的考察验证，从而向法官有条理地说明自己的证据、事实和法律观点，有力地反驳对方对证据、事实、法律观点的争点，最终实现自己的诉讼方案。发现案件事实是自向证明，证明案件事实是他向证明。寻找请求基础的假设和验证考察是自向说理，论证要件事实是他向说理。

综合前述分析，要件诉讼九步法各步骤只具有结构化描述的意义，并不是说

---

① ［德］卡尔·拉伦茨：《法学方法论》，黄家镇译，商务印书馆2020年版，第357页。

前一步骤的方法与后一步骤就截然不同或全然不可采用。

二、法律关系九步法总体介绍

为了将找法工作标准化、流程化，笔者构建了法律关系九步法。主要步骤为：

1. 识别法律主体。
2. 罗列案件事实。
3. 重构法律事实。
4. 法律关系主观化。
5. 法律关系部门化。
6. 法律关系类型化。
7. 法律关系具体化。
8. 勾连多方主体。
9. 围绕痛点排序。

前三步和发现案件事实中的证据事实整理表相衔接，也就是先框定两个法律主体；然后看他们之间拥有什么证据，发生了什么事实；接着根据大陆法系找法的特点，用法理解将其翻译为法律事实。中间部分是齐佩利乌斯“拉入视野”技术的细化，其中法律关系类型化将请求权基础检索顺序融合进来。法律关系具体化则是具体请求权基础规范的查找方法。整体介绍如下：

（一）识别法律主体

人格是权利义务的承担者，也是法律关系坐标系中的参照点。法律关系是主体之间的关系，主体相对容易识别，而且就像阅兵时的标兵一样，为整理相应的事实提供了界标。这种思考主要是民法的思考模式，在行政法和刑法中，我们总是需要考察行政主体和刑事公诉机关这两类主体。

一般来讲，事实中出现的法律主体需要两两配对考察，全面梳理他们之间的法律关系。但基于实务分析的效率性，我们总是需要围绕痛点，选取最直接的目标。基于合同的相对性，我们总是先找合同的相对方。在无权代理的场合，我们找负责签约的一方。在侵权的场合，我们先找行为人。在所有物返还的场合，我们先找物的占有人。根据案件事实的需要，再逐步拉入其他主体。

（二）罗列案件事实

主体之间发生什么关系，则要取决于主体之间发生了什么事实，所以第二步将主体之间的案件事实按照时间顺序罗列出来。具体方法见前文整理证据事实部分。

（三）重构法律事实

主体间发生什么法律事实，就产生什么法律关系，第三步则是按照历史方法对前述案件事实进行意义重构，将案件事实翻译为具有法律意义的法律事实。"当事人对律师述说狗咬伤人的故事，涉及人、事、物等诸多事物，Larenz 教授称之为原初的案例事实，必须加以整理、构造、组合，并分析当事人的利益，理解其提起法律问题的动机、目的、背景，期能更精确地个别化其所要解决的问题。整理案例的主要工作系搜集相关直接、间接资料，加以筛选、评估、阐释。"①

法律人观察事物是从法律适用的角度出发的，法律概念的提取和法律事实的翻译具有目的导向。考察狗是胎生、卵生还是哺乳动物是生物学家的事，伤人的狗是什么品种、是混血还是纯种一般不具有侵权责任上的意义，但在宠物买卖合同中就有意义。狗是饲养的还是野生的这个分类，就具有侵权责任上的特别意义，饲养的动物侵权适用《民法典》第一千二百四十五条。所以，在翻译法律事实的过程中，要用法律的视角和分类对事实进行考察。

（四）法律关系主观化

法律关系以法律规范为前提条件，以法律事实为依据。这一步需要判断客观的法秩序、客观的法律关系是否因当事人之间存在法律事实而形成当事人之间的法律关系，形成一般的社会关系还是法律关系。这一步主要是排除法，排除法外空间，排除明显属于社交、宗教、道德、党派、组织等领域调整的事项。

（五）法律关系部门化

法律关系可以分为公法关系和私法关系。私法关系是平等主体之间的财产关系和人身关系，民法关系是典型的私法关系；公法关系主要调整具有等级和隶属性质的关系，比如刑法、行政法法律关系。确认存在的法律关系是属于刑法、行政法还是民法关系，明确刑民交叉、行民交叉时的处理策略。

（六）法律关系类型化

十大类请求权将民法的内容归结为一个整体的思考步骤，按照一定的逻辑顺序进行查找，更好地发挥了法律关系分析类型化的优势。针对同一个被请求主

① 王泽鉴：《法律思维与案例研习：请求权基础理论体系》，台北元照出版公司 2019 年版，第 107 页。

体，要依十大类请求权的顺序分别考察可能的请求权目标，比如在瑕疵给付的情况下，分别考察违约请求权和侵权请求权。

在法律适用过程中，有一种比喻是用法规范的尺子去测量案件事实。但这个比喻并不是很贴切，这是因为法规范的内容常需解释，并不如尺子这般精确；待处理的案件事实也并不如待测量的物体那般具体确定，常常需要查明。规范和事件之间的关系就是两个变量之间的关系，这种“双重可变”关系，通过请求权基础的类型化体系，可以使规范和事实之间的变量有所规则，更方便高效地进行思考。请求权基础的假设是双重变量之间的思考坐标。

（七）法律关系具体化

沿着选定的请求权基础类型寻找最具体的法条，找到两者之间的请求权基础。比如，到底是买卖合同的货款请求权还是承揽合同的报酬请求权。

（八）勾连多方主体

请求权以双方主体为典型，也就是以委托人为请求方，以相对人为被请求方。在存在多个主体的情况下，应两两考察，比如考察完委托人 A 对 B 的请求权之后，再接着考察 A 和 C 之间的事实会产生什么法律效果。在这里，第三人 C 的加入会有三种常见的可能。第一种情况是独立于 A 对 B 的请求权之外，还存在 A 对于 C 的请求权，比如，在产品侵权中，分别考察对销售商和制造商的请求权。第二种情况是依托于 A 对 B 的请求权，C 辅助于 A 或者 B，比如 C 和 A 是共同所有人，需要共同对 B 提出请求权；或者 C 和 B 共同作为被请求人，比如共同侵权。第三种情况是 A、B、C 形成三方结构的复杂法律关系，比如 C 代理 B 和 A 签订合同。当然，还有可能 C 只是作为路人甲，不产生法律意义。

比如代理关系中，就需要考察双方之间的关系影响其他主体之间关系的可能，比如，相对人和代理人签订合同，则法律后果可能归属于被代理人，首要考察以谁的名义作出，紧接着考察是否有代理权。在涉及多个主体的情形中，一般也是不同的两个主体之间有不同的侧面，在无权处分他人之物的场合，处分人和受让人之间可能构成善意取得，恶意受让人和原所有人之间可能存在所有物返还请求权，所有人和无权处分人之间可能构成侵权和违约。两两配对考察之后还要全面观察，才能把握整个法律关系的全貌。“在（常见的）有多于两个当事人的案件里，应简单勾勒出存在于他们之间的法律关系并在旁边表明可予考虑的请求权。这不仅简化了概貌，而且准备了分段，还有助于忘掉不重要的东西。”①

（九）围绕痛点排序

前述我们按照请求的原因查找出可能的请求权基础。这一步，结合法律效果和当事人诉求的吻合程度对这些可能的请求权基础进行排序，以此作为下一步精细考察的顺序。

现代社会，人无往而不在法律关系之中。我们不需要对所有的细节都进行法律关系的精细分析。就像案例分析中只针对题目中的问题展开分析，在现实的案件分析中，也主要围绕痛点进行法律关系分析。其他延伸的事实和法律关系只在影响痛点的时候才有必要进行研究。

诉讼是维护当事人利益的救济途径，而当事人是自己利益的最佳判断者，应该首先尊重当事人的利益诉求，把当事人的利益诉求用实体法上法律效果的语言予以表述，并根据当事人在法律关系中的利益状态提出合适的权利主张。应按照目标确定诉讼方案分析的优先顺序。比如，在无权处分他人之物的案件中，如果原告想要追回所有物，律师就不应该首先考察对无权处分人的损害赔偿请求。如果合同相对方的给付属于不可或缺的，就首先考虑要求继续履行，不应优先考虑损害赔偿。我们最后选择实施的应该是最符合当事人诉求同时也最有胜诉可能性的请求权方案。

同时要合理引导当事人的诉讼预期，通过提示性询问、主动追问等行为，弄清当事人的真实意思，设法厘清诉请中模糊的地方，剔除、更正不合法、不合理的诉请，就诉讼请求和当事人意见达成一致。如果当事人坚持违法或不合理请求的，一般应拒绝接受委托。如果缺乏相应的证据或法律支持，可能驳回诉讼请求的，应充分提示该败诉风险，必要时以不接受委托为宜。

三、法律关系体系化找法

法律是关于人的行为的规范性规定，总是要求其指向的主体依照规则行事。识别是否涉及特定的义务，根据相关的法律规定确认这些义务是否产生、变更或消灭，往往就构成了案件分析的关键和核心。

根据法律事实的关键词法，我们逐步梳理可能构成的法律关系假设。从义务的角度，可以对法律关系四个阶段进行更为精细和一致的解读。

① ［德］迪特尔·梅迪库斯：《请求权基础》，陈卫佐、田士永、王洪亮、张双根译，法律出版社2012年版，第13页。

1. 法律关系主观化：当事人之间是否存在法律上的义务，还是仅仅只是社交、道德、宗教上的义务？

2. 法律关系部门化：该义务产生自刑法、行政法还是民法？来源交叉时如何处理？

3. 法律关系类型化：如果该义务来源于民法，产生的原因类型是什么？是法律行为还是法定之债？

4. 法律关系具体化：在该类型之下，结合案件的具体情况，进一步明确义务的具体内容。

在此过程中，归入能力必不可少。这种归入能力就是正确地联想并准确无误地找到"恰当的"规范的禀赋，是一种在事实和法律概念之间双向归属的判断力。这种判断力通过不断的练习和实践而获得。

拉伦茨也以实例的方式说明了这种操作方式，其书中讲到一个案例，一位女士把骨头递给邻居的狗，却被狗咬伤手臂，她可能如此描述事实：这只狗让她心生怜悯，因为它骨瘦如柴，她无法理解它的反应，因为这只狗认识她，而且之前她也经常给它东西等。她很可能不会提到：邻居曾警告她，不要给狗东西，因为它还很小而且并未完全驯服。"我们回想一下狗咬伤人的那个案例。已能熟练运用现行法体系的法律人首先会知道，女士对于狗的占有人是否有损害赔偿请求权的问题是一个私法上的问题。（笔者注：法律关系部门化）其次，他知道，我们私法上的损害赔偿请求权可以基于不同的事由而发生。本案中，因为女士与狗的占有人之间并无契约关系，因此只有侵权行为以及危险责任（笔者注：法律关系类型化），也就是《德国民法典》第 823 条以下各条，特别是第 833 条才有可能适用（笔者注：法律关系具体化）。又因为女士的损害是狗，也即动物造成的，所以他会联想到第 833 条。再次，他还知道，《德国民法典》中关于损害赔偿请求权的一般规定包含在第 249 条以下各条。一旦他将这些规定纳入视野，他就被引向第 254 条，并由此引向该女士可能存在过失的问题。最后，他会思考该女士对于哪些损害有赔偿请求权。在此，第 249 条以下各条就要登场，又因为它是以第 833 条为基础的请求权，因此也要参照第 847 条的内容。（笔者注：身体或健康受损的慰抚金）如果事件的发生已经有点久远，他还要考虑到时效的规定，尤其是第 852 条的规定。（笔者注：抗辩权）对于此案，他从一开始就认识到，关于债权契约、物权法、家庭法及继承法的规定在这旦不适用。他不是毫无计划地在整个民法典以及所有其他私法性质的法律之中胡乱搜寻，而是自始就将自己限定在有可能适用的规则领域之中。”①

现实生活中，找法的工作并不总是像这个案例那样简单。但简单的案例足以说明复杂任务的工作步骤。

第二节　法律关系主观化

法律关系主观化就是确认规范规定的客观的法律关系因为当事人之间存在法律事实而在当事人之间存在。其实质就在于当事人之间存在法律事实，没有法律事实就没有法律关系，有什么样的法律事实就有什么样的法律关系。法律关系主观化对应法律关系九步法中的意义重构部分，如果当事人之间不存在法律事实，则当事人之间没有产生法律关系。

一、法律事实和法外空间

（一）法的谦抑性

“法”是一种基于正义的要求，是对所有人适用同一标准的要求而形成的人际关系的秩序。纯粹内在的精神历程和活动、思想、感觉、意见、信仰和确信、同情与反感等，依其本质是法律调整无法触及的。虽然它们在与将之表现于外的行为结合后，也能为法秩序所评价，但其本身不能作为法律调整的对象。有些行为尽管涉及人际关系，但根据当时的法律共同体和文化共同体的观念，要么法律不调整，要么是通过其他社会规范（例如伦理或者礼仪）来调整。问候、告别、称呼和社交聚会的方式，凡涉及社交分寸、品位和礼仪领域的林林总总，都属于这个范围。企图以法律调整涉入这个领域，恰恰将毁坏这些术语所意指的那些人类价值。②

（二）法律关系以规范为前提

人无往而不在关系之中，若世上只有一人，如鲁滨孙漂流荒岛，自没有关系可言。然社会关系极其广泛而复杂，并非所有关系都由法律所调整，构成法律关系。比如，宗教关系、同学关系、恋爱关系、朋友关系等。而法律关系则是法律

① ［德］卡尔·拉伦茨：《法学方法论》，黄家镇译，商务印书馆2020年版，第358页。
② ［德］卡尔·拉伦茨：《法学方法论》，黄家镇译，商务印书馆2020年版，第467页。

所调整的人与人之间具有权利与义务内容的社会关系。“法书万卷，法典千条，头绪纷繁，莫可究诘，然一言以蔽之，其所研究和所规定者，不外法律关系而已。”在成文法背景下，立法者在制定成文法过程中，为了实现法的规范性，将各种事实予以简化，将各具体情形中那些非实质性的因素予以过滤，并通过各种具体情形的实质相似性，将其归入到一个事实类型之中。规范已经对社会生活关系加以类型化界定，因此成文法所调整的对象就表现为上升为法律关系的社会关系。①

过去的事件和状态中，要存在法律上的义务，必须满足法律规范和法律事实两个条件。如果法律无意对某些事实进行调整，没有规定相关的法律规范，那么就不会有法律义务的产生。比如，有个朋友经常说改天请你吃饭，但一直没有实际举动，你也不能请求法院判令他履行承诺。对于具体个案的法律适用来讲，先有法律事实，然后根据相应的法律规范，产生某种法律关系的判断。客观的法先于主观的权利义务而存在，而具体的事实又先于权利义务而存在。逻辑线条是客观的法——具体的事实——具体的权利义务关系。

判断什么事项属于法律事实，产生什么法律关系，这就需要法律知识的前理解，通过法律对事实的定性来选取一定的事实。这种判断需要具备刑法、行政法、民法等主要部门法的知识，只有具备整体的法律架构才能明确你所面临的问题处于法律体系的什么位置，该用何种法律途径去解决。因为律师提供给当事人的是整体解决方案，而不仅仅只是部门法的解决方案。

（三）法律关系具有强制性

法律、道德、宗教、社会习俗都对人的行为产生影响，都提出特定的作为或不作为的要求。一般这些要求都会得到人们自觉的遵守，内心的信仰、社会的压力也会迫使人们遵守，但无论如何，在现代社会中，宗法、道德、宗教都已不再具有外在的强制力来保障它们的实施。只有法律提出的要求是以国家强制力保障实施的。即便并不总是被现实地实施，强制的震慑也足以构成保障力量。另外，道德、宗教多采用说教的方式引导人们向善。而法不进行说教，更多的是指示，也就是通过条件式的规则，说明何种情况下该如何行为，以及何种行为可产生何种效果。

邹碧华法官所举的例子生动说明了法律这种条件式规则在社会中发生作用的机理：“无论法律体系多么不完美，无论现实生活多么复杂，我们的法律规范或

---

① 王利明：《法学方法论》，中国人民大学出版社2012年版，第100页。

规则体系在我们的生活中是在起着作用的，而且还起着重要作用。为什么会起作用呢？因为一个很简单的道理——人们能够找到自己的行为与规范之间的联系，或者说，人们能够把自己的行为与法律规范的后果联系起来。我曾经处理过不少涉及会计师事务所出具虚假验资证明的案件。当时，最高人民法院曾经出台过几个追究会计师事务所出具虚假验资报告行为责任的司法解释。这几个解释出台后，全国各地出现了一批会计师事务所清理关闭重组的浪潮，出现了一批新设立的事务所。这说明，这几个司法解释起作用了。接下来，会计师事务所出具虚假验资报告的情况就比较少了。但是，另外一种情况又发生了，有些地区出现了专门为开公司的人提供一条龙服务的投资咨询公司。有的投资人想开公司又没有钱，怎么办？就找这些一条龙服务公司。这些公司，你只要给他五千或一万元，他就根据你的需要给你垫付一笔钱，帮你虚假注册。大家注意到没有，虚假注册从直接出具虚假报告的行为转化为垫付资金虚假注册了。当时，有一位律师在代理一起案件时，发现被告公司根本就是空壳公司，一查就发现了一条龙服务公司垫资虚假注册的情况，于是律师就把这家帮助他人虚假注册的公司给告了，要求这家公司也承担相应的侵权责任。当时，我们对帮助他人虚假注册公司是否应当承担侵权责任的情况吃不太准，就请示了最高人民法院，结果最高人民法院认为应当承担责任。于是我们就作出应当承担责任的裁判。结果，又出现了新的做法——这些一条龙服务公司不再直接垫资，而是由第三家公司另外提供垫资服务……对于上述情况，我认为是好事。为什么说是好事？因为这说明我们的法律规范在发生作用。它促使人们不断变更行为方式。人们之所以会不断根据法律规范变更自己的行为方式，是因为人们对法律规范的内容理解了，并且根据自己对法律规范的理解不断对自己的行为作出调整。换言之，这说明人们找到了法律规范与自己行为之间的联系。大家可以看到，找到这种联系是多么重要啊！”[①]

这个实例也为霍姆斯的名言提供了一个生动的视角，“从一个坏人的视角来看待法律，因为坏人更在乎通过法律知识能够预见到的实质性后果”。[②] 现实中，无论坏人还是好人都需要法律的行为预期，好人需要了解法律能给予自己的保护，坏人需要了解违法的后果。

（四）法与道德的互动

在这个注重个人价值、倡导个人自我发展的社会，价值日益多元化。但中华

① 邹碧华：《要件审判九步法》，法律出版社 2010 年版，第 150 页。

② ［美］奥利弗·温德尔·霍姆斯：《法律的道路》，李俊晔译，中国法制出版社 2018 年版，第 21 页。

民族的传统美德、维持社会的公共道德等都构成这个社会的道德共识，而成为法律的伦理基础。法是最低限度的道德，道德的要求通过不确定概念、概括条款等进入法律中来。比如，民事主体从事民事活动，应当遵循诚信原则，秉持诚实，恪守承诺。（第七条）处理民事纠纷，应当依照法律；法律没有规定的，可以适用习惯，但是不得违背公序良俗。（第十条）违背公序良俗的民事法律行为无效。（第一百五十三条）不动产的相邻权利人应当按照有利生产、方便生活、团结互助、公平合理的原则，正确处理相邻关系。（第二百八十八条）当事人应当按照约定全面履行自己的义务。当事人应当遵循诚信原则，根据合同的性质、目的和交易习惯履行通知、协助、保密等义务。当事人在履行合同过程中，应当避免浪费资源、污染环境和破坏生态。（第五百零九条）习俗形成法的确信，可以作为习惯法适用，也可以通过交易习惯、经验法则等进入民事审判中。

（五）法外空间

法律应当对私人生活保持必要的谦抑，不应过多地介入私人生活。这方面，儒家对法家的批评还是很有道理的。并非所有的约定都具有法律意义，都应该由民法进行调整。比如，社交行为、好意施惠关系、不合理期待的约束都不是具有法律意义的约定。

社交行为：虽然存在一项合意，但由于缺乏表示意思和效果意思，当事人并不受法律上的拘束。最常见的例子就是“改天请你吃饭”，请吃饭的人也许并没有真请的意思，被请的人也没有当真要对方请的权利，只是会产生社交上的一种制裁，经常口惠而实不至的话，请你吃饭的人也会越来越少。

好意施惠关系：好意帮助别人的一种约定，通俗地讲，不帮是本分，帮助是情分，当事人知道双方之间这种约定不会产生法律上的约束力。比如，代为投递信件、代取包裹、代买零食、为人指路等都属于这一类。

另外，还有一些涉及人类尊严和隐私的约定也不能成为合同，在德国法上的一个经典案例是同居男友约定女友应该服用避孕药，女友没有按照约定服用以致怀孕的，不能以女友违反约定为由要求承担责任。

二、法的前理解

法的前理解是运用历史方法的前提，是对案件事实产生意义预期的前提，没有这种前理解，就不具备理解案例、解决问题的准绳。这有点类似于按图拼图的儿童玩具。如果你不认识猫，即使你拼成了猫，也不知道这是猫。所以，认识猫是你的前理解，是你拼图的基础。

案件分析的开端，通常是一种意义预期，对具备法律知识的专业人士来讲，在初次的匆匆一瞥就能产生这种意义的期待。比如，当事人陈述说我们有过一个约定，专业人士就会有合同的意义预期；当事人陈述说他打了我一拳，专业人士就会有侵权的意义预期。产生这种意义预期，需要有专业人士的先前理解。只有具备对法律知识的先前理解，才有可能形成这种意义预期，一个从未接触过法律知识和法律语言的人，可能会具有朴素的法感情，觉得打人者应该赔偿，但无论如何也不会从法律的语言和视角去观察和描述这个问题。

一个律师，先前理解越丰富，经验越广博，越能快速而准确地获得适当的意义预期。先前理解是一种长期学习、不断自我反省的过程，需要勤奋扎实地学习业务知识，需要格物致知、虚心广博地获取所服务领域的基础知识，需要善于总结、不断修正自己的观点和经验。在这一点上，先前理解有别于“成见和先入为主的判断”。

（一）前理解与成见

所谓前见，前理解，是法律人依据先前学习、执业积累的知识、经验、技能而对当前案件形成的一种直觉式的意义预期。成见和先入为主的判断是对出生、教育背景、财富、行事风格等固有的标签式的意见，观察者没有意识到这种意见的不正确性或者虽然意识到但基于各种原因不愿意纠正，成见和先入为主的判断是专业人士执业过程中必须予以排除的障碍。先前理解则不同，先前理解是执业的必要条件，是认识和把握事物的基础知识。两者最明显的区分，在于运用者判断的标准和反省的意愿。先前理解把客观事物的本来面貌作为判断的标准，并且愿意通过不断的反省来努力靠近事实的真相。而前者往往会固执己见、囿于成见。

（二）科学的方法与盲目的自信

科学和谬误之间只有一步之遥。科学的方法是先有证据地假设，然后以假设为指导进行验证分析，遵循方法上的严谨性，保持结论上的开放性。假设驱动的验证分析初期只是一种可能性的判断，以此引导后续的工作，还需要通过收集证据和解释法律进行审慎严谨的反省、审视、修正，最终达到事实和法律的一致。

律师、法官等实务法律人都依靠这种意义预期开展工作，这本是一种科学的方法，但有些实务法律人不自觉地超过了其正确运用的限度，将法律适用变成了倒置的推理。科学的方法和错误的方法之间有如下三点不同：

首先是确信程度的不同。科学的方法只是一种意义预期，保留结论上的开放性。而错误的方法则是形成了正当性的确信。

其次是对后续工作的意义不同。“所谓前理解系指对于法律文本的解释，就其个别文句及整体关联，通常先有一定的意义预期，即先有某种假设的意义推定，而在理解过程中不断反复地思考修改，经由解释而为确认。”① 科学的方法用意义预期引导后续的工作，但不是决定性的。错误的方法则是初期形成正当性确信，后期进行一致性审查，进行说理的装扮。

最后是对待解释方法的态度不同。科学的方法愿意借助法律解释等方法来质疑乃至修正意义预期，也就是根据方法来验证结论。而错误的方法则是先有经验判断的结论，然后再寻找能够佐证自己结论的证据，对与此相反的证据本能地忽视，也就是根据结论来选择方法。这种操作包含了严重的自负，与诉讼精细化的理念和要求严重不符。

三、寻找法律事实的历史方法

按照历史方法逐步检讨前述案件事实中主体之间具有法律意义预期的特征事实：

（一）历史方法

从生活事实中发现法律事实的基本方法就是历史方法。历史方法就是随着案件事实的发生进程，对每一个环节进行法律意义上的考察，形成一种法律的意义预期，翻译为法律事实。最常见的就是对于合同案件的处理，先看要约是否成立，是否生效，然后看承诺是否生效，合同是否成立，合同是否生效，合同是否有效，再看当事人是否按照合同履行，按照合同的进展过程，一个细节一个细节地判断。这是一种正向的思考方式，我们把生活事实转化为法律事实时需要采取这种方式。

王泽鉴先生的一段话虽针对案例分析而写，但在运用历史方法时，也应遵循。“案例解题系将抽象的法律规范适用于具体案件，以确定当事人间的权利义务关系。因此案例解题的第一个步骤，就在彻底了解案情，把握事实。为此必须确实研读案例，尤其是从法律观点，去分析判断整个事实过程，并将日常生活的用语转变为法律概念。切勿速读，必须逐字逐句了解其意义，不仅要用眼睛看，更要用心精读。案例事实每一个字句，都具有意义，不可忽视。必须设想自置于

① 王泽鉴：《法律思维与案例研习：请求权基础理论体系》，台北元照出版公司 2019 年版，第 177 页。

案例事实之中，以当事人的处境及利害关系去探究当事人间的权利义务关系。”①

例如，甲将自己的相机租赁给乙使用，乙正好缺钱使用，就按市价卖给了不知情的丙，丙的朋友丁恰巧知道这个相机的来龙去脉，但是非常喜欢，就从丙手里买了过来。

按照历史方法分析，步骤如下：

1. 甲是相机的所有人，甲乙成立租赁合同，甲为出租人，乙为承租人，甲为间接占有人，乙为直接占有人。

2. 乙丙买卖合同有效，但乙是无权处分，丙并不能依照合同取得相机的物权。

3. 丙符合善意取得的构成要件，根据法律规定取得相机的所有权，甲的相机所有权消灭。

4. 丙是所有权人，转让系有权处分，丁虽然属于恶意，但仍取得所有权。

历史方法的好处是全面，不留死角，但是也失之于琐碎。对于法律关系复杂、环节较多的案件，会让人产生不识庐山真面目，只缘身在此山中的感觉，在这个方法的基础上还要辅之以其他方法。比如，李四出卖了张三委托其保管的字画，不知情的王麻子购买。想要从王麻子那里取回字画，把大量的精力用于收集关于张三和李四之间保管合同的证据就属于没有抓住重点，重点在于有没有王麻子恶意的证据。法庭审理和律师代理都不是试图还原全部的事实，重点是查明适用法律不可或缺的事实。

（二）直面全部事实

准确分析案件，需要处理全部的有法律意义的事实，不能闪避、变更。之所以有闪避、变更，主要原因在于逃避自己没有确实把握的问题，企图转移阵地，用自己曾经办过的案子、学过的知识、了解的法律来处理当下的问题。律师应该保持职业的敏感度，对于没有确实把握的问题，要积极地进行法律检索和案例检索，穷尽必要的手段获得确信的认知。

案例事实可以作一定的推论和解释。如无相反的事实线索，可以按照法律推定进行案例分析。在关键事实缺失的情况下，可以采取假设性的分情况论述。

（三）历史方法和请求权基础方法

历史方法和请求权基础方法，不是哪个方法更优的问题，而是在恩吉施所说

① 王泽鉴：《法律思维与案例研习：请求权基础理论体系》，台北元照出版公司 2019 年版，第 110 页。所不同的是，案例分析针对出题者给定的事实，律师办案针对自己发现的事实，但对事实的法律分析方法是一致的。

的目光在事实和规范之间往返的过程中，涉及不同的出发基点和考察方向。历史方法是从事实出发去探寻它的法律意义。而请求权基础方法则是从规范出发结构化地处理事实得否涵摄的问题。进一步延伸地讲，结合证明责任理论，它将对本处于一个完整的自然事实进行证明的任务分配给了诉讼的两方。它是高度结构化、技术化的，只有结合证明责任理论，才能更深刻地理解请求权基础方法的功效。实体法上的请求权案例分析只是学习的第一阶段，结合证明责任的关系分析法、法庭报告技术才是其完整应用。

四、围绕痛点、整体把握

法律关系九步法的前三步即识别法律主体、罗列案件事实、重构法律事实和发现案件事实部分整理证据事实的时间轴相衔接。运用历史方法重构法律事实，重构出的只是点状的、按时间排列的还没有发现意义关联的要件模块。这一步要围绕客户痛点，对这些点状的要件模块进行意义组合，看是否足以拼接、组合形成一个法律关系，是否能够提出一个法律上的问题。换言之，就是该问题是否具有从法律上进行解决的可能性，还是该问题很明显属于法外空间。

有位读者问，既然前一步已经翻译为法律事实了，那么就应该存在法律关系，这一步再进行法律关系主观化是否多余？以一个例子说明这个问题，比如，甲约乙吃饭，甲在家认真进行了准备，但那天乙工作忙忘记了赴约，甲多准备的食材因为天热不能保存倒掉了。在这里我们能发现一些法律事实，也就是要件模块，包括两个主体、食材的纯粹经济损失、是否具有法律意义还不明朗的一个约定等。但将这些法律事实组合起来，想要提出一个法律上请求的时候，却还有继续考察的必要。食材的纯粹经济损失是否能够要求赔偿？甲因久等不来而造成时间上的浪费以及精神上的挫败感是否有法律上的救济？我们要从整体上把握当事人的利益状况，进行综合分析之后确定。

如果说这个生活例子能够显而易见地得出结论的话，下面这个摸彩共同体的例子就要费一番思量。比如，判断一个约定是否属于合同，可以采取“合意+权利义务”的公式，也就是不仅仅看双方是否达成了一个约定，还要本着诚实信用的原则，结合当事人的利益状态、交易习惯等综合判断是否产生了以权利义务为内容的法律关系，对其中一方来讲，产生这样的关系是否是一种不合理的期待。不合理期待的经典案例是摸彩共同体的案例，其中负责购买彩票的人因为过失没有购买，事后发现彩票本应中奖，其不对其他人负责损失赔偿，因为这样的权利义务并不对等，让他承担这种赔偿责任不公平。

在并不那么容易排除法外空间的情形，应该继续往下分析，也许只有通过游弋于整个法的领域，发现通过漏洞填补、法的续造等依然无法给出肯定答复的时候，才能最终得出结论，这个问题确实属于法外空间。但这并不影响我们从方法论上一开始就排除明显属于法外空间的事项。

第三节　法律关系部门化

确认当事人之间存在法律关系，排除法外空间后，就要进一步明确这些法律关系是属于哪个部门的法律关系，是属于刑法法律关系、行政法律关系还是民法法律关系，或者是存在交叉法律关系。

一、准确界定法律关系的部门

（一）判断标准

在确定案件事实属于法律事实，排除法外空间之后，就需要进一步明确该法律关系的部门法性质，不同的部门法处理不同的法律关系。不同的部门法关系有不同的处理策略。实务的法律人需要作出全面而综合的判断，妥善地解决实际问题。为此，申卫星教授指出："法学中的一些二级学科，如民法、刑法、行政法等，是根据其调整的社会关系性质的不同而划分的。但教师不能因此而固守自己的领域，不关心其他学科。对学生来讲，也不能局限于自己的专业，只学习自己专业内的知识，而不涉足其他学科。况且，如果忽视基础理论学习和相关社会知识储备，学生就不可能具备解决问题所需的全部知识和技能。面对一个实际社会问题，如果法律工作者只能根据自己学科的知识进行定性和分析，提出的解决办法往往就会失之于片面。因此，法学教育应从学科主导向问题主导转变。"①

行政诉讼解决的是行政机关具体行政行为的合法性问题。所要寻找的法条是行政依据，也就是规定了行政机关在何种情况下应该如何行为的规定，所要探寻的问题是"行政行为、措施是否形式或者实质上违法并因此侵害了当事人的权利"。

① 申卫星：《积极推进法学教育改革创新》，http：//theory. people. com. cn/n1/2017/0609/c40531-29328403. html，最后访问时间：2019 年 12 月 25 日。

刑事法律解决的是国家公诉机关追究刑事责任的问题，所要寻找的法条是犯罪构成，所要探寻的问题是“谁做出了怎样的可罚行为”。

民事法律解决的是平等主体之间产生的财产和人身纠纷，所要寻找的法条是请求权基础，所要探寻的问题是“谁基于何事、何规定想从谁那里得到什么”。

在这判断的过程中，应对比较特殊的、较容易识别的先进行甄别，本书给出的建议是行政法→刑法→民法。

先予以判断行政法律关系，主要是它的主体比较特殊，总是存在行政主体一方。如果不涉及行政主体，则可以略过不考虑。如果存在行政主体，则继续考察，是否因为具体行政行为而影响了当事人的利益。

接着考虑刑法，是因为刑法的谦抑性，实行罪刑法定原则，法无明文规定不为罪，有明确规定范围的事项总是相对容易确定。

民法则涉及平等主体之间的人身和财产权益纠纷，和法外空间的区分最为模糊，不易判断。

路保相律师所举的这个案例充分说明了准确界定法律关系的重要作用。[①] 某县农村一家庭妇女甲到县医院分娩二胎，入院时因经济困难已向邻居借款 2000 元，住院后，在县医院妇产科生一女婴，但婴儿畸形，虽对生命无碍，但将来可能成为终身残疾。该农村产妇一胎生一男孩，发育正常，身体健康，二胎生育畸形女婴，对其家庭造成沉重负担，随即产生弃婴的想法，于是在产后第五天趁医院护士不注意，产妇将女婴留在医院，私自离院回家。医院发现情况后，一方面悉心照顾女婴，另一方面与产妇家庭联系，但产妇以家庭无力抚养为由，拒绝领回女婴，并表示同意医院随意处置女婴。但女婴属于先天发育不良，会终身残疾，无人领养，这就把医院置于困境之中，影响了医院的正常工作。无奈之下，医院根据《婚姻法》[②] 的规定，以父母对子女有抚养义务为由，将女婴父母告上法庭，要求女婴父母领回女婴，履行抚养义务。法院受理后进行了审查，裁定不予受理。院方收到法院不予受理的裁定后非常诧异，认为婚姻法明文规定，产妇夫妻对女婴有抚养义务，法院却不予受理，实在难以理解。

本案中，医院在起诉时没有搞清楚案件的性质，没有理顺案件存在的法律关系和适当的诉讼主体，所以才导致法院不予受理。分析本案性质：其一，妨碍医院正常医疗工作侵权纠纷，在该民事法律关系中，王确的诉讼主体是医院与产妇

---

① 路保相：《胜诉与败诉——打官司的基本方法与技巧》，中国政法大学出版社 2017 年版，第 5~6 页。

② 已并入《民法典》婚姻家庭编。

甲。其二，产妇甲不履行对女婴的法定监护抚养义务纠纷，在这个民事关系中，其正确的主体是产妇夫妻与女婴，医院不是合格的主体。其三，危害公共管理秩序，属于违反治安行政管理的行政案件，在该行政法律关系中，医院是举报主体，公安局作为行政管理机关是行政管理主体，产妇是违反行政管理的被处罚主体。其四，产妇的行为涉嫌构成遗弃罪，医院可以作为报案的主体。根据以上分析，医院可以依法根据第一种法律关系，以产妇弃婴行为妨碍了医院正常工作秩序为由，作为被妨碍方起诉产妇，要求产妇排除妨碍，领走弃婴。这种诉讼请求，符合法律相关规定，会得到法院支持。而医院采用第二种法律关系，应以产妇不履行法定抚养义务为由，把案件定性为法定监护抚养性质，要求产妇领走女婴，履行抚养义务。但是在此法律关系中，女婴是合法的主体，而医院不具备原告诉讼资格，没有要求产妇甲履行对弃婴相应抚养义务的权利，所以法院才作出不予受理的裁定。当然医院还可以根据第三种法律关系向公安局报案，以产妇违反《治安管理处罚法》第二十三条的规定，扰乱医院正常工作秩序为由，要求公安局对产妇作出行政处罚，并责令产妇领走女婴。医院也可以涉嫌遗弃罪进行刑事报案。

再如，在驾驶者醉酒驾驶致人损害的案件中，这三种关系可能都会涉及。血液酒精含量达到或超过 80mg/ml 的，涉嫌危险驾驶罪，应考虑构成犯罪、受到刑事处罚的问题。同时，在行政法上，也涉及交通管理部门对驾驶人吊销驾照，并且处罚其 5 年内不得重新获取驾照的问题。在民事领域，也有损害赔偿的问题。侵占违章建筑案中，对违章建筑的判断属于行政法律关系，对违章建筑占有的返还属于民法关系。

（二）模糊情况下的判断方法

“判断者对应该适用公法还是私法发生疑问时，首先必须寻找对区分这两类规则集合体具有决定性意义的标准。为此，他必须在经验中认识所有出现在已发生的案件事实中的、对这种区别标准具有重要性的情况。他必须把这些情况纳入他形成的关于案件事实的陈述中，因为它们对之后的考量和裁判有一定的意义。如果就像我们所举的狗咬伤人案例那样，没有任何理由使我们怀疑是否应依私法来裁判，那么关于裁判方向的疑问以及考量就可以停止了。这再次表明：关于案件事实的陈述的最终形成取决于可能适用于该案件的法规范的选择，而这项选择却又一方面取决于判断者迄至当时已经了解到的情况，另一方面取决于他对于案件事实所属的或者初看之下可能归属的更广泛、更致密的规范集合体的认识状况。”①

单纯的刑法关系或者行政法关系不属于本书论述的范围。以下论述刑民交叉和行民交叉的处理。

二、刑民交叉的处理

侵犯人身、财产的犯罪，一般都能构成民法上的侵权，原则上来讲，刑事责任和民事责任各自独立存在，并行不悖。但在审判实践中，一般会采取先刑后民的处理方式。民事部分也可通过刑事附带民事诉讼来进行解决。

按照刑事案件处理，可以依托国家公权力的侦查手段，快速查明案情，较适合于隐蔽性较强、民事取证难度大的财产类纠纷。但刑事附带民事诉讼并不支持精神损失的赔偿，可能诉请精神损害赔偿的案件建议单独提起民事诉讼。

在责任承担上，《民法典》第一百八十七条规定：“民事主体因同一行为应当承担民事责任、行政责任和刑事责任的，承担行政责任或者刑事责任不影响承担民事责任；民事主体的财产不足以支付的，优先用于承担民事责任。”

三、行民交叉的处理

在涉及行政许可、登记、征收、征用、处罚等事项时，要么提起行政附带民事诉讼程序，要么先提起行政诉讼。因为在民事诉讼中，行政机关所做的决定属于公文书，具有推定的证明效力，不依据行政诉讼改变不利的决定而单独提起民事诉讼意义不大。在责任承担上，承担行政责任不影响承担民事责任；民事主体的财产不足以支付的，优先用于承担民事责任。

第四节　法律关系类型化

事实是千姿百态、生动活泼的，而法律工具箱也是琳琅满目。只有协调有序地摆放工具才能高效取用，只有全面无死角地地毯式检索才能无遗漏。周延而有序，是方法的根本。

---

① ［德］卡尔·拉伦茨：《法学方法论》，黄家镇译，商务印书馆2020年版，第359页。

如果确认属于民事法律关系，那么就要进一步确认属于哪一种类型的民事法律关系。如前所述，在规范和事实的双重变量之间，要实现连接，就要不断地靠近，拉入统一的视野，这就需要有一个思考的坐标、一个拉近的锚点。鉴于请求权在权利体系中的特殊地位，我们可将请求权基础作为找法的模型。作为基本的分析工具，不能太过于繁杂，否则无法成为一种工具。根据人类思维的特点，找法的锚点需要容易寻找，数字不能太多，分类不能过细，太多则记忆和使用不方便。按心理学家的说法，一般为七个左右，根据需要可以适当增加两三个，再多就会造成负担。请求权基础根据德国和我国台湾地区的介绍，大类不超过十种，可以整合成一个分析工具。

一、请求权基础类型化检索顺序

按照检索的目的性和思维的经济性，请求权基础有一定的检索顺序，学者们给出的顺序大致相同，略有差异。结合学者的论述和实务需要，本书给出的总体排序如下：

（一）总体顺序

1. 特别私法上的请求权。
2. 身份行为及身份法上的请求权。
3. 合同请求权。
4. 类合同请求权。
5. 无因管理。
6. 物权请求权。
7. 占有保护请求权。
8. 人格权请求权。
9. 侵权责任。
10. 不当得利。

（二）划分原则

这个分类和排序坚持了法典为纲、实务导向、逻辑清晰、体系贯通的原则。

1. 法典为纲。在公法和私法关系的划分中，我们以排除法为主，刑法实行罪刑法定，疑罪从无；行政法中行政主体具有特别性，并实行依法行政；排除存在这两种情形的就是私法关系。实务中请求权基础思考应该涵盖私法所有领域，这样才能实现方法上的周延。所以，我们以《民法典》为划分依据，将私法关系分为一般私法和特别私法，创设一个种类——特别私法上的请求权。因为按照法律适用原则，特别法优于一般法，特别私法上的请求权总是应该优先考察。

2. 体系衔接。在请求权基础的学习体系中，偏重财产方面的请求权基础。在实务中，却需要进行全面细致的思考，把婚姻家庭编、继承编等涉及身份行为和身份法的相关内容考虑进来，进行全领域的体系化思考。另外，坚持民法典权利体系的分类，方便实务人士找法。“请求权基础检查的工作要求法律人对于法典有很好的认识，知道在哪里寻找请求权基础。因而这种以权利基础作为分类方法产生的请求权体系，对于具体案件的处理具有重要意义。请求权被按照其涉及的法律关系以及其法律后果予以类型化，从而可以将请求权人的请求权按照其追求的法律后果分别归属于上述类型，进而便利地在法典的相关部分找到可得适用的请求权基础，并从这一类型的多数请求权中寻找具体的请求权并检查其构成要件是否符合，从而实现案件事实到请求权规范的涵摄，进而赋予当事人请求权规范所规定的法律后果。”①

3. 实务导向。十大类请求权基础既考虑了学理的分类，又和最高人民法院《民事案件案由规定》相一致。十一大部分一级案由，除去非讼程序案件案由、特殊诉讼程序案件案由，以及把劳动争议与人事争议，知识产权与竞争纠纷，海事海商纠纷，与公司、证券、保险、票据等有关的民事纠纷划为特别私法一类，其他案由和十大类请求权基础基本相对应。民事案件案由是民事案件名称的重要组成部分，反映案件所涉及的民事法律关系的性质，是对当事人诉争的法律关系性质进行的概括，是人民法院进行民事案件管理的重要手段。这种相一致的思考模型，有助于该理论在实务中把握运用。

4. 逻辑清晰。根据特别法优于一般法的原则，涉及特别身份和特别关系的规定自当优先适用。如果纠纷的当事人具有特别身份和关系，而痛点恰巧落在这些法领域，那么这些特殊规定就应当优先适用。特别私法涉及特定类型和市场主体，身份法涉及特殊家庭身份，合同涉及特定的当事人之间的关系，类合同请求权发生在因为合同而开启接触的当事人之间，无因管理发生在利他行为的特定接触中，这五类请求权的产生都存在于一定的特殊身份和关系之中，也就是身份和关系先于请求权而存在。在后五类请求权中，则不需要特定关系和身份的存在。“这一次序体现了民事主体之间法律关系由近及远、由特殊到一般，主体之间的权利义务关系由紧密过渡到宽松，注意义务的程度由高及低的变化过程。”②

① 刘召成：《德国法上的请求权体系》，载《河南省政法管理干部学院学报》2010年第6期。
② 徐海勇：《请求权基础功能的三重性》，载《人民司法》2015年第11期。

5. 合目的性。梅迪库斯说："被纳入考虑范围的多项请求权规范必须按一定顺序予以阐述。该顺序在本质上以关于请求权竞合的实体法规则为基础：一项请求权越是特别，就必须越早审查。此种特别性乃基于以下情况而发生：该规范自己或以之为基础的法律制度可能影响其他请求权规范。通过及早审查顺位在先的规范，将避免在顺位在后的规范的范围内这一审查不得不提前进行，或避免在此范围内使体系发生连锁现象。"① 这种分类也兼顾了各个请求权之间的排除和兼容关系，具体在分步介绍中详细解析。"请求权基础原则上应依下列次序加以检查：1. 契约上请求权；2. 缔约过失等类似契约关系上请求权；3. 无因管理上请求权；4. 物权关系上请求权；5. 不当得利请求权；6. 侵权行为损害赔偿请求权；7. 其他请求权……请求权基础的检查次序不是'对''错'的问题，乃基于目的性的考虑，即尽量避免于检讨某特定请求权基础时，须以其他请求权基础作为前提问题。依具体案例的内容，亦得先检查物权关系，尤其是所有权的变动。但基本上宜依前揭次序，其主要理由系尽量避免于检讨某特定请求权基础时，受到前提问题的影响。"②

二、十大类请求权基础分类论述

（一）特别私法上的请求权

我国民法典实行民商合一的立法体制，但即便如此，民法典也未能覆盖全部的民事生活领域，还存在所谓的特别私法，"其实质不过是将民事生活和整个市场适用的共同规则集中规定于民法典，而将适用于特定类型主体、局部市场或个别市场关系的规则，规定于各民事特别法，如公司、票据、证券、海商、保险等法"③。各特别私法并没有形成自身的体系，作为一般私法的民法典和作为特别私法的民商事特别法之间也没有清晰的、截然划分的区别，更多的是由立法传统和历史造成的。只是在法律的适用上，民商事特别法有规定的，应该先适用特别法；民商事特别法没有规定的，则适用民法典的相关规定。如关于劳动合同的法律适用，"劳动关系的基础是劳动合同关系。单就作为劳动法调整对象的基础关系的劳动合同关系而言，与民法有极密切的联系，如劳动合同双方当事人法律地

① ［德］迪特尔·梅迪库斯：《请求权基础》，陈卫佐、田士永、王洪亮、张双根译，法律出版社2012年版，第13页。

② 王泽鉴：《法律思维与案例研习：请求权基础理论体系》，台北元照出版公司2019年版，第75页。

③ 梁慧星：《民法总论》，法律出版社2017年版，第12页。

位平等，劳动合同关系的发生取决于双方的意思表示等。但是，由于国家实行社会主义的劳动政策，特别看重劳动者就业和选择职业的权利、取得劳动报酬的权利、休息休假的权利、获得劳动安全卫生保护的权利、接受职业技能培训的权利、享受社会保险和福利的权利、参加和组织工会的权利等的保障，使劳动合同关系区别于一般民事合同关系，使劳动法区别于民法。当劳动合同关系发生纠纷时，应当首先适用劳动合同法、劳动法的有关规则，劳动合同法、劳动法没有规定的事项，则应适用民法关于合同关系的规定。可见，劳动法中关于劳动合同关系的法律规则，具有民法的特别法的性质。德国法学上称之为特别私法”①。当民事纠纷的主体具有特殊身份且纠纷事项落入特别私法的规范时，就应该适用特别私法。比如，夫妻二人离婚分割共有财产，如果涉及分割上市公司股份，则有考察《公司法》《证券法》的必要。如果涉及公司控制权以及公章的问题，则不能仅凭《民法典》婚姻家庭编作出决定。为此，孙宪忠先生提出了特别私法的"头等舱"理论，不论是商事权利、知识产权还是社会性权利，它们都是民事权利，这些法律都属于"大民法"体系，就好比它们是坐在一架飞机上一样。就像头等舱优先登机，这个理论说明，在法律实践中尤其要重视特别法的优先适用。在特别法没有规定的时候或者特别法规定不清楚的时候，就应该适用民法典的规定。

特别私法上的请求权如：持票人的付款请求权、股东的利润分配请求权、剩余财产分配请求权、保险金请求权等。

（二）身份行为及身份法上的请求权

身份行为是导致发生身份关系变动的法律行为，如结婚、离婚、收养、解除收养等，我们这里主要关注身份关系变动后的有关财产利益的请求权。虽然名为身份行为，但民法典总则关于法律行为的规定大多数并不适用，这是因为身份利益不仅关系个人意思自治，还关系社会伦理和公共利益，法律予以比财产行为更多的规制。

当事人之间的特定身份不仅影响他们之间的权利义务，还影响和其他人的法律关系，在实务处理中，需要优先注意和思考。简单论述如下：

1. 对合同请求权的影响。

（1）对于合同请求权，婚姻家庭领域的事项排除合同的适用，有其特殊规定。没有规定的，也只是根据其性质参照适用合同编的规定。《民法典》第四百

① 梁慧星：《民法总论》，法律出版社 2017 年版，第 54 页。

六十四条规定："合同是民事主体之间设立、变更、终止民事法律关系的协议。婚姻、收养、监护等有关身份关系的协议，适用有关该身份关系的法律规定；没有规定的，可以根据其性质参照适用本编规定。"

（2）家事代理权。《民法典》第一千零六十条规定："夫妻一方因家庭日常生活需要而实施的民事法律行为，对夫妻双方发生效力，但是夫妻一方与相对人另有约定的除外。夫妻之间对一方可以实施的民事法律行为范围的限制，不得对抗善意相对人。"

（3）夫妻共同债务。《民法典》第一千零六十四条规定："夫妻双方共同签名或者夫妻一方事后追认等共同意思表示所负的债务，以及夫妻一方在婚姻关系存续期间以个人名义为家庭日常生活需要所负的债务，属于夫妻共同债务。夫妻一方在婚姻关系存续期间以个人名义超出家庭日常生活需要所负的债务，不属于夫妻共同债务；但是，债权人能够证明该债务用于夫妻共同生活、共同生产经营或者基于夫妻双方共同意思表示的除外。"

2. 对无因管理的影响。

身份关系往往成为法定和道德义务的来源，在有些事项上排除无因管理。比如对小舅子的救济属于道德上的义务。

3. 对物权请求权的影响。

夫妻共同财产会涉及共同共有的适用。《民法典》第一千零六十二条规定："夫妻在婚姻关系存续期间所得的下列财产，为夫妻的共同财产，归夫妻共同所有：（一）工资、奖金、劳务报酬；（二）生产、经营、投资的收益；（三）知识产权的收益；（四）继承或者受赠的财产，但是本法第一千零六十三条第三项规定的除外；（五）其他应当归共同所有的财产。夫妻对共同财产，有平等的处理权。"

即使是一方所有的房产，在婚姻关系中，一方也不得以行使所有权为由要求另一方搬离，因为夫妻之间有相互扶助的法律义务。

4. 对人格权请求权的影响。

夫妻之间共同生活，本应相互支持和包容，其人格权请求权自不同于陌生人之间。家长的教育权和孩子的人格权之间亦有协调的问题。

5. 对侵权责任影响。

夫妻关系、亲子关系影响他们之间诉讼时效的计算。未成年人和他人的侵权纠纷，产生法定代理人的责任等。

《民法典》第一百九十条规定："无民事行为能力人或者限制民事行为能力

人对其法定代理人的请求权的诉讼时效期间，自该法定代理终止之日起计算。”

《民法典》第一千一百八十八条规定：“无民事行为能力人、限制民事行为能力人造成他人损害的，由监护人承担侵权责任。监护人尽到监护职责的，可以减轻其侵权责任。有财产的无民事行为能力人、限制民事行为能力人造成他人损害的，从本人财产中支付赔偿费用；不足部分，由监护人赔偿。”

离婚时无过错方请求损害赔偿可以适用《民法典》第一千零九十一条，自然优于侵权责任编关于一般过错损害赔偿的规定予以适用。并且，婚姻关系影响夫妻间的损害赔偿。《婚姻家庭编解释一》第八十七条第三款规定：“在婚姻关系存续期间，当事人不起诉离婚而单独依据民法典第一千零九十一条提起损害赔偿请求的，人民法院不予受理。”

（三）合同请求权

基于私法自治原则，在财产行为方面当事人享有更广泛和更充分的自由，当事人之间的利益状态由当事人自己决定。所以，在处理当事人之间纠纷时，首先应考虑当事人之间是否有相关的约定，是否存在因合同而产生的请求权。

优先于无因管理的理由：无因管理成立的条件之一就是“没有法定的或者约定的义务”，在成立无因管理之前，首先应确定没有合同关系的存在。如果管理人和本人之间事先存在着合同关系，管理人是依照约定管理他人的事务，则管理人负有管理的义务，不构成无因管理。在成立无因管理之后，如果对相关事项已有约定，也就转化为合同上的请求权。

优先于物权请求权的理由：物权请求权是指物权人在其物被侵害或有可能遭受侵害时，有权请求恢复物权的圆满状态或防止侵害。如果当事人间存在合同关系，则可能使这种侵害和不圆满状态正当化。比如，质权合同的存在使得占有成为有权占有，地役权合同的存在使得对供役地的限制和妨碍正当化。如果物权受到侵害之后形成赔偿合同，则转化为合同上的请求权。

优于占有请求权考察：其理由和优于物权请求权的理由相同。《民法典》第四百五十八条规定：“基于合同关系等产生的占有，有关不动产或者动产的使用、收益、违约责任等，按照合同约定；合同没有约定或者约定不明确的，依照有关法律规定。”占有如基于合同关系就排除了无权占有，从而不适用占有保护请求权。

优先于人格权等考察的理由和物权请求权差不多，部分人格权可以根据合同作商业化利用，部分情形下发生对人身的处分，比如器官捐赠、医疗协议等。

优先于侵权行为损害赔偿请求权的理由：侵权成立之前，有效的免责条款可以免除侵权责任的成立，当然，造成对方人身伤害的、因故意或者重大过失造成对方财产损失的免责条款无效。侵权成立之后，如果达成侵权损害赔偿的协议则有考虑合同之债的必要。合同请求权中的违约损害赔偿请求权采用严格责任标准，不用证明过错，且有违约金、定金条款的适用，较能保护受损害方的利益。另外，在有些无偿合同的场合，存在减轻当事人责任的情形，应先于一般过错的侵权责任考察。比如，保管期内，因保管人保管不善造成保管物毁损、灭失，无偿保管人证明自己没有故意或者重大过失的，不承担赔偿责任。（第八百九十七条）无偿的委托合同，因受托人的故意或者重大过失造成委托人损失的，委托人可以请求赔偿损失。（第九百二十九条）赠与人故意不告知瑕疵或者保证无瑕疵，造成受赠人损失的，应当承担赔偿责任。（第六百六十二条）

优先于不当得利的理由：给付型不当得利旨在调整失败的交易，合同的效力的考察是其前提问题。合同关系也可能构成得利的原因。不当得利成立之后，也可转化为合同之债。

（四）类合同请求权

紧接着考察的是与缔结合同相关，但并非以合同有效为前提而产生的一系列请求权，另外还有与合同一样属于财产行为的单方、多方法律行为而产生的请求权，总称为类合同请求权。这些请求权主要有：

1. 基于缔约过失的请求权。

2. 基于无权代理的请求权。

3. 合同无效、被撤销的请求权。

4. 基于其他单方、多方法律行为的请求权。

缔约过失请求权，无权代理请求权，合同无效、被撤销的返还财产请求权等不以合同有效为前提，但是或多或少与合同有关，或者发生在合同订立过程中，或与缔约有关，或因缔约受损，在合同请求权之后考察比较适合。况且在缔约过程中，双方之间基于诚实信用产生的注意、照顾义务自然高于一般人之间的无因管理、侵权责任、不当得利等。

其他单方、多方法律行为因为同属财产行为，并且种类较少，没有单独列为一大类的必要，所以在类合同请求权部分考察。

（五）无因管理

无因管理，指没有法定的或者约定的义务，为避免他人利益受损失而管理他人事务。一方面，社会的存在需要人与人之间互帮互助，鼓励管理人的利他行为；另一方面，本人自己的事务应由自己处理，免受他人无端干扰。法律为此创立了无因管理制度，平衡此种状态下的管理人和本人利益。

后于特别法、身份法、合同等请求权进行考察，主要是因为特别法、身份法、合同等常常产生法定或者约定的义务，可能排除无因管理的适用。

优先于物权请求权、侵权行为考察的理由：无因管理是一种合法行为，一旦无因管理能够成立，具有违法阻却性，虽然有一定程度的妨害、危险、侵害，也不承担责任，不应当适用其他请求权。但对于因故意、重大过失造成的损失，还是要承担损害赔偿责任。所有物返还请求权需要占有人属于无权占有，无因管理也可能产生占有权，从而应优先考察。

优先于不当得利考察的理由：对于管理人而言，成立无因管理，为他人利益进行管理，本身是一种合法行为，虽获得利益也并非自己所有，排除了不当得利的适用。对本人而言，无因管理即是获得此利益之法律上的理由，也没有不当得利的适用。

另外，先行考虑无因管理也契合社会主义和谐、友善的核心价值观，让团结互助成为最优解，尽最大的善意去理解别人。不能使类似于彭宇案的恶果再结，"如果一个人主动去扶助被撞倒之人，那么这个人最有可能是撞人的人……不撞人，就不会去扶人"，与此类似的思维就是"不为自己利益，就不会管理他人事务，管理他人事务，就是为了自己利益"。由无因管理推出侵权，这种坏人推定的逻辑和人性本恶的思维对于社会风气的危害极大，与社会主义核心价值观相违背。

按照笔者的理解，对他人事务的无因管理应该是享有善意推定的，除非有相反的证据，这样才能免除助人为乐需要自证清白的困境。从民法具体实践来讲，就是首先从无因管理的角度考察，而非动辄冠以侵权之名，养成好诉缠诉之风。《美国联邦证据规则》有相类似的规定，规则第四百零九条规定（提议支付医疗费用与类似费用）：关于给予、承诺支付或者提议支付因伤害而引起的医疗、住院或者类似费用的证据，不得用来证明对该伤害负有责任。就像农夫和蛇的故事，不应该把农夫救蛇的举动作为农夫对蛇负有法律责任的证据，客观上帮助他人的行为不应推定为先前具有侵权行为。

（六）物权请求权

物是人类生存于世不可或缺的物质基础，物权是一种绝对权、对世权，大体上可以说是一种目的性的权利，以直接支配其物满足人类的生产生活需要为目的，不像债权是一种手段性的权利，具有死亡的基因，一经实现，即告消灭。作为支配权、绝对权，物权的实现一般不需假手他人。他人所应做的，就是尊重物权，不得妨害或威胁物权人行使物权。当这种不作为义务被违反时，民法创设了物权请求权，包括三种：返还原物请求权、排除妨害请求权、消除危险请求权，具体规定在《民法典》第二百三十五条、第二百三十六条。

在物权受到侵害的情况下，首先应当采用物权请求权对物权进行保护。这是因为物权的请求权具有优先于债权的效力。如在破产程序中，所有人对其物享有取回权，此种取回权实际上是由所有物返还请求权而派生的，当然应优先于一般债权而受到保护。其次，请求停止侵害、排除妨碍、消除危险，不动产物权和登记的动产物权的权利人请求返还财产不适用诉讼时效的规定。再次，物权请求权在构成要件上不需要证明被请求方的过错，较之于侵权请求权更有利于保护受害人，因此原则上物权请求权应当优先于侵权请求权而适用。

返还原物请求权优于占有返还请求权是因为占有保护请求权是一种比较特别的对私力禁止的暂时性保护，并不终局地确定权利归属，只是给予私力侵夺占有的一种否定性评价，让侵夺人将占有物返还给原占有人，原占有人是否有权利占有，则在所不问。

另外，优先考虑物权请求权，也是因为物权变动是侵权及不当得利请求权的前提条件。在侵权责任中，需考察是否造成对所有权的损害。在不当得利中，如果按照物权行为无因性理论，物权变动没有效力瑕疵的话，则只能行使不当得利请求权。在物权有因性理论下，既可以行使占有的不当得利请求权，又可以行使所有物返还请求权。

（七）占有保护请求权

占有是一种人对于物管领控制的事实，是事实而非权利。占有是一种状态，被称为权利的外衣，穿着这层外衣就受法律的保护，即使非法占有也受合法保护，任何人不能用私力把这层外衣脱下，否则就陷入一切人对一切人的战争。我国《民法典》对占有保护请求权进行了详细规定，包括占有返还请求权、占有妨害排除请求权等。

占有关系的考察对不当得利请求权和侵权责任也有影响。是否成立占有影响不当得利返还中占有利益的要件考察。根据《民法典》第四百五十九条规定，占有人因使用占有的不动产或者动产，致使该不动产或者动产受到损害的，恶意占有人应当承担赔偿责任。相应的，善意占有人不承担该赔偿责任。该条规定优先于侵权责任的规定进行适用。

（八）人格权请求权

我国《民法典》单设了人格权编，突出对人格权的保护，“从根本上克服了传统民法典‘重物轻人’的体系缺陷。传统大陆法系国家的民法典，从1804年的《法国民法典》开始，特别是《德国民法典》的五编制，一直存在一个重大的体系缺陷——‘重物轻人’。传统民法调整的主要是两大关系，第一大关系是财产关系，财产关系已经在分则里表现为物权、合同债权。第二大关系就是人身关系，人身关系其实分为两大部分，一是人格权，二是身份关系。身份关系在传统大陆法国家民法典里，都分别规定在婚姻家庭和继承制度里。但是大陆法国家一直没有对人格权作出单独规定，在分则里没有任何反映，这是一个重大缺陷。所以我国《民法典》规定独立成编的人格权，正好弥补了大陆法国家体系传统上存在的缺陷”①。

人格权请求权成为单独一类请求权，放在物权请求权和占有之后，主要是考虑它和物权请求权同为绝对权请求权，有其相似性。

（九）侵权责任请求权

侵权责任请求权并不构成其他请求权的前提，可以靠后考察。另外，身份权请求权、物权请求权、人格权请求权都是绝对权请求权，侧重恢复绝对权的圆满状态，进行事前预防和事中救济，侵权责任损害赔偿侧重造成损害后进行事后救济。对于绝对权的保护来讲，应该优先考虑前者。

优于不当得利考察主要是因为可以较好地保护受侵害者的利益：侵害人身权时可以主张精神损害赔偿，不以现存利益为限，赔偿的范围较广。

（十）不当得利

不当得利在最后考虑，是因为不当得利具有兜底的性质，旨在矫正不具有正当性（无法律上原因）的财产利益变动。不当得利制度中的无法律上原因，需要结合前面有关联的法律制度进行解释，比如公司法、票据法等特别私法，人身权、合同、物权、无因管理、侵权等制度。可以说不当得利制度是财产法体系的反射体，其他制度构成法律上的原因，不当得利规制无法律上原因的利益变动。欠缺给付目的的给付型不当得利和合同法律制度相关联，侵害权益型不当得利和侵权责任相关联，支出费用型不当得利和无因管理相关联，可以说，不当得利是所有利益状况最终的平衡器，以法律上的原因这个要件作为控制阀，理解和适用

① 王利明：《民法典人格权编的立法亮点、特色与适用》，载《法律适用》2020年第17期。

不当得利需要较深的体系化思维。

“原则上应依上列次序，通盘检讨各项请求权基础，切勿单凭直觉任意寻找请求权基础而作答，其主要理由有三：1. 可以藉此养成邃密深刻的思考。2. 可以避免遗漏。3. 可以确实维护当事人之利益。因为各个请求权的构成要件、时效，举证责任及法律效果，多有不同，主张何者，关系至巨。”①

在众多的、散乱的法律素材中寻找请求权，颇有点类似眼科医院验光配镜的过程，各种请求权基础的体系犹如按照一定顺序排列的镜片，根据争议点的指向，提出尝试性的法律镜片，回顾到事实中去，看看是否妥帖，然后再换另一副镜片。所不同的是，事实不会说话，配镜者和试镜者是同一人，这就要求律师具有较强的自我审查能力，避免浅尝辄止。每一类请求权的构成要件，保护的方式、赔偿范围，举证责任分配、举证的难易等都不相同，不同的请求权基础对当事人的权利义务影响很大。每一大类下又有若干具体的请求权。作为一个法律从业者，可能并不需要背诵民法典的具体法条，但是却需要熟练掌握请求权基础的各种类型，每种类型具有什么特征、有多少种层次，都要一一区分清楚，运用时才能真正做到“对号入座”。只有在考察所有可能的请求权基础之后，才能进行详细的利弊分析，提出最优、次优等方案。

第五节　法律关系具体化

王泽鉴先生曾对寻找请求权基础的重要性作出论述：“每一个学习法律的人，自始即应确实培养探寻请求权基础的能力。处理法律问题必须明确指出支持某项请求权的法律规范。在未寻获请求权基础前，尚不能开始解答。绝不能以概括笼统用语（如依民法之规定、依侵权行为法则），来掩饰不清楚法律思维过程。惟有如此，始能养成严谨细密的法律思维方法，亦惟有如此，始能维护法律适用的合理性、可预见性和安定性。”②

寻找具体的法律依据，也就是寻找具体明确的请求权基础，这是处理实务问

① 王泽鉴：《法律思维与案例研习：请求权基础理论体系》，台北元照出版公司 2019 年版，第 79 页。

② 王泽鉴：《法律思维与案例研习：请求权基础理论体系》，台北元照出版公司 2019 年版，第 47 页。

题的核心。开篇引述王泽鉴先生的论述，虽是针对案例解题，对于实务也是如此。找到具体明确的请求权基础，其后续的分析和准备工作就具有更强的针对性，更容易获得支持。

确定请求权基础的类型之后，有些请求权的具体法律依据就相对容易确定了，比如无因管理的请求权、不当得利的请求权、物权请求权等。但是对于合同、侵权等案件来说，我们才只是进入了合同编、侵权责任编的领域，还需要很多的工作才能实现法律关系的具体化，寻找到可能适合于案件的请求权基础。在此过程中，可能遇到如下问题①：

1. 请求权基础具有哪些特点，怎样才算一个请求权基础？

2. 应当去哪里找请求权基础，哪些文件具有拘束力，可以作为裁判依据？这就涉及法的渊源问题。

3. 找到多个法条怎么办？这就涉及运用法条竞合理论，解决多个法条之间的冲突的问题。

4. 找到的法条含义不明确怎么办？

5. 找不到可以直接适用的法条怎么办？这就涉及漏洞填补和法的续造等理论。

一、何为法律关系的具体化

法律关系分析方法更适合于找法，全面厘清当事人之间的权利义务关系，请求权基础方法更适合精细分析和运用。因为即使是买卖合同这样细分的法律关系，也是一个复合法律关系，涉及两方不同的义务。但对于请求权基础，一个义务对应一个请求权基础，涉及霍菲尔德所谓的元法律关系。而且，请求权基础方法和诉讼标的理论、证明责任理论相衔接，更适用于诉讼实务。

王泽鉴先生虽未明确提出，但在具体使用中也指出了这种区别。根据王泽鉴先生的表述，谈法律关系如何比较概括，只有具体到某一请求权基础涉及某一义务，才是具体的法律问题。本书也在明确请求权基础这个意义上使用法律关系的具体化。“实例所提出的多为具体问题，如‘甲得否依不当得利规定请求乙返还A书？’‘甲依无因管理规定向乙请求返还其支出的费用，有无理由？’‘甲得否依侵权行为规定向乙请求损害赔偿？’在此情形，应对所提出的问题作答，乃属当然。须注意的是，所提出的问题有为‘概括’的，如‘甲与乙间的法律关系

① 舒国滢、王夏昊、雷磊：《法学方法论》，中国政法大学出版社2018年版，第215~220页。

如何？'‘当事人间的法律关系如何？'此类案例具有重要功能，即在训练或测验考生‘就案例事实，将问题予以具体化’的能力。”①

二、找什么——识别请求权基础

判断一项规范是否属于请求权基础，切入点是法律效果而非构成要件，如果某一规范指向特定主体之间的特定义务，则可能构成一项请求权基础。

1. 请求权基础是关于义务的规定。

请求权基础就是关于在什么条件下产生什么法律义务的规定。“这些法条具有如下结构：‘如果存在构成要件前提 x，那么 A 可以向 B 要求行为 Y’。我们可以将这种思想表述为授予权利或科处义务：‘A 有权向 B 要求 Y’与‘B 有义务向 A 给付 Y’相对应。在此，人们称其为请求权基础。”② 完全的请求权基础需要具备条件事实（T）和法律效果（R）两个基本要素。

一是条件事实（事实构成/假定），指主体间权利义务发生效力的条件及其构成。（假定）主要包括：时间、空间、主体资格、行为特征、自然事件等。

二是法律效果（当为规定），是关于特定条件下的义务的规定。

围绕请求权基础，关于义务的产生、障碍、消灭、阻止，就构成了一个应然的规范体系。所有权的法律意义在于，人们不得抢夺、破坏或损毁属于他人的物，也就是其他人对所有人负有的不作为的义务。合同债权的法律意义在于，对于双方有效缔结的合同，一方有负责履行的义务。侵权的法律意义在于，因过错损害对方人身财产权益的，一方因此负有赔偿对方的义务。

2. 该义务指向特定的主体，而不是不特定的主体。

关于绝对权效力的规定并不能成为请求权基础，因为其并没有指向特定的主体，而是指向不特定主体的不作为义务。

《民法典》第二百零七条规定：“国家、集体、私人的物权和其他权利人的物权受法律平等保护，任何组织或者个人不得侵犯。”该条只是宣称物权作为绝对权，其他人负有的不作为的义务，是对不特定的人而言的，不能作为请求权基础。能作为请求权基础的则是受到侵害的侵权责任编的相关规定以及物权请求权。比如，《民法典》第二百三十六条规定：“妨害物权或者可能妨害物权的，权利人可以请求排除妨害或者消除危险。”

---

① 王泽鉴：《法律思维与案例研习：请求权基础理论体系》，台北元照出版公司 2019 年版，第 122 页。

② ［德］罗尔夫·旺克：《法律解释》，蒋毅、季红明译，北京大学出版社 2020 年版，第 11 页。

3. 该义务指向特定的义务，而不仅仅只是一种法律效果。

比如，《民法典》第二百二十四条规定："动产物权的设立和转让，自交付时发生效力，但是法律另有规定的除外。"该条只是规定所有权何时移转，并不涉及特定人应当履行的特定的义务，所以并不能作为请求权基础。与此相反，《民法典》第五百九十八条规定："出卖人应当履行向买受人交付标的物或者交付提取标的物的单证，并转移标的物所有权的义务。"该条就可以作为相关的请求权基础。

4. 该权利义务指向特定的主体。

民事权利义务发生在特定的民事主体之间，该权利义务的双方都必须确定、具体，不同于刑法、行政法，国家以公共利益维护者身份参与法律关系。比如，聚众淫乱作为一种犯罪，由国家机关提起公诉。虽然民法上也强调个人的行为不能违背公序良俗，但是如果该义务并未体现在具体双方的民事交往中从而损害特定主体权益的，则不能构成一方请求民事救济的请求权基础。

5. 构成请求权基础的核心法条具有条件和结果的连接关系。

只规定条件或结果的是辅助性法条或补充性法条。这种连接可能是完整的构成要件与法律效果的连接，也可以是简化构成要件或简化法律效果。

《民法典》第九百九十四条规定："死者的姓名、肖像、名誉、荣誉、隐私、遗体等受到侵害的，其配偶、子女、父母有权依法请求行为人承担民事责任；死者没有配偶、子女且父母已经死亡的，其他近亲属有权依法请求行为人承担民事责任。"该条是关于请求权主体的规定，不能作为单独的请求权基础。

《民法典》第五百八十四条规定："当事人一方不履行合同义务或者履行合同义务不符合约定，造成对方损失的，损失赔偿额应当相当于因违约所造成的损失，包括合同履行后可以获得的利益；但是，不得超过违约一方订立合同时预见到或者应当预见到的因违约可能造成的损失。"该条是关于损害赔偿的范围的补充性规定，也不属于请求权基础。

《民法典》第六百二十六条规定："买受人应当按照约定的数额和支付方式支付价款。对价款的数额和支付方式没有约定或者约定不明确的，适用本法第五百一十条、第五百一十一条第二项和第五项的规定。"这个就属于请求权基础，但是直接用买受人代替了其他的构成要件（买卖合同成立且生效）。

6. 可能采取权利的表达方式，也可能采取义务的表达方式。

由于请求权和义务是对应物，请求权基础可能采取权利的表达方式，也可能采取义务的表达方式。《民法典》第四百六十条规定："不动产或者动产被占有人占有的，权利人可以请求返还原物及其孳息；但是，应当支付善意占有人因维护该不动产或者动产支出的必要费用。”

这一法条前半段用权利视角表述，“权利人可以请求返还原物及其孳息”，规定了返还原物请求权；后半段用义务视角表述，“应当支付善意占有人因维护该不动产或者动产支出的必要费用”，规定了善意占有人的必要费用请求权。

权利视角的表达方式和义务视角的表达方式都体现了请求权的某一个侧面，结合起来考察才能揭示请求权的本质。从权利视角看，权利人“有权”“可以”体现了权利人的意思自治和处分自由。权利人既可以选择行使，也可以选择不行使。从义务视角看，义务人则没有这种选择的自由，其“应当”履行这样的作为或不作为的义务。从这个角度讲，请求权就是在法律强制力加持下权利主体意志及支配的扩张，有限地扩张至他人的行为。由此延伸，也能进一步理解变动权的本质，私法上的权利和主体意志相关。单方法律行为按照单方意思发生法律效果，总是要追问按照单方意思产生法律效果的正当性。法律效果的正当性来自变动权，有变动权即按其意思产生法律效果，无变动权则不能按其意思产生法律效果。

7. 理解“应当”的各种用法。

义务是一种应为的规定，法条中多采用“应当”这样的语句，但是采用“应当”这个词语的法条并不都是在表达一种义务，需要认真加以区分。

（1）作为价值宣示的“应当”。《民法典》第一千零四十三条规定：“家庭应当树立优良家风，弘扬家庭美德，重视家庭文明建设。夫妻应当互相忠实，互相尊重，互相关爱；家庭成员应当敬老爱幼，互相帮助，维护平等、和睦、文明的婚姻家庭关系。”

（2）作为操作指南、条件规定、程序性规定的“应当”。《民法典》第四百二十七条第一款规定：“设立质权，当事人应当采用书面形式订立质押合同。”

《民法典》第一千零四十九条规定：“要求结婚的男女双方应当亲自到婚姻登记机关申请结婚登记。符合本法规定的，予以登记，发给结婚证。完成结婚登记，即确立婚姻关系。未办理结婚登记的，应当补办登记。”

（3）作为请求权义务的“应当”。《民法典》第五百七十七条规定：“当事人一方不履行合同义务或者履行合同义务不符合约定的，应当承担继续履行、采取补救措施或者赔偿损失等违约责任。”

只有规定某一方可以要求另一方为某种作为或不作为的要求语句才是请求权基础。

8. 合同可以作为请求权基础。

双方签订的合同自可以作为确定双方权利义务的依据，也就是作为一方向另一方有所请求的请求权基础，这本是合同的应有之义，否则合同双方何必字斟句酌合同条款，直接由合同法来调整就好了。但这在实务中也有不同声音，北京市第一中级人民法院在一份裁定中写道："本院认为，请求权基础并非法律明确规定的法律概念，仅为学说术语，通说认为请求权基础系指一方当事人得向他方当事人有所主张的法律规范。一审法院认定翟某欣提起本案诉讼的请求权基础系 9 月 13 日协议，该表述确实与通说存在差异，不够严谨，但尚不足以就此认定一审法院适用法律错误，且根据一审裁定的上下文，其所称的'请求权基础'应理解为翟某欣提起本案诉讼的事实依据系 9 月 13 日协议。"① 这份裁定有两个可商榷之处，首先，当事人签订的协议可以作为请求权基础。其次，请求权基础不是指整个协议本身，而是支持一方请求的协议中的某个条款。

9. 请求权基础不等于法律依据。

近几年，请求权基础成为热门词，不少法律文书中使用该词增强论证，但并没有在其正确的意义上使用，而是简单地将其等同于"法律依据"。

北京知识产权法院在（2017）京 73 民终 821 号判决中写道："请求权基础是指一方当事人向他方当事人提出主张所依据的法律规范。请求权基础不同，判断主张是否可以得到支持涉及的要件事实即不同。我国《合同法》规定了解除合同的三种方式：合意解除、约定解除和法定解除。依据不同的法律规范解除合同，适用的要件不同。解除合同的请求权基础的适用，决定着合同解除的条件是否成立的判定……"② 该判决中对请求权基础的定义和作用的表述是正确的，但在后面的论述中却转到了形成权的规范方面，是广义的"请求的基础""请求的法律依据"，却并非请求权基础。

北京市第二中级人民法院在（2016）京 02 民终 3636 号判决中写道："本院认为：某公司要求确认《补充协议》无效，在起诉时以合法形式掩盖非法目的和恶意串通为请求权基础，在一审庭审中又变更为以无权代理为请求权基础。本院以其变更后的请求权基础为依据审查相关要件事实。"③ 该判决也将请求权基础等同于法律依据。

---

① 陈某军等与翟某欣股权转让纠纷民事裁定书。

② 北京某联盟教育科技有限公司、惠州市某文化传播有限公司特许经营合同纠纷二审民事判决书。

③ 北京某旧机动车经纪有限公司与北京市某交易市场有限公司确认合同无效纠纷二审民事判决书。

10. 参引性规定不能作为请求权基础。

《民法典》第二百三十七条规定："造成不动产或者动产毁损的，权利人可以依法请求修理、重作、更换或者恢复原状。"第二百三十八条规定："侵害物权，造成权利人损害的，权利人可以依法请求损害赔偿，也可以依法请求承担其他民事责任。"这两个条文都属于参引性、提示性规定，在适用时需要找到其"依法"所援引的其他法条，比如第一千一百六十五条："行为人因过错侵害他人民事权益造成损害的，应当承担侵权责任。依照法律规定推定行为人有过错，其不能证明自己没有过错的，应当承担侵权责任。"

《民法典》第一千一百八十六条规定："受害人和行为人对损害的发生都没有过错的，依照法律的规定由双方分担损失。"在以前的实务操作中，该条存在被滥用的风险，相比原《侵权责任法》的相关规定，《民法典》增加了"依照法律的规定"的限制，也就是说，该条只是提示性、参引性的条款，并不能作为要求分担损失的请求权基础，还需要找到相应的具体规定。比如，要求紧急避险人给予适当补偿应该适用《民法典》第一百八十二条第二款："危险由自然原因引起的，紧急避险人不承担民事责任，可以给予适当补偿。"

三、去哪里找——法律的渊源

（一）民法效力的金字塔

在民法适用的过程中，我们要区分民法效力的金字塔和民法适用的金字塔。

发生民事纠纷之后，我们应当去哪里寻找作为裁判基准的法律规范的问题，就是法的渊源问题。宪法、法律、行政法规、司法解释、地方性法规或者自治条例和单行条例，效力逐层递减。

1. 宪法。

宪法是国家的根本大法，具有最高的法律效力，是民事立法的根据，不是作为"民法表现形式"的渊源。宪法不能直接引用作为民事案件的依据，但根据"基本权利对第三人间接效力说"，宪法中有关基本权利的规定，可通过民法的基本原则或者其他概括性条款作为"桥梁"，对民事法律关系发生效力。[①]

2. 民事法律。

主要指全国人大及其常委会制定颁布的民事方面的规范性文件，主要有《民法典》以及知识产权、公司证券等民商事特别法。有关行政法或经济法也有关于

① 魏振瀛：《民法》，北京大学出版社、高等教育出版社2016年版，第14页。

民法规范的内容，比如城市房地产管理法中关于土地使用权的规定。

3. 民事法规。

法规，包括行政法规与地方性法规。行政法规并不当然属于民法法源，只有在法律明文规定以行政法规作为民事关系依据的情形，以及国务院依照《立法法》授权专门制定行政法规规定民事关系的情形（授权立法），行政法规才能成为民法法源。这种限制有助于防止部门利益、地方利益对民事法制的侵蚀，有助于深化改革开放，减少国家干预。①

4. 有权解释。

包括立法解释和司法解释。全国人大常委会作出的立法解释，与法律具有同等效力。

最高人民法院针对人民法院在审判工作中具体应用法律的问题作出的司法解释，具有法律效力。司法解释具有“解释”“规定”“批复”和“决定”四种形式，数量较多，对弥补法律不足、处理实务问题发挥着重要作用。

5. 习惯法。

大千世界，千姿百态。民事生活，因时因地而异。法律虽然完备，亦有不足。《民法典》第十条规定：“处理民事纠纷，应当依照法律；法律没有规定的，可以适用习惯，但是不得违背公序良俗。”

6. 司法指导性文件与案例。

除司法解释之外，最高人民法院还发布大量的各种意见、通知、会议纪要、答复等文件，此类文件虽非正式的法源，不能作为裁判的依据，但不妨碍在说理部分援引，具有不同程度的事实上拘束力。

（二）民法适用的金字塔

虽然概念法学受到了批判，但其设想的法律的金字塔体系在很多时候发挥着作用。在法律效力的金字塔中，在民法体系的最顶端是《宪法》这个根本大法，接着是《民法典》的规定，再下面是行政法规、司法解释等规定。但下一位阶的法律往往是上一位阶法律的具体化，它们并不主张其在所有方面都予以适用，和上一位阶相冲突，而总是基于能够合理化的理由进行细分的规定。所以，现行实践中，有具体的规定时总是予以适用，而不是基于上位法的一般规定否定下位法的效力。所以，法律适用的金字塔是从下位的具体规定开始。

在法律适用的金字塔中，这个顺序与法律位阶的顺序是倒过来的，在不与上

① 李宇：《民法总则要义》，法律出版社2017年版，第53页。

位法相冲突的情形下，最底层的法律最先适用，底层法律有具体规定的就不能适用上一层的一般的、原则性的规定，避免所谓“向一般法的逃逸”。“从‘法秩序的层级构造’中可得出另一项解释原则：如果一项上位规范通过一项下位规范而被正确地具体化，则应当仅仅适用下位规范（适用最低位阶规范原则）。”[①] 这也是初学民法的人比较容易犯的错误，直接以法感情、诚实信用、公平责任等讨论案件，应注意克服。邹碧华法官对法官中存在的这种现象进行了批判：“还有的法官，一引用法律条文，就引用《民法通则》第 5 条，即诚实信用原则。然而，诚实信用原则，只有在没有具体法律规定作为判决依据的情况下，才可以作为司法价值判断的依据。但根据笔者观察，大部分引用这个条文的案件都是有具体法律条文规定的。那为什么我们的法官习惯于引用这一法律条文呢？从实际情况看，主要还是两个原因，一是不理解基础规范对于我们司法裁判的重要意义，二是不掌握寻找基础规范的方法。相对而言，引用一个原则性法律条文比较方便，可适用案件范围较大。笔者把这个现象叫作‘戴大帽子’。”[②]

法律适用的金字塔：司法解释，行政法规，法律，宪法。制定法之外，根据《民法典》的规定，可适用的还有习惯法，除此之外还有法政策、法理等。

1. 制定法的具体性规定。

如在买卖合同纠纷中，应先查找相关司法解释，再考察《民法典》合同编中买卖合同一章的规定，然后再看合同编第一分编通则的规定，然后是总则编的规定，总则又有一些空白支票式的规定，还要跳出民法，考察相关法律的禁止性规定、关于公序良俗的规定和案例等。

以制定法的具体性规定为基准，还可以进行扩张解释、限缩解释，目的性扩张、目的性限缩、类推等法学方法论上的延伸。

2. 习惯法。

只有制定法没有规定时，才适用习惯法。习惯法应为长期贯行之事实形成法的确信，并且不违背公序良俗。

3. 制定法的原则性规定。

指导性案例、上级法院的判决、宪法的基本权利等都可能通过民法基本原则的形式予以适用。

宪法虽然不能直接司法化，但是宪法关于公民基本权利的规定，确立了一种客观的伦理价值体系，对民法具有间接的第三人效力，如果合同违反了宪法规定

① ［德］罗尔夫·旺克：《法律解释》，蒋毅、季红明译，北京大学出版社 2020 年版，第 104 页。
② 邹碧华：《要件审判九步法》，法律出版社 2010 年版，第 73 页。

的基本权利的，可以援引《民法典》第一百五十三条关于“违反法律、行政法规的强制性规定的民事法律行为无效。但是，该强制性规定不导致该民事法律行为无效的除外”的规定。

4. 法理和学说。

即使没有制定法和习惯法，法官一般也不会直接依据法理和学说判案，一般会从民法的基本原则入手，援引相关理论和学说进行论证。这一点从瑞士民法的适用就能很好地说明。瑞士民法典第一条规定了法无规定时“法官造法”，但百余年来，从未有一位法官援引条文宣布自己造法。一个合理的解释是，瑞士法官一直在对事实进行精心的剪裁，使得每一个判决都显得具有制定法的依据。[①]

比如，我国《民法典》第一千一百六十五条第一款规定：“行为人因过错侵害他人民事权益造成损害的，应当承担侵权责任。”其中，“‘侵害行为’‘因果关系’‘过错’三项要件的辅助规范却无法借助法律文本探知，法官又有说理义务，就必须诉诸学理与判例。学理与判例虽不拘束法官，却可为其提供论理依据。”[②]

四、怎么找——民法典的编撰技术与法律适用

（一）提取公因式

只有了解了民法典的编撰技术及其背后的逻辑，才能正确而高效地运用民法典。我国民法典也吸收借鉴了德国民法典概念体系的划分理念，物权和债权的区分，所有权、用益物权、担保物权的区分，尤其是民法典的总则部分都是以这种概念体系为基础的。但这种概念体系的划分并未完全贯彻，有些是以被规制的生活领域的区分为基础的。比如，婚姻家庭编、继承编等又是以被规制的生活领域来区分的。这种编撰方式，对于找法的过程有重要影响。“权利及法律行为的体系构成有如金字塔，愈接近上层部分的，愈为抽象，适用范围愈广。愈接近下层部分的，愈为具体，适用范围愈狭。民法的规定虽由抽象到具体，但处理具体案例时，须反其道而行之，由具体到抽象。”[③]“要寻找一个具体问题的法律规定，往往要瞻前顾后，同时查阅许多地方”，“在查阅法典时，要按从后向前的顺序进行，因为后面的特殊规定排除前面的一般规定的适用。换言之，只有在后面无

---

① 舒国滢、王夏昊、雷磊：《法学方法论》，中国政法大学出版社2018年版，第277页。

② 吴香香：《请求权基础思维及其对手》，载《南京大学学报》2020年第2期。

③ 王泽鉴：《法律思维与案例研习：请求权基础理论体系》，台北元照出版公司2019年版，第60页。

法找到特殊规定的情况下，才能适用前面的一般规定。”①

以房屋买卖合同为例，先寻找特殊规定，再寻找一般规定。

1. 首先寻找比一般买卖合同更为特殊的规定，如《最高人民法院关于审理商品房买卖合同纠纷案件适用法律若干问题的解释》。

2. 其次适用《民法典》中买卖合同章的规定。

3. 再次适用合同编通则的规定。

4. 最后适用民法典总则编关于法律行为的规定。

法律适用的操作有点类似于生产组织技术中的“模块化”生产。比如一个高明的裁缝，他是将材料按照不同的功能进行分类，能做衣领的放在一起，能做袖子的放在一起，能做裙边的放在一起，每到顾客来临，他会根据顾客的身材、喜好、交际的场合量体裁衣，将不同功能材料裁剪成适合顾客的衣服。这样分类组织的好处是充分利用资源，提高效率，以有限材料形成无限组合尽可能满足顾客方方面面的需求。事实上，法典也是高度抽象之后按照模块化进行组织的，以有限的条文尽可能规制无限可能之现实生活。把关于主体的内容规定在一起，把关于法律关系的内容规定在一起，把引起法律关系变动的主要内容即法律行为规定在一起。而在一个具体案件中，是需要把主体、客体、内容全部整合在一起考虑的，这就像做衣服把领子、袖子、裙边整合在一起一样。但是对于初学者来讲，这就造成了一些困扰和适用上的障碍，我们拿着一堆布料告诉他这块是做领子的，这块是做袖子的，这块是做裙边的，假使他没有了解量体裁衣的过程，没有实践过根据顾客需要制作一件合身的衣服，是无论如何也不会理解这种组织的科学性和高效性的。

裁缝的脑海中存在衣服的模型才能很好地量体裁衣。律师的脑海中存在每个请求权的效果轴才能很好地根据个案适用法律。这就需要在实践中不断地琢磨体会，穿梭于抽象的功能组合与个性的现实需要之间。

综合前面的论述，法律的制定遵守从一般到特殊的思路，法律的适用却遵守从特殊到一般的思路。

（二）打开公因式

“立法者通常在积木原则的意义上对普遍性条款‘提取公因式’。所以，您必须在各特别规范中予以援引。”② 关于违约责任的构成要件是“当事人一方不

① ［德］迪特尔·梅迪库斯：《德国民法总论》，邵建东译，法律出版社2013年版，第34页。

② ［德］罗尔夫·旺克：《法律解释》，蒋毅、季红明译，北京大学出版社2020年版，第40页。

履行合同义务或者履行合同义务不符合约定的”，这个就是从各章提取出来的“公因式”，规定为合同编第一分编通则部分，在具体适用时，就需要结合各典型合同和无名合同的具体规定来确定合同义务。而“合同义务”这个表述隐含着一个没有表达出来的要件，也就是“合同已经成立并且生效”。而合同成立的考察又可能引向总则编关于法律行为的规定。

（三）寻找联系最密切的法条

在确定请求权的具体内容后，还需要进一步确定是哪一类具体的请求权。要结合具体案情，对法律关系进行进一步的分类，以便查找与案件联系最密切的法律规则。越是具体的法律规则，与案件事实的关联性越高，作为大前提适用法律的准确性就越高。

法条的结构包括构成要件和结果。构成要件又可以细分为数个特征点。联系最密切的法条就是具有法律意义的事实点和构成要件最相匹配，当事人的利益争锋（还款、赔偿、返还原物）与法律效果最相匹配的法条。而从法典的体系化来看，实际上就是法律适用的金字塔体系。最具体的、最底层的很可能是联系最密切的法条。这是因为具体规定更加符合案件的情况，更加准确地反映了立法者的意图，所以这种特殊法应该优先于一般法而得到适用。[①]

如果是合同关系，究竟是有名合同还是无名合同，若属于有名合同，究竟是买卖合同还是委托合同。物权请求权之下到底是哪一种请求权。涉及物权的，到底是所有权、用益物权还是担保物权，抑或是单纯的占有关系。如果是所有权，还要进一步细分是单独所有权、共有还是建筑物区分所有权。侵权纠纷，到底是无过责任、过错推定责任，还是一般过错责任。这样的分析是逐渐深入、逐渐具体的过程。

法律适用过程中，应通过把握事实之间的区别点，逐步推进法律分析。比如，谈到擅自出卖的问题，那么作为法律人来讲，就应该敏锐地把握到出卖人是以谁的名义出卖这个关键点，因为以出卖人自己的名义涉及无权处分的问题，以所有人名义涉及无权代理的问题。比如，当事人说“把书给我”，这里就需要明确移转的是所有权还是占有这种状态。面对一个 17 岁的当事人对法律行为产生争议时，就需要进一步明确他的收入问题，是否以自己的收入为主要生活来源，关系到他能否被视为完全民事行为能力人，这些都需要进一步收集事实予以

---

① 国家法官学院、德国国际合作机构：《法律适用方法·合同法案例分析方法》，中国法制出版社 2017 年版，第 19 页。

界定。

（四）法律检索

法律资料浩如烟海，检索工具各具特色，遇到法律问题时，从头开始研究显然没有必要，既费时费力，又效果不好。我们要充分发扬拿来主义，善于借用别人的研究来解决我们的问题。知名学者、人民法院、各类机构每天都会更新不少专业类的文章，可以作为检索的参考资料。由于网络上的文章良莠不齐，要注意甄别文章质量，关键资料还要追溯至可信的源头，比如法规直接引用官方版本，案例引用原文等。

检索法律和案例的途径还有：

法规数据库：中国政府法制信息网—法律法规数据库（官方）；无讼、聚法案例、法律图书馆（免费）；北大法宝、威科先行、法信等（收费）。

条文释义或理解：人大法工委的法律释义类图书；最高人民法院的条文理解与适用类图书；最高人民法院的司法解释理解与适用类图书、中国人大网法律释义与问答网页。

案例数据库：中国裁判文书网（官方）；无讼、聚法案例、openlaw（免费）；北大法宝、威科先行、法信等（收费）。

审判书籍：最高人民法院司法观点集成、民事审判指导与参考、商事审判指导、审判监督指导、人民法院案例选等。

综合搜索引擎：搜狗的微信搜索或微信 app 的搜索、百度、谷歌镜像。

专业类文章：知网、万方、维普、百度学术等。

五、找到的法不合适怎么办，找不到法怎么办——法律解释和漏洞填补

诉讼和其他纠纷解决机制的区别就在于诉讼是要求依法裁判，也就是其所寻找的依据是“法”，是一种事前已经以权威性的方式确定下来的一般性规范，并且要能够合乎逻辑地证明结论和依据之间的推导关系。严格依据法律的文本和语词进行裁判体现的是法的安定性和可预测性。

（一）找到法条以后还有差距怎么办

先找出来，下一步进行论证。

（二）找不到相关的法条怎么办

如果找不到直接相关的法条，可以找到现有法条中匹配度最高的法条，从而开启漏洞填补的工作。如果感觉制定法对某一类型的案件没有相关规则，但对在

评价上被视为相同类型的案件却作了相应的规定时，可以考虑适用类推。如果感觉匹配度高的法条规定的文义过宽，而将文义进行一定的限制就可以适用于案件时，可以考虑目的性限缩的操作。

如果没有最相类似的法条，可以检索有无相关权威的案例；没有相关权威的案例时，比较有说服力的是习惯法、交易习惯，然后是民法的基本原则。

（三）类比推理和案例检索

在实务中，经常要用到类比推理去证立一个司法三段论。

类比方法：英美判例法国家法官使用这种方法比较多。其核心是把判例中和正在审理案件中的事实分别找出来，比较和对比相同点与不同点，并进行价值衡量，以确定是否能按照判例的法律规则进行裁判。其基本步骤如下：

第一步，找到相对应的判例（从手头案件初步判断）。

第二步，案例识别，识别出相同点和不同点。

第三步，对相同点和不同点进行价值衡量。

第四步，相同点重要，则援引先例中已经确立的规则；如不同点重要，则放弃该先例，转而寻找其他先例，如找到其他先例，则适用该先例；如不能找到，则创设新先例。①

2020 年 7 月，最高人民法院发布《关于统一法律适用加强类案检索的指导意见（试行）》，对诉讼中律师使用类案检索提供了依据，其中第十条规定："公诉机关、案件当事人及其辩护人、诉讼代理人等提交指导性案例作为控（诉）辩理由的，人民法院应当在裁判文书说理中回应是否参照并说明理由；提交其他类案作为控（诉）辩理由的，人民法院可以通过释明等方式予以回应。"

类案检索可以采用关键词检索、法条关联案件检索、案例关联检索等方法。根据该指导意见，律师案例检索的范围一般包括：1. 最高人民法院发布的指导性案例；2. 最高人民法院发布的典型案例及裁判生效的案件；3. 本省（自治区、直辖市）高级人民法院发布的参考性案例及裁判生效的案件；4. 上一级人民法院及本院裁判生效的案件。除指导性案例外，检索时应该优先检索近三年的案例或者案件，前一顺序案例的说服力高于后一顺位。

① 邹碧华：《要件审判九步法》，法律出版社 2010 年版，第 33 页。

第四章　划分法律要件

须再强调的是，分解请求权基础的构成要件及法律效果，系法律人最基本的能力，涉及法律上的利益衡量及价值判断，不能徒事记忆，须要理解，始能于具体案件加以适用。①

——王泽鉴

我们寻找到一个法律依据后，它可能还不是一个完整的法条，不能直接作为请求权基础。要将一个请求权基础应用于实际案件，还需要分解请求权基础的法律要件，这时候，就面临要件的划分问题，到底某一个要件是请求权基础的要件，还是抗辩规范的要件，这就需要通过证明责任的划分来解决。所以，清楚地划分请求权基础的要件和抗辩规范的要件需要同时考虑证明责任的划分。

这一步是对待检验的请求权基础进行法教义学的分析，主要有两个步骤：首先是按照实体法上案例分析中请求权基础鉴定式的方法，把所有请求权产生、障碍、消灭、阻止等情形尽可能地列明列全，只有对法律有足够的了解，才不会忽略案件中具有法律意义的重要事项。其次是按照法律要件分类说，把前述情形划分成请求和抗辩两大阵营，并明确每个要件的含义。从纸面上来看，好像这一步也没有必要成为九步法中独立的一个步骤，然而从该步骤包含的内容来看，却非常丰富且具有争议，甚至可以说，学生阶段学习的主要内容也就是这些。具体实践中，要件具有什么含义，证明责任又该归于哪方，常常产生争议。错误理解要件的含义和错误划分证明责任也是现实中当事人败诉的主要原因之一。

---

① 王泽鉴：《法律思维与案例研习：请求权基础理论体系》，台北元照出版公司2019年版，第54页。

第一节　法律要件分类说

一、为什么要划分证明责任

根据证据裁判主义，法律的适用取决于事实的证明。在实际的诉讼过程中，法官的自由心证会产生三种结果：一种是确信该事实为真，一种是确信该事实为伪，在这两种情况下，法官按照形成的心证结果进行裁判。但是还有一种可能是真伪不明，在这种情况下，谁应当对事实进行进一步的证明，谁应当承担不能证明的不利后果，这就是证明责任的本质问题。证明责任就是，“如果当事人因没有举证或者虽然提出了证据却未能使法官的心证达到证明标准，特别是当诉讼到了最终阶段案件事实仍然处于真伪不明这种情形时，将会承受的不利风险”①。那么，关键性的问题也随之而来，依据什么样的标准来分配证明责任？

一方面，民事纠纷的特点决定了必须平等、均衡地分配证明责任。刑事和行政诉讼中都有证明责任的问题，但并不像民事诉讼中这么复杂。在刑事诉讼中，本着无罪推定的原则，控诉方承担有罪的证明责任，犯罪嫌疑人不需要自证清白。在行政诉讼中，原则上也需要由作为被告的行政机关证明其作出具体行政行为所依据的事实。② 这两种诉讼都涉及国家和公民之间的隶属关系，为了平衡这种关系，最大限度地保护公民的合法权利，作出这样的安排是妥切的。但是在民事诉讼中，主要处理的是平等主体之间的私的权益。比如，原告请求被告返还借款的案件中，存在借款合意、借款已经交付需要由原告证明。如果被告主张借款已经偿还，从逻辑上讲，请求权没有因偿还而消灭也是原告可以提出请求的前提条件，那么，没有偿还也是需要原告证明的吗？再比如，原告拿出一份合同要求被告履行，那么被告具有行为能力、意思表示真实等足以保障这个合同履行请求权的所有积极条件的存在和消极条件的不存在都需要原告来证明吗？如果这样的话，证明责任显然会成为原告的不能承受之重，原告会因诉累而不再提起诉讼，民事诉讼也会流于空设，保护当事人权益的目的也就无法实现。与之相反，原告承担的证明责任畸轻，也会引起滥诉，对被告也不公平。基于民事诉讼保护权益

① 王亚新、陈杭平、刘君博：《中国民事诉讼法重点讲义》，高等教育出版社 2017 版，第 103 页。

② 江伟：《民事诉讼法学》，高等教育出版社 2016 年版，第 182 页。

的平等性，需要在当事人之间尽可能合理地、均衡地分配证明责任。

另一方面，理性人的假设也为划分证明责任提供了基本遵循。当事人自己是自己利益的最佳判断者，是纠纷的亲历者，最清楚案件的事实，也最有动力和可能收集案件的相关材料。当事人或许不明白法律的规定，但总是会基于本能朴素地表达对相关法律效果的主张，如我已经还钱了（债权因清偿而消灭），一手交钱一手交货（同时履行抗辩权），你说过剩下的利息不用还了（免除），这个合同我本来不想签，你们说的都是假的（欺诈，意思表示不真实）。原告主张权利的，应当对权利发生的要件事实承担证明责任，被告进行抗辩的，应当对权利妨碍、阻止、消灭等事实承担证明责任。“证明责任分配的基本规则由一句话组成：每个当事人为对他有利的法律规范的要件事实承担证明责任。”① 从法律规范的角度讲，一言以蔽之，主张发生某种法律效果的，应当对该构成要件事实承担证明责任。凡主张不发生该法律效果或者发生其他法律效果的，应当对例外规定的事实和其他法律效果相关的构成要件事实承担证明责任。

二、证明责任的划分依据：法律要件分类说

（一）规范说简介

根据许可先生的介绍，罗森贝克的规范说的主要内容可以分为如下五个逻辑顺序井然的命题：

第一，法官适用实体法的前提条件是就要件事实之存在形成确信，除此之外（对要件事实不存在的确信以及真伪不明）不应适用实体法，此即法规不适用原则。

第二，在此一原则下，不应适用的实体法规范是对某一方当事人有利的规范。换言之，当事人应就有利于己的法规所指向之要件事实负担证明责任。

第三，有利抑或不利，应就实体法规范相互之间的逻辑关系决之。主张权利者应就权利根据规定所指向之要件事实负担证明责任，义务人应就权利障碍规定和权利消灭规定所指向之要件事实负担证明责任。

第四，应当从实体法条文的形式构造来区分形成不同法律效果的实体法规范。具体而言，本文部分和原则性规定属于权利根据规定，但书部分和例外规定则属于权利障碍规定。

第五，以上述四个命题为前提，法官在分配证明责任的时候不得斟酌任何实

---

① ［德］奥特马·尧厄尼希：《民事诉讼法》，周翠译，法律出版社2003年版，第269页。

质性考量，正义只存在于实定的实体法中，此即实质性考量排除法则。[①]

为了修正规范说只以规范的条文结构来划分证明责任造成的不公正现象，经过学者的研究，增加了其他的实质性考量因素，包括立法目的、实体法条文之间的体系性联系和整合性、某一构成要件的一般性和特殊性、原则性或例外性以及符合该要件的待证事实的事实样态、待证事实证明的难易等。[②] 但这种考量也是客观的、抽象的、法教义学的考量，而并非个别法官针对具体案件的考量。

（二）我国的实践

《民诉解释》第九十一条确立了证明责任分配的一般规则："人民法院应当依照下列原则确定举证证明责任的承担，但法律另有规定的除外：（一）主张法律关系存在的当事人，应当对产生该法律关系的基本事实承担举证证明责任；（二）主张法律关系变更、消灭或者权利受到妨害的当事人，应当对该法律关系变更、消灭或者权利受到妨害的基本事实承担举证证明责任。"

上述规定采用了大陆法系国家和地区普遍采用的"法律要件分类说"。根据法律要件分类说，法律规范分为两大类：一类是法律关系存在规范，一类是法律关系变更、消灭或者权利受到妨害的规范。主张法律关系存在的当事人，应当对产生该法律关系的基本事实承担举证证明责任；主张法律关系变更、消灭或者权利受到妨害的当事人，应当对该法律关系变更、消灭或者权利受到妨害的基本事实承担举证证明责任。[③]

"根据法律要件分类说中规范说的理论理解举证责任分配一般规则观点，是最高人民法院自《民事诉讼证据规定》以来的一贯立场，也在审判实践中被广为接受。我国民事实体法的规范结构与大陆法系国家的实体法规范结构基本相同，各种法律要件相对明确，区分和适用权利发生规范、限制规范、妨碍规范、消灭规范在司法实践中具备条件。法律要件分类说相对于其他学说，规则上相对清晰、简单，也具有较强的操作性。而法律要件分类说中的一些缺点，如不能很好地兼顾个案公平等，则可以通过实体法律和司法解释的特别规定予以矫正。因此，采取法律要件分类说中规范说作为我国举证责任分配的原则，具有相当的合理性。

"本条解释在内容上，首先明确是关于举证责任分配一般规则的规定，其适

① 许可：《民事审判方法——要件事实引论》，法律出版社 2009 年版，第 66 页。
② 许可：《侵权责任法要件事实分析》，人民法院出版社 2018 年版，第 7 页。
③ 江伟主编、傅郁林副主编：《民事诉讼法学》，北京大学出版社 2015 年版，第 204 页。

用的条件即为无特殊规则适用的情况下，即‘除法律、司法解释对举证责任分配有明确规定的外’，依照本条规定确定举证责任的分配。其次，举证责任分配的基础，是对要件事实的分类。本条第一项和第二项举证责任所指向的均为‘法律关系的基本事实’。这里的基本事实与要件事实同义，即权利及法律关系的构成要件所依赖的事实。在司法解释起草过程中，曾经采取‘法律要件事实’的表述，但考虑到我国民事诉讼法上使用主要事实或基本事实的用语而并无法律要件事实的表述，故修改为‘基本事实’以与立法保持一致，也便于实践中理解和适用。

“审判实践中在涉及举证责任分配问题时，首先应当注意的是，举证责任的分配具有法定性，即举证责任是由法律分配而在原则上并不能由法官来分配。因此，法官只能根据本条的规定，在对民事实体法规范进行类别分析的基础上，识别权利发生规范、权利消灭规范、权利限制规范和妨碍规范，并以此为基础确定举证责任的负担。因此，法官在举证责任分配问题上是适用法律的过程，是通过对实体法规范的分析发现法律确定的举证责任分配规则的过程，而非创造举证责任分配规则。其次，本条第二项系采取‘法律关系变更’的表述，其在理解上可以与权利限制作同一理解。其三，本条的基本事实应当理解为要件事实，即实体法律关系或者权利构成要件所依赖的事实。在民事诉讼法上，在诉讼程序问题上有时基本事实也可能被解读为包括诉讼主体等程序事项的事实。但本条是有关举证责任分配的规定，不涉及程序方面的事实，因此在解读上应当完全立足于实体法规范。”①

（三）举例说明

1. 第一大类：主张法律关系成立时的证明责任。

在作出判决前，主张法律关系存在的当事人，没有举证或者虽然举证但是没有达到相应的证明标准，法官对其主张的基本事实无法形成内心确信，致使该基本事实处于真伪不明的状态，该方当事人就要承担法律关系不存在的不利后果。

比如，一般的过错侵权责任诉讼中，原告的主张就是他有侵权的损害赔偿请求权，这一权利要产生，就需要具备被告对原告实施了侵害行为，侵害行为造成了原告的损失、被告有过错以及被告的行为具有违法性这些事实，只有证明了这些事实，才符合实体法上关于侵权行为成立的要件要求，也才是最终完成了程序

① 最高人民法院修改后民事诉讼法贯彻实施工作领导小组：《最高人民法院民事诉讼法司法解释理解与适用》，人民法院出版社 2015 年版，第 316~317 页。

法上的举证义务。缺少了前述几个构成要件中的任何一个环节，都不能说明原告主张的权利已经产生，也就是说原告的主张在诉讼中是不能成立的。

2. 第二大类：主张法律关系变更、消灭或者权利受到妨害时的证明责任。

在作出判决前，主张法律关系变更、消灭或者权利受到妨害的当事人，没有举证或者虽然举证但是没有达到相应的证明标准，法官对其主张的基本事实无法形成内心确信，致使该基本事实处于真伪不明的状态，该方当事人就要承担法律关系没有变更、消灭或者权利没有受到妨害的不利后果。

对于主张权利已经消灭的一方来说，他所要证明的就是曾经存在过的权利，现在客观上已经不再存在了。如原告主张借款返还，被告主张该借款已经清偿而消灭，如果被告不能证明清偿的事实，就要承担相应的不利后果。除了权利消灭规范以外，还有权利妨碍及权利限制规范，这两种规范实际上与权利消灭规范类似，也要由主张权利妨碍及权利受制方举证。

三、证明责任的特点

（一）客观性

证明责任是法律抽象加以规定的责任规范，脱离了案件本身，是案件事实之外为法官创设的裁判规则，因此它总是被预先确定由哪一方当事人承担，不可能随着诉讼的进展而在当事人之间转换。

法律要件分类脱离了具体案件本身，是案件事实之外为法官创设的裁判规则，因此它总是被预先确定由哪一方当事人承担。法律要件划分的形式性保障了其客观性，保障了法律适用的可预测性和稳定性。即使是证据距离远近、证明的难易程度等划分依据也只是在脱离个案的类型化考量的基础上由民法教义学和民事诉讼法教义学预先确定的。基于法治的公正性和同等对待原则，我们不能想象，针对不同的当事人法律会提出不同的要求。针对个案的衡量已经走入自由心证的领域。

“证明责任先于诉讼而由法律预先规定由某方当事人承担，自诉讼开始一直由固定的当事人一方在观念上承担着，至审理终结时出现了真伪不明才可能实现。”① 在每个具体诉讼发生之前，证明责任已经按照一定的标准在双方当事人之间分配完毕。“证明责任的‘自由’分配之所以不可能，是因为法律不能够让法官任意决定哪些可作为诉由、哪些可作为抗辩事由。证明责任的规定必须以法

① 江伟、邵明：《民事证据法学》，中国人民大学出版社2015年版，第153页。

规范来实现，允许上告法院对它的适用进行审核，而且，证明责任的规定必须产生一个固定的、与具体诉讼的偶然性无关的结果，对于法官来说，这个结果是一个安全指路牌，对于当事人来说，在他们决意参与诉讼之前就一定会估计到这一结果。'证明责任的自由分配'不是法官所认为的自由。证明责任的稳定的和始终如一的分配，是法安全性的先决条件，这恰恰是由实务工作者提出并由不同的证明责任理论的追随者们所主张的。"①

（二）单一性

证明责任只能由一方当事人负担，不能同时由双方当事人负担。单一性包括横向的单一性和纵向的单一性。

横向的单一性是指"一个构成要件只能与一个法律效果相对应。某一构成要件 F 如果属于权利 R 的发生要件事实，则与 F 矛盾的要件，就不可能成为 R 的妨碍要件或者消灭要件事实。对于善意取得来讲，如果善意是取得的构成要件，那么，就不能将与此相矛盾的恶意规定为不能取得的要件。因为它们是一个特征的矛盾表述，只能与一个法律效果相联系。实践中，我们利用善意推定来解决这个问题，也就是说由原所有人对不是善意来举证，以便保障交易安全"。②

纵向的单一性是指"对于将一规范的同样的法定构成要件特征作为对象的所有主张——不管它们是应该得出具备这一特征的结果还是不具备这一特征的结果——均由在诉讼中不适用这一规范将会败诉的一方当事人承担证明责任"③。比如，在民间借贷中，借款已经交付作为借款合同生效的要件，借款没有交付就不能再成为借款返还请求权的妨碍要件。这种单一性，是由证明责任的单一性决定的，同一构成要件不可能由对立的双方同时承担证明责任，必然要归于一方来承担。④

（三）不可转移性

要件的划分不可能随着诉讼的进展而在当事人之间转换。

（四）当事人承担

证明责任是法官在事实真伪不明时的裁判规范，是当事人在待证事实真伪不明时所承担的一种不利诉讼后果的风险。证明责任既存在于辩论主义的诉讼模式

① ［德］莱奥·罗森贝克：《证明责任论》，庄敬华译，中国法制出版社 2018 年版，第 80 页。
② 许可：《民事审判方法——要件事实引论》，法律出版社 2009 年版，第 43 页。
③ ［德］莱奥·罗森贝克：《证明责任论》，庄敬华译，中国法制出版社 2018 年版，第 295 页。
④ 许可：《民事审判方法——要件事实引论》，法律出版社 2009 年版，第 44 页。

中，也存在于职权主义的诉讼模式中。当法官依据职权收集证据后事实依然真伪不明，那么必定还需要由负有证明责任的一方来承担不利后果。①

四、证明责任的延伸功能

证明责任的本质是某一要件真伪不明时，法官如何裁判的问题，但裁判功能的延伸也就具备了诉讼攻防的指导功能。司法三段论在实际的诉讼中得以顺利应用的前提是待证事实的存在及法官对待证事实形成了为真的心证。如果心证结论为伪，将不适用大前提，因此也不发生一方当事人所希望的法律效果。除此之外，心证状态还可能是真伪不明，在这种情况下，法官应当如何适用法律，就是证明责任理论关注的重点。证明责任所要解决的问题就是，法官不得拒绝裁判，当要件事实真伪不明时，败诉风险由负有证明责任的一方承担。由于真伪不明可能出现在任何一个要件上，那么对这种败诉风险的分配也就穷尽地划分了各方各自承担败诉风险的范畴。败诉风险的承担为诉讼注入了动力机制，为了避免败诉，两方总是竭尽所能地主张和举证证明自己承担证明责任的法律要件。证明责任的本质是真伪不明状态下的法律适用问题，但由于证明责任划分的客观性、规律性和可预测性，以及败诉风险所倒逼的动力机制，使得证明责任也具备了指导当事人诉讼攻防的功能。②

五、法律要件划分的意义

实体法上的法律要件分类划分了权利成立的要件和权利障碍、消灭、阻止的要件。法律要件的划分，决定了抽象的、客观的主张责任、证明责任、论证责任。

（一）法律要件分类决定了主张责任的分配

在辩论主义模式的诉讼中，当事人通过提出主张来参与诉讼，当事人的主张是法官判决的基础。原告或者被告要求某种法律效果的，必须援引包含这个法律效果的法律规范，而其事实主张中必须含有或者表明有利于当事人的、符合该法律规范的构成要件。也就是说，有利于原告或者被告的（具体）主张必须被提出，没有这一主张其诉讼请求便不可能获得满足的当事人，将承受这一不利后果。③

① 江伟主编、傅郁林副主编：《民事诉讼法学》，北京大学出版社 2015 年版，第 202 页。

② 许可：《民事审判方法——要件事实引论》，法律出版社 2009 年版，第 58 页。

③ ［德］莱奥·罗森贝克：《证明责任论》，庄敬华译，中国法制出版社 2018 年版，第 55 页。

“并非所有的事实都需要加以证明，但是，对于判决中要考虑的所有重要事实均必须得到主张。适用于证明责任的规定原则上也适用于主张责任：有利于原告或者被告的（具体）主张必须被提出，这些主张含有或者表明有利于当事人的、符合法律规范的（抽象）前提条件。”①

法律要件分类决定着主张责任的分配。原告通过诉讼程序请求保护自己的实体权利，首先必须就自己请求的法效果的要件事实进行主张，如果主张缺失，原告的请求就会被驳回。被告针对原告提出的请求，要么进行否认，要么运用己方掌握的要件事实进行防御，进行抗辩事实的主张。如果抗辩事实主张缺失，则被告承担抗辩不能成立的后果。

（二）法律要件分类决定了证明责任的分配

“只有当法官认为客观情况表明适用某一法律规范的条件已经具备，简言之，当法官对具备适用法律规范的条件获得了一个积极的心证时，他才可能适用该法律规范，也就是说，他才可能确认该法律规范的效果已经发生。因此，不仅当法官对不具备此等条件形成心证时，不适用该法律规范，而且当法官对是否具备这样的条件存疑时，也不适用此等法律规范。这种不确定的不利后果，由唯适用该有疑问的法律规范才能胜诉的当事人承担。由此我们得出证明责任的原则：不适用特定法律规范则其诉讼请求就不可能得到支持的当事人，承担法律规范的特征在实际发生的事件中已实现的证明责任，或者简单地说，对拟适用的法律规范的条件承担证明责任。他之所以承担证明责任，是因为，如果该特征的存在未予澄清，就不适用对其有利的法律规范，于是，该事实上的不确定性就由他来负担不利后果。”②

（三）法律要件分类决定了论证责任的分配

不适用特定法律规范则其诉讼请求就不可能得到支持的当事人，承担法律规范的特征无法涵摄实际发生的事件的不利后果。因为诉讼是据法裁判，从不利后果的负担来讲，论证责任和证明责任具有相同的结论。无论是事实的真伪不明，还是事实和构成要件的连接没有证立，只要法规范的条件没有成就，想要那个法律效果的人便承担不利后果，其要求便得不到支持。

法律要件分类是诉讼的指挥棒，划定了当事人主张、证明和论证的范围，指挥着诉前的分析和诉讼的进展。在给付之诉中，请求方对请求权产生的要件事实

---

① ［德］莱奥·罗森贝克：《证明责任论》，庄敬华译，中国法制出版社 2018 年版，第 54~55 页。

② ［德］莱奥·罗森贝克：《证明责任论》，庄敬华译，中国法制出版社 2018 年版，第 23 页。

进行主张、证明和论证，反对方对请求权障碍、消灭、阻止的抗辩要件事实进行主张、证明和论证。简言之，就是谁的要件，谁主张；谁主张，谁举证；谁主张，谁论证。

如此重要的制度，却由于民法和民事诉讼法教学的不衔接，以致在学习阶段学习和认识不足。实体法的学习和法考的案例分析采用的是上帝视角，一个人分析权利产生、障碍、消灭、阻止等全部情形，缺乏以原被告对抗视角的分析。诉讼法的教材采用的是诉讼过程论的视角，证明责任只是在证明和证据的一小节中介绍。从学生到律师的职业转换过程中，最感困惑的问题之一就是证明责任。如前所述，法律要件分类以及证明责任对于律师执业是极其重要的，是培养诉讼思维、提升诉讼技能的任督二脉。

第二节　请求权产生

一、请求权产生规范

权利发生规范也就是我们常说的请求权基础，它由构成要件和请求权产生的法律效果两部分组成。具体特征见请求权基础的相关介绍。

（一）私法义务的来源：法定请求权基础和意定请求权基础

“本来，人是自由的，原则上可以不受任何人的约束而行动或者不行动，只有根据自己作出的约定和法律的规定才能使人承担义务（作为人，依据自己的意思和法以外的原因而被他人要求承担义务的情形是不存在的）。”①

请求权基础又可以区分为两种情形，一种是法定请求权基础，由法律直接规定在一定条件下，一方有权请求对方作为或不作为。一种是意定请求权基础，义务由当事人根据意思自治确定。

1. 法定请求权基础。

对于法定请求权基础，需要严格依据法律规定来判断，必须找到明确的请求权基础的法条，并进行法律的解释和论证，关键就是对请求权构成要件进行判断。当然，民法的义务法定的严格性无法与刑法的罪刑法定原则相比拟，但偏离

① ［日］河上正二：《民法学入门》，［日］王冷然、郭延辉译，北京大学出版社2019年版，第7页。

的时候需要适用者负担很高的论证责任是毋庸置疑的。

2. 意定请求权基础。

民法贯彻意思自治，除非特殊无效情形，成立的合同一般即为有效。当事人应该按照合同确定的义务履行，如果违反就需要承担相应的违约责任。

这里的适用步骤是：首先，确定是否存在一个合同。其次，排除无效的情形，确定存在有效的合同。再次，根据有效合同确定义务。最后，对合同进行解释，解释之后没有结果再适用任意性规定。

（二）请求权的原因进路和结果进路

如前所述，一方对另一方的行为不能提出要求，除非具有请求权基础。请求权基础包含构成要件和法律效果两大部分，相对应的，也就是请求的原因和请求的内容两大部分。

请求权基础分为构成要件和法律效果两个部分，那么寻找一个请求权基础就有两种考察的路径。王泽鉴先生在《民法思维——请求权基础理论体系》中也介绍了这两种进路，但是没有进一步阐释其区别和各自应用的场景，而在其后的论述中按照原因进路进行论述。①

1. 结果进路。

按照请求权的法律效果进行分类。请求权关系之基本模式为“谁得向谁，依据何种法律规范，有所主张”。当事人得主张的请求权，依其内容，可归为六类：

（1）契约上给付请求权。

（2）返还请求权。

（3）损害赔偿请求权。

（4）补偿及求偿请求权

（5）支出费用偿还请求权。

（6）不作为请求权等。

仅凭法律效果（结果）并不能确定请求权基础，为此，还需要结合产生的原因，“为期掌握了解，请读者查阅民法全部条文，找出所有关于损害赔偿的规定，依一定的观点（如过失责任或无过失责任），加以整理、分析、归类，组成体系。关于损害赔偿等请求权基础，得依契约、无权代理等类似契约关系、物权关系、无因管理、不当得利、侵权行为等次序加以检查”②。法官群体多采用结

① 王泽鉴：《民法思维——请求权基础理论体系》，北京大学出版社 2009 年版，第 55~58 页。

② 王泽鉴：《法律思维与案例研习：请求权基础理论体系》，台北元照出版公司 2019 年版，第 73 页。

果进路，从与原告的诉讼请求相匹配的法律效果出发去找法。

2. 原因进路。

按照请求权产生的原因进行分类。此种请求权基础，原则上应依下列次序加以检查。

（1）契约上请求权。

（2）无权代理等类似契约关系上请求权。

（3）无因管理上请求权。

（4）物权关系上请求权。

（5）不当得利请求权。

（6）侵权行为损害赔偿请求权。

（7）其他请求权。

律师多采用原因进路，从与事实相匹配的构成要件出发去找法。

原因进路也契合民法典的编纂思路。民法典是从法律事实的角度提取公因式而形成的，其中也掺杂以生活领域的划分。“这种体系——我们下面的讨论中将其称为‘外部的’体系——立基于如下方法：从调整对象的事实构成中分离出某些确定要素并将其普遍化。再基于这些要素形成类概念，然后通过增添或剔减若干种差特征，就可以形成一些抽象程度不一的概念。”[①] 从原因进路掌握请求权基础有两大好处：一是契合律师执业思维，二是契合法典编纂思维，方便律师找法。

虽然有这种区分，但是把两种进路结合起来考察就更能深化我们对请求权基础的认识。《法律研习的方法》一书中，默勒斯教授给出了他的整理思路，横轴为原因进路，纵轴为结果进路。[②]

（三）《民法典》的请求权基础类型

1. 请求的原因。

前文法律关系类型化部分已经详细介绍，此处仅简要列出：

（1）特别私法上的请求权。

（2）身份行为及身份法上的请求权。

（3）合同请求权。

（4）类合同请求权。

---

① ［德］卡尔·拉伦茨：《法学方法论》，黄家镇译，商务印书馆2020年版，第549页。

② ［德］托马斯·M. J. 默勒斯：《法律研习的方法》，申柳华、杜志浩、马强伟译，北京大学出版社2019年版，第51页。

(5) 无因管理。

(6) 物权请求权。

(7) 占有保护请求权。

(8) 人格权请求权。

(9) 侵权责任。

(10) 不当得利。

2. 请求的内容。

民事责任的承担方式，诉讼请求的类型基本围绕他方的行为而提出。民事责任的承担方式也体现了和请求权的衔接。自治、防卫、赔偿构成了民法的三个主题，都涉及对他人行为的要求，要求履行合同、要求不得侵害、要求进行赔偿，该义务之违反，即产生民事责任。[①]《民法典》第一百七十九条规定："承担民事责任的方式主要有：（一）停止侵害；（二）排除妨碍；（三）消除危险；（四）返还财产；（五）恢复原状；（六）修理、重作、更换；（七）继续履行；（八）赔偿损失；（九）支付违约金；（十）消除影响、恢复名誉；（十一）赔礼道歉。法律规定惩罚性赔偿的，依照其规定。本条规定的承担民事责任的方式，可以单独适用，也可以合并适用。"这些方式无不指向了他人的行为，属于给付之诉的类型。

于法有据的诉讼请求主要规定在该条，其具体适用还需搭配各自的请求权基础，不同的请求权原因类型可能具有不同的责任方式。停止侵害、排除妨碍、消除危险等属于物权请求权和知识产权请求权的内容，消除影响、恢复名誉、赔礼道歉属于人格权请求权的内容，均不以对方过错为必要。修理、重作、更换，继续履行，赔偿损失，支付违约金为合同请求权的责任承担方式。

二、请求权的肯定与否定：二元划分及法律漏洞填补

凯尔森从法律实证主义的角度认为，法律不仅作出肯定，也作出"否定"的规则。比如，刑法针对特定行为规定构成要件，公法承认行政机关的一项职权，民法承认一个请求权，否则，就没有刑罚、没有职能、没有请求权。这个二分法在罪刑法定的刑法中是适用的。在民法中，却不能根据请求权基础作出这样的区分。只有经过目的性衡量及漏洞填补的操作，从整个法秩序的角度才能作这样二元的划分。因为，请求权基础没有涵盖的，还可能通过目的性扩张、类推、

① 义务与责任的联系与区别参见梁慧星：《民法总论》，法律出版社2017年版，第82~86页。

法的续造等操作，从而认定具有请求权。

但法律决定总是二元划分的，面对一方的请求权主张，法官作决定时总是要么支持，要么不支持。支持则请求权得确立，不支持则另一方的法律自由得确立，没有真伪不明。所以，将凯尔森的二分法调整为经过法官的法续造之后的决定模式是成立的。由于法的续造以现行法秩序的整体为边界，超出这个边界就属于法外空间，不能进行法的续造，可以将现行法秩序的整体理解为无漏洞的。①

三、重构请求权基础

法律人往往直接和法条打交道，但我们适用的不是法条（语句）本身，而是法条所表达的意义，也就是法律规范。法条是法律规范的表达形式，法律规范是法条的表达内容，但正如语言和内容之间的关系一样，法条和规范之间也不存在一一对应的关系。同一内容可以由不同的形式来表达，法条仅仅是制定法的表述形式，在英美法还有判例法的表现形式，在我国还有习惯法的表现形式。同样的，并不是所有的法条都直接表述法律规范。这就要求法律人对法条进行拆分、组合或推导分析，以便阐明其背后的规范。②

根据定义，请求权基础应该是规定某一特定主体履行特定义务的完全性法条。完全性法条即指具有完整的法律构成要件和法律效果。构成要件是指该特定义务产生的条件，法律效果则是指该义务的发生及其内容。重构请求权基础就是以核心法条为依托，拆解“括号外”各层级“公因式”中涉及的请求权基础的要件，使其与“括号内”的请求权基础核心法条相连接。另外还要筛除隐藏在请求权基础外观下的参引规范，甄别真正的请求权基础。

（一）法条

法条：是制定法的一个建构单元，以条次的编号带头为其起始，并以下一条之起始标识本条的终结。从形式上讲，标号就是一个独立法条的标志。③

例如，根据《立法法》第六十一条，法条之下还有款、项、目的细分，款不编序号，项的序号用中文数字加括号依次表述，目的序号用阿拉伯数字依次表述。比如，《民法典》第四百八十一条：

第四百八十一条　承诺应当在要约确定的期限内到达要约人。（第一款）

① ［奥］恩斯特·A. 克莱默：《法律方法论》，周万里译，法律出版社2019年版，第157页。

② 舒国滢、王夏昊、雷磊：《法学方法论》，中国政法大学出版社2018年版，第121页。

③ 以下关于法条类型的内容参见舒国滢、王夏昊、雷磊：《法学方法论》，中国政法大学出版社2018年版，第112~135页。

要约没有确定承诺期限的，承诺应当依照下列规定到达：（第二款）

（一）要约以对话方式作出的，应当即时作出承诺；（第二款第一项）

（二）要约以非对话方式作出的，承诺应当在合理期限内到达。（第二款第二项）

该条包括两款，第一款规定要约确定承诺期限的情形，第二款规定要约没有确定承诺期限的情形。其中，第二款又包括两项，分别规定对话方式和非对话方式作出的要约的承诺期限。

（二）完全性法条

完全性法条又包括基本型法条、括弧型法条和拆配型法条。

1. 基本型法条。

基本型法条：一个法律构成要件加明确的法律后果。比如，《民法典》第五百七十七条："当事人一方不履行合同义务或者履行合同义务不符合约定的，应当承担继续履行、采取补救措施或者赔偿损失等违约责任。"

2. 括弧型法条。

括弧型法条：数个构成要件不同，但法律后果相同，列为一条的情形。研读括弧型法条，需要将括弧打开，还原为应有之数条基本型法条。比如，《民法典》第五百条："当事人在订立合同过程中有下列情形之一，造成对方损失的，应当承担赔偿责任：（一）假借订立合同，恶意进行磋商；（二）故意隐瞒与订立合同有关的重要事实或者提供虚假情况；（三）有其他违背诚信原则的行为。"

本条将括弧打开，可以获得三条基本型条文：

当事人在订立合同过程中，假借订立合同，恶意进行磋商，给对方造成损失的，应当承担损害赔偿责任；

当事人在订立合同过程中，故意隐瞒与订立合同有关的重要事实或者提供虚假情况，给对方造成损失的，应当承担损害赔偿责任；

当事人有其他违背诚实信用原则的行为，给对方造成损失的，应当承担损害赔偿责任。

括弧型法条其实是数个构成要件都拥有同样一个法律后果的情形，这些构成要件可以一一与这个法律后果相匹配，构造出数个法条。在将括弧型法条适用到具体案件时，适用的只是其中一个条文，所以要打开括弧，还原为具体法条。[①]

① 舒国滢、王夏昊、雷磊：《法学方法论》，中国政法大学出版社 2018 年版，第 122~124 页。

3. 拆配型法条。

拆配型法条：指的是原本有两个以上条文，但因其共同用语很多，为免重复，立法时合成一个法条，等到适用时再把它们拆开复归原形。拆配型法条可能涉及数个构成要件彼此间在某个要素上相同，而在其他要素上不相同。这些不同要素和相同要素组合成完整的构成要件，拥有同样的法律后果。

如《民法典》第一百五十条规定："一方或者第三人以胁迫手段，使对方在违背真实意思的情况下实施的民事法律行为，受胁迫方有权请求人民法院或者仲裁机构予以撤销。"《民法典》第一百四十八条、第一百四十九条分别规定了一方欺诈和第三人欺诈，根据对方是否知道而法律效果不同。胁迫对于受胁迫方意思表示侵害大，没有进一步区分一方胁迫和第三人胁迫的必要，所以整合成为一个条文，但在适用上需要进一步拆分成两个条文：

一方以胁迫手段，使对方在违背真实意思的情况下实施的民事法律行为，受胁迫方有权请求人民法院或者仲裁机构予以撤销。

第三人以胁迫手段，使对方在违背真实意思的情况下实施的民事法律行为，受胁迫方有权请求人民法院或者仲裁机构予以撤销。

相同因素是"使对方在违背真实意思的情况下实施的民事法律行为"，不同因素是"一方以胁迫手段"还是"第三人以胁迫手段"，重新组合后涉及两个条文，需要结合具体情形来适用。

四、辅助规范

具有义务产生效果的法条，我们识别为请求权基础的核心法条。我们要围绕核心法条，将其完整化，这种完整化可以借助立法定义、准用、拟制等来完成，还可以援引相关法条对其适用进行具体化、限制或扩张。请求权基础、消灭规范、阻止规范都具有相应的法律效果，都属于具有构成要件和法律效果的完全法条。

除完全法条外，还有不完全法条。不完全法条根据其功能，又可以分为：定义型法条、补充性法条、引用性法条等。

（一）定义型法条

定义型法条是指对概念的内涵和外延作出解释的法条。定义型法条又可以分为：内涵型法条、外延型法条和注解型法条。

1. 内涵型法条。

内涵型法条：通常采取"属加种差"的形式。

如《民法典》第四百七十二条："要约是希望与他人订立合同的意思表示，该意思表示应当符合下列条件：（一）内容具体确定；（二）表明经受要约人承诺，要约人即受该意思表示约束。"

属是所属的上位概念，也就是"要约是一种意思表示"。种差就是要约区别于别的意思表示的特征："希望与他人订立合同的意思表示，该意思表示应当符合下列条件：（一）内容具体确定；（二）表明经受要约人承诺，要约人即受该意思表示约束。"

2. 外延型法条。

外延型法条：是完全或者部分指明该概念指涉的对象的法条，具体包含以下两类。

一类是把概念所涉及的具体事物一一列举出来，用以说明某一上位概念的法条，被称为"列举排斥型法条"。这类法条有两个特点：从正面讲，它指明了特定概念所指涉的所有对象。从反面讲，它隐含着将未列举出的对象排除于该概念的外延之外。如《民法典》第一百一十四条："民事主体依法享有物权。物权是权利人依法对特定的物享有直接支配和排他的权利，包括所有权、用益物权和担保物权。"根据物权种类和内容法定原则，该条定义了物权的类型，并排除了其他类型物权的可能。

另一类是对所欲阐明的事项先举例子，然后再加以抽象、概括的语句，被称为"例示概括性法条"，其与列举排斥型法条最大的不同就是并没有将概念涉及的全部对象一一列举出来，是一个半开放的结构，需要结合具体情形进行判断，有待填入的情形也必须与例示具有特性上的等同性。

如《民法典》第一千零七十九条第一款、第二款、第三款："夫妻一方要求离婚的，可以由有关组织进行调解或者直接向人民法院提起离婚诉讼。人民法院审理离婚案件，应当进行调解；如果感情确已破裂，调解无效的，应当准予离婚。有下列情形之一，调解无效的，应当准予离婚：（一）重婚或者与他人同居；（二）实施家庭暴力或者虐待、遗弃家庭成员；（三）有赌博、吸毒等恶习屡教不改；（四）因感情不和分居满二年；（五）其他导致夫妻感情破裂的情形。"该条只是列举了一些感情破裂的情形，在现实案例中并不局限于上述情形。

3. 注解型法条。

注解型法条：既不是说明内涵，也不是说明外延，而是相当于一种立法解释。比如，《民法典》第一千二百五十九条："民法所称的'以上'、'以下'、'以内'、'届满'，包括本数；所称的'不满'、'超过'、'以外'，不包括本数。”

（二）补充性法条

补充性法条是指对其他法条的构成要件或者法律后果加以具体化或者加以限制的法条。

1. 限制性法条。

限制性法条：法律规范的构成要件如果规定得过宽，就可以利用限制性法条对其范围作出限制。这种限制体现了法律规定原则与例外的关系。限制性法条包括但书型和除外型法条。

但书指出例外：《民法典》第二百零四条：“期间的计算方法依照本法的规定，但是法律另有规定或者当事人另有约定的除外。”

但书附加限制：《民法典》第一千一百八十七条：“损害发生后，当事人可以协商赔偿费用的支付方式。协商不一致的，赔偿费用应当一次性支付；一次性支付确有困难的，可以分期支付，但是被侵权人有权请求提供相应的担保。”

除外型法条：《民法典》第四百八十条：“承诺应当以通知的方式作出；但是，根据交易习惯或者要约表明可以通过行为作出承诺的除外。”

有时也以“不适用”来表明除外规定。如《民法典》第六百五十八条：“赠与人在赠与财产的权利转移之前可以撤销赠与。经过公证的赠与合同或者依法不得撤销的具有救灾、扶贫、助残等公益、道德义务性质的赠与合同，不适用前款规定。”

限制性法条不仅具有实体含义，而且还有举证责任分配的功能。如《民法典》第五百八十四条：“当事人一方不履行合同义务或者履行合同义务不符合约定，造成对方损失的，损失赔偿额应当相当于因违约所造成的损失，包括合同履行后可以获得的利益；但是，不得超过违约一方订立合同时预见到或者应当预见到的因违约可能造成的损失。”非违约方应该对损失进行举证，而违约方认为损失赔偿额高的，需要对自己预见到或者应当预见到的损失是多少进行举证。

2. 补充性法条。

补充性法条是对于其他法条的法律后果加以具体化的法条。如《民法典》第一千一百七十九条：“侵害他人造成人身损害的，应当赔偿医疗费、护理费、交通费、营养费、住院伙食补助费等为治疗和康复支出的合理费用，以及因误工减少的收入。造成残疾的，还应当赔偿辅助器具费和残疾赔偿金；造成死亡的，还应当赔偿丧葬费和死亡赔偿金。”

（三）引用性法条

引用性法条：为了避免重复，节省立法资源，法律规定在某些情形下指示适用其他的法条，又分为对法律后果的参引以及构成要件和法律后果一并参引两种。

一并参引：如《民法典》第三百一十一条第三款："当事人善意取得其他物权的，参照适用前两款规定。"

法条采用"适用"的规定，意味着适用与被适用的案件类型实际同一或在规范上被评价为同一。"适用"是指径行适用，不必变通。法条采用"参照""比照""准用"的，意味着参照与被参照的案件类型事实上不同但类似，所以法律上作类似评价。这与"适用"在程度上有别。关于行纪合同，《民法典》第九百六十条规定："本章没有规定的，参照适用委托合同的有关规定。"关于易货交易，第六百四十七条规定："当事人约定易货交易，转移标的物的所有权的，参照适用买卖合同的有关规定。"

有时候，立法者也使用"相同的责任"等表述来表明准用，如《民法典》第六百六十二条第一款规定："赠与的财产有瑕疵的，赠与人不承担责任。附义务的赠与，赠与的财产有瑕疵的，赠与人在附义务的限度内承担与出卖人相同的责任。"此处的"与出卖人相同的责任"该如何理解，就要查找买卖合同的规定，我们找到了第六百一十七条："出卖人交付的标的物不符合质量要求的，买受人可以依据本法第五百八十二条至第五百八十四条的规定请求承担违约责任。"本条也未明确规定承担的责任具体有哪些，因此还要进一步查找关于违约责任承担的规定。

拟制性法条：立法者明知两个案件类型不同，但赋予相同的法律效果，而将两者视为等同。如《民法典》第十八条第二款规定："十六周岁以上的未成年人，以自己的劳动收入为主要生活来源的，视为完全民事行为能力人。"

第三节　请求权障碍

权利发生规范、权利消灭规范和权利阻止规范都具有相应的法律效果，易于识别。不容易区分的是权利发生规范和权利障碍规范。在民法典中，关于请求权产生和障碍的规定经常混合在一起，在这一步就需要清晰界定原告请求权的要件和被告障碍抗辩的要件，因为划分的不同会带来阶层和证明责任的转换，攸关重大诉讼利益。我们先从规范构造原理讲起。

一、规范构造原理

我们将规范根据其法律效果分为若干种，将通常情况下足以产生一个请求权的法条称为权利产生规范或权利创设规范，或请求权基础。

另一规范从一开始就阻止权利产生规范的效力的产生，导致该规范根本不能发挥其效力，因而其法律后果也不能实现，这一规范就是所谓的权利（请求权）障碍规范。请求权基础与障碍规范构成了原则与例外的关系。如果一个法秩序想近乎详尽地涵盖和调整我们生活关系的多样性和复杂性，那么，它只有通过以下途径才能做到，即这一法秩序将相关法律关系的通常情况作为问题的出发点，并确定其法律后果。针对实际情况与此等通常情况的不同，法秩序制定了特殊的规定。这些特殊的规定，作为第一个规范的相对规范，它改变、通常排除第一个规范的效力。这就是请求权障碍规范。

如另一规范只是在后来才对抗权利产生规范，即相关权利（作为权利产生规范的后果）已经产生，但是由于这一相对规范的干预，相关权利又被消灭，这就是所谓的权利消灭规范。

如另一规范未使相关权利消灭，只是使其不能实施，这就是所谓的权利阻止规范。比如诉讼时效抗辩。

从前述的论述可以得出，“相对规范的构成要件具有与基本规范的构成要件完全相同的特征，此外还具有一个或数个特征，这些特征表明相反效力的存在是合理的。也就是说，相对规范的构成要件必须完全包含基本规范的构成要件，且与之相协调”①。

从前述论述，可以得出两个命题：

第一，请求与抗辩存在法律适用上的逻辑顺序。

原告必须对权利产生规范的前提条件加以证明，而被告则必须对其试图驳回原告的诉讼所依据的规范的前提条件加以证明，这里主要是指权利障碍规范的前提条件、权利消灭规范的前提条件或者权利阻止规范的前提条件。如果原告请求的要件没有满足，考察抗辩从逻辑和操作上就是错误的，犹如还不存在一次进攻，就开始进行反击，这是徒劳和无用的。

---

① ［德］莱奥·罗森贝克：《证明责任论》，庄敬华译，中国法制出版社2018年版，第127页。

第二，请求的事实和抗辩的事实可以并存，同时为真。

比如，无行为能力或者限制行为能力的抗辩并不否认原告和被告之间进行过磋商并达成了一致。解除合同、抵消、诉讼时效抗辩并不否认原告的请求权存在，只不过是新增加了事实使其请求权消灭或不能行使。

二、请求权障碍规范的体系意义

权利发生规范和权利障碍规范不容易区分，常常体现为原则和例外的关系。“在权利产生规范的构成要件完全实现之前，权利妨碍规范的前提条件就必须已经存在，所以，人们可以说，两种规范的前提条件在对权利的产生具有决定意义的同一时刻同时出现。权利妨碍规范的前提条件是以一定的方式作为权利产生规范的消极前提条件出现的，因为只有这些前提条件不存在，权利才应当产生……权利妨碍规范类似于权利消灭规范，但两者的区别恰恰在于其独特的要素，即相对规范不是妨碍已经存在的法律后果，而是妨碍将要形成的法律后果……权利产生规范与权利妨碍规范的关系，可以用规则与例外的关系来说明。权利产生规范规定，在何等前提条件下某一权利或者法律关系应当产生；权利妨碍规范则告诉我们，如果添加一个或数个特定的要素，这个权利或法律关系则应当例外地不产生。只要规则规范的前提条件被确定（此等前提条件同时是与例外规范共有的前提条件），那么，法官必须适用这一规则。主张按照规则发生的效果例外地未发生者，必须证明权利妨碍规范的前提条件。”①

请求权消灭和请求权阻止都有其确定的法律效果，其作为独立的抗辩规范并没有多少争议。引发争议的主要是请求权产生规范和请求权障碍规范，因为请求权产生和请求权不产生是一个法律效果的两种形态，前者是肯定表述，后者是否定表述。在诉讼的攻防中，总是会有法律效果发生、不发生的争议，一方主张发生，另一方主张不发生，从法律效果的区分上无法证成罗森贝克规范说关于请求权障碍规范的合理性。另一位证明责任大师普维庭从法律要件分类的角度进行了分析，按照证明责任分配的基本原则，立法者并不要求某个请求权实现所有的前提要件都必须进行证明。法律总是只要求先证明一小部分，亦即只证明基于各种理由属于请求权核心的那一部分要件。立法者认为，只要核心的要件事实存在，那么就应当支持所提出的请求权。换句话说：按照法律的结构，实体法被分解为不同的层面，而上述的各种解释标准和方式，其实不过是帮助人们去发现和界定

① ［德］莱奥·罗森贝克：《证明责任论》，庄敬华译，中国法制出版社2018年版，第149~151页。

这些层面的辅助手段。人们是否将这些不同的层面描写为权利与反权利、权利与抗辩、基本关系与特别关系或者规则性事实要件与例外性事实要件，这并不重要；重要的是它体现了法律的结构原则，除了法律语言的表达方式之外，还可以通过系统的、历史的和目的性的解释发现这些法律结构。权利妨碍规范纯粹是一种语言上的对基本规则的例外情况的概括性描写，这表明它从用语上是合理的。这些术语除对某个具体的要件事实的证明责任特征作简化易懂的描写之外，尤其重要的是，这些术语对要件事实的分组以及对证明责任的前置影响和主张责任都具有重大意义。[①] 比如说，双方签订的合同，因为违背强制性法律规定而宣告无效，违背强制性法律规定的事由就由主张无效的一方来承担证明责任。

通过普维庭的分析，我们可以看到，请求权障碍规范实际上只是一个高度的概括总结，是对所有请求权产生例外情形的总结，这种例外，产生了法律要件负担上的重大区别。因为请求权产生的一般事由由主张请求权的一方承担主张责任和证明责任，而请求权障碍事由则由反对方承担主张责任和证明责任。至于在具体的制度中，到底某一项要件是请求权的产生要件还是障碍要件，需要按法教义学的操作，通过文义的、体系的、历史的、目的解释等法律解释来确定。罗森贝克在《德国民事诉讼法》中回应了批评意见，表达了同样的观点："有人反对适用阻却权利规范（笔者注：也就是本文的障碍规范）这一概念，认为它太随意，根据法学上的循环结论，从结果来进行论证，因为不进行实体利益评价就不可能进行归类。对某一规范的例外特征，在发生疑问时应当根据实体解释标准进行判断，在这一点上该批评是值得肯定的。但阻却权利的抗辩权这一概念并不因此而成为多余的，它从语言上用更加简单的方式将所有需要在例外事实构成和一般事实构成中进行证明责任分配的情形归纳在了一起。"[②]

需要明确的是，这种分配是客观的，不是法官在个案中自由分配的。比如，不当得利就具体细分为给付型不当得利和侵害权益型不当得利，在给付型不当得利中，请求权人需要证明给付目的不存在，而在侵害权益型不当得利中，不需要请求权人证明被告无保有权益的正当性，保有权益的法律上原因由被告证明，也就是说，在给付型不当得利中，无法律上原因由原告证明，在侵害权益型不当得利中，有法律上原因由被告证明。

---

① ［德］普维庭：《现代证明责任问题》，吴越译，法律出版社 2006 年版，第 394 页。

② ［德］罗森贝克：《德国民事诉讼法》，李大雪译，中国法制出版社 2007 年版，第 746 页。

三、常见的请求权障碍规范

不同的请求权产生原因，常伴生其不同的障碍事由，应结合请求权基础而进行具体的掌握。本部分结合其常见的类型进行分析，具体内容见第二编基础编。

（一）合同请求权

合同请求权基于有效的合同产生，影响合同成立和生效的因素都可归入合同请求权障碍规范部分。《民法典》第一百四十三条规定：“具备下列条件的民事法律行为有效：（一）行为人具有相应的民事行为能力；（二）意思表示真实；（三）不违反法律、行政法规的强制性规定，不违背公序良俗。”这只是从体系上、逻辑上进行的总结性提示，在实务中，反而是主张效力障碍方来证明行为能力欠缺，意思表示不真实、不自由，违反了强制性规定、违背了公序良俗等。无民事行为能力（第一百四十四条）、虚假行为无效（第一百四十六条）、被撤销的法律行为、违反法律、行政法规的强制性规定、违背公序良俗（第一百五十三条）、附生效条件、要约的撤回等都属于此类。

在合同中，当事人双方可以约定免责条款，从而构成请求权的障碍。除了民法典总则编第八章民事责任部分集中规定了不承担民事责任的相关规定外，其他部分也针对性地规定了不承担民事责任的具体情形，简单列举如下：

第七百一十三条规定：“承租人在租赁物需要维修时可以请求出租人在合理期限内维修。出租人未履行维修义务的，承租人可以自行维修，维修费用由出租人负担。因维修租赁物影响承租人使用的，应当相应减少租金或者延长租期。因承租人的过错致使租赁物需要维修的，出租人不承担前款规定的维修义务。”

第九百一十七条规定：“储存期内，因保管不善造成仓储物毁损、灭失的，保管人应当承担赔偿责任。因仓储物本身的自然性质、包装不符合约定或者超过有效储存期造成仓储物变质、损坏的，保管人不承担赔偿责任。”

第六百九十五条第一款规定：“债权人和债务人未经保证人书面同意，协商变更主债权债务合同内容，减轻债务的，保证人仍对变更后的债务承担保证责任；加重债务的，保证人对加重的部分不承担保证责任。”

（二）绝对权请求权

在绝对权请求权中，障碍规范主要体现在合理使用、容忍义务、禁止权利滥用等方面。

1. 容忍义务。

当两项权利不能相容时，存在一方权利向另一方让步的问题。在相邻关系中，负担容忍义务的一方就不能行使其排除妨害请求权。

2. 合理使用。

在人格权请求权中，可能存在人格权许可使用、合理使用的情形。

人格权许可使用：民事主体可以将自己的姓名、名称、肖像等许可他人使用，但是依照法律规定或者根据其性质不得许可的除外。（第九百九十三条）

人格权合理使用：为公共利益实施新闻报道、舆论监督等行为的，可以合理使用民事主体的姓名、名称、肖像、个人信息等；使用不合理侵害民事主体人格权的，应当依法承担民事责任。（第九百九十九条）

3. 妨害状态结束。

绝对权请求权目的在于保护绝对权的圆满状态，如果妨害或危险状态消除的，自没有该请求权行使的必要。但如果造成损害，则是行使损害赔偿请求权的问题。

4. 禁止权利滥用。

绝对权并非绝对，亦有其边界，尤其是禁止权利滥用规则。最高人民法院公布的指导案例 82 号，王碎永诉深圳歌力思服饰股份有限公司、杭州银泰世纪百货有限公司侵害商标权纠纷案的裁判要点中提出：当事人违反诚实信用原则，损害他人合法权益，扰乱市场正当竞争秩序，恶意取得、行使商标权并主张他人侵权的，人民法院应当以构成权利滥用为由，判决对其诉讼请求不予支持。

比如，甲以 20 万元从乙公司购得某小区地下停车位。乙公司经规划部门批准在该小区以 200 万元建设观光电梯。该电梯入梯口占用了甲的停车位，乙公司同意为甲置换更好的车位。甲则要求拆除电梯，并赔偿损失。从构成要件来讲，甲对自己车位的使用受到妨害的，可以行使排除妨害请求权①，要求拆除观光电梯。但甲的权利的行使所获得的利益较小，因为乙公司答应置换更好的车位，而拆除 200 万元的电梯，给他人造成的损失过大。甲的请求已经构成权利滥用，不能产生该请求权行使的效果。

（三）侵权责任

侵权责任的违法性要件是个控制阀，障碍要件多针对阻却违法性等展开。比

① 有的车位能够取得所有权，行使所有物排除妨碍请求权。有的车位取得的是合同占有使用权，行使占有物排除妨碍请求权。

如，被告举证证明正当防卫、紧急避险、依法行使权力和执行职务、受害人同意及自助等使行为具有正当性，不构成行为违法性。

侵权责任需要行为和损害之间具有因果关系，不可抗力和意外事件因为是外来原因，使因果关系要件不成立。

在特殊侵权中，也可能有针对性地规定免责事由。比如，《民法典》第一千二百三十七条规定："民用核设施或者运入运出核设施的核材料发生核事故造成他人损害的，民用核设施的营运单位应当承担侵权责任；但是，能够证明损害是因战争、武装冲突、暴乱等情形或者受害人故意造成的，不承担责任。"

四、请求权障碍规范的识别

实体法的法条编排顺序和条文内部结构为划分法律要件提供了基本遵循。一般来讲，先规定权利产生规范，再随后规定障碍和消灭规范。同一条文内部，先有原则性规定，再有例外和除外规定。

（一）同一条文内部原则与例外关系

对于原则和例外的措辞反映了不同的实体法思想。比如，车厢里所有人同意才可以吸烟；车厢里可以吸烟，除非有人提出反对。这两种措辞在逻辑上具有相同的含义，也就是所有人的同意，是一个人吸烟的必要条件。但是，这两句话却具有完全不同的实践含义，并将相关的实施和证明成本转嫁给了不同的人。所有人同意才可以吸烟，意味着吸烟人应征求大家的意见并能够证明所有人都同意才能吸烟。而在车厢里可以吸烟，除非有人提出反对，这意味着吸烟人不必征求所有人的意见，而是反对的人必须提出反对的意见。这两种措辞在法律条文中也经常出现，由此造成了证明责任分配的不同。而证明责任分配对当事人意义重大，因为证明责任之所在，乃败诉之所在。

如《民法典》第十九条规定："八周岁以上的未成年人为限制民事行为能力人，实施民事法律行为由其法定代理人代理或者经其法定代理人同意、追认；但是，可以独立实施纯获利益的民事法律行为或者与其年龄、智力相适应的民事法律行为。"这个条文就表达了实体法的思想，即限制民事行为能力人原则上由其法定代理人代理或者经其法定代理人同意、追认才能实施民事法律行为。其法定代理人可通过证明其是限制民事行为能力人而主张合同无效。对方可以主张这个法律行为是纯获利益的民事法律行为或者与其年龄、智力相适应的民事法律行为。

《民法典》第八百二十三条规定："承运人应当对运输过程中旅客的伤亡承

担赔偿责任；但是，伤亡是旅客自身健康原因造成的或者承运人证明伤亡是旅客故意、重大过失造成的除外。前款规定适用于按照规定免票、持优待票或者经承运人许可搭乘的无票旅客。”

这一条文中的权利发生要件包括：旅客，造成旅客伤亡的损害，损害发生在运输过程中。

权利障碍要件：承运人证明伤亡是旅客故意、重大过失造成的除外。

（二）不同条文之间的前后关系

不同条文之间的原则与例外关系在外观上多表现为条文的前后位置。一般而言，位置在前的条文多为一般性规定，应属于权利根据规范。位置在后的条文多为特殊性规定，应属于权利妨碍规范。①

《民法典》第九百八十五条规定：“得利人没有法律根据取得不当利益的，受损失的人可以请求得利人返还取得的利益，但是有下列情形之一的除外：（一）为履行道德义务进行的给付；（二）债务到期之前的清偿；（三）明知无给付义务而进行的债务清偿。”

《民法典》第九百八十六条规定：“得利人不知道且不应当知道取得的利益没有法律根据，取得的利益已经不存在的，不承担返还该利益的义务。”

第九百八十五条规定的是不当得利的发生要件，第九百八十六条规定的是障碍要件。

五、间接反证

间接反证：凡法定构成要件包含了法官的推论和价值判断之处，原告不能直接主张和证明该构成要件，而是应主张和证明能够让法官作出该判断的事实和行为，如果被告不针对原告的主张进行攻防，而是提出另一个可以阻断该种价值判断的事实，如果该事实为真，那么就能起到否定该构成要件成立的作用。比如，原告以虐待为由提起离婚诉讼，并提供了自己身上布满伤痕的照片。对此，法官可以初步认定该事实符合虐待的构成要件，但被告提供了新的事实，原告具有特殊性癖好，并提供了充足的证据，这就阻断了对虐待的初步判断。这个事实并不针对原告伤痕的真实性提出攻击，而是针对该事实归入虐待这个法律要件提出攻击。

原告的事实为真，被告的事实也可以为真，但阻断了构成要件成立的判断，

---

① 许可：《民事审判方法——要件事实引论》，法律出版社 2009 年版，第 166~169 页。

这个意义上，其发挥作用是依托于请求权要件的不成立，这一点上类似否定；但事实可同时为真类似抗辩，只是没有相应的抗辩规范，仅是逻辑和价值上的阻断，所以是规范有限性的补充。大千世界无奇不有，法律不可能穷尽所有情形并规定为抗辩，凡是逻辑上、价值上不能同时成立的都可运用间接反证。罗森贝克说价值判断型要件尤其会出现这种情形，这属于法律适用领域。

第四节　请求权消灭

请求权消灭规范以一个已经产生的请求权的消灭为法律效果，法条中一般会直接写明这种法律效果，比较易于识别。“权利消灭规范与权利产生规范的界限，从来就是不难区分的。因为只能针对一个现存的权利才能谈得上消灭，所以，权利消灭规范是以一个已经产生的权利为前提的，权利消灭规范的构成要件以过去就存在的权利产生规范的构成要件为前提。因此，法律将引起法律关系产生的法律规范与引起已经产生的法律关系消灭的法律规范，严格地加以区分，法律总是将法律关系的结束视为一个特殊法律规范的效果。”①

一、债的消灭

《民法典》第五百五十七条规定：“有下列情形之一的，债权债务终止：（一）债务已经履行；（二）债务相互抵销；（三）债务人依法将标的物提存；（四）债权人免除债务；（五）债权债务同归于一人；（六）法律规定或者当事人约定终止的其他情形。合同解除的，该合同的权利义务关系终止。”

我国没有制定债法总则，只制订了合同通则，债的产生原因各不相同，但关于无因管理之债、侵权之债、不当得利之债的效力、履行、保全、移转、消灭等在不相冲突的情况下，都可以适用合同编通则的内容。为此，《民法典》第四百六十八条规定：“非因合同产生的债权债务关系，适用有关该债权债务关系的法律规定；没有规定的，适用本编通则的有关规定，但是根据其性质不能适用的除外。”

① ［德］莱奥·罗森贝克：《证明责任论》，庄敬华译，中国法制出版社2018年版，第146页。

二、债的变更

从某种意义上说，债的变更同样属于消灭，比如主体变更、内容变更、效力变更等。主张权利让与或债务承担的应该对此承担证明责任。

三、基础权利消灭

请求权系由基础权利而产生，如基础权利或法律制度消灭，则丧失其基础，请求权也相应消灭。比如，合同因撤销或解除而丧失效力；一方主张夫妻之间的扶养费请求权，另一方可主张婚姻已撤销而进行对抗；一方主张所有物返还请求权，另一方主张所有权因物灭失而消灭。

“我们在对于规范的补充关系进行确认时，都坚持一个原则：对主要规范的前提条件承担证明责任的人，也要对补充规范的前提条件承担确认责任和证明责任。”① 比如，在所有物返还请求权中，如果关于原告是所有权人这个要件事实产生争议，那么足以产生所有权的构成要素就是原告的证明责任，而其例外要素就是被告主张的所有权不发生的障碍规范。这样就根据诉讼标的的立场深化细分了构成要件的立场。被告的抗辩可针对主要规范，也可针对辅助规范。

在不能并存的两项权利之间，他人权利的取得就意味着原权利人权利的消灭，从而构成相应的障碍事由。比如，在无权处分的场合，善意取得人取得了物权，原物权人的返还请求权就因物权消灭而存有障碍。

四、请求权和债权

请求权和债权既有区别又有联系。

不同点在于：请求权按照其基础权利不同，可以分为债权上请求权、物权上请求权、人格权上请求权、身份权上请求权。而债权除去请求力这一功能之外，还具有给付保持力等权能。

相同点在于：从请求力这一点上来看，请求权与债权没有本质的区别，请求权可以参照适用关于债权债务的相关规定。“所以，通说正确地认为，在请求权和债权之间不存在实质上的区别。有关债权的规定，因此可以准用于请求权。否则，我们就无法解释下列事实：民法典并没有专门规定‘请求权与债权一样因履行而消灭’。”②

---

① ［德］莱奥·罗森贝克：《证明责任论》，庄敬华译，中国法制出版社 2018 年版，第 130 页。

② ［德］迪特尔·梅迪库斯：《德国民法总论》，邵建东译，法律出版社 2013 年版，第 69 页。

一个请求权未能实现其目的的情况下，请求权的消灭不等于债的消灭。比如，非金钱债务履行请求权因为给付不能而被排除的，可能转为损害赔偿请求权；所有物返还请求权不能行使的，还有损害赔偿、不当得利等请求权可以考虑。

第五节 请求权阻止

权利阻止规范是指规定已经产生且仍然存在的请求权因为添加的特征例外地不能实现的规范，主要包括永久性抗辩权和一时抗辩权。

一、常见的阻止规范

（一）永久性抗辩权

诉讼时效抗辩权：《民法典》第一百九十二条规定：“诉讼时效期间届满的，义务人可以提出不履行义务的抗辩。诉讼时效期间届满后，义务人同意履行的，不得以诉讼时效期间届满为由抗辩；义务人已经自愿履行的，不得请求返还。”

不适用诉讼时效的请求权包括：（1）支付存款本金及利息请求权；（2）兑付国债、金融债券以及向不特定对象发行的企业债券本息请求权；（3）基于投资关系产生的缴付出资请求权；（4）其他依法不适用诉讼时效规定的债权请求权。

（二）双务合同的抗辩权

在单务合同中，仅债权人享有一项请求权。在双务合同中，则至少有两项请求权，每一方当事人都同时既是请求权人，也是义务人。两项请求权（两项义务）相互关联，这种关联集中体现在双务合同的抗辩权中。双务合同的抗辩权具体包括：

同时履行抗辩权。《民法典》第五百二十五条规定：“当事人互负债务，没有先后履行顺序的，应当同时履行。一方在对方履行之前有权拒绝其履行请求。一方在对方履行债务不符合约定时，有权拒绝其相应的履行请求。”

先履行抗辩权。《民法典》第五百二十六条规定：“当事人互负债务，有先后履行顺序，应当先履行债务一方未履行的，后履行一方有权拒绝其履行请求。

先履行一方履行债务不符合约定的，后履行一方有权拒绝其相应的履行请求。”

不安抗辩权。《民法典》第五百二十七条规定：“应当先履行债务的当事人，有确切证据证明对方有下列情形之一的，可以中止履行：（一）经营状况严重恶化；（二）转移财产、抽逃资金，以逃避债务；（三）丧失商业信誉；（四）有丧失或者可能丧失履行债务能力的其他情形。当事人没有确切证据中止履行的，应当承担违约责任。”

对于双务合同的抗辩权，我们同样可以以请求权为视角进行解释，先履行抗辩权是被要求方有一个在先的请求权，同时履行抗辩权是双方都有一个可向对方作出要求的请求权，不安抗辩权是请求权方有让义务人不能放心履行的情况。

合同的解除也体现了这种给付和对待给付的关联，一方拒绝履行或者迟延履行不能实现合同目的的，另一方可以解除合同，解除合同后，对待给付也就不需要履行了。

（三）其他抗辩权

1. 先诉抗辩权。《民法典》第六百八十七条第二款规定：“一般保证的保证人在主合同纠纷未经审判或者仲裁，并就债务人财产依法强制执行仍不能履行债务前，有权拒绝向债权人承担保证责任……”

2. 出卖人的抗辩权：《民法典》第六百二十一条规定的检验期限、合理期限、二年期限经过后，买受人主张标的物的数量或者质量不符合约定的，人民法院不予支持。（《买卖合同解释》第十四条）

3. 赠与人的穷困抗辩权：赠与人的经济状况显著恶化，严重影响其生产经营或者家庭生活的，可以不再履行赠与义务。（第六百六十六条）

4. 保证人的可抵消与可撤销抗辩权：债务人对债权人享有抵销权或者撤销权的，保证人可以在相应范围内拒绝承担保证责任。（第七百零二条）

5. 承揽人拒绝交付的抗辩权：定作人未向承揽人支付报酬或者材料费等价款的，承揽人对完成的工作成果享有留置权或者有权拒绝交付，但是当事人另有约定的除外。（第七百八十三条）

6. 遗产债务限额和放弃继承抗辩权：继承人以所得遗产实际价值为限清偿被继承人依法应当缴纳的税款和债务。超过遗产实际价值部分，继承人自愿偿还的不在此限。继承人放弃继承的，对被继承人依法应当缴纳的税款和债务可以不负清偿责任。（第一千一百六十一条）

二、抗辩和抗辩权的区别

在民事诉讼中，也将请求权障碍和请求权消灭称为广义的抗辩，而将请求权阻止称之为抗辩权。这两者在法律适用上有重大区别，请求权障碍和请求权消灭涉及并不存在有效的请求权，只要当事人将相关事实引入诉讼中来（辩论主义），即使并未明确主张其法律效果，法官应主动审查事实并适用请求权障碍、消灭的法律规定。而对于请求权阻止的抗辩权，其只是针对已经存在的请求权发生对抗的权利，义务人是否行使该权利，有其自由，即使该事实明确，但当事人没有主张该权利时，法官不能主动适用，也不能进行释明。《民法典》第一百九十三条规定："人民法院不得主动适用诉讼时效的规定。"《民事诉讼时效规定》第二条规定："当事人未提出诉讼时效抗辩，人民法院不应对诉讼时效问题进行释明。"

第六节　请求权效果

前面我们所讨论的攻防是构成要件之间的攻防，也就是围绕法律效果是否产生、是否存在法律障碍、是否已经消灭、是否可以实现等进行的定性的攻防。"在以构成要件系统进行责任是否成立的判断时，如果满足所有的构成要件，且不具备免责事由，那么责任就当然成立；而一旦不满足任何一个要件，或存在免责事由，那么责任就不能成立。因此，责任是否成立的判断属于全有或全无的状态。"[①] 在责任成立的情况下，法律效果本身也涉及法律概念的解析、涵摄认定的问题，从而构成法律效果的攻防。以损害赔偿为例，前面构成要件的攻防都是在讨论原告是否可以请求损害赔偿的问题，也就是责任是否成立的攻防，无论得出结论的过程多么艰难，我们总是要在是和否之间作出决定，被告要么是有责任的，要么是没有责任的，没有中间状态。对于事实，也只有证明为真和没有证明为真这两种结果，因为真伪不明的证明责任判决将产生和该事实不真实一样的法律后果。对于是否归入，到了最后也只有能归入和不能归入两种决定。法官不能因为拿不定主意而拒绝判案。但是责任成立之后，到底被告应该承担多大的责

① 王利明：《民法典人格权编中动态系统论的采纳与运用》，载《法学家》2020年第4期。

任，损害赔偿到底多少合适，这是在法律效果的攻防阶段需要解决的。

一、责任范围

在民事诉讼证明责任一般分配的案件中，原告受害人就“损害”这一要件事实承担证明责任，即应当证明：损害（事实）存在、损害程度和赔偿数额等。在责任成立阶段的攻防中，通常应当首先证明损害（事实）存在，在此基础上讨论责任是否成立。在责任成立之后，需要进一步考虑责任范围，也就是原告需要证明损害的程度和赔偿的数额。

（一）责任成立的因果关系和责任范围的因果关系[①]

处理损害赔偿案例，须区别责任成立与责任范围，以及双重因果关系。在损害赔偿中需要明确双重因果关系，也就是：（1）责任成立因果关系，即侵害行为与权利受侵害之间须有因果关系。（2）责任范围因果关系，即权利受侵害与损害间的因果关系。

对于责任成立及责任范围因果关系，均应区别条件因果关系及条件关系的相当性。判例学说对相当因果关系采如下认定公式：无此行为，虽必不生此损害，有此行为，通常即足生此种损害者，是为有因果关系。无此行为，必不生此种损害，有此行为通常亦不生此种损害者，即无因果关系。应说明者有三：（1）所谓无此行为，虽必不生此损害，系采条件说，用以排除与损害不具因果关系的行为。（2）所谓有此行为，通常足生此种损害，系指因果关系的“相当性”，并从积极方面加以界定。（3）所谓有此行为通常亦不生此种损害，系从消极方面加以界定，其目的在于排除“非通常”的条件因果关系。

相当因果关系说系由条件关系及条件关系的相当性所构成。在适用上须先肯定某个事由系肇致权益侵害（责任成立）及结果损害（责任范围）的条件（若无则不），然后再检视该条件对权益侵害及结果损害的相当性。相当因果关系具规范性的功能，是一种法政策的思考，应否归责之法的价值判断。

（二）责任范围

对“损害（事实）存在”的证明，通常要求达到证明标准。但是在责任范围中，对损害程度和赔偿数额却没有这样严格的要求。“在损害赔偿案件中，受害人往往无法确定或者没有证据来证明损害程度或赔偿数额。对此，许多国家法律规定，法院不能以受害人的证明没有达到证明标准为由或者依据证明责任规

---

① 王泽鉴：《法律思维与案例研习：请求权基础理论体系》，台北元照出版公司2019年版，第576页。

范，判决受害人败诉。”① 我国《民法典》也有相类似的规定，第一千一百八十二条规定：“侵害他人人身权益造成财产损失的，按照被侵权人因此受到的损失或者侵权人因此获得的利益赔偿；被侵权人因此受到的损失以及侵权人因此获得的利益难以确定，被侵权人和侵权人就赔偿数额协商不一致，向人民法院提起诉讼的，由人民法院根据实际情况确定赔偿数额。”

（三）赔偿项目

有些法律规定了明确的赔偿项目和计算方法，这时候就可像套公式一样代入相关数据进行计算。《民法典》第一千一百七十九条规定：“侵害他人造成人身损害的，应当赔偿医疗费、护理费、交通费、营养费、住院伙食补助费等为治疗和康复支出的合理费用，以及因误工减少的收入。造成残疾的，还应当赔偿辅助器具费和残疾赔偿金；造成死亡的，还应当赔偿丧葬费和死亡赔偿金。”《工伤保险条例》第三十九条规定了职工因工死亡的，其近亲属从工伤保险基金领取丧葬补助金、供养亲属抚恤金和一次性工亡补助金的标准。

误工费根据受害人的误工时间和收入状况确定。误工时间根据受害人接受治疗的医疗机构出具的证明确定。受害人因伤致残持续误工的，误工时间可以计算至定残日前一天。受害人有固定收入的，误工费按照实际减少的收入计算。受害人无固定收入的，按照其最近三年的平均收入计算；受害人不能举证证明其最近三年的平均收入状况的，可以参照受诉法院所在地相同或者相近行业上一年度职工的平均工资计算。（《人身损害赔偿解释》第七条）

关于误工费的计算，专业书籍中有不少介绍，此处不再赘述。但一定要注意赔偿项目的计算方法、计算公式以及其相应的印证材料。

（四）惩罚性赔偿

民事赔偿以填平补齐为原则，以惩罚性赔偿为例外，《民法典》中关于惩罚性赔偿的规定主要有：

第一千一百八十五条规定：“故意侵害他人知识产权，情节严重的，被侵权人有权请求相应的惩罚性赔偿。”

第一千二百零七条规定：“明知产品存在缺陷仍然生产、销售，或者没有依据前条规定采取有效补救措施，造成他人死亡或者健康严重损害的，被侵权人有权请求相应的惩罚性赔偿。”

---

① 江伟、邵明：《民事证据法学》，中国人民大学出版社2015年版，第161页。

第一千二百三十二条规定："侵权人违反法律规定故意污染环境、破坏生态造成严重后果的，被侵权人有权请求相应的惩罚性赔偿。"

（五）精神损害赔偿

在法律规定的有些情形下，有权请求精神损害赔偿，这些情形包括：

1. 侵害自然人人身权益造成严重精神损害的。（第一千一百八十三条第一款）

2. 故意或者重大过失侵害自然人具有人身意义的特定物造成严重精神损害的。（第一千一百八十三条第二款）

3. 非法使被监护人脱离监护，导致亲子关系或者近亲属间的亲属关系遭受严重损害。（《精神损害赔偿解释》第二条）

4. 死者的姓名、肖像、名誉、荣誉、隐私、遗体、遗骨等受到侵害。（《精神损害赔偿解释》第三条）

5. 网络用户或者网络服务提供者侵害他人人身权益，造成严重精神损害。（《网络侵害人身权规定》第十一条）

（六）责任限额

《民法典》第一千一百六十一条第一款规定："继承人以所得遗产实际价值为限清偿被继承人依法应当缴纳的税款和债务。超过遗产实际价值部分，继承人自愿偿还的不在此限。"第一千二百四十四条规定："承担高度危险责任，法律规定赔偿限额的，依照其规定，但是行为人有故意或者重大过失的除外。"

二、减责的抗辩

（一）合同编的减责事由

1. 可预见规则的限制。《民法典》第五百八十四条规定："当事人一方不履行合同义务或者履行合同义务不符合约定，造成对方损失的，损失赔偿额应当相当于因违约所造成的损失，包括合同履行后可以获得的利益；但是，不得超过违约一方订立合同时预见到或者应当预见到的因违约可能造成的损失。"

2. 扩大的损失减责。《民法典》第五百九十一条第一款规定："当事人一方违约后，对方应当采取适当措施防止损失的扩大；没有采取适当措施致使损失扩大的，不得就扩大的损失请求赔偿。"

3. 过错相抵。《民法典》第五百九十二条规定："当事人都违反合同的，应当各自承担相应的责任。当事人一方违约造成对方损失，对方对损失的发生有过错的，可以减少相应的损失赔偿额。”

4. 损益相抵。买卖合同当事人一方因对方违约而获有利益，违约方主张从损失赔偿额中扣除该部分利益的，人民法院应予支持。（《买卖合同解释》第二十三条）

（二）侵权责任编的减责事由

《民法典》第一千一百七十三条规定：“被侵权人对同一损害的发生或者扩大有过错的，可以减轻侵权人的责任。”

损害范围的证明标准相对低一些，法官的自由裁量范围和空间更大，但是证明责任的分配却是刚性的，错误的证明责任分配会导致错误的判决。比如，在原告的违约之诉中，违约金约定为10000元，被告抗辩要求减少过高的违约金，原告提供了损失3000元的证据，但对其他损失提不出证据。这时，仍然不能作出支持被告的决定，因为违约金存在的价值就是对损失的预定，只有被告证明约定的违约金过分高于原告实际损失的，才能支持被告的请求。是被告应该对过分高于损失进行证明而不是原告，如果真伪不明，则作出对被告不利的裁判，即减少违约金的请求不能得到支持。

第五章　整理要件事实

> 在依案例事实认定得适用的法律规范后，须更进一步建构能够符合该法律规范要件构成的案例事实（要件事实），此为实务上困难的重大问题，攸关司法品质、诉讼效率和当事人利益，应受重视。①
>
> ——王泽鉴

虽然法律的适用不外乎规范和事实两个维度，也就是以事实为依据，以法律为准绳。但是事实和规范的连接却并不是自动生成的，而是需要一定的方法论。郑永流先生在《法律思维导论》的后记中讲道："没有方法论的自觉和训练，的确也可凭借职权断案，但常断不明案，当事人每每不服，这固然有时是判断者的价值观出了问题，如徇私枉法，因循守旧，却也大量表现为技艺不行。法学是一门充满实践理性的学科，魅力主要是不再坐而论道，建构价值，因为其他学科也共担这样的使命。而在于如何通过规范，把价值作用于事实作出外有约束力内有说服力的判断的技艺。这种技艺就是要使预设的价值规范在事实的运动场上跑起来，让它们在舞动中获得新生或延续生命。无技艺，自由的价值，诚信的原则，总是养在深闺，纵中有千种风情，与何人说。与事实永是银汉相隔。所以恩吉施才要我们法律者的目光在大前提与生活事实之间顾盼。"② 然而事实与规范的顾盼，虽然形象，却不易操作，这就需要一套相对具体和步骤化的应用指南。

第三步我们划分了法律要件，第四步我们就可以根据划分的法律要件来整理相应的具体事实。

在划分法律要件的基础上，我们以请求权基础的构成要件为出发点，对事实进行处理，只有把具有实质性的事实和非实质性的事实区别开来，我们才能进行更精细的分析。这项整理工作在程序法上也具有十分重要的意义，迟至法庭辩论终结，与构成要件相对应的具体事实仍然没有被主张出来的话，原告就会因为主

① 王泽鉴：《法律思维与案例研习：请求权基础理论体系》，台北元照出版公司2019年版，第106页。

② ［德］卡尔·恩吉施：《法律思维导论》，郑永流译，法律出版社2014年版，第322页。

张责任而败诉。如德国的关系分析法和我国台湾地区的争点整理方法一样，整理要件事实并不处理事实的真实性问题，而是假定所有的事实都是真实的，进而审查我们所拥有的事实是否能够满足请求权构成要件的要求。如果在采取补充措施之后仍然缺失相关事实的，可能就需要考虑放弃这个请求权方案。

第一节　要件事实

请求权基础的构成要件具体规定了在哪些条件下可以产生请求权的法律效果。“构成要件不包含对一次性历史事件的描述，而是一份以抽象特征概括出来的事件‘节目单’，这份‘节目单’可以由无数的案例来填充，因为规范的目的不是只对一件个案做出裁判，而是要对无数的同样情形的案件做出裁判。有鉴于此，法院就要进行调查，查明应对之予以裁判的事实情况是否与规范的构成要件相符，也就是说，在事实情况的具体历史事件当中，是否可以再现在构成要件中抽象表述的事件特征。”① 构成要件类似于节目单或剧本，一千个演员可能会演绎一千个哈姆雷特，但固定的桥段必不可少，否则就不是哈姆雷特而是别的演出。一千个案件可能有一千张面孔和不可胜数的差异之处，但都必须满足请求权基础的构成要件才能得出请求权的效果。“以事实为依据，以法律为准绳”，这个事实应该是和请求权基础的构成要件相对应的要件事实，而不是一般的生活事实或者泛泛的法律事实。

一、要件事实是什么

民事诉讼的存在理由主要是权利保护说，也即当真正的权利人受到不法侵害时，本应可以诉诸己力，但是在国家禁止私力救济之后，取而代之的是以民事诉讼保护公民所遭受侵害的权利。然而，权利是否存在，不是我们所能感受到或者观察到的，这通常需要借助实体法规定的构成要件来判断。“从成文法系来讲，实体法规定权利的条文构造主要采用法律要件与法律效果的模式。具体而言，法条编撰者从大量的自然事实抽出共同点，作为法律要件，同时赋予要件充沛时相应的法律效果。而当法官裁判的时候，则需将法律要件释放到具体的自然事实

① ［德］迪特尔·施瓦布：《民法导论》，郑冲译，法律出版社2006年版，第11页。

上，从而形成一个崭新的既不同于纯粹抽象的法律，也不同于纯粹自然事实的法律事实像，他是法律规定要件在具体事实上的投影，是披挂抽象法律要件隐形披风的自然事实。"[①] 这种"法律事实像"就是要件事实。比如说，在借款返还之诉中，借款合意是抽象的构成要件，其主要内容是"借款人向贷款人借款，到期返还借款并支付利息"（第六百六十七条），要件事实就是"张三向王五借了500元钱，3个月以后归还本金和利息"。

所谓要件事实，是指与发生某一法律效果所应充分实现的构成要件相对应的具体事实。另一方面，本书也在某个构成要件相对应的具体事实上使用要件事实这个概念。比如，我们说请求权基础的要件事实不能满足，则是在第一种意义上使用。我们说过错要件事实不能满足，则是在第二个意义上使用。

要件事实，具有四个方面的特征：

一是实质性：是指该事实与法律适用上的指向关系。实质性是事实能够成为要件事实的前提条件，此步骤判断标准宜宽泛，也就是尽可能地把法律适用上相关的事实考虑进来，同时排除明显不相关的其他法律事实和不具有法律意义的生活事实。

二是完整性：要件相对应的事实缺一不可。主要是做形式上的判断，法律要件所需要具备的特征点是否都有相对应的具体事实。我们要明确完整性的判断标准，对于请求权基础来说，则是其穷尽划分的各个要件是否齐备。对于某个要件来说，则是其各个具体的要素是否齐备。比如，意思表示包括行为意思、表示意思和效果意思。请读者在后面的论述中根据语境注意区别。

三是真实性：事实是历史的和经验的，具有可证明性。前述相对应的事实在诉讼中证明为法律真实。

四是符合性：该事实满足了相应的法律要件所具有的要素，经过民法解释学的操作能够妥当地归入，可评价为导致法律效果发生的事实，或满足某个要件的事实。

以下进行分别介绍：

（一）实质性

实质性是指生活事实与法律规范相关联的判断。在法律适用的过程中，对实质性的判断属于粗加工的过程，属于类型的大致判断。有两个细分的功能，一个是筛选功能，初步将可能影响法律适用的相关事实整理出来，以便做下一步更为

---

① 段文波：《规范出发型民事判决构造论》，法律出版社2012年版，第64页。

精细的分析论证。另一个是排除功能，将明显与法律适用无关的具有其他法律意义的事实、没有法律意义的纯粹生活事实区分开来。比如，在对证据进行判断的过程中，从思维经济的角度，首先判断证据指向的事实是否具有实质性，是否属于要件事实，如果不具有实质性就没有必要继续考察其真实性。其次再考虑证据的三性和证明力，考察其是否能证明事实的存在或不存在。

（二）完整性

完整性是指具有实质性的事实和构成要件具有数量和形式上的一一对应性，用于考察是否遗漏必要的事实主张。罗森贝克对构成要件完整性进行过清晰的论述，“对构成要件完整性这一要求，不言而喻，不需要加以论证，因为不具备全部构成要件特征，法律规范就不可能被适用……对于构成要件的完整性要求，当然只是针对作为原告请求权和被告抗辩权基础的法律规范的构成要件而提出的”①。

（三）真实性

要件事实首先是具体的生活事实，不是抽象的法律事实。要件事实的事实性是相对于法律的抽象性来说的。要件事实需要通过证明达到法律真实的程度。

真实性在证明要件事实部分解决，需要达到证明标准。

（四）符合性

要件事实并非普通的生活事实，亦非一般意义上泛指的法律事实，而是可以导致某一法律效果发生的事实。之所以具有这样的效果，是因为该事实满足了法律构成要件所具有的要素。是否具有这样的要素，是民法适用的关键问题。正如拉伦茨所指出的，“事实上，法律适用的中心环节不在最终的涵摄，毋宁在于：就案件的个别部分，判断其是否符合构成要件中的各种要素”②。

符合性在论证要件事实部分解决，需要达到论证标准。要注意结合语境区分形成中的要件事实和最终证成的要件事实。最终证成的要件事实四个特性全部具备，而作为工作步骤，整理要件事实、证明要件事实、论证要件事实只是表明以终为始、结果导向的工作程序，并不含有其必然满足全部四个特性的意思。

二、要件事实的程序法意义

划分法律要件只是划分了抽象的法律要件，决定了客观的主张责任、客观的

① ［德］莱奥·罗森贝克：《证明责任论》，庄敬华译，中国法制出版社 2018 年版，第 186 页。
② ［德］卡尔·拉伦茨：《法学方法论》，陈爱娥译，商务印书馆 2003 年版，第 165 页。

证明责任和客观的论证责任，与具体的诉讼和个案的情况无关。客观的风险给当事人造成了行为的压力，只有消除风险，才能实现诉讼的目标。当事人该如何行为是主观的主张责任、举证责任、论证责任的范畴，而其具体内容和范围则由要件事实来确定。对此，王亚新先生有过精彩的论述，“当事人双方围绕一定的法律效果展开攻击防御，提出各种不同要件事实的主张，也是审判对象逐渐形成过程的一个重要部分。实体法提供的要件事实就像提纲挈领的框架，使纠纷事实得以被组织到一套结构化的、需要加以证明的命题中去。而主张责任的分配则为这个组织和构成审判实体对象的过程提供了动力机制，当事人必须把自己追求的纠纷解决结果表达为一定的法律效果，为了使这种法律效果发生，他还必须提出有关的要件事实，而另一方当事人则为了妨碍、阻却或消灭这种法律效果也必须提出相应的要件事实，或者他也可以另外提出能够使其他有利于自己的法律效果发生的要件事实。通过在当事人之间展开的这种‘主张→抗辩→再抗辩’的对抗过程，纠纷事实就被逐渐按照实体法上规定的‘效果一要件事实’的框架被重新结构起来，并作为审判对象的主要部分而呈示给法院”①。

（一）要件事实划定了具体的主张责任的范围

法律要件分类决定着主张责任的分配。原告通过诉讼程序请求保护自己的实体权利，首先必须就自己请求的法效果的要件事实进行主张，如果主张缺失或不能成立，原告的请求就会被驳回。被告针对原告提出的请求，要么进行否认，要么运用己方掌握的要件事实进行防御，进行抗辩事实的主张。如果应该进行主张的某一方，没有对自己法律要件的事实进行主张，那么就要承担相应的不利后果。

（二）要件事实划定了具体的举证责任的范围

举证责任是指对于诉讼中的待证事实，应当由谁提出证据加以证明的责任，又称行为意义上的证明责任。② 如果不属于免证的事实，对于自己一方的主张，需要提交相应的证据证明。“谁主张，谁举证”就清晰地表明了主张责任和举证责任一致性的要求，但这只是对主张和举证的关系的不完整表达，如果双方有矛盾的主张，或者都没有主张，谁应当承担不利后果呢？完整的表述应该是“谁的要件，谁主张；谁主张，谁举证”。

---

① 王亚新：《对抗与判定：日本民事诉讼的基本结构》，清华大学出版社2002年版，第103~104页。

② 在我国的诉讼理论和实践中，证明责任有双重含义。为了区分这两种含义，本书用证明责任来指称客观意义上的证明责任，用举证责任来指称行为意义上的证明责任。

（三）要件事实划定了具体的论证责任的范围

要件事实也为法官指明了审判的方向，要件事实就是法院裁判的对象范围，它肩负着引导当事人在其范围内进行辩论的职责，法官的判决也只能围绕要件事实进行说理和论证。判决确定后，要件事实也决定了既判力的客观范围。①

用法律要件来整理事实，有以下优点，第一是符合实务的需要，我们的诉讼方案主要是为当事人争取权利，而权利是否成立，主要是从要件事实是否满足进行判断，整理要件事实针对性强，符合实务的需要。第二是符合诉讼经济原则，我们后面的取证活动、论证活动，都紧紧围绕这个要件事实来展开，避免纠缠于无关的非要件的事实。第三是目标明确，便于条分缕析地分析整个的法律适用过程，更高效地把握诉讼进展和动态，有针对性地采取措施。要件事实理论，既具有理论深度又具有实践品格，为促进诉讼精细化提供了理论指导和实践指南。

三、要件事实的特性与诉讼阶段

在不同的诉讼阶段，四个特性的重要性有所不同。起诉答辩阶段，侧重把具有实质性的事实完整地主张出来。法庭调查阶段，侧重对要件事实的真实性进行处理。法庭辩论阶段，侧重对要件事实的符合性进行处理。当他们产生争议的时候，每个特性的争议解决方式也不同，完整性争议在于补充遗漏的主张，真实性争议在于证据和证明，而符合性争议在于民法解释学的论证。

（一）四个特性与三个诉讼阶段

1. 主张的实质性还是符合性？

在主张失权的制度模式下，一旦进入证据调查环节，当事人就不得追加或变更事实主张。在此模式下，如果假定当事人的事实主张全部为真实，仍然不能满足适用法律的要求，就可以直接驳回原告的起诉。这时，对当事人事实主张的要求就是符合性的要求。我们目前的实践是随时提出主义，法庭辩论终结前都可以提出新的事实主张，没有主张失权制度，符合性的要求也就丧失了意义，转而从更具有实践操作价值的实质性来要求。对原告所主张的请求权有影响的事实就进入诉讼，没有影响的就没有进入诉讼、进行调查的必要。《证据规定》中也采用该了实质性的概念，第四十六条第二款规定：“当事人申请提交的书证不明确、书证对于待证事实的证明无必要、待证事实对于裁判结果无实质性影响、书证未在对方当事人控制之下或者不符合本规定第四十七条情形的，人民法院不予准

① 段文波：《规范出发型民事判决构造论》，法律出版社 2012 年版，第 82 页。

许。”其中，待证事实对于裁判结果无实质性影响就是该事实对诉讼标的无实质性。在举证质证阶段，证据的关联性以所要证明的事实的实质性为前提，而不是以符合性为前提。

2. 主张的完整性。

主张责任不解决真实性问题，主要是解决完整性和实质性问题，也就是对诉讼标的有意义的事实是否已经主张出来。主张是指对拟适用的法律规范的构成要件特征已经具备的陈述。“只有在当事人没有提出某一主张时，主张责任才具有实践意义。没有这一主张其诉讼请求便不可能获得满足的当事人，将承受这一不利后果，正如人们所说的那样，由他承担主张责任。”①

3. 主张的真实性。

“只有当法官认为客观情况表明适用某一法律规范的条件已经具备，简言之，当法官对具备适用法律规范的条件获得了一个积极的心证时，他才可能适用该法律规范，也就是说，他才可能确认该法律规范的效果已经发生。因此，不仅当法官对不具备此等条件形成心证时，不适用该法律规范，而且当法官对是否具备这样的条件存疑时，也不适用此等法律规范。这种不确定的不利后果，由唯适用该有疑问的法律规范才能胜诉的当事人承担。由此我们得出证明责任的原则：不适用特定法律规范则其诉讼请求就不可能得到支持的当事人，承担法律规范的特征在实际发生的事件中已实现的证明责任，或者简单地说，对拟适用的法律规范的条件承担证明责任。”②

4. 事实的符合性。

符合性是结合庭审的查明修正的事实，对法律的适用进行论证之后的证成。实质性是有无的判断，符合性是程度的判断。

（二）四个特性的关联

1. 逻辑上的递进关系。

前一步是后一步的基础，前一步未满足的，没有进入下一步考察的必要。不具有实质性的事实就没有考察完整性的必要，因为完整性是针对构成要件的完整，对构成要件没有影响就谈不上完整与否的问题。不具有完整性的就没有考察真实性的必要，即使全部事实为真，也会因为缺少构成要件必要事实而败诉。不具有真实性就没有考察符合性的必要，即使全部符合也会因为事实未予证明而

① ［德］莱奥·罗森贝克：《证明责任论》，庄敬华译，中国法制出版社2018年版，第54~55页。
② ［德］莱奥·罗森贝克：《证明责任论》，庄敬华译，中国法制出版社2018年版，第14页。

败诉。

2. 程序上的递进关系。

实质性是法官的筛查器，有实质性才进入诉讼中，无实质性就排除出去。所以，主张责任考察是否把实质性事实完整地带入诉讼中来，证明责任考察事实的真实性是否达到证明标准，论证责任考察是否满足论证负担。大体上对应诉讼的起诉答辩、法庭调查、法庭辩论阶段。

3. 适用上的集合关系。

主张某种法律效果的需要确保上述四种特性全部满足。由于实质性更多的是一种过程性的判断工具，具有该当性的要件事实中，实质性为符合性所吸收。

否定某种法律效果的只需要否定其中一个特性即可。否定实质性和否定符合性并不完全一样，否定实质性是指该事实对法律适用根本没有影响，比如，过错之于违约责任。否定符合性是指有影响，但没有达到相应的标准和程度。比如，一般过错的事实之于重大过失才成立的责任就不具有符合性，如无偿保管人的赔偿责任。（第八百九十七条）

（三）异同比较

1. 区别。

在真实性问题上，法官受到当事人提交的事实资料的约束。在符合性问题上，法官可以自行收集一切可以作为论证的资料，不受当事人提交的资料和发表的意见的限制。比如，合同是否存在一个条款是事实性问题，而该条款如何解释，则是法律适用的问题。

2. 共同点。

法律要件所划分的败诉风险不仅仅是证明责任，还有主张责任、论证责任，虽然发生作用的机制有区别，只有要件事实的真实性适用辩论主义，要件划分和其含义的客观性以及要件事实的实质性、完整性、符合性适用法官知法，但它们对于当事人的败诉风险而言，所承受的客观范围都是一致的：无论是该要件根本不具有当事人所认为的那种含义；还是事实主张没有实质性，而必要的要件事实又没有主张；还是主张的要件事实没有得到证明；再或者是证明的要件事实的符合性没有得到证成，只要是这一要件没有最终满足从而法律规范不能适用、其诉讼请求便得不到支持的一方承担相应的败诉风险，是为法规范不适用说。

将事实涵摄在法律规范之下是法官的任务，但将含有充足法律因素的事实主张出来却是律师的任务。要件事实就是律师针对拟选用的请求权基础进行事实主张的最低界限，这需要在起诉状中进行完整表述。要件事实一方面具有事实的要素，有证明必要性的事实要通过证据进行证明，这就是举证责任。另一方面具有规范的要素，要能让法官从中发现法律，这就是律师的论证责任。举证责任和论证责任统一于“法规范不适用说”，无论事实真伪无法确定，还是法律因素的符合不符合无法确定，有利于己方的规范都不会得到适用。

四、要件事实的实体法意义

（一）要件事实反映了内部证成的要求

“法学上的论证是一种普遍性实践论证，既属规范论证，其论证的形式和规则均须受现行法的限制，即在有效力的法规范上作法律适用合理性的推论和证明。所谓合理性，在形式上要求其合法，在实质上要求其符合正义。论证本身包括内部论证及外部论证，前者指法律适用的三段论法，前已述及。后者系以内部论证过程中所使用的前提为对象。”①

在实际的操作中，内部证成的分析构成了小前提真实性和大前提妥当性分析的前提。在论证理论上，大小前提的连接、归入或涵摄的分析称为内部论证；大前提（规范）的妥当性，小前提（事实）的真实性称为外部论证。“通过内部证成的分析，可以显明推论出法律后果所需的所有前提，从而确立了需要进行外部证成的对象。换言之，外部证成需要证立什么，证立要符合什么样的标准，恰恰是由内部证成来决定的。”②

整理要件事实就是根据司法三段论的形式要求，通过规范与事实的对照性分析，明确证明的重点，论证的方向。法之释义非因文本，乃由案例所提出。相关事实证明之后，再根据具体事实对涵摄做归入的论证。

在此过程中，可能会面临一种质疑，那就是“被倒置的法律推理”，首先确定案件结果，然后在案情和证据的丛林中殚精竭虑地寻找论证的路径。在这个过程中，推理结论成为推理的指南，而这个结论从何而来却又是一个黑箱。③ 对这种质疑有两点回应：一是区别了意义预期和确信，后者是形成了结论的确信之后寻找正当性的包装，前者只是初步拟定假设方案后考察是否能够证立。二是程序不同，后者有点类似直觉和法感情来直接得出结论，前者是通过严谨的分析建立初步的考察方案。而且，无论是小前提的真实性，还是大前提的妥当性，无论是事实观点还是法律观点，诉讼的对抗性大大减少了这种盲目的确信。

---

① 王泽鉴：《法律思维与案例研习：请求权基础理论体系》，台北元照出版公司2019年版，第175页。

② 舒国滢、王夏昊、雷磊：《法学方法论》，中国政法大学出版社2018年版，第198页。

③ 转引自王利明：《法学方法论》，中国人民大学出版社2012年版，第230页。

（二）要件事实体现了法律适用的动态化和实践性

典型三段论逻辑形式给人造成一种错觉，以为作为大前提的法律规范和作为小前提的事实是截然分开的两个前提，两个阶段。但在实际运用中，却是对向交流、双向归属的，法律适用的形式逻辑特性，在实践操作中就体现为要件事实。要件事实一方面具有规范性，另一方面具有事实性。需要证明的是实体法构成要件观照下的事实，也即证明要件事实；而需要论证的是针对具体案件事实法律含义进一步精确化和具体化的解释，也即论证要件事实，两者都统一于要件事实的证成。

德国学者拉伦茨在《法学方法论》中指出，为了能将生活事实如其所发生那样进行法律上的评价，评价者首先必须以陈述的方式将它表现出来，并在陈述中，把一切在法律评价上有意义的部分不多不少地保留下来。至于哪些在法律评价上有意义，只能在可能适用于该生活事项的法律规定中探知。因此，评价者必须以生活事实为出发点，审查可能适用的法条，然后以法条的构成要件为据，而法律规范的获得和具体化也必须以法律事实为据。在司法过程中，裁判者运用三段论演绎推理进行审判时，程序参与人必须将司法程序之外发生的原始生活事实借助语言，以命题的形式陈述出来，并且与立法构筑的抽象事实、要件事实进行比对，加工整理，剔除一些在法律上无意义的生活事实，然后就所余的命题，仅仅是部分生活事实的法律化表达。剔除和评价应当处在同一过程，是边剔除边评价，这就是大陆法系国家“规范出发型法律思维”的特点。[①]

（三）要件事实反映了法律适用的形式理性特性

“演绎的说理模式具有更多的优点：首先，它可以确保所有满足必然以普遍形式被表述的规范构成要件的案件事实均受到相同处理；其次，它能在可能范围内保障法的安定性；最后，它使得我们以最可靠的方式来审查推论各环节的准确性，并可以据此作出有根据的批判……这种逻辑形式化的功效主要在于：借助它，必要的推理环节的漏洞更容易被控制住。他们认为，逻辑涵摄主要是为了跨越法定构成要件与案件事实描述二者之间的语言鸿沟：前者多数情况下以非常抽象的术语来描述；而后者则更强调待决案件的个别特征。在此，由解释制定法规范得来的结论，以及由之前的前提推导的结论，二者所共同构成的前提应纳入推论的环节。譬如根据法定构成要件，关键问题在行为人是否携带武器；而案件事实描述，他带了一把刀。那么这里就不难借助下述不容置疑的陈述弥合二者在语

① ［德］卡尔·拉伦茨：《法学方法论》，陈爱娥译，商务印书馆2003年版，第110页。

言上的'鸿沟'：刀是（这一规范意义上的）'武器'。之后的涵摄就没有任何困难了。如果行为人带的不是刀，而是随身携带的指甲剪，人们就会心生疑惑，这是（该条规范所指的）'武器'吗？要回答这一疑问，就必须指出（该规定所谓的）'武器'的特性，以便更精确地把握其特征。这一工作是借助规定的解释来进行的。解释的结论构成推论的大前提，小前提则是：确定行为人携带的指甲剪是否具备'武器'的特性。结论是下述判断：行为人的确（或没有）携带武器，进而推出：被描述的案件事实符合（或者不符合）法定构成要件。事实上，这种'演绎'说理模式的特征就是若干推论的交织链接，这些推论的前提之一是制定法文本，然后是通过对它的解释而形成的更详细的概念界定和案件事实描述，正因为它给人留下严格的、符合逻辑思想顺序的印象，它才如此具有吸引力。"①

第二节　主张责任

辩论主义是指当事人对案件事实材料负责。主张责任，是指当事人为了获得对自己有利的裁判，需要向法院主张对自己有利的案件事实。② 主张责任是指一方当事人对哪些事实材料负责，以及缺少这些事实主张的时候，谁来承担不利后果。与此相关的还有，当事人应该在什么时候提出主张和证据？以及当事人可以在陈述中主张什么？否认什么？

一、辩论主义

"诉讼如何开始和结束？诉讼进程由谁掌控？实体裁判对象如何形成？裁判所依据的诉讼资料如何形成？上述问题是任何一种民事诉讼体制都需要回答的，因为这其中都存在当事人与法官，也都需要解决实体问题。不同的答案大概可以作为区分彼此的识别标准，处分权主义与辩论主义是大陆法系民事诉讼理论对于上述多数问题给出的答案，张卫平教授将之比喻为'当事人诉讼体制运行中的两个车轮'。一般认为，处分权主义与辩论主义的根据在于私法（私权）自治，由于民事诉讼中的诉讼标的是当事人之间私的权益纠纷，因此应当尊重当事人自由

① ［德］卡尔·拉伦茨：《法学方法论》，黄家镇译，商务印书馆 2020 年版，第 207 页。
② 江伟、肖建国：《民事诉讼法》，中国人民大学出版社 2015 年版，第 205 页。

处分的意志。根据处分权主义，当事人是否起诉或终结诉讼，何时或以何种内容、范围对何人起诉，由当事人自由决定。处分权主义划定了法官裁判的范围以及当事人在诉讼开始与结束方面的主导地位（但不是在除此之外的程序运行中的主导地位，与英美法不同，大陆法系在这一问题上的传统观点是职权进行主义）。相对于处分权主义，辩论主义则确定了法官与当事人在诉讼资料形成方面的作用分担，大陆法系民事诉讼理论一般将辩论主义的基本特征概括为三个命题：

“第一，直接决定法律效果发生或消灭的必要事实（要件事实、主要事实），只有在当事人的辩论中出现才能作为判决的基础，法院不得将当事人没有主张的事实作为判决的基础。

“第二，法院应将当事人之间没有争议的主要事实（要件事实）作为判决的基础。

“第三，法院能够实施调查的证据只限于当事人提出（申请）的证据。”①

对于命题一：人民法院审理民事案件时，当事人有权进行辩论。（《民事诉讼法》第十二条）我国法律未明确规定约束性辩论主义。

对于命题二：我国《民诉解释》第九十二条也规定了自认制度。②

对于命题三：《民诉解释》以及《证据规定》中，对法官依职权收集证据进行了明确规定，除此之外，当事人自己负责收集证据，人民法院不是当事人的私家侦探。同时，证据未经质证，不能作为定案的依据。

《民诉解释》接受了辩论主义的理念，并在司法实践中遵循。以收集证据为例，我们经历了超职权主义到当事人举证的转型，“民事审判方式改革以前，我国在民事诉讼中一直实行超职权主义的诉讼模式，当事人习惯于将诉讼上的一切事务通过一纸诉状全交给法院，法院则包揽了本应由当事人自己承担的大量诉讼义务。20 世纪 90 年代末期以来，我国的民事审判方式改革吸取和借鉴了对抗制诉讼模式中的积极因素，扩大了当事人在民事诉讼中的权利，同时强化了当事人举证和质证的义务”③。

《民事诉讼法》第六十四条规定：“当事人对自己提出的主张，有责任提供

---

① 许可：《民事审判方法——要件事实引论》，法律出版社 2009 年版，第 124 页。

② 《民诉解释》第九十二条规定：“一方当事人在法庭审理中，或者在起诉状、答辩状、代理词等书面材料中，对于己不利的事实明确表示承认的，另一方当事人无需举证证明。对于涉及身份关系、国家利益、社会公共利益等应当由人民法院依职权调查的事实，不适用前款自认的规定。自认的事实与查明的事实不符的，人民法院不予确认。”

③ 最高人民法院民事审判第一庭：《最高人民法院新民事诉讼证据规定理解与适用（上）》，人民法院出版社 2020 年版，第 83 页。

证据。当事人及其诉讼代理人因客观原因不能自行收集的证据，或者人民法院认为审理案件需要的证据，人民法院应当调查收集。人民法院应当按照法定程序，全面地、客观地审查核实证据。”《民诉解释》第九十六条对人民法院主动收集证据进行了规定，《民诉解释》第九十四条对当事人申请人民法院收集证据进行了规定。修改后的《证据规定》也进一步强化了当事人的主体地位，“我国民事诉讼程序和民事审判方式改革，从上个世纪八十年代至今，始终以强化当事人主体地位为主线。民事诉讼中，强化当事人举证责任、弱化人民法院调查收集证据的职权，是理论界和实务界的共识。但强化当事人的主体地位，并不等于人民法院无所作为。在证据问题上，人民法院既不能大包大揽，也不能放任不管。对于可能损害国家利益、社会公共利益的事实，有关身份关系的事实以及当事人恶意串通损害他人合法权益的事实，即使当事人对事实无争议，人民法院也不能受当事人自认的限制，而应当充分发挥依职权调查收集证据的功能与作用。对于《民诉解释》第九十六条第一款之外的事实，原则上不能依职权调查收集证据。同时，在诉讼过程中，人民法院要加强释明权的行使，加强对当事人举证的指导，促使当事人能够积极、全面、正确、诚实地行使举证的权利。”①

从江必新大法官的这段说明中，我们看到除了必要的修正外，辩论主义的基本原则都已得到确立，也就是确立了民事诉讼中当事人举证的主体地位，法官依职权调查收集证据只限定在有限的情形。在特殊情形下，才不受当事人自认的限制。江必新大法官也高度评价了这种转型的积极意义，修改后的《证据规定》“进一步调适了审判主体和诉讼当事人在举证、查证和认定证据方面的职能分工，在职权主义和当事人之间进行了重新的调适。一方面，明确了当事人提供证据的责任，充分调动当事人提供证据的积极性，有利于节省司法资源，尽快了结争议；另一方面，又科学地设定了人民法院合议庭、主审法官在调查收集证据方面的责任。这种调整尽管是证据行为、证据方面的权利和义务的调整，但实质上是民事诉讼结构的调整。这种调整有利于提高审判效率，提高司法公信力，减少滥用职权的情形”。

无论是辩论主义还是职权主义，客观的主张责任都是存在的。也就是说，至法庭辩论终结，当事人对于请求权基础构成要件的必要事实仍然没有主张，由于该主张的缺失而败诉。只是在职权主义中，法官不受当事人主张的约束，可以主

① 江必新，《最高人民法院关于修改〈关于民事诉讼证据的若干规定〉的决定的有关情况通报》，https：//www.chinacourt.org/chat/fulltext/listId/52313/template/courtfbhcommon/subjectid/MzAwNMixMIABAA==.shtml，最后访问时间：2020年1月6日。

动调查收集资料，但这只能理解为约束的解除，而不是要求法官就所有的可能性进行穷尽的排查，原告仍然有进行事实主张的现实必要性，因为法官只能就有具体线索指向和确有必要性的事实进行调查取证。从这个意义上讲，客观的主张责任的风险在两种诉讼模式下都存在，都倒逼形成了当事人主张的现实必要性，只不过辩论主义模式，当事人的主张为法官调查收集资料划出了界限，法律把更多的责任交给了当事人。

二、主张责任

（一）主张责任的概念

主张是在诉讼过程中，双方当事人围绕诉讼标的展开攻击防御而向法院提出各种支持自己、反驳对方的陈述。主张在这里主要是指事实主张，是指被当事人的语言加工的，被法律过滤并被特定的实体法律规范所剪裁的从而可以被涵摄的事实，也就是要件事实。

在我国以前的超职权主义的模式下，法官依据职权查明案件事实，当事人即使没有提出主张和证据，也不妨碍法官对这些主张和证据进行调查并据此裁判。随着我国经济体制从计划经济转为市场经济，民事诉讼体制改革也从职权主义转向辩论主义，这就要求对于相关法律效果发生或消灭的直接且必要的事实必须由当事人在辩论中提出，这实际上就为当事人设定了一种责任——如果没有主张这一事实，则法院不能以该事实为依据判决，其结果自然是当事人要承担由此产生的消极后果。所以说，辩论主义构成主张责任的基础。

主张责任，是指当事人为了获得对自己有利的裁判，需要向法院主张对自己有利的案件事实。① 如果当事人没有主张，就要因此承担法律规范不适用的风险或不利后果。

（二）主张责任的具体含义

现代辩论主义对主张责任的要求是：

1. 主张责任是当事人在诉讼中必须提出事实主张的责任。

2. 法官审理案件以当事人提出的事实为基础并受之拘束（涉及第三人利益除外）。

3. 当事人未主张的事实，法官不得据此作为判决基础。

4. 法官自己取得的事实，必须告知当事人后方可采纳。

---

① 江伟、肖建国：《民事诉讼法》，中国人民大学出版社 2015 年版，第 205 页。

5. 法院可以通过发问促使当事人自己提出相应的主张。

6. 当事人不提出相应的诉讼主张，有可能直接导致其败诉。[①]

原告通过诉讼程序请求保护自己的实体权利，首先必须就自己请求的法效果的要件事实进行完整、具体、充分的主张，如果主张缺失或不能成立，原告的请求就会被驳回。

被告针对原告提出的请求，要么进行否认，要么进行抗辩的主张。提出权利障碍、消灭、减免责等抗辩，被告必须就自己抗辩的法效果的要件事实进行完整、具体、充分的主张，否则就会支持原告的主张。

（三）主张责任的范围

大陆法系通说认为，主张责任和证明责任的分配具有一致性，也就是当事人没有就证明责任范围内的要件事实加以主张，则法院不会主动适用相应的法律规范，当事人因此受到不利裁判。比如，被告没有对诉讼时效经过的事实进行主张，那么就要承担败诉的后果。

（四）主张责任的作用

当事人的主张是诉讼成立的要件。根据《民事诉讼法》第一百一十九条的规定，起诉必须具有具体的诉讼请求和事实理由。这里的事实理由实际上就是当事人的诉讼主张。只有当事人提出诉讼理由才能使诉讼成为可能。

当事人的主张也是法院审理和裁判的基础。根据辩论主义的基本原则，法官裁判应当以当事人主张的事实为基础，当事人没有主张的事实不得作为裁判的基础。构成诉讼所必需的全部事实都必须主张。

当事人的主张同时也决定了其提供证据的范围，《民事诉讼法》第六十四条规定，当事人对自己提出的主张，有责任提供证据，也就是说谁主张谁举证。当事人的主张直接影响和决定后续的举证和法官的审理，必须对构成要件的全部事实进行完整而具体的主张。

在职权探知主义的诉讼模式下，法官可以直接调查收集证据。但在当事人主义的诉讼模式下，对于私益纠纷，法官受到当事人主张的约束。法官主要凭借当事人提交的诉讼资料形成对案件事实的判断。基于诉讼的对抗性和人类的本性，各方应各自提供对自己有利的诉讼资料，要件事实理论形象化地称之为攻击防御。

---

① 邹碧华：《要件审判九步法》，法律出版社 2010 年版，第 111 页。

三、适时提出主义

前面论述了提出主张的范围问题。这里接着论述提出主张的时机问题。主张是举证的前提问题，我们民诉法对于主张的规定较少，但由于主张和证据是双方攻击防御的方法，是一个事物的两个阶段，当事人的主张被对方否认的，就有提供证据的必要，而当事人提出证据，除了补充或者反驳证据外，很多时候是提出新的主张，所以关于举证期限的规定通过解释也可以适用于主张。

关于主张的时机问题，有所谓的法定序列主义、随时提出主义、适时提出主义。对此，许可老师有过精彩论述："法院裁判所依据的资料，包括诉讼资料和证据资料，在辩论主义的体制下是以攻击防御方法的方式呈现到诉讼中的。对于主张和证据的提出时期，传统民诉理论提出两种对立的原则，即法定序列主义和随时提出主义。在法定序列主义下，所谓序列，即当事人的攻击防御方法须按照其逻辑顺序依次提出，采取请求原因→抗辩→再抗辩→复再抗辩的提出方式，然后再进入相应的证据申请和证据调查环节。而所谓法定，即攻击防御方法提出的失权效果，比如在原告的再抗辩阶段，原告不得追加请求原因，而一旦进入证据调查环节，则当事人也不得追加或变更事实主张。在法定序列主义之下，辩论与证据调查具有鲜明的界限特征，相互独立，因此法定序列主义又被称为证据分离主义。法定序列主义的显著特点是严格的失权制裁，因此，当事人唯恐失权而随意地提出各种假定的攻防方法，这就加重了法院的审理负担，造成争点整理的困难，从而引发诉讼迟延现象。在随时提出主义之下，攻击防御方法的提出顺序在逻辑上并未改变，因此审理顺序也没有发生变化，但当事人可以嗣后修正或补充自己的攻防方法，与此相对应，也可就新提出的主张申请证据调查，法院对于辩论与证据调查也并不采用界限鲜明的'分而治之'的处理方式，而是在其认为适当的时期就争议事实展开证据调查。由于辩论与证据调查之间的界限较为模糊，因此随时提出主义又被称为证据结合主义。

"随时提出主义是针对法定序列主义的僵硬化所导致的诉讼迟延提出的改革方案，但很有意思的现象是，随时提出主义在实务中还是会造成诉讼迟延，当然与法定序列主义所导致的迟延并不相同。在随时提出主义之下，由于将时期的选择权交由当事人，而当事人又由于各自准备程度的不同以及诉讼策略的考虑，因此很难在法院认为适当的时期内提出攻击防御方法。"①

---

① 许可：《民事审判方法——要件事实引论》，法律出版社2009年版，第275页。

面对这一问题，我国立法上也由随时提出主义转向适时提出主义。“举证的合理期限是针对过去民事诉讼实践中证据的‘随时提出主义’而设定。在《民事诉讼法》修改以前，法律对于当事人提供证据的时间不作任何限制，当事人在法庭辩论终结前、法庭审理的各个阶段均可以提出证据。对于正常的民事诉讼程序中没有提出的证据，也可以在二审程序终结后，以新证据为理由申请再审。这种证据‘随时提出主义’的立法虽对于当事人诉讼权利的保障具有一定的积极意义，但对于当事人提供证据不作任何期限的限制，则给我国的民事诉讼带来一系列的消极影响。例如，一些当事人滥用诉讼权利，将提交证据的时间作为诉讼技巧，利用证据进行突然袭击，拖延诉讼程序的进行。这种情况严重干扰了正常的民事诉讼秩序，损害对方当事人的诉讼权利，增加当事人的诉讼成本，浪费人民法院的审判资源，影响民事诉讼的效率和公正。为改变我国民事诉讼实践中‘证据随时提出主义’带来的弊端，促进民事诉讼的公正与效率，2001 年《证据规定》通过对《民事诉讼法》中‘期间’和‘新证据’的解释，对举证时效作出规定。其第三十四条第一款规定：‘当事人应当在举证期限内向人民法院提交证据材料，当事人在举证期限内不提交的，视为放弃举证权利。’由此，在我国的民事诉讼实践中确立了举证时限制度。与‘证据随时提出主义’相比，‘证据限时提出主义’无疑更符合民事诉讼的规律，对于规范民事诉讼秩序具有重要意义。但 2001 年《证据规定》对于举证时限的规定，也产生了另外的问题：（1）2001 年《证据规定》对于举证时限的规定，立法上的依据不充分，造成司法实践与立法在一定程度上的脱节。（2）2001 年《证据规定》对于举证时限的规定过于严厉，对当事人的权利保障不充分。针对以上问题，在 2012 年《民事诉讼法》修正的过程中，全国人大常委会法工委、最高人民法院和专家学者进行多次沟通、研讨，形成基本共识，即举证时限制度对于规范民事诉讼秩序、保障诉讼公平具有积极意义，应当在立法上确认下来；应当分层设置举证时限的后果。具体体现在《民事诉讼法》第六十五条中。”①

虽然《民事诉讼法》第六十五条规定了逾期证据可以根据情况不采纳，以此督促当事人尽快提出主张和证据，提高诉讼效率。但是由于我国比较重视发现真实，而相对弱化程序正义，《民诉解释》第一百零二条又作了限制性规定，“当事人因故意或者重大过失逾期提供的证据，人民法院不予采纳。但该证据与案件基本事实有关的，人民法院应当采纳，并依照民事诉讼法第六十五条、第一

① 最高人民法院民事审判第一庭：《最高人民法院新民事诉讼证据规定理解与适用（上）》，人民法院出版社 2020 年版，第 86 页。

百一十五条第一款的规定予以训诫、罚款”。也就是说，与案件要件事实相关的主张和证据，人民法院不能以逾期提供而不采纳，即使是故意或重大过失逾期提供的，只能予以相应的处罚。这种规定可在一定程度上理解为“适时提出主义”或“限时提出主义”。

主张和证据经历了前期的不关门，到旧《证据规定》的证据失权、证据关门，再到《民诉解释》的似关实开，立法者在诉讼效率和发现真实之间进行权衡，最后发现真实略占上风。这些政策的改变对律师排兵布阵还是很关键的。

四、主张责任与真实义务

有一种误读就是辩论主义会导致虚假诉讼，“仅从目的性考虑而采用的辩论主义可能产生一个虽然可能、却并不期望的结果，即根据所谓的实体法律效力说，借助于辩论主义，通过提出虚假的事实、掩盖真实的事实的方法，改变了诉讼外的权利状况。当事人并没有这样的权利”①。在事实主张中，需要把握发现真实和诚实信用之间的关系。立法科以当事人诚实诉讼的义务，根据诚实信用原则，当事人负有“真实陈述义务”和“完整陈述义务”。《证据规定》第六十三条规定：“当事人应当就案件事实作真实、完整的陈述。当事人的陈述与此前陈述不一致的，人民法院应当责令其说明理由，并结合当事人的诉讼能力、证据和案件具体情况进行审查认定。当事人故意作虚假陈述妨碍人民法院审理的，人民法院应当根据情节，依照民事诉讼法第一百一十一条的规定进行处罚。”

真实义务仅具有消极的内容，即当事人不可主张被其认为是不真实的事实，当事人不可对其认为是真实的事实进行否认。“因为主张某一事实并不一定意味着将它视为是真实的，而是要求在诉讼中审查这一事实，对一事实进行否认并不一定意味着主张其不真实，而是主张其可疑，并要求通过证明来澄清。因此，民事诉讼的目的，是致力于查明真相，但其效果不如最终消除当事人心中的不确定性，建立和保障法和平来得更有效。也就是说，当事人没有义务不提出对其真实性没有获得确信的主张，也没有义务不提出对其不真实性没有获得确信的否认，他们被禁止的仅是积极的不真实的主张和否认。因此，真实义务不阻止，也不能阻止为裁判目的向法院提交有疑问的事实情况，并给予证明责任规范的适用以足够的空间。”②《证据规定》第六十三条也应该按照主观真实进行把握，“我们认为，这里的‘真实’同样是指主观真实，而非客观真实，当事人的陈述应与其

① ［德］莱奥·罗森贝克：《证明责任论》，庄敬华译，中国法制出版社2018年版，第72页。
② ［德］莱奥·罗森贝克：《证明责任论》，庄敬华译，中国法制出版社2018年版，第83页。

主观认知相一致，当明知另一方当事人的陈述与事实相符，不进行否定性的争论。”[①] 当然，这种审查判断也不应该是“事后诸葛亮”式的苛责，而只是综合全部的事实和证据情况，能够确信当事人在当时当地的情况下确信其伪而为积极的主张，能够确信其真实而为否认，这才能构成违反主观真实义务。《证据规定》第六十三条第三款也表达了同样的思想，规定只对当事人故意作虚假陈述妨碍人民法院审理做出处罚，即使重大过失做出了虚假陈述也不能处罚。用许可先生《民事审判方法——要件事实引论》一书中的这幅图来表示，就是以当事人当时的主观状态为准，不能积极主张 F 区域的事实（确信为伪），不能否定 T 区域的事实（确信为真），对于主观真伪不明的事实，可以根据案件的具体情况和法律要件分类的立场进行主张和否认。真伪不明对于法官而言是证明责任判决的问题，对于律师而言，是虚假诉讼禁止的边界问题。

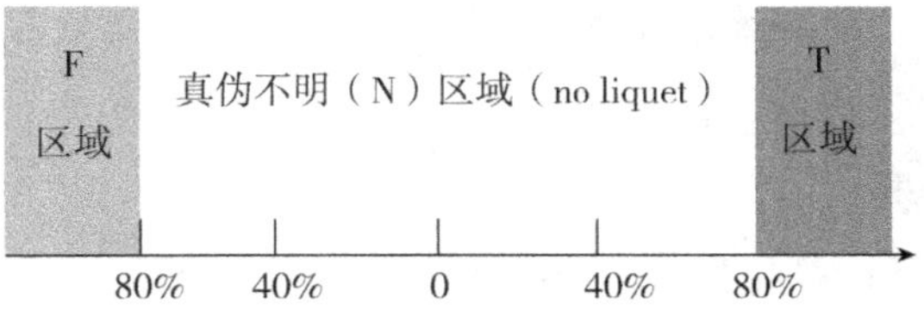

“真伪不明”心证状态结构示意图

真实义务构成了要件诉讼九步法分析和应用的边界，对于不确信的事实可以根据证明责任分析进行积极的主张和否认，对于确信为伪的事实不能积极主张，对于确信为真的事实不能进行否认。

五、主张责任的实践把握

（一）实际意义

证明责任划定的主张责任的范围是适用法律规范所必要的范围，但并不是以此为限，不能提出范围之外的主张。

主张责任以要件事实为主，要件事实是主张责任的必要范围，一般并不需要在起诉状中详细叙述间接事实以及辅助事实。当然，在评价性要件的情况下要衍生到评价根据的基础事实。

但在我国当前的诉讼实践中，也要注意两点不同：

我国并没有建立主张失权制度和法定序列主义，也就是在开庭前确立本案的

---

① 最高人民法院民事审判第一庭：《最高人民法院新民事诉讼证据规定理解与适用（下）》，人民法院出版社 2020 年版，第 581 页。

争点，当事人不得在庭审过程中提出新的事实主张。我国的诉讼实践是在法庭辩论终结前都可以提出新的事实主张，这样，主张责任发生作用的空间被大大缩减，但即便如此，迟至法庭辩论终结仍然没有提出必要主张的，仍有主张责任的适用。所以，从实际诉讼策略的角度考虑，律师可能会保留一定的事实主张在诉讼过程中提出，但要注意把握时机。

我国并没有建立严格的辩论主义原则，一方当事人没有主动提出的事实主张，法官可以通过询问、释明等方式主动促使当事人完善自己的主张，主张责任的重要性有所降低，但即便如此，当事人没有补充完善的，仍有主张责任的适用。在庭审中要注意把握法官的发问，及时补充、完善我方的主张。

对于对方缺少必要的事实主张，看我方的诉讼意图如何，如果我方胜算较大，希望速战速决，则可以在较早阶段提出主张缺失的否定，以推进诉讼进展。如果我方胜算不大，希望赢得时间，则可以在法庭辩论终结前再提出主张缺失的否定。

（二）灵活运用

必要范围并不是指以此为限，只是说，少于这个范围就有可能遗漏必要的主张。超出这个范围，我们要更加谨慎，明确主张这个事实的必要性和目的性，避免造成自认或不利局面。多余的主张应该考虑一下目的性，比如，以下几种情形：

预先披露：对于一些对方肯定会主张证明的我方不利事实，我方预先披露，降低其杀伤力。

预期辩护：对于对方很可能援引的抗辩事实，我方预先埋伏一些化解的事实，起到先入为主，化敌于无形的效果。

突出主题：比如机动车交通事故中，突出对方的过错，增加描述烘托对方过错的具体情节。

佐证事实：增加一些细节和场景描述，增强事实的可信度。

第三节　主张之实质性

在划分法律要件阶段，我们主要是把法律的要件按照法律产生的效果区分开来，在实务中，比较困难的是把请求权产生和请求权障碍要件区分开来。在请求权产生的所有条件内部，我们需要进行进一步加工。也就是把请求权产生的法条的语句分解为诸多承载意义的语词，逐一分析各个要件的含义。然后以要件的含义为牵引，裁剪、截取相关的事实。实质性是事实对要件的相关性，这个相关性的判断是以要件的含义为基础的。要件的含义不同，对实质性的要求就不同。吸铁石能把一切含有铁的物质吸过来，然后排除不含铁的物质。实质性就像是一块吸铁石，把具有裁判重要性的事实吸纳进来，把无关的事实排除出去。在实务中，实质性是前提性、过程性的要求，最终实现法律适用还要满足符合性的要求。所以实体法的论述中多用符合性。实质性是有无的区分，符合性是程度是否满足的区分，应注意结合语境予以区别。

一、概念的含义

在进行前述操作的时候，首先面对的是困难，就是法律体系并没有规定法律概念的语义，对大量的法律概念而言，其意义在语义上的澄清工作由法教义学和司法实践来完成。

了解不同的概念分类，对于准确适用法律规范非常有帮助。在疑难复杂案件中，争议的解决往往在要素或者法律概念的层面，而律师如何正确理解和运用法律概念就十分重要。以下为梁慧星先生讲座内容。①

1. 凡法律上规定有明确定义的法律概念，应当严格按照法律定义理解。

例如，《产品质量法》第四十一条第一款规定："因产品存在缺陷造成人身、缺陷产品以外的其他财产（以下简称他人财产）损害的，生产者应当承担赔偿责任。"什么是"产品"？该法第二条规定，本法所称产品是指经过加工、制作，用于销售的产品。在大多数情形下，判断是否属于"产品"比较容易，但有时就会遇到问题。

例如，审理输血感染艾滋病的案件，关键就在于，输血用血液是不是"产品"？如果认为输血用血液是"产品"，就应当适用《产品质量法》第四十一条关于无过错责任的规定，如果认为输血用血液不是"产品"，当然就不能适用《产品质量法》的规定，就不能追究无过错责任，而应当适用过错侵权责任的规定。

考虑到输血用的血液不是加工制作的，是健康人的肌体自然产生的，同时血液也不用于销售，患者是否需要输血由医院决定，患者支付一定费用，这个费用不是商品的价格。因此，河南省南阳市中级人民法院审理输血感染艾滋病的案件

① 梁慧星：《裁判的方法》，法律出版社 2017 年版，第 311 页。

时，就认定输血用血液不是“产品”，不适用关于无过错责任的规定，而是适用关于过错责任的规定，最后认定医院没有过错，判决医院不承担责任，认定血站有过错，判决血站承担赔偿责任。

2. 对于法律上未有定义的法律概念，可以权威教科书上的定义作为理解该法律概念的根据。

3. 如果法律辞书和教科书也没有为某个法律概念下定义，我们可以参考产生该项概念的专业和行业的定义。比如流动资金、建筑行业等专业术语。

4. 对于法律上未有定义的法律概念，应当以法律目的作为理解解释的依据。在采用法律外其他专业、行业的定义时，不得违背法律目的及社会生活经验。

例如，某航运有限公司及其厦门分公司与厦门某实业发展有限公司、某外轮代理有限公司国际海上货运代理经营权损害赔偿纠纷再审案。关键在于如何理解“公共运输”概念。最高人民法院民事裁定书（2010民提字第213号）指出：公共运输履行着为社会公众提供运输服务的社会职能，具有公益性、垄断性等特征。为维护社会公众利益，《合同法》第二百八十九条规定：“从事公共运输的承运人不得拒绝旅客、托运人通常、合理的运输要求。”国际海上集装箱班轮运输是服务于国际贸易的商事经营活动，不属于公用事业，不具有公益性，也不具有垄断性，故不属于公共运输。托运人或者其货运代理人请求从事国际海上集装箱班轮运输的承运人承担强制缔约义务，没有法理根据，应予驳回。（最高人民法院公报2011年第10期）

5. 因法律背景和历史条件的不同，对同一个法律概念，应作不同的理解。

承租人优先购买权原来具有物权效力，但后来，最高人民法院于2009年公布《关于审理城镇房屋租赁合同纠纷案件的解释》，该解释第二十一条①规定：“出租人出卖租赁房屋未在合理期限内通知承租人或存在其他侵害承租人优先购买权的情形，承租人请求出租人承担赔偿责任的，人民法院应予支持。但承租人请求确认出租人与第三人签订的房屋买卖合同无效的，人民法院不予支持。”《民法典》采用了相同规定，第七百二十八条规定：“出租人未通知承租人或者有其他妨害承租人行使优先购买权情形的，承租人可以请求出租人承担赔偿责任。但是，出租人与第三人订立的房屋买卖合同的效力不受影响。”

二、概念的涵摄

法律规范的适用往往涉及的核心问题就是特定案件能否被毫无异议地涵摄于特

① 该条内容已被吸收入《民法典》中。

定的法律规范所包含的概念之下，而法律适用的争议也往往表现为概念之内涵和外延的争议。[①] “涵摄是一项严谨、精致、艰难的法学思维过程，一方面须从法律规范去认定事实，另一方面亦须从案例事实去寻找法律规范，分析要件，来回穿梭于二者之间，须至完全确信案例事实完全该当于法律规范的构成要件时，涵摄的工作始告完成，可进而适用法律，以确定当事人间的权利义务关系。涵摄系法之适用的根本，决定法之适用是否正确，就法院判决而言，攸关司法的质量。”[②]

涵摄是否成功，就在于构成要件的定义能否涵盖个案事实。这其实是一种“关于某个特定的概念实现了另一个概念”的陈述，也就是在叙述某个特定概念是另一个概念的一种特殊情形。比如，手机属于动产。但有时候，涵摄的上位概念和下位概念之间无法形成直接的对接，需要由中间概念将两者衔接起来，主张由这个中间概念实现了事实情况本应该涵摄的上位概念，并形成了涵摄链条。这一链条连接起上位概念与个案事实，并一直进行到个案事实对于中间概念的涵摄是如此明显，以至于不再需要任何进一步的说明。中间概念又具有“水平的概念涵摄”和“垂直的概念涵摄”两种。

水平的概念涵摄：将上位概念拆解成个别的要素，然后将个案事实的各部分分别涵摄于这些个别要素之下。例如，善意取得需要包括占有委托物、买卖、合理对价、善意等要素，然后根据这些要素判断是否都已成立，从而判断是否成立善意取得。

垂直的概念涵摄：在事实概念和上位概念之间引入中间概念进行搭桥，中间概念不能是新的概念，只能是作为上位概念的特殊概念，只不过更为具体，在抽象的层级中位居前者之下。立法上经常采用这种中间概念的方法。在上位概念模糊和不确定的时候，可以通过规定充分而不必要的条件作为中间概念，相比完全定义，这样更精确、清晰和简单，同时预留了法治的发展空间。[③]

水平的概念涵摄是涵摄的基本类型。即使是垂直的概念涵摄也要最终运用水平的概念涵摄，中间概念的涵摄已经非常明显而不必再行论证。

中间概念，通常也是一种局部定义的方式，立法者不用去处理上位概念中所有模糊、不确定的地方，而定义其比较清楚、明确的部分，从而减少适用上的困难。比如，《民法典》第五百条规定：“当事人在订立合同过程中有下列情形之一，造成对方损失的，应当承担赔偿责任：（一）假借订立合同，恶意进行磋

① 舒国滢、王夏昊、雷磊：《法学方法论》，中国政法大学出版社 2018 年版，第 57 页。
② 王泽鉴：《法律思维与案例研习：请求权基础理论体系》，台北元照出版公司 2019 年版，第 171 页。
③ 舒国滢、王夏昊、雷磊：《法学方法论》，中国政法大学出版社 2018 年版，第 103~110 页。

商；（二）故意隐瞒与订立合同有关的重要事实或者提供虚假情况；（三）有其他违背诚信原则的行为。”违背诚实信用原则的行为属于一般条款，其适用条件比较模糊和不明确，立法就相对明确但非穷尽地规定了两种典型情形，如果属于这两种情形就可以比较明确地得出适用意见。

三、从涵摄到整理：同一思维的不同方向

婚姻法只是说适婚男女两情相悦、自愿登记就能结婚，但如何让心中所爱说出“我愿意”三个字，才是问题的关键，为此抓耳挠腮、辗转反侧的小伙子可能还需要一本《恋爱宝典》。涵摄只是说事实该当于要件，就能得出结论，但没有给出操作指南。诚如方法论大家拉伦茨所言，“所有经法律判断的案件事实都有类似的结构；它们都不是单纯的事实陈述，而是在何为法律上重要者的考量中，对事实所作的某种选择、解释及联结的结果。”①

梅迪库斯认为法律关系是对连续的生活关系的撷取，构成要件就是撷取出来的片段。“法律关系第二个要素的实质，在于其对一部分现实生活的撷取。生活关系是一个连续统一体，而我们正是从这一连续统一体中取出一部分来，对其进行法律观察……将生活关系局限于现实的某些部分，是法律研究技术的必要手段。在实践中，虽然当事人或证人大多认为自己早就在说正经的事情了，法官还是会要求他们‘说正经事吧’。这一事实特别清楚地说明了这种限制的必要性。对于法学工作者来说，只有下列问题才属于‘正经事’：某项适用于该案情的法律规范的构成要件是什么？什么东西可以用来证明这一事实……要实现一种唯理性的法律发现，就必须撷取有限数量的，实际上甚至是较小数量的重要的情况。如果有待认定的情况的范围不够小，那么法律发现的过程就会永无休止。现在，法律规范的数量已经很大；如果使构成要件的数量大量增加，那么法律规范的数量将会变得更加难以掌握。”② 既然构成要件是对连续生活关系的撷取，那么在整理、选择要件事实的过程中就要以构成要件为模板。

整理要件事实的过程，也就是形成小前提的过程。“至于小前提的获得，即作出如下的陈述：S 是 T 的一个事例，人们一般将此过程称为‘涵摄’，并且认为其核心是一种逻辑的推理。

推理的模式如下：

T 通过特征 M1，M2，M3 而被完整地描述。

---

① ［德］卡尔·拉伦茨：《法学方法论》，黄家镇译，商务印书馆 2020 年版，第 355 页。

② ［德］迪特尔·梅迪库斯：《德国民法总论》，邵建东译，法律出版社 2013 年版，第 52~54 页。

S 具有 M1，M2，M3 等特征。

因此 S 是 T 的一个事例。”①

S 具有 M1，M2，M3 等特征，M1，M2，M3 等特征在 S 中全部重现，是一个意思的两种表述，然而在方法论上却有重大意义。未经加工的 S 是一个完整的连续的事件的整体，各个片段在法律适用上的重要性并没有凸显出来。以特征点来寻找和判断事实，体现了目标导向和结果导向。这就好比在箱子里找东西，事先并没有搞清楚要找什么，随手翻起一件才判断是否需要，这个过程自然没有效率，并且可能会有遗漏。如果事前已经清楚自己要找什么，从而在一堆东西中有目的性地选取，任务更明确，自然工作效率更高且不会遗漏。

所以，整理分析的过程如下：

以司法三段论作为起点，

逻辑结构	
大前提	T→R（如果具备 T 的要件，那么适用 R 的法律效果）
小前提	S=T（特定的案件事实 S 该当于 T 的要件）
结　论	S→R（特定的案件事实 S 应当适用 R 的法律效果）

经过转化，整理要件事实的逻辑过程如下：

大前提：

T→R（如果具备 T 的要件，那么适用 R 的法律效果）

小前提：

T 通过特征 M1，M2，M3 而被完整地描述。

转化为：M1，M2，M3 等特征在案件事实 S 中全部实现。（特定的案件事实 S 该当于 T 的要件）

结论：

R 的效果应当适用于特定的案件事实 S。（特定的案件事实 S 应当适用 R 的法律效果）

所以，整理要件事实的方法论基础即是涵摄的反方向操作，以请求权基础的要件来选择、摘取、整合未经加工的案件事实，从而保留对法律适用有意义的法律片段，这种操作是科学的方法所必需的，因为只有把精力集中在处理有意义的事务上才能避免盲目和无效率。

① ［德］卡尔·拉伦茨：《法学方法论》，黄家镇译，商务印书馆 2020 年版，第 347 页。

四、被忽视的整理程序

（一）相同和不同的

蒋毅、季红明老师翻译的德国法学家罗尔夫·旺克著的《法律解释》[①] 一书，其主要关注法律解释的问题，但对法律适用过程也进行了总体上的介绍，其基本步骤和要件诉讼九步法基本一致。对比如下：

序号	法律解释	要件诉讼九步法
1	明确案件问题	发现案件事实
2	寻找相关的法条	寻找请求基础
3	构成要件的加工	划分法律要件
4	构成要件的加工	整理要件事实
5		证明要件事实
6	解释、涵摄	论证要件事实

从标题对比看，缺少了整理和证明两个环节，详细阅读该书，却发现该书“构成要件的加工”这个环节已经包含了整理要件事实的内容，略有不同的只是案例事实不涉及证明，实务中需要先解决主张事实的真实性问题。

主要原因在于，实体法的教学上，案例都是设计的，以清晰简洁的叙事导向应适用的规范，且无需处理事实的真实性问题。在实体法的案例中，由于不涉及事实的真实性问题，不涉及两方不同的故事版本问题，所以略过了事实处理的步骤，直接考虑最终的法律解释和涵摄问题。但法律解释具有个案针对性，只有在具体且真实的事实基础上，才考虑最终的涵摄。

（二）聚会案的例示

在该书中，旺克教授以聚会案为例说明构成要件的加工过程，该案可能适用德国民法典第八百二十三条关于一般过错侵权损害赔偿的规定：“故意或有过失地不法侵害他人的生命、身体、健康、自由、所有权或其他权利的人，有义务向该他人赔偿因此而发生的损害。”将该法条分解成具体的构成要件：

1. 任何人。
2. 生命、身体、健康、自由、所有权或其他权利。
3. 其他人的。

---

① 参见［德］罗尔夫·旺克：《法律解释》，蒋毅、季红明译，北京大学出版社 2020 年版，第一章解释问题。

4. 违法的。

5. 故意或过失。

6. 侵害。

注意观察的读者可能会发现，该分解遵守了一定的顺序，将“故意或有过失地不法侵害他人的生命、身体、健康、自由、所有权或其他权利的人”从右往左按照意义进行了切割。这里的分解也有一个小窍门，按照顺序把每一个具有实质意义的语词都单独拿出来进行分析。按照汉语语法习惯，除非有连接词提示，一般连续表达的实质语词之间的关系是“且”的关系，也就是这些实质语词的含义要全部满足，才能满足这句话所表明的条件。比如，我国《民法典》第一千一百六十五条，即“行为人因过错侵害他人民事权益造成损害的，应当承担侵权责任”，就可以分解成：

1. 损害：赔偿范围。

2. 造成：因果关系。

3. 民事权益：侵害客体，第三人是否侵害债权。

4. 他人：权益归属，请求权人。

5. 侵害：违法性。

6. 因过错：有责性。

7. 行为人：侵权人。替他人的行为承担责任，监护人。

在对《民法典》法条进行这样操作的过程中，法律适用者可能会发现规范密度不够的问题，这时候就需要借助法教义学的理论总结。

旺克教授书中的案情如下：在一次集会上，大学生 S 在向客人解释人类的问题时手舞足蹈，他的烟头烫焦了 K 同学的丝绸衬衣（现值：50 欧元）。衬衣不能修复了。为此，K 向 S 主张 50 欧元。以构成要件整理案情如下：

1. 任何人：大学生 S。

2. 生命、身体、健康、自由、所有权或其他权利：衬衣的所有权。

3. 其他人的：K 同学的。

4. 违法的：S 不得侵害，不具有阻却违法事由。

5. 故意或过失：S 本应该注意社交礼仪，认识并避免，具有过错。

6. 侵害：K 的衬衣被烫焦了。

这样的操作遵循了开篇讲述的笛卡尔方法论的核心内容，也就是有序地思考，假设先于验证，从部分去判断整体。

1. 全面而周延地思考。

针对法条分解构成要件的过程中要遵循 MECE 原则。MECE，是 Mutually Exclusive Collectively Exhaustive 的缩写，中文意思是“相互独立，完全穷尽”。也就是对于一个重大的议题，能够做到不重叠、不遗漏地分类，而且能够借此有效把握问题的核心，并成为有效解决问题的方法。它是麦肯锡的第一个女咨询顾问巴巴拉·明托在金字塔原理中提出的一个很重要的原则。

所谓的不遗漏、不重叠是指在将某个整体划分为不同的部分时，必须保证划分后的各部分符合以下要求：

（1）各部分之间相互独立（Mutually Exclusive）；

（2）所有部分完全穷尽（Collectively Exhaustive）。

“相互独立”意味着问题的细分是在同一维度上并有明确区分、不可重叠，“完全穷尽”则意味着全面、周密。

2. 有序地思考。

除了直观和概览，人类思维是一维的、单线程的，严谨细致地思考需要有结构和秩序，以便逐一处理。大致找到想适用的规范后，要把规范分解成有序安排的要素，如上述对德国民法典第八百二十三条一般过错侵权的要件的划分，这样便于逐一思考和检查。

3. 假设先于验证。

只有先有实验的方案才能进行实验。只有先有想要适用的法条，才能进一步考察其适用的可能性。在构成要件的加工过程中，“首先仅仅尝试性地把案件事实中的具体说明归属于法律的要素。案件事实的说明是否事实上满足了这些要素，还有待考察”①。这样的说明体现了假设驱动型验证思路。

4. 从部分去判断整体。

“首先必须考察的是，案件事实与构成要件是否相互匹配。案件事实的说明必须满足法条的构成要素。就此，无须将完整的案件事实与完整的构成要件进行比较，而是比较具体案件事实的说明与相关的构成要件要素”②。在具体的操作上，不是用事实的整体去匹配法条的整体，而是用相关的事实去匹配根据法条划分的具体要素。部分全部满足的，得出整体满足的结论。

（三）整理程序的必要性和边界

笔者之所以反复论证整理要件事实这个环节的必要性和边界问题，就在于法

---

① ［德］罗尔夫·旺克：《法律解释》，蒋毅、季红明译，北京大学出版社 2020 年版，第 20 页。

② ［德］罗尔夫·旺克：《法律解释》，蒋毅、季红明译，北京大学出版社 2020 年版，第 19 页。

官的矛盾心理，一方面法官希望律师对事实进行加工，“请说出你的请求权基础，你依据什么提出这样的请求”“请说重点，不要啰里啰嗦”，另一方面又希望律师不要对事实进行法律加工，“请原原本本地说，事实到底是怎样的？”如果律师只是提供事实，法律适用交给法官。那么由当事人自己来诉讼就行，顶多再聘个调查员。显然这不是真实的场景。对于律师来说，如果他的工作需要他按照法律加工事实，这种操作的正当性和科学性在方法论上如何证成？同时这种加工的边界在哪里？

1. 必要性。

在实务中，事实是无序、冗杂、缺少意义关联的，大致找到想适用的规范后，要根据规范来整理裁剪相关事实，剔除无关的事实。并且围绕这些事实（实质性事实）来有侧重地收集完善证据（关联性证据）。在证据法上，关联性这个证据特性包含了两个阶段的相关性，首先是事实和法律适用的相关性，称为事实的实质性；其次是证据和事实的相关性，称为证据对事实的证明性。这两个特性的浓缩，符合证据法作为一个学科进行专业化切割和专题研究的必要，但在程序法上和诉讼实务上确有展开的必要，实质性的事实涉及主张责任的问题，涉及法庭陈述阶段。证明性则是举证责任的问题，涉及法庭调查阶段。

在实务中，该主张什么，该证明什么都是以请求权基础为中心来进行整理的。整理程序是非常重要的一个环节，但这个环节不仅在以学生训练为主的请求权基础鉴定式案例分析中被忽略了。以法官实务为导向的请求权基础训练的升级版——关系分析法（也译作法庭报告技术）中却也没有提及，从这个方面看，整理程序确实是被实务所急需但又被理论所忽略的。

该书在此处使用了“归属于”的字眼，但本质上是整理要件事实的方法。因为法律要件是清晰的，事实是无序、繁复的，在两者进行匹配的过程中，自然而然的做法是以清晰的一方为标准和模板，来加工和截取另一方。书中所列的方法也是如此操作的，要件的要素在左方，以此来规整右方案例事实中的具体说明。

刘晗老师在其新书《想点大事：法律是种思维方式》中阐述了相类似的观点“在无比复杂的事实面前，为了让法律保持良性运行，法律人会通过证据制度和规则尽量减少对事实的依赖。但这样还不够，仍然有一个困境摆在法律人面前：解决法律问题的时候，有时候难点不在于缺少事实，而在于重点不清，无法找到问题的关键。这个时候，法律人就要根据法律知识的范畴，对事实的各种细节作出取舍。具体而言，法律人会通过剪裁、折叠和重构三种手法来加工事实，使得事实能够按照相应的法律进行处理……实际上，每一个纠纷都会涉及很多信息。事实的细节就像混杂的沙子一样，必须用法律的筛子才能滤出金子来。而此处所说的‘金子’，就是法律人所说的‘重要事实’。请注意，重要事实不同于普通人所讲的事件经过。法律人要从杂乱无章的信息中，通过‘剪裁’的手法，突出主线，划定重点。简言之，就是剪掉不重要的事实，留下重要的事实……我在耶鲁大学的导师保罗·W. 卡恩教授曾说，事实从来不是独立于法律而存在的。法律人眼中的事实，是具有法律意义的重要事实，其他事实则是可有可无的。”①

2. 边界。

根据法律来加工事实如果是必要的，那么操作的边界在哪里？这个问题思索了很久，拉伦茨以极其清晰的论证回答了这个问题。“只有考虑可能作为裁判依据的法条，关于案件事实的陈述才能获得最终的形式；而法条的选择及其必要的具体化，又必须考虑被判断的案件事实。然而，只有下述情形才是逻辑上错误的循环论证：当判断者把实际事件中未获证实的东西加入作为陈述的案件事实中，或者当判断者‘曲解’法条以便可以得到判断者希望的结论。这两种情形均不能容许。”② 简而言之，就是强扭的瓜不甜，不能根据要件虚构、篡改事实，不能根据事实曲解要件。过犹不及，超过一定的界限就由科学的方法转变成了错误的操作。

（四）整理与涵摄的区别

整理和涵摄是两个相反的操作，结合起来完成恩吉施所说的目光往返。整理是以法律要件最广泛的文义为牵引来截取、规整无序的事实。涵摄则是基于不可变更不再质疑的事实（在考试中这是假定的，在实务中是由证据决定的），考察法律要件的意义波段和目的，是否可将事实有充分理由地归入，这两个阶段都有解释，但整理阶段是教义学无针对性的解释，归入阶段是个案针对性的解释。对于整理阶段，实务和学术领域都没有给予足够的重视。就像现代产品的生产，如果对某个生产环节可能出现的质量风险没有进行分析，没有采取措施进行控制，就不可能出精品。对于法律分析的思维加工过程也同样如此。这也是笔者不厌其烦地琢磨方法、思考方法的意义所在。

（五）涵摄与整理共同的桥梁：判断③

某个事实可涵摄于概念之下，或者概念在某个事实中得以实现，无论如何，

① 刘晗：《想点大事：法律是种思维方式》，上海交通大学出版社 2020 年版，第 84~87 页。

② ［德］卡尔·拉伦茨：《法学方法论》，黄家镇译，商务印书馆 2020 年版，第 356 页。

③ ［德］卡尔·拉伦茨：《法学方法论》，黄家镇译，商务印书馆 2020 年版，第 359~373 页。

在推理的最末端最终总是需要一个判断，一个鲜活的、具象的事实可以归入某个概念的判断。

1. 以感知为基础的判断。

法律上重要的事实可以通过感知来证实的有：某人在特定时点出生及死亡，某人的身体受到伤害，物的毁损，物的大小、重量、外观、化学和物理上的状态，土地的位置，信件在某一地点于特定时间寄出或到达，证书的真实性，在某一特定情境中实际上说过的话。这些事实在诉讼程序中可以被证据证明，而如果有人有异议也必须举出证据。在构成要件中的特征属于可以直接感知的对象时，我们基于这种判断将相关事实选取出来。

2. 以对人类行为的解释为基础的判断。

感知只能接触到人类行为的外观部分。大部分的人类行为是目的导向的行动。我们之所以能理解这些行动是基于我们从自己或是从他人那里得到的经验。比如，在超市里，选择商品并在收银处结账被解释为要约；在水果零售店针对售货员说，“给我二斤苹果”被认为是要购买二斤苹果，而不是要求水果店赠送二斤苹果。针对正在空驶的出租车使劲挥手被认为是乘车的要约，而不只是打招呼。

我们生活在一个社会共同体内，行为的意义不是你自己认为的样子，而是从社会共同体的角度出发，在该种情况下应该赋予这种行为什么样的意义。

五、实质性事实的要素分析

当我们讨论实质性时，就是指案件中的具体事实具备了构成要件的要素。罗森贝克在《证明责任论》中，对实质性事实采用了不同的表述，但大体意思一致，相信读者不会因此而做出不同的理解。“对于法官的裁决具有重要意义的事实”（第 2 页），“所主张的事实中是否能找到第六百零七条第一款的抽象要素”（第 9 页），“对于判决中要考虑的所有重要事实均必须得到主张……有利于原告或者被告的（具体）主张必须被提出，这些主张含有或者表明有利于当事人的、符合法律规范的（抽象）前提条件”（第 55 页），“对于一些事实情况，每个当事人均必须加以主张，并在有争议的情况下加以证明。这些事实情况是，从中可以推断出对当事人有利的法律规范的前提条件的事实情况”（第 62 页），[①] 由于篇幅所限，在此就不一一列举，总而言之，某一个事实是否具有实质性，要从其

---

① ［德］莱奥·罗森贝克：《证明责任论》，庄敬华译，中国法制出版社 2018 年版。

拟适用的请求权基础的构成要件中进行判断，将什么规定为构成要件，相对应的事实就具有实质性。

当我们讨论“构成要件实质性”时，就是在讨论该事实是否具备该民法规范的要素。比如，在判断是否符合《民法典》第四百四十七条留置权时，就需要判断留置权的各种要素：债务人的债务是否已经到期，债权人是否已经合法占有该动产，是否属于同一法律关系，这些要素的总和就是构成要件。

当事人需要主张的是要件事实，而要件事实属于法律事实，根据前述法律事实的介绍，我们分别从自然事实和人的行为两方面介绍实质性及符合性的判断。

（一）主体

1. 权利能力和行为能力。

自然人主要在权利能力和行为能力方面。比如，男性满 22 周岁之前不具有结婚的权利能力，外国人不能在中国以律师身份执业，无行为能力、限制行为能力对法律行为效力的影响等。

2. 自然身份。

死者人格权保护中的近亲属的身份，继承权的身份等。无民事行为能力人在教育机构受损等。

3. 社会活动中的身份。

特殊侵权中的经营者、生产者、管理人、所有人。

4. 民事交往中所处的地位。

作出承诺的只能是受要约人，否则只能是新的要约。

（二）行为

行为是指民法所规定的具有民法意义的身体活动，包括作为和不作为。对于作为的义务，不作为为违反，比如，应该支付价款却没有支付。对于不作为的义务，作为为违反，比如，对于绝对权，他人负有不作为的义务，侵害他人绝对权则是违反。

不作为是对作为义务的违反。特定的作为义务，主要来源于以下三种：一是法律的规定，比如抚养、赡养义务等。二是来源于合同约定，或者业务、职业上的要求。三是来源于先前行为引起的义务。

在例外的情况下，不作为也能构成侵权，比如，法律规定、合同约定、当事人之间具有特殊身份关系、先前行为引起的义务等。

（三）行为对象

对象不像在刑法上那样具有重要的作用，但也并非没有区分的必要。比如，动产和不动产的区分，主物和从物的区分等。赠与他人主物的，从物一般同其命运，但从物却没有这种效果。

（四）结果

在民法上来讲，有些规定是针对行为的，有些规定是针对目的的，大部分规定是针对结果的。

无损害则无救济，侵权责任要求损害结果。

违约责任要求不履行或者履行不符合约定的结果。

物权生效，要求有占有或者登记的事实。

物权请求权，需要有占有被侵夺、现实的妨害或者危险。

（五）因果关系

法条中对于因果关系的要件一般不会直接规定，而是采用中国语言的模式，用语义相连，或者用“造成、引起、致使”等话语，但是在事实主张时需要通过事实的陈述等标明这种因果关系。

比如：

《民法典》第一百五十一条规定：“一方利用对方处于危困状态、缺乏判断能力等情形，致使民事法律行为成立时显失公平的，受损害方有权请求人民法院或者仲裁机构予以撤销。”

第一百八十一条规定：“因正当防卫造成损害的，不承担民事责任。正当防卫超过必要的限度，造成不应有的损害的，正当防卫人应当承担适当的民事责任。”

第九百八十五条规定：“得利人没有法律根据取得不当利益的，受损失的人可以请求得利人返还取得的利益”，该句通过语义相连，没有使用表明因果关系的连接词。

第一千一百六十五条规定：“行为人因过错侵害他人民事权益造成损害的，应当承担侵权责任。依照法律规定推定行为人有过错，其不能证明自己没有过错的，应当承担侵权责任。”

另外，因果关系包含价值判断，是法律上的因果关系，要注意和生活中、科学上的因果关系相区分。

（六）主观状态

法律制度中规定了当事人的主观状态的，如“善意、恶意”“故意”、“过失”等，法律并无意也没有手段去探测当事人当时当地的内心真实意思，而只是从其可认知的行为特征和事实根据一般的标准去推断，对主观状态的描述更多是一种评价性的事实，是从具体的间接事实中推断出来的。所以，对这种评价性事实进行主张的时候，为了突出其评价的客观性，更多是描述其赖以作出这种评价的间接事实。

比如，对过失的证明，可以通过举证其应该达到的标准和现有状况之间的差距。为了实现公平，方便适用，法律根据制度的本意也进行了一些推定和举证责任倒置。比如，善意取得中善意的推定、有权占有的推定，特殊侵权中过错的推定等。

（七）时间、地点、情节和条件

行为是指民法所规定的具有民法意义的身体活动，行为作为一种外部活动，必然与一定的时间、地点、状况、方法、手段等相关。

（八）自然事实

自然事实分为事件和状态。

事件：客观情况的发生。主张某种情况发生。不当得利属于事件。

状态：客观情况的持续，主张某种情况持续，含有时间的因素。

六、主张之实质性

（一）实质性

不同的请求权基础具有不同的实质性要求，实质性的事实也就不同。在原告提起的请求违约损害赔偿的诉讼中，合同成立生效、被告违约等就具有相关性。意外事件、第三人原因等就不具有实质性。也就是说，如果当事人提出的事实主张与本案诉讼标的之间没有法律上的关联，不能形成支持或者反驳的关系，即便是案件的本来的事实，或者是在其他方面具有法律意义的事实，对于本案来讲，也并非要件事实，不具有实质性。比如，原告要求被告支付租金，被告说自己失业了，这个理由就不是拒付租金的法律上的理由，不具有实质性。再如，原告主张自己的手机被小偷偷走并转卖给被告，从而要求被告返还，被告说自己并不知情，是善意的。对于盗赃物买卖来讲，善意就不具有实质性，因为盗赃物不适用善意取得。过错对于一般侵权具有实质性，对于无过错责任就不具有实质性。精神损害对于侵害人身权损害赔偿就具有实质性，对于违约就不具有实质性。适用所有物返还请求权时，原告是否属于物权人就具有实质性。但在适用占有返还请求权时，非法的占有也受保护，不允许侵夺，是否属于物权人就不具有实质性。

在刑事案件中，犯罪构成要件要素就具有实质性。在奸淫幼女案件中，性行为经过幼女同意就不具有实质性；但在成年人之间，同意性行为对于是否构成强奸罪就具有实质性。

同样一个事实，在不同的请求权基础中也可能具有不同的实质性要求。在饲养的狗咬伤人的案件中，这只狗叫作“大黑”还是“迪克”没有实质性，在法律适用上没有区别，只是在证明咬人的狗的同一性时具有证据上的意义。在有些时候，狗是否属于烈性犬就具有实质性，根据《民法典》第一千二百四十五条：“饲养的动物造成他人损害的，动物饲养人或者管理人应当承担侵权责任；但是，能够证明损害是因被侵权人故意或者重大过失造成的，可以不承担或者减轻责任。”对比第一千二百四十七条：“禁止饲养的烈性犬等危险动物造成他人损害的，动物饲养人或者管理人应当承担侵权责任。”伤人的狗属于藏獒、土佐犬等烈性犬就可以适用第一千二百四十七条，管理人和饲养人不能因为被侵权人故意或重大过失免责。前述伤人情形，狗的血统不具有实质性。但在名贵狗交易中，狗的血统可能会具有实质性，也即合同对狗的血统和品质进行了约定，不符合相关约定，可能构成违约。

在理解实质性时，要注意把握立法目的及法律的不同意旨。比如，刑法和民法都有关于过错的规定，但民法上的过错是客观标准，关于加害人过度疲劳、极端压抑等主观因素就不具有实质性。阐述这些事实更多不是指向法律适用，而是指向叙事的修辞和说理，以便引起法官同情，减轻赔偿。

（二）无实质性的事实

同样，前述论证的反面推论也是成立的，立法者没有将什么规定为构成要件，相对应的事实就不具有实质性。我们需要注意的是，讨论实质性总是相对的，总是相对于拟适用的请求权基础，在这个请求权基础中无实质性的事实，可能在那个请求权基础中就是有实质性的，这也是我们强调综合考察所有可能的请求权基础的原因之一。比如，丙购买单位建设房屋一套，因手续不全，十余年未办妥房屋产权证，后来出卖给甲，甲又出租给乙，乙到期不还。甲如果以所有物返还请求权起诉乙，甲是否属于物权人就容易滋生疑义。而如果甲以租赁合同返还请求权起诉乙，就可以避开这个疑点，乙因为租赁合同而从甲这里取得占有使用，租赁合同期满，根据租赁合同自应返还，甲是否取得房屋产权，在所不问。

在财产行为上，重大误解、欺诈、胁迫就具有实质性，可以撤销。（第一百四十七条、第一百四十八条）。在结婚行为上，重大误解和欺诈就不具有实质性，不能撤销。只有胁迫才可以撤销。（第一千零五十二条）误认为对方是“高富帅”而结婚，实际上只是“矮矬穷”，不能以重大误解撤销婚姻。对方伪装成“富二代”而结婚，实际上只是“矮矬穷”，不能以欺诈而撤销婚姻。在所有物返还请求权中，只要对方是无权占有即可，是否侵夺不具有实质性。但在占有返还请求权中，取得占有的方式就具有实质性，只有侵夺占有的才能适用该条。在因为物存在瑕疵而要求违约责任的请求中，是否以消费为目的就不具有实质性，但在请求惩罚性赔偿时，消费者的身份就具有实质性。在法律行为中，行为能力就具有实质性，无行为能力人实施的法律行为无效，限制行为能力人实施的，一般需要法定代理人同意或追认。但在事实行为中，行为能力不具有实质性，15岁的甲可以无因管理，向本人要求返还支出的费用，七岁的骆宾王的《咏鹅》可以取得著作权。立法者通过选取不同的构成要件表达其不同的规范目的，我们要在这种对比中理解立法的本意，在实践运用中游刃有余。

第四节　主张之完整性

当我们讨论主张完整性的时候，就是在讨论该案件的事实是否满足了该民法规范的各个构成要件。“并非所有的事实都需要加以证明，但是，对于判决中要考虑的所有重要事实均必须得到主张。适用于证明责任的规定原则上也适用于主张责任：有利于原告或者被告的（具体）主张必须被提出，这些主张含有或者表明有利于当事人的、符合法律规范的（抽象）前提条件。”①

一、完整性的判断标准

根据完整性和实质性的要求，所有的构成要件都需要有实质性的事实相支撑。“只有当当事人的具体主张包括抽象构成要件的特征或使人们认识到抽象构成要件的特征时，当事人在诉讼中的具体主张始有意义，也就是说，对当事人的具体主张必须以抽象构成要件的标准来衡量。”② 当事人和律师的工作，就是用事实主张让法律构成要件得以实现。“因为把具体的案件事实概括成法律的抽象构成要件是法官的任务，所以，在大多数诉讼中当事人必须向法官提出事实主张，使得法官能够确认，拟适用的法律规范的抽象构成要件在具体的事件中是否

① ［德］莱奥·罗森贝克：《证明责任论》，庄敬华译，中国法制出版社2018年版，第55页。
② ［德］莱奥·罗森贝克：《证明责任论》，庄敬华译，中国法制出版社2018年版，第204页。

已经实现。”①

判断完整性的标准：对原告主张责任的完整性的要求，只是针对作为原告请求权基础的构成要件而提出的。这有两层意思：一是原告必须对请求权基础的所有构成要件特征进行主张；二是仅仅会因为这些构成要件的欠缺而产生主张责任，而不会对其他事实产生主张责任，尤其不需要主张障碍事实不存在。比如，因受欺诈而主张撤销合同的人，不仅必须主张，对方故意隐瞒或者捏造事实，而且还必须主张，对方试图通过虚假的陈述诱使其签订合同（欺诈的双重故意）。在被告参加庭审的情况下，主张完整性的重要性还没有凸显出来，根据主张共通原则，原告缺失的要件事实的主张，也可能由被告的主张补充起来了。但在缺席判决的情况下，原告对于请求权基础的所有事项都应该进行主张，否则就会因主张责任而败诉。比如，甲曾经给乙微信转账 2000 元，后来甲主张乙不当得利，要求返还。在现实生活中，甲给乙转账可以基于很多原因，比如返还欠款、支付货款、帮忙将现金兑换微信支付等，按照给付型不当得利的构成要件，甲必须主张给付目的不存在，给付目的不达等要件事实。如果缺失该主张，就会因主张责任而败诉。即使甲再次起诉返还借款，也还是需要主张借贷合意的要件事实。

二、不同概念的完整性

在检索要件事实的时候，不同类型的要件对完整性的要求并不相同。分类概念的要素缺一不可，这其中又因为联言和选言而对完整性有不同的要求。对于类型概念，则是要素之间不同程度的分配，此强彼弱，此起彼伏是其常态，有些要素则未必是缺一不可的。从动态系统论来看，则是要根据各个要素的实现程度的强弱结合来分别认定。

目的是规范的创造者，适用规范就是将规范的目的落实到位。“立法者想通过规范来调整特定的生活领域，通常会受立基于特定价值判断之上的调整意图、正义考量或者合目的性考量的引导。这种价值判断表现在：法律通过命令或禁止特定行为方式、对违反者威慑以‘制裁’，以及应许或拒绝给予权利、分配风险，从而给予特定利益以广泛的保护，而对其他利益则不予保护或保护程度较低。故而，要‘理解’法规范，就必须发掘其中所包含的价值判断及其作用范围。而规范适用则要求根据规范来评判待决的案件，易言之，即在评判案件时应

① ［德］莱奥·罗森贝克：《证明责任论》，庄敬华译，中国法制出版社 2018 年版，第 202 页。

当将规范所包含的价值判断按照它的意义落到实处。”①

在立法者使用概念的场合，全部特征已经给出，单纯的涵摄代替了价值判断，价值判断隐而不彰。在使用类型、评价性要件、动态系统论的场合，价值判断凸显出来。

（一）概念

“唯有当其特征性要素被完整清晰地定义后，我们才能称其为严格意义上的‘概念’。这种定义的意义在于：‘当且仅当’概念的全部特征在某一客体之上全部出现时，这一客体才能被涵摄于此概念之下，也就是说，可以被归入概念所描述的客体类型中。涵摄推论的‘大前提’是概念的定义，‘小前提’则是——通过感官证实——确定客体 X 具备定义中列举的全部特征，结论则是 X 属于此概念描述的客体类型，或者 X 是此概念所描绘的属中的一个‘事例’——对于法律人而言，案件事实 X 是以概念描述的法定事实构成的一个‘案型’。”②

“如果立法者想形成一个概念，借此标识出一种事实构成的特征时，该事实构成应尽可能精确，并且要确定到如下程度，以至于在个案中不必追溯到评价性观点，仅以涵摄的方式就可以确定要件事实的存在。在此情形，立法者须如此选择概念特征，以至于由这些概念特征构造而成的概念足以涵盖他拟意指的要件事实。而被立法者挑选的概念特征，须使得在适用概念时，概念特征存在与否的问题能够取代价值评价问题。至少在‘理想状态’下，概念涵摄是一种价值中立的思考过程。”③

对于描述生活事实的构成要件来讲，由于人们通常的社会理解就能认识和把握它，一般来讲，描述法定的构成要件特征本身就已足够。如果被告对此予以否认，则需要进一步阐述与此法定构成要件特征相对应的事实过程，并确保法官能够在这些事实描述中找到法定构成要件特征的抽象要素。

有些概念是纯粹法技术性的，这些概念通常在法律中已经被定义，或者其定义很容易从制定法中解读出来，如汇票、本票、支票、不动产登记、预告登记等。

对于描述制度事实的构成要件来讲，则要回到足以产生该制度事实的法律制度中去寻找相关的构成要件。“法定的构成要件要素也可以是法律关系。例如，

① ［德］卡尔·拉伦茨：《法学方法论》，黄家镇译，商务印书馆 2020 年版，第 276 页。
② ［德］卡尔·拉伦茨：《法学方法论》，黄家镇译，商务印书馆 2020 年版，第 279 页。
③ ［德］卡尔·拉伦茨：《法学方法论》，黄家镇译，商务印书馆 2020 年版，第 286 页。

下述情况也可以是构成要件要素：某人是特定物的所有权人，某人是另一人的法定代理人，某人有行为能力或只有限制行为能力，某人是一法人的董事或其他机关。如果在个案中上述构成要件要素的存否有争议，就必须进一步追溯这些法律关系所依赖的事实、行为或其他事件是否存在。如果作为构成要件前提之一的法律关系的存在并无争议，有疑义的只是其他构成要件要素或法律后果的部分，则不需要再进行这种追溯。"① 有争议时，某个构成要件本身可能又要作为法律效果来分解成相应的充分的构成要件，比如，夫妻关系、所有权。夫妻关系就需要结婚登记的事实。所有权根据动产、不动产，取得的方式等而有不同的构成要件，比如，基于交易取得的不动产所有权，就需要分解为合意和不动产登记等要件，基于继承取得的就不需要登记。

分类概念采取下定义的方式，列出具体案件中对此概念之实现而言必要且充分的要素。这些必要的个别要素，可以是累积的，可以是选择式的。联言式定义通过把个别要素通过"并""且""并且"等连接在一起。选言式定义是把个别要素通过"或""或者"等连接词连接在一起。完整性是指具有符合性的事项满足了法律规定的数量要求。

根据联言或者选言，原告、被告而有区别。

	适用	不适用
联言	全部成立	其一不成立
选言	其一成立	全部不成立

1. 选言式条件：肯定其中一项，就能得出肯定法律效果的结论。否定其中所有项，才能根据该条否定该法律效果。

《民法典》第五百五十七条规定："有下列情形之一的，债权债务终止：(一）债务已经履行；（二）债务相互抵销；（三）债务人依法将标的物提存；(四）债权人免除债务；（五）债权债务同归于一人；（六）法律规定或者当事人约定终止的其他情形。"只要具备前述一种情形，债权债务终止。需要债权得到支持，就需要排除前述所有情形。

2. 联言式条件：肯定所有项，才能得出肯定法律效果的结论。否定其中一项，就能根据该条否定该法律效果。注意，仅仅是根据该条否定，因为有相应的补救措施。

比如，《民法典》第三百一十一条第一款规定："无处分权人将不动产或者

① ［德］卡尔·拉伦茨：《法学方法论》，黄家镇译，商务印书馆2020年版，第361页。

动产转让给受让人的，所有权人有权追回；除法律另有规定外，符合下列情形的，受让人取得该不动产或者动产的所有权：（一）受让人受让该不动产或者动产时是善意；（二）以合理的价格转让；（三）转让的不动产或者动产依照法律规定应当登记的已经登记，不需要登记的已经交付给受让人。”构成善意取得，三个条件缺一不可。而否定善意取得，只需否定其中一个要件即可。

分类概念是封闭、静止性的，在适用上是“非此即彼”的，分类概念的组成特征绝对不可或缺且具有同等重要的地位，某一要素的缺失就意味着完整性的缺失，因此引起规范不适用的结果。

（二）类型

“概念可通过定义以如下的方式来确定：‘当且仅当’该概念的全部特征能在具体事件或案件事实中被找到时，它才能被用于该事件或案件。而对于类型，这种观点不适用。为描述类型而列举的各种特征或者其中的某些特征不需要全部存在；特别是，它们能以不同程度‘或多或少’地被给出。它们通常是有梯级差异的，而且在一定程度上是可以彼此互换的。单就其自身而言，它们只具有征兆或标记的意义。具有决定性的是它们在具体情况下的结合状况。特定案件事实能否被归入该类型，不能仅仅根据其是否包含该类型通常具备的全部特征。而是取决于：这些被视为‘典型的’特征存在的数量和强度，是否足以使该案件事实在‘整体上’符合类型的形象外观。类型不能被定义，而只能被描述。人们不能将案件事实涵摄于类型描述之下；但是借助这种描述，人们能判断某现象是否应当被归入某一类型。”①

既然类型的特征点只具有征兆或标记的意义，而且还是或多或少、或强或弱地出现，那么我们就要继续追问将这些特征点结合而成为统一体的因素是什么？在此，我们就要继续追问促使立法者联结特定类型与相应法律效果的主导性价值观念。“具有决定性意义的是类型的‘整体形象’，这种整体形象是从法定或约定的规则体中获得，并由此可以认识到特定的指导性观点。”②

在概念思维中，概念已经如此精确已经涵盖了立法者所意指的事实，只需要判断概念特征存在与否，不需要追溯至相应的价值评价。而在类型思维中，“‘类型学的思维在描述案件的属类时，总是保持其与主导性价值观念之间的联系，因为所有被纳入考察视野的特征都以这个价值观念作为促成统一体的中心’。

① ［德］卡尔·拉伦茨：《法学方法论》，黄家镇译，商务印书馆2020年版，第285页。
② ［德］卡尔·拉伦茨：《法学方法论》，黄家镇译，商务印书馆2020年版，第383页。

在具体个案中确定特定类型的归属时，必须将这种价值观念纳入考察视野，因为只有它才能最终决定，根据特征的强度及其结合的情况，将现有的‘表象’或‘特征’归入这一类型是否正当。所以，不同于将事实涵摄于某一概念之下，将事实归入类型是一种价值导向的思维程序。”①

拉伦茨以德国民法上的动物占有人为例，我国民法上与此相对应的是“动物饲养人或者管理人”（第一千二百四十五条），该责任主体的确定并非概念式的涵摄，而是权属关系、利益归属、控制义务和控制能力等多种特征的结合和考量，“动物的所有权是表明控制权的存在并享有利益的一项重要指标，但并非决定性的，因为在很多情况下，所有人之外的人会成为动物的保有人”②，“实际上，无论在理论上还是在实践上，对动物致人损害的责任人的称谓并非十分重要，关键是要‘罪当其罚’，使负有法律义务的人承担责任，对于动物致人损害的责任归属，最根本的是从两个方面认定：一是对动物危险的控制义务和控制能力；二是饲养动物的利益归属。单纯从动物的所有关系角度看，其占有、使用、受益、处分主要还是从利益角度确定关系的，并非完全对应对物的控制；使用‘保有人’这一表述，无非也是认识到‘所有人’的语境下缺乏对动物控制的含义。从我国的司法实践看，法院虽然也在使用‘饲养人’‘保有人’等概念，但都注意到对动物管理、控制才是问题的关键。”③ 建筑物、构筑物致人损害中的管理人（第一千二百五十二条），林木致人损害的管理人（第一千二百五十七条）都涉及同样的利益权衡和类型判断。

与此类似的还有安全保证义务人中的管理者（第一千一百九十八条），指导案例140号：李秋月等诉广州市花都区梯面镇红山村村民委员会违反安全保障义务责任纠纷案裁判要点：公共场所经营管理者的安全保障义务，应限于合理限度范围内，与其管理和控制能力相适应。完全民事行为能力人因私自攀爬景区内果树采摘果实而不慎跌落致其自身损害，主张经营管理者承担赔偿责任的，人民法院不予支持。

类型概念是在其中至少出现一个可区分层级之要素的概念，这一要素之外的其他要素，要么也是可区分层级的，要么是可选择的。一个可区分层级的概念要素在个案中实现的程度越高，其他可分级的要素所必须实现的程度便可随之降低，或者其他选言式的要素就越不需要被实现，两者之间呈现出“此消彼长”

① ［德］卡尔·拉伦茨：《法学方法论》，黄家镇译，商务印书馆2020年版，第287页。

② 程啸：《侵权责任法》，法律出版社2021年版，第714页。

③ 邹海林、朱广新：《民法典评注侵权责任编（2）》，中国法制出版社2020年版，第735页。

的情形。分类概念可以被定义，但类型概念不能被定义，只能被描述。描述有两种方式：（1）只给出该类型的名称。类型注重的是特征构成的整体形象，各特征的重要性是相对的，相互之间的关系也是或强或弱的，类型是在“整体性视野”下判断具体事例是否属于某个类型。类型是开放的，具有流动性和极大的弹性，在适用上是“或多或少”的，如何适用和能在多大程度上适用某一个类型需要结合具体情境来决定。（2）不完全列举。不完全列举只是举出某个概念适用的典型情形，却没有穷尽地为之下定义，需要适用者自己去加以填补。[①]

所以，在类型的要件事实形成过程中，我们不仅要寻找属于标记意义的特征点是否存在，在标记缺失的时候，不能像概念思维一样得出否定性的结论，而是要回溯至构建类型的主导性价值，深入考察事实中可能体现该价值的特征点。将某生活事件归入某类型不是涵摄推理，而是评价性的归类。

（三）评价性构成要件

评价性概念是包含对事物价值判断的概念。在评价性概念中，标记和征兆也无可循，只是指明了其评价的主导性思想。“它们各自都已经包含特定的法律思想，即便这些法律思想不能作任何概念式的定义但通过被普遍接受的事例仍能被阐明。通过法律共同体成员一致的法意识能够填补其内容，这种法意识既是被传统塑造的，又会不断地被重新构成。”[②] 描述性概念一般可以通过感觉获得认识，对于评价性概念，通过感觉只能认识其非本质的部分，只有通过精神的理解才能获得其内容。评价性概念以一种特殊的方式指涉被评价的事实，被评价的事实本身也是评价意义的组成部分。在运用一个评价性概念到某个事实上时，关键在于穷尽这个事实的细节，并且去斟酌所有支持或者反对这个评价的细节。不能像一般人认为的那样，一个评价越是被清楚、鲜明地提出，这个评价就越能使人信服。相反，越是彻底地考虑那些反对自己结论的观点，所作的评价才越能使人信服。[③]

在适用评价性概念的场合，需要进行认真的法律检索和案例研究。学理通过整理，可能发展出了一些更加特定的评价标准。司法通过案例，可能说明一些该构成要件的具体化观点，正好能为该案所用。“通过首先说明一些‘合理的’事例，然后比较其他同样以此为据的案例，最后通过分析一些凸显出普遍法律思想的案例，进一步拟就更加特定的法律思想，由此司法裁判逐步充实相对‘不确定

① 舒国滢、王夏昊、雷磊：《法学方法论》，中国政法大学出版社 2018 年版，第 93 页。
② ［德］卡尔·拉伦茨：《法学方法论》，黄家镇译，商务印书馆 2020 年版，第 288 页。
③ ［德］英格博格·普珀：《法学思维小学堂》，蔡圣伟译，法律出版社 2011 年版，第 12 页。

的'标准之内容，结合特定的案例和案件类型将之具体化，最终创造出由若干典型判例构成的规则网络，使得大部分新产生的待决案件一般都能被归属于这个脉络。"①

在评价性概念中，作为标记意义的类型特征描述也不可得，只是表述了其主导性的价值观点。将某生活事件归入需填补的评价标准的意义范围不是涵摄推理，而是评价性的归类。

评价性概念根据评价依据不同，可以分为三类：一是法律的评价要素，即需要根据法律、法规进行评价的要素；二是经验法则的评价要素，即需要根据经验法则进行评价的要素；三是社会的评价要素，即根据社会一般人的价值观念进行评价的要素。②

1. 依据法律。

《民法典》第一千二百二十二条规定："患者在诊疗活动中受到损害，有下列情形之一的，推定医疗机构有过错：（一）违反法律、行政法规、规章以及其他有关诊疗规范的规定；（二）隐匿或者拒绝提供与纠纷有关的病历资料；（三）遗失、伪造、篡改或者违法销毁病历资料。"发生上述情形的，依据法律直接评价为过错。

2. 依据一般社会评价。

周林和李坚先后开了一家快餐店，周林生意红火，李坚生意冷清。李坚就改开了一家花圈店，将花圈样品摆放在周林家的一侧，但没有越界。周林用一张薄席挡在了自己方一侧，使吃饭的顾客看不到花圈。李坚随之架高了花圈，周林架高了薄席。李坚最后将样品花圈摆放在了屋檐上，使周林无法继续遮挡。依照一般的社会评价，可以得出李坚违背善良风俗，妨害周林经营的故意。③

比如，我国《民法典》条文中虽未规定"物的重要成分"，但其在理论和实践中确有十分重要的作用。按照学理通说，物的重要成分是指在一个物之相互结合的各个部分中，非经毁损或者变更其性质，不能分离者。采用"有利分离原则"作为判断标准，并非穷尽定义了物的重要成分的特征，还需要在具体情形中进行价值评价。比如，对于汽车来讲，刷在车身上的漆就是物的重要成分，而经济价值更高的发动机、轮胎则不是，因为前者分离需要毁损车身，而后两者则不需要。这在附合制度、所有权保留制度中具有重要的意义。甲盗取乙的油漆刷在

① ［德］卡尔·拉伦茨：《法学方法论》，黄家镇译，商务印书馆2020年版，第369页。
② 张明楷：《刑法学》，法律出版社2016年版，第122页。
③ 杨立新：《民事裁判方法》，法律出版社2008年版，第144页。

了自己的车身上，乙可以向甲请求损害赔偿或者不当得利，但是不能请求返还原物，因为车漆为汽车的重要成分，基于附合而成为甲的所有权。甲盗取乙的轮胎装在自己的汽车上，乙可以向甲请求返还原物请求权。在所有权保留的场合，出卖人可以依据《民法典》第六百四十二条对装在车身的轮胎主张取回权，但对已经刷在车身的油漆则不可主张取回权。准确运用该处的价值判断，不仅仅需要理解法律的具体规定，还需要对调整的生活关系有足够深刻的把握。我们不仅应该看到纠纷双方的利益，还要看到社会整体的利益，看到法律制度在维护法律秩序的同时促进物尽其用的协调平衡。否则，任凭原所有人主张油漆的所有权，即使对他再无使用价值，但仍是他自己的处分自由，立法者显然并没有做出这样的选择。

评价性概念依据一定的评价前提对事实进行评价。当事人不能直接主张对方存在过错，对方是恶意等，需要对据以得出该评价的根据事实进行主张、证明，还要对作出这样评价的正当性予以论证。比如，要约以非对话方式作出的，承诺应当在合理期限内到达。当事人就不能仅仅证明承诺在一个月内到达即可，还需要根据要约的复杂程度、要约措辞的轻重缓急等来论证一个月是比较合理的。在事实与法律的明确划分情况下，根据证据的证明是事实问题，是否能够作出这样的评价是法律问题。对于律师来讲，前者是证明的问题，后者是论证的问题。

评价性构成要件，则总是要进一步说明据以得出该评价的具体事实。“单纯以提出主张的方式重复法定构成要件特征是不够的。标准的做法应该是，当事人不得以提出主张的方式剥夺法官进行‘具体的法律评价’、总结归纳的权力，而是恰恰相反，应当使法官的法律评价成为可能。因此，应当注意的是，在对引起诉讼的事件的事实过程产生争议的情况下，当事人只需尽可能详细地描述这一过程，不需要作出所有概括性的阐述，如果除了阐明事实主张外还阐明了法律评价，那么，只有这一事实主张才是合适的证明对象。”① 评价性要件代入可推断出该评价的具体事实。比如，被告对侵害有过错，则代入可以评价为过错的具体事实。

例如，产品存在缺陷。缺陷就是一个评价性的要件。在消费者主张产品侵权的案件中，就不能主张这个产品缺陷造成自己受伤。而是应该更具体化地指出可以评价为缺陷的具体事实，比如电器产品漏电，啤酒瓶意外爆炸等。比如在两车

---

① ［德］莱奥·罗森贝克：《证明责任论》，庄敬华译，中国法制出版社2018版，第203页。

相撞的交通事故中，一方就不能简单地主张对方的司机有过错，而是要主张评价为过错的具体事实，比如开车时接打电话，开车前有饮酒行为等。

当事人不是主张我们进行了“非对话的意思表示”并且“到达”对方，而是应该主张我给对方发了EMS，显示几月几日对方接收等。也不是主张我们“履行”了合同，而是主张“某月某日我们将合同约定的货物送到了对方的库房”；也不是主张发生了“不可抗力”，而是主张发生了“无法预料、不能避免且不能克服的重大疫情”。把具体的案件事实概括成法律的抽象构成要件是法官的任务，但是针对法律的抽象构成要件主张和证明事实则是律师的任务。

三、主张责任之完整性与完整陈述义务

主张责任的完整性要求和完整陈述义务是两个完全不同的概念。主张责任的完整性要求是针对请求权基础的构成要件来说的，也就是当法庭辩论终结，要件事实主张缺失，谁来承担该不利后果的问题。主张责任和举证责任并没有限制当事人主张和陈述的边界，也没有赋予当事人权利，只说这么多，只对自己承担主张责任的事项进行陈述。

完整陈述义务也应在主观真实义务的基础上进行理解，故意虚假的不完整陈述，应该是主观上能够确信其真而故意裁剪，恶意隐瞒。“这里规定的‘完整’，首先强调当事人的陈述不能是片面的、局部的，而应该是对案件事实完整的陈述。如果当事人仅陈述部分事实，而隐瞒了其他事实，经其省略加工后陈述的事实可能无法完全反映案件真实情况，进而妨碍法院发现真实并作出正确的裁判。要求当事人完整地陈述案件事实，是积极层面的真实义务，目的在于防止当事人刻意隐瞒、歪曲事实真相。”①

主张责任和完整陈述义务的关系可以这么理解，在起诉状和答辩状等材料中对于当事人真实义务的要求相对较低，可以适当参照主张责任的要求来作为边界。但当法庭要求当事人到庭陈述时，则应以主观真实作为边界，故意隐瞒可能引起制裁。当法庭辩论终结，考察当事人双方的陈述和证据情况，仍然缺失必要的事实主张的，按照主张责任承担不利后果。

以借款返还之诉为例，出借人对于借贷的合意和资金支付承担证明责任，借款人对于借款已经返还、债权消灭承担证明责任。当法庭辩论终结，原告只主张了资金支付的事实，而没有主张借贷合意的事实，那么原告会因为主张责任而败

① 最高人民法院民事审判第一庭：《最高人民法院新民事诉讼证据规定理解与适用（下）》，人民法院出版社2020年版，第581页。

诉。实践中经常遇到出借人在起诉状中有意隐瞒借款人已经部分还款而主张全部借款的情形。这本无可厚非。但是，当法庭要求出借人到庭，面对法官询问，要求说明借款人是否部分还款，出借人并不能因为不承担主张责任和证明责任而不予以回答，出借人有真实、完整陈述的义务，应该根据自己的主观真实义务进行回答。如果事后查明，出借人当时能够确信借款人部分还款而故意隐瞒，则可能受到制裁。如果出借人当时只是由于重大过失而不知已经部分还款，则不应给予制裁。

第五节　大纲分析法

一、诠释学上的循环

对于法律适用者来讲，主要的问题是规范必然具有的普遍性与每个具体"个案"的特殊性之间的裂隙。弥合，或者更确切地说是桥接这种裂隙，正是法律适用的任务。完成这个任务的方法，就是菲肯切尔所描述的"接近"程序。"简单地说，就是法官一方面应该考量待决的具体案件事实，从而具体化和特定化其从制定法或法官法中获得的标准及价值观点，与此同步进行的是以其认为（大体上）妥当的法律观点将案件事实完整化及精确化。这二者必须持续进行，直到'不能再继续'这种个案正当裁判的程序为止。菲肯切尔将这种规范和案件事实间相互接近、交替查清的程序称之为'诠释程序'，中断这种程序的时间点则被称之为'诠释的转折点'。"① 这个诠释的转折点就是要件事实的最终证成。

拉伦茨对前述接近程序做了精彩的描述，"判断者以其描述的案件事实为出发点进一步审查，哪些法条可以适用于本案事实，根据这些法条的构成要件再进一步补全案件事实，只要法条本身不能直接进行涵摄，就要根据案件情况作进一步的具体化。只有考虑可能作为裁判依据的法条，关于案件事实的陈述才能获得最终的形式；而法条的选择及其必要的具体化，又必须考虑被判断的案件事实。然而，只有下述情形才是逻辑上错误的循环论证：当判断者把实际事件中未获证

① ［德］卡尔·拉伦茨：《法学方法论》，黄家镇译，商务印书馆 2020 年版，第 189 页。

实的东西加入作为陈述的案件事实中，或者当判断者‘曲解’法条以便可以得到判断者希望的结论。这两种情形均不能容许。恩吉施曾提及‘眼光在大前提与生活事实之间的来回流转’，朔伊勒则说：‘在确认事实的行为与对事实的法律该当性判断之间的相互渗透’。它们都是我们所熟悉的相互释明的过程，一种‘诠释学意义上的循环’现象。我们不能把案件事实与法条间的‘眼光来回流转’想象为：只是判断者眼光方向的改变，其毋宁是一种思想过程，在此过程中‘未经加工的案件事实’逐渐转化为最终的（作为陈述的）案件事实，而规范文本（未经加工的规范）也转化为适宜判断案件事实的足够具体的规范形式。这个程序以提出法律问题始，而以对此问题做最终的（肯定或否定的）答复终。”①这个过程也是本书所说的要件事实的循环。

二、要件事实的循环：大纲分析法

在整理要件事实的总体思路上，我们借鉴德国法律适用方法的归入法②和英美证据分析的概要分析法③。两种方法虽然法律体系有别，术语不一，但其核心思想却是一致的，那就是把请求权基础分解成各个构成要件，逐一检索比对本案的具体事实，然后得出结论。两者最大的不同是处理的任务不同，归入法是在假定案件真实性已经确定的基础上，讨论最终的涵摄问题，也就是本书所说的符合性。概要分析法并不讨论符合性问题，而将关注点集中到如何构建从证据性事实到构成要件的推理过程，主要处理真实性问题。这样我们就能将两者结合起来。总的步骤是要件事实假设（整理要件事实）——真实性验证（证明要件事实）——符合性验证（论证要件事实）。

（一）请求权基础作为总纲

补全不完全法条，形成完整的请求权基础。实体法中关于请求权基础的条文总是作为分析的总纲，而将相关内容直接代入的请求权事实总是作为事实版本的总纲。

大纲分析法充分体现了要件诉讼九步法的核心和精髓，用个形象的比喻，就是日本丰田的精益生产，拉动式生产。以拟适用的请求权基础作为靶心，将所需

① ［德］卡尔·拉伦茨：《法学方法论》，黄家镇译，商务印书馆2020年版，第356页。

② 参见国家法官学院、德国国际合作机构：《法律适用方法·合同法案例分析方法》，中国法制出版社2017年版，第18页。

③ 参见［美］特伦斯·安德森等：《证据分析（第二版）》，张保生等译，中国人民大学出版社2012年版，第185页。

要考察的法律资料、事实资料拉进一个逻辑有序的框架中来，然后进行有条不紊、紧张有序的工作。

（二）将请求权基础划分为法律要件

总纲之下的一级标题总是前一步划分的法律要件。所有的法律要件都应该列出，以免遗漏，确保客观性和完整性。

运用法教义学的方法分解构成要件，明确该要件的具体含义，按其属于概念、类型还是需填补的评价标准分别处理。

（三）明确法律要件的含义

1. 通过查找相关法条、教科书、案例，进一步明确法律要件的客观含义。

2. 针对事实的大致方向，从要件的众多含义中选取更接近本案事实的含义，从而具体化、特定化构成要件的含义。不应按照教科书的方式进行全面而广泛的定义，应根据案件事实提供的解释方向细化定义。“在寻找法律规范，进行涵摄的过程中，最重要的是，分解法律规范（T）的要件（要件因素 t，每一个要件因素更细分为数个特征 t1、t2、t3，……）和法律效果（R）……法律要件系由法律概念所构成，如‘所有人’、‘无权占有’或‘侵夺其占有’。每一个法律概念须经由‘定义’予以具体化，以便从事涵摄。在处理实例时，其经由定义而具体化的法律概念，不必作全面性的界定，仅须针对该当案件加以定义，定义的范围愈狭，其内容愈为丰富，精确性较高。涵摄过程中应就重要的问题及争点加以说明，此为法律解释的任务。”①

（四）以法律要件为牵引，辅以必要判断，形成要件事实

要件事实就是将相关事实要素代入构成要件，将抽象的客观的法律要件转化为具体的主观的法律事实描述。以具体化的含义为指针，选择、裁剪相关的事实，剔除无关的事实。按照构成要件的划分从左向右逐一排列，逐一考察，避免遗漏。查看是否所有要件都有具体的事实相对应，进一步发现和补充缺失事实。都有事实相对应则进入下一阶段证明要件事实的考察，缺失则考虑放弃这个请求权基础，因为假使事实全部为真都不能满足请求权基础，则不必考虑下一阶段。

这样做有三个好处：

完整性：对于请求权产生具有重要性的所有事项都会讨论到，没有遗漏。

---

① 王泽鉴：《法律思维与案例研习：请求权基础理论体系》，台北元照出版公司 2019 年版，第 166 页。

经济性：对于请求权产生无关的事项不展开讨论，把握重点，节省工作。

清晰性：用结构化的考察步骤来指导分析和验证，易于理解，方便沟通。

要件事实必须和要件一一对应，确保完整性。这体现了法律思维的演绎逻辑特性。司法三段论是思考的逻辑起点和达成的终点，但不是整个应用过程。过程类似鉴定式，是对照要件事实逐一判断的。如果每个要件事实都是真实且符合的，那么整个案件就应该得出请求权基础可适用的结论。在这里，司法三段论演绎逻辑的形式特性是由其分解构成要件及其查找要件事实的形式原则来保证的。但在要件事实的证成方面却是别的思维，真实性的证明是归纳思维，符合性的证成是法律解释。

（五）事实面向要件的完整化、精确化

所谓事实，是指由“什么时间、什么地点、谁、发生了什么”等要素构成的特定事件或者情状。① 所以，主张责任中的事实也需要能够进行特定化和具体化。不能是笼统地提出用法言法语概括构成要件，应该特定到案件的具体案情中，根据 7W2H 的要求进行描述，也就是在特定的时间、特定的地点、特定的人以及特定的微环境中去描述。比如，不能笼统地说“被告打伤了原告”，要转换成生活语言、描述性的语言——“被告扎了原告两刀”。

原告律师必须清楚作为其诉讼标的的请求权基础的全部构成要件，并将能显示这些法律特征的具体事实主张出来。当然，原告的主张内容不是重复法律概念，比如在要求返还给付型不当得利的情况下，不是单纯地主张“给付目的不达”“给付目的不存在”，而是在律师的协助下将能够表明这些法律特征的具体事实描述出来：“我借他的钱，我老婆已经还了，我不清楚这个情况，又还了一次。”“原来打款是因为想要购买货物，后来他家缺货，我们解除了合同。”

特定性在涉及处分行为的时候更为关键，“处分不仅仅发生于物权法，而且也发生于债法。例如，债权的抵销、免除和转让均意味着对债权的处分。此种债法上的处分和物权法上的处分一样，受确定性原则（特定性原则）的支配：必须弄清楚处分涉及哪一具体的标的（如在处分货栈的某些部分的情况下）。因为恰如人们必须知道某件物属于谁那样，也必须知道某项权利为谁所享有。”② 比如，请求返还借款的诉讼中，原告主张“将十张一百元的钞票置于被告手中，被告将之放入自己的皮包内”，这一主张就比较具体了，但如果原告和被告之间出

① 王利明：《法学方法论》，中国人民大学出版社 2012 年版，第 183 页。

② ［德］迪特尔·梅迪库斯：《请求权基础》，陈卫佐、田士永、王洪亮、张双根译，法律出版社 2012 年版，第 22 页。

现多次类似的交付行为，就仍需要进行特定化，到底是哪一次更为具体的交付。一般来讲，对特定时间、地点、行为、对象、内容等的主张，要件事实就达到了具体和特定的要求。

（六）通过要件事实寻找关联性证据

从要件事实出发寻找证据，有直接证据的直接填入直接证据的名称。没有直接证据的，寻找间接证据。寻找间接证据的方法，后面部分具体展开。

要件事实往下划分，则要考虑证据的具体情况。类似于摸着石头过河，搭建起要件和证据之间的桥梁。如果证据能够直接证明要件事实，那么，要件事实和证据性事实之间不需要过渡事实的推理。如果是间接证据，则需要按照证据的指引，分解进一步细化的命题，称为推断性事实。

在命题的细分方面，我们还要进一步考虑证据的情况。也就是说，一面考虑分解出来的要件事实，一面考虑证据的拥有情况。如果有能够直接证明要件事实的证据，也就是直接证据，我们就相当于拥有了“天然金块”。比如，有视频或者公证证明了借贷关系形成的事实。在缺乏这种“天然金块”的情况下，我们必须准备开采大量低级证据“矿石”。也就是说，将要件事实继续分解为次级事实，以便和拥有的间接证据相匹配为止。借贷的事实可以继续分解为双方达成借贷的合意，讨论借贷的短信和微信记录可以证明；资金支付的事实，可以通过打款记录来证明。如果是现金支付，没有直接的支付痕迹来证明，那么就需要进一步分解，比如，要件事实和证据事实之间需要推断性事实进行连接。这种连接具有和自由心证相同的结构，是逻辑、经验和策略的问题。具体做法是下沿和上推两种方法。下沿（top-down）是使用“情景法”，依照时间、地点、发展过程等设想要件事实成立的话，哪些命题也应成立，并且能提供留下哪些证据，从而梳理可能的证明结构。上推（bottom-up）则是从证据事实出发，看这些事实能够支持哪些进一步的推论，从而与要件事实相连接。在上推和下沿之间寻找适用于本案的证明结构。

在大纲分析法的运用过程中，法律人总是需要结构化思维。前者是法教义学的结构，把法律分解为要件。后者是证明结构，把需要证明的要件事实按照证据拥有情况分解为逻辑结构，比如，需要证明某人是凶手，如果只有间接证据，则可以结构化分解为：某人有作案时间，某人案发时间在案发地点，某人有作案动机，某人有作案的痕迹等内容。①

① 在运用大纲分析法的过程中，方格笔记本和幕布软件是不错的搭配组合。

(七) 通过证据衡量事实的真实性

对于请求权的产生来讲，每一个构成要件都是必要条件，与此相对应的每一个事实都必须证明达到高度盖然性。比如，一般侵权案件中，原告需要将损害、行为、因果关系、过错等每一个要件事实都证明到高度盖然性的程度。对于被告的否定来讲，只需要否定损害、行为、因果关系、过错中的任一要件没有达到高度盖然性即可。

除非是不具有证明必要性的事实，比如对方自认的事实、司法认知的事实、诉讼协议约定的事实等；具有证明必要性的事实，该论证链条的最底端，必然是能够在法庭上提出的证据所能证明的证据性事实。这体现了证据裁判主义。有些命题确实没有证据，则可以使用当事人陈述，但需提示其风险。

(八) 进行事实和要件的试连接，考察其证成的可能性

对于请求权的产生来讲，每一个构成要件都是必要条件，与此相对应的每一个事实都要能够归入要件之中。比如，一般侵权案件中，原告需要将损害、行为、因果关系、过错等每一个具体事实都归入构成要件中。对于被告的否定来讲，只需要论证损害、行为、因果关系、过错中的任一要件没有归入即可。

三、整体的判断

全部带入之后，律师就要做出判断，本案的事实是否能够归入请求权基础的构成要件。虽然不是显而易见地归入，但仍有归入可能的，我们就能够进行以后的步骤。如果觉得明显不能归入的，可能就需要放弃这个请求权基础，转而寻找其他路径。

(一) 归入存疑

根据论证要件事实部分，用民法解释学进行处理。

(二) 缺少相关事实点

案件中缺少应被归入的法律特征。

比如，构成要件中要求是ABC，而案件事实中的法律特征点是a、b，对于c特征就需要按照如下步骤就行考量。

首先，要从法律的整体进行考察，看看c特征的缺乏是否可以从a、b特征推导出来，或者法律例外的规定了“因果关系推定”、“举证责任倒置”、视为、准用等规定。

其次，要评价a、b、c特征对于适用该法条的实质性影响。一般来讲，法无

赘言，立法者选取了三个条件而不是两个条件，那么其中每一个条件都应该认为是必要，原则上 c 条件的缺失使得法律的适用条件没有被满足，即不能适用该法律后果。如果 a、b 特征在本案中的满足程度已经足以使立法者的判断成立，而 c 特征的缺失在本案中已经显得不太重要了，那么可以参照适用该法条。这种论证义务要相对重一些。这种操作对于类型概念、动态系统论而言更为常见。

（三）有多余的事实点

案件事实中存在未被归入的法律特征。

比如，构成要件中要求是 ABC，而案件事实中的法律特征点是 abcd，对于 d 特征就需要按照如下步骤进行考量。

首先，从法律适用的金字塔的角度判断，该特征是否属于除外条件、抗辩规定。

其次，要评价 d 特征对于适用该法条的实质性影响，每一个构成要件和法律效果的连接都体现了立法者的价值判断，在此，我们需要判断的是 d 特征对于该种判断的效果，如果 d 特征的加入增强了该种判断，那么适用该法条就是应当的，d 特征可以在法律后果方面予以考虑。

如果 d 特征的加入削弱了该种判断，那么就要判断削弱的程度，如果削弱到立法者考虑到这种情形，本应该作出例外规定的，可能就属于目的性限缩的领域了。

更为常见的可能是 d 特征对于本案无实质性。

第六章　证明要件事实

案例题的案例事实是出题者深思熟虑，为学习或测验之目的而设计。法院实务上最主要、最困难的工作，在于认定事实以适用法律，因此法院必须调查证据，发现事实，判断何者与法律的适用有关，何者无关。案例研习上的事实，则被假设为真实，无争论性。①

——王泽鉴

案件事实的查明和法律适用经常根本不能严格分开，因为所需查明的仅仅是那些与法律适用有关的事实。所以在查明案件事实的时候，必须不断地想到所需适用的法律规范。有人形象地称之为“目光来回穿梭”（于案件事实和法律规范之间）。②

——迪特尔·梅迪库斯

争议围绕事实进行的比重之大可能会使参与其中的法律人士吃惊。他太轻易地以为，现实中占绝大多数的是对棘手的法律问题进行裁判，就像在大学练习中或者多半也在出版的法院判例中所呈现的一样。然而一个古老的经验教喻人们：在实践中，一罗特（三十分之一磅）重的法律问题建立在50公斤事实基础上。当然，对事实的确认并不是根据法官的个人感觉，而是遵循一定的法律规范。③

——尧厄尼希

① 王泽鉴：《法律思维与案例研习：请求权基础理论体系》，台北元照出版公司2019年版，第10页。

② ［德］迪特尔·梅迪库斯：《请求权基础》，陈卫佐、田士永、王洪亮、张双根译，法律出版社2012年版，第6页。

③ ［德］奥特马·尧厄尼希：《民事诉讼法》，周翠译，法律出版社2003年版，第114页。

> 法律推理具有的典型三段论逻辑形式也给人造成了一种错觉，似乎法律推理的小前提是从天上掉下来的一样。这造成法律推理研究的两个偏向：一是热衷于探究法律适用中的实质推理问题，却忽视证据推理和事实认定对法律适用的决定作用；二是把疑难案件仅仅视为法律适用的疑难案件，而无视大多数疑难案件实际上是事实认定的疑难案件。①
>
> ——张保生

主张是证明的基础，是证明的靶心和方向。在前一步整理具有实质性事实的基础上，我们进一步考察证明的问题，因为根据辩论主义，只有具有实质性且存在争议的事实才有证明的必要。但这种说法只是针对已经提起的诉讼，对于当事人和律师来讲，不可能不经过分析就贸然提起诉讼，而将其命运完全交到对方的诚信上，等到对方否认才去收集证据，实际的操作也并不是这样的冒失。这一步需要尽可能地考虑被告可能产生争议的范围，并有针对性地构建证明体系。

根据大纲分析法，事实的发现和查明也是一个诠释学的循环，从发现的证据，我们依靠以前理解的库存知识来推知未知的案件事实。利用推知的案件事实我们寻找可能适用的法律，并对此进行整理要件事实。这一章我们围绕整理出来的要件事实，有的放矢地收集证据，构建起充分完善的要件事实证明体系。这一章的主要内容，是笔者总结的三阶层证据分析方法。考察证据和证明需要从证明之必要性、证据之可采性、推理之可靠性三个层次着手。

1. 证明之必要性：从实体法的适用来讲，只有存在争议的实质性事实，且不属于免证的事实，才需要运用证据进行证明，是为证明之必要性。

2. 证据之可采性：所用来证明事实的证据只有具备关联性、合法性、真实性才能被法官所采纳，是为证据之可采性。

3. 推理之可靠性：如果前述证据属于直接证据，则无需推理。而现实诉讼中大多为间接证据，需要运用事实推理，证据的证明力端赖推理之可靠性。

证明之必要性、证据之可采性、推理之可靠性是证明要件事实的三个阶层，需要逐个阶层进行考察。没有证明必要性就没有提出证据的必要，只有具有证明必要性的事项才需要提出证据进行证明。没有可采性的证据就不能用来证明待证事实，只有具备可采性的证据才能进一步考察推理可靠性的问题。必要性凸显的

① 张保生：《事实认定及其在法律推理中的作用》，载《浙江社会科学》2019 年第 6 期。

是事实的法律属性，可采性凸显的是证据的法律属性，可靠性凸显的是证据和事实之间的逻辑属性。熟练掌握和娴熟运用对于提高诉讼实战水平非常关键。

第一步发现案件事实和第四步证明要件事实的主要区别是：前者是自向证明，指向律师自己。后者是他向证明，指向将来的裁判者，针对裁判者进行举证和说理，达到证明标准。前者是法律无涉地还原真相，后者是规范指引下有针对性地证明。

第一节 证明责任

民事审判坚持以事实为根据，以法律为准绳。由于法官并不是事实的亲历者，他只能基于双方提供给他的证据来判定事实。在这个过程中，他要调动自己掌握的一切经验、逻辑来做出自己的判断，也就是所谓的自由心证。由于人类认知手段的不足，在当事人穷尽所有的证据手段的时候，自由心证的结果可能仍然处于不确定的状态，也就是所谓的真伪不明，这时候就要按照证明责任进行判决，也就是由承担证明责任的一方败诉。

一、证据裁判主义和自由心证

《证据规定》第八十五条规定："人民法院应当以证据能够证明的案件事实为根据依法作出裁判。审判人员应当依照法定程序，全面、客观地审核证据，依据法律的规定，遵循法官职业道德，运用逻辑推理和日常生活经验，对证据有无证明力和证明力大小独立进行判断，并公开判断的理由和结果。"该条就确定了证据裁判主义和自由心证。

"所谓证据裁判主义，又称为证据为本，就是说在司法活动中认定案件事实必须以证据为本源，司法证明活动必须以证据为基石。换言之，司法裁判必须建立在证据的基础上，因此又为'证据裁判主义'……这是人类在摒弃了神明裁判和主观断案的司法证明之后确立的一项司法原则。对于司法人员及其他诉讼参与者来说，案件事实一直都是发生在过去的事实，无论是一年以前还是一天以前。由于时间具有一维性，是一去不复返的，因此，司法人员及其他诉讼者在诉讼中无法看见发生在过去的事实。他们所能看到和听到的，只是各种各样的证据。在他们的面前，案件事实犹如镜中之花、水中之月、海市蜃楼。虽然'花、楼、月’是客观存在的事实，但是司法人员及其他诉讼参与者只能通过‘镜、水、空气’的折射感知它们的存在。而‘镜、水、空气’就是案件中的证据。尽管现代科学技术非常发达，但是人类还没有办法回到过去。司法人员及其他诉讼参与者在诉讼中，根本无法看见发生在过去的案件事实。因此，诉辩双方的任务就是要举出各种各样的证据，来证明自己的事实主张或反驳对方的事实主张，而法官的任务就是要通过这些证据去查明和认定案件事实。”①

自由心证“即法官根据其自由的且有根据的心证，能够并应当将某一主张认为是真实的。不再遵守特定的形式，而是以法官的心证来确认某一主张是真实的。法官根据一般的经验法则来获得这样的心证，此等经验法则部分源自科学研究的结果，部分源自对人类生活、行为和繁忙活动的观察。借助于这样的经验法则，法官审查证据的证明价值，尤其是审查证人证言的证明价值，同时审查证据是否能够说明对有争议事实的真实性的心证是有根据的②”。证据对待证事实是否有证明作用还要看有无证明力以及证明力的大小。证明力取决于关联性的强弱、违法性的轻重、真实性的高低等因素的综合判断。但是，关于什么样的证据应该具有什么样的分量，这是立法所无法预先规定的。无限多姿多彩的现实世界充满了无限种可能性，立法者无法预先规定无限可能的证据组合所对应的判断标准，只能由判断者基于理性和经验在具体案件中作出具体判断，这也是实行证据裁判必然实行自由心证的根本原因。“从证据的审查判断原则上来看，我国现行法律并没有采取自由心证原则，但相关条文已体现了自由心证的精髓和要义。从理论研究的角度而言，我国学术界长期以来对自由心证原则持排斥的态度，认为自由心证是资产阶级唯心观的产物。随着认识的发展，近年来，学界主张自由心证的越来越多，研究成果颇丰，对自由心证采取了一种客观的认识态度。从实践的情况看，对证据的审查、认定最终需审判人员进行，也即由审判人员按照良知、理性、经验规则等因素对证据证明力有无以及大小进行判断。”③

有人认为，自由心证就是法官自己说了算，其实这是一个误区。根据前面的规定可以看出，自由心证也需要满足一些条件。杜万华大法官在《关于民事诉讼证据制度的几个重要问题》中讲到，自由心证要注意以下五点：

---

① 最高人民法院民事审判第一庭：《最高人民法院新民事诉讼证据规定理解与适用（下）》，人民法院出版社2020年版，第741页。

② ［德］莱奥·罗森贝克：《证明责任论》，庄敬华译，中国法制出版社2018年版，第218页。

③ 最高人民法院民事审判第一庭：《最高人民法院新民事诉讼证据规定理解与适用（下）》，人民法院出版社2020年版，第739页。

1. 审核证据要全面、客观。

2. “自由心证”要按法定程序进行。在一审程序中，如果双方当事人在庭前交换证据时对证据都没有争议，在开庭时应予说明。如果当事人在庭前交换证据时对证据有争议，就需要在法庭上进行质证。任何证据要作为认定案件事实的根据，一定要在法庭上出示，并经当事人质证。未经质证的证据，不能作为认定案件事实的根据。

3. 审核认定证据一定要依法进行。

法官审核和认定证据一定要和法律规定相吻合，不能违背证据规则的规定。质证要围绕证据的真实性、关联性和合法性，以及证据证明力的大小来进行。法官在审核认定证据时，还要依照《民诉解释》第一百零六条规定排除非法证据。该条规定：“对以严重侵害他人合法权益、违反法律禁止性规定或者严重违背公序良俗的方法形成或者获取的证据，不得作为认定案件事实的根据。”违背公序良俗必须达到严重的程度，才属于违法证据。

4. 审核、认定证据的过程要符合逻辑推理的一般原则，不能自相矛盾，不能违背日常生活经验法则。

5. 自由心证不是说法官自己相信就行了，还应当公布心证过程，即不仅公布判断的结果，还要公布判断的理由。因此，“自由心证”是以理服人，而不是“以权服人”。

二、证明标准和真伪不明

（一）证明标准

由于诉讼中的证明属于历史性证明，鉴于目前人类对过去发生的事实的认知手段有限，因此我们最多只能满足于“高度盖然性”的证明要求。“法官根据其自由证明评价，凭经验将生活规则认为是得到证明的，只要不存在不允许适用该规则的情况。证明活动历来都是这样进行的。由于我们认识过去的事实的真实性的手段不充分，且人们认识能力有限，我们不可能具有绝对的确定性地确认事件的发生经过和伴随情况，这种绝对的确定性在科学原理的证明上，尤其是在数学上是必要的。错误总是在所难免的，事件的发展不尽如人意也总是可以理解的。但是，如同我们在日常生活中总是将与事情的通常过程和自然经过相适应的情况认为是真实的，并以它为条件一样，如同所有的人类的决定最多也只是源自高度盖然性一样，在确认事实情况时仅达到高度盖然性即足矣，这样的高度盖然性也能满足法官在诉讼中的要求。”① 我们也确定了高度可能性的证明标准。

《民诉解释》第一百零八条第一款规定：“对负有举证证明责任的当事人提供的证据，人民法院经审查并结合相关事实，确信待证事实的存在具有高度可能性的，应当认定该事实存在。”

（二）真伪不明的区间

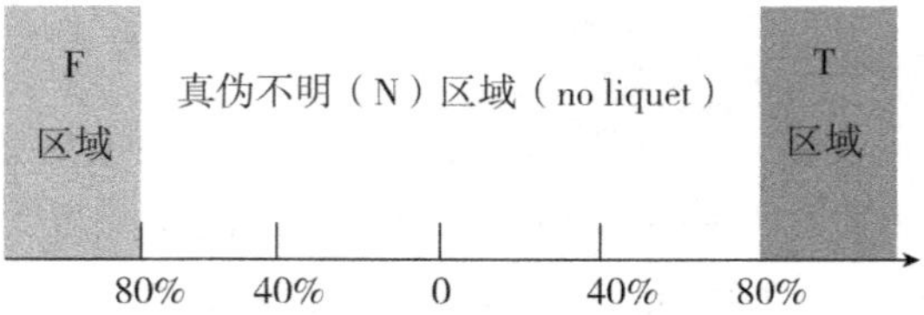

“真伪不明”心证状态结构示意图

上图的T区域证明度（证明标准）达到或超过了80%，是法官认定某一要件事实存在的心证区域。F区域是法官认定某一要件事实不存在的心证区域，即证明度（证明标准）也达到或超过了80%，只不过与T区域相比是在反方向上，此时法官应判定因该要件事实之不存在而无法产生相应的法律效果。而介于正向80%和负向80%之间的N区域则是法官对某一要件事实是否存在无法形成确信状态的心证区域，也就是所谓的“真伪不明”的区域。法官适用实体法规范的前提应当是确信其要件事实存在，也就是在上述的T区域，否则即不应适用该规范，也就是F和N区域都是其败诉区域，只不过败诉的理由略有不同。F区域是法官获得事实确定不存在的区域，并无适用证明责任的余地，而N区域则是法官无法获得心证的区域，只能适用证明责任来判定输赢，这也就是平常所谓的“自由心证之尽头乃证明责任统治之开始”。②

（三）证明责任判决

在存在真伪不明的情况下，法官不得不根据证明责任进行判案。“尽管构成要件不确定，证明责任规则仍会帮助法官对当事人提出的请求作出肯定或者否定的判决，因为证明责任规则可以指导法官在这种情况下如何作出判决。证明责任规范的本质和价值就在于，在重要的事实主张的真实性不能被确认的情况下，指引法官作出何种内容的裁判。也就是说，谁对不能予以确认的事实主张承担证明责任，谁将承受对其不利的裁判……如果在争诉中有疑问的事实情况未能得到确

---

① ［德］莱奥·罗森贝克：《证明责任论》，庄敬华译，中国法制出版社2018年版，第218页。

② 许可：《民事审判方法——要件事实引论》，法律出版社2009年版，第61~64页。

认，法官不得不作出不利于承担证明责任的那一方当事人的裁判。”①

真伪不明只是在法律适用上和确信事实不存在具有同样的效果，也即不能适用法律。但并不意味着该事实在客观上不存在，只是基于当前的证据不足以认定该事实存在。《民诉解释》的说法容易让人误解，“对一方当事人为反驳负有举证证明责任的当事人所主张事实而提供的证据，人民法院经审查并结合相关事实，认为待证事实真伪不明的，应当认定该事实不存在。”

如前所述，自由心证、证明标准、真伪不明、证明责任判决是四个高度相关联的概念。自由心证无法获得确定结论的时候，就产生真伪不明。而证明标准直接决定了真伪不明的区域有多大，标准越高，越可能出现真伪不明；标准越低，真伪不明的区域越小。当出现真伪不明的时候，如果不属于能够驳回起诉的情形，法官总是要做出实体判决以便定分止争，那么只能做出证明责任判决。

即使高度相关，但自由心证和证明责任还是具有明确的分工。自由心证和法定证据制度相对应，使其不按照格式化的证据和证明力，而是根据个案的具体情况和经验法则、逻辑来查明案件事实。但是自由心证并不能使法官无所不知、无所不能。“在所有证据被用尽后，不得不根据证明责任规范来进行裁判，也就是说证明责任是最后的选择，法官仍不得不常常求助于它。”②“自由证明评价和证明责任统治着两个领域，虽然这两个领域有着密切的联系，但它们之间的界限还是非常分明的。自由证明评价教导法官根据其修养和生活经验，从诉讼辩论的全部内容中，在诉讼中提出的有争议的主张的真实与否自由地获得心证；证明责任则教导法官，一旦自由证明评价使其一无所获，就必须作出判决。自由证明评价王国终结之时，正是证明责任的统治开始之时；一旦法官游历自由证明评价王国，未能作出判决，证明责任会给予其自由证明评价所不能给予的东西。”③

三、证明责任的相关调整措施

证明责任之所在，即是败诉之所在。如果不能对法律要件所要求的事实进行证明的话，即应承担败诉的后果。这在有些案件中会造成不公正的结果，法律从实体法和程序法上规定了不少调整措施。

（一）让某个要件无实质性

最彻底的措施就是取消某个要件的要求，让其对法律适用无实质性，比如无

① ［德］莱奥·罗森贝克：《证明责任论》，庄敬华译，中国法制出版社 2018 年版，第 3 页。
② ［德］莱奥·罗森贝克：《证明责任论》，庄敬华译，中国法制出版社 2018 年版，第 79 页。
③ ［德］莱奥·罗森贝克：《证明责任论》，庄敬华译，中国法制出版社 2018 年版，第 76 页。

过错责任。是否存在过错对于责任承担不再重要。

（二）合理分配法律要件

证明责任规则是从原则规范中剔除某些要素，并以相反的形式使之成为例外规范的前提条件，主张权利例外地不发生的一方承担证明责任。“立法者将权利的产生受阻这一效果与例外地欠缺此等要素相联系。将那些很难证明且很少欠缺的情形，从被法官视为对法律效果来说重要的所有要素的、‘理想的’构成要件中剔除出去，使权利产生成为不包括那些情形的‘现实的’构成要件的后果，因为那些情形常常出现。如果在例外情况下偶尔不是这样，那么，权利的产生将被阻止，对此等要素欠缺的证明责任则由对方承担。在这样的情况下，那个有疑问的情形不再是权利产生的前提条件，它被从原则规范的构成要件中完全且最终予以剔除了。”[①] 例如，根据《民法典》第三百一十一条规定，实际主张善意取得时不要求以下条件都具备，无处分权人（a）、受让人受让该不动产或者动产时是善意的（b）、以合理的价格转让（c）、已经登记或交付（d），不是a+b+c+d，而是a+c+d，没有善意，也就是恶意，是反对善意取得的人来主张和证明，以此来保障交易安全。

（三）证明责任倒置

证明责任倒置，是指将依据法律要件分类说应当由主张权利的一方当事人负担的证明责任，改由否认权利的一方当事人就法律要件事实的不存在负担证明责任。它以法律要件分类说为前提，是对法律要件分类说的一种补充或者修正。

《民法典》第一千二百三十条规定：“因污染环境、破坏生态发生纠纷，行为人应当就法律规定的不承担责任或者减轻责任的情形及其行为与损害之间不存在因果关系承担举证责任。”因果关系对于承担环境侵权责任还是必要的，但是法律把这个证明责任分配给了反对方，如果反对方不能证明因果关系不存在，则应该承担败诉后果。从证明责任心证图来看，被告只有F区域能够胜诉，剩下的就只能败诉。这就大大提高了受害人胜诉的可能性，如果按照一般侵权，原告证明因果关系只有在T区域才能胜诉，现在提高到了N+T区域。

（四）法律上的推定

证明责任规则是将实体法上的构成要件交由另一方来承担证明责任。法定的事实推定则是法律规定了构成要件的具体证明方法。法律推定和证明责任倒置效

① ［德］莱奥·罗森贝克：《证明责任论》，庄敬华译，中国法制出版社2018年版，第251页。

果相似，但仍有区分的必要。在法律推定的场合，被告还可以对前提事实提出反证进行反驳，动摇推定的前提事实。而在倒置的场合，被告证伪不了，就会认定为真实。

法律上的推定内容较多，第五节进行专门介绍。

（五）调整证明标准

《证据规定》第八十六条规定了证明标准的提高或降低，提高证明标准的情形：当事人对于欺诈、胁迫、恶意串通事实的证明，以及对于口头遗嘱或赠与事实的证明，人民法院确信该待证事实存在的可能性能够排除合理怀疑的，应当认定该事实存在。降低证明标准的情形：与诉讼保全、回避等程序事项有关的事实，人民法院结合当事人的说明及相关证据，认为有关事实存在的可能性较大的，可以认定该事实存在。

在具体案件中，法官还可以合理运用自由心证规则、依职权收集证据、依当事人申请收集证据、运用证明妨碍规则等措施来促进案件公正解决。

不能用可能会造成个案不公这个论点来反对法律要件划分的形式性和客观性。法治之所以是法治，而不是圣君贤相的相机抉择，很大程度在于法律的形式性和客观性。“根据建立于‘法律要件分类说’等理论上的成套规则来分配当事人的举证责任，意味着没有把这种对于当事人来讲意义十分重大的风险及负担之配置完全委诸法官的自由裁量。而且相对客观的分配规则事先存在，可以提前为双方当事人提供展开攻击防御的某种指针，也降低了法官随机分配举证责任时可能招致怀疑及抵制等难以获得正当性的风险”。[①] 在保持客观性的前提下，法律也配置了足够多的工具来保证个案公正。

第二节 证明之必要性

诉讼乃实体法与程序法综合作用的场，证明之必要性须结合实体法和程序法，在实体法是实质性，在程序法是争议性。

从广义上理解，证明对象也就是待证事实还包括程序法律事实、法官所不知的地方性法规、习惯、外国法律、经验法则等。但从狭义上理解，证明对象仅限

① 王亚新、陈杭平、刘君博：《中国民事诉讼法重点讲义》，高等教育出版社 2021 年版，第 142 页。

于当事人争议的实体法律事实。[①] 本书采用狭义的证明对象的用法。实体法法律事实是否有必要运用证据进行证明，则需要逐次经过实质性、争议性、免证性三个层次的考察：

实质性：对于法律适用没有实质影响的事实自然没有证明的必要。

争议性：即使属于具有实质性的事实，但当事人不存在争议的，根据辩论主义原则，也不需要证明。

免证性：免证性属于消极条件，即便是存在争议的实质性事实，无需证据即可认定，当然没有运用证据证明的必要。以下分别论述之。

一、待证事实

如前所述，从实体法意义上讲，待证事实=要件事实-无争议事实-免证事实。只有要件事实才有进行证明的必要，才能成为法庭查明的对象。并不是所有的要件事实都需要证明，无争议的事实、有争议免证的事实都不需要证据证明。

为了分析的严谨性，和整理要件事实的步骤相衔接，在构建证明体系的时候，我们根据请求权基础构成要件逐一分解案件的要件事实，确保每一项要件事实都完整地排列出来，然后逐项考察。

以排除妨害请求权为例：

构成要件	要件事实	无争议事实	免证事实	待证事实
1. 请求权人为物权人。不要求占有权能，抵押权人亦可。但基于债权的权利人不可	丙是物权人，不是租户			
2. 造成了占有以外的其他妨害。占有以外的妨害主要是与返还原物请求权相区分	噪音			
3. 具有不法性或者超过了必要的限度	不合理的噪音			
4. 请求时妨害仍在持续中	仍在持续			
5. 被请求人为对妨害具有支配力的人	甲是状态妨害人，乙是行为妨害人			

在构成要件和要件事实列，我们着重考察要件事实的实质性和完整性，也就

① 江伟、肖建国：《民事诉讼法》，中国人民大学出版社 2018 年版，第 203 页。

是确定是否每一个构成要件都有相对应的具体事实来支撑。如果缺少某一要件事实，那么我们需要返回第一步发现案件事实步骤，运用调查思维去补充收集相关事实和证据，看能否将相关事实补充完整。

在无争议事实列，我们着重考察要件事实是否属于无争议的事实。这里的考察更多的是一种逻辑性和假设性的考察。在排查诉讼争点部分，我们会假设自己站在对方的角度来模拟可能的争点，从而有针对性地采取措施。此处的争议性的说明更多是理解辩论主义模式下，当事人自认的效力和事实争点的运用原理。《孙子兵法》讲：善战者，立于不败之地，而不失敌之败也。那些善于用兵打仗的人，总是预先创造不被敌人战胜的条件，来等待可以战胜敌人的时机。从诉讼的角度讲，就是先假设对方会否认，总是会产生争议，从而为己方准备充足的证据，而不是等到起诉后对方否认才去寻找证据，被对方打个措手不及。

在免证事实列，我们着重考察要件事实中可以免证的相关事实。

在待证事实列，除去前面无争议的和免证的要件事实，所有要件事实都属于待证事实，都需要相关的证据来证明。我们就需要进一步考察，待证事实属于哪些类型的事实，描述性事实还是评价性事实。根据待证事实的类型确定不同的证明策略，然后考察是否收集到了确实充分的证据。

对于每一项待证事实都需要得到证明的肯定答复，这是从法律适用的逻辑得出的应然的要求。实践中，可能确实有某些事实无法充分证明，那是在事实不确定和模糊的情况下，如何控制风险，如何利用证明策略实现己方利益的问题，那是实然的操作，两者不应混淆。

二、争议性

（一）争议性与自认

举证责任的范围不会大于证明责任的范围。证明责任列出了当事人需要承受的所有证明风险，但是在具体的诉讼中，并不是所有的事项都需要证明，比如自认的、众所周知的事实等，只有存在证明必要性的事项，才有当事人举证责任的问题。

从实体法适用的角度讲，只有同时具备实质性和争议性的事项才有证明的必要。比如在出租人要求支付租金的案件中，承租人对拖延支付三个月租金的事实没有争议，这个事项虽然具有实质性，但不存在争议，也没有证明的必要。

1. 自认的范围。

原则上，私益性质的事项都可适用自认。根据辩论主义原则，对于双方当事人都没有争议的事实，法院应当作为判决的基础。换言之，法院应当受当事人自认的约束。但涉及身份关系、国家利益、社会公共利益等应当由人民法院依职权调查的事实，与查明的事实不符的事实，不适用自认的规定。（《民诉解释》第九十二条）当己方证明责任范围内的事项，为对方所自认的，可以据此要求免除举证责任。

2. 自认的形式。

自认有三种形式：

第一种是明示方式，《证据规定》第三条规定："在诉讼过程中，一方当事人陈述的于己不利的事实，或者对于己不利的事实明确表示承认的，另一方当事人无需举证证明。在证据交换、询问、调查过程中，或者在起诉状、答辩状、代理词等书面材料中，当事人明确承认于己不利的事实的，适用前款规定。"如果不是在本案诉讼中做出的自认，则不能直接产生免除举证责任的效果，而是作为证据影响法官的心证。

第二种是拟制自认，《证据规定》第四条规定："一方当事人对于另一方当事人主张的于己不利的事实既不承认也不否认，经审判人员说明并询问后，其仍然不明确表示肯定或者否定的，视为对该事实的承认。"当己方主张后，对方不明确表态的，可以提醒法官适用该规则，如果对方经审判人员说明并询问后，其仍然不明确表示肯定或者否定的，视为对该事实的承认。

第三种是诉讼代理人代为自认，以前规定：代理人的承认视为当事人的承认。但未经特别授权的代理人对事实的承认直接导致承认对方诉讼请求的除外。这造成实践中不少当事人不出庭，代理人一问三不知，自认后还以自己没有特别授权为由撤回，严重影响了庭审效率。为此，《证据规定》第五条规定："当事人委托诉讼代理人参加诉讼的，除授权委托书明确排除的事项外，诉讼代理人的自认视为当事人的自认。当事人在场对诉讼代理人的自认明确否认的，不视为自认。"

这一规定与之前相反，除授权委托书明确排除的事项外，诉讼代理人的自认视为当事人的自认。对于对方律师因为授权委托书明确排除的事项，可以提请法庭要求对方当事人出庭。

为了鼓励在调解中作出让步，《民诉解释》第一百零七条规定："在诉讼中，当事人为达成调解协议或者和解协议作出妥协而认可的事实，不得在后续的诉讼中作为对其不利的根据，但法律另有规定或者当事人均同意的除外。"即便如此，为了不影响法官心证，建议律师在调解中对相关法律效果做出让步，而不是对事实做出让步。另外，自认可以撤销，《证据规定》第九条规定："有下列情形之一，当事人在法庭辩论终结前撤销自认的，人民法院应当准许：（一）经对方当事人同意的；（二）自认是在受胁迫或者重大误解情况下作出的。人民法院准许当事人撤销自认的，应当作出口头或者书面裁定。”

（二）争议性的实务把握

对于争议性这个条件我们是从诉讼原理来进行讨论的。但在律师实务中，还需注意把握以下的区别。

德国法律适用方法中的法律关系分析法是从法官视角进行解读的，法官针对原告、被告的起诉和答辩按照消消乐的方法整理其相同点和不同点，不同点则需要划分证明责任，由其提供证据证明。对于法官来讲，需要提供哪些证据、对什么事实进行证明发生在庭前争点整理的阶段。这是因为，如果被告对于原告的诉讼请求没有异议，被告的认诺就意味着诉讼标的已经达成和解，没有必要进入审理阶段。如果被告对原告的诉讼请求有异议，但是对原告主张的事实没有异议，则不需要提供证据进行证明。即使是部分自认，对于被告自认的部分，原告也不需要提供证据证明。所以，通常认为，证明责任是最后才实际发生作用的。这种理解在一定程度上和实际运行是有偏离的，主要原因如下：

1. 法官思维和律师思维的区别。法官居中裁判，与案件结果没有利害关系，只是关注如何按照规则裁判，所以按照证明责任划分归入裁判即可。而对于当事人来讲，举证质证在当事人，认证在法官，只有举证责任才是当事人可以掌握和运用的，为了避免最终的证明责任落到自己头上，如何积极主动地提出证据更为关键和重要。对于律师来讲，不能莽撞地等到对方答辩后才根据答辩意见收集和准备证据。运用证据构建法律事实在接触当事人之初就开始了，诉讼方案的确定也就意味着律师基本对构建的法律事实形成了确信。当然，这种确信是在只掌握一方陈述和证据基础上的确信，律师为了避免诉讼程序中处于被动局面，总是尽可能地还原事实真相，使自己构建的法律事实符合客观真实，但这种努力受到主客观因素的影响，并且当事人主义的诉讼模式也蕴含着事实查明的过程性和对抗性，所以律师的确信是客观审慎地审查现有可获得的证据上的确信，是一种阶段性的确信。

2. 举证时限的要求。新的《民诉解释》虽然改变了旧《证据规定》关于证据关门的规定，“当事人因故意或者重大过失逾期提供的证据，人民法院不予采纳。与案件基本事实有关的，人民法院应当采纳，同时可以予以训诫、罚款，并承担相应的费用。”虽然没有证据失权效果，但需要承担相应的后果，同时也会引起法官反感，无形中提高心证的标准。所以，需要我们尽可能地遵守举证时限的要求，尽可能充分地举证。

3. 对对方的震慑。走到诉讼这一步，当事人之间的对抗性比较强烈，对方当事人如果未见相关证据，单纯否认就会引起己方的举证责任。而如果己方证据比较充分，会促使对方认真衡量诉讼利弊，促进诉讼和解。

4. 规避律师执业风险。律师根据证明责任和证明标准来衡量自己一方胜诉的概率，避免证据不充分的情况下贸然起诉。同时，也可以根据诉讼进展来随时向当事人说明，以便改变诉讼策略。

5. 起诉条件的证明。对于原告方来讲，诉的启动，需要提交相应的证据，以此来证明主体适格性、具有诉的利益，属于法院受案范围和具有管辖权等。

综合以上几点，律师应该根据对证明责任的划分，根据前一步整理出来的要件事实，有的放矢地收集证据、提出证据，构建起充分完善的要件事实证明体系。当然，也不排除在必要的时候，只进行必要的举证，对关键证据在适当的时机提出，尤其是针对对方再抗辩的事实和证据。因此，从理论上讲，只有争议性才有证明的必要。但从律师的实际应用来讲，却要积极准备证据以便消除这种争议性。

三、免证性

存在争议的实质性事实，并不是都需要运用证据去证明，有些可以采用直接确认法。直接确认法，也称为非证据证明方法或者免证方法，是指在司法活动中对于那些无需用证据来证明的未知案件事实，凭借司法人员的经验常识或者逻辑推理等直接加以确认的方法。从世界范围和我国的司法实践看，直接确认法包括推定和司法认知。① 在诉讼中，律师有效地运用这些免证方法，能有效节约诉讼成本，提高诉讼效率。

司法认知，是指法官对于待认定的事实，在审判中不待当事人举证，而直接予以确认作为判决的依据。②《证据规定》第十条规定：“下列事实，当事人无须举证证明：（一）自然规律以及定理、定律；（二）众所周知的事实；（三）根据法律规定推定的事实；（四）根据已知的事实和日常生活经验法则推定出的另一事实；（五）已为仲裁机构的生效裁决所确认的事实；（六）已为人民法院发生法律效力的裁判所确认的基本事实；（七）已为有效公证文书所证明的事实。前款第二项至第五项事实，当事人有相反证据足以反驳的除外；第六项、第七项事实，当事人有相反证据足以推翻的除外。”分别叙述如下：③

---

① 何家弘、刘品新：《证据法学》，法律出版社2013年版，第257~258页。

② 何家弘、刘品新：《证据法学》，法律出版社2013年版，第271页。

③ 最高人民法院民事审判第一庭：《最高人民法院新民事诉讼证据规定理解与适用（上）》，人民法院出版社2020年版，第148~164页。

1. 自然规律以及定理、定律。

太阳东升西落、作物春华秋实、万有引力、生物体新陈代谢规律、勾股定理、阿基米德定律等，这些自然规律以及定理、定律为当今科学反复验证检验，不必举证证明，而且在诉讼进程的期限内也不存在推翻的可能。

2. 众所周知的事实。

众所周知的事实，是指一定区域内为具有一定知识经验的一般人共同知晓的常识性事实。只要在受诉法院管辖区内为公众所普遍知晓即可认为是众所周知的事实。比如，当地的风俗习惯、风土人情等。主张此事实的不需要举证，而由对方当事人提出反证予以反驳。

3. 根据法律规定推定的事实。

4. 根据已知的事实和日常生活经验法则推定出的另一事实。（推定在本章第五节进行详细叙述）

5. 已为仲裁机构的生效裁决所确认的事实。

这是新证据规定修改的地方之一，也就是仲裁裁决所确认的事实不再和公证文书证明的事实一样，需要反证足以推翻，而只要足以反驳即可。主要是因为仲裁是偏重效率的解决纠纷的方式，对当事人的程序保障与司法程序相比相对较弱，不能太过于约束人民法院的裁判。

6. 已为人民法院发生法律效力的裁判所确认的基本事实。

基本事实即是指生效裁判所确认的要件事实。否定法院生效裁判确认的事实，需要证据的证明力达到推翻该事实的程度，也就是证明该事实不存在达到高度可能性。

7. 已为有效公证文书所证明的事实。

和人民法院发生法律效力的裁判所确认的基本事实具有同样的免证要求。

如前所述，要件事实除去自认的事实、直接确认的事实，就是实体法上的待证事实，需要进入下一个阶段，收集和提出具有可采性的证据。

四、证明的必要性和证明责任

证明的必要性引发证明责任的判断问题。如果双方对事实无争议，那么就像案例分析题一样，直接进入法律适用即可。如果需要证明，则总是需要清楚证明责任问题，因为对证据的评价总是打上了证明责任的烙印，本证反证，证明妨害等。如果经过评价可以确定真伪，则考虑进入归入阶段的考察。如果真伪不明，则按照证明责任进行裁判。所以，证明责任的判断先于证明责任判决，并且并不总是需要证明责任判决。罗森贝克说证明责任不被人们重视的重大意义即是指证明责任判断而言。

"诉讼理由和抗辩之间、抗辩和再抗辩之间的逻辑关系都是以证明责任为基础的，这种逻辑关系是每一个民事诉讼的构架，对诉讼过程，对法官判决的内容和结果，均具有最大的意义。""将证明责任分配理论称为'民事诉讼的脊梁'因为不仅仅是当事人及其支持者必须在诉讼中经常考虑证明责任，必须设法获取其应当提供的证据，而且法官尤其如此，如果'法官想胜任其职务，必须熟悉诉讼的每一个阶段的证明责任分配'。"①

五、证明要件事实的 SMART 原则

管理大师，平衡积分卡的创始人罗伯特·卡普兰曾经写过一段话："If you can't describe it, you can't measure it. If you can't measure it, you can't manage it. If you can't manage it, you can't attain it." 本质上来讲，律师就是协助客户管理一个项目，在法律指引下，收集证据，衡量事实，以此决定是否进行诉讼，并通过严格的项目实施实现目标。如果不能清晰地描述请求权实现的具体要求，你就不能很好地衡量你当下的事实和证据。如果不能衡量它，也就不能很好地组织和管理证据，从而，也就不能实现你的诉讼目标。当然，碰运气、找关系是另外一回事。

据此，我们提出了证明要件事实的 SMART 原则②，简述如下：

1. specific：事实必须是具体的、特定的。

2. measurable：证据对事实的证明必须是可以衡量的，经自由心证可以达到高度可能性。

3. achievable：综合考量了举证的成本和获取途径，证明目标必须是可以实现的。

4. relevant：事实必须是和法律适用相关的，证据必须和事实相关，满足事实实质性的要求和证据关联性的要求。

5. time-based：相关证据的获得必须具有明确的截止期限，满足举证时限的要求。

---

① [德] 莱奥·罗森贝克：《证明责任论》，庄敬华译，中国法制出版社 2018 年版，第 76 页。

② Relevant 判断应该在前面，但为了就 smart 这个单词的顺序，所以放后面，操作中须注意。

第三节　证据之可采性[①]

一、举证责任

如前所述，证明责任只关注结果和风险，不关注行为。当某一事实具有证明必要性的时候，我们就需要接着追问，谁应该提出证据。这种举证的必要性首先落在了承担证明责任一方的头上，因为，真伪不明就要败诉，更遑论没有提出证据这种情形了。

证明责任分配产生的败诉风险激励着当事人积极提供证据，证明责任划定的框架和范围深刻地影响了当事人的证明行为。“迄今为止的讨论表明了证明责任对法官判决的影响。但是，对于判决前的诉讼程序而言，证明责任同样具有重要的意义。首先，当事人在提出主张和提供证据时，都是以证明责任的观点为准则。其次，法官在作出终局判决时才提出证据问题，而且当重要的事实情况没有得到释明之时才提出证据问题，这是不正确的。审判长应该要求他认为负有证明责任的当事人，表明证据方法。但是，主要是没有一个谨慎的且知其职责的法官，会在没有搞清楚证明责任分配之前就命令进行证据调查。”[②]

“对实践的观察表明，法院对其裁判所需要的事实，往往要求其认为承担证明责任的当事人说明证据方法，如果后者未这么做或提出的证据不足，法院将会作出不利于该当事人的判决，仅仅因为该当事人没有提出其应当提出的证据。因此，为了诉讼目的，法律有意识地利用确认风险给当事人的证明行为带来的压力，法律也仅可在这样的前提条件下，将由法官收集判决材料的任务转移至当事人。”[③]《证据规定》也规定了法官根据证明责任进行释明。第二条规定：“人民法院应当向当事人说明举证的要求及法律后果，促使当事人在合理期限内积极、全面、正确、诚实地完成举证。当事人因客观原因不能自行收集的证据，可申请人民法院调查收集。”

---

① 本部分主要作理论性的一般介绍以及如何收集该类证据。在法庭审理部分重点介绍举证和质证的具体性、技术性、操作性的规则。

② ［德］莱奥·罗森贝克：《证明责任论》，庄敬华译，中国法制出版社 2018 年版，第 89 页。

③ ［德］莱奥·罗森贝克：《证明责任论》，庄敬华译，中国法制出版社 2018 年版，第 27 页。

当负有证明责任一方提出证据达到高度盖然性的时候，反对方即有提出反证的必要，假如他对此事实进行否认的话。这就是举证责任所具有的对于双方当事人的举证必要性的含义。举证责任和证明责任不同，根据诉讼的进展，心证的变换，而在原告被告、本证反证之间转换，原告举证完成本证，被告进行反证，原告再次补充本证，被告再次反证等。只有本证达到证明标准，反对方才有提供反证的必要，若本证由于自身的不满足不具有攻击性，那么被告还没有反击的必要。经过攻防，只有请求的本证依然满足，而没有有力的反证，才能进入抗辩的考察。因为不具有真实性的请求由于自身的不满足不具有攻击性，此时考察抗辩就是短路的。总结起来，就是无本证、不反证，无请求、不抗辩。

主张责任和举证责任具有范围上的一致性和时间上的先后性。“谁主张，谁举证”就清晰地表明了主张责任和举证责任一致性和先后性的要求。但如果考虑到要件事实分类，这只是对主张和举证的关系的不完整表达，如果双方有矛盾的主张，或者都没有主张，谁应当承担不利后果呢？完整的表述应该是“谁的要件，谁主张；谁主张，谁举证”。

二、证据可采性

（一）证据可采性的审查顺序

解决了谁应该提出证据的问题，接着就要考察提出的证据要具备怎样的属性才能被采纳。

大陆法系叫证据资格或证据能力，英美法系叫“可采性”，主要是指证据符合了法律的规定，法庭可以采纳。证据的可采性只是确定某证据是否可以在诉讼或其他证明活动中采纳。至于可采纳的证据是否可靠及其有多大的证明价值，则还要由裁判人员进行评断，而这正是另一个标准——采信标准所要解决的问题。采纳的证据不一定是采信的证据，具备“证据资格”的证据不一定是作为定案根据的证据。[①]

证据可采性的说法借鉴了英美法，但基于民事诉讼程序的不同，确切的含义和用法并不完全等同于英美法，但其大体上是指证据能力、证据资格或者证据的适格性，主要指法院采纳该证据所应具备的属性。可采性主要包括关联性、合法性、真实性。证据的“三性”是法庭质证的重点，也是律师收集、整理、评估证据的重点。应该在起诉前按照庭审的同一标准进行严密的审查。一般来讲，审

① 何家弘、刘品新：《证据法学》，法律出版社 2019 年版，第 117 页。

查的顺序为关联性、合法性、真实性。①

有以下两点需要说明：

1. 关联性为逻辑基础。在民事诉讼的教材中，这三个特性的排序并不统一。由于证据的关联性、合法性、真实性是证据必备的属性，从排除证据的角度讲，排除其中一个特性即可，所以没有必要深究三者的排序。但从民事诉讼发现真实以及促进效率的目标来讲，却应该采纳与英美法相同的做法，也就是以关联性为基础，与要件事实有关联的证据原则上可采，促进发现真实；与要件事实没有关联的证据不可采，促进诉讼效率。以关联性为基础还突出要件诉讼九步法的逻辑主线，请求权基础规定了哪些事实是实质性的事实，整理要件事实整理出了完整的具有实质性的事实。而关联性则突出了哪些证据对这些事实有证明作用。在实务中，大家首先会问“你提交这份证据的证明目的和证明对象是什么？”这就是在问证明对象的实质性和证据的关联性在哪儿。

2. 合法性为法律基础。基于某些证据的风险，法律会规定某些证据所应具备的形式，比如证人出庭作证。会基于一定的法政策的考量排除一些相关证据，比如严重违反公序良俗和他人权益的证据不可采。

3. 真实性。证据的真实性是指证据自身的真实，也就是证据自身从形式上或者表面上是真实的，没有虚假伪造等情形。至于实质上的真实，即可靠性大小，属于证据证明力自由心证的范畴。采纳该证据并不是代表该证据本身的真实性得到了最终确信和判断，只能说在单个证据的判断中并没有发现它不真实的理由，可以进入采信阶段的衡量。但在综合考虑所有证据之后，经过自由心证，也可能得出该证据不真实的结论。另外，证据的真实性和其想要证明的事实之间的真实性并不等同，在间接证据的场合更是如此。

关联性、合法性、真实性排序的具体考量为：以关联性为基础，与要件事实有关联的证据原则上可采，促进发现真实；与要件事实没有关联的证据不可采，促进诉讼效率。具备某种证据法定形式和程序的，原则上可采，除非有事实证明属于非法证据需要排除。然后根据个案的具体情况来衡量证据的真实性。

《证据规定》第八十七条也反映了这个顺序，“审判人员对单一证据可以从下列方面进行审核认定：（一）证据是否为原件、原物，复制件、复制品与原件、原物是否相符；（二）证据与本案事实是否相关；（三）证据的形式、来源是否符合法律规定；（四）证据的内容是否真实；（五）证人或者提供证据的人

---

① 王新平：《民事诉讼证据运用与实务技巧》，中国民主法制出版社 2017 年版，第 49 页。

与当事人有无利害关系。”

需要说明的是，证据的可采性是一种结论，是基于辅助事实进行攻防之后的结果，而不是证据本身所具有的特性。针对证据的合法性、真实性可以运用辅助事实进行攻防，例如，提出违法性排除的一方，也需要主张严重违背公序良俗、侵害他人合法权益等事实。

（二）八种证据形式与可采性

民事诉讼证据是指能够证明民事案件真实情况的各种事实材料。《民事诉讼法》第六十三条规定了八种证据形式，包括：（一）当事人的陈述；（二）书证；（三）物证；（四）视听资料；（五）电子数据；（六）证人证言；（七）鉴定意见；（八）勘验笔录。

在此需要区分的是，法律规定八种形式的证据只是列举式地说明各种证据的特点，而非严格规定证明力大小的法定证据制度，也并非为了排除实践中归类不明的证据。

由于关联性是证据和事实的逻辑判断，和证据形式关联不大。所以，下文在集中介绍关联性、合法性、真实性之后，根据八种证据分别介绍其合法性和真实性分析。

三、关联性

用什么去证明的问题，总是要先明确需要证明什么。先明确目标，再明确达成目标的手段。先明确猎物，再明确捕猎的工具。在明确需要收集和使用什么证据之前，总是要先明确待证的要件事实是什么。

（一）事实的实质性和证据的关联性

实质性是证据所拟证明的事实与法律适用的联系，指证据所指向的证明对象是能够决定案件结果的事实。一个事实如果对案件结果的决定毫无关系，就不属于实质性的事实。[①] 实质性属于要件事实的本质特征。

一般来讲，事实是否具有实质性属于实体法的范畴。实体法对法律事实进行了类型化处理，能够引起特定法律关系产生、变更、消灭的事实只能是特定类型的事实。所谓实质性，就是大致判断该事实是否有可能归入这些类型，从而对该法律关系的产生、变更、消灭发生影响。从请求权基础的角度来考察，也就是判断该事实是否属于请求权产生、障碍、消灭、阻止等相关的类型。

---

① 易延友：《证据法学原则规则案例》，法律出版社 2017 年版，第 102 页。

关联性（证明性）则是指证据能够使实质事实的存在或不存在具有更有可能或更无可能的趋势。这种相关性是客观的，是由事物之间相互联系的属性决定的。这种关系既可以是肯定的，也可以是否定的。比如，婚生子的事实对于确认亲子关系是肯定的作用，而有婚外情的事实则具有否定的作用。

实质性是指事实和要件之间的关系。而证据的关联性是指证据对事实成立的倾向性。关联性是证据能力的前提和基础，只有与案件事实具有证明关系的证据才有必要进行考察。为了发现案件事实，具有关联性的证据原则上应该予以采纳，除非在真实性和合法性方面具有不应采纳的理由。

美国《联邦证据规则》第四百零一条对关联性的标准包括了实质性和证明性两个方面，分两款，第一款规定证明性，第二款规定实质性。“下列情况下的证据具有关联性：（a）该证据存在与否，使得某事实更有可能存在或者更不可能存在；并且（b）该事实对于确定诉讼具有重要意义。”

我国最高人民法院也在这两个层次上判断关联性，“证据的关联性，即证据的相关性，是指民事诉讼证据应对待证事实之间存在实质性联系，对案件事实有证明作用。关联性的判断总是以实质性为前提条件。关联性是证据的一种客观属性，根源于证据事实同案件事实之间的客观联系，而不是办案人员的主观想象或者强加的联系，它是案件事实作用于客观事物以及有关人员的主观所产生的。根据美国证据法学者华尔兹的观点，在判断一个证据是否具有相关性时应当依次考察以下三个问题：1. 所提出的证据是用来证明什么的（问题是什么）？2. 这是本案中的实质性问题吗？3. 所提出的证据对该问题有证明性（它能帮助确认该实质性问题）吗？如果以上问题的答案是肯定的，那么证据的关联性就可以被确认。因此，从证明方法上讲，对证据的关联性判断，应包括三个方面的内容：第一，要确认证据自身能证明的事实；第二，确认这个事实对解决诉争的问题所具有的意义；第三，判断法律对这种关联性有无具体的要求。从证据关联性的判断内容上来讲，关联性涉及的是证据的内容或实体，而不是该证据被提出的形式或方式。关联性是实质性和证明性的结合，如果所提出的证据对案件中的某个实质性争议问题具有证明性（有助于认定该问题），那它就具有相关性。对关联性的认识，学界的认识逐渐趋于一致，都认为关联性是实质性和证明性的结合。关联性不涉及证据的真假和证明价值，其侧重的是证据与证明对象之间的形式性关系，即证据相对于证明对象是否具有真实性，以及证据对于证明对象是否具有证明性。"①

（二）关联性的判断方法

判断关联性有两个方法，都需要做思想假设。

第一个方法是简单地提出疑问，“对此证据的认识是使争议事实真相更为可能还是更不可能?”更有可能或者更不可能都具有关联性，对可能性没有影响则表明没有关联性。比如，确认亲子关系中，丈夫长期身在军营未能回家探亲的证据就使亲子关系更不可能，而怀孕期间正好回家探亲的证据则更有可能。而妻子有外遇的证据则更不可能。但是滴血验亲的证据在现代就不认为具有关联性，反而是 DNA 检测更有关联性。

第二个方法是假设该事实成立的情况下，考察证据出现的可能性。在事实成立的情况下更可能出现的证据，可以用来证明该事实的成立。在事实成立的情况下更不可能出现的证据，可以用来证明该事实的不成立。② 更有可能或者更不可能都具有关联性，对可能性没有影响则表明没有关联性。

在传统概率论中，证据的力量和分量是由考量似然度比率来分级的。比如，假设感兴趣的待证事实是：事实 1：该待证事实成立。我们当然必须考虑到另一个替代性命题。事实 2：该待证事实不成立。这里有一项我们现在必须考虑的证据。这里是运用似然比，对这个证据之证明分量和力量进行概率分级的一个图示。

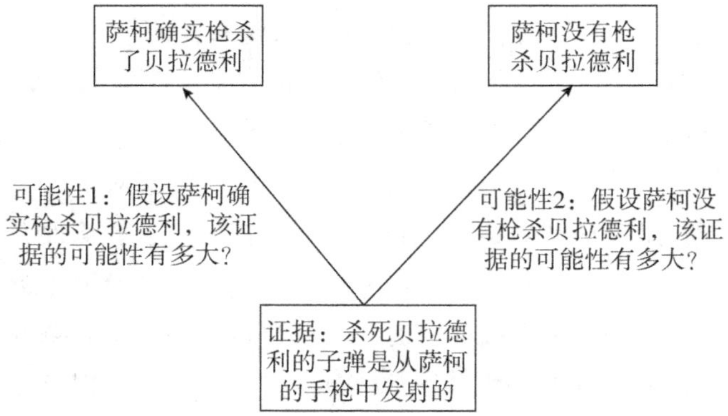

上图表明了两种可能性。第一种表示在假设要件事实的情况下，该证据信息

① 最高人民法院民事审判第一庭：《最高人民法院新民事诉讼证据规定理解与适用（下）》，人民法院出版社 2020 年版，第 761 页。

② 参见［美］约翰·W. 斯特龙：《麦考密克论证据》，汤维建等译，中国政法大学出版社 2004 年版，第 360 页。

有多大的可能性。第二种表示在假设非要件事实的情况下，证据事实有多大的可能性。这个证据的证明力，取决于如图所示两种可能性的相对大小。

如果我们相信，可能性 1 比可能性 2 要大，那么，我们就是在说，这个子弹证据支持萨柯枪杀了贝拉德利的主张。支持要件事实的证据有多强，取决于可能性 1 比可能性 2 大几倍；这就是我们为什么要考虑它们的比值的原因。如果我们相信可能性 2 比可能性 1 更大，那么，我们就是在说，这个子弹证据支持非要件事实的主张。支持非要件事实的证据有多强，取决于可能性 2 比可能性 1 大几倍。如果这两种可能性相等，就说明该子弹证据完全没有证明力，因为在两个争议性主张下，它们的可能性是均等的。伦珀特认为，这种对证据力量和分量的表达方式，与《联邦证据规则》第四百零一条定义的相关性完全吻合。如果两个证据允许我们修正、上调或下调我们一些主张的概率，它们就具有相关性。这正是似然比表达的内容。①

法律没有为关联性判断提供指南，这就进入了逻辑和一般经验的范畴，也就是整个社会积累下来的库存知识的领域。关联性只是从逻辑上奠定了可采性的基础，但并不能保证最终的可采性，还可能因为合法性、真实性等方面的原因而被排除。

关联性相对容易判断，将没有关联的证据排除，有利于缩小收集、调查的范围，有的放矢，避免资源浪费。

四、合法性

合法性是指证据主体，证据收集方式，证据形式、内容、收集程序等符合法律规定。合法性是对具有关联性的证据的价值判断，其主要目的是排除非法证据。需要从正反两个方面来考察。

（一）符合法律规定

1. 主体或来源合法。

证据来源于适格的主体或者途径。比如，公文书证来源于行使法定职权的机构。不能通过窃听等渠道取得。

2. 遵守法定程序。

《民诉解释》第九十七条规定：“人民法院调查收集证据，应当由两人以上

① 参见［美］特伦斯·安德森等著：《证据分析（第二版）》，张保生等译，中国人民大学出版社 2012 年版，第 334~335 页。

共同进行。调查材料要由调查人、被调查人、记录人签名、捺印或者盖章。”

3. 符合法定形式。

代书遗嘱应当有两个以上见证人在场见证，由其中一人代书，并由遗嘱人、代书人和其他见证人签名，注明年、月、日。（第一千一百三十五条）打印遗嘱应当有两个以上见证人在场见证。遗嘱人和见证人应当在遗嘱每一页签名，注明年、月、日。（第一千一百三十六条）不符合相应的形式，便不能认定为有效的遗嘱。

（二）非法证据排除

《民诉解释》第一百零六条规定：“对以严重侵害他人合法权益、违反法律禁止性规定或者严重违背公序良俗的方法形成或者获取的证据，不得作为认定案件事实的根据。”是否适用非法证据排除需要进行利益衡量，在发现案件真实、保障实质正义和违法侵害的其他利益之间进行权衡。根据案例，妻子捉奸，安装在卧室的摄像头，不属于严重侵害丈夫的隐私权。夫妻双方离婚，让小孩偷录的证据因违背公序良俗而不能作为认定案件事实的根据。

五、真实性

证据是事实发生时留下的痕迹或信息。形式上表现为客观存在的客体，可以某种方式感知。证据的真实性主要包括形式真实和内容真实。形式真实是指证据形成过程真实，并非假证、伪证、变造、涂改的证据。内容真实是指证据内容是对案件事实的客观记录和反映。比如，张三给李四出具了一张欠条，但是随后李四并没有将款借给张三。这张欠条具有形式真实，但是反映的内容却并不是真实的。单个证据的真实性侧重从形式真实方面着手，内容真实还需要综合考量本案的其他证据和事实。

六、当事人的陈述及其可采性分析

根据当事人陈述的性质不同，可以分为确认性陈述、否认性陈述和承认性陈述。

确认性陈述，即当事人主动提出一定的事实作为法律适用的根据。一般来讲，谁主张，谁举证，作出确认性陈述的一方应当提供证据证明。

承认性陈述，即当事人一方对他方所主张的不利的事实承认其为真实的意思表示。也就是通常所说的自认。

否认性陈述，即否认对方当事人所主张的事实。

当事人陈述是构建案件事实的基础，对方当事人的陈述是代理工作的重要突破口，要高度重视，熟练运用相关规则。

1. 由当事人自行书写或以律师制作笔录当事人签名的方式收集当事人陈述，并以此作为案件代理的基础，如有调整或补充，务必再次补充记录和确认，避免职业风险。在当事人不出庭的情况下，应注意代为陈述的准确性，避免造成自认。

2. 认真准备当事人出庭。当事人是案件事实的亲历者，最有可能了解事实的真相，但是由于当事人与案件具有利害关系，出于趋利避害的本能，一般认为可信度不高。所以，当事人的陈述不能单独作为认定案件事实的根据，《民事诉讼法》第七十五条规定："人民法院对当事人的陈述，应当结合本案的其他证据，审查确定能否作为认定事实的根据。当事人拒绝陈述的，不影响人民法院根据证据认定案件事实。"当然，人民法院认为有必要的，可以要求当事人本人到场，就案件的有关事实接受询问。(《证据规定》第六十四条）人民法院应当在询问前责令当事人签署保证书并宣读保证书的内容。(《证据规定》第六十五条）对于法院要求当事人到庭进行陈述的，律师需要和当事人进行相应的准备，提请当事人注意使用的语言、着装等，阐述其表述可能具有的法律意义。但是，律师要注意方式方法，不能指使、诱使作伪证。

3. 律师也可以提请法院要求对方当事人到庭并签署保证书，促进事实的查明。当事人无正当理由拒不到场、拒不签署或宣读保证书或者拒不接受询问的，人民法院应当综合案件情况，判断待证事实的真伪。待证事实无其他证据证明的，人民法院应当作出不利于该当事人的认定。(《证据规定》第六十六条)

4. 认真倾听对方当事人陈述，不要急于否认，要善于借力打力，发现其中可以为我所用的陈述。要善于利用对方的自认。对方消极质证提请法官适用拟制自认的法律效果。

七、书证及其可采性分析

书证，是指以文字、符号、图案等所记载的内容和表达的思想来对案件事实进行证明的书面文件或者其他物品。

作为裁判证据，书证首先需要具备一定的载体，常见的是纸张，也可以是其他材质，比如甲骨文的材质就是龟壳。在这方面需要考虑的是材质的稳定性，比如热敏性的传真件容易消解，有些特制笔的笔迹会自然消失等。其次，书证要表达一定的内容和思想，其是否反映了制作人的真实意思或者当时的真实情况。比如，是否变造、伪造等。

文书根据不同的分类，有不同的运用技巧。根据制作主体不同，可以分为公文书和私文书，公文书推定为真实，私文书就不享有这种推定。公文书证的制作者根据文书原件制作的载有部分或者全部内容的副本，与正本具有相同的证明力。在国家机关存档的文件，其复制件、副本、节录本经档案部门或者制作原本的机关证明其内容与原本一致的，该复制件、副本、节录本具有与原本相同的证明力。（《证据规定》第九十一条）私文书证的真实性，由主张以私文书证证明案件事实的当事人承担举证责任。私文书证由制作者或者其代理人签名、盖章或捺印的，推定为真实。私文书证上有删除、涂改、增添或者其他形式瑕疵的，人民法院应当综合案件的具体情况判断其证明力。（《证据规定》第九十二条）

书证应当提交原件，物证应当提交原物。提交原件或者原物确有困难的，可以提交复制品、照片、副本、节录本。提交外文书证，必须附有中文译本。（《民事诉讼法》第七十条）书证在对方当事人控制之下的，承担举证证明责任的当事人可以在举证期限届满前书面申请人民法院责令对方当事人提交。

书证经常会涉及鉴定真伪的问题，到底谁应该申请鉴定，要看证明责任在哪一方。比如，债务人对于欠条上的签字真实性不予认可。由于欠条证明的事实为债权人需要证明的事项，就需要由债权人来申请鉴定，如果债务人不提供相关比对样本的，作出对其不利的推定。如果是债务人提出已经偿还的事实，并且提供了债权人签字的收据，那么债务人就应该积极主动地申请鉴定，如果债权人不提供相关比对样本的，作出对其不利的推定。

八、物证及其可采性分析

物证是指以其外部特征、物质属性、存在状况等证明案件事实的证据。物证具有较强的稳定性和客观性，如果能够把其证明意义揭示出来，就能起到很强的证明作用。但物证一般属于间接证据，只能证明事实的一个部分，同时物证也属于“哑巴证据”，不能自动对案件事实作出证明，需要人们去揭示其与案件事实之间的联系，正是在这个意义上，赫伯特麦克唐奈才说：“物证不怕恫吓。物证不会遗忘。物证不会像人那样受外界影响而情绪激动，物证总是耐心地等待着真正识货的人去发现和提取，然后再接受内行人的检验与诉断。”

《证据规定》第十二条规定：“以动产作为证据的，应当将原物提交人民法院。原物不宜搬移或者不宜保存的，当事人可以提供复制品、影像资料或者其他替代品。人民法院在收到当事人提交的动产或者替代品后，应当及时通知双方当事人到人民法院或者保存现场查验。”对于汽车、船舶、航空器、古董、易燃易爆物品、易腐烂物品等可以考虑提交复制品、影像资料或者其他替代品。对于未提交原物的，人民法院应通知双方查验。

基于不动产的特性，对不动产进行举证的，无法提供原物，只要求提供影像资料。《证据规定》第十三条规定：“当事人以不动产作为证据的，应当向人民法院提供该不动产的影像资料。人民法院认为有必要的，应当通知双方当事人到场进行查验。”

根据物证的特点，律师在收集、保全和判断物证时，需要遵守如下的规则：

1. 充分利用现代科学技术手段，依照法定的程序进行收集，并妥善保存。不能保存的应采用拍照、制作模型、绘图、录像等方式进行保全和固定。也可以进行保全物证公证。

2. 对物证进行质证时，需要审查物证的来源，来源是否可靠，出处是否确切，有无伪造、变造情况；审查证据的保存情况，查明其是否变形、损坏和被替换等。同时，还要注意与其他证据的相互印证。

物证应当提交原物。提交原物确有困难的，可以提交复制品、照片。《民诉解释》对提交书证原件确有困难进行了细化，类推该条规定，提交原物困难，可能有如下情形：

1. 原物遗失、灭失或者毁损的；

2. 原物在对方当事人控制之下，经合法通知提交而拒不提交的；

3. 原物在他人控制之下，而其有权不提交的；

4. 原物因体积过大而不便提交的；

5. 承担举证证明责任的当事人通过申请人民法院调查收集或者其他方式无法获得原物的。

在无法获得原物的情况下，律师可以采取其他证据进行补强。比如，证人证言等。甚至可以想办法取得和对方聊起该物的录音，以便强化对物证存在的证明。

九、视听资料及其可采性分析

视听资料是指以录音或录像资料储存的“音像信息”证明案件事实的证据，包括录音资料和影像资料。视听资料是与案件事实进展同步制作的，排除伪造、变造、篡改的情况下，具有与案件事实高度契合的特点。由于视听资料具有高度科技性的特点，很容易通过技术手段进行篡改和伪造，所以在举证质证时尤其要注意。

由于视听资料和电子数据具有易复制、易变造等特点，《证据规定》再次强调了原件原则，第十五条第一款规定："当事人以视听资料作为证据的，应当提供存储该视听资料的原始载体。"

第一，要注意使用的设备，不能使用窃听、窃照等专用间谍器材。

第二，要注意方式方法，一般的偷录偷拍可能予以认定，以严重侵害他人合法权益、违反法律禁止性规定或者严重违背公序良俗的方法形成或者获取的证据，不得作为认定案件事实的根据。(《民诉解释》第一百零六条)

第三，要注意保存好原始的载体，比如，手机、录音笔等，不能将其导入U盘或者电脑一删了之。提交给法庭时，应同时提交整理好的文字记录稿。需要当庭播放的，注意和法官提前沟通，准备好播放设备。

第四，要注意保存，防止磁化或删除。

第五，存有疑点的视听资料不能单独作为认定案件事实的依据：对相关的视听资料发生疑义时，可以申请进行鉴定。

十、电子数据及其可采性分析

电子数据是形成或者存储在电子介质中的信息。现代信息社会，电子数据是人们工作生活产生和使用最多的证据种类。《证据规定》第十四条详细列举了目前证据信息的各种形式，主要有：(一) 网页、博客、微博客等网络平台发布的信息；(二) 手机短信、电子邮件、即时通信、通讯群组等网络应用服务的通信信息；(三) 用户注册信息、身份认证信息、电子交易记录、通信记录、登录日志等信息；(四) 文档、图片、音频、视频、数字证书、计算机程序等电子文件；(五) 其他以数字化形式存储、处理、传输的能够证明案件事实的信息。第十五条第二款规定："当事人以电子数据作为证据的，应当提供原件。电子数据的制作者制作的与原件一致的副本，或者直接来源于电子数据的打印件或其他可以显示、识别的输出介质，视为电子数据的原件。"

电子数据具有技术依赖性、存储与传递的隐蔽性、易于变造性、可恢复性等。我们享受电子数据带来便利的同时，也承受其不利。在使用电子数据时要注意根据其特性审查其真实性。

十一、证人证言及其可采性分析

有利害关系的证人证言不能单独作为案件的根据。没有利害关系的证言可以单独成证，比如，农村婚姻家庭案件中，婚前财产由媒人的证言来证实，析产案件中老娘舅的证言等。

未成年人可以作证，只是未成年人所作的与其年龄和智力状况不相当的证言不能单独作为认定案件事实的依据。并且，证人出庭作证是其法定的证据形式，无正当理由未出庭作证的证人证言也不能单独作为认定案件事实的依据。

当事人申请证人出庭作证的，应当在举证期限届满前向人民法院提交申请书。申请书应当载明证人的姓名、职业、住所、联系方式，作证的主要内容，作证内容与待证事实的关联性，以及证人出庭作证的必要性。符合《民诉解释》第九十六条第一款规定情形的，人民法院应当依职权通知证人出庭作证。

证人不能旁听，不能在场。尽量在一审提供，一审公开之后，二审的证明力降低。对于证人出庭作证，律师最有效的方法就是打破砂锅问到底。

十二、鉴定意见及其可采性分析

鉴定意见是指在诉讼过程中，经当事人申请，由法院直接指定或委托专门的鉴定机构对诉讼中争议的专门性问题进行的鉴定。民事诉讼中的鉴定在类型上显得更加多种多样、形形色色。例如，民事诉讼中较常见的有医疗鉴定、笔迹鉴定、涉及从不动产或汽车直到古董或珠宝的鉴别估值、对账簿或资产的审计评估、牵涉亲子血缘关系的DNA鉴定、与电子技术相关的数据还原过程。

十三、勘验笔录及其可采性分析

勘验笔录是在诉讼过程中，由法院或公安机关对案件现场相关物证进行勘查、检验，针对勘查、检验的过程和结果制作而成的客观记录。

人民法院认为有必要的，可以根据当事人的申请或者依职权对物证或者现场进行勘验。勘验时应当保护他人的隐私和尊严。人民法院可以要求鉴定人参与勘验。必要时，可以要求鉴定人在勘验中进行鉴定。（《民诉解释》第一百二十四条）

勘验物证或者现场，勘验人必须出示人民法院的证件，并邀请当地基层组织或者当事人所在单位派人参加。当事人或者当事人的成年家属应当到场，拒不到场的，不影响勘验的进行。有关单位和个人根据人民法院的通知，有义务保护现场，协助勘验工作。勘验人应当将勘验情况和结果制作笔录，由勘验人、当事人和被邀参加人签名或者盖章。（《民事诉讼法》第八十条）

当事人可以根据其勘验笔录的制作主体、过程、结果等方面进行质证。

十四、专家辅助人

《民诉解释》第一百二十二条对此作出明确了规定："当事人可以依照民事诉讼法第七十九条的规定，在举证期限届满前申请一至二名具有专门知识的人出庭，代表当事人对鉴定意见进行质证，或者对案件事实所涉及的专业问题提出意见。具有专门知识的人在法庭上就专业问题提出的意见，视为当事人的陈述。人民法院准许当事人申请的，相关费用由提出申请的当事人负担。"《民诉解释》第一百二十三条规定："人民法院可以对出庭的具有专门知识的人进行询问。经法庭准许，当事人可以对出庭的具有专门知识的人进行询问，当事人各自申请的具有专门知识的人可以就案件中的有关问题进行对质。具有专门知识的人不得参与专业问题之外的法庭审理活动。"

第四节　推理之可靠性

证据对事实的证明，并不像自动售货机投入硬币倒出商品这般直接对应。证据法以前较多关注对证据可采性的研究，现在逐渐重视对证明的研究。直接证明并不需要过多的推理，而间接证据对事实的证明需要运用推理。

一、从证据的可采性到证明的研究

格罗德曼先生说："你关注过证据科学吗？"

"什么意思？"内政大臣霍姆带着一种忧郁的笑容困惑地问。"很难说它是一门科学；我把它看作是一个常识问题。""请原谅，先生。它是所有科学中最微妙和艰涩的学问，甚至不如说它是科学之科学。什么是归纳逻辑，正如培根和密尔所说，不过是对证据价值作出评价的一种尝试。所谓证据是造物主留下的足迹，可以这么说吗？（我虔诚地说）在这个足迹中，造物主留下了无数的红鲱鱼。但真正的科学家在探索自然奥秘时拒绝为表面现象所迷惑。"[①]

人们一般将证据的认识作为常识问题，系统性介绍证据分析和证明规则的内容尚不多见。"这些分析和整理证据的技能，以及对有关事实争议问题的论证进

① 这是赞格威尔一部小说的片段，威格摩尔将其用于《司法证明原则》的扉页，以此来引起人们对证明规则的重视，以前的证据研究偏重于证据可采性的研究。红色鲱鱼用来比喻一种转移焦点的谬误。

行建构、批评和评价的技能，是可以而且应当在法学院实际授课时有效传授的知识性技能。它们和关于法律问题的法律分析和法律推理一样，构成了‘法学方法’的基本成分。常识、直觉和实践经验都在这些技能的运用中发挥着作用，但它们并不能取代威格摩尔所称‘证明原则’中系统化的基础训练。”① 英美律师在这方面进行了深入的探讨，《证据分析》《证明——如何进行庭前证据分析》这两本书是这方面的优秀著作，由于其涉及人类思维中共性的部分，可以直接借鉴到律师实践中来。

证据好比烹饪的食材，做出一桌好饭还需要高超的厨艺。教人挑拣食材容易，教人厨艺却要困难得多。这是因为厨艺的好坏评价全在品菜的人（法官的自由心证）。威格摩尔在《司法证明科学》一书中讲到，证明科学的重点将由证据的可采性规则转向证明原则的科学理解，证据可采性只是为法庭提供安全的材料，但如何运用这些材料，借助逻辑和一般经验法则进行事实认定则至今被人们忽视。律师应该熟练掌握这方面的规则和技巧，以便说服法官是否应该相信争议所称的事实。② 显然，威格摩尔关注到的，也是我们当下的现状，稍有不同的是，我们对整个证据和证明科学都关注不够，可采性的规则还比较单薄。在证据的可采性规则中，关联性和可信性是经验和逻辑的判断，我们可以借鉴的内容比较多。合法性是证据法明确规定的，但在我们规则缺失的地方，可以借鉴进行说理性的论证。而在证明环节，推理的基本规律则属于人类思维的共同规则。

二、证据的可信性

证据的可采信和证据的可信性是两个不同的问题，证据的可采信是采纳证据的资格。证据的可信性是采信证据的综合考量。

按照信息论的观点，信息包含着事物之间相互联系的密码，我们依据与这个世界相关联的密码来理解这个世界。依据已知的证据信息，依据我们积累的大量的日常行为和事物之间相互关联的信息密码，我们对过去的事实进行解读和重构。如果将前述的过程进行步骤分解，我们可以发现这四个过程：

固定：证据是信息的载体，是能将过去的事实的信息保存到现在以便我们认知的客观存在。固定阶段需要考察的是事实的信息有多少能被信息载体收集到。

① ［美］特伦斯·安德森、［英］威廉·特文宁：《证据分析（第二版）》，张保生、朱婷、张月波等译，中国人民大学出版社 2012 年版，前言部分。

② ［美］特伦斯·安德森、［英］威廉·特文宁：《证据分析（第二版）》，张保生、朱婷、张月波等译，中国人民大学出版社 2012 年版，第 113~114 页。

存储：结合在载体上的信息能否被较好保存。

收集：该证据经过何种程序收集，收集过程是否存在信息失真，是否存在违法情形？

解读：该证据通过何种方式被人们所认知，在认知过程中存在哪些风险点。

这四个环节在当事人陈述和证人证言的考察中更为典型，我们从感知、记忆、诚信、表达四个角度进行考察。

（一）影响观察的因素

目击事件的时间长短。时间充裕，观察细致。时间短暂，观察匆忙。

事件与周围环境的关联程度。与周围环境不相容、不匹配的更容易引人注意。比如，奇装异服者。

事件发生时正在做什么。比如正在过马路，那么对于路口发生的交通事故能够观察到。如果正在路边和热恋的女朋友聊天，则可能不会注意到路口的事故。

观察力。有的人细致入微，有的人粗枝大叶。观察者的专业、兴趣会造成关注点的不同。

观察的动力和压力。暴力事件、抢劫、交通事故，当事人可能更急于逃生而没有注意到更多的细节。

（二）影响记忆力的因素

案发后经过的时间长短。时间越长，留存的记忆越少。

对事件的熟悉程度。越熟悉，越容易记忆。比如，对于外国人我们可能觉得大致都很像。对于中国人，可能会记忆和区别不同的面孔。

是否有相同的事或人引起混淆。有些细节可能想不起来了，在讲述的过程中，选定了某种情形后可能因自我强化而被锁定，让你以为这就是当时的真真正正的情形。

影响记忆提取的因素。询问方式、询问者的措辞可能会影响记忆。比如，根据外国的实验，当询问肇事车辆的车速时，律师用了“接触”等中性词，被询问人员回答的车速较低。当分别使用“碰撞”“撞击”“猛撞”时，被询问人员回答的车速也相应提高。

（三）影响诚信的因素

在民事诉讼中，当事人具有双重身份，一是作为诉讼主体，作为委托人；二是作为证据方法。作为诉讼主体和委托人，当事人向律师陈述案情，在诉讼中满足主张责任的要求，这部分陈述并不属于证据。只有当事人基于证据方法地位所作的陈述，对事实主张加以证明的证据资料，才作为证据意义上的当事人陈述。在发现事实部分，我们所称的当事人陈述主要是从事实主张这个意义来使用的。

当事人陈述真实性和虚假性并存，律师在代理过程中要注意甄别，审慎对待。法官为未来立法，律师为过去代理。客观事实发生之后，当事人向律师陈述事实，已经不是对原来事实的客观重现，总是经过了观察、记忆、表达的过程。这个过程中的多种因素都可能影响当事人对事实的描述。

（四）影响表达的因素

表达者是否存在表达障碍？表达是否清晰清楚？

三、直接证据

在法庭上，我们能直接感知的就是证据，证据所能提供的信息就是证据事实 EF（evidentiary fact）。在法律适用过程中，证据信息所要连接的就是请求权基础的构成要件 EE（essential element），这是由拟适用的实体法规定的。要件事实 FOC（fact of consequence）则是由当事人提供的证据 EF 所要证明而最终由法庭认定的事实。

直接证据：以直接方式与案件主要事实相关联的证据，能够直接证明案件主要事实的证据。比如，原告向法庭提供的具有被告人亲笔签名的借条，借条可以直接、单独地证明原被告之间的借贷合意。常见的直接证据主要有：当事人的陈述、能够证明案件主要事实的证人证言、书证、视听资料等。

在基于证据的论证中，有必要对某一事件的证据和该事件本身作一个区分。在直接证据的场合，证据性事实只经过可信性推理一个环节就可以得出要素性事实，推理结构如下：

以直接证据证人证言为例，甲作证说：乙放掉了老板车胎里的气，这是呈现在法庭面前的证据性事实 EF，甲的证言是否可信，总是需要经过可信性的判断，甲的观察是否敏锐、甲的记忆是否准确，甲和乙是否存在利害关系等。如果我们判断甲的证言可信，基于甲的证言，我们认定乙放掉了老板车胎里的气确实发生，这里就运用了一个概括，“如果一个可靠的证人作证发生了某事，那么很有可能确实发生了某事”。

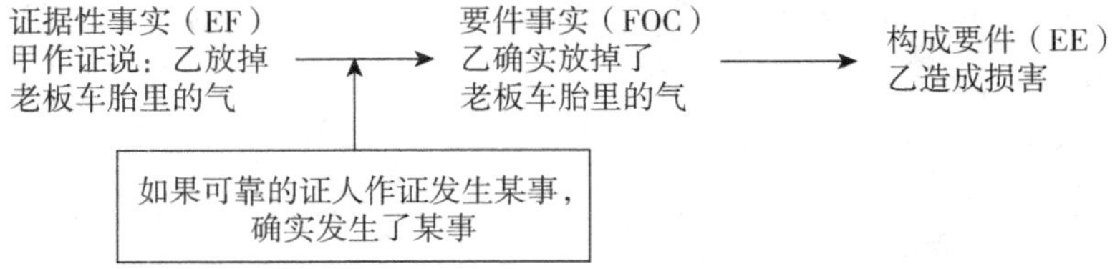

视听资料、电子数据等其他证据形式也经过类似的推理。例如，电子数据微信截屏 EF 显示，3 月 4 日 15 时，甲向乙借款 2000 元。决策者必须关注这张照片的真实性。这张照片可能被以各种方式修改过；时间、金额、头像都有可能被修改过，是用软件生成的。每一种证据都有它的优势和风险，可信性就是结合具体案情综合考量证据是否值得信赖。所谓的直接证据也并不直接，总还是要经过可信性的推断，判断证人在陈述一个她亲身观察的事实，判断视频在真实记录当时的情况，没有经过编辑和篡改等。

四、间接证据

（一）从证据性事实到构成要件

间接证据：以间接方式与案件主要事实相关联，必须与其他证据连接起来才能证明案件主要事实的证据。物证、鉴定意见、勘验笔录等一般为间接证据。

在间接证据的场合，证据性事实需要经过可信性推理之外的其他推理步骤才能和要素性事实连接起来，其他推理步骤得出的事实就是推断性事实 IF（inferred fact），推理结构如下：

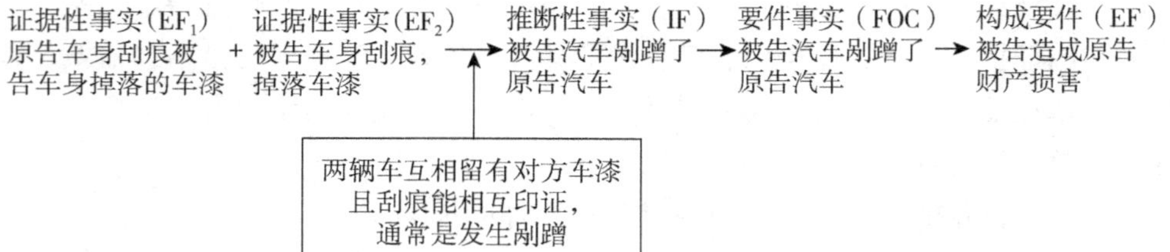

证据性事实 EF→推断性事实 IF→要件事实 FOC→构成要件 EE

在一起小区停放车辆剐蹭案件中：

证据性事实 EF：原告按规定位置停放车辆、原告车身的刮痕、与被告车身颜色相同的车漆、被告车身的刮痕等

推断性事实 IF：被告的车辆剐蹭了原告的汽车

要件事实 FOC：被告的汽车剐蹭了原告的汽车

构成要件 EE：被告造成了原告财产损害①

要件事实 FOC 和构成要件 EE 之间的连接属于法律解释的范畴，在下一章论证要件事实部分进行介绍。

---

① 参见［美］罗纳德·J. 艾伦等：《证据法文本、问题和案例》，张保生、王进喜、赵滢译，高等教育出版社 2006 年版，第 149~151 页。

从证据性事实到要件事实需要经过论证。论证由证据、主张和概括组成，概括用以证明证据与主张之间联系的正当性。

在直接证据的情况下，只经过证据可信性这个推理步骤，但在间接证据的情况下，推断性事实也加入了可疑源。概括，与从证据性事实到要件事实的推理链条中的每一环节相联系。这些概括又称为“凭据 warrants”，有的翻译为保证，为每一个推理环节提供正当理由，概括通常是“如果……那么……”的陈述，本质上是归纳性的，就是说，它们以某种方式受盖然性限制。它准许了从命题 EF 到命题 IF 的推论。这个概括可以读作：“如果一个像 EF 那样的事件发生，那么（通常，时常，经常）一个像 IF 那样的事件将会发生”。例如，假定一位警官在一起毒品案件 E 中作证说，他看到张三在某时某地把一小包白粉交给李四。从这个证据出发，要求事实认定者推断，张三确实在某时某地把一小包白粉交给李四。该推论所依据的可适用的概括可被陈述为：“如果一位警官宣誓后作证说，一个事件已发生，那么，这个事件几乎一定/或许/可能/确实发生了。”①

司法证明的推理也就是由概括组成的三段论的推理。在诉讼中，人们更多地关注司法三段论，也就是事实和法律之间的三段论推理。对于事实是如何得出的，人们关注的不够多。法官的说理，也不甚清晰，仿佛进入了事实认定的黑箱子。实际上，间接证据与案件事实之间的联系是间接的，司法人员要运用推理等思维方式来完成证明的任务。这时候，事实的证明更多的是“推断性司法证明方式”，运用间接证据证明事实，也是一种三段论式的逻辑推理。也就是把一般人们都了解知悉的常识性和法则性命题作为大前提，把证据反映的既知事实作为小前提，据此推导出待证事实真伪如何的结论。② 这些概括构成的大前提，有些是概率极高的科学法则或规律，比如，抛向高空的物体必然向下，DNA 所显示的亲子血缘关系等。有些是生活常识、经验或者情理，这种结论为真的概率不一，需要结合具体案件事实进行具体判断。比如，在一起借名买房合同纠纷中，原告请求将某住宅过户到自己名下，为此，原告提供了借名买房的协议、银行转账支付房款的记录、领取钥匙的单据和装修合同、装修的事实等。被告则辩称协议不是自己所签，而且银行转账只是自己向原告的借款。一般情况下“占有该房屋并以自己的名义进行装修的，很可能是实际购房人”作为大前提，以本案原告的证

① 参见［美］特伦斯·安德森等：《证据分析（第二版）》，张保生等译，中国人民大学出版社 2012 年版，第 79~82 页。

② 王亚新、陈杭平、刘君博：《中国民事诉讼法重点讲义》，高等教育出版社 2017 年版，第 98 页。

据作为小前提，可以推知原告很可能是实际的购房人这样的事实。[①] 在运用或然性前提进行推理时需要克服两种错误：一种是经验的普遍性，避免个人的片面经验；一种是过分强调一般性，忽视了具体情境的特殊性。

间接证据的证明力取决于某个前提的概率，如果以必然真实性的前提为基础，则证明力最强。但在实践中，我们往往运用的都是或然真实性的前提，“这就是说，前提为真的概率越高，证据的证明力就越大；前提为真的概率越低，证据的证明力就越小。由于人们在分析证据时往往很难准确计算出某一前提为真的绝对概率，因此在实践中一般只能估算其相对概率，但这对于分析间接证据的证明力来说已经很有意义了。人们可以把前提为真的概率分为五级：很高、较高、一般、较低、很低。与此相应，人们也可以把这种间接证据的证明力分为五级：很大、较大、一般、较小、很小。问题是根据什么来估算某前提为真的概率？如前所述，或然真实性前提一般是在人们生活经验和知识的基础上形成的，因此人们自然会根据自己的生活经验和知识来估算某前提为真的概率，而且不同的人很可能会得出不同的结论。由于诉辩双方要用证据来说服司法人员相信己方主张的事实，司法人员要用证据来说服民众相信自己将要认定的事实，因此他们不能仅考虑自己的生活经验和知识，还要考虑一般人共有的生活经验和知识，即人们的共识或常识。一般来说，越容易被人们共同接受的前提，其可能为真的概率就越高”[②]。

再举两则经验法则的例子，发信或者寄送快递的凭证是否能够作为履行催告的证明？信或者快件已经寄送给被告了，原告只留下相应的凭证，根据经验法则应该推定是履行催告，由被告证明该信不是履行催告，诉讼时效已经经过。在一起大型设备买卖合同纠纷中，原被告双方就货款诉讼时效是否经过产生争议，原告主张了三组证据，第一组，催款电话记录，但被告主张没有接听过电话。第二组，催款传真，但被告否认说没有收到过传真。第三组，原告方副总、财务科长等8人三次去往被告城市的火车票、住宿票，被告否认说，该组证据只能说明原告方工作人员来过被告的城市，并不能证明向被告主张权利，原告在此城市还可能有别的客户。最高人民法院王闯庭长担任的合议庭认为，原告方对于被欠的2500万元货款不可能不予索要，其提供的三组证据也符合一般企业的催款流程，先打电话，再发传真，两招都不见效后派人多次前往催收，这些证据能够形成较

① 王亚新、陈杭平、刘君博：《中国民事诉讼法重点讲义》，高等教育出版社2017年版，第88页。

② 何家弘、刘品新：《证据法学》，法律出版社2019年版，第427页。

强的证据链条，被告对此否认却没有提出相反的证据，所以判决原告胜诉。[①]

经验法则也有助于判断证人证言的证明力。在一起啤酒瓶炸伤消费者眼睛向啤酒厂索赔的案件中，原告提供了一起喝酒的小舅子、兄弟等人的证言，以及在急诊室处理时原告回答医生时的记录，对于这两份证据被告啤酒厂都提出了质疑，小舅子、兄弟的证言具有直接的利害关系，真实性存疑，医院的记录是受害人自己的陈述，真实性也存疑。法官根据经验法则对此事实进行了采信，理由如下：一起喝酒的人通常就是自己的亲朋好友，在当时如此紧急的情况下，受害人急于处理自己的伤情，不大可能马上想到要编造一套谎话，从而转嫁责任。[②]

（二）直接证据和间接证据的区别及应用

直接证据和间接证据的区别在于其推论链条的长度，直接证据只经过可信性的推论就可证明要件事实，间接证据还需要加入概括进行推断。但是直接证据和间接证据并不表明证据的证明力，指纹、声纹、DNA 等证据的证明力很强，反而，直接证明案件事实的证人证言却可能并不可信。旧《证据规定》第七十七条第四项：“（四）直接证据的证明力一般大于间接证据”，这个规定并不符合证据理论和实践操作，新《证据规定》予以删除，改由法官自由心证。

直接证据虽然能够单独直接证明案件的主要事实，但是其来源窄，数量较少，所以收集和审查比较困难。间接证据范围广、种类多、数量大，虽然单个不能直接证明案件主要事实，但是若干间接证据相互组合，形成一个相互依赖，相互连接的证据锁链，同样能起到强有力地证明作用。[③] 虽然《民事诉讼法》没有对间接证据及其证明进行规定。但《最高人民法院关于适用〈中华人民共和国刑事诉讼法〉的解释》第一百零五条已经规定：“没有直接证据，但间接证据同时符合下列条件的，可以认定被告人有罪：（1）证据已经查证属实；（2）证据之间相互印证，不存在无法排除的矛盾和无法解释的疑问；（3）全案证据已经形成完整的证明体系；（4）根据证据认定案件事实足以排除合理怀疑，结论具有唯一性；（5）运用证据进行的推理符合逻辑和经验。”举重以明轻，证明要求低于刑事证明标准的民事诉讼自然可以适用，只是不需要达到排除合理怀疑，证据之间形成完整的证明体系，结论达到高度盖然性即可。

① 王新平：《民事诉讼证据运用与实务技巧》，中国民主法制出版社 2017 年版，第 118 页。
② 梁慧星：《裁判的方法》，法律出版社 2017 年版，第 50 页。
③ 何家弘、刘品新：《证据法学》，法律出版社 2013 年版，第 137 页。

五、推理的结构

（一）单线程结构

由一个证据性事实推出要件事实。

1. 单一概括。

由一个证据性事实推出要件事实的结构。证据性事实→要件事实，如结婚证→结婚的事实。

2. 连环概括（耦合推论）。

一起指控谋杀的案件。公诉人提出甲给乙的妻子的一封情书作为证据，要求法庭根据这封情书推论甲爱上了乙的妻子，甲的这种感情使他想要独占她，这种欲望使他产生了除掉乙的念头，从而促使他打算杀人，最终导致杀人计划的实施。[①] 这就是一个连环概括，运用我们前面实质意义语词解析的方法，每两个实质语词之间都需要一个概括作为连接，那么，这个推理过程可以解析如下：

一封情书→写情书的男子爱上了那个已婚女子→恋爱的男子会产生独占欲→独占欲会驱使该男子想要除掉已婚女子的丈夫→该男子最终实施杀人计划

这个推理的每一步都依赖一个经验法则，而这些经验法则的或然性有高有低：

经验法则 1：一个男子写情书给一个女子，就有可能爱上了她

经验法则 2：一个男子爱上了一个女子，就有可能要独占她

经验法则 3：一个男子爱上了一个已婚女子并欲独占她，就有可能想除掉她的丈夫

经验法则 4：一个男子想要除掉他所爱上的女子的丈夫，就有可能打算这样做

事实上，这样的推理在侦查阶段确定侦查对象时可以考虑，在起诉阶段则证明力是比较低的。考察一个连环推理或锁链型推理时，我们不仅要考察其推理步骤的数目，还要考察连接环节的概括的可能性大小。

再如，在一起借款返还诉讼中，原告举出证人甲的证言来证明借贷事实成立，甲作证说："当天，听到原告和被告在一起讨论借钱的事，原告答应借给被告 1000 元钱。"这里就存在一个连环概括，首先是可信性阶段，其次是一个概括。

---

① 何家弘、刘品新：《证据法学》，法律出版社 2019 年版，第 420 页。

甲的证言→原告和被告确实讨论过借钱→借贷关系确实发生

首先是对甲的可信性的考察，可以从当时的环境、甲的听力、记忆、与原被告的利害关系等考察甲的证言的可信程度。然后，我们加入一个概括“一个可靠的证人作证说的事，一般是确实发生的事”，然后根据甲乙确实讨论过借钱的事，再加入一个概括“两个人就借钱达成一致之后，通常会实际执行”。事实上，第二个概括的或然性并不高，答应借钱和实际借到钱还有不少需要考量的因素，否则自然人之间的借贷也不会规定为要物合同，《民法典》第六百七十九条规定：“自然人之间的借款合同，自贷款人提供借款时成立。”立法者也知借钱的难，避免因为口惠而实不至而滋生纠纷。

锁链型推理中的每一个环节都有可能产生不确定性，所以，一个推理环节越长，涉及有关事实的证据越多，其证据推断力就越低。一般来说，推理的推论链条的长度减小了证据的证明力，建立这种联系所需要的推论越多，在其推论性推理中所产生错误的机会就越多。然而，这并不是绝对的，在一个推理链条中，更多的推论步骤并不自动减少证明力。例如DNA证据，要求复杂的推理链条，却依然产生很高的概率。关键在于证据性事实和最终推论之间联系的强度，而不是得到最终结论所必须采取的步骤的多少。这主要是蕴含于每一步骤中的归纳概括之强度的作用。[①] 就像木桶原理一样，推理链条中的可靠性取决于它最薄弱的环节。在推理过程中，有辅助证据加以支持的推理过程会更有说服力。

（二）多线程结构

1. 合取结构。

合取结构是一种法定结构，是将请求权基础进一步划分为构成要件，对于请求权的产生来讲，每一个构成要件都是必要条件，与此相对应的每一个事实都必须证明达到高度盖然性。比如，一般侵权案件中，原告需要将损害、行为、因果关系、过错等每一个要件事实都证明到高度盖然性的程度。对于被告的否定来讲，只需要否定损害、行为、因果关系、过错中的任一要件没有达到高度盖然性即可。

对于被告的抗辩来讲，只需要将正当防卫、紧急避险、受害人同意等众多抗辩理由中的一个证明到高度盖然性即可达到抗辩的效果。但在具体某一抗辩理由之下，也是需要所有构成要件都达到高度盖然性，原告只需要否定其中一个构成

① ［美］罗纳德·J. 艾伦等：《证据法文本、问题和案例》，张保生、王进喜、赵滢译，高等教育出版社2006年版，第169页。

要件没有达到高度盖然性即可实现否定抗辩的目的。

2. 复合命题。

复合命题是一组逻辑关联的命题，能够将其进一步分解为简单命题，从而进行仔细分析。

如果证据性事实是复合命题，那么进一步分解成简单命题，便于我们进行原子论分析，从而揭示需要证明的每一个要素，以及可能面临的怀疑和来源。

比如，证人甲作证说："我看见张三借了李四200元钱。"这个命题是一个复合命题，出现了张三、借了、李四、200元钱这四个实质性的语词，这四个要素都必须得到证明，在复合命题中，N个实质性语词就有N个需要证明的要素，N个怀疑源。在前述例子中：

证人甲看见这一事件。（根据当时的位置、情境分析甲敏锐观察的可能性）

第一个要素，是张三借钱了吗？还是和张三长得类似的人，或者别人冒用他的名义借钱？（证人甲认识张三，辨认的准确性，是否有误认的可能等）

第二个要素，张三是借钱吗？还是李四交给张三钱，只是偿还以前的旧欠款，或者只是合同的定金，或者是预付款？

第三个要素，是借的李四的钱吗？还是长得和李四类似，或者李四只是转手替他老婆交给张三200元。（证人甲认识李四，辨认的准确性，是否有误认的可能等）

第四个要素，张三借李四的是200元吗？金额有没有自认或者得到证明？比如，出借人取款的记录，借款人获得资金的事实。

复合命题的判断和合取命题相似。作为结果的复合命题，可能并不比其组成部分更强，而且，从证据对每个部分都留下怀疑空间的意义上说，它可能更弱。[①]

有的法律人不知道从哪里入手反驳和辩论，其实非常简单，就是两个概念之间的连接。猫属于动物，这两个概念属于种属概念不用论证。但你说猫是有害动物，你加入了有害这个实质意义的语词，就需要进行论证。我在验收单上签字是证据性事实，由此推出我知道并接受瑕疵是推断性事实。签字和知道之间就具有断层，需要推理进行连接。也有可能你的签字是通过欺诈哄骗手段取得，这样就打断了这个推理链条。理论上讲，如果有N个实质意义的语词，严密的思维就需要有N-1个推理步骤将它们连接在一起。

将复合命题分解成何种结构以及何种细分的程度需要考虑必要性和策略性，

① ［美］特伦斯·安德森等：《证据分析（第二版）》，张保生等译，中国人民大学出版社2012年版，第137页。

根据案情而有不同。上述区分并非没有实际用途，上述细分的命题可以作为直接询问的提纲，为证人做出前述证言奠定基础。如果是对方证人，可以作为交叉询问的问题提纲，以此来揭示可能的可疑来源。

3. 聚合命题。

当两个事实彼此独立，但都支持同一结论的可能性时，两项间接证据聚合。这又可以分为同向聚合和异向聚合。

异向聚合：在一起电动车撞人事故中，张三看见电动车事发前经过事发路口，李四看见事发后不久撞坏的电动车离开，这两项证据聚合起来支持电动车撞人的命题。异向聚合好像形成了一个包围圈，从不同的侧面形成合围，共同证明事实。

比如，原告为了证明借贷关系的存在向法庭出示了3份证据：一份是原告在借款当日去银行取款的存折；二是证人证言，证人看见在原告提款的当时，被告在银行门前等原告，原告出门后将报纸包着的东西交给了被告；三是被告的邻居证明被告曾表明靠借来的钱盖了楼房。这三个证据都不能单独、直接地证明借贷关系的存在，必须与其他证据相结合才能起到证明作用。①

同向聚合：证人1和证人2都同时作证说看到电动车撞人。或者视频显示张三撞人，证人证言证明张三撞人。这两个证据相互独立，都能独立证明该事实。

英国法学家波洛克曾讲道："有人曾说间接证据就像一个链条，每一个间接证据就是这个链条上的一环。其实不然，因为任何一环断开，整个链条就会断掉（笔者注：锁链型）。间接证据更像是许多股细绳拧成的绳索。一股绳子或许不能承受重量，但许多股绳子合起来可能就足够结实有力了（笔者注：放射型）。"在互不联系的数个间接事实都能够各自推导出待证事实一部分的情况下，运用足够多且相互之间无矛盾的多数间接证据对待证事实之真伪作完整的推导。对于聚合命题来说，为了提高结论的确实性，间接证据的数量多多益善。

4. 补强命题。

补强命题是对证据或者概括进行支持的命题。比如关于证据的辅助证据和关于概括的辅助证据等。

（三）复杂线程结构

现实的案件中，也有可能是多线程结构证明一个中间命题，然后由中间命题再根据单线程结构证明待证事实。或者可能是单线程结构证明一个中间命题，然

---

① 江伟、邵明：《民事证据法学》，中国人民大学出版社2015年版，第32页。

后汇入一个多线程结构共同证明一个待证事实。这种复杂线程结构要根据前面的论述进行综合判断。

根据间接证据和直接证据构建证据链条是律师面临的重要课题。“运用间接证据证明案件事实的过程是颇为复杂的。任何单一的间接证据都无以证明案件主要事实，只有若干间接证据相互组合，形成一个相互依存、相互联结的证据体系，进行紧凑高效的多次推理，方能起到实际的证明作用。这个由间接证据组成的证据体系通常被形象地比喻为证据锁链，当然也有人认为证据锁链的说法并不准确。不管怎样，间接证据必须一环扣一环，环环相扣，若缺少其中的任意一环，对案件主要事实的证明便有可能无法实现。”①

在具体个案中，我们需要根据单个证据的可信度、间接经验的盖然性、证据之间形成的证据锁链、推理结构等综合考量案件事实的真实性。青年律师即使熟记了八种证据种类的概念、特点、典型分布，面对案件事实仍然感觉不知所措。这和自由心证面临的问题一样，对于什么样的证据组合对应什么样的事实，无法做出整齐划一的规定，其中涉及大量经验法则、逻辑规则和心证因素的运用。经验则无法通过书本学习而穷尽，但其推理的过程和原则是共通的，学习推理的有关知识可以帮助我们在实战中提高证据运用水平。

第五节　要件事实的具体证明方法

存在多少种事实，就有多少种证明方法。伟大如威格摩尔，曾经设想根据证明对象的特点来构建统一的证明体系，但没有成功。细心的读者会发现，我们前面介绍的方法是“实体无涉的方法”，也就是说，我们没有讨论具体的证明对象是什么，而只是从逻辑和形式上说，哪些属于免证的事实，哪些证据具有什么优势和风险，可靠的推理应该具备什么样的特性以及怎么考察。这一章我们试图从实体要件的角度探讨不同的证明方法，这种探讨是列举式而非穷尽式的，是零散的而非体系性的。

一、总体的证明思路和策略

1. 首先要明确我方承担证明责任的范围。在具体个案中，证明责任的分配

---

① 何家弘、刘品新：《证据法学》，法律出版社 2019 年版，第 423 页。

并非如法律要件分类所划分的那样泾渭分明，往往要涉及实体法的解释。结合我方立场，运用民法解释学，进一步确定哪些是权利的发生要件，哪些是权利的障碍、消灭要件。法律有特殊规定的，优先适用相关特殊规定。比如，无过错责任、过错推定责任、因果关系举证责任倒置等。

2. 根据整理的要件事实逐步考察证据和证明情况。明确该要件事实是否有证明的必要性，是否具有实质性且存在争议，是否属于免证事实。

3. 看该待证事实是否属于人民法院依职权调查取证的事实，是否具有申请人民法院调查取证的客观原因，人民法院调查取证的能力和范围相对高一些。在涉及刑事、行政案件中，不排除先进行刑事、行政程序，用公权力调查取证然后再进行民事赔偿的可能。《证据规定》第二十条规定：“当事人及其诉讼代理人申请人民法院调查收集证据，应当在举证期限届满前提交书面申请。申请书应当载明被调查人的姓名或者单位名称、住所地等基本情况、所要调查收集的证据名称或者内容、需要由人民法院调查收集证据的原因及其要证明的事实以及明确的线索。”该条对申请时间要求、申请书的形式和内容作了具体要求，申请书要写明调查谁、调查什么、为什么需要人民法院调查以及证据在哪儿等内容，实践中需要注意把握。

4. 如果属于当事人自行收集的范畴，则要扎实全面地收集、整理证据。首先考虑相关司法解释、实施细则等具体性规定中列明的可以认定该要件事实的相关证据。《民法典》第十五条规定：“自然人的出生时间和死亡时间，以出生证明、死亡证明记载的时间为准；没有出生证明、死亡证明的，以户籍登记或者其他有效身份登记记载的时间为准。有其他证据足以推翻以上记载时间的，以该证据证明的时间为准。”出生证、户籍登记等就是证明自然人出生时间首先考虑的证据。

要全面收集证据，对于已经显示可能对自己不利的证据，也要尽可能地收集，以便及早采取应对措施。要理解法官审慎的态度，理论上民事证明标准采用高度盖然性的标准，但在实践操作中，法官可能出于谨慎，会不自觉地提高证明标准，只要觉得还有怀疑就希望当事人能提供更充足的证据。但是，证据的收集是一件费时费力的事，可能律师会觉得已经达到盖然性的标准了。这时候就需要换位思考、充分沟通，尽可能提供证据。实在无法提供时，尽量说服法官，争取支持。

严格地审视审查证据。分别站在对方当事人的立场和法官的立场来审视证据的关联性、合法性、真实性以及证明力，预估对方的质证意见和法官的心证怀疑有针对性地采取措施，比如规范证据收集程序，严密证据保管措施，采用其他证据进行补强等。

5. 善于利用网络手段打开思路、收集信息。

对如何证明该要件事实没有思路的，可以搜索最相似的案例，查看案例中当事人对该要件如何举证，法官如何采信，从而构建自己的证明策略。可以通过企查查、天眼查、企业信用信息公示系统等专门的app或网站查询相关信息。

6. 积累经验，善于运用间接事实。

虽然在诉讼中双方围绕要件事实进行攻防，但间接事实也非常关键。主要原因有二：第一，当要件事实是评价性要件事实时，没有办法直接进行证明，这就需要通过间接事实进行推定。比如善意取得构成要件中对善意进行推定，权利人想要取回原物就得证明对方为恶意，恶意没有办法直接证明，但如果可以证明买受人是在火车站通过有人悄声询问“要手机吗”而购买，支付价款也明显低于市场价格，通过这些事实就可推知买受人未尽到交易上合理审慎的义务，属于故意或重大过失而不知出卖人并无处分权，属于恶意。第二，要件事实虽然属于描述性事实，但是缺少直接的证据时，就需要运用间接事实进行推论。比如，在对赠与合同产生争议时，如果没有书面的赠与合同，那么赠与的动机、缘由等间接事实就具有十分重要的意义。可能在有些疑难、复杂的案件中，其要件事实的存在与否取决于某一间接事实的存在与否，而这个间接事实的存在又需要通过别的间接事实进行证明，这种多次性地通过间接事实证明要件事实的手段在一定程度上成为大律师与普通律师的分界线。对经验的广泛而深刻的理解，对间接事实的娴熟的运用、有效的说明、举证将对律师的执业带来意想不到的帮助。

法官的生活阅历、教育背景、从业经历、世界观、价值观等都有可能影响事实的认定。这个时候就需要律师了解主审法官的上述情况，并针对性补强经验法则和业务知识，补强法官在这些方面的不足。法律规定了专家辅助人制度，主要也是在专业问题上说服法官。

7. 申请证据保全。

《民事诉讼法》第八十一条、《民诉解释》第九十八条、《证据规定》第二十五条规定了证据保全制度。具体要求为：（1）证据可能灭失或者以后难以取得的情况下；（2）当事人或者利害关系人提出申请；（3）申请书应当载明需要保全的证据的基本情况、申请保全的理由以及采取何种保全措施等内容；（4）在举证期限届满前向人民法院提出。

因情况紧急，也可以提出诉前保全措施。“例如，在有关知识产权的诉讼中，主张被告侵害自己所享有的专利权或商标权的原告，在认为被告可能很快会处分其仓库中储存的涉案产品等场合，起诉时就可以申请法院对这批产品实施封存或提取等措施。又如被告为了进行防御而要求一名证人作证，但由于开庭前该证人将要出国且归期未定，被告也可以申请法院提前派员在庭外找到这名证人，听取其证言并记录在案，等等。”①

8. 书证提出命令。

《民诉解释》第一百一十二条规定：“书证在对方当事人控制之下的，承担举证证明责任的当事人可以在举证期限届满前书面申请人民法院责令对方当事人提交。申请理由成立的，人民法院应当责令对方当事人提交，因提交书证所产生的费用，由申请人负担。对方当事人无正当理由拒不提交的，人民法院可以认定申请人所主张的书证内容为真实。”

9. 运用证明妨碍规则。

《证据规定》第九十五条规定：“一方当事人控制证据无正当理由拒不提交，对待证事实负有举证责任的当事人主张该证据的内容不利于控制人的，人民法院可以认定该主张成立。”具体运用比如，《劳动争议解释一》第四十二条规定：“劳动者主张加班费的，应当就加班事实的存在承担举证责任。但劳动者有证据证明用人单位掌握加班事实存在的证据，用人单位不提供的，由用人单位承担不利后果。”

10. 证据公证。

“证据公证，指的是当事人在诉讼前或诉讼中委托公证机构对某种证据的存在、状态或作用等进行公证，以期保证此后能够向法院提交该证据，并提高其真实可靠性及证明力。在公证的法律服务越来越便利的社会背景下，证据公证的方法不仅可以发挥与证据保全相同的保存或固定证据之功能，而且还能以公证机构的公信力作为担保，增强特定证据的真实可靠性和证明力，从而提升其证据价值。因此，在现实的民事诉讼中利用证据公证的情形大有远远超过证据保全之势。以下是关于证据公证的一个实例。果农赵某从某一化肥经销商处购买了果树专用的复合肥料 150 公斤，并按照经销商提供的说明书对自己果园里种植的一百多棵果树进行施肥。过了三个多月，果园里所有施过这批肥料的果树树干开始渗出汁水，并逐渐烂根死亡。为保存证据，赵某来到公证处，申请办理公证。公证处受理后，派员到现场进行查勘和拍照，并制作了现场笔录，还对以后形状可能

① 王亚新、陈杭平、刘君博：《中国民事诉讼法重点讲义》，高等教育出版社 2021 年版，第 124 页。

发生变化以至灭失的受害果树树干、树根等进行了取样封存。赵某依据公证处出具的保全证据公证书以及相应的证据，以化肥经销商为被告向法院提起有关产品质量责任的侵权损害赔偿诉讼。法院最终判决被告赔偿赵某各项损失共计6万余元。”①

11. 民事证据调查令。

有些地方法院已经试行民事证据调查令。在试行地区，律师可以积极申请证据调查令，运用自己的专业技能帮助当事人收集有利证据。

二、经验法则和事实推定

推定是根据推理对事实进行认定，认定的根据就是两个事实之间的伴生关系或者常态联系，由于这种关系或者联系具有较高的盖然性，所以立法或者司法将这种推断以法律规则的形式固定下来。常见的表达方式为，只要A事实存在，就可以认定B事实。事实A就称为“基础事实”“前提事实”，事实B就称为“推定事实”、“结果事实”，A和B之间的伴生关系或者常态联系称为联结纽带。②

《证据规定》第十条第四项规定：“根据已知的事实和日常生活经验法则推定出的另一事实”，是指法院依据经验法则进行逻辑上的演绎，由已知事实（基础事实）得出待证事实（推定事实）真伪的结论。比如，通过被告在诉讼中销毁或隐匿证据这一事实，推断出该证据对其不利。“如果每一个当事人证明有这样一些情况，这些情况能够根据生活规则说明，对于他要主张的和已经主张的事实的真实性的推定是正确的，那么，当事人就算履行了他的举证责任，而举出一些使这种经验法则的适用例外地显得不合适的特殊情况，则属于另一方当事人反证的问题。”③ 对于运用经验法则的事实推定，对方当事人只需要提供反驳证据即可，也就是使该事实降到高度盖然性以下，处于真伪不明即可。

运用经验法则的事实推定和法律推定有着本质的不同。法律推定是法律规范，该法律规范必须在具备其前提条件的情况下才被适用，并且它有直接的约束力。经验法则作为经验的表述，对法官心证产生较大的影响，没有直接的约束力。经验法则的效力确切地说仅仅根植于法官的心证。对经验法则的适用，取决于对个案的最细心的观察。

---

① 王亚新、陈杭平、刘君博：《中国民事诉讼法重点讲义》，高等教育出版社2021年版，第125页。

② 何家弘、刘品新：《证据法学》，法律出版社2013年版，第261页。

③ ［德］莱奥·罗森贝克：《证明责任论》，庄敬华译，中国法制出版社2018年版，第219页。

三、法律推定

（一）法律推定和相关制度辨析

1. 法律推定和事实推定。

法律上的推定乃实体法规范，直接导致举证责任之转移，因此对方当事人欲反驳推定事实必须提供本证，让法官对该推定事实之不存在达到内心确信的程度始为成功。而事实上的推定并不使举证责任发生转移，故对方当事人为反驳该推定事实，只需提供反证据，让法官对该推定事实形成不了内心确信，使该事实处于真伪不明状态即可。①

2. 法律推定和证明责任规则。

法定的事实推定是指：在人、物、事等认识客体的内容、性质、特征或状态不够明确的情况下，根据一定的基础事实对上述事态做出的推定。证明责任规则是将实体法上的构成要件交由另一方来承担证明责任。法定的事实推定则是法律规定了构成要件的具体证明方法。

事实推定是从法律非构成要件事实中推断出构成要件事实的存在。“法律效果取决于全部‘理想的’构成要件的存在，但是，如果有对法律效果不是必需的另一个情况存在，且该情形一般来说或者至少经常能推断出那一个‘理想的’构成要件特征的存在，那么，法律则推定存在这一个或者另一个要素。”② 在存在法定事实推定的情况下，只要主张和证明基础事实就能达到构成要件实现的效果。比如，在《民法典》第一千二百二十二条规定的情况下，患者只要证明诊疗违反法律、行政法规、规章以及其他有关诊疗规范的规定，隐匿或者拒绝提供与纠纷有关的病历资料，或者遗失、伪造、篡改或者违法销毁病历资料，就能推定医疗机构存在过错。

想要排除推定的效果，可以通过以下途径：

可以对推定的基础事实提出反证，比如，提出证据反证医疗机构并不存在伪造、篡改病历的行为，由于是反证，只需要使该事实真伪不明即可。

对推定的事实也就是医疗机构存在过错进行反面证明，也就是证明医疗机构不存在过错，这个时候需要达到高度可能性的程度，才能推翻推定成立的过错。

---

① 最高人民法院民事审判第一庭：《最高人民法院新民事诉讼证据规定理解与适用（上）》，人民法院出版社 2020 年版，第 153 页。

② ［德］莱奥·罗森贝克：《证明责任论》，庄敬华译，中国法制出版社 2018 年版，第 252 页。

3. 推定与拟制。

拟制是立法者根据客观需要，将甲事实等同于乙事实，并赋予其与乙事实同等的法律效果。在立法技术上，拟制通常用“视为”这一术语来表达。拟制具有绝对的法律效力，不允许通过相反的证据加以反驳、推翻。而推定的事实，可以提出相反的证据加以反驳、推翻。①

比如，以电子数据交换、电子邮件等方式能够有形地表现所载内容，并可以随时调取查用的数据电文，视为书面形式。（第四百六十九条第三款）

提存成立的，视为债务人在其提存范围内已经交付标的物。（第五百七十一条第二款）

（二）法律推定的具体类型

根据推定事项主题的不同，可以将推定分为：事态推定、权利归属推定、行为推定、过错推定、原因推定、意思推定、明知推定与目的推定等②。

1. 事态推定。

关于人的生命状态的推定。

《民法典》第四十六条规定：“自然人有下列情形之一的，利害关系人可以向人民法院申请宣告该自然人死亡：（一）下落不明满四年；（二）因意外事件，下落不明满二年。因意外事件下落不明，经有关机关证明该自然人不可能生存的，申请宣告死亡不受二年时间的限制。”

《民法典》第一千一百二十一条规定：“继承从被继承人死亡时开始。相互有继承关系的数人在同一事件中死亡，难以确定死亡时间的，推定没有其他继承人的人先死亡。都有其他继承人，辈份不同的，推定长辈先死亡；辈份相同的，推定同时死亡，相互不发生继承。”

2. 权利归属推定。

在权利归属不明确的情况下，根据一定的基础事实对该权利归属做出的推定。

《民法典》第七百五十七条规定：“出租人和承租人可以约定租赁期限届满租赁物的归属；对租赁物的归属没有约定或者约定不明确，依据本法第五百一十条的规定仍不能确定的，租赁物的所有权归出租人。”

---

① 江伟、邵明：《民事证据法学》，中国人民大学出版社2015年版，第125页。

② 何家弘、刘品新：《证据法学》，法律出版社2013年版，第264~268页。

3. 行为推定。

在行为是否存在以及行为的对象、性质或特征不够明确的情况下，根据一定的基础事实做出的推定。

《民法典》第六百二十三条规定：“当事人对检验期限未作约定，买受人签收的送货单、确认单等载明标的物数量、型号、规格的，推定买受人已经对数量和外观瑕疵进行检验，但是有相关证据足以推翻的除外。”

4. 原因推定。

《最高人民法院关于审理证券市场因虚假陈述引发的民事赔偿案件的若干规定》第十八条规定：“投资人具有以下情形的，人民法院应当认定虚假陈述与损害结果之间存在因果关系：（一）投资人所投资的是与虚假陈述直接关联的证券；（二）投资人在虚假陈述实施日及以后，至揭露日或者更正日之前买入该证券；（三）投资人在虚假陈述揭露日或者更正日及以后，因卖出该证券发生亏损，或者因持续持有该证券而产生亏损。”

5. 过错推定。

《民法典》第一千二百四十八条规定：“动物园的动物造成他人损害的，动物园应当承担侵权责任；但是，能够证明尽到管理职责的，不承担侵权责任。”

四、具体事实的证明方法

从对案件构成要件的分解中，我们可以很明显地看出两种区别：一种是描述性的事实，也即存在可以直接对应法律规定的具体的单纯事实经过；另一种是评价性要件，或者叫规范性要件，比如，因果关系、主观状态（感情破裂、故意、过失）。评价性事实、消极性事实的证明方面大量涉及间接证据和间接证明。比如，感情确已破裂，也只能通过吵架、殴打、出轨等若干事实来进行证明。

（一）主体的证明

指身份证明、户籍证明、营业执照、社会团体登记证等。

（二）故意的证明

主观状态：除了当事人自己陈述之外，主观状态都需要运用间接证据来进行证明。比如，证明某人是恶意的，那么就需要通过一些先导性的证据，这些证据能够推知他已经知道或者应该知道该事实。如果需要证明行为人的故意，可以从行为人的行为来推断。

首先我们看看国外的检察官是如何通过归纳推理的方法让犯罪嫌疑人的主观

意图得到客观展示的。[①] 犯罪嫌疑人因为使用假币被起诉，但他辩称自己不知道那是假币，检察官通过一连串的发问展示了以下几个事实：

（1）被告在第一家便利店用100美元的假币买了一根价值2美元的巧克力棒，便利店找给他98美元。

（2）十分钟后，被告在第二家便利店又用100美元的假币买了一根价值2美元的巧克力棒，便利店找给他98美元。

（3）又十分钟后，被告在第三家便利店再次用100美元的假币买了一根价值2美元的巧克力棒，便利店找给他98美元。

（4）在第四家店如法炮制，结果被警察抓住。

通过上述事实，再加入一些常识，我们便不难得出被告用假币换真币的主观意图。正是有了归纳推理，我们对一些主观要件才有了证明的方法。

下面两则哈尔滨判的“狗不理包子案”和四川“郎酒案”能够形象地说明如何运用经验法则和有关事实断定行为人的故意。[②] 原告天津狗不理公司起诉被告侵犯了商标权和名称权。被告称，自己虽然在牌匾上使用了“天津狗不理包子”这几个字，但是牌匾下面还有一行小字“第几代传人某某某”，本店宣传的是第几代传人，标明饭店的大师傅的身份，不属于侵权。最终法官根据经验法则判定了被告的故意，论证理由是：如果被告目的是宣传“第几代传人某某某”，那么，这几个字起码应该和“天津狗不理包子”那几行字是同一个字号，或者更大更醒目才是，而本案中“天津狗不理包子”是大字，第几代传人某某某是小字，这样的设计足以使顾客误以为本店经营的是狗不理包子，而被告有意造成这样的误解，当然属于侵犯商标权和名称权的行为。[③] 另一起案件中的判断逻辑也是如此，郎君酒厂设计的酒瓶标识中“郎”字很大，“君”字很小，根据经验法则断定被告有意仿冒原告的商标。

（三）过错的证明

在过失方面，民法进行了过失判断标准客观化，也就是将行为人的标准与某一特定标准进行比较，未达到这一标准即可认定存在过失。首先，以法律法规等规范确定的注意义务为标准；其次，以一个合理的、谨慎的人所应具有的注意义务为标准；再次，在某些情况下应考虑不同行业、行为人之专业性以及民事行为

① 邹碧华：《要件审判九步法》，法律出版社2010年版，第5页。

② 梁慧星：《裁判的方法》，法律出版社2017年版，第29~32页。

③ 梁慧星：《裁判的方法》，法律出版社2017年版，第30页。

能力欠缺者的不同标准。①

《物权编解释一》第十六条规定：“受让人受让动产时，交易的对象、场所或者时机等不符合交易习惯的，应当认定受让人具有重大过失。”

《信息网络传播权解释》第八条第三款规定：“网络服务提供者能够证明已采取合理、有效的技术措施，仍难以发现网络用户侵害信息网络传播权行为的，人民法院应当认定其不具有过错。”

《计算机域名民事纠纷解释》第五条规定：“被告的行为被证明具有下列情形之一的，人民法院应当认定其具有恶意：（一）为商业目的将他人驰名商标注册为域名的；（二）为商业目的注册、使用与原告的注册商标、域名等相同或近似的域名，故意造成与原告提供的产品、服务或者原告网站的混淆，误导网络用户访问其网站或其他在线站点的；（三）曾要约高价出售、出租或者以其他方式转让该域名获取不正当利益的；（四）注册域名后自己并不使用也未准备使用，而有意阻止权利人注册该域名的；（五）具有其他恶意情形的。”

《交通事故损害赔偿解释》第二十四条规定：“公安机关交通管理部门制作的交通事故认定书，人民法院应依法审查并确认其相应的证明力，但有相反证据推翻的除外。”

以侵权责任中的过失要件的证明为例，游乐园疏于对其园内游乐设施的检验维修，结果某日游乐设备出现故障导致游客受伤。对于游乐园的损害行为可以由目击证人的证言直接证实，如“我看到受害人乘坐的缆车从约 20 米高空坠落到地上”。但却没有任何直接证据可以以上述方式对过失要件进行证明，只能通过间接事实和证据进行一步或几步的推理后得知，如可以根据以下事实进行推断：事实 1——从一般趋利避害的角度而言，游乐园管理者并不希望出现机械故障伤及游客，造成损失；事实 2——该设备曾经出现过故障，但游乐园并未查出故障根本原因，却使设备继续运行；以及事实 3——事故当天，维修工人作证出于偷懒的心态没有按照规定进行设备检修。②

（四）因果关系的证明

对于因果关系而言，一般会根据经验法则进行判断。比如，商场地面湿滑致人摔倒。在特殊行业中，可以进行鉴定或者申请专家证人，比如医疗、建筑等

① 王胜明：《〈中华人民共和国侵权责任法〉条文解释与立法背景》，人民法院出版社 2010 年版，第 32~33 页。

② 车陆洲：《间接证据证明机理之研究》，西南政法大学诉讼法学 2015 年硕士论文，第 4 页。

行业。

《医疗损害责任纠纷解释》第十一条第二款规定：“下列专门性问题可以作为申请医疗损害鉴定的事项：（一）实施诊疗行为有无过错；（二）诊疗行为与损害后果之间是否存在因果关系以及原因力大小；（三）医疗机构是否尽到了说明义务、取得患者或者患者近亲属明确同意的义务；（四）医疗产品是否有缺陷、该缺陷与损害后果之间是否存在因果关系以及原因力的大小……”

（五）合同的成立

民法实行意思自治，为鼓励交易，合同以不要式为原则，只要有具体合同载体（纸质合同书、电子邮件等）证明合同成立的，原则上可以初步认为合同成立且生效。约定的特别成立要件和特别生效要件，由主张存在该约定条件的一方承担证明责任。

《买卖合同解释》第一条规定：“当事人之间没有书面合同，一方以送货单、收货单、结算单、发票等主张存在买卖合同关系的，人民法院应当结合当事人之间的交易方式、交易习惯以及其他相关证据，对买卖合同是否成立作出认定。对账确认函、债权确认书等函件、凭证没有记载债权人名称，买卖合同当事人一方以此证明存在买卖合同关系的，人民法院应予支持，但有相反证据足以推翻的除外。”

（六）具体财产权益的证明

对于财产所有权、与财产权有关的知识产权等财产权益、荣誉权等非财产权益，实务中可以奖状、证书等权利凭证、权利载体予以证明。但是，在有些情况下，权利受到侵害的直接后果就是权利所依附的物等权利依附物本身的灭失。如在动产被烧毁而不复存在的情况下，受害人要证明其权利存在时，就无法再以占有等公示的情况来直接证明，而只能以他人口头证明等形式来举证。因此，对这里的举证程度不能一概而论，仍然要根据具体案件情况判断。

（七）否定的证明

罗马法上曾有个规则：主张否定事实的一方不承担证明责任。但罗森贝克对此进行了反驳，“最重要的原因是所谓的举证责任困难：未发生不能够直接予以证明，而只能从中推导出，觉察出了某个事情，但若在这一事实存在的情况下是不可能觉察到的，或者未觉察到某个事情，但若在这一事实存在的情况下是可以觉察到的。事实上，否定只能以该方式予以证明，但是，尽管如此，证明的困难也并不那么大。因为根据经验，对存在一事实的证明，往往也只是以间接的方式进行的，且对存在一事实的证明与不存在一事实的证明同样困难。此外，对肯定的情事的驳斥即构成对否定的证明”①。在肯定事实的间接证明中，通常是运用经验法则：如果 a，那么 b。同理，否定事实的证明也是运用经验法则，也就是说：如果 a，那么 b；如果非 b，那么非 a。如果下雨，地会湿。通过地不湿，来证明没下雨。根据经验法则：一个人不可能在同一时间既在 A 地，又在 B 地，通过证明案发时间甲在 B 地，来证明甲不可能在 A 地。

罗森贝克认为，否定在通常情况下和在有疑义时不需要加以证明。比如，在迟延履行中，债权人只要证明合同的存在以及履行期届满，履行的证明责任在债务人一方。在很多情况下，某一权利的产生或者消灭取决于在一定的期限内未发生特定的事件或者未实施特定的行为。但是，主张权利产生或者权利消灭的人，不需要证明未发生这样的事件或者未实施这样的行为，而是由对方进行肯定的证明，即证明发生了该事件或者实施了该行为。在诉讼时效抗辩中，债务人只需要证明诉讼时效的起算点和时间的经过，在此期间发生时效的中断、中止则是债权人应该证明的。

（八）善意和恶意

善意也可能是纯粹的否定，它是指相关当事人不知道特定的重要情事。相反，恶意则是指知道，或者在某些情况下由于过失或者重大过失不知道特定的情况。在大多数情况下，证明主题是知道（过失的不知道），而不是不知道这种否定情况，例如：

善意取得中，真实权利人主张受让人不构成善意的，应当承担举证证明责任。（《物权编解释一》第十四条）

存在特定情形的，可以认定知道或应当知道。比如，《物权编解释一》第十五条规定：“具有下列情形之一的，应当认定不动产受让人知道转让人无处分权：（一）登记簿上存在有效的异议登记；（二）预告登记有效期内，未经预告登记的权利人同意；（三）登记簿上已经记载司法机关或者行政机关依法裁定、决定查封或者以其他形式限制不动产权利的有关事项；（四）受让人知道登记簿上记载的权利主体错误；（五）受让人知道他人已经依法享有不动产物权。真实权利人有证据证明不动产受让人应当知道转让人无处分权的，应当认定受让人具有重大过失。”

但如果法律要求对善意进行证明，也可以从特定情形和行为推知。比如，善

① ［德］莱奥·罗森贝克：《证明责任论》，庄敬华译，中国法制出版社 2018 年版，第 396 页。

意是指相对人在订立担保合同时不知道且不应当知道法定代表人超越权限。相对人有证据证明已对公司决议进行了合理审查，人民法院应当认定其构成善意，但是公司有证据证明相对人知道或者应当知道决议系伪造、变造的除外。(《担保制度解释》第七条)

除了生效登记、对抗登记之外，还存在其他各种状态、情事等登记或变更登记，主张该登记对第三人发生效力的，需要对第三人知道该登记进行证明，如果主张第三人应当知道的，需要综合考量登记的可获得性、登记的重要性、第三人在交易中的必要注意等认定。

(九) 行为能力

如合同请求权所述，具有完全的行为能力不是证明的主题，无行为能力和限制行为能力是证明的主题，主张因此而无效的一方承担证明责任。年满十六周岁，但是主张具有完全行为能力的人，需要证明以自己的劳动收入为主要生活来源。(第十八条) 比如，17 岁在外务工的甲致人损害，主张以自己的劳动收入为主要生活来源，不应该找其父母承担责任。能否适用《民法典》第一千一百八十八条的监护人责任，关键点就在于甲能否证明自己的劳动收入。如能，视为完全民事行为能力人。如不能，则仍为限制行为能力人，由监护人承担侵权责任。

(十) 履行

一般来说，债权人需要对债权进行证明，而债务人对债务的履行承担证明责任。比如，债务人应向债权人履行，如果债务人主张已经向其他人履行，对此产生争议的，债务人必须另外证明其他人有受领权限，比如：交给了他的妻子，或者得到债权人授权的其他人。

以未履行为条件的条款，主张一方不承担未履行的证明责任，由反对该条款的一方承担履行的证明责任。

第七章 论证要件事实①

判决须附理由，案例解题亦然，案例事实是否符合一定请求权基础的构成要件，应为检讨，对关键的争论问题，须有自己的见解，并为论证……有结论而无理由，只是一种主张或论断，未经论证，不具说服力。理由构成的论证，系说服自己，取信他人，可供覆验，克制恣意及专擅。学习法律，就在培养论证及推理的能力！②

——王泽鉴

法律人的技艺，就是论证。越是能够驾驭得好这项技艺，就越能成为一名成功的律师，越能成为受尊敬的法官……③

——英格博格·普珀

语言是法律人的工具，解释是法律人的技艺。法律规定层见叠出，唯有深入阅读方知灼见。但这里并不存在明确的对与错。若想继续，只能不断思考：一部法律，其文字所涵盖的范围多大？立法者想要借此实现什么？法律条文之间存在什么样的联系？法律意旨又是什么？④

——人物专栏，《克劳斯—威廉·卡纳里斯八十寿辰》

① 本章内容主要参考：［奥］恩斯特·A. 克莱默：《法律方法论》，周万里译，法律出版社 2019 年版；梁慧星：《裁判的方法》，法律出版社 2017 年版；［德］英格博格·普珀：《法学思维小学堂》，蔡圣伟译，法律出版社 2011 年版；王利明：《法学方法论》，中国人民大学出版社 2012 年版；［德］卡尔·拉伦茨著：《法学方法论》，黄家镇译，商务印书馆 2020 年版；［德］齐佩利乌斯：《法学方法论》，金振豹译，法律出版社 2009 年版；［德］卡尔·拉伦茨：《法学方法论》，陈爱娥译，商务印书馆 2003 年版等。与大师的经典作品相比，本部分内容只是鹦鹉学舌般作个简要的介绍，强烈建议读者阅读原著。

② 王泽鉴：《法律思维与案例研习：请求权基础理论体系》，台北元照出版公司 2019 年版，第 140 页。

③ ［德］英格博格·普珀：《法学思维小学堂》，蔡圣伟译，法律出版社 2011 年版，原著前言。

④ 载《法兰克福汇报》2017 年 7 月 1 日第 6 版。转引自［奥］恩斯特·A. 克莱默：《法律方法论》，周万里译，法律出版社 2019 年版，前言。

> 法学中重要的不是结论本身，而是其结论的根据。总而言之，法学是说理的学问。在现实裁判中，原被告双方律师为了支持不同的结论，按照各自思路提出主张；地方法院、高等法院、最高法院也是各自基于判决理由，作出不同结论（最高法院还会附上反对意见）。此外，我们还能看到法学学者对判例提出批判。①
>
> ——道垣内正人

根据司法三段论的适用逻辑，只有当事人所主张的事实符合法律规定的构成要件的要求，才能够合乎逻辑地推导出法律效果应该予以适用的结论。构成要件的符合性判断在法律适用中就显得尤为重要。传统的法学方法论以法官为视角，主要将法官作为论证的主体。虽然法律并没有赋予律师说理的义务，但从最终效果的承担来看，律师说理的动力和对说理的依赖会更强一些。这一步论证要件事实就是律师运用民法解释学的方法证成自己的法律主张。如果说真实性攻防的武器是证据的话，那么符合性攻防的武器就是法学方法论，就是针对证明的事实是否可以归于构成要件之下进行本论、质论和反论。从本质上讲，律师、法官、理论研究者共同适用一套论证方法，只不过立场和视角有别，律师和法官的论证更具有个案针对性、结果导向性，与法官相比，律师的方法又具有更鲜明的立场性。

第一节　论证责任

一、证明和论证的区别和联系

（一）证明和论证的区别

事实主张是一个描述性的命题，是关于事实的描述，可以证明其真伪。而符合性判断是一个规范性的命题，是关于事实是否应该和构成要件相连接的判断，需要以证明的事实为基础加以论证。事实是否满足构成要件的要求，是否该当于构成要件，是否涵摄于该构成要件之下，是否符合该构成要件则常常需要作出评

① ［日］道垣内正人：《法学之门：学会思考与说理》，张挺译，北大出版社2021年版，前言。

价。法律上的评价并不是语词的无谓争议，而是和法律效果的适用相联系。在作出这种评价时总是需要价值判断，只是价值判断多和少的问题。描述性构成要件涉及的价值判断较少，评价性构成要件、制度性构成要件涉及的价值判断比较多。价值判断问题不存在真伪的区分，而是妥当与否的问题。比如，甲、乙是邻居，在电梯里一起聊天："最近忙什么？""我明天坐飞机去北京签个合同。""我明天也是那个时间去机场接人，我捎上你吧。""不了，我还是打车去吧。出租车司机路熟，时间上能保证。这个合同挺重要的。""看你说的，我路也熟，我打包票，按点送到，不耽误你事。""好吧，那就麻烦你了。"第二天由于甲晚上打游戏睡得比较晚，错过了约好的时间，又赶上早高峰，最终导致邻居乙耽误了航班，合同没签成，损失 50 万元。试问，邻居乙能否向甲请求赔偿？是否能够请求赔偿的关键就在于这一段对话能否评价为合同，如果评价为合同，则可能存在违约的问题。如果评价为好意施惠关系，则不存在违约的问题。在我国合同法上，并不存在美国合同法所谓对价的问题，不需要对价也能成立合同，这就导致了合同成立的门槛降低，只要双方意思表示达成一致就能成立合同，从而可能产生违约责任。在这里，是否成立合同就不是一个事实问题，而是一个价值判断和符合性论证问题。我们需要综合当时的情形，认真考察当事人双方是否有严肃地考虑法律上的效果，是否有受法律拘束的意思。乙觉得出租车相对有保证，甲也是出于好意顺路送人，综合对话的场景、对话的过程、双方的关系等应认为双方缺乏受法律约束的意思，并不成立合同。

"法律适用是一个基于逻辑形式而为的评价，此乃是一种论证，即以必要充分的理由构成去支持其所作成法律上的判断。法学上的论证是一种规范的论证，不在于证明真理的存在，而是在于论证某种法律规范适用的妥当或正确性。在某种意义上法之适用就是正当化的论证。法学方法论提供法律解释及法之续造的论证方法，是一种正当化的理论。法学上的论证是一种普遍性实践论证，既属规范论证，其论证的形式和规则均须受现行法的限制，即在有效力的法规范上作法律适用合理性的推论和证明。所谓合理性，在形式上要求其合法，在实质上要求其符合正义。"① 关于何为正义，常涉及价值判断，而价值判断又常常因为个人的信仰、认知的不同而不同，所以人们对于法律适用是否是一门科学，是否足以保障公平而有疑问。对此，王泽鉴先生作过精彩论述："法学系以法为客体，法学在于理解法律，以一定的方法从事法之适用，并为论证说理，以供检验，其科学

① 王泽鉴：《法律思维与案例研习：请求权基础理论体系》，台北元照出版公司 2019 年版，第 175 页。

性应被肯定……须强调的是，价值判断不影响法学的科学性，因为法学上的价值判断不是一种恣意、感觉或情感，乃是得经由理性的论辩过程，就某一个法律问题达成一定客观性的共识，作为法律适用的基础。”① 所以，德国、我国台湾地区都规定判决必须说明理由，以供检验，判决不说明理由会被撤销。现举一个我国台湾地区的判决予以说明，在该案中，一个商行的受雇人自杀身亡，导致商行租赁的房屋成为凶宅，经济价值减损，原审判决以侵害权利为由要求商行赔偿。而上诉法院认为纯粹经济损失不属于侵害所有权的情形，原审没有详细论证侵害何种权利，属于法律适用错误。该案判词如下：“被上诉人将系争房屋出租与上诉人莱尔富公司经营便利商店，莱尔富公司交由上诉人成铃彦商行代为经营，成铃彦商行之受雇人陈某某于系争房屋自杀身故，致系争房屋成为凶宅，经济价值减损，此为原审确定之事实。似此情形，系争房屋本身未遭受任何物理性变化，所有权未受侵害，上诉人究系侵害被上诉人何种权利，而须负民法第 184 条第 1 项前段之损害赔偿责任，仍不无推求之余地。原审遽谓陈某某因执行职务，过失不法侵害他人权利，成铃彦商行自应依民法第 188 条第 1 项本文规定负雇用人连带损害赔偿责任，已有可议。”②

我国大陆地区法官也有不少精彩判决，下文会有介绍。但法官说理还没有成为一种强制的义务。我们推行裁判文书改革也要求法官进行说理，这是为了实现法律适用的可检验性，通过说理提升司法品质，促进司法统一，保障司法公正，凝聚社会共识。

（二）符合性论证没有真伪不明

只有要件事实真伪不明时，才适用证明责任作出判决。对符合性，需要法官自行作出裁判。比如甲对街坊上开小卖铺的乙说：“给我二十斤大米，以前经常买的那种。”乙说：“好的。”当争议问题在于：甲是否说过这句话，或者乙是否回答“好的”，这类问题属于真实性问题，适用辩论主义，需要运用证据进行证明，比如在场邻居的证人证言。当法庭辩论终结，证据不充足时，就可能产生真伪不明的问题。而当争议在于甲所说的是否构成要约，乙所说的是否构成承诺，争议的合同是否已经成立时，这属于符合性问题，属于法律问题，需要法官自行作出判断，并且只能在是和否之间进行选择，法律问题不能真伪不明。

将一个确定的事实概括为一个法律概念是法官的任务。法官不能将事实问题

① 王泽鉴：《法律思维与案例研习：请求权基础理论体系》，台北元照出版公司 2019 年版，第 7 页。
② 王泽鉴：《法律思维与案例研习：请求权基础理论体系》，台北元照出版公司 2019 年版，第 45 页。

的真伪不明作用于法律问题。也就是说只有真实性才是证明责任裁判发挥作用的空间，法律问题不能真伪不明。“只有当对某种法律关系的存在，或者对于某种法律概念的使用非常重要的事实情况有争议且仍有疑义时，才可能考虑证明责任规则的适用问题。反之，如果对于作为裁决基础的事项没有争议或者已经完全释明，法官不得将其内心对某一法律规范或者法律概念的适用的怀疑，作为对事实问题的怀疑来对待，不得让对法律规范或者法律概念的适用条件负有证明责任的当事人承担证明责任，而是，他必须旗帜鲜明地表态，并作出一个确定的裁判。这里也不可真伪不明，因为这里涉及的是纯法律问题的解决：法官知法。”① 法律的权威不允许法官在法律问题上模棱两可，法官必须作出是或者否的决定。

（三）证明和论证的联系

从前后步骤间的关系来讲，整理要件事实类似于工程上的画出施工图和做预算。证明要件事实和论证要件事实类似于具体的施工过程。首先是事实真实性的证明，从逻辑上讲，子虚乌有的事实即使论证得天衣无缝也无法达到效果，论证总是要基于已经证明的事实。从程序上讲，在具体的法律适用中，律师需要针对法庭调查所修正和调整的事实进行法律论证，从而构建起事实和法律之间的桥梁。己方拥有的证据和对方的反驳，决定了论证的方向和侧重点。所以，整理要件事实的“施工图”在前，真实性的“具体施工”居中，符合性的“内装修”在最后。

需要注意的是，整理要件事实部分和论证要件事实部分都会涉及法律解释学的方法，但其侧重点有所不同。在整理要件事实部分也会运用法律解释学的方法去明确要件的具体含义，以便查找相应的事实。但在这一阶段，法律要件的含义是一种最大可能的范围，主要是从要件出发广泛撒网收集相关事实。在论证要件事实阶段，则是从证明的事实出发，去和构成要件进行单点锚定，选择一个连接点去和构成要件进行单点缝合的工作，更加精细，目的性更加明确。在这个过程中，工作原则也略有不同，为了防止过早地放弃在先的请求权方案，在方法论上我们作出这样的强制要求：在整理要件事实部分，对要件和事实的连接作出可能性的判断，只有确信没有连接的可能，才放弃后面阶段的工作。如果具有可能，只是可能性不太确定，那么在进行真实性考察之后，应进一步明确连接的具体路径、方法和可能性，再综合作出判断。

---

① ［德］莱奥·罗森贝克：《证明责任论》，庄敬华译，中国法制出版社 2018 年版，第 11 页。

二、律师为什么需要论证

（一）法律适用的客观规律需要进行论证

在法律适用中，事实和法律之间的连接并不是自动实现的，需要适用法律的人进行论证。

法律文本通常有各种不同的意义可能性，始终需要解释。“因为它是以日常语言或者借助日常语言发展出来的专业术语，这些术语中，除了数字、姓名及特定技术性用语外，都具有意义选择的空间，因此有多种不同的解释可能性。正是因为有多种解释的可能性，语言才具有丰富的表达能力以及适应其处身的环境的能力。如果认为只有当法律文本特别‘含糊’‘不清楚’或者‘相互矛盾’时才需要进行解释，这无疑是一种误解；毋宁是，所有的法律文本原则上都能被解释，也需要解释。需要解释并不是一种‘缺陷’，以致需要以尽可能精确的措辞来加以排除，相反，只要是制定法、法院判决、决定或者契约不能完全用象征性的符号语言来表达，解释就始终必要。”①

论证在以下两种情形下尤其重要。一是当事实和法律之间存在落差时，就需要通过解释予以弥补。二是涉及评价性的构成要件时。对于“显失公平”“重大误解”“必要费用”“公序良俗”等评价性概念，律师要做的就不仅仅是证明基础事实，还要充分地论证得出这种评价的正当性。举例来讲，在一起房屋买卖纠纷中，原告在10天内对卖方的要约作出了承诺，被告主张要约失效；原告主张10天属于合理期限内作出的承诺。那么，原告律师就不能仅仅证明10天内作出了承诺，是否属于合理期间任由法官自由裁量，律师还要结合房屋的价值、原告的支付能力、被告和原告的关系以至于被告了解原告交易谨慎的性格等因素，充分论证10天是合理的期限。

王泽鉴先生举过一个例子②，能非常生动地说明法律解释的重要性。我国台湾地区“民法”第七百九十八条规定：“果实自落于邻地者，视为属于邻地，但邻地为公用地者，不在此限。”此条规定，初读之下，似乎十分明了，但细细推敲，实则疑问不少。

1. 果实。果实的含义比较明了，但如果并非果实，而是花卉自落于邻地，是否能够类推适用？

---

① ［德］卡尔·拉伦茨：《法学方法论》，黄家镇译，商务印书馆2020年版，第265页。

② 王泽鉴：《民法思维——请求权基础理论体系》，北京大学出版社2009年版，第168页。

2. 自落是本条的核心概念，果实落地大致有如下九种情形：

（1）果实成熟落地；

（2）果实因强风、地震而掉落；

（3）果实因鸟啄而掉落；

（4）果实因顽童投掷石头击中而掉落；

（5）果实在所有人在收取之际因失手掉落；

（6）所有人驾车不慎撞到果树致果实掉落；

（7）邻地所有人驾车不慎撞到果树致果实掉落；

（8）第三人驾车撞到果树致果实掉落；

（9）果实因邻人故意摇动果树而掉落。

以上种种情形，虽然已经比较详细，但仍然无法穷尽生活中的所有情形，可以按照不可抗力、意外事件、第三人因素、野生动物、饲养动物，邻人、邻人之雇佣人、所有人、所有人之雇佣人轻过失、重大过失、故意等而变化衍生出万千情形。至于何者属于第七百九十八条所称的“自落”，还要结合该条的立法目的等予以考量。

3. 邻地。所谓邻地，疑义有三：

（1）邻地是否仅指直接相邻？

（2）邻地者，除地面外，水面及建筑物顶是否包括在内？

（3）恰好落到地界上时如何处理？

相对明确的法条尚且如此，当法律使用“显失公平”“重大误解”“必要费用”“公序良俗”等评价性概念的时候，就更需要法教义学方法来确定法规范的含义了。

综上所述，现有法律“并不是内容明确到毫无歧义，也不是完全无变化的静止的规范，有时候还可能出现法规不完整、不健全的情况，所以律师把具体案件与法律规范联系起来的工作总带有创造性、动态的性质”①。律师对于其选择适用的法律，总是要用解释的方法使事实与法律强有力地连接起来。

有位读者问我，司法解释还需要解释吗？我说，是的。解释还需要解释，甚至解释的解释还需要再解释，只要是使用人类的自然语言表达，就始终需要解释。比如，《婚姻家庭编解释一》第二条规定：“民法典第一千零四十二条、第一千零七十九条、第一千零九十一条规定的‘与他人同居’的情形，是指有配

① ［日］谷口安平：《程序的正义与诉讼》，王亚新译，中国政法大学出版社1996年版，第78页。

偶者与婚外异性，不以夫妻名义，持续、稳定地共同居住。”在现实中，持续稳定地共同居住该以何种标准判断？一个月还是两个月？如果以两个月为临界点，那么，为什么59天不构成，而60天就构成呢？如果考虑的因素不仅仅是时间，还包括情节，那么需要考虑的情形就更加复杂了，起码有四种情形：时间满足、情节满足；时间满足，情节不满足；时间不满足，情节满足；时间不满足，情节不满足。如果再加上一种考察因素，就有八种情形了，人类的自然思维还没有如此精确的判断，更多的是综合的衡量。再如，该司法解释只规定与异性同居的情形，现代社会同性恋者、双性恋者并不少见，对于配偶一方造成的伤害更有甚于异性者，该条解释是否可类推适用于此种情形？

对于纷繁复杂的法律适用情形，法律人所要做、所能做的只是锤炼自己的核心能力，本立而道生，以不变应万变。

（二）裁判说理义务的转化和延伸

“裁判说理义务是法官独立行使审判权的应有之义。在我国司法改革中，要突出法官的办案主体地位，让审理者裁判、由裁判者负责。但是，在依法保障法官独立行使审判权之后，就应当强化裁判文书的说理，法官应当将裁判文书说理作为其应尽的义务。也就是说，法官要依法独立行使审判权，其就应当充分尽到说理的义务，二者应当是不可分离的。因为只有强化裁判文书说理，才能有效规范法官独立审判权的行使，如果不科以法官进行裁判说理的义务，法官的独立审判权可能异化为法官的恣意，司法公正也难以实现。”①

律师最直接的说理对象就是法官，法官是否采纳律师的说理直接决定了案件的走向。而且，律师的论证也会有效地制约法官的裁量权。依法裁判并说理论证是法官的义务，裁判文书公开以后，法官的裁判受到社会各界的检验和监督，如果律师的法律文书说理妥当、论证有力，就加大了被法官采纳的可能性，即使不被采纳，法官也要为偏离此意见承担较重的论证义务，这就对法官的自由裁量权造成影响，使我方的意见成为法官的考量因素，有利于朝着我方预期的方向发展。

（三）律师的职业属性需要论证责任

在传统的证明责任的教科书中，证明责任主要解决的是事实真伪不明问题。法官知法，对于查明的事实是否充分实现构成要件的要素，是法官判断的问

---

① 王利明：《民法典人格权编中动态系统论的采纳与运用》，载《法学家》2020年第4期。

题。① 法律的解释和适用一直是法官的专利，法学方法论也多以法官为视角。传统的民事诉讼理论也把事实和法律的二元划分作为理所当然。当事人只负责提供事实，法官知法，法官会根据事实进行法律的适用。

然而这种截然的区分，也有不甚妥帖的地方。首先，根据处分主义和诉讼标的理论，法官尊重原告对案件事实所选择的法律关系，如果当事人不知法，这种选择又有什么意义呢？正当性在哪里？是不是应该回归到家父主义的慈爱中，由法官来帮助当事人选择有利的法条？

在人民当家作主的社会主义国家，党领导人民依法治国，司法为民，当事人、律师、法官等只是在职业上有分工，共同为建设良法善治的法治中国而奉献力量。法律的适用不再是法官的专利，法官的裁判文书日益面临着人民的监督和检验。传统的事实和法律二元划分，其意义在于，对于事实，当事人有义务提出事实主张和提出证据，法官受到当事人主张和证据的约束。对于法律，当事人提出的意见不具有约束力。但是，不具有约束力不代表不需要提出，不约束不代表不需要被重视。裁判文书公开和法官说理义务的增强正是其中道理。

律师作为一个庞大的职业群体，在保障当事人利益的民事诉讼中发挥着日益重要的作用，那么他们的作用仅仅是依附于不知法的当事人吗？显然，律师知法，而且律师在法律适用中发挥着不可低估的作用。那么理论架构上就需要为律师留下独特的空间。

在当事人主义和方法论的框架下，不考虑法官的其他判决动机，仅从法律论证的维度分析，提出法律方案的一方不仅要证明该事实，还要对该事实的法律适用进行论证。论证越充分，当事人胜诉的可能性越大。律师作用的空间就是论证责任。论证责任的说法容易让人误会其和主张责任、举证责任相类似，其实它是一种不真正责任。三者之间既有区别也有联系：

联系在于三者具有分配上的一致性和适用上的顺序性。它们都和证明责任的分配保持一致，统一于法规范不适用说，也就是符合性不能证立，有利于己的规范便得不到适用。从顺序上而言，主张、证明是论证的前提，从阶段上而言，主要发生在法庭辩论阶段。

区别在于，法官知法，法律并没有科以当事人对法律进行论证的义务，法官不能因为当事人没有论证或论证不充分而让当事人败诉，穷尽法律上的理由并作出正确的判断正是法官的义务。并且，当事人一方的论证并不像事实材料提供那

① ［德］莱奥·罗森贝克：《证明责任论》，庄敬华译，中国法制出版社2018年版，第11页。

样约束法官，只具有说服的功能。从积极追求说服的效果来讲，类似于不真正义务，为了自己的利益而应该积极说理论证，所以论证责任称作不真正责任。

律师需要结合事实对其选择的法律作出充分有效的论证，这种充分有效是以职业共同体的可检验性和可接受性为标准的。如果律师不能对其法律方案进行论证，很难说他是勤勉尽责的。在日益增强裁判文书说理性的背景下，律师的法律论证虽然不能拘束法官，但是却会有效地制约法官的自由裁量权，并且在日后成为上诉和再审的依据。所以，律师作为法律专业人士，自当承担起论证责任。

论证责任也是律师执业的一个风险点所在，律师既然选择了一个法律方案，就有对它进行论证证立的义务，否则怎么能说是合理的方案呢？

律师的说理还需要经得起以下三类主体的检验：

1. 对方律师和当事人。律师的说理受到对方律师和当事人严谨细致的审查和猛烈的批评，不明显的破绽也可能被对方发现和利用。

2. 委托人。律师的说理水平会受到委托人的检验，委托人以此来判断律师的专业水平和敬业程度。

3. 社会公众。律师在相关文书中的说理也会被社会公众所获得和阅读，较高的说理水平对于建立律师的专业声誉也很有帮助。[①]

三、论证的负担和程度

（一）论证的负担

形象地说，传统的法学方法论使用涵摄这个词，含义是判断某一事实是否能够归入某一概念之下。好像在规范和事实接近的过程中，事实是可以变动的一方，一路小跑“归入”进去。在案例教学中，把事实当作任人打扮的小姑娘，通过加减事实特征点来进行讨论。但实际情况是，针对具体个案，在法律调查结束后，基于证据情况，事实是被锁定的，反而法律是可变动的一方。齐佩利乌斯认为，针对特定的事实和想要适用的法律，这中间是解释的问题，而不是涵摄或归入的问题。“具体状态下的事实及其可涵摄性问题提供了对规范的意义范围借助当前的事实加以衡量和精确化的契机。这是一个法律规范对当前的生活事实‘具体化’的过程，是在这过程当中需要在规范及与该规范有关的事实之间进行‘眼光的往返流转’。在这过程中，规范的适用范围在对具体案件作出正义解决

① 王利明：《法学方法论》，中国人民大学出版社2012年版，第680页。

的追求的指引下被进一步界定。”①

所谓论证负担规则，指在面对特定命题时，确定论证者所负有的不同责任的规则。“在诉讼活动中，当事人都有论证的义务。任何一方当事人提出主张和抗辩，都需要提出不同的证据与理由，并承担论证的义务。”② 王泽鉴先生也认为：“法学上的价值判断不是一种恣意、感觉或情感，乃是得经由理性的论辩过程，就某一个法律问题达成一定客观性的共识，作为法律适用的基础……价值判断应由主张者为举证责任，经由相反质疑的论证而达成一定程度的共识，其有争论时，得由权威机构（例如法院）加以判断。”③ 作为据法提出请求的一方，原告方首先承受请求权基础的论证负担。而如果转入抗辩阶段，被告对抗辩主张承受论证负担。

在律师代理的情形，论证的负担有两层含义：首先是论题不能证成的不利后果由法律要件负担方所承受，也就是当事人最终承担败诉的后果。其次是这种不利后果得否转移的问题。律师是提供法律专业服务的职业群体，在法律意见的提供方面应该达到职业群体的一般水准。律师对论证责任的违反，有可能构成违约责任或者缔约过失责任。

（二）论证的三要素：论题、论据、论证方法

论证由论题、论据和论证方法三个要素组成。

论题：就是一个需要加以证成的判断。

论据：就是据以支持该论断成立的事实和理由。

论证方法：就是论题和论据的联系方式或推理方式。

在论证要件事实的语境下，论题就是得到证明的事实能够归入要件之下的判断。这是根据律师在诉讼中所处的立场决定的。如果你是请求权一方的律师，你就应该发表关于请求权构成要件得到满足的意见，发表被告抗辩规范不能满足的意见。如果没有弄清楚一个要件到底属于哪一方而随意发表意见，属于请求权一方的律师却竭力论证某个请求权要件不能满足，或者竭力论证属于抗辩的要件得到满足，这不是南辕北辙了吗，该如何向当事人交代呢？如果你认为法律要件未得到满足，为什么又要支持当事人起诉呢？这种由于法律理解不清而立场不稳的现象在实务中并不罕见，邹碧华法官曾讲过一个例子：“有一次，在一个借款案

① ［德］齐佩利乌斯：《法学方法论》，金振豹译，法律出版社2009年版，第143页。
② 王利明：《法学方法论》，中国人民大学出版社2012年版，第714页。
③ 王泽鉴：《法律思维与案例研习：请求权基础理论体系》，台北元照出版公司2019年版，第8页。

件中，原告方的律师援引了最高人民法院《关于民事诉讼证据的若干规定》的第2条（这是一个关于举证责任分配规则的条文）。当时，我心中暗自一惊，这个律师怎么会援引这条，这个条文对他的当事人不利啊。然而，让我更加吃惊的是，被告方的律师立即表示反对——‘凡是敌人拥护的我们都要反对！’他要求援引第5条或第7条分配举证责任，可是，后面这两个条文对被告是不利的。这说明，作为我们法律共同体成员的律师们并非所有人都有非常高的法律素养。”①

论据就是所使用的解释依据和解释材料，论证方法就是使论据支持论题的方式。比如，运用案例进行说理，首先要考察这个案例本身的真实性和有效性，是否为真实发生的案例，是否能在裁判文书网查询到，是哪级法院作出的，是否被改判。其次需要考察该案例和本案的关系，是否有足够的相似性，是否能被有效地区分。在援引相关学说作为说理依据时，需要考察是哪位作者的观点，是哪个出版社出版的。另外还要考察是否正确运用，是否断章取义。论据和论证方法与法律解释方法高度相关，在下文会有具体介绍。

（三）证成的标准

“当一项决定至少同时既有足够的理由支持它的正当性，也有足够的理由反对它的正当性时，法律人就称其为一种‘正当的’决定。”② 用百分比来形象地衡量，当某个事实归入和不归入各有50%的支持理由时，归入和和不归入都能称得上是“正当的”决定。而当有51%的理由支持归入时，从法律理由和逻辑上讲，归入才是“正当的”决定。从而，法律决定实行“优势论据规则”。

（四）法学方法论是流程化的论证方法

法学方法论和法律论证在内容上是一致的，只不过法学方法论更侧重研究思考的流程，“相比之下，‘方法论’考虑更多的是法学研究、提供专家意见以及说明判决理由的流程。在此，具有决定性的不仅是‘优势的’论据，有序的思考过程也同样重要，后者可以保证重要的观点不被遗漏。然而，论证者所采用的论据以及按照‘方法’探讨问题不可缺少的思想步骤，二者所涉及的观点毕竟大都相同，所以只要后者的思想步骤不限于合理讨论的形式规则，那么二者很大程度上就是同一事件的不同方面”③。

---

① 邹碧华：《要件审判九步法》，法律出版社2010年版，第14页。

② ［德］卡尔·拉伦茨：《法学方法论》，黄家镇译，商务印书馆2020年版，第372页。

③ ［德］卡尔·拉伦茨：《法学方法论》，黄家镇译，商务印书馆2020年版，第201页。

第二节 法律规范的解释

一、法律解释的目标、方法和语义范围

法学方法论的书籍较多，对于方法的论述常常众说纷纭，莫衷一是，而作者们也常常将不同的分类标准杂糅在一起论述，从而增加了读者理解和运用的难度。在展开具体内容前，我们区分以下三组概念分类标准。

（一）法律解释的目标：主观理论或客观理论

关于制定法的解释目标，有相互对立的两种观点，一种是主观理论或意志理论，认为制定法之解释应以研究立法者的历史—心理意志为解释目标，追寻历史上的立法者是在哪种意义下在法律中使用了某个特定概念；另一种是“客观理论”或称制定法内在意义理论，也就是追问，于今日的观点下，应该要在何种意义下理解使用这个法律概念。拉伦茨评论说，两种学说都只包含了部分真理，因此需要有保留地支持。主观理论的真理性在于：法律法则与自然法则不同，它是由人类为人类而创造的，表现了立法者创造某种满足正义可能性和社会需要的秩序的意志。制定法背后隐含了立法参与者追求的某种确定的调整意图、价值、欲求以及对于事理的考量。依法裁判，不仅指受制定法文本约束，也包含受制定法立基于其上的（立法当时的）立法者的价值评价和意图的约束。而客观理论的真理性在于：制定法一旦开始适用，就会发展出自身特有的实效性，其将超越立法者当初的意图。制定法涉及的是立法者当时不能全部预见的丰富多彩且变动不居的生活关系，它必须对一些立法者根本没有考虑到的问题作出回答。随着时光流逝，它仿佛逐渐发展出自己的生命，并因此远离它的创造者最初的想法。相应的，制定法解释的目标最终只能是：确定制定法在现今法律上的标准意义，也就是确定制定法的规范性意义。而只有同时考虑历史上的立法者的调整意图以及其具体的规范立场，而绝不可能完全独立于它，如此才能确定制定法在法律上的标准意义。这个意义是一种思考过程的结果，所有上述已经提及的因素，不论是“主观的”或是“客观的”，都应一并考虑。①

① ［德］卡尔·拉伦茨：《法学方法论》，黄家镇译，商务印书馆2020年版，第402页。

（二）法律解释的方法及其运用

萨维尼曾说，解释法律，系法律学之开端，并为其基础，系一项科学性之工作，但又为一种艺术。解释方法主要有文义解释、体系解释、历史解释、目的解释、合宪性解释、比较法解释等。解释方法运用的顺序如下：文义解释是直接依照立法者设计的法律条文来确定其含义，充分体现了对立法者价值判断的尊重，所以处在最先的位置。体系解释将视野扩展至具体条文所处的上下文以及相关制度的整合性，是对文本全部含义的进一步挖掘和再现。[①] 接着，还要通过法律发生史及立法资料考察立法者的价值判断。如果立法时代久远，社会观念发生变更，目的解释将具有更重要的权重。以上仍停留在民法部门法的范畴内，进一步将整个法律体系作为解释的参照文本，就是合宪性解释。他山之石，可以攻玉。比较法的解释也有较强的参考和借鉴意义。

以上顺序只是通常的思考顺序，并未根据方法的运用顺序而给予其结论相应的优先性，更不是说前一顺序的方法得出自己想要结论的时候，就可以将其他方法置之不顾。对此，旺克教授有精彩总结："若四种解释准据（笔者注：前四种方法，即文义、体系、历史、目的解释）指向同一个方向，那就简单了，由此您也已经有了解释的结论。若是某些准据指向一个方向，其他准据指向另一个方向，那么您必须权衡。比如，目的重于文义。因为只有当四种解释准据的结论都存在时，才可能作出一项最终的决定，所以如前所述，我们必须拒绝这样的观点：主张检查了其中的一种准据便可停止探究，或者认为使用某具体的准据便可以得出一个终局的结论。因此，认为'明确的语义'使得检查其他准据成为多余是错误的……同样错误的还有该项常见的建议，即只有当依据语义和体系解释不能得出一个明确结论的时候才需要援引历史解释。对于所有宣称特定的解释准据将由于个案情况而多余的学说，都必须加以驳斥：解释者必须投入所有可用的认识手段。因此，解释者必须始终对四种解释准据全部加以考察。当您对四种解释准据中的每一种准据都得出了结论，而这些结论并不一致时，会出现如下情况：这些要素具有不同的权重。比如，若语义论据极弱，因为人们有充分理由可以对该表达作他种理解，那么便应当赋予另外三种解释准据更大的权重。此外，第四种解释准据——法律的目的总是处于优势地位，比如在四种解释准据的论据具有相同权重的情况下即是如此。"[②] 拉伦茨也持同样的观点，在具体个案中，

① 王利明：《法学方法论》，中国人民大学出版社 2012 年版，第 370 页。

② ［德］罗尔夫·旺克：《法律解释》，蒋毅、季红明译，北京大学出版社 2020 年版，第 127～128 页。

这些不同的方法不应被孤立地运用，而是始终必须共同发挥作用。任何人如果要想主张其解释结果是正确的，都必须同时虑及这些立场观点。各种方法的解释结论之间常有不同，只有在对不同的标准进行个别说明之后，才能确定其各自的重要性。①

（三）根据语义范围的区分

论证结论与文义的关系、论证方法是两种不同的分类，有些书籍将方法和结果混淆在一起，造成了人们对法学方法论学习的困难。文义解释、体系解释、历史解释、目的解释、合宪性解释、比较法解释等属于具体的论证方法，每种方法和论证的结论并不存在对应关系，需要具体考察。

法律以文字为载体进行体现，文字必有其含义，含义必有其范围。一个法律概念有其核心，有其两可的模糊边缘，边缘之外还有无论如何够不到的文义之外。根据解释的结果和文义的关系可以分为以下几种：

1. 目的性限缩。
2. 限缩解释。
3. 扩张解释。
4. 目的性扩张。
5. 类推。
6. 依照法律原则进行续造。
7. 法外空间。

① ［德］卡尔·拉伦茨：《法学方法论》，黄家镇译，商务印书馆2020年版，第403页。

如下图：

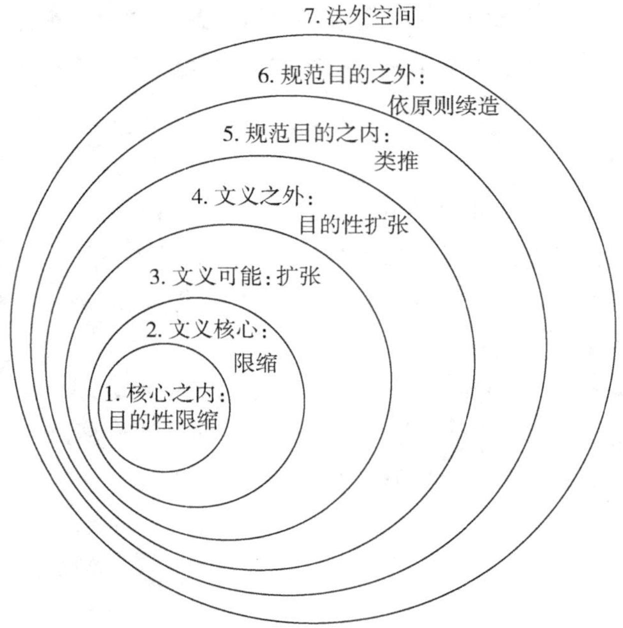

1. 核心之内：目的性限缩
2. 文义核心：限缩
3. 文义可能：扩张
4. 文义之外：目的性扩张
5. 规范目的之内：类推
6. 规范目的之外：依原则续造
7. 法外空间

分别解释如下：

1. 目的性限缩。

指法律规则白纸黑字写得明明白白，但是教条地依照文义会产生不公正的结果，从而应该对核心文义进行限缩，再挖一个例外的小洞。比如，根据禁止自己代理的规定，父亲赠与5岁儿子房产，明明白白在规则的文义之内，但依据该条规制的目的和整个法的精神，将这种情形作为例外。

2. 限缩解释。

指将规则的范围限制在核心文义。

3. 扩张解释。

指将规则的范围扩张至模糊边缘。

4. 目的性扩张。

指规范的法律后果符合案件，但是案情却不能完全涵盖在规范的构成要件之内，通过探究立法目的而扩大构成要件的范围。

5. 类推。

指文义之外，基于立法目的而将法律后果类推适用于构成要件不能涵盖的情形。

6. 依照法律原则进行续造。

指没有相类似的可用于类推的法规范，只能诉诸原则。

7. 法外空间。

指法律原则也不拟调整，属于法外空间。

上图只具有结构化区分和描述的作用，并不因为指出运用了何种方法就证立了该结论的正当性，正当性还需要结合案情进行具体的论证。

二、文义解释

立法者以文字为表达工具，文义也就成为确定“规范意旨”的最重要的“证据”。规范中使用的概念可以分为“描述性概念”和“评价性概念”。此处主要介绍描述性概念，因为评价性概念文义具有模糊性，在具体适用中要进行具体化和价值补充。

文义解释，是对法律文本的字面含义进行的解释。文义解释是法律解释中最常用、最基础的方法。文义解释是法律解释的起点，也是一切法律解释的终点。如果解释的结果在法律条文文义的射程范围内，则属于法律解释；如果在法律条文文义的射程范围之外，就属于法律漏洞填补阶段的工作了。

（一）描述性概念和语义学中的“三领域模式”

描述性概念就是对事实进行描述的概念。描述性概念的语句有真假的区别，判断的标准就是这些语句与被描述的对象或者情形是否相符。比如，这是汽车。描述性概念不仅包括自然事实，也包括制度性事实，例如“婚姻”“家庭”“所有权”。构成制度性事实必须具有“构成性规则”和“事实”两个部分。张三拥有这套房产所有权就是制度性事实。那些规定了何种条件下可以取得所有权这一制度性事实的规则称为“创制性规则”；规定某种制度性事实如何丧失的规则可以称为“终止性规则”；规定所有权后果的，可以称为“后果性规则”，比如所有权需要交税，需要对因此产生的损害负责等。描述制度性事实的语句同样有真假之分，取决于它是否与制度性事实相符，而制度性事实又取决于是否依据构成性规范产生。[①] 房屋所有权人的事实可以通过产权证予以证明，婚姻的事实可以通过结婚证予以证明等。

按照菲利普·黑克著名的划分，一个概念的文义范围，包含“概念核心”和围绕核心的模糊的“概念边缘”。可清楚地归属于概念之下的属于“肯定选

① 舒国滢、王夏昊、雷磊：《法学方法论》，中国政法大学出版社2018年版，第70页。

项”，明显不会落入概念范围的属于“否定选项”，介于两者之间的属于“中立选项”。对于“中立选项”是否能归入概念之下，则需要进行解释。我们可以通过比较提出解释的理由，如果“中立选项”在立法的目的和意义上与肯定选项相似，就作扩大的解释。如果“中立选项”在立法的目的和意义上与否定选项相似，就作紧缩的解释。① 扩张至超出文义可能的范围，则是目的性扩张。而违背文义在其核心范围之内提出例外，则是目的性限缩。

三领域的区分在刑法和民法上具有不同的意义。对于刑法，罪刑法定，不允许对否定选项进行类推适用。对于民法，则不存在类推的禁止，属于“否定选项”的事项也可能通过目的性扩张、类推适用而适用规范，文义的区分更多是提出了论证的负担，因为谁主张与文义不一致的，负担该论证责任。

（二）文义解释的方法

1. 按照文本通常的含义进行解释。

即按照人们通常理解的含义进行解释，可以借助教科书、通说、词典等进行解释。

2. 根据关联词进行解释。

即根据文法进行解释。按照语法结构、语言规则、逻辑结构等进行解释，也就是通过法律条文的词组联系、句子结构、文字排列、标点符号、逻辑词等解释法律的真实含义。法律人要有一点咬文嚼字的较真劲，通过对法律文本的分析解读出其中的立法深意。

可以、应当、不得分别表示权利、义务、禁止。或、或者、之一表示选择。和、且、及、以及表示并列。

“或者”表示一种选择关系。《民法典》第一千二百五十三条规定：“建筑物、构筑物或者其他设施及其搁置物、悬挂物发生脱落、坠落造成他人损害，所有人、管理人或者使用人不能证明自己没有过错的，应当承担侵权责任。所有人、管理人或者使用人赔偿后，有其他责任人的，有权向其他责任人追偿。”本条的含义是所有人、管理人、使用人谁负有维修或管理义务，就由谁承担侵权责任，目的是发挥法的指引功能，让承担维修、管理义务的人加强责任心，善尽义务。本条就不能解释为由所有人、管理人、使用人共同承担责任。

“与、和、及、以及”等表示一种并列、共同关系。《民法典》第一千二百五十二条第一款规定：“建筑物、构筑物或者其他设施倒塌、塌陷造成他人损害

① ［德］英格博格·普珀：《法学思维小学堂》，蔡圣伟译，法律出版社2011年版，第53页。

的，由建设单位与施工单位承担连带责任，但是建设单位与施工单位能够证明不存在质量缺陷的除外。建设单位、施工单位赔偿后，有其他责任人的，有权向其他责任人追偿。”与第一千二百五十三条使用“或者”不同，该条使用“与”字，由建设单位与施工单位承担连带责任。

《民法典》第一百八十八条规定：“向人民法院请求保护民事权利的诉讼时效期间为三年。法律另有规定的，依照其规定。诉讼时效期间自权利人知道或者应当知道权利受到损害以及义务人之日起计算。法律另有规定的，依照其规定。但是，自权利受到损害之日起超过二十年的，人民法院不予保护，有特殊情况的，人民法院可以根据权利人的申请决定延长。”从该条规定来看，该条既使用了“或者”又使用了“以及”，从语义分析上来讲，知道或者应当知道，包括了两种情况，一种是权利人确实知道，另一种是不知道，但是应当知道，其反面是不知道且不应当知道，不知道且不应当知道的就不应该起算。对于知道的内容来讲，包括“权利受到损害以及义务人”，也就是这两者都在知道的范畴，缺一不可。根据以上情况进行逻辑组合，可能存在以下情形：

序号	受到损害	义务人
1	知道	知道
2	知道	不知道但应当知道
3	知道	不知道且不应当知道
4	不知道但应当知道	知道
5	不知道但应当知道	不知道但应当知道
6	不知道但应当知道	不知道且不应当知道
7	不知道且不应当知道	知道
8	不知道且不应当知道	不知道但应当知道
9	不知道且不应当知道	不知道且不应当知道

其中，第1、2、5项应该起算诉讼时效，第3、6、9项诉讼时效不起算，第4、7、8项从实际情形和逻辑分析上不成立，因为知道义务人就包含着权利受损的意思，否则，也谈不上具体义务的义务人。

“等”字结尾有两种含义，一种是表示列举未尽，也就是开放式列举；另一种是表示列举后煞尾，也就是穷尽式列举。《民法典》第十六条规定：“涉及遗产继承、接受赠与等胎儿利益保护的，胎儿视为具有民事权利能力。但是，胎儿娩出时为死体的，其民事权利能力自始不存在。”该条就只是列举最典型的两种情形，但并未排除损害赔偿请求权等权利能力，用“等”字来暗示使条文具有一定的开放性。《民法典》第二百三十一条规定："因合法建造、拆除房屋等事实行为设立或者消灭物权的，自事实行为成就时发生效力。"从民法典的规定来看，多是开放式列举，用作穷尽式列举可能还需要结合其他解释方法才能明确。

3. 从语法结构的对比中，得出解释的效果。

《民法典》第一百五十条规定："一方或者第三人以胁迫手段，使对方在违背真实意思的情况下实施的民事法律行为，受胁迫方有权请求人民法院或者仲裁机构予以撤销。"第一百四十八条、第一百四十九条分别规定了一方实施欺诈和第三人实施欺诈的情形，并对第三人实施欺诈的撤销权予以限制，只有对方知道或者应当知道该欺诈行为的，受欺诈方才有权撤销。而在关于胁迫的规定中，法条将一方或者第三人胁迫整合在了一起，可知立法者并没有像欺诈一样予以区分，第三人实施胁迫，无论对方是否知道，受胁迫方均有撤销权。这是因为胁迫对法益侵害更重，在第三人胁迫的场合，法律不考虑对方是否知情而予以否定性评价。

法律不行赘言，文本中增加了相应的限定词，一般就应该理解为对限定之外的排除。比如，《民法典》第一百四十五条规定："限制民事行为能力人实施的纯获利益的民事法律行为或者与其年龄、智力、精神健康状况相适应的民事法律行为有效；实施的其他民事法律行为经法定代理人同意或者追认后有效。相对人可以催告法定代理人自收到通知之日起三十日内予以追认。法定代理人未作表示的，视为拒绝追认。民事法律行为被追认前，善意相对人有撤销的权利。撤销应当以通知的方式作出。"关于催告，该条规定相对人可以行使。关于撤销，该条增加了"善意"的限定，即"善意相对人有撤销的权利"，该条就应该理解为恶意的相对人没有撤销的权利。

4. 根据具体的语境来进行解释。

"应当"在一些条文中表明是强行性规范，在一些条文中表明是义务，在一些条文中表明是形成权行使的方式和条件，在一些条文中表明是倡导，这就需要根据具体语境来判断。

表明强行性规范，如《民法典》第二百零八条："不动产物权的设立、变更、转让和消灭，应当依照法律规定登记。动产物权的设立和转让，应当依照法律规定交付。"

表明义务，如《民法典》第七百零八条："出租人应当按照约定将租赁物交付承租人，并在租赁期限内保持租赁物符合约定的用途。"

表明权利行使的方式和条件，如《民法典》第五百六十五条第一款："当事人一方依法主张解除合同的，应当通知对方。合同自通知到达对方时解除；通知载明债务人在一定期限内不履行债务则合同自动解除，债务人在该期限内未履行债务的，合同自通知载明的期限届满时解除。对方对解除合同有异议的，任何一方当事人均可以请求人民法院或者仲裁机构确认解除行为的效力。”

表明倡导，如《民法典》第九条：“民事主体从事民事活动，应当有利于节约资源、保护生态环境。”

5. 专业术语适用专业领域的解释，比如“善意”等。

（三）文义解释的局限

虽然文字具有强大的证据效果，但是也不能绝对化，走向所谓的“文本主义”“文字图腾主义”。文义解释假定法律文本准确地传达了立法者的意图，立法者充分意识到了该种表达具有的法律意义并且最终选择使用该种表达。但实际情况并不总是如此。文义解释还要参以体系、历史、目的解释来最终确定法律的规范意旨。伟大的罗马法学家塞尔苏斯写道：“认识法律并非固守它的文字，而是要认识到它的力量与权力。”

三、体系解释

体系解释，就是根据法条在法规中所处的前后位置，以及其与其他相关法条的关系，来阐明其规范意旨的解释方法。《民法典》是一个体系化的整体，法条不是无组织、混乱地联系在一起。法律规范本身都是一个整体，各条文之间应当相互协调，因此，通过分析特定条文与其他条文之间的关系，应当也可以一定程度地确定该法条的含义。“人们应认识到，制定法中包含的诸多法条并非只是简单地排列在一起，而是以不同的方式相互关涉，并只有通过它们的彼此交织以及共同作用才能产生一个规范体。法秩序并非法条的聚合，而是由许多规范体构成……我们也只有将规范置于有关规定的脉络之中，而不是孤立地考察该规范，才能认识到规范背后的法律价值判断。虽然习惯上将法律分成许多表面上相互区别的段落或条款，但并不因此就掩盖了下述事实：这些条文本身只是一个包含了更加广泛内容的规范组织体的组成部分，只有当它们与其他条文——即使在法律中它们彼此可能相隔甚远——联系起来，才能被全面地理解。”① “尽管法学语言中的规范性用语之含义比普通日常用语更为精确，但是其涵义主要不是通过定义而获得，毋宁是得自它在法规范领域之意义脉络中的功能与角色，以及因此而被

① ［德］卡尔·拉伦茨：《法学方法论》，黄家镇译，商务印书馆2020年版，第338页。

确定的在‘语言游戏’中的使用方式，再加上得自于它与同一意义领域中补充它或者反对它的术语之间的意义关联。”①

（一）体系解释的要求

体系解释以下述四个要求作为出发点。

1. 无矛盾的要求：法律不会自相矛盾。

2. 不赘言的要求：法律不说多余的话。假定存在理想的立法者，不说多余的话，说了的话就应该认为是有用的。

3. 完整性的要求：法律不允许规定漏洞。

4. 体系秩序的要求：法律规定的编排都是有意义的。法律规定之间存在着有意义的次序编排。②

关于无矛盾的要求，并不是说立法不会产生矛盾，因为法律规定总是一个矛盾体，原则性的规定总是伴随着例外性的规定，法律适用者的工作主要是排除和解决矛盾。一般来讲，主要的判断规则就是“特别法排除一般法”“上位法优于下位法”“新法优于旧法”。当然，这种简单直接的说法在实际中可能并没有多少作用，因为大多数情况下是兼有两种冲突的规则，新法可能是一般法，而旧法是特别法；或者上位的是一般法，而下位的是特别法。这时可能就需要进行立法目的解释和历史解释来具体判断哪一个规则应该优先适用。

体系论证的论据相当薄弱，因为它是以有疑问的前提为基础的，假定存在理想的立法者，精通法律、语言、逻辑和编辑，总是能够把法律衔接得刚刚好。但考量实际的法律发展，不是在一张白纸上精心构绘，而是一个不断适应社会、不断试错尝试、不断完善的过程。

（二）民法的外在体系和内在体系

外在体系是指法律形式上的构造，内在体系是指法的内在构造，是一致的价值判断体系。

1. 外在体系。

我国《民法典》独创了七编制结构，分为总则、物权、合同、人格权、婚姻家庭、继承、侵权责任。既不同于法国式的三编制：人、财产、取得财产的各种方式，也不同于德国式的五编制：总则、债法、物权、家庭、继承。相较于德

① ［德］卡尔·拉伦茨：《法学方法论》，黄家镇译，商务印书馆 2020 年版，第 262 页。“语言游戏”说法来自维特根斯坦，认为理解一个单词的含义，需要考察其在语言中扮演的角色与功能。

② ［德］英格博格·普珀：《法学思维小学堂》，蔡圣伟译，法律出版社 2011 年版，第 56~64 页。

国的五编制，我国《民法典》没有债法总编，分设为合同编和侵权责任编，不当得利和无因管理两种法定之债归为一类设于“准合同分编”，设置了单独的人格权编，体现了对人格权的重视和保护。但我国《民法典》在法典体系化上还是借鉴吸收了《德国民法典》的“潘德克顿体系”。从“提取公因式”的编撰体例上讲，一般性规定置于前面，特殊性规定置于后面，没有特殊规定的，适用一般性规定。比如，第一千一百六十五条第一款规定：“行为人因过错侵害他人民事权益造成损害的，应当承担侵权责任。”解释该条中的“民事权益”的范围时，就可参照总则编第五章“民事权利”的规定。

2. 内在体系。

我国《民法典》不仅是法律规则的集合，也是内在价值的集合，通过各种价值的位阶和协调形成没有矛盾的内在体系。《民法典》内在价值的核心是私法自治，比如合同自由、结婚自由、遗嘱自由等。在私法内部又分成不同的体系，合同编是意思表示和信赖原则、合同公平、契约严守原则等；物权编是物权法定原则；侵权责任编是自己责任、过错责任原则；商法更注重信赖保护和效率；社会法则更注重社会利益保护等。在遇到具体问题时，需要认真衡量其中涉及的价值，并妥善作出选择。

（三）体系解释的方法

1. 从条文的比对中进行解释。

比如，《民法典》对占有改定的规定就区别于现实交付、简易交付、指示交付。第二百二十八条规定：“动产物权转让时，当事人又约定由出让人继续占有该动产的，物权自该约定生效时发生效力。”与第二百二十四条现实交付、第二百二十六条简易交付、第二百二十七条指示交付的规定相对比，第二百二十八条对于占有改定缺少了“动产物权设立”的规定，而动产物权设立主要是指抵押权和质权的设立，法律有意省略应该理解为动产质权不能以占有改定设立。法律作这样的区别，主要是因为如果以占有改定设立质权，质权人对质押的动产仅为间接占有，既无法公示质权的存在，又影响质权的实现，所以法律规定质权的设立不能以占有改定的方式进行。

2. 从整个民法制度的比对中进行解释。

维特根斯坦的名言：“词语的意思是其在语言中的使用。”对于“撤销”一词，民法上使用得比较多，至于其具体意义如何理解，就需要结合相关法律进行体系解释。

从公权力行使的角度讲，“撤销”有取消某种决定或某种资格的含义，比如，《民法典》第三十六条规定的监护人资格的撤销、第六十九条第四项规定的法人的撤销、第四十五条规定的失踪宣告的撤销、第五十条规定的死亡宣告的撤销。

而对于法律行为的撤销来讲，根据具体情况又可分为两种情形，其具体含义需结合相关制度进行体系解释。

一是对已生效的法律行为的撤销。

《民法典》第六百五十八条规定："赠与人在赠与财产的权利转移之前可以撤销赠与。经过公证的赠与合同或者依法不得撤销的具有救灾、扶贫、助残等公益、道德义务性质的赠与合同，不适用前款规定。"赠与是一种诺成合同，如无其他效力瑕疵，意思表示一致即生效。我国虽然不采用物权行为无因性理论，但也有别于法国模式，采用债权合同和物权变动区分的立法模式，赠与合同生效之后，权利并没有移转，权利转移还需要交付或登记。本条规定的赠与人的任意撤销就是在权利转移（交付、登记）之前，使赠与合同不发生效力。权利转移之后，只能在第六百六十三条规定的情形下行使法定撤销权。

二是可撤销法律行为。

《民法典》第一百四十七条至第一百五十二条规定了四种可撤销法律行为，分别是重大误解、欺诈、胁迫、显失公平等意思表示不真实、不自由订立的法律行为，有权方可以请求人民法院或者仲裁机构予以撤销。如果行使撤销权，则法律行为自始没有法律约束力。如果撤销权消灭，则法律行为有效。

在构成表见代表的情形下，当事人是否享有撤销权？根据《民法典》第一百七十一条，在无权代理的情形下，善意相对人有撤销的权利。但《民法典》第一百七十二条对此并没有作出规定，而只是规定"行为人没有代理权、超越代理权或者代理权终止后，仍然实施代理行为，相对人有理由相信行为人有代理权的，代理行为有效"。在表见代理的情形下，为了保护相对人，维护交易安全，不需被代理人追认该代理行为就为有效，在被代理人和相对人之间发生法律效力。但所谓强扭的瓜不甜，相对人在知道真实情况后，是否仍希望和并没有意愿的被代理人发生合同关系？相对人是否具有第一百七十一条规定的撤销权？从立法的本意来讲，善意的相对人在表见代理的场合比在无权代理场合中更应该给予保护，根据体系解释，没有理由认为相对人不享有撤销权。但根据诚实信用原则，和被代理人发生法律关系也正是相对人真实的意思表示，如果被代理人主张该法律行为有效的，相对人就不能任意撤销。

（四）体系解释的相对性

民法典第四百九十九条规定了悬赏广告，不能认为该条规定在合同编中合同的订立部分就将其解释为合同，其实该条规定的是单方允诺之债。

四、历史解释

历史解释，又称沿革解释，是指探求立法者在制定法律时所作的价值判断及其所欲实现的目的，以推知立法者的意思而为解释的方法。法律起草者个人对法律条文的解释只能作为一种学理解释，而非法意解释。

关于民用航空器造成他人损害，是否能够援用不可抗力减免责发生争议的，可以参考立法历史进行解释，苏俄 1922 年民法典关于高度危险责任规定有三个免责事由，第一个是不可抗力，第二个是受害人故意，第三个是受害人有重大过失。1964 年苏俄民法典删除了受害人重大过失作为免责事由。我国《民法通则》第一百二十三条规定："从事高空、高压、易燃、易爆、剧毒、放射性、高速运输工具等对周围环境有高度危险的作业造成他人损害的，应当承担民事责任；如果能够证明损害是由受害人故意造成的，不承担民事责任。"根据这一规定，免责事由只剩下受害人故意一个，不可抗力被删掉了。[①]《侵权责任法》第七十一条对此进行了细化，对民用核设施增加了不可抗力免责的规定，民用航空器未增加该条。《民法典》第一千二百三十七条、第一千二百三十八条进行了修改。第一千二百三十七条规定："民用核设施或者运入运出核设施的核材料发生核事故造成他人损害的，民用核设施的营运单位应当承担侵权责任；但是，能够证明损害是因战争、武装冲突、暴乱等情形或者受害人故意造成的，不承担责任。"第一千二百三十八条规定："民用航空器造成他人损害的，民用航空器的经营者应当承担侵权责任；但是，能够证明损害是因受害人故意造成的，不承担责任。"民用核设施侵权的免责事由增加了战争、武装冲突等情形，民用航空器致人损害保持不变，可知不包括不可抗力免责，这正反映了立法者强化对受害人保护的思想，损害的责任由高度危险事业经营者承担，符合民法自罗马法以来"谁获得利益，谁承担责任"的报偿原则。

五、目的解释

目的解释，指以立法目的作为根据以解释法律的一种解释方法。"立法者对

① 梁慧星：《裁判的方法》，法律出版社 2017 年版，第 149～157 页。

一项完全特定的构成要件连接了一项完全特定的法律后果，立法者似乎以法条的语言将自己的‘目的性程式’进行了编码。因此，解释者有义务对存在于构成要件和法律后果之间的这种具体连接背后的意义关联予以解码。”① “王泽鉴先生指出，任何法律均有其立法目的，解释法律应以贯彻、实践此立法目的为其基本任务。任何人在解释法律时，需考虑的基本问题是：法律何以设此规定，其立法目的何在？并认为探求立法目的，是阐释法律疑义的关键。”② “立法者该如何在该规范脉络中评判不同的利益与需求，赋予何者优先地位，这些都落实到立法者制定的相应规范中，故而可以借助该规范以及立法过程参与者的意见来加以认识。由此而被认识到的立法者的评价，可作为法律解释以及法律没有直接规定、但价值上应作相同评价之待决案件裁判的推论基础。上述观点即是‘价值评判法学’的主张，时至今日已被无争议地广泛接受，尤以司法裁判为甚。”③

“法律的标准不是真实性这种绝对的标准，而是目的这种相对的标准”，自此，耶林从概念法学转向了利益法学。在此之前，其他法学家并非没有发现立法应有其实践之目的。拉丁法谚就说“法律是善良与公平的艺术”。只不过法学者认为，只有立法者才能决定应该用何种法规范来实现那些目的与价值，这是立法者的任务，法律适用者的任务就是在个案中忠实地适用法律。但是，随着概念法学的破产，人们也已经充分认识到法律的概念是不精确的，法律的规定是不完整的，社会是急速发展的，法律无法穷尽规定各种适用情形，这时就需要法律适用者追溯到立法者制定这些规范的目的和意义。

与概念法学的窘境相反，客观的目的解释在今日是如此受推崇，以至于被视为“解释的王冠”。这种解释方法给予了法律人最大的自由空间，让自己的理性得以发挥作用。这也遭到了明显的批评：“在法律之客观目的的标签下所售卖的，不过是解释者自己放进法律中的目的。”所以，客观目的解释必须经过三重检验：

1. 必须确认所要追求的目的本身是正义的、理性的以及有益的。

2. 对于完整实现这个目的而言，规范必须是一个适当的手段。

3. 实现这个目的不得引起超乎规范目的价值的不利附属后果。

如果我们想要批驳一个客观目的论证，可以从以上三个方面进行反驳：

对于第一重检验，我们可以攻击其目的是否是正义、理性、值得追求的，这称之为“外部批判”。

---

① ［德］罗尔夫·旺克：《法律解释》，蒋毅、季红明译，北京大学出版社2020年版，第121页。

② 梁慧星：《裁判的方法》，法律出版社2017年版，第183页。

③ ［德］卡尔·拉伦茨：《法学方法论》，黄家镇译，商务印书馆2020年版，第160页。

对于第二重检验，我们可以攻击其目的和手段之间的适当性。也就是说，对于实现该目的而言，规范的适用是否是一个可行且必要的手段。这称之为“内部批判”。外部批判具有逻辑上的优先性，但内部批判却是较为有力的。因为，目的是多元的，有时也很难证成或否定一个目的，但是假设即使接受这个目的，该规范也不能实现这个的目的，无疑是较强的反驳。

对于第三重检验，也称作后果考察，也就是追问规范的适用是否能导致一些其他不希望发生的附随后果。这在法律适用中尤其重要，不能想当然地只看到所希望的后果，还要进一步预测其他可能的后果。①

法律的目的解释可能需要借助社会学、经济学等方面的研究成果。“法律在于规范人类社会生活，法律规范的制定或解释须藉助于社会学、经济学等经验科学的方法和研究成果，始能更深刻认识法律所要规范的社会现实和社会条件，其所涉及的各种利益，何种法律手段最适于达成规范的目的，以及其可能产生的社会效果等。”②

目的解释的结果包括目的性的扩张和目的性的限缩。比如，《消费者权益保护法》第五十五条关于欺诈三倍赔偿的规定，是否适用于“错标产地”行为，也可以通过目的解释进行说明，民事责任以填平补齐为原则，惩罚不是民事责任的任务，而是行政责任或刑事责任的任务，当时借鉴美国的惩罚性赔偿制度，制定该条的立法目的是制裁假冒伪劣和缺斤短两这类坑害消费者的行为，以这个目的作为判断标准，错标产地不能适用该条是正确和合理的解释。③

六、合宪性解释

根据法秩序的层级构造，一个法秩序由不同位阶的规范组成，位阶较低的规范必须符合位阶更高的规范，因此，所谓的“合宪性”不仅指对法条的解释要合乎宪法的规定，还包含了解释要合乎其他比本规范位阶高的规范意旨的意思。这样的解释方法对于防止低位阶的法律与高位阶法律的冲突，有着积极意义。合宪性解释也可概括称为“合位阶性解释”，由此可以推导出下述三个原则：

1. 每一项下位规范必须是从直接上位规范，上至宪法规范中推导出来。
2. 每一项下位规范均不得在内容上与上位规范相矛盾。
3. 在解释下位规范时，应当尽可能与上位法的规范的评价相符合。

---

① ［德］英格博格·普珀：《法学思维小学堂》，蔡圣伟译，法律出版社 2011 版，第 66~77 页。
② 王泽鉴：《法律思维与案例研习：请求权基础理论体系》，台北元照出版公司 2019 年版，第 8 页。
③ 梁慧星：《裁判的方法》，法律出版社 2017 年版，第 184~188 页。

第一项原则考察规范的授权基础，第二项原则考察规范的内容是否符合上位法，称为“内容审查的合位阶性解释”。这两项都涉及规范是否有效的问题。第三项原则，则是指存在多种解释可能性时，选择更加符合上位法的解释。[①]

宪法虽不直接作用于民事生活，但具有间接的效力，通过民法的概括性条款或基本原则而发生效力。天津某法院判过的“工伤概不负责”案件就是合宪性解释的典型。雇主和雇员签订了“工伤概不负责”的条款，其间雇员因为工伤死亡，雇主援引该条款要求不承担责任。对此《最高人民法院关于雇工合同应当严格执行劳动保护法规问题的批复》规定，“对劳动者实行劳动保护，在我国宪法中已有明文规定，这是劳动者享有的权利，受国家法律保护，任何个人和组织都不得任意侵犯。张学珍、徐广秋身为雇主，对雇员理应依法给予劳动保护，但他们却在招工登记表中注明‘工伤概不负责’，这是违反宪法和有关劳动保护法规的，也严重违反了社会主义公德，对这种行为应认定为无效”。法院最终判决雇主承担责任。该案判决也创设了一项判例规则，预先免除人身伤害责任的免责条款无效，后来被立法吸纳，规定在《合同法》第五十三条免责条款无效部分。[②]《民法典》延续了该规定，第五百零六条规定：“合同中的下列免责条款无效：（一）造成对方人身损害的；（二）因故意或者重大过失造成对方财产损失的。”

随着二胎政策放开，不少用人单位在签订劳动合同时，不成文地规定“单身条款”“排队怀孕条款”等，这些都可以用宪法、妇女权益保障法等规定使之无效。

七、比较法解释

比较法解释，指用国外的某个制度、某个规定或某个判例来解释本国的某个法律条文的一种解释方法。参考外国立法以及判例学说，以解释本国法律，是现代文明国家的通例。各国法律相互借鉴、相互参考，这就是比较法解释的根据。

血液制品是否属于产品，输血感染案件是否适用《产品质量法》第四十一条规定的严格责任？河南省南阳市人民法院根据文义解释，认为血液不是加工制作的，不能适用。同时，该结论也可以从比较法上得到支持。产品质量法借鉴了美国严格产品责任法的经验，美国立法和法院均一致认为输血用血液不是产品。[③]

① ［德］罗尔夫·旺克：《法律解释》，蒋毅、季红明译，北京大学出版社 2020 年版，第 106 页。
② 梁慧星：《裁判的方法》，法律出版社 2017 年版，第 212~215 页。
③ 梁慧星：《裁判的方法》，法律出版社 2017 年版，第 221~230 页。

比较法解释是通过对其他法域立法以及判例学说的研究，寻找其在处理相同或类似问题时的做法，以为处理案件的参考依据。但在对同一个法律问题作比较解释时，不能仅仅看其民法中相关条文的规定，还要透彻地了解其判例、学说的观点，然后才可能进行有效、有益的比较。因为，特定条文的规定不仅与其特殊的制度背景有关联，而且它本身也是不断发展的，通过后来判例和学说的不断发展，也可能实际操作已经与法条的字面含义大相径庭了。

八、扩张解释和限缩解释

前面介绍的都是解释的方法，根据解释的结论和文义的界限，又可以分为扩张解释和限缩解释。

（一）扩张解释

扩张解释是指当法条的文意范围过于狭隘，难以体现立法的真实意思时，可以扩张条文的含义。但需要注意的是扩张解释本身不能超出该条文可能的文意范围。

《民法通则》第九十三条规定：“没有法定的或者约定的义务，为避免他人利益受损失进行管理或者服务的，有权要求受益人偿付由此而支付的必要费用。”该“必要费用”的范围比较窄，《民通意见》第一百三十二条进行了扩张，即“管理人或者服务人可以要求受益人偿付的必要费用，包括在管理或者服务活动中直接支出的费用，以及在该活动中受到的实际损失”。举例来讲，假设邻居外出旅行，并没有委托照看房子，但是某日天降暴雨，某人亲自冒雨爬上楼顶帮忙堵住漏洞，使得邻居家里的高级家具、地板等免受损失。在此过程中，某人因为雨大梯滑，一不小心从梯子上摔了下来。按照必要费用的范围，邻居只偿付相关防水材料的费用，不偿付医药费，因为医药费不是必要的，但这显然不符合无因管理设立的初衷，也不利于社会主义核心价值观的发扬。《民法总则》第一百二十一条规定：“没有法定的或者约定的义务，为避免他人利益受损失而进行管理的人，有权请求受益人偿还由此支出的必要费用。”该条依然有进行扩张解释的必要。《民法典》第九百七十九条第一款明确规定了管理人的损失补偿请求权，不再需要进行扩张解释。该条规定：“管理人没有法定的或者约定的义务，为避免他人利益受损失而管理他人事务的，可以请求受益人偿还因管理事务而支出的必要费用；管理人因管理事务受到损失的，可以请求受益人给予适当补偿。”

（二）限缩解释

限缩解释是指法条规定的文意涵盖范围过于广泛，应限缩其文意，使其局限于核心的解释方法。

关于限缩解释最有名的例子是我国台湾地区的“诽韩案”，杨仁寿大法官在其名著《法学方法论》中有过精彩的介绍，某刊物发表了一篇文章《韩文公、苏东坡给予潮州后人的观感》，其中说韩愈有古代风流才子的习气，寻花问柳的时候染上了性病，离开潮州不久，就死于硫磺中毒等。台湾地区有一个叫韩某道的人，是韩愈39代孙，以台湾地区“诽谤死人罪”提起自诉。而台湾地区“刑事诉讼法”规定“死者直系血亲”具有诉权，并没有限定范围。按其文义，39代孙自然在直系血亲的范围内，这是法律所明文规定的，所以法院判决被告败诉，判处一笔罚金。杨仁寿大法官当时站在法院的立场上，对该案进行了辩护，但是后来感觉这个判决不太妥当。直系血亲的文义太远，远远超出了立法的本意，应该对其进行限制。法律并不是要保护死者，而是保护与死者存在感情联系的生者。所以，直系血亲应该有代数的限制。对于死者权利保护，德国仅限于死者的子女提出，瑞士规定死者死后30年内提出，我国《民法典》限制于近亲属提出等。

第三节　基于规范的法官法

如前所述，法律解释运用文义、体系、历史、目的、合宪性、比较法的手段来明确规范意旨，在规范文义的范围内进行法律适用。本节所要论述则是基于规范的法官法。将它们统摄到一起的原因，主要是它们和法律规范相关：或者具有规范之形，而需要进行价值补充（一般条款的价值补充）；或者基于规范进行漏洞的认定和填补（当然解释、目的性扩张和目的性限缩、类推和反面推理）；或者是法官发现不成文的规范（习惯法）。规范以文字来表达，文字以文义为范围，谁主张“规范意旨”与“文义”不一致，就由谁承担论证的义务。在这一阶段，法官拥有比法律解释中更多的裁量和判断空间，但也并非全无约束，整体上要按照本节介绍的方法进行适用并公开论证其理由。法律规范的解释与基于规范的法官法，不应该看成是本质截然不同的两种活动，而应被视为同一思维进程的不同阶段。法律解释所运用的文义、体系、历史、目的、合宪性、比较法等方法对于此阶段的论证仍然发挥作用，所不同的只是超越了文字的可能含义。①

一、法律漏洞

认定一个法律漏洞，首先需要确定这是一个法律应予调整的问题，而不是法外空间。即便是法律应予调整的问题，还要进一步排除法律有意义的沉默、立法政策的错误。法律有意义的沉默是指立法者意识到了该法律制度但有意不在制定法中对其进行规定，因此也不允许法官通过法的续造引入这种法律制度。立法政策的错误则是制定法本身并无调整该事项的意图，但当时的社会、经济关系提出了法律调整的要求。制定法的漏洞和法律政策上的错误可以按这个标准来划分：从制定法本身的调整意图来衡量，制定法是否不完整，或者是否只是制定法的相关决定本身无法经得起法政策上的批评。②

根据卡纳里斯的论述，如果在可能的文义范围内解释法律，该法律违反计划地遗漏一个规定，而从整体上来看，法秩序需要这个规定，漏洞得以成立。换言之，以现行整个法秩序的标准衡量，漏洞是实在法违反计划的不完整性。

如果对一个法律问题，在可能的法律文义范围内解释，法律违反计划地（违背从规范性的整体关系中推导出的它的目的）没有给出肯定的回答，就只能超出法律文义寻找肯定的回答，那么公开的漏洞得以成立。在可能的文义范围内进行解释，在有公开的法律漏洞的情形下，法律规定被证明过窄（因为它没有包含从评价上看如同文义表述一样的情况），因此应当超出法律文义，寻找解决办法（当然解释、目的性扩张、类推）。对于除外漏洞，情况却完全相反。对该情况，法律对案件有明确的规定，但规定过于泛化，因此法律似乎应该调整这些案件，但是基于法律规定的目的以及以“否定的平等原则”为基础的衡量，即对不同案件作不同对待，案件却不应当受其调整。文义被证明过宽，超出“理性的”目标，过于笼统。在该意义上，可以称为目的不支持的文义多余，其应当通过违背文义却符合法律目的的方式排除（目的性限缩）。③

二、当然解释

当然解释是以一个“可层升的概念”和一个由此概念所形成的“比较规则”作为基础的解释方法，根据建构法律效果和限制法律效果而有所不同。

---

① ［德］卡尔·拉伦茨：《法学方法论》，黄家镇译，商务印书馆2020年版，第460页。
② ［德］卡尔·拉伦茨：《法学方法论》，黄家镇译，商务印书馆2020年版，第470页。
③ ［奥］恩斯特·A. 克莱默：《法律方法论》，周万里译，法律出版社2019年版，第149~158页。

第一，可层升的要素是建构法律效果，与法律效果正相关，可以适用如下规则：

可层升的要素越是高度存在，法律效果越是应该发生。

可层升的要素越是低度存在，法律效果越是不应该发生。

第二，可层升的要素是限制法律效果，与法律效果负相关，可以适用如下规则：

可层升的要素越是高度存在，法律效果越是不应该发生。

可层升的要素越是低度存在，法律效果越是应该发生。

举例来讲：

基础法条：收入达到5000元以上，便负有纳税义务。

比较规则：所得越高，越应该负担纳税义务。

结论：收入在10000元以上的，更应该负担纳税义务。

当然推论的关键在于从基础语句中探求、描述比较规则。而比较规则的发现，首先要解释该因素是建构法律效果还是限制法律效果。当然，批驳一个当然解释可以从比较规则入手，也可以从寻找关键的差异入手。因为，比较规则需要假定其他因素相同，如果存在其他的关键差异，那么就无法确定这个关键的差异是否引起别的法律效果。[①] 我国《唐律疏议·名例》明文规定了这种解释方法："诸断罪而无正条，其应出罪者，则举重以明轻；其应入罪者，则举轻以明重。"

当然解释的方法包括：

1. 举重以明轻。

也叫以大推小。法律规定该行为为肯定性结果的，则举重以明轻，从法律肯定性的评价中推知比规定较轻的行为也应适用该肯定性的结果。

比如，甲、乙、丙、丁各占四分之一按份共有一套房屋，对该房屋的管理和处分没有约定。后甲、乙、丙三人未经丁的同意将该房屋出租给戊。问该出租行为是否有效。出租按份共有物，在共有人没有约定时，该如何处理法律没有规定，属于"公开的漏洞"。《民法典》第三百零一条规定："处分共有的不动产或者动产以及对共有的不动产或者动产作重大修缮、变更性质或者用途的，应当经占份额三分之二以上的按份共有人或者全体共同共有人同意，但是共有人之间另有约定的除外。"既然较重的处分行为经占份额三分之二以上的按份共有人同意可决定，出租行为属于利用行为，较处分行为为轻，那么经占份额三分之二以上

① ［德］英格博格·普珀：《法学思维小学堂》，蔡圣伟译，法律出版社2011年版，第94~99页。

的按份共有人同意可出租就属理所应当。

2. 举轻以明重。

也叫以小推大。法律规定该行为为否定性结果的，则举轻以明重，从法律否定性的评价中推知比规定较重的行为也应适用该否定性的结果。

对于无民事行为能力人，法定代理人是否可以代理其作出器官捐赠的法律行为，这在法律上也是没有明文规定的。但根据《民法典》第三十五条第一款："监护人应当按照最有利于被监护人的原则履行监护职责。监护人除为维护被监护人利益外，不得处分被监护人的财产。"既然财产都不能处分，身体就更不能处分了。

《民法典》第五百三十五条第一款规定："因债务人怠于行使其债权或者与该债权有关的从权利，影响债权人的到期债权实现的，债权人可以向人民法院请求以自己的名义代位行使债务人对相对人的权利，但是该权利专属于债务人自身的除外。"如果债务人不配合或阻碍次债务人履行到期债务，该情形较怠于行使权利更重，举轻以明重，当然应该允许债权人行使代位权。

再举两个例子，一个是拉伦茨在《法学方法论》中讲过的，国家机关非法行为导致剥夺公民财产，行政机关辩称法律只规定合法的征收行为应给予补偿，此案性质上不是征收，不能援引法律规定给予补偿。最终法院判定，合法征收尚且应该给予补偿，非法行为之结果等同于征收时，当然更应予以补偿。另一个例子是我国台湾地区的例子，我国台湾地区"民法"七百九十六条规定："土地所有人建筑房屋逾越疆界者，邻地所有人如知其越界而不即提出异议，不得请求移去或变更其建筑物。但得请求土地所有人，以相当之价额，购买越界部分之土地，如有损害，并得请求赔偿。"涉案被告辩称原告并不知情，不符合该条适用条件而不同意原告的请求，法院最终判定："查其知情而不异议，尚且得请求购买，则举重以明轻，本案不知情，当然更得请求以相当价额购买。"①

三、目的性扩张

法律规范作为抽象思维的产物，不可能尽善尽美。法律规范中既有由于立法者的疏忽未能预见而未规定的，也有由于情况的变化而使当初的立法不能适应情势需要的，此类法律规范对特定问题的处理有欠明确，又不能运用解释方法予以完善之处，即构成法律漏洞。而法官不能因法无明文规定而不处理纠纷，这就要

① 梁慧星：《裁判的方法》，法律出版社 2017 年版，第 179~182 页。

求漏洞补充。

漏洞填补的首要方法是基于规则。虽然存在一个规则，但是依照前几种传统的解释方法无法得出结论的，就需要考虑根据立法者制定该规范的目的来填补漏洞，有时候需要超越文义予以扩张，有时候需要对文义进行限缩。

“目的性扩张，指依法律规范目的将法律构成要件超越其可能文义而为适用，此乃介于扩张解释与类推适用之间，如何定其性质，引起争论。有认为无独立存在的意义，乃属一种扩张解释。有认为系一种特别的类推适用。德国通说肯定此为一种法之续造的方法，具有填补法律漏洞的功能。”① 目的性扩张与扩张解释的根本不同点在于，扩张解释仍然是在法条可能的文义范围内进行的解释，而目的性扩张则超出了法条可能的文义范围。目的性扩张与类推的不同点在于，目的性扩张通过扩张范围于某个构成要件的文义之外而进行法律适用。类推则不拘泥于构成要件，基于规范目的将法律后果适用于案件。

四、类推解释与反面解释

（一）类推解释

“类推适用，乃比附援引，即将法律于某案例类型所明定的法律效果，转移适用于法律未设规定的案例类型之上。此种转移适用，乃是基于一种认识，即基于其类似性，A 案例类型的法律效果，应适用于 B 类似案例类型，盖相类似者，应作相同的处理，系基于平等原则，乃正义的要求。至于 A 案例类型与 B 案例类型是否相类似，应依法律规范意旨加以判断。由此可知类推适用首先应探求某项法律规定之规范目的（法律理由），其次再判断得否基于‘同一法律理由’，依平等原则类推适用于其他法律所未规定的类型。”②

先从一则古罗马的法律传说讲起，《十二铜表法》曾经规定：四脚动物的所有权人就该四脚动物出于其兽性对他人所惹起之损害，负损害赔偿责任。

当第一只鸵鸟被当作战利品运到罗马造成损害后，这就引起了一个法律适用问题：两只脚的鸵鸟应该类推适用该条规定，还是应该作反面解释不适用该条规定？

根据该案例，类推的论证流程如下：

基础法条：四脚动物的所有权人就该四脚动物出于其兽性对他人所惹起之损

① 王泽鉴：《法律思维与案例研习：请求权基础理论体系》，台北元照出版公司 2019 年版，第 266 页。

② 王泽鉴：《法律思维与案例研习：请求权基础理论体系》，台北元照出版公司 2019 年版，第 248 页。

害，负损害赔偿责任。

文义解释：这个法条不能直接适用于这个案件，两只脚的鸵鸟无论如何也解释不成四只脚的动物。

目的解释：四脚动物的所有权人要负损害赔偿责任是因为四只脚的动物具有危险性并且难以捉摸。

相同点：两只脚的鸵鸟就其野性来说，与四只脚的动物同样具有危险性并且难以捉摸。

普遍化：当一只动物由于其兽性造成他人损害时，该动物的所有权人应该赔偿损害。

结论：当一头两只脚的动物由于其兽性造成他人损害时，该动物的所有权人应该赔偿损害。①

从该流程可以看出，对一个案例类推适用主要经过以下过程：

1. 基础法条。存在这样的一个基础法条，根据法律的前理解，该法条的法律后果契合该案。

2. 文义解释。但是考察其文义，当采用从宽的理解，该法条的构成要件依然不能涵盖该案。

3. 目的解释。对该基础法条进行立法目的的解释，挖掘立法者之所以建构构成要件和法律效果的连接的那些特性。

4. 相同点。需要从立法目的出发，寻找该案事实与法律构成要件特性的共同点。

5. 普遍化。结合这些共同点，看是否能根据立法目的归纳出一个较为一般的不成文法规则，而这个规则正好涵盖了待处理的案件。也就是对案件和构成要件进行可比较性的分析，从而证立该构成要件适用于该案的正当性。

6. 结论。将基础法条的法律后果适用于该案，通过类推填补法律漏洞。

需要注意的是，运用这种方法补充漏洞之前，首先要判断法律对于特定事项不设规定是有意为之，还是因疏忽而未能为之，如属前者，则说明不存在法律漏洞，也就不能进行补充，若属后者，才能认定存在漏洞并有必要加以补充；其次，类推适用所比附援引的规范，必须与系争情况存在许多类似点，才能类推适用。因此，在类推适用之际，必须公开二者类似之点究竟在何处，类似之性质如何，立法者对此是否有意不设规定等细节，才能使人了解法官作出价值判断的过

① ［德］英格博格·普珀：《法学思维小学堂》，蔡圣伟译，法律出版社2011版，第87~91页。

程是否客观，也才能使人充分信服。类推“必须首先揭示在制定法规则中表现出来的对评价具有决定性意义的方面有哪些。接着得出肯定的确信：在所有这些方面上，待决的案件事实与制定法上的规定相一致；然后得出否定的确信：两者间剩余的不同之处在这里不能排除这种法定评价。因此法学上的类推无论如何都是一种价值评判性的思维过程”①。

此外，类推适用与法律的“准用性”规范也有不同之处，在准用的场合，由于法律已经规定特定情形可以适用被准用的规范，因此不存在法律漏洞，而类推适用是在法律没有明确的情况下补充漏洞的方法，二者不能混淆。

（二）反面解释

法律规定满足某种条件，应该适用某种结果。反面解释指通过对法律明文规定进行反对解释，解释为不具有某种条件，不能适用某种结果。一般来讲，只有必要条件或者充要条件才能进行反对解释。

当我们查找了其他法条，该案并不能满足其他规范的构成要件而得出该法律结果，同时，类推适用也被否认了，那么我们才能根据反面推论推出否定该法律效果的结论。所谓的反面推论，并不是一个独立的论证形式，只是否定某个特定的类推而已。

1. 必要条件的反对解释。

《宪法》第七十九条第二款规定：“有选举权和被选举权的年满四十五周岁的中华人民共和国公民可以被选为中华人民共和国主席、副主席。”有选举权和被选举权的年满四十五周岁的中华人民共和国公民就是成为国家副主席的必要条件。不是中国公民或者未满四十五岁不能被选举为国家副主席。当然，封闭式的列举可以整体视为必要条件，进行反对解释。

2. 充分条件或者不充分不必要条件不能进行反对解释。

《民法典》第十七条规定：“十八周岁以上的自然人为成年人。不满十八周岁的自然人为未成年人。”成年人就是完全民事行为能力的不充分不必要条件，不能因此得出不是成年人就没有完全民事行为能力。因为第十八条第二款规定：“十六周岁以上的未成年人，以自己的劳动收入为主要生活来源的，视为完全民事行为能力人。”同样，成年也不是充分条件，因为还需要具有完全辨认自己行为的能力。开放式的列举就不是必要条件，不能作反对解释。

① ［德］卡尔·拉伦茨：《法学方法论》，黄家镇译，商务印书馆2020年版，第479页。

五、目的性限缩

目的性限缩则是案情能够涵盖在构成要件之下，但是适用该法律效果却不符合立法的目的时适用的解释方法。“法律漏洞，除‘公开漏洞’外，尚有所谓‘隐藏漏洞’，即关于某项规定，依法律之内在目的及规范计划，应消极地设有限制，而未设此限制。其填补之道，系将此项规定的适用范围，依法律规范意旨予以限缩（目的性限缩）。类推适用的法理，在于‘相类似的，应为相同的处理’；目的性限缩的法理，则在于‘非相类似的，应为不同的处理’，均系基于正义的要求。目的性限缩不同于狭义（限制）解释，前者系将某项法律规定的适用范围加以限缩，于特定案例类型不为适用；后者则系将法律概念局限于其核心范围。”① 概言之，限缩解释只是将其范围局限于文义核心范围，而目的性限缩则是在文义核心范围之内再指出其例外之处，从而不予适用某一规定。法律文义明确规定应予适用，但考量立法目的而违背法律不予适用，为了维护法律的安定性，目的性限缩需要充足的理由。

目的性限缩主要经过以下过程：

1. 基础法条。存在这样的一个基础法条，根据法律的前理解，该法条的构成要件契合该案。

2. 合理性考察。对该结论进行合理性考察，发现法律后果应用于该案不符合立法目的。

3. 文义解释。考察其文义，从严地理解该法条的构成要件依然能够涵盖该案，不能排除该规范的适用。

4. 目的解释。对该基础法条进行立法目的的解释，挖掘立法者之所以建构构成要件和法律效果的连接的那些特性。

5. 不同点。需要从立法目的出发，寻找该案事实与法律构成要件特性的不同点。

6. 特殊化。结合这些不同点，看是否能根据立法目的进行区别，从而证立该构成要件不能适用于该案的正当性。

7. 结论。该基础法条不能适用于该案，通过目的性限缩填补法律漏洞。

综上，目的性限缩是指由于立法者的疏忽，没有将应当排除在法律文义范围之外的类型排除，因此，为贯彻规范的目的而将其排除适用的漏洞补充方法。

---

① 王泽鉴：《法律思维与案例研习：请求权基础理论体系》，台北元照出版公司 2019 年版，第 264 页。

最典型的例子如下：

甲生意兴隆，有个人房产数套，将其名下房产赠与自己6岁的儿子乙，并办理过户手续。半年后，甲投资股市失利，债权人索债无果，欲以其儿子名下房产抵债，甲不同意，遂生争议。甲以为该房产已经赠与儿子，属于儿子财产。债权人主张该赠与系自己代理。

根据前述思路，思考如下：

1. 基础法条。《民法典》第一百六十八条第一款规定："代理人不得以被代理人的名义与自己实施民事法律行为，但是被代理人同意或者追认的除外。"6岁的儿子不能自己实施法律行为，无民事行为能力人实施的民事法律行为无效。(第一百四十四条）而赠与又是双方法律行为，需要受赠与方接受赠与的意思表示。(第六百五十七条）该案中，父亲作为代理人以儿子的名义作出接受赠与的意思表示，从文义上看，该法条的构成要件契合该案。同样，儿子也无法自己作出同意或追认的意思表示，还是需要父亲的代理。

2. 合理性考察。对该结论进行合理性考察，发现该法律后果应用于该案不符合立法目的。法律禁止自己代理主要是为避免利益冲突，保护被代理人利益，而在该案中，反而是严格适用该条损害了被代理人的利益。

3. 文义解释。考察其文义，从严理解该法条的构成要件依然能够涵盖该案，不能排除该法条的适用。

4. 目的解释。对该基础法条进行立法目的的解释，挖掘立法者之所以建构构成要件和法律效果的连接的那些特性。如前所述，禁止自己代理的目的在于避免利益冲突，本意是保护被代理人。

5. 不同点。我们需要从立法目的出发，寻找该案事实与法律构成要件特性的不同点。在该案事实中，虽然发生了自己代理的行为，但正是为了被代理人的利益。而且该种情形产生主要是因为行为人是相对人的法定代理人，立法未能充分考虑这种情形。

6. 特殊化。结合这些不同点，看是否能根据立法目的进行区别，从而证立该构成要件不能适用于该案的正当性。根据该立法目的，该条本应作出例外规定：为了被代理人利益的情形例外。

7. 结论。该条不能适用于该案，通过目的性限缩填补法律漏洞。

还有以下两个例子：

《民法典》第五百零六条规定："合同中的下列免责条款无效：（一）造成对方人身损害的；（二）因故意或者重大过失造成对方财产损失的。"根据立法目的，本条应该作目的性限缩解释，解释为预先订立的免责条款无效。这是因为预先订立的免责条款，会产生极大的道德风险，会使合同相对方的人身、财产处于极大的危险之中，也违反了宪法、劳动法、民法等对人身、财产权利进行保护的立法本意。但在相关责任成立之后，当事人基于民事权利的可处分性，作出免除对方责任的协议，如无其他效力瑕疵（如欺诈、胁迫等），应该认定为有效。

《民法典》第一百五十三条第一款规定："违反法律、行政法规的强制性规定的民事法律行为无效。但是，该强制性规定不导致该民事法律行为无效的除外。"该强制性规定就需要进行限缩解释。该条来自原《合同法》第五十二条第一款第五项，即"违反法律、行政法规的强制性规定"的合同无效。由于该条文涵盖的"法律、法规"的范围过于广泛，可能导致合同动辄被归于无效，有悖于合同法促进交易、繁荣市场经济的立法目的，因此，《最高人民法院关于适用〈中华人民共和国合同法〉若干问题的解释（一）》（已被废止）第四条就将该条文限缩解释为："《合同法》实施以后，人民法院确认合同无效，应当以全国人大及其常委会制定的法律和国务院制定的行政法规为依据，不得以地方性法规、行政规章为依据。"实践中，经常有国有企业以国资委文件规定来否认合同的效力，在民事诉讼中违反这些内容的法律行为应该认定为有效，至于国有企业应该遵守而没有遵守的规定，属于行政管理的内容，是关于违规的国有企业应该受什么样的处分，不应该影响合同的效力。这对于保护其他所有制企业是有利和公平的，在现代法治环境内，法无禁止即授权，一方对其自身管理性规定的违反，其后果由自身承担，另一方当事人不受其自身规定的约束。上述解释只是从级别上限缩了法律、行政法规的概念，《最高人民法院关于适用〈中华人民共和国合同法〉若干问题的解释（二）》（已被废止）第十四条将《合同法》第五十二条第五项规定的"强制性规定"明确限于"效力性强制性规定"。此后，《最高人民法院关于当前形势下审理民商事合同纠纷案件若干问题的指导意见》进一步提出了"管理性强制性规定"的概念，指出违反管理性强制性规定的，人民法院应当根据具体情形认定合同效力。对该条的逐步限缩体现了法律保障交易秩序、促进市场经济的总体态度。

六、一般条款的价值补充

（一）一般条款的定义及特点

一般条款使用了"评价性概念""自由裁量概念"且构成法条核心内容。一般条款很少能通过文义确定其适用范围，由于其模糊性，其仅能提供很少的导向确定性，这对法律适用的稳定性造成了困扰。但是它也有一定的优点，即其适应性功能：通过“公序良俗”“诚实信用”等条款，搭建起了民法和社会评价之间的沟通桥梁，通过“违反禁止性规定无效”等条款，搭建起了民法和其他部门法之间的沟通桥梁，使得民法可以适应社会的变化，和其他部门法协调为一个法秩序的整体。

一般条款的最重要作用其实就是赋予法官自由裁量权，使其可以斟酌具体情况，基于对秩序、公平、正义的理解，恰当处理案件，同时，也因为法官可以根据情势变化而利用一般条款补充法律，特定法律才能够绵延存续，才不会因不能适应时代的需要而被废弃。由此也可以看出，赋予法官自由裁量权，也是法律科学的客观规律提出的必然要求。

（二）列举与一般条款的立法技术

为了弥补一般条款导向确定性的不足，立法技术上多辅以列举方式，以例示一般条款的价值导向。在列举式和一般条款的搭配上，立法作出的选择可以归纳如下四种：

1. 穷尽式列举。

穷尽式列举，无一般条款。如《民法典》第一千零五十一条：“有下列情形之一的，婚姻无效：（一）重婚；（二）有禁止结婚的亲属关系；（三）未到法定婚龄。”婚姻的效力对当事人影响甚巨，法律的确定性价值更高，这一条文应理解为封闭式列举，有且只有三种无效婚姻。

2. 非穷尽式列举（无一般条款）。

如《民法典》第五百五十七条第一款：“有下列情形之一的，债权债务终止：（一）债务已经履行；（二）债务相互抵销；（三）债务人依法将标的物提存；（四）债权人免除债务；（五）债权债务同归于一人；（六）法律规定或者当事人约定终止的其他情形。”

3. 非穷尽式列举附带一般条款。

如《民法典》第五百条：“当事人在订立合同过程中有下列情形之一，造成对方损失的，应当承担赔偿责任（一）假借订立合同，恶意进行磋商；（二）故意隐瞒与订立合同有关的重要事实或者提供虚假情况；（三）有其他违背诚信原则的行为。”

这一条文前两项非穷尽式列举缔约过失的情形。第三项用一个一般条款来概括。非穷尽式列举指出了具体构成要件，给法律适用对象提供了指引，产生了确定性，在前两个条件不具备的情况下，通过例示指导往哪个方向发展一般条款。

再如《民法典》第一千零九十一条："有下列情形之一，导致离婚的，无过错方有权请求损害赔偿：（一）重婚；（二）与他人同居；（三）实施家庭暴力；（四）虐待、遗弃家庭成员；（五）有其他重大过错。"在理解某个具体行为是否属于"其他重大过错"时，就需要结合前项四种具体情形进行对比衡量，是否具有重大性。

4. 仅有一般条款（无列举）。

如《民法典》第一百五十三条第二款规定："违背公序良俗的民事法律行为无效。"此类条款没有列举具体情形，端赖判例学说的整理及类型化。

（三）一般条款的适用

对于法律规定中内容不确定的概念，在适用时必须进行价值补充。而价值补充应当根据具体情事，依社会一般的秩序观念和伦理道德，作客观的价值判断，并公开其理由。

民法的规定中，有许多如"不可抗力""显失公平"等内容不确定的概念，在适用时如不经价值补充，将使特定法条因所指不明而难以被适用。为此，法官在适用涉及此类概念的法条时，就需要根据案件的具体情事对其予以价值补充。但在补充时，法官所持的标准必须客观，不能以自己的主观看法为取舍，而应当根据具体情况，并且考虑社会一般的秩序理念和伦理道德。比如，《九民会议纪要》第十二条对"资本显著不足"进行了说明："资本显著不足指的是，公司设立后在经营过程中，股东实际投入公司的资本数额与公司经营所隐含的风险相比明显不匹配。股东利用较少资本从事力所不及的经营，表明其没有从事公司经营的诚意，实质是恶意利用公司独立人格和股东有限责任把投资风险转嫁给债权人。由于资本显著不足的判断标准有很大的模糊性，特别是要与公司采取'以小博大'的正常经营方式相区分，因此在适用时要十分谨慎，应当与其他因素结合起来综合判断。"

由于一般条款弹性很大，法官在自由裁量之时，必须既注意个案处理的妥当性，又要注意法律整体的稳定性；既不能感情用事过于激进，也不能裹足不前因循守旧。因此，引用一般条款也要受到一定的限制：第一，在有具体的法律规定可以引用的情况下，无论引用一般条款得出的结论与引用具体规定得出的结论是否一致，均不能引用一般条款；第二，通过类推适用等具体的漏洞补充方法能得出结果的，无论与引用一般条款得出的结论一致与否，均不得引用一般条款。

（四）案例比较与类型化

根据民法学说的类型化研究，违背公序良俗包括以下类型：[①]

（1）危害国家公序行为类型。比如，身份证件的买卖、逃税等。

（2）危害家庭关系行为类型。比如，夫妻别居协议、断绝亲子关系协议。

（3）违反性道德的行为类型。比如，保持不正当性关系的赠与。

（4）射幸行为类型。比如，赌博、巨奖销售。

（5）违反人权和人格尊严行为类型。比如，搜身检查等条款。

（6）限制经济自由行为类型。比如，分割市场、封锁市场协议。

（7）违反公平竞争行为类型。

（8）违反消费者保护行为类型。

（9）违反劳动者保护行为类型。

当已婚的甲男和乙女签订协议，以保持同居关系为条件赠与房产一套，该案就不能直接涵摄于《民法典》第一百五十三条第二款："违背公序良俗的民事法律行为无效。"而是应该结合文献、案例寻找细分的类型，然后比较本案与已决案件，从而确定违背公序良俗的要求是否得到满足，比如根据案例和学说检索，经由违反性道德的行为类型而涵摄。"依不确定法律概念或概括条款而具体化的个别案例，可以作为其他正待处理案例的比较基础（案例比较）建立类型。为此，判例的分析整理及归类，最属重要……每个基本类型及次类级型各有其构成要件及指导原则，故得于具体案件依其该当类型而为认定，不必直接诉诸抽象的诚实信用原则，有助于减少思考论证的负担，促进法律适用的安定，并实践相同者应为相同处理的平等原则。"[②]

旺克教授对案件比较进行了比较形象的说明："在选择法律的语词时，立法者想到的是一种适用规则的特定情形。在阅读法律文本时，您立即就会想到，法律应当考虑到的典型情况是什么。反过来，您也可以想到一项法律肯定不应当涵盖的案件情形。从这两个要点出发，您便可以提出一项可能的适用情形的刻度表。接着您就应当考察，您所裁判的案件是否处于该刻度表中。"[③] 在类型化的判决中，也可将得到支持的案例列为一端，没有得到支持的案例列为一端，然后在刻度表上权衡比较，自己的案例应该位于哪一端。

---

① 梁慧星：《民法总则讲义》，法律出版社 2018 年版，第 140 页。

② 王泽鉴：《法律思维与案例研习：请求权基础理论体系》，台北元照出版公司 2019 年版，第 240 页。

③ ［德］罗尔夫·旺克：《法律解释》，蒋毅、季红明译，北京大学出版社 2020 年版，第 85 页。

七、依习惯法、交易习惯进行补充

成文法传统下，法规范具有优先性，即使是通过类推发掘的成文法适用，也应该优于不成文的习惯法。《民法典》第十条规定：“处理民事纠纷，应当依照法律；法律没有规定的，可以适用习惯，但是不得违背公序良俗。”第二百八十九条：“法律、法规对处理相邻关系有规定的，依照其规定；法律、法规没有规定的，可以按照当地习惯。”

法律没有明确规定时，当然可以依据习惯法。比如对于上门女婿是否可以继承岳父母遗产的案件，《最高人民法院西南分院关于赘婿要求继承岳父母财产问题的批复》规定，“如当地有习惯，而不违反政策精神者，则可酌情处理”。

第四节 超越规范的法官法

我国台湾地区“民法”第一条规定：“民事，法律所未规定者，依习惯；无习惯者，依法理。”瑞士《民法典》第一条规定：“法律问题，如依本法的文字或解释有相应的规定，一律适用本法。如本法没有相应的规定法官应依习惯法进行裁判；如无习惯法，法官依自己如作为立法者应提出的规则进行裁判。法官在前情形下提出的规则应以公认的法理和判例为依据。”我国《民法典》虽未规定习惯法依然没有规定时该如何处理，但在实际应用中还有指导性案例、法律原则、学说、法外论证等可供参考。

一、指导性案例

我国不实行判例法制度和判例制度，法院判决不是正式法源。但最高人民法院推行案例指导制度，最高人民法院发布的指导性案例，各级人民法院审判类似案件时应当参照，作出与此不同的判决需要在裁判文书中说明理由，说明本案事实与指导性案例存在的差别之大以至于不能参照适用。参照适用不是直接适用，也就是不能将指导性案例作为裁判依据，应当引用指导性案例的同一判决依据，指导性案例在裁判理由中引述。指导性案例也可以分为“法条解释型”“补充漏洞型”。除指导性案例外，其他案例并不具有规定的参照效力，但由于审级制度的存在，下级法院会有意识地参照上级法院的判决。对于疑难案件，甚至会参照其他地区法院的判决。

基于类似案件类似处理，律师应参照最高人民法院公布的指导性案例。如果不参照，则要承担更为充分的论证义务。在遇到类似案件时，可以和自己查找的案例进行比对，如果具有相似性，就可以直接援引。如果作为被告律师，就可以进行区分，明确其差异性。

对此，律师应掌握类比论证的一些要点：

1. 案例的数量越多，论证效力越强。

2. 案例的多样性越强，论证效力越强。如果案例中，既有东部省份的，又有西部省份，既有基层法院的，也有高级法院的，既有汉族地区的，也有少数民族地区的，多样性的案例中得出基本一致的结果，那么对我们所要求的结果论证力度更强。

3. 案例中具有法律意义的事项相似性越多，结论越可靠。

4. 法律意义事项中的差异会使类比论证效力减弱。

二、依据法律原则

创造性补充是指对于现存法律毫无规定的类型，为其创造规范依据的补充方法。基于处理案件的需要，在没有规范依据的情况下，由法官通过判决确立一定的行为规范，也是在所难免。事实上，许多规范也正是通过案例的逐步积累发展而来的，不仅英美法系如此，大陆法系也概莫能外，但是，法官在作创造性解释时，应充分说明其理由。

比如，在商场搜身案发生之后，某作家写了一篇文章——《高档次的事业要有高素质的员工》，商场为此向法院起诉，状告作家侵犯其名誉权，法院最后认定："正当的舆论监督应受法律保护，本案被告的文章，属于正当的舆论监督。"由此创设了"正当的舆论监督应受法律保护"的规则。《民法典》对此进行了规定，第一千零二十五条规定，"行为人为公共利益实施新闻报道、舆论监督等行为，影响他人名誉的，不承担民事责任"。

由于原则不具有构成要件和法律后果这种明确的结构，所以法律原则不能直接适用于具体个案。对于诚实信用原则，《民法典》第七条规定："民事主体从事民事活动，应当遵循诚信原则，秉持诚实，恪守承诺。"民法教义学和案例发展出诸多子原则，比如禁止权利滥用、权利失权、禁止反言等。对于具体个案，我们应该在相应的教科书、案例中查找与此相关的子原则，然后看子原则是否有符合的案例类型，并从中寻找可以结合来进行涵摄的法条。这个适用过程如下：

原则→子原则→案件类型→可涵摄的法条→涵摄。[①]

三、学说和法理

一般来讲，法律原则就是可以直接援引的法律依据了。学说和法理可以作为法律原则的论证理由。

法理与学说在处理实务案件时发挥着极为重要的作用。比如，构成合同根据的意思表示，构成侵权根基的过错、因果关系，构成物权编基础的占有等，都要借助于理论去解释和适用。在没有前述法源的情况下，也可以引用相关法理作为依据。最高人民法院在（2014）民提字第71号案民事判决中，就引用了民法关于虚伪表示不得对抗善意第三人的法理作为裁判依据。债务加入即并存的债务承担、代物清偿、真意保留、添附等法律没有规定的制度，也有不少依据理论进行判决的案例。[②]

学说和理论对于形成法律共同体、统一法律适用具有十分重要的作用。借助学说和判决的教义学理论和建构，可以排除和克服法律的不清楚和漏洞。针对特定问题领域发展出思维一致的解决方法，并且为了法律适用，将其总结为可操作的教义学理论、理念和概念，这是让法律实践得以稳定并且减轻其负担的关键的“法教义学的实践功能”。就此而言，法教义学有利于“减少复杂性”。[③] 但教义学不是教条，它是一种归纳方法，保持对未来证伪的开放性。

四、法外论证

社会学解释，就是把社会上的研究方法运用到法律解释上来。社会学解释偏重于社会效果的预测及其目的的考虑。两害相权取其轻，两利相权取其重，最后采纳预测结果较好的那种解释，抛弃预测结果不好的那种解释。对于商品房买卖是否适用消费者权益保护法，梁慧星先生洞察秋毫地指出，在当今房价下，如果适用双倍赔偿，其将带来动辄上千万的利益，不知有多少人因此走上“购房索赔”和“专业打假”的道路，不利于整个社会的发展、稳定，相关纠纷也可以通过违约责任、瑕疵担保责任进行解决。[④] 另一起典型的案件是我国台湾地区的判决，7名被告伪造人民币，一审法官认为人民币不属于台湾地区认可的有价证

① ［德］罗尔夫·旺克：《法律解释》，蒋毅、季红明译，北京大学出版社2020年版，第16页。

② 梁慧星：《民法总则讲义》，法律出版社2018年版，第33~36页。

③ ［奥］恩斯特·A. 克莱默：《法律方法论》，周万里译，法律出版社2019年版，第138页。

④ 梁慧星：《裁判的方法》，法律出版社2017年版，第191页。

券，所以不构成犯罪。这样的判决遭到了台湾地区民众和有关机关的批评，照这样的逻辑，两岸人民互相伪造对方的货币都不构成犯罪，那样两岸的经贸秩序、法律秩序将陷入何等混乱境地！①

社会学解释方法的运用，多数存在于各种可能的解释单纯从法律上看都没有什么不合适的地方，但是不同的解释又可能产生不同的社会效果，会对人们的行为起到不同的引导作用的情况。在这种情况下，法官就必须根据公平、正义的基本理念，作出有利于促进社会发展、有利于促进文明进步的价值判断和选择。

五、归谬论证

有时候，我们很难证明自己的结论是正确的，但是却可以证明反对结论是明显荒谬的、错误的，这在诉讼对抗中是非常有效的做法。

关于著作权得否适用取得时效，王泽鉴先生书中摘录台湾地区判词，说明著作权不能适用取得时效，其中就运用了归谬论证方法：假设著作权可以通过时效取得，必然会导致人类知识文化创作受阻，而该结果是荒谬的和不能接受的，从而论证著作权通过时效取得观点不可采。“著作物乃著作依其表现形式所附着之有体物（媒介或载体），为物权归属之客体。是以著作之内容一旦以一定形式对外表达后，任何人无需藉由著作人之协力，即得加以利用，具有非独占性、无耗损性、共享性之特质，而与物权所保护之财产具有独占性、耗损性、自然稀少性之性质迥然有别，著作权无法如物权人仅须占有特定之有体物即可排除他人使用。倘许原著作权人以外之第三人得以准占有人之地位，以取得著作权之意思行使著作权之各项权能（如重制、公开口述、公开播送、公开上映、公开演奏、公开展示、编辑、翻译、出租及改作权等），继续十年或五年后即得因时效取得著作权，任何人均得以此方式取得著作权，若有二人以上同时主张时效取得，究竟该著作权应归属何人，势必造成著作权法律关系之混乱，反而无从迅速确定法律状态，达到有效运用、配置社会资源，使社会总体效益极大化之目的。若承认得以时效取得著作权，无疑鼓励他人无待创作，即可以逸待劳，擅自行使著作权，于十年或五年后即可原始取得著作权，将挫著作人之创作诱因，人类智识文化资产如何永续发展？故以一定时间占有他人之物而取得物权、以尊重长期占有之既成秩序之时效取得制度，与著作权法保障著作人著作权益，调和社会公共利益，促进国家文化发展之立法目的有别，因此，关于著作权，不在民法第772条准用

① 梁慧星：《裁判的方法》，法律出版社2017年版，第233页。

之列。”①

六、论题学与法官法

与法律解释、基于规范的法官法不同，在本节超越规范的法官法中，并没有构成要件—法律效果的“条件型”规定引导法官的裁判。总体上来说，这里的解决思路不是体系—演绎的裁判论证模式，而是问题导向（而不是体系导向）的非演绎推理，对来自法内或法外的解决方案的观点“论题”进行归纳—诠释学的衡量。在该视角下，法学的任务是对可能的解决方案的观点形成的系统的总节目单进行加工。这种“论题目录”可能属于不同的论证层面。列举与法官法论证相关的“导向性观点”清单，可以被称为方法论的论题目录。② 比如，《民法典》第一千零二十五条规定，对他人提供的严重失实内容未尽到合理核实义务，行为人即使为了公共利益实施新闻报道、舆论监督等行为，影响他人名誉的，仍需要承担民事责任。但何谓“合理核实义务”属于一般条款，没有办法直接进行文义涵摄的操作，需要司法者进行价值补充。在此，立法者运用论题学的方法，列出了需要考量的几种因素，便于司法者在具体案件中具体衡量。《民法典》第一千零二十六条规定：“认定行为人是否尽到前条第二项规定的合理核实义务，应当考虑下列因素：（一）内容来源的可信度；（二）对明显可能引发争议的内容是否进行了必要的调查；（三）内容的时限性；（四）内容与公序良俗的关联性；（五）受害人名誉受贬损的可能性；（六）核实能力和核实成本。”律师在具体的攻防中，可以基于案件事实围绕这几方面发表辩论意见。

七、利益衡量

利益衡量，就是法官综合把握案件的实质，结合社会环境、经济状况、价值观念等，对双方当事人的利害关系比较衡量，作出案件当事人哪一方应当受保护的判断。此项判断就被称为实质判断。大陆法系的法官裁判案件，实际上也有实质判断的过程，法官私下交流的法与情的冲突即是如此。利益衡量的操作规则可以概括为：实质判断加上法律依据。在实质判断哪一方应受保护之后，寻找请求基础，如果找到了法律依据，就依法判决。如果找不到法律依据，就检讨实质判断是否正确。③

① 王泽鉴：《法律思维与案例研习：请求权基础理论体系》，台北元照出版公司 2019 年版，第 212 页。

② ［奥］恩斯特·A. 克莱默：《法律方法论》，周万里译，法律出版社 2019 年版，第 252 页。

③ 梁慧星：《裁判的方法》，法律出版社 2017 年版，第 292 页。

拉伦茨提出了利益衡量的方法："司法裁判在不少情形下都会利用同样的方法，例如，在某人的一般人格权与他人的一般人格权或其他基本权发生冲突时，以及在许多其他存在权利冲突的案件中，例如是否构成紧急避险、在个案中什么是'可期待的'或'可承受的'等问题。这种方法在司法裁判中运用的范围如此之大，主要归因于所涉及的那些权利的构成要件缺乏清晰的界限，像'可期待的'等措辞也缺乏说明性的特征。不仅各种权利之间，而且各种原则之间的界限不是被一劳永逸地确定的，反而在一定程度上是'开放的''动态的'，它们彼此之间之所以容易发生冲突，就是因为其效力范围无法自始确定。一旦冲突发生，为重建法律和平状态，一种权利必须退居另一种权利（或相关法益）之后，或者两者各自都必须作出一定程度的让步。于此，司法裁判根据相关利益在相关情况下的'分量'来'权衡'处于竞争之中的权利或法益，从而获得决定。然而，'权衡''分量'都只是一种象征化的说法；它不是可测量的数量上的大小，而是评价行为的结果，这种评价最困难的地方就在于它不仅要取向于某种普遍性的标准，也要同时取向个案的具体情况。"① 在个案中进行利益衡量，不存在一个可囊括所有利益和法价值的固定的位阶秩序，使人们可以照本宣科式地从中得到结论，而只能在个案中审慎地衡量当时彼此对立甚至可能是相互冲突的利益的重要性。

在个案中进行利益衡量，可以按如下步骤操作：

1. 首先要考虑，根据法律中包含的"价值秩序"，个案中涉及的一种法益相对于其他法益是否有明显的价值优先性。

2. 其次，如果是位阶相同的权利（例如同种人格权）间的冲突，或者被牵涉的法益之间判若云泥，完全无法作抽象的比较。在这些情形，一方面取决于应受保护的利益被影响的程度；另一方面取决于如果某种法益必须让步时，其受害程度如何。最后，还要适用比例原则、采取最能保护他人权利的手段的原则或者尽可能轻微限制的原则。由此，如果为保护某种更为优先的法律价值而必须侵害另一种法益时，不得超过此目的所必要的程度，或者至少是"合理的"。比例原则是一种实质性的法原则，是法官进行规范具体化时须遵守的方法上的主导原则。②

在决定代理并进行进一步的分析之前，律师还应该换位思考，以便进行利益衡量。"综合把握本案的实质，结合社会环境、经济状况、价值观念等，分别站

① ［德］卡尔·拉伦茨：《法学方法论》，黄家镇译，商务印书馆2020年版，第509页。

② ［德］卡尔·拉伦茨：《法学方法论》，黄家镇译，商务印书馆2020年版，第517页。

在法官（中立第三方）以及对方当事人的立场对双方的利害关系作比较衡量，看哪一方更应该受到保护。”[①] 这里需要作出两个假设：

1. 假设自己处在被告方代理的角度，会提出哪些抗辩，以自己的认知水平，是自己代理的一方胜诉可能性大，还是假设的另一方胜诉的可能性大。

2. 假设自己处在法官的位置，更愿意支持哪一方。

有些案件是律师明知有难处而为之。这种假设一方面是践行知己知彼的备战思想；另一方面也是避免代理一些严格按照法律字面意义可能会赢，但会导致不公正后果，以至于影响律师执业声誉的案件。

利益衡量的具体运用，以我国首例冷冻胚胎继承案为例进行说明，[②] 该案的背景事实如下：因交通肇事死亡的成年子女留下了胚胎，父母起诉医院方要求继承，医院方称胚胎是特殊物，不能成为继承的对象，并且根据卫生部相关规定，也不能对胚胎进行赠送、转让和代孕。对于谁是胚胎监管权和处置权的行使主体，无锡中院二审判决书围绕该争议焦点，就应由肇事死亡双方父母共同监管处置，进行了全面说理，法理情结合，论述充分，既有法律理性，又有真情流露，是一份说理非常充分的优秀判决，充分展示了利益衡量的技术和方法。判决书部分摘录如下：

“本院认为，公民合法的民事权益受法律保护。基于以下理由，上诉人沈某南、邵某妹和被上诉人刘某法、胡某仙对涉案胚胎共同享有监管权和处置权。

“1. 沈某、刘某生前与南京某医院签订相关知情同意书，约定胚胎冷冻保存期为一年，超过保存期同意将胚胎丢弃，现沈某、刘某意外死亡，合同因发生了当事人不可预见且非其所愿的情况而不能继续履行，南京某医院不能根据知情同意书中的相关条款单方面处置涉案胚胎。

“2. 在我国现行法律对胚胎的法律属性没有明确规定的情况下，结合本案实际，应考虑以下因素以确定涉案胚胎的相关权利归属：一是伦理。施行体外受精胚胎移植手术过程中产生的受精胚胎，具有潜在的生命特质，不仅含有沈某、刘某的DNA等遗传物质，而且含有双方父母两个家族的遗传信息，双方父母与涉案胚胎亦具有生命伦理上的密切关联性。二是情感。白发人送黑发人，乃人生至悲之事，更何况暮年遽丧独子、独女！沈某、刘某意外死亡，其父母承欢膝下，纵享天伦之乐不再，‘失独’之痛，非常人所能体味。而沈某、刘某遗留下来的胚胎，则成为双方家族血脉的唯一载体，承载着哀思寄托，精神慰藉、情感抚慰

---

① 梁慧星：《裁判的方法》，法律出版社2017年版，第291页。

② 转引自孙华璞、王利明、马来客：《裁判文书如何说理》，北京大学出版社2016年版，第42~47页。

等人格利益。涉案胚胎由双方父母监管和处置，既合乎人伦，亦可适度减轻其丧子失女之痛楚。三是特殊利益保护。胚胎是介于人与物之间的过渡存在，具有孕育成生命的潜质，比非生命体具有更高的道德地位，应受到特殊尊重与保护。在沈某、刘某意外死亡后，其父母不但是世界上唯一关心胚胎命运的主体，而且亦应当是胚胎之最近最大和最密切倾向性利益的享有者。综上，判决沈某，刘某父母享有涉案胚胎的监管权和处置权于情于理是恰当的。当然，权利主体在行使监管权和处置权时，应当遵守法律且不得违背公序良俗和损害他人之利益。

“3. 至于南京某医院在诉讼中提出，根据卫生部的相关规定，胚胎不能买卖、赠送和禁止实施代孕，但并未否定权利人对胚胎享有的相关权利，且这些规定是卫生行政管理部门对相关医疗机构和人员在从事人工生殖辅助技术时的管理规定，南京某医院不得基于部门规章的行政管理规定对抗当事人基于私法所享有的正当权利。”

第五节　规范性的论证方法[①]

本章介绍的三阶层的论证方法是一种规范性的方法，目的是以相对确定的方式，向律师以及其他法律适用者介绍基于特定的法律规定如何作出论证。虽然不是强制性的约束，但总是法律共同体认可的标准和准则。因为只有一定之规，法律方法论才能完成其任务。法律方法论的任务是尽可能地限制最终意味着恣意的纯主观的判断余地，并且使解释活动尽可能地“客观化”和“理性化”。[②]

一、规范性理解何以可能

解释方法可能常会导出不同的观点。拉德布鲁赫认为“法律解释是理论和实践、认识和创造、创造和再创造、科学性和超科学性、客观和主观因素不可分割的混合体”。由于方法并不能保证结果的确定性，观察实务的人士可能会得到这样一些印象，方法论上“一切皆有可能”，实务判决“一直在方法上盲目乱飞”。甚至有警句说：有三种判决理由，即口头的、书面的和真实的。方法论更多是事

① 参见［奥］恩斯特·A. 克莱默：《法律方法论》，周万里译，法律出版社 2019 年版。本部分毫无保留地吸收了该书规范性理解的方法。

② ［奥］恩斯特·A. 克莱默：《法律方法论》，周万里译，法律出版社 2019 年版，第 17 页。

后起作用，更多是对已经作出的决定进行正当化的装饰。果真如此的话，有多少种方法就有多少种法治，依法裁判、同案同判就会成为不可能实现的神话。

在医院上班的医生接触的多是病人，需要法教义学上认真讨论的可能也多是不容易作出决定的复杂情形。但不能因此而夸大这些特殊情形在法律适用中的比例。即使在很多文章中对传统方法论从根本上就提出质疑的方法论学者埃塞尔也认为“在99%的案件中”，法律适用的任务能够借助基本的解释方法得以完成。

虽然没有一套解释规则的规则，从而产生一套强约束的方法，但是也不必走到另一个极端，即法律解释是肆意的、主观的，任由适用者根据其喜好自由选择的方法自助商店。“我们主张：法律人通常不应采取可疑的、直接诉诸最终或最一般的原则的方法，来获取其追求的正当判决，而是应该循序渐进地进行：首先他必须努力确定与问题相关的制定法规定的正确含义，而且还要确定内含于法律规定的法律思想的正确含义，以使他能针对待决案件作进一步的彻底思考。被提及的‘解释规则’不过是标识思想进程中的若干重要步骤或阶段，如果我们不想遗漏一些本质性的事物，它们确实是不可忽视的。这种循序渐进的程序，使得嗣后的审查变得可能，即使价值判断仍然不可避免。”① 本书接受了恩斯特·A.克莱默所称的规范性理解的方法，因为其从始至终的目标是让法律发现尽可能地客观、不受法官的主观“心情”影响，通过对解释的观点进行相对有条理的整理，使之成为论证工具，有助于实现这个目标。

二、三阶层的法律论证方法

法律规范构成了法律适用的关键和核心，本于法律规范而从法律规范推及开来，体现了立法和司法的职能分工，体现了法的安定性价值，体现了法律适用的形式理性因素，有助于同等情况同等对待原则的贯彻落实。结合恩斯特·A.克莱默的“三阶层的法律发现方法”，本书构建了三阶层法律论证方法，分别是法律规范的解释、基于规范的法官法、超越规范的法官法。

（一）法律规范的解释

所使用的方法主要是萨维尼开创的法律解释方法，如文义、体系、历史、目的解释方法，再加上合宪性解释和比较法解释两种方法，在规范的文义范围内，综合各种解释因素确定规范意旨。

① ［德］卡尔·拉伦茨：《法学方法论》，黄家镇译，商务印书馆2020年版，第199页。

（二）基于规范的法官法

在这一阶层，立法者和司法者共同协力，一方面需要考虑法律规范的文义指引，另一方面司法者还要深入探究立法目的，为了实质理性可能要适当超越或违背文义的范围，或者对一般条款进行具体化操作。具体包括：

1. 当然解释。某一情形虽没有直接的法律规定，却通过可比较的法律规则予以明确，包括举重以明轻、举轻以明重。

2. 目的性扩张。规范的法律后果符合某案，但是案情却不能完全涵盖在规范的构成要件之内，通过探究立法目的而扩大构成要件，从而适用该法律后果。

3. 类推。类推解释处理的情形是规范的法律后果符合某案，但是案情却不能涵盖在构成要件之内，通过探究立法目的而将法律后果适用于案件。

4. 目的性限缩。案情能够涵盖在构成要件之下，但是法律效果却不符合立法的目的，从而对构成要件作出其核心文义之内的特别限制。

5. 一般条款的具体化。某一条款虽然具备规范的形式，但其构成要件属于不确定的概念，在适用时必须进行价值补充。而价值补充应当根据具体情事，依社会一般的秩序观念和伦理道德，作客观的价值判断，并公开其理由。

6、习惯法。习惯法是不成文的规范，在这方面立法者没有提供具体指引，需要法官自己审查适用。又由于习惯法具有法的确信，所以优先于指导性案例。

（三）超越规范的法官法

在此阶层司法者居于主导地位，立法者并未提供具体的规范指引，需要结合各种情况进行实质理性的思考。

1. 指导性案例。在这里需要明确案例的三种分类。案例的精髓在于区别和联系，同等情况同等对待，不同情况不同对待。在和具体规则的关系上，又可以对照三阶层的论证方法，前两种案例都是对法律规则的精确化解释和适用，只有第三阶层才属于本部分所说的超越规范的法官法。如果指导性案例久而久之形成法的确信，则上升为习惯法。

2. 法律原则。法律原则明文规定于法典，效力自然高于学说和法理。和案例类似，法律原则也有三个阶层的用法，前两个是解释规则，间接适用于案件。只有第三个阶层，才属于本部分所说的超越规范的法官法。这里立法者只是列举了其所欲保护的各种利益和价值，司法者需要在具体案件中对竞争性的价值和利益进行衡量和比较，以便在诸多方案中作出更好的选择。具体选择方面，需要考虑比例适当原则、过度禁止原则、同等对待原则等。

3. 学说与法理。一般来讲，法律原则就是可以直接援引的法律依据了。学说和法理可以作为法律原则的论证理由。本国的学说一般优于比较法上学说和法理。

4. 法外论证。法经济学、法社会学等法外论证则是更为遥远的论证理由。

（四）论证义务

就像不同的证据有不同的证明力一样，不同的论证方法也有不同的论证义务。根据本书法律论证三阶层的理论，法律解释、基于规范的法官法、超越规范的法官法，越往后论证义务越重。法律规范与案件的联系越强，针对性越明确，符合法律判断的论证义务就越轻，反驳的论证义务就越重。

结合不同的法律解释方法，简要说明如下：①

1. 清晰的文本无需解释。如果原告的请求与法律字面含义相同，其论证义务较轻，与此相反，被告想要反驳，比如进行目的性限缩，那么被告就要承担更重的论证义务。如果原告的请求不能从法律的字面含义或者解释中得出，而是通过类推适用进行请求，原告的论证义务就比较重，与此相反，被告反驳的论证义务就轻一些。总而言之，对文义偏离越远，论证义务越重。

2. 共有的价值判断无需解释。“在价值多元化的时期，虽然存在价值的冲突和矛盾，但是，仍然应当有最低限度的价值共识，以成为法律论证的前提。对某项命题，若存在基本的价值共识，则可以以此为基础确定论证的负担。在这方面，王轶教授提出，应以民法学者最低限度的价值共识为内容确立有关的论证规则。据此，他提出了两项实体性论证规则：其一，在没有足够充分且正当理由的情况下，应当坚持形式意义上的平等对待；其二，在没有足够充分且正当理由的情况下，不得主张限制主体的自由。”② 比如，同案同判，想要得到不同对待的人要负担更重的论证义务。主张有变动权从而单方改变法律关系的，负担更重的论证义务。

3. 在狭义的法律解释中，论证义务的轻重可以从如下几个方面来分析。

文义解释和体系解释比较，在适用时后者的论证义务更重，因为体系解释要考虑法律的外在体系，通过相关法条的比较，来确定法律文本的含义。体系解释不仅涉及多个法条，而且可能涉及多部法律，其解释过程相对文义解释更为复杂。

① 主要参考王利明：《法学方法论》，中国人民大学出版社 2012 年版，第 720~721 页。

② 王利明：《法学方法论》，中国人民大学出版社 2012 年版，第 716 页。

合宪性解释较之于一般的文义解释，在适用时负有更多的论证义务。我们推定所有的规范性法律文件在整体上都是合宪的，但是，在例外情况下，法律的复数解释结论中也可能存在违反宪法的解释。此时，需要对违宪解释进行排除。复数解释结论中哪些解释结论违反了宪法，对于排除或选择的结论也需要进行充分的论证。

4. 在运用社会学、经济学解释时，负有更重的论证义务。在社会学解释中，已经在相当程度上要考虑文本之外的因素，考虑到社会效果本身具有较大的不确定性和难以查明的特点，应当更加注重其论证义务。

5. 价值判断、漏洞填补时负有更重的论证义务。

三、方法论上的自觉与修正

法律有秩序和公正两大价值，请求权基础有构成要件和法律后果两大部分，分别对应法律适用两大原则：同等对待和利益衡量，同等对待侧重从构成要件同等情况出发，利益衡量侧重从法律后果出发。只不过在常规案件中，利益衡量隐藏在法的形式理性之后，只有在疑难案件中才凸显出来。

（一）形式理性与实质理性

法是善良和公正的艺术，法的根本任务是公正地解决社会冲突。但与此同时，法之所以为法，而不是圣君贤相相机抉择的决定，盖因法是预先制定而平等适用于规定情形的。法同时具有秩序和公正两方面的价值追求，三阶层的法律论证理论就是在法的安定性和公正性之间取得平衡。

通常情况下，依法裁判具有初始的优先性，也就是说，法律规则的存在能够阻断我们对于案件的实质判断，因为法官的首要任务就是根据法律作出决定，立法者的判断应该总是能够压倒法官个人的判断而成为案件裁判的理由。也就是说，法律规则（立法）的权威是一种形式理由，具有推定优先性。通过法律规范的涵摄得出的结论具有推定的优先性。如果法官决定运用一般法律原则为规则创设例外实现个案正义时，就需要论证说明，在个案中实现这一一般法律原则的重要性是如此之高，以至于哪怕有损于实质法律规则的形式理由也在所不惜，当其无法论证这一点时，就需要遵守形式理由裁判。这就是法律论证的论证起点和论证风险负担原则。① 实质理性是针对个案，审判者或者律师所作的价值判断，基于个案的公平正义要求在案件为规则创设例外，是能动司法的体现，但为了保障法的安定性，需要负担较高的论证义务。

---

① 舒国滢、王夏昊、雷磊：《法学方法论》，中国政法大学出版社 2018 年版，第 183 页。

霍姆斯批评形式主义“将兴趣完全集中于事物间的形式关联性，即逻辑”，而忽视了“这样一些力量，他们外在于法律但却使法律成其所是，不掌握他们就无法对法律进行哲学上的把握”，更为重要的却应当是：“被意识到的时代需求，占主导地位的道德或政治理论”。所以霍姆斯才会提出那句名言：“法律的生命从来也不在于逻辑，而在于经验。”但是该论断并非对形式理性的彻底否定，而是在遵守形式理性的前提下，更加关注实质理性。如果我们进一步思考，就会发现，这里的实质理性不同于前述所说的“被形式理性所掩盖”的实质价值，是法律所保护的另外一种与此相冲突的价值。以美国纽约州高院1889年“帕尔玛案”为例：遗嘱继承人帕尔玛杀死被继承人（其祖父），而法律却未规定该行为构成继承权剥夺。这时，根据法律的规定对遗嘱的保护，是“应当保留继承权”。但是霍姆斯大法官用生命权更高位阶的权利，解释为“应当剥夺继承权”。

（二）同等对待与利益衡量

九步法的主干内容是要件式的，也就是按照法律规则的一般逻辑，满足构成要件的情形，法律效果的承受就是应然的。在规则含义比较明确且其适用的结果并没有产生严重的不公正时，法的安定性优先，应该严格按照法律规则进行裁判。这就好像是法的安定性价值遮断了法官的公正性的思考。“首先是这样一个保留原则，即只要立法已经对法律问题作出决定，并且其法定事实构成的内容可以通过各种解释手段无疑义地加以确定，在这一法定事实构成中确定的问题解决和裁判标准对于法律适用者来讲原则上就是有约束力的。在这个意义上，正义问题是由立法者预先决定的。这一服务于法律适用的教义学的自我限制是分权原则的要求，同时也符合同等对待和法律安定性的需要。”①

当按照法律规则的构成要件无法指向公正的解决方案，也就是法律存在漏洞时，根据法律后果的利益衡量，法律适用者对规则进行反思和调整，首先应寻求基于法律规则的漏洞填补，通过规则的类推、目的性限缩、一般条款的价值补充等解决漏洞。在此阶段，基于规则使法的安定性得到保障，漏洞填补使法的公正性得到实现。

当法律存在漏洞，而法律规则没有提供具体的指引时，法官则超越了法律规则来寻求问题的公正解决。

在进行法律适用时，法律人总是要沿着三个阶层逐一考察，这也是法学方法论称为“规范性思维方法”的原因所在。如此才能尽最大可能保障法的安定性，防止司法的肆意和不公。

---

① ［德］齐佩利乌斯：《法学方法论》，金振豹译，法律出版社2009年版，第15~16页。

在进行前述操作的过程中，有两个思考的方法一直伴随着我们，即同等对待和利益衡量。

同等对待优先，利益衡量居后。同等对待侧重于保障法的安定性，利益衡量侧重于保障法的公正性。律师从构成要件出发去找法也有助于贯彻同等对待原则，从而保障法的安定性。因为同等情况同等对待，与构成要件相同的，赋予相同的法律效果。遵循这样的找法思路，有利于司法上的立法保留原则的贯彻。当然，也不排除有找法的另一种可能，那就是按照法官的思维，从预见的法律效果出发寻找正当化的依据。但无论如何，这种正当化的依据总是需要依照三阶层的法律论证方法进行证成。

第八章 排查诉讼争点

一方当事人行使请求权,要求相对人为一定的作为或不作为时，相对人得提出各种抗辩，因而形成了“请求权”与“抗辩”的对立。此种“对立性”的思考，是每一个学习法律人所必须确实掌握的，不仅有助于辩证的思考方法，实务上亦甚重要。①

——王泽鉴

请求权基础响应了诉讼法上的问题。请求权构造使诉讼成为一种论辩，始自诉之提起，得为反驳（抗辩）的论证沟通过程。此种诉讼过程使法院能够集中于请求权基础要件的检查，具有经济效率性，并确保其完整性。②

——王泽鉴

不惜动用所有手段，从对手的每一个漏洞中寻找制胜空间。

——哈佛辩护精神

知己知彼，百战不殆；不知彼而知己，一胜一负；不知彼不知己，每战必败。

——《孙子兵法》

前面的步骤都是从原告自身的情况和法律客观的标准之间进行的衡量，引起客观标准不满足的问题点就是所谓的风险，也即法律适用的不确定性。划分法律要件会产生错误理解法律的风险，整理要件事实会产生实质性和完整性的风险，证明要件事实会产生真实性风险，论证要件事实会产生符合性风险，原告只有消除请求的风险，满足相应的标准，才能初步达成请求满足的目标。假如被告不应诉，法官缺席判决，也总是需要满足这些标准。

但诉讼是双方的博弈，被告的应诉会产生所谓的争点。只有指向风险的争点才是有效的争点。原告需要对被告的争点做出反应，只有消除争点，请求成立才

① 王泽鉴：《法律思维与案例研习：请求权基础理论体系》，台北元照出版公司2019年版，第83页。

② 王泽鉴：《法律思维与案例研习：请求权基础理论体系》，台北元照出版公司2019年版，第64页。

能取得第一回合的胜利。如果被告提出抗辩的，同理，原告需要找出被告不能消除的争点，以至于抗辩不能成立，原告才能取得第二回合的胜利，也即请求权成立，抗辩不成立，最终支持原告的请求。

无本证，不反证。无本论，不反论。无请求，不抗辩。原告的起诉只有满足请求权基础，才有可能转入抗辩的审查，否则会因自身的不满足而败诉。如果请求权满足以后，就转入被告的抗辩，只有被告的抗辩不满足，原告的请求才能得到支持，否则就会因为被告的抗辩而败诉。综上所述，原告胜诉的秘诀就是消除请求的争点，找出抗辩的争点。

诉讼是双方的博弈，这一步就是预测对方的防御而有针对性地采取措施。当然，本章所介绍的方法，在诉讼过程中对方的防御已经现实化或者庭审结束后的复盘都可以用到。放在这里只是强调应该进行更充分的分析和准备。

第一节　法律要件负担说

要件负担之所在，即是败诉之所在。

一、法律要件负担说整体概述

（一）客观的、统一的败诉风险

主张责任、证明责任、论证责任无关乎个案中的具体情形，无关乎具体的主张行为、证明行为和论证行为，而只是决定了不利后果由谁承担的问题。这三个问题都衍生自司法三段论，在不同诉讼阶段有不同表现，都统一于法律要件负担说。

若戴皇冠，必承其重。若要请求，必有负担。法律要件所划分的败诉风险不仅仅是证明责任，还有主张责任、论证责任。虽然发生作用的机制有区别，只有要件事实的真实性适用辩论主义，要件事实的实质性、完整性、符合性适用法官知法，但它们对于当事人的败诉风险而言，所承受的客观范围都是一致的：无论是该要件根本不具有当事人所认为的那种含义；还是事实主张没有实质性，而必要的要件事实又没有主张；还是主张的要件事实没有得到证明；再或者是证明的要件事实的符合性没有得到证成，只要是这一要件没有实现从而法律规范不能适用，其诉讼请求得不到支持的一方便承担相应的败诉风险，是为法规范不适用说。

（二）当事人的攻防框架

客观的负担会给具体诉讼中的当事人施加压力，在诉讼行为中致力于满足相关责任。法律要件分类说根据立场不同划分了律师需要证明的命题。实体法提供的法律的构成要件就像是提纲挈领的框架，将律师整理的法律事实组织到结构化的、需要加以主张、证明和论证的命题中去。

王亚新教授对要件事实在诉讼中的重要作用作过精彩的阐述："当事人双方围绕一定的法律效果展开攻击防御，提出各种不同要件事实的主张，也是审判对象逐渐形成过程的一个重要部分，实体法提供的要件事实就像提纲挈领的框架，使纠纷事实得以被组织到一套结构化的，需要加以证明的命题中去，而主张责任的分配则为这个组织和构成审判实体对象的过程提供了动力机制，当事人必须把自己追求的纠纷解决结果表达为一定的法律效果，为了使这种法律效果发生他还必须提出有关的要件事实，而另一方当事人则为了妨碍、阻却或消灭这种法律效果也必须提出相应的要件事实，或者他也可以另外提出能够使其他有利于自己的法律效果发生的要件事实。通过在当事人之间展开的这种'主张→抗辩→再抗辩'的对抗过程，纠纷事实就被逐渐按照实体法上规定效果——要件事实的框架被重新结构起来，并作为审判对象的主要部分而呈示给法院。"①

法律要件分类犹如一把利剑悬在某方当事人头上，促使其提出主张，提出证据证明其主张，提出论据论证其主张。法律要件分类划分了立场，提供了原动力，为诉讼提供了分析和预测工具。当事人和律师只有在对法律要件进行清晰定性的基础上，才能有效地组织诉讼的攻击和防御。

以原告为视角：

在起诉答辩阶段：原告主张权利，当然要主张自己的事实已经达到法律的构成要件，从而要求权利成立的法律效果。对于权利产生事由积极主张，不能遗漏必要的主张。对于权利障碍、消灭、阻止的事由，律师应该避免自作主张造成自认的效果。

在法庭调查阶段：根据证据裁判主义，原告主张的事实被对方否认的，就需要举出证据对其进行证明。当主张的要件事实真伪不明时，就要承担相应的不利后果。

在法庭辩论阶段：提出论据论证事实和权利构成要件之间的连接。当这种连

---

① 王亚新：《对抗与判定：日本民事诉讼的基本结构》，清华大学出版社 2002 年版，第 103~104 页。

接无法证立时，承担相应的不利后果。

在整理要件事实、证明要件事实、论证要件事实部分我们分别论述了该步骤所要达到的要求和处理问题的方法，在这个阶段，我们需要将反对方的反对考虑进来。

反对方可能会否认法律要件负担方的主张，从而引向事实调查。我们用辩论主义视角下的主张和自认、否认来考察。

反对方也可能运用证据对事实的真实性进行攻防，我们将用本证、反证的工具来考察。

反对方也可能运用论据对事实是否该当于要件进行攻防，我们将用本论、反论的工具来考察。根据前述说明，法律要件负担方在三个阶段都可能面临反对方的反对，我们逐一说明。

二、主张、自认和否认

风险 序列		法律要件负担方	反对方	法庭
攻防层次	要件划分	陈述	陈述	认定
请求	要件 1	主张 1	自认 1	
	要件 2	主张 2	否认 2	

（一）精准把握主张

从上图可以看出，主张是法律要件负担方对其构成要件特征已经具备的事实陈述。自认是反对方针对法律要件负担方主张的承认。否认是针对法律要件负担方承担证明责任事项的否定性陈述，不用举证证明。单纯的否认即引出法律要件负担方举证的必要。

对此，罗森贝克论述说，“然而，民事诉讼中主张的概念是根据证明责任规范获得的。主张是指对拟适用的法律规范的构成要件特征已经具备的陈述，即使它是以否认的形式出现，同样是主张；否认是指表明法定的构成要件特征不具备的陈述，即使它是以主张的形式出现，同样是否认”①。否认不承担证明责任，主张则需要承担证明责任。

《民诉解释》第九十条：“当事人对自己提出的诉讼请求所依据的事实或者

① ［德］莱奥·罗森贝克：《证明责任论》，庄敬华译，中国法制出版社 2018 年版，第 93 页。

反驳对方诉讼请求所依据的事实，应当提供证据加以证明，但法律另有规定的除外。在作出判决前，当事人未能提供证据或者证据不足以证明其事实主张的，由负有举证证明责任的当事人承担不利的后果。”

（二）精准把握自认

《证据规定》第三条：“在诉讼过程中，一方当事人陈述的于己不利的事实，或者对于己不利的事实明确表示承认的，另一方当事人无需举证证明。在证据交换、询问、调查过程中，或者在起诉状、答辩状、代理词等书面材料中，当事人明确承认于己不利的事实的，适用前款规定。”

在实践中，哪些是于己有利的事实，哪些是不利的事实？哪些构成自认，哪些不算自认呢？这个判断不能是朴素的随机的判断，而应该回到证明责任上来。

反对方针对法律要件负担方的事实陈述和承认构成自认，法律要件负担方不用举证证明。对于自己承担证明责任事项的陈述，则作为待补强的证据，需要进行举证证明。《证据规定》第九十条第一项规定：“下列证据不能单独作为认定案件事实的根据：（一）当事人的陈述……”

三、本证与反证

证明责任也通过本证与反证的划分深刻影响着当事人的举证行为。本证与反证相互对立冲突，两种证据的竞相提出构成了诉讼中当事人双方攻击防御活动的一个重要内容。对本证和反证的娴熟运用，有助于我们迅速捕捉庭审动态，准确把握事实争点，有针对性地采取措施。

风险 序列		法律要件负担方	反对方	法庭
攻防层次	要件划分	调查	调查	认定
请求	要件 1	本证 1	反证 1	
	要件 2	本证 2	反证 2	

（一）本证与反证的区分标准

本证与反证的区分以证据与待证事实之间的关系为标准。本证是指对待证事实负有证明责任的一方当事人提出的，能够证明待证事实真实的证据。反证则是指对待证事实不负证明责任一方当事人提出的，能够证明待证事实不真实的证据。[①] 本证和反证的证明度并不相同，本证需要达到高度可能性。反证只需要把对方的证明降低到高度可能性以下、真伪不明即可。

例如，甲起诉乙要求返还10万元借款，按照证明责任的划分，甲应当承担借款合意以及款项支付的证明责任，为此，甲提供了书面的借款协议、转账记录。这些证据是负有证明责任一方提供的用以证明该事实成立的证据，属于本证。而对于借款协议，如果被告主张还款协议上的签字是伪造的，当时自己认为借款的利息过高没有签字。对于借款协议，被告不负有证明责任，并且目的是证明待证事实不真实，这就属于反证。但是针对原告的请求，被告提出抗辩说，自己已经偿还了该笔欠款，并且提供了一张具有原告签名的收据。根据证明责任的划分，已经还款的事实属于权利消灭的抗辩，由被告负证明责任，那么这张收据也是本证。

风险 / 序列		法律要件负担方	反对方	法庭
攻防层次	要件划分	调查	调查	认定
请求	借款合意	借款协议	签字系伪造	
	款项支付	转账记录		
抗辩	权利消灭	还款收据		

结合上述案例，我们可以看出，对于本证、反证的区分可以按照如下的步骤进行：

第一步，该证据的待证事实是什么？

第二步，该事实由谁来承担证明责任？

第三步，是谁提出来的？法律要件负担方提供的属于本证，需要达到高度可能性的程度。法律要件反对方提供的旨在反对事实的，属于反证，对于本证事实达到动摇心证即可。

（二）本证与反证的证明标准不同

划分本证与反证的意义在于它们所要达到的证明标准并不相同。本证需要使法官确信事实主张的真实性，而反证只需要动摇法官对本证方的事实的确信即可。《民诉解释》一百零八条："对负有举证证明责任的当事人提供的证据，人民法院经审查并结合相关事实，确信待证事实的存在具有高度可能性的，应当认定该事实存在。对一方当事人为反驳负有举证证明责任的当事人所主张事实而提

① 江伟、邵明：《民事证据法学》，中国人民大学出版社2015年版，第32页。

供的证据，人民法院经审查并结合相关事实，认为待证事实真伪不明的，应当认定该事实不存在。法律对于待证事实所应达到的证明标准另有规定的，从其规定。”

高度盖然性，是指“某种事实在80%概率上存在或者不存在”。[①] 本证一般标准是需要达到80%的确信，而反证只需要动摇法官对本证事实的确信，也即下降到80%以下，处于真伪不明即可。

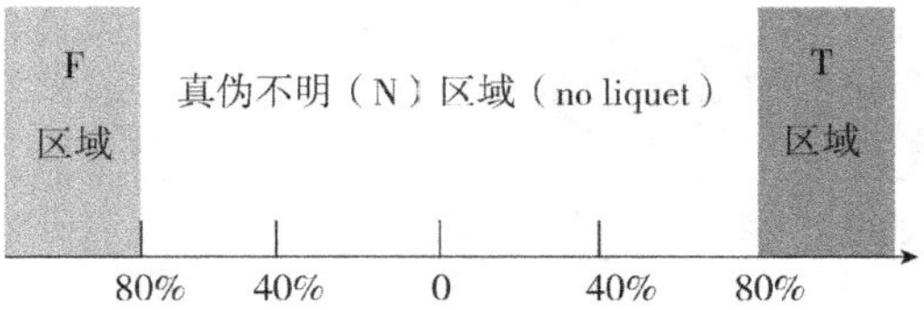

“真伪不明”心证状态结构示意图

借助该图我们说明一下本证、反证、反面证明的几个区域。假如一方承担该事实存在的证明责任，那么本证就要达到T的区域。而反证只需要拉回到N区域即可，不需要达到F区域。而如果在过错推定中，要想达到推翻推定的效果，必须达到确信不存在过错的程度，也就是要达到F区域，为了和反证相区别，称为反面证明。

（三）无本证，不反证

划分本证反证与举证人在诉讼中的地位无关，主要看举证人与证明责任的关系。反证的目的在于削弱、动摇本证的证明力，因此，在负有证明责任的一方当事人提出本证，并使事实的认定发生不利于对方当事人的变化时，对方当事人才有提出反证的必要。一般来讲，法庭调查时，应该先调查本证，本证证明力很弱时，就没有考虑反证的必要。首先，由原告对其请求规范的构成要件事实进行主张，当其达到80%以上的高度盖然性时，被告才有提出反证的必要。当被告提出反证使法官的内心确信发生动摇，也就是降到80%以下时，原告才有进一步提出本证进行巩固的必要。

“此外还有一个得到承认的公理：如果对其主张承担证明责任的当事人，没有提出证明该主张是真实的任何证据，而对方当事人却提出了该主张是不真实的证据，那么，法官不得调查该证据。不管该证据的采纳会产生什么后果，无论该证明是成功的，还是或多或少不成功，在任何情况下总是要作出对承担证明责任的当事人不利的裁判，因为根据我们前面的论述，只有当有争议的主张的真实性

① 邹碧华、许可等：《民商事审判方法》，法律出版社2017年版，第33页。

必须得到证明和确认时，才会作出对其有利的判决。”① 本证未得到确认前，不应该考察反证。只有当法官认为某一法律规范的构成要件被证明已经具备时，他才可能考虑适用该法律规范。请求未得到确认前，不应该考察抗辩。

这个过程就是本证和反证之间的攻防转换，有些书介绍说这是证明责任的转移，这种说法是不妥当的，因为结果意义上的证明责任是法定的，不会随着庭审情况而变化。

本证反证攻防图

阶段	规范	要件	原告	被告	原告	被告	结论
首攻	请求规范	1					
		2	本 80% ↑	反 ↓ 80%	本 80% ↑	反 ↓ 80%	80% ↑
		3					
		3					

实务中需要注意的是：从法律适用上来讲，无本证，不反证。当本证还没有达到高度可能的时候，考察反证就是没有必要的。因为本证自身不满足标准而不具备攻击性。但实务中，不少被告律师因此而吃了哑巴亏，原告还没有提交本证或本证不充分，就要求被告提交反证，被告提交反证后，法官说，你看，你提交的证据不充分，不能驳倒对方，只能判你败诉了。事实上，只有判决确定的事实和公证的事实才需要推翻。一般的证明只需要反驳就可以了。

一个错误的证明责任分配可能通过本证、反证的错误运用而导致错误的事实认定。比如在原告根据过错推定责任提起的损害赔偿的诉讼中，原告提交了一份证据，这份证据表明被告的过错，但是达不到高度盖然性的要求，如果法官错误地将过错的证明责任分配给原告，而原告的证据又没有达到证明标准，这时就可能做出错误的事实认定。比如，动物园的动物造成他人损害，原告提供了动物园管理失责的初步证据，但是达不到高度盖然性的要求，如果法官把过错的证明责任交给原告的话，就会做出不利于原告的判决。但本条属于过错推定，动物园对其尽到管理职责承担证明责任，原告关于其管理失责的初步证据，只要达到使本证真伪不明即可。（第一千二百四十八条）“在评价证明结果时，法官必须自觉地坚持正确的证明责任分配。”②

再如，原告主张被告违约，要求适用违约金条款，被告提出违约金过高，请

① ［德］莱奥·罗森贝克：《证明责任论》，庄敬华译，中国法制出版社 2018 年版，第 28 页。
② ［德］莱奥·罗森贝克：《证明责任论》，庄敬华译，中国法制出版社 2018 年版，第 87 页。

原告证明损失，法官也要求原告提供损失的证明。其实，这就是适用证明责任不清晰引起的问题。违约金条款的存在就是为了发生争议时避免举证的麻烦而事先制定的赔偿方案，被告认为过高的，证明违约金高于损失的证明责任在被告方，而不在要求适用违约金的一方。在对方当事人没有尽到自己的举证责任，而法官要求我方提出反证的时候，律师就可以心平气和地提醒法官举证责任的归属和现有的证据情况。

（四）法律要件反对方可能构成证明妨害

不负证明责任的一方才可能构成证明妨害。

“当事人的举证活动往往要受到很多条件的限制，有的属于客观情况，比如证据分布的不平衡，有的则是人为造成的，比如一方当事人隐瞒只有自己才清楚的证人的住址；样品买卖中，出卖人未保管样品；一方当事人藏匿、毁灭自己能够控制的证据，而这些证据则是对对方当事人有利的；等等。为了追求裁判的真实以及保障当事人实质的平等，需要就上述客观的或者人为造成的证据不均衡的现象进行调整。而对于人为原因造成的证明困难，就是所谓的证明妨害问题。一般认为，所谓证明妨害，是指诉讼中就某一要件事实不负担证明责任的当事人，出于故意或过失而给对方当事人的证据收集或提出活动造成困难的行为（作为或不作为）。如果负担证明责任的一方当事人甚至因此而无法完成证明活动，特别是在要件事实陷入证明不能的境地时，如何调整双方当事人的利益格局就成为一大问题。”①

从常理上来讲，自己不会拒不提交对自己有利的证据。从学理上讲，负有证明责任的一方由于自己的行为没有提交证据，自行承担不利后果就可以了。如果因为对方的行为举证不能，则有证明妨害的适用。《证据规定》第九十五条：“一方当事人控制证据无正当理由拒不提交，对待证事实负有举证责任的当事人主张该证据的内容不利于控制人的，人民法院可以认定该主张成立。”

《环境公益诉讼案件解释》第十三条：“原告请求被告提供其排放的主要污染物名称、排放方式、排放浓度和总量、超标排放情况以及防治污染设施的建设和运行情况等环境信息，法律、法规、规章规定被告应当持有或者有证据证明被告持有而拒不提供，如果原告主张相关事实不利于被告的，人民法院可以推定该主张成立。”排污并非被告承担证明责任的事项，有可能适用证明妨害。

《婚姻家庭编解释一》第三十九条：“父或者母向人民法院起诉请求否认亲

① 许可：《民事审判方法——要件事实引论》，法律出版社2009年版，第107页。

子关系，并已提供必要证据予以证明，另一方没有相反证据又拒绝做亲子鉴定的，人民法院可以认定否认亲子关系一方的主张成立。父或者母以及成年子女起诉请求确认亲子关系，并提供必要证据予以证明，另一方没有相反证据又拒绝做亲子鉴定的，人民法院可以认定确认亲子关系一方的主张成立。”一般来讲，否认亲子关系一方应当承担证明责任，但如果已经提供了必要证据，对方拒绝做亲子鉴定的，有可能适用证明妨害。

（五）敏锐把握庭审动态

本证与反证的划分，有利于律师动态把握法庭调查的进展，在衡量本证与反证证明力大小的基础上，有策略地组织进攻或防守，提高庭审水平。“证明标准的确立对于民事诉讼证明活动具有重要意义。从当事人的角度来说，可以用证明标准来衡量自己胜诉的概率，避免在证据明显不充分的情况下贸然起诉。在诉讼中也可以根据证明标准来随时改变诉讼策略，如进行和解、撤诉、放弃诉讼请求或者承认对方的诉讼请求等。”①

以提出鉴定为例，实践中，有些律师认为谁提出异议，谁应该申请鉴定，实际上这是一种误解。通常情况下，谁负有证明责任，谁应该提出鉴定。《证据规定》第三十一条规定：“当事人申请鉴定，应当在人民法院指定期间内提出，并预交鉴定费用。逾期不提出申请或者不预交鉴定费用的，视为放弃申请。对需要鉴定的待证事实负有举证责任的当事人，在人民法院指定期间内无正当理由不提出鉴定申请或者不预交鉴定费用，或者拒不提供相关材料，致使待证事实无法查明的，应当承担举证不能的法律后果。”

这个举证责任应该理解为行为意义上的举证责任，应该结合庭审动态，按照本证、反证来把握。王亚新先生所举这个案例充分说明了这一点：

甲以借款未归还为由起诉乙，并且拿出一张写有“欠 1500 元，手头一方便马上归还”并有乙签字的欠条作为证据。乙答辩称与甲等多人打麻将，手头没钱了，顺便向甲借过 500 元，后来当场又赢钱就还给了甲，但因忙于继续打麻将而忘记要回欠条。乙主张甲在欠条的金额前补了个“1”字，该项证据经过变造，不应采纳。甲则主张自己与乙虽也打过麻将，但这笔钱不是赌债，是乙找自己借钱并一起去银行自动取款机上取的，并进一步提供了 1500 元的取款回执和当天看见自己和乙去银行的熟人证言。法院认为当事人应对欠条是否经过变造申请进行笔迹鉴定但因鉴定费就需预缴 1000 元左右，原、被告双方虽经释明却都不申

① 江伟主编、傅郁林副主编：《民事诉讼法学》，北京大学出版社 2015 年版，第 207 页。

请鉴定，法院最后判决乙向甲支付欠款1500元。

按照“法律要件分类说”甲对存在借款关系和实际交付了借款负有举证责任，乙主张借过不受法律保护的赌债500元而且已归还属于权利消灭的事实，应对此抗辩负有举证责任。但其主张不存在1000元的债务则是单纯的否认，举证责任仍应由甲而不由乙负担。如果按照“主观举证责任是客观举证责任之反映”的命题，申请进行笔迹鉴定并预缴鉴定费用的负担看来应该由甲承受。但是在本案中，甲除遭受争议的欠条之外还提出了取款回执和证人证言等进一步的证据，应该视为履行了主观的举证责任。而与此相对，乙仅仅主张欠条为变造，却没有提出任何支持这一主张的证据。且欠条的真伪属于证据的可靠性问题，是典型的辅助事实，当事人的哪一方应对这种事实承受提出证据的负担区别于主观的举证责任，可称为“证明的必要”。鉴于甲提出的证据已经使法官的心证程度接近证明标准，而乙尚未作出任何努力把这个程度“拉下来”，因此可认定其已有了申请鉴定来证明自己主张之必要。换言之，在当事人之间客观存在的攻击防御态势已经使得是乙而不是甲有了申请鉴定之“证明的必要”。乙没有对这种“必要”作出回应就是本案最终判决其败诉的重要原因之一。设想甲除了欠条并未提出其他任何证据，则即使乙也只是主张该欠条经过变造，申请鉴定的证明之必要恐怕就不在乙而在于甲了。[①] 综合来说，甲如果用该证据做本证，则应该甲申请。但在甲的举证已经充分的情况下，乙就有将其用来作为反证的必要，乙就应该申请鉴定。因为鉴定可真可假，甲用其真，乙用其假。

四、本论与反论

风险 序列		法律要件负担方	反对方	法庭
攻防层次	要件划分	辩论	辩论	认定
请求	要件1	本论1	反论1	
	要件2	本论2	反论2	

对于法律要件负担来说，真实性和符合性具有同样的败诉区域。但是，符合性攻防的运作机理和真实性攻防的机理并不相同。关于事实性，适用辩论主义，对方的自认就免除了主张方的举证责任。对于符合性，由于是法律问题，由法官进行判断，不存在自认的问题。而且也不存在一方没有提出法律意见主张，就败

① 王亚新、陈杭平、刘君博：《中国民事诉讼法重点讲义》，高等教育出版社2021年版，第142页。

诉的问题，因为这正是法官自行判断的事项。但是为了积极追求某种法律效果，避免败诉，当事人和律师还是要积极地证成自己的法律判断。而对于反对方而言，则是反驳这种法律判断。

（一）划分意义

根据法律要件分类划分的法律立场，我们同样可以划分为本论和反论。

本论是法律要件负担方提出的自己的事实可以归入法律要件的判断。反论则是反对方反对这种归入的意见。

划分本论与反论，一般来讲，也提出了法庭辩论的顺序。在负担法律要件的一方当事人提出本论，并使法律的适用发生不利于对方当事人的变化时，对方当事人才有提出反论的必要，否则主张方的说法根本不值一驳。

划分本论和反论，有利于精准把握诉讼中的辩论观点。本论是作为法律要件负担方积极想要证成的主张，有其明确的观点和立场。反论并不需要积极证成什么，而是阻断本论的证成即可。

划分本论与反论的意义主要在于它们的论证标准并不相同。本论需要使法官确信法律适用主张可接受，符合法律共同体的职业判断，达到优势论据的程度，而反论只需要降低法官的确信即可。

划分本论与反论，体现了诉讼的对抗性。诉辩双方通过本论反论的划分，明确了双方的武器和侧重点。对于原告来讲，就是要巩固请求和再抗辩的本论，削弱反论。对于被告来讲，就是要巩固抗辩和再再抗辩的本论，削弱反论。

本论与反论的划分，有利于律师动态把握法庭辩论的进展，迅速锁定争点。有策略地组织进攻或防守，提高庭审发表法律意见的针对性。

（二）解释立场

在看书学习中，常常因为事实漂移、任意剪裁以及貌似中立而实际立场不明，导致甲说乙说纠缠不清。在实务中，事实是不可变更的，立场是确定的，这时才容易获得深刻的理解，盖因片面的深刻胜过全面的肤浅，经由立场的思考才能达到深刻的权衡和居中。

序列 \ 风险		法律要件负担方	反对方	法庭
攻防层次	要件划分	辩论	辩论	认定
请求	要件1	1. 扩张解释 2. 目的性扩张 3. 类推 4. 法之续造	1. 限缩解释 2. 目的性限缩 3. 法外空间	
抗辩	要件1	1. 扩张解释 2. 目的性扩张 3. 类推 4. 法之续造	1. 限缩解释 2. 目的性限缩 3. 法外空间	

这幅图的含义是：对于法律要件负担方，总是应该尽其所能把事实和要件连接起来，而反对方则相反。

（三）占有人的解释方法

以王泽鉴先生书中的一则案例作为介绍。

案例事实：甲晨间在台大校园散步，乙在附近遛狗，与遛狗的朋友闲聊，甲靠近狗，狗咬伤甲。由狗，咬伤人等案例事实特征，可以指向台湾地区“民法”第一百九十条：动物加损害于他人者，由其占有人负损害赔偿责任。但依动物之种类及性质已为相当注意之管束，或纵为相当注意之管束而仍不免发生损害者，不在此限。

对于第一百九十条中的占有人，在本案中就有几种解释方法。

1. 文义是解释的基石，惟概念用语具多义性。如我国台湾地区“民法”第一百九十条所谓动物“占有人”是否包括间接占有人或占有辅助人不能确定，从而须再进一步使用其他解释方法加以阐明。

2. 历史解释有助于探讨法律规范意旨。法律解释应尊重立法者所作的价值判断。惟台湾地区“民法”历次草案及现行台湾地区“民法”的立法理由书，未臻详尽，历史解释的方法甚受限制，例如关于台湾地区“民法”第一百九十条所称动物“占有人”，于立法理由书均未作说明，无法采为解释的参考。

3. 体系解释主要功能在于依法律体系上关连去探求法律规范意义，并维护法秩序的统一性。法律外在体系在法解释学上的价值，不宜过分高估，而以之作为唯一或主要依据。例如不能径直以物权法上占有的概念解释台湾地区“民法”第一百九十条动物“占有人”，而认其包括间接占有人，或不包括占有辅助人。

4. 比较法对于现行台湾地区“民法”的解释，具有特殊意义，现行台湾地区“民法”上若干重要争议问题常可借比较法加以澄清。

5. 法律文义上的疑义，倘不能依法律体系、立法理由或比较法解释予以完全澄清时，须再进一步探求立法目的。如台湾地区“民法”第一百九十条之立法目的，在使对动物有事实上管领力之人，负损害赔偿责任，故所谓动物“占有人”，应解为除直接占有人外，尚兼指占有辅助人，但不包括间接占有人在内。

6. 符合“宪法解释”系属体系解释，惟亦可作为目的解释之一种，无论如何，其于法律方法上解释居于优越地位，期能实现基本权利的价值，此于不确定法律概念及概括条款的具体，特为重要。①

（四）基于立场对方法的选用

具体到本案中，原告请求损害赔偿，自然是希望承担责任的主体多一点，从而多一些保障。而作为潜在的被告，则是希望把自己排除出去。实在排除不出去，就只能通过证明自己无过错来免责。

原告可能支持的观点：直接占有人、间接占有人及占有辅助人。

潜在被告可能支持的观点，分不同情形如下：

作为动物所有人会说：占有人，包括直接占有人、占有辅助人，但不包括间接占有人，其主要理由系此项侵权责任乃以对于动物的管领力为基础，占有辅助人与被害人的关系，与直接占有人无异，占有辅助人既有事实上之管领力，自亦不能不负责任。我虽然是所有人，但已经委托他人进行管理，没有事实上的管理能力。

作为直接占有人会说：我只是替所有人管理几周，我也尽到了管理责任，我不应承担责任。况且，我雇了占有辅助人进行管理，我也没有事实上的管领力。

作为占有辅助人会说：占有人更应从狭义解释，系指为自己之经济上、娱乐上或运动上之利益而使用该动物之人。若仅为物之占有，而于己并无利益者不在此列。我自己只是替别人临时照看几周，不应该承担这样的责任。

王泽鉴先生给出了他的意见：关于台湾地区“民法”第一百九十条规定的动物“占有人”，学者见解极不一致，所有可能的解释，均经提出，充分展现法学者的想象力。关键问题在其判断标准。依本条但书规定：“……但依动物之种类及性质已为相当注意之管束，或纵为相当注意之管束而仍不免发生损害者，不在此限。”可知系以事实上管领力为判断标准。准此立法意旨，直接占有人为本

① 王泽鉴：《法律思维与案例研习：请求权基础理论体系》，台北元照出版公司 2019 年版，第 230~231 页。

条所称的占有人，自无疑问。至于间接占有人（如出租人）对于动物既无事实上之管领力，应非属本条所称的占有人。梅仲协先生认占有人应限于为自己之经济上、娱乐上或运动上之利益而使用该动物之人，系采德国通说对德国民法第八百三十三条关于动物持有人的解释，亦有所据，惟“占有人”主义上不同于“持有人”，似难作同一解释。

对于法律的解释常常会有数个代表性的观点，诉讼的对抗性更使得观点之间的对抗成为常态。律师就需要根据自己的代理立场对这些观点进行论证，以便说服法官采纳。

（五）饱和式论证与穷尽式考察

解释文本，以文字为起点，并考虑其语境，在文字和体系之外，还要结合历史、目的、合宪性、比较法等因素来综合确定其文义。即使法律解释文义清晰，还要进一步考察其立法目的，因为在民法上还有超出文义的目的性扩张和类推，还有违背文义的目的性限缩。所以，不能仅运用其中一种或几种方法得出自己想要的答案就放弃其他方法的考察，也不能仅运用其中一种或几种方法得不出自己想要的答案就放弃其他方法的考察，要穷尽方法论上的考察，得出更为妥当的结论。针对解释因素的使用，有“饱和的必要性”的说法，因此，自始排除仅仅依据一个解释因素进行的解释。① 王泽鉴先生认为，“此种‘见解歧异，众说纷纭’现象，严重影响法律适用的安定性。法学方法论上面临一个重要的问题：各种解释方法相互间是否具有某种位阶关系，可据以决定各种解释方法的优先次序？对此问题，本书并不认为各种解释方法具有一种固定不变的位阶关系，但亦不认为解释者可任意选择一种解释方法，以支持其论点。法律解释是一个以法律意旨为主导的思维过程。每一种解释方法各具功能，但亦受有限制，并非绝对；每一种解释方法的分量，虽有不同，但须相互补足，共同协力，始能获致合理结果，而在个案中妥当调和当事人利益，贯彻正义的理念”②。“各种解释方法具有协力的关系，乃属一种互相支持、补充，彼此质疑，阐明的论辩过程。解释方法不必然能保障结论的正确，但确可减少个人判断的主观性。切勿任意选择一种解释方法作为论证的依据，而应以正义为目标，就各种解释方法做通盘性的思考检讨。”③ “法律解释，……通常会带有讨论的性质，即使是方法论上完美无瑕的那些论证也不可能是绝对正确的，它们不过是根据专家的意见罗列出的一些不受质

① ［奥］恩斯特·A. 克莱默：《法律方法论》，周万里译，法律出版社 2019 年版，第 148 页脚注 562。
② 王泽鉴：《法律思维与案例研习：请求权基础理论体系》，台北元照出版公司 2019 年版，第 230 页。
③ 王泽鉴：《民法思维——请求权基础理论体系》，北京大学出版社 2009 年版，第 191 页。

疑的论述，应当有效地论证，陈述相反观点的理由，最后给出更好的驳回理由。”①

综上所述，论证要件事实部分介绍的每一种方法都有其适用的情形和正确适用的具体要求，律师应该熟悉每种方法的特点与软肋，针对这种方法该如何正确应用，针对对方的运用该如何反驳，是否存在运用上的不当。对于能够得出你想要的结论的一种或几种方法，不应过分地迷信，你应该把其他各种方法都考察一下，能够得出相同结论的方法你可以作为强化论证的理由，对于得出不同结论的方法，你要有更好地反驳理由。

（六）法律争点检索表

遇到疑难复杂情形，我们可以采用这张法律争点检索表，来归类分析其观点情况，以便择机采用和反驳。

法律争点检索表

争议要件	从法条、文献、判例中整理关于该要件的表述			
立场（论题）	1. 法律要件负担方是谁，是请求权基础的构成要件，还是抗辩的构成要件？ 2. 根据我们的立场，是应该论证归入，还是论证不归入？			
事实	相关的事实描述			
初步结论 / 方法	支持归入	反对归入	和文义的关系	削弱或补强
文义解释			文义范围	
体系解释			目的性限缩	
历史解释			限缩	
目的解释			扩张	
合宪性解释			目的性扩张	
比较法解释			类推	
案例检索				
法外论证				
最终的权衡				

1. 法律要件是从法条、文献、判例中整理出的关于该要件的表述，是关于法律适用的条件要求。

① ［德］托马斯·M. J. 默勒斯：《法律研习的方法》，申柳华、杜志浩、马清伟译，北京大学出版社2019年版，第72页。

2. 立场（论题）是根据法律要件划分和你自己的诉讼立场来决定的。首先要明确法律要件负担方是谁，是请求权基础的构成要件，还是抗辩的构成要件？其次，根据我们的立场，是应该论证归入，还是论证不归入？

3. 该事实是我们不拟争辩的事实，如果有争点，应该先提出事实争点。因为根据辩论主义，事实争点应该进行举证证明。而法官知法，法律争点不像事实争点那样具有约束力。

4. 解释方法是据以得出解释结论的依据，是理论法律人和实务法律人通用的方法。包括文义解释、体系解释、历史解释、目的解释、合宪性解释、比较法解释、案件检索。受过方法论训练的人一般遵循前述的方法和论证顺序。法外论证包括法社会学、经济学、心理学等内容，对于法律适用来讲论证力度稍弱。

5. 初步结论，解释方法并不能保证结论的唯一性，运用每种解释方法可能得出归入或不归入的解释结论。对于不符合我们论题的结论，需要考虑提出反驳理由。

6. 初步结论和文义的关系：根据解释方法都会得出一定的解释结论，这个解释结论和文义不可能完全重复，有的可能在文义之内，有的超过了可能的文义，有的在文义核心之内还有例外。根据解释结论和文义范围的关系，从小至大可以分为：目的性限缩、限缩、扩张、目的性扩张、类推。（图中仅是例示，不对应左侧方法）初步结论和文义的关系仅具有结构化描述的作用，一定程度上表明了我们需要怎样的论证强度。立法以文字为表达方式，文字以文义为理解基础，文义解释具有推定的优先效力，偏离文义总是需要更强的论证。（否则，总不能推定立法者胡言乱语吧）

7. 补强或者削弱措施。由于各种方法可能得出我们的论题，也可能反对我们论题，我们就需要看看有什么措施可以补强或者削弱。比如，有的案例支持归入，有的案例不支持归入，我们可以凸显和我们论题相似的案例的类似点，扩大和不支持我们的论题的案例的区别点，以此来支持我们的观点。

8. 最终的权衡。由于各种方法并没有绝对的位阶效力，方法并不能保证结论，我们需要在个案中进行权衡和比较。通过最终的权衡，我们来衡量我们的观点被支持的可能性。

五、面向负担的律师工作

（一）法律要件分类的不同侧面

主张责任、证明责任、论证责任构成了律师诉讼准备应该满足的客观标准。

责任是客观的标准，是败诉的风险。律师和法官都在一个共同的抽象的客观的法律要件分类这个学说下进行思考，但由于职业不同，造成有三点区分。

立场和风险的不同。法律要件在法官看来，是中立的风险分配。而在律师看来，是角色意识和角色立场。

过程和结果的不同。在诉讼资料的形成方面，因为实行辩论主义，所以律师和当事人更注重和把握过程，积极地提出自己的主张。而自由心证是法官的职权，律师无法决定结果，只能把握过程，而法官需要基于事实做出判决，更注重结果。

行为和评价的不同。律师和当事人主要关注的是诉讼的行为，我应该做些什么？我现在能做些什么？法官更主要的是给这个行为以一定的评价，也就是行为是否满足责任的要求，是否卸除了责任的负担。

（二）“三个面向”工作理念

基于前述的区别，我们提出了当事人和律师工作的“三个面向”工作理念，即面向风险的角色意识，面向结果的过程控制，面向评价的行为实施。

面向风险的角色意识。律师接受当事人委托，为了当事人的利益而工作。需要认真分析当事人的事实和证据，准确研判诉讼中应该承受的风险，躬身入局，充分运用角色思维和角色策略，在法律不禁止的范围内，追求当事人的利益。显然，这种角色意识是律师职业存在的价值所在，一份证据是否可采，一个事实是否必要，一个法律观点是否提出，站在不同的立场，可能有不同的行为。站定立场的角色思维，就是在明确该角色可能承担的风险基础上，通过证据、事实、法律最大化地消除风险，与此同时也就是扩大胜诉可能。

面向结果的过程控制。在诉讼过程中，法官和当事人进行了分工，当事人负责提供诉讼资料。法官审判需要什么资料，律师就提供相应的资料。律师和当事人无法控制结果，但可以通过精细的诉讼行为，配合法官提高诉讼效率，促进诉讼进程。

面向评价的行为实施。除了策略行为，有效的诉讼行为，总是指向法官所能给予的积极评价。无效的行为，会占用宝贵的诉讼资源，造成程序的拖延和浪费。面向评价的行为，总是面向要件的行为，总是指向满足一定的责任。

（三）风险管理视角下的九步法

诉讼有风险，实施须谨慎。风险就是不确定性，诉讼就是克服不确定性，实现利益最大化。风险管理的思路贯穿了要件诉讼九步法。

1. 法律适用的客观性。

诉讼是据法实现自己的请求。法的规范性决定了其客观性，当事人的请求是否满足客观的法，拥有四个客观的标准。

划分法律要件：请求权基础具有客观的要件，每个要件具有客观的含义，不因个案而影响。当事人具有是否正确理解其含义的风险。

整理要件事实：事实主张需要和要件一一对应，不能缺失。当事人的主张有不具备实质性的风险，还有缺失实质性主张的完整性风险。

证明要件事实：争议的事实主张需要达到客观的证明标准。

论证要件事实：证明的事实能涵摄到构成要件之下，这种涵摄不是随意的判断，需要经由理性的论证，达到可理解可检验的程度。这就是符合性风险。

2. 通过行为消除风险。

理性人一般属于风险厌恶型，不太喜欢不确定性。合理的方案总是需要管理风险，最大可能降低不确定性。律师接受当事人委托，为了当事人的利益而工作，首先就需要有角色意识和角色策略，躬身入局，站在当事人的立场，考察当事人面对的负担，通过自己的努力先把负担卸除掉。在起诉答辩阶段，当事人对其要件事实进行主张；在法庭调查阶段，当事人对其有争议的主张进行举证证明；在法庭辩论阶段，当事人对其证明的主张符合法律要件进行论证。

3. 固有的风险和显性的风险。

诉讼风险是客观存在的，即使对方不答辩，缺席判决，原告也需要具备这样的要求。整理要件事实、证明要件事实、论证要件事实是以客观标准来衡量自身的风险。排查诉讼争点则是考察对方的答辩造成的风险的显性化，风险是引起客观标准不满足的问题点，争点是双方争议的问题点，有效的争点应该指向风险点，否则就是无谓的争议。

律师无法保证结果，但需要确保过程。只有精细的思考和严格的过程控制才能保证案件质量。致力于实现诉讼精细化的要件诉讼九步法能让你提高办案质量，提升办案效率，避免卷入违约或缔约过失等失职失责的指责和纠纷之中。

第二节 要件事实攻防表

一、逻辑序列主义

请求、抗辩只是前两轮的攻防，事实上，攻防会有多轮。原、被告双方按照请求（原告）—抗辩（被告）—再抗辩（原告）—再再抗辩（被告）层次进行多轮攻防。请求、抗辩、再抗辩、再再抗辩构成了实体法适用的逻辑顺序，只有请求得到满足的，才能审查抗辩是否满足。只有抗辩得到满足的，才能进一步审查再抗辩是否得到满足。正确适用法律必须坚持这一逻辑的、序列的顺序。在根据原告的请求和理由锁定诉讼标的之后，就需要以“请求→抗辩→再抗辩→再再抗辩”为架构对当事人提出的攻击和防御方法进行归类。

试举一例说明：甲在火车站遗失了一部手机，被乙拾得，乙随后卖给了丙。为此，甲起诉丙，要求返还手机。双方之间的攻防可能如下：

攻防层次	法律依据	要件事实
甲的请求	《民法典》第二百三十五条：“无权占有不动产或者动产的，权利人可以请求返还原物。”	返还原物请求权的要件事实有两项： （1）请求权人是物权人， （2）被请求人是现时的无权占有人。
丙的抗辩	《民法典》第二百二十四条：“动产物权的设立和转让，自交付时发生效力，但是法律另有规定的除外。”	丙针对构成要件二进行抗辩，自己不是无权占有人，通过买卖并交付取得所有权。
甲的再抗辩	《民法典》第三百一十二条：“所有权人或者其他权利人有权追回遗失物……”	相机为遗失物，不适用善意取得。
丙的再再抗辩	《民法典》第三百一十二条：“……或者自知道或者应当知道受让人之日起二年内向受让人请求返还原物……”	甲两年前已经知道我购买手机的事实，已经经过两年，不能再要求返还。

对再抗辩规范再举两例：

第一例，请求权基础：当事人一方不履行合同义务或者履行合同义务不符合约定的，应当承担继续履行、采取补救措施或者赔偿损失等违约责任。（第五百七十七条）

抗辩规范：当事人约定减轻或者免除出卖人对标的物瑕疵承担的责任。

再抗辩规范：出卖人故意或者重大过失不告知买受人标的物瑕疵的，出卖人无权主张减轻或者免除责任。（第六百一十八条）

第二例，请求权基础：当事人在保证合同中约定，债务人不能履行债务时，由保证人承担保证责任的，为一般保证。（第六百八十七条第一款）

抗辩规范：一般保证的保证人在主合同纠纷未经审判或者仲裁，并就债务人财产依法强制执行仍不能履行债务前，有权拒绝向债权人承担保证责任。（第六百八十七条第二款前半句）

再抗辩规范：但是有下列情形之一的除外：（1）债务人下落不明，且无财产可供执行；（2）人民法院已经受理债务人破产案件；（3）债权人有证据证明债务人的财产不足以履行全部债务或者丧失履行债务能力；（4）保证人书面表示放弃本款规定的权利。（第六百八十七条第二款后半句）

二、要件事实攻防表

（一）理论概述

按照逻辑序列主义，纵向是请求—抗辩—再抗辩—再再抗辩的实体法适用逻辑。与纵轴横向对应右边一栏就是法律要件负担方，对应攻防的三个阶段。因为主张该效果者，要想达成目的，就需要负担相应的风险。再往右是反对方，最后是法庭认定。到底谁是法律要件负担方，我们总是需要明确攻防的层次。在请求阶段，法律要件负担方是原告，反对方是被告。在抗辩阶段，法律要件负担方是被告，反对方是原告。

围绕一个请求权基础的有效攻防总是能够体现在这张表之内，否则就是无实质性的攻防。在一个诉讼标的之内，要件事实攻防表的法律要件负担方和反对方是从中心线往两边逐层展开攻防的，前一层次缺失的，很难说进行到下一层次的攻防。如果一个事实主张都没有被一方引入到诉讼中来，自然谈不上运用证据证明真假的问题。一个事实主张还没有经过法庭调查证明，展开辩论自然是操之过急。我们要逐个要件审查双方的攻防和法庭的认定。针对一个要件，法律要件负担方进行主张，反对方进行自认或者否认。对于争议的要件事实，负担方举出本证进行证明，反对方可以对本证进行质证，也可以提出反证进行证伪。真实性得到确认的，进一步考察其符合性，负担方提出本论试图证立，反对方可以对本论进行质论，也可以提出反论论证其不符合。只有前一个要件的完整性、真实性、符合性全部得到满足的，才能进行到下一个要件的考察。因为一个要件的不满足就足以否定一个请求权基础的适用。

序列＼风险			法律要件负担方			反对方			法庭
攻防层次		要件划分	辩论	调查	陈述	陈述	调查	辩论	认定
			本论	本证	主张	自认/否认	质证/反证	质论/反论	认证/认为
责任成立攻防	请求	要件1	本论1	本证1	主张1	自认1		反论1	有/无争点
		要件2	本论2	本证2	主张2	否认2	反证2	反论2	有/无争点
	抗辩	要件1							有/无争点
		要件2							有/无争点
	再抗辩	要件1							
	再再抗辩	要件1							
请求内容攻防	内容	损害							
		范围因果关系							
	减责								

1. 诉讼请求和认诺。

原告起诉，首先来看被告对此诉讼请求的态度。对于原告的请求，被告作出回应的方式无非就是承认、反对、部分承认/反对这三种。承认、部分承认就构成了认诺。根据处分主义，诉讼请求的承认直接导致被告败诉，此案没有必要进入审理。

2. 主张的实质性和完整性。

如果被告不承认诉讼请求，就将案件引入了审理阶段。原告就需要对其要件事实进行主张。从民事实体法的角度来看，追求某种法律效果的原告就有必要提出能够使该法律效果发生的法规范的构成要件相对应的事实来作为自己的请求理由。

主张是针对自己负担的法律要件相对应的具体事实的陈述。如果有四个构成要件，完整的主张应该是踩点陈述，陈述中的具体事实必须能够让法官发现要件1、要件2、要件3、要件4的身影。法庭辩论终结，如果仍然缺少必要的要件事实主张，那么只能判决原告败诉。比如，过错责任中，原告对被告具有过错的事实完全未提及。再如，甲曾经给乙微信转账2000元，后来甲主张乙不当得利，要求返还。在现实生活中，甲给乙转账可以基于很多原因，比如返还欠款、支付货款、帮忙将现金兑换微信支付等，按照给付型不当得利的构成要件，甲必须主张给付目的不存在、给付目的不达等要件事实。如果缺失该主张，就会因主张责任而败诉。即使甲再次起诉返还借款，也还是需要主张借贷合意的要件事实。例如，当事人主张的是合同履行请求权，他就必须提出合同履行请求权的两个要件：一是合同成立并生效；二是请求符合合同约定（如原告自己已经履行了合同义务或者自己的行为已经满足了合同规定的条件）。这两个要件是他必须提出的主张。如果当事人遗漏必要主张的，法官可通过释明提醒当事人。

另一种情形是实质性缺失导致的不完整，比如，机动车交通事故中，你说对方司机有过错，陈述的事实却是疫情期间他没有戴口罩，此过错非彼过错，不具有实质性。

3. 自认、否认。

原告主张后就需要观察被告的态度，自认就是被告对原告主张的要件事实陈述予以承认。被告自认的事实无需原告举证证明。比如，对于原告要件 1、要件 2 的事实予以承认，原告不需要举证证明。否认是反对方针对要件负担方事实的否定性陈述。单纯的否认即引出对方举证的必要。被告对要件 3、要件 4 的事实进行否认，原告就需要举证证明。

被告必须对原告的权利请求构成要件主张全部作出回应，不允许被告“顾左右而言他”。对于原告提出的主张，凡被告未作出回应的，法官必须明确询问。《证据规定》第四条规定，“一方当事人对于另一方当事人主张的于己不利的事实既不承认也不否认，经审判人员说明并询问后，其仍然不明确表示肯定或者否定的，视为对该事实的承认”。

4. 要件事实的真实性：本证、反证、质证。

原告提出证据证明自己一方的要件事实，就是本证，需要达到高度可能性。对于原告提出的证据，被告可能会从关联性、合法性、真实性、证明力等方面发表不同意见，这就是质证的过程，未经质证的证据不得作为裁判的依据。

除了对原告提供的证据进行质证，被告还可以提出证据证明原告主张的不真实，被告反对该要件事实的证据是反证，只需要把原告的证明降低到高度可能性以下、真伪不明即可。

5. 证明责任判决。

当法庭辩论终结，原告请求的要件事实存在这三种状态：

一是确定该请求要件事实真实，暂时支持该请求，还要转入符合性的考察。

二是确定请求要件事实不真实，否定该请求。不用考察符合性。

三是请求要件事实真伪不明，这时候就需要证明责任判决。因为原告对请求权基础的要件事实负有证明责任，真伪不明时，原告承担败诉的后果，也不需要转入符合性的审查。

实务中需要注意的是：从法律适用上来讲，无请求，不抗辩。抗辩是针对已经满足的请求的，对被告来讲，直接转入抗辩的审查是不利的，因为他已经丧失了一道很重要的防线。

6. 要件事实的符合性：本论、反论、质论。

本论是指法律要件负担方提出的自己的事实符合法律规定的论证，质论就是反对方对本论的论据和论证过程的反对，反论则是反对方作出的对方提出的事实不符合法律规定的论证。

在法律适用中，事实和法律之间的连接并不是自动实现的，需要适用法律的一方进行论证。论证在以下两种情形尤其重要。一是当事实和法律之间存在落差的时候，就需要通过解释予以弥补。二是涉及评价性的构成要件时。对于“显失公平”“重大误解”“必要费用”“公序良俗”等评价性概念，律师要做的就不仅仅是证明基础事实，更重要的是充分地论证得出这种评价的正当性。

在法律意见辩论中，律师的法律意见并不像事实主张那样约束法官，但是能够影响法官。而且这也是律师唯一能运用的方法：说理，说理，说理。

在法官做出法律决定的时候，他只有是和否两个选项，没有真伪不明，没有中间选项，也就是说，在决定一个事实是否可以归入一个构成要件时，他是在比较两个选项。如果归入的理由比不归入的理由更好，在只考虑论证和说理，而不是其他裁判动机的情况下，应该做出归入的判断。也就是说，本证要达到80%左右的盖然性，本论则是优势论据即可。

7. 转入抗辩。

如果请求权基础要件事实的完整性、真实性、符合性都得到满足，那么就转入抗辩的考察。被告的陈述是否指向了一个抗辩规范，是否指向了权利障碍、消灭、阻止等情形。如果它既不支持也不否定请求权要件事实，同时也不指向抗辩规范，那么它可能就是不重要的，对该诉讼标的无实质性意义。

抗辩的审查步骤和前述的步骤一致，只不过这次是被告变成了法律要件的负担方，原告变成了反对方。

8. 责任范围的攻防。

前面只是定性地进行攻防，也就是是否应该产生这个义务和责任，是责任有没有的问题。但是在责任确定产生的情况下，请求的内容还需要根据法律进行攻防，解决有多少的问题。这在返还原物、返还占有等情况下没有多少攻防的空间，但在赔偿损失等情形下，就有比较大的攻防空间。实务中的不少案例，不是赔不赔的争议，而是赔多少的问题。

（二）实例解说

风险 序列		法律要件负担方			反对方			法庭
攻防层次	要件划分	辩论	调查	陈述	陈述	调查	辩论	认定
		本论	本证	主张	自认/否认	质证/反证	质论/反论	认证/认为
请求（Q）	1. 损害		车损鉴定	车损3000元	自认			有/无争点
	2. 行为		证人证言	卡车倒车	否认	视频		
	3. 因果			造成碰撞	否认			
	4. 过错			疏于注意	否认			有/无争点
抗辩（K）	1. 起算点			2017. 3. 15	否认	半个月才知道		有/无争点
	2. 满3年			已满				有/无争点
再抗辩（Z）	提出请求		聊天记录	提出请求				
再再抗辩（Zb）								

大卡车倒车撞到小轿车，为此小轿车车主提出损害赔偿。以此为例展开说明如下：

1. 诉讼请求和认诺。

如果原告起诉主张损害赔偿，首先来看被告对此诉讼请求的态度，如果被告承认该诉讼请求，那么就构成认诺，根据处分主义，此案没有必要进入审理，直接判决被告败诉即可。如果双方只是就赔偿数额有争议，一般也会通过调解结案。

2. 主张、自认、否认。

如果被告不承认诉讼请求，就将案件引入了审理阶段。原告就需要对其请求的事实进行主张。

主张则是针对自己承担证明责任事项的事实陈述。根据道路交通安全法、民法典侵权责任编的相关规定，原告请求损害赔偿就需要主张损害、行为、因果关系、过错等四个构成要件。比如，原告主张某年某月某日，原告在某县某镇村口停车，大卡车倒车没注意后面的小轿车，将小轿车碰撞，损失3000元。因此提起诉讼。

原告主张后就需要观察被告的态度，自认就是被告对原告负有证明责任事项的事实陈述予以承认。被告自认的事实无需原告举证证明。比如，被告承认，原告的损失确实是3000元左右，但否认是自己造成的。

否认是针对对方承担证明责任事项的否定性陈述，不用举证。单纯的否认即引出对方举证的必要。

3. 直接证据、间接证据。

对于被告否认的事实主张，原告就要为此提供证据证明。根据其证明是否需要推理，分为直接证据和间接证据。

直接证据：能够直接证明要件事实的证据。比如，发生碰撞时的监控资料。目睹了碰撞事故的证人证言等。

间接证据：不能直接证明要件事实，需要经过推理。比如，证人作证说：我当时路过事故现场，看见小轿车停在原地，车里没有人，大卡车正在倒车，然后我就走开了，没看见碰撞事故。几分钟后，看见那里聚了一堆人，才知道发生事故了。这个证人证言不能直接证明要件事实，但是可以通过推理获知：小轿车停在原地不动，大卡车正在倒车，几分钟后发现发生碰撞事故，大卡车倒车过程中碰撞小轿车具有高度可能性。

4. 本证、质证、反证、证明责任判决。

比如，原告负有证明责任，原告提供的证人证言，证明大卡车倒车撞到小轿车就是本证，需要达到高度可能性。对此，被告又提出了反证，一天前在路口的视频，视频显示小轿车车辆前保险杠松动脱落迹象，也就是小轿车的损失不是由被告造成的。该反证不需要达到高度可能性。只要将本证拉到高度可能性之下即可。也就是说，如果法官形成了大卡车撞到小轿车高度可能的心证，这时候才有考察反证的必要，如果反证将这种心证拉低到高度可能以下，它就实现了自己的目的，原告这时候就需要补充本证。

当法庭辩论终结，到底被告有没有撞到原告会出现三种情形：

一是确定被告撞了原告，进入符合性考察。

二是确定被告没撞原告，判决被告不承担责任。

三是被告是否撞了真伪不明，这时候就需要证明责任判决。因为原告对请求权基础的要件事实负有证明责任，真伪不明时，原告承担败诉的后果。判决被告不承担责任。

5. 抗辩。

如果原告的请求得到满足，那么就转入考察被告的抗辩。此案中，被告主张诉讼时效抗辩，那么只需要主张诉讼时效期间届满即可。如果2017年3月15日被撞，现在已经经过三年。对此，原告提出反证说，自己车辆被撞时，正在外地度假，半个月后回来就一直和被告交涉。如果对起算点真伪不明，则由被告承担败诉风险。

6. 再抗辩。

如果抗辩成立，那么需要接着考察原告的再抗辩。比如，原告提出证据证明自己在此期间请求被告履行。再如，相关的微信截图。

三、要件事实攻防表的重要意义

（一）要件事实攻防表的理论意义

1. 逻辑上的层次性。

这个横向和纵向的划分，从逻辑上来讲是从左到右，从上到下逐层推进的：

横向的顺序，是从左向右推进的，只有在原告请求的证明责任范围内，达到了证明标准，才有进一步考察反证的必要，否则原告的请求就被驳回了。只有反证动摇了法官对于本证待证事实的确信，原告才有进一步提供本证进行巩固的必要。经过多轮的事实攻防，只有原告的请求要件事实最终确信了，才有在下一层考察被告抗辩的必要，否则，就直接驳回原告的请求了。

纵向的顺序，是从上向下推进的。如果被告的抗辩无法得到确信，就会直接支持原告的请求。只有被告的抗辩得到法官的确信，才有进一步考察原告再抗辩的必要。如果原告的再抗辩得到确信，就需要考察被告的再再抗辩。

2. 要件事实分析表明晰了否认和抗辩的区别。

横向上构成否认，否认是反对方针对法律要件负担方提出的要件事实进行的否定性陈述。

纵向上构成抗辩，抗辩是援引抗辩规范根据抗辩事实做出的针对请求方权利主张效果的否定性陈述，比如，障碍、消灭、阻止、减免责抗辩等。

3. 横向和纵向的划分也为理解本证和反证、本论和反论提供了便利。原告请求，被告抗辩，原告再抗辩，被告再再抗辩，根据法律要件负担方可以快速地判定本证、反证、本论、反论。

4. 要件事实分析表有利于律师准确把握庭审动态、及时采取应对策略。证明责任的划分是法定的，但是本证是否达到证明责任的标准，是否需要提出反证等则是根据庭审情况动态变化的，律师需要及时把握。

（二）要件事实攻防表的实践意义

要件事实攻防表为当事人在诉讼中攻击防御提供了行动指南，使当事人能够积极主动地参与到诉讼中来。要件事实的攻防，可以形象地比喻为裹在法律外壳下的事实弹药之间的攻防，有助于对法律进行立体、动态、综合的把握。要件事实攻防表，将请求权基础、证明责任的静态划分，具体体现为请求、抗辩、再抗辩、再再抗辩的动态进程，体现了民事诉讼的当事人主义、处分主义、辩论主义，体现了诉辩的对抗性，适应了民事诉讼的现实需要，具有很强的实战性。

要件事实攻防表的逻辑性是律师整理后形成的，实际上是平行的、多点的，攻防双方可能将与此相关的证据和事实一并提交法庭，然而这张表的实践意义却不应该被忽视，因为它是法律适用规律的逻辑总结，正确的法律适用结论总是可以在这张表中进行结构化的呈现。

利用要件事实攻防表排查诉讼风险应该贯穿诉讼全过程直至判决生效、再审全过程，随着诉讼的进展不断充实和完善，动态调整其中的内容。

起诉状撰写时，是根据当事人一方陈述的事实争议和证据进行预判。

在立案受理之后，开庭审理之前则根据起诉状、答辩状和证据，大致了解对方的主张和根据，从而制定相应的策略，提出新的证据和主张。

法庭审理环节，还可以根据举证、质证情况申请鉴定或提出新的证据。

一审判决后，可以根据这张表，对法院认定事实和适用法律情况进行审查，提出上诉理由。

第三节　要件事实攻防图

第二节我们对请求、抗辩进行了全局式、概览式地扫描，便于从战略全局把握庭审动态；但围绕一个具体的要件如何组织进攻和防御，也有详细考察的必要。要件事实攻防图就是细节放大图，便于从战术上拟定攻防方案。

一、要件事实攻防图概要

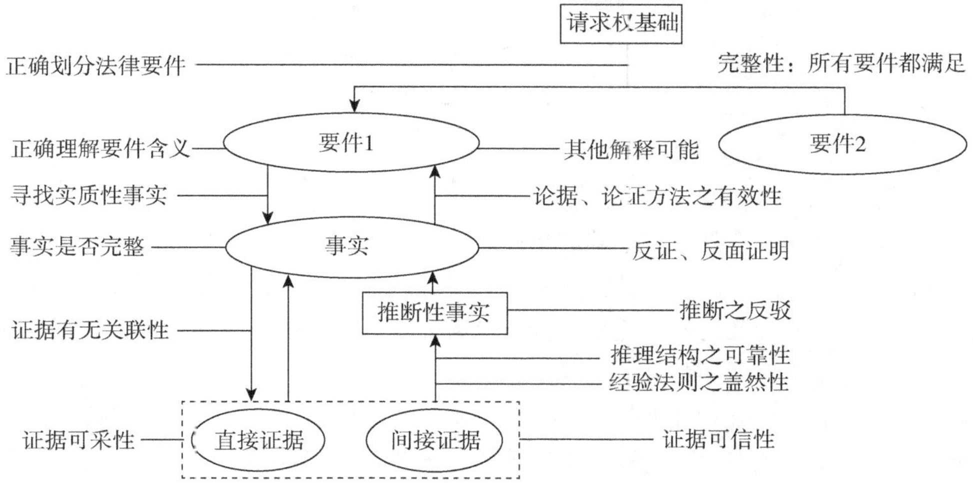

从要件事实攻防图的标示来看，上下箭头表示立的一方，横向的横线表示可能的攻击点，取横生枝节之意。

要件事实攻防图也体现了要件诉讼九步法的要件事实循环理论。向下的箭头表示整理要件事实，是从要件→事实→证据的路径，收集整理相关的事实和证据。向上的箭头表示证明要件事实、论证要件事实，是从证据→事实→要件，明确说服的路径和方法。两者构成了一个循环。

二、要件事实的循环——要件事实何以立

整理要件事实是从要件→事实→证据的路径，收集整理相关的事实和证据。

（一）要件→事实→证据

要件→事实→证据，这是一种“自上而下”（top-down）的推理，主要用于宏观地整理事实和组织证据，是一种整理归类的思维，主要运用的是实质性和关联性的排除功能，排除无实质性的事实和无逻辑关联的证据。

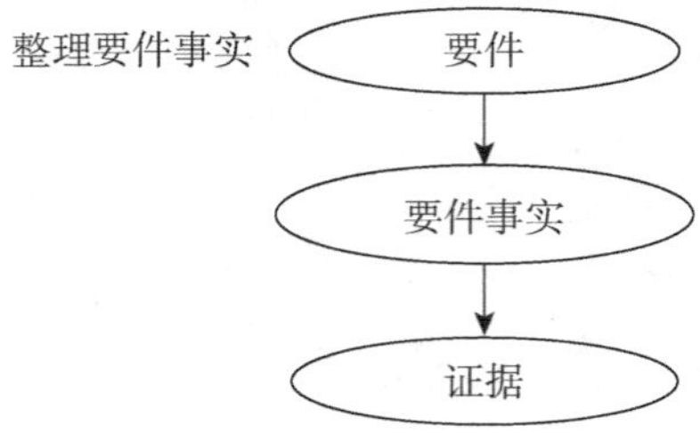

1. 实质性的事实。

当我们明确一个请求权基础的要件之后，就根据这个要件去寻找与这个要件相关的事实，不相关的事实就没有必要去寻找，为了区别，这种事实和法律要件的相关性我们称为实质性。比如被告抗辩说最近老婆生孩子没钱还债，情理上相关，但在法律适用上不相关。

以最高人民法院指导案例 17 号“张莉诉北京合力华通汽车服务有限公司买卖合同纠纷案”为例①，经销商出售维修过的汽车，消费者主张欺诈进行维权，请求权基础是：《消费者权益保护法》第五十五条：“经营者提供商品或者服务有欺诈行为的，应当按照消费者的要求增加赔偿其受到的损失，增加赔偿的金额为消费者购买商品的价款或者接受服务的费用的三倍；增加赔偿的金额不足五百元的，为五百元。法律另有规定的，依照其规定。”

对此，被告提出了两项抗辩，一项抗辩是“原告不属于消费者”，一项抗辩是根据《消费者权益保护法》第二十三条，消费者在购买该商品或者接受该服务前已经知道其存在瑕疵，且存在该瑕疵不违反法律强制性规定。

对于“消费者已经知道”这一抗辩要件，就需要结合本案的案情去寻找具有实质性的事实，在本案就是“车主知道该车维修过”的要件事实。

2. 关联性的证据

明确了“车主知道该车维修过”的要件事实，就需要进一步查找与该事实具有关联性的证据，在该案关联性的证据就是车辆验收单。

① 找出抗辩争点部分有该案例的详细说明，请参阅。

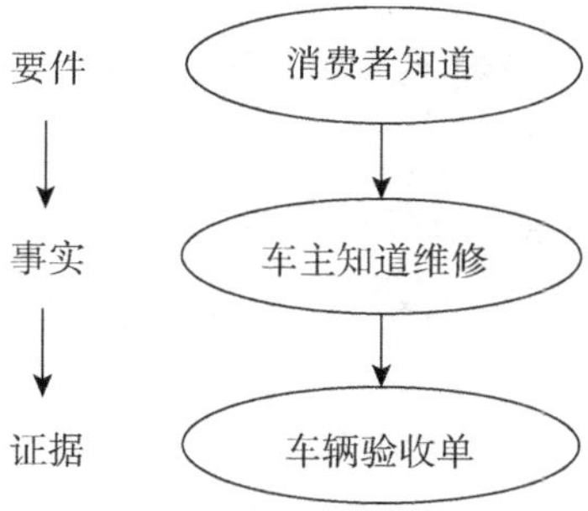

（二）证据→事实→要件

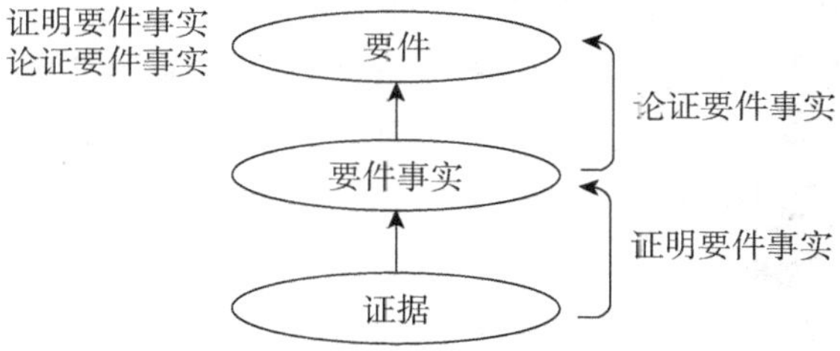

用前述的方法整理出相关的事实和证据之后，就需要进行精细的考察，也就是证明要件事实和论证要件事实。证据→事实→要件，这是一种“自下而上”（bottom-up）的推理，主要用于微观地分析和评价证据，分析和评价事实，构建从案件推理到法律论证一体化的说服路径。

1. 证明要件事实。

有关联性的证据还要接受证据可采性（合法性、真实性）的考察。仍以前述案例为例：

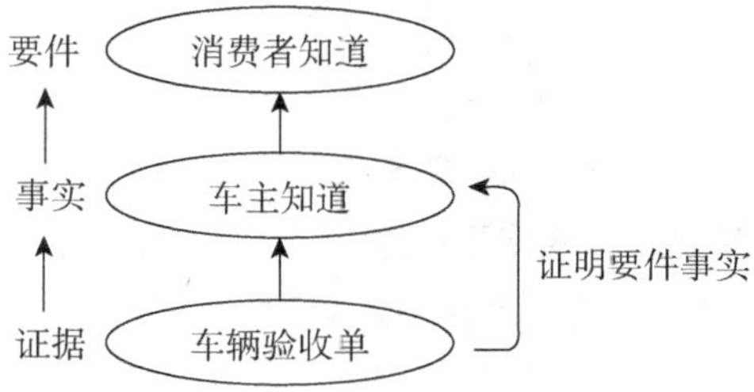

证据可采性：

对于被告“已经告知原告该瑕疵”的抗辩，被告提供了车辆交接验收单。车辆交接验收单，对于证明已经告知原告瑕疵这个要件事实而言，属于直接证据，但是原告对此证据的真实性予以否定，否定理由是原告在签字时备注一栏中没有“此车右侧有钣喷修复，按约定价格销售”字样，而且该备注字体和验收单其他内容不是同一人书写，法院对该证据未予采信。

推理可靠性：

对于可采证据到要件事实的真实性，还有推理可靠性的审查。对于被告“已经告知原告该瑕疵”的抗辩，被告提供另一份汽车降价和优惠的证据。汽车降价和优惠的证据对于证明“已经告知原告该瑕疵”的要件事实来讲，属于间接证据，这个过程中涉及了一个常识的推理，“低于正常售价的商品，很有可能存在瑕疵”。被告认为，根据该车优惠情况，可以推出该车存在瑕疵并经过磋商，进行了降价处理。原告对此可以提出不同的解释，有过买车经验的人都了解，标价15万元的车有2万-3万元的优惠是正常的促销手段，如果是降价4万-5万元的非正常幅度或许能说明有过对瑕疵的磋商，事实上法院也认同了这个解释：“车辆销售价格的降低或优惠以及赠送车饰是销售商常用的销售策略，也是双方当事人协商的结果，不能由此推断出合力华通公司在告知张莉汽车存在瑕疵的基础上对其进行了降价和优惠。”

2. 论证要件事实。

针对待证明的事实，对法律进行进一步精确化和具体化的解释，完成要件事实的证成。此处运用大陆法系的法律解释技术，构建从事实到要件的推论链条。

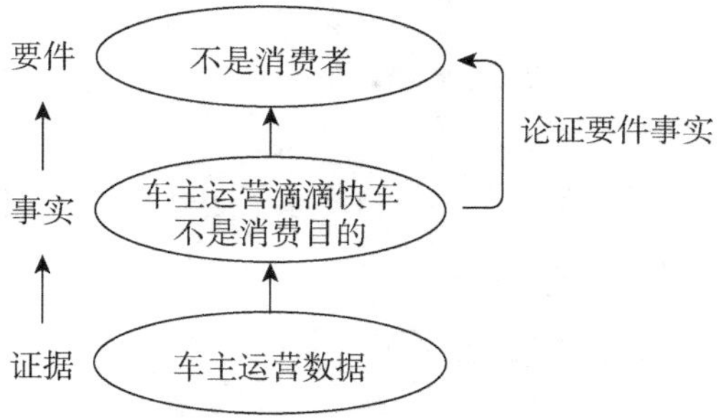

假如4S店获得了车主运营滴滴快车的证据，在证明环节没有太多争议，可能争议在论证环节，车主运营滴滴不是消费目的，不符合消费者定义。原告对此就需要提出理由反驳，比如滴滴快车只是兼职，不是主业，不影响车辆主要用于家庭生活等。

从要件→事实→证据到证据→事实→要件的循环，前者是后者的工作前奏，为其提供了集中处理的素材和底稿，后者是前者的深化和目标，是律师用来进行说服的逻辑路径图。两者共同完成了一个法律适用上的循环，在此，我们借鉴了两大法系各自擅长的内容：英美法的事实推理和大陆法系的法律解释。

第五章大纲分析法的成果为图示法提供了素材和底稿。是将要件事实理论真正融入律师实践的操作方法。

三、要件事实攻防图——要件事实何以破

前面阐述要件事实何以立，此处着重介绍要件事实何以破，我们按照要件事实循环理论的步骤来具体分析可能存在的争点。

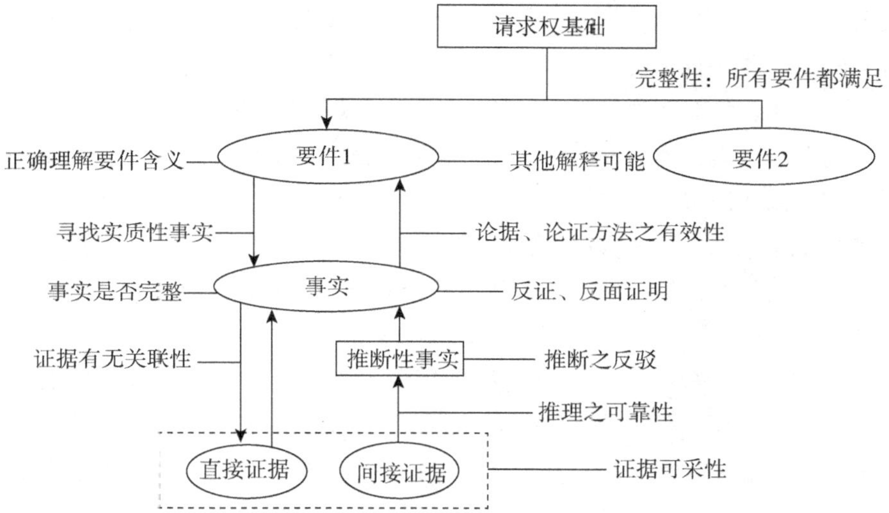

1. 找出可能的请求权基础。

2. 查找教科书、案例，看是否准确地划分请求权基础的要件，是否对要件进行准确分类，是否正确理解该要件的含义。基础不牢，地动山摇，错误地划分要件和理解要件的含义，这种错误是灾难性的，一旦站错了阵营，无疑就会南辕北辙，你越努力，可能结果越糟糕。比如，本属对方抗辩的要件，你不遗余力地取得证据并主张该事实，和你胜诉的目标不是南辕北辙吗？

3. 根据构成要件的含义，原告去整理、收集能够体现这些含义的事实，是为实质性事实。将事实涵摄在法律规范之下是法官的任务，但将含有充足法律因素的事实主张出来却是律师的任务。

4. 另外，还要考察事实主张是否完整，因为构成要件的含义可能包括多样的特征点，实质性的事实主张是否完整地再现了所有的特征点？

在消费者主张惩罚性赔偿时，需要证明欺诈，而根据欺诈的定义，需要双重的故意，也就是故意隐瞒或者虚构事实，以此达到和对方缔约的目的。

分解开来就是：

要素 1：商家知道真实情况

要素 2：商家故意隐瞒或者虚构事实

要素 3：故意隐瞒或者虚构事实是为了达成缔约目的

天津和北京法院判决的两起“错标产地案”形象地阐述了该三个要素的要求。一起是索尼彩电案，原告购买之后发现真实产地是马来西亚，被告标明的产地是日本，被告答辩称，其商品包装、说明书上都没有标明产地是马来西亚，店家根据索尼公司是日本公司，将产地标为日本，不是故意错标产地。另一起是电子词典案，店家标明产地是香港地区，买回去后发现产地是中山，店家答辩称，写成香港只是失误，因为商品外包装上有明显的产地标注，是中山，如果被告有意错标产地欺诈消费者，就会将外包装上的广东中山的字样涂掉，而这对被告来说很容易就能做到，而被告没有这样做，足以证明被告不是故意错标产地。这两起案件都不是故意错标产地，由于并不符合欺诈的定义，所以消费者不能请求双倍赔偿。①

5. 如果事实是完整的，那么就接着考察事实是否有争议，有争议的事实就需要原告进行举证证明。针对该事实，原告举出的证据是否具有关联性？

由于证据的关联性、合法性、真实性是证据必备的属性，从排除证据的角度讲，排除其中一个特性即可，所以没有必要深究三者的排序。但从民事诉讼发现真实的目标以及促进效率的目标来讲，却应该采纳与英美法相同的做法，也就是以关联性为基础，与要件事实有关联的证据原则上可采，促进发现真实；与要件事实没有关联的证据不可采，促进诉讼效率。以关联性为基础还突出要件诉讼九步法的逻辑主线，请求权基础规定了哪些事实是实质性的事实，整理要件事实时便须整理出完整的具有实质性的事实。而关联性则突出了哪些证据对这些事实有证明作用。在实务中，大家首先会问：“你提交这份证据的证明目的和证明对象是什么？”这就是在问证据的实质性和关联性在哪儿。

6. 接着继续考察证据的可采性。合法、真实的证据可以采纳，不合法、不真实的证据不可以采纳。证据的形式、来源、收集程序是否合法？我方是否有对方严重违法和违背公序良俗的证据？最后再审查证据的真实性，因为这个最难判断，有些时候还要和其他证据进行综合判断。注意，这里的真实指的是证据自身的真实，是否存在伪造、变造等情形。应更多关注形式上的真实，更多从排除的

① 梁慧星：《裁判的方法》，法律出版社 2017 年版，第 122~128 页。

角度考察是否有不真实须予以排除的情形。

7. 证据如果是可采纳的，那么我们就要进行从下往上的推理。然后观察证据对事实的证明方式是什么，是否需要经过推理。不需要经过推理的就是直接证据，需要经过推理的就是间接证据。直接证据一步到位，间接证据需要经过推断。直接证据和间接证据都需要接受可信度的检验，也就是考察已经采纳的证据所显示的关于事实的信息是否可信？

比如，一个据称见证了一场事故的证人出庭作证，没有排除该证人出庭作证的其他理由，我们可以从证人的观察风险、记忆风险、诚实风险、表达风险来考察其陈述的可信度。一个色盲作证别人闯红灯，就存在观察风险；一个患有健忘症的人作证一个月前的情形，就有记忆风险；与另一方当事人有利害关系就有诚实风险。

8. 如果是间接证据就需要考察其运用的经验法则来考察推理的可靠程度。比如，快餐店起诉一位顾客要求付款，顾客答辩称：快餐店都是付款取餐，不付款不可能取到餐，我已经用餐完毕，并已经付款。该条经验法则和我们日常去快餐店消费的情形相符，具有高度可能性，可以暂时认定已经付款，除非快餐店提出新的反驳证据。

9. 考察完证据对事实的证明，还要考察对方对该事实的反证和反面证明。反证达到反驳的效果即可，反面证明就是达到推翻的效果。

比如，甲对乙提起人身损害赔偿之诉，其中，乙在微信中扬言要给甲点颜色看看，甲在第二天被人打了。证据的可采性是说，这个微信聊天记录本身是否真实，是否通过别的软件生成等。

该证据对乙打伤甲来说是个间接证据，需要加入一个推理大前提，比如“扬言打人的人，通常会实施该行为”。考察生活场景，就会发现这是一个可靠性并不高的大前提，因为人们在这种情形下常常会说大话，语言上的巨人，行动上的矮子。

当然，乙也可以举出证据，证明自己没有打伤甲。比如，乙证明案发当天自己出去旅游了，提供了动车票和自己在旅游景点的照片。照片可能修改日期，动车票可能买了但没去坐。还有可能乙雇人打伤甲。这些都是合理怀疑，但民事诉讼的证明标准不是排除合理怀疑，而是高度可能性，在前述证据真实且能印证的情况下，可以暂时认定乙没有打伤甲。除非甲提出新的证据和事实。

10. 事实证明之后，我们继续向上推理进行事实和法律的连接。这时就要考察连接的论证是否可接受、可检验。从论证理论的角度，论证由论题、论据和论证方法三个要素组成。在连接的论证中：

从和法律解释的衔接上来讲，论据的反驳是指针对解释的材料和依据的反驳；论证方法的反驳指针对解释方法本身的反驳，指出该方法固有的限制或者未能正确使用该方法的错误之处；论题的反驳是指援引其他的解释方法，以便证成与其不同的论点。从反驳的效果来讲，对论据和论证过程的反驳更为有力，能起到釜底抽薪的效果。

比如，运用案例进行说理，反驳论据就是考察这个案例本身的真实性和有效性，是否真实发生的案例？是否能在裁判文书网查询到？是哪级法院作出的？是否被改判？反驳论证方法就是考察该案例和本案的关系，是否有足够的相似性？是否能被有效地区分？

在援引相关学说作说理依据时，反驳论据就是考察是哪个作者的观点，是哪个出版社出版的。反驳论证方法就是考察是否正确运用相关学说，是否断章取义。

11. 在证立一种解释时，还要考虑其他的解释可能。对于原告来讲，不能只选取支持自己的方法而下结论，要全盘考虑各种解释可能，然后找出理由反驳对自己不利的解释可能。

比如，在承租人优先购买权的情形，原告可以根据文义解释要求行使优先购买权，被告可以根据目的性限缩进行反驳，因为我国民商合一的编撰体例，没有区别民事租赁和商事租赁，为了保障租赁人的生活安定和利益，自可以根据法律规定赋予优先购买权。但在商业店铺租赁中，为了保障商业主体的经营自由和尽最大可能发挥其商业价值，似乎有必要和民事租赁相区分，对该条进行目的性限缩，不适用承租人以优先购买权。当然，这样的论证义务要更高一些。

12. 即使构成要件是可以证成的，我们还可以从法律后果方面进行利益衡量，考察归入的结论是否会产生严重不公正的结论。这就需要跳出自己的立场，站在一般法律人的角度，考察一下这个结果的公正性和合理性。法官的判决要在法律效果和社会效果之间达成统一，如果明显背离了法律人认为的公正和合理，他会反思论证的理由和过程是否出现了问题，是否产生了法律漏洞，是否需要进行漏洞填补。你要有足够的补偿来消除这种不公正感，比如要求高额赔偿的案件中，利用受害方的悲惨境遇、弱势地位，加害方的强势地位或者蓄意等进行补偿。

第四节 消除请求争点

诉讼争点就是当事人存在争议的具体事项。从广义上来说，诉讼争点既包括实体法事项也包括程序法事项，比如管辖异议、重复起诉等程序事项的争议。从狭义来讲，争点则主要包括实体法的争议。本部分的论述采用狭义的争点，主要指实体法争议，也就是要件事实的争点。

一、诉讼是争点的艺术

从要件事实攻防表可知，只有要件事实的完整性、真实性、符合性全部满足的，请求权才能产生，从而才有必要进一步考察抗辩是否满足。“因此，不仅当应承担证明责任的当事人没有就其主张的真实性提供证据，对方当事人提出了该主张不真实的证据时，法官不得命令证据调查，而且，当原告对其诉讼理由完全不能加以证明，被告对其抗辩提出了证据时，法官同样不得命令证据调查。因为，只有当诉讼理由得到证明时，抗辩才具有意义，才被予以考虑，如同再抗辩是在抗辩之后一样。”① 归纳起来就是无本证，不反证。无请求，不抗辩。

现代民事诉讼以两造对立，互相争讼为典型，争点就是对抗的体现形式，争点构成了法庭审理的方向，律师攻防的重点。请求权的满足与否，抗辩的满足与否，是双方利用争点充分对抗后的结果。可以说，在当事人主义诉讼模式下，诉讼就是争点的艺术。原告胜诉的秘诀就是消除请求争点，找出抗辩争点。

二、争点的形式

民事诉讼以两造对抗为模型，前面我们着重考察了原告的请求，现在把被告也纳入我们的视角。

原告方请求，被告方反对，有两种路径：

一种是抗辩，通过主张、证明、论证请求权障碍、消灭、阻止的要件事实达到反对请求的法律效果。

一种是对原告主张、证明、论证请求权产生的要件事实进行否定，主要从实

① ［德］莱奥·罗森贝克：《证明责任论》，庄敬华译，中国法制出版社2018年版，第90页。

质性、完整性、真实性、符合性方面进行否定。

无论是原告的请求，还是被告的抗辩，都会面临来自对方的反对，我们称之为否定。

所以，从本质上来讲，争点主要有四种，就是针对要件事实四种特性的否定。

（一）否定与抗辩

否定是被告针对原告的请求权基础要件事实所表明的否定性立场，主要通过否定要件事实的实质性、完整性、真实性、符合性来实现。抗辩则是被告针对原告请求的法律效果所表明的否定性立场，主要通过援引抗辩规范，提出新的事实主张从而请求与原告相排斥的法律效果。当然针对被告的抗辩主张，原告也可能进行否定。否定和抗辩具有如下区别：

是否承担证明责任不同。否定是针对原告证明责任的事项，且否定方事实不能和请求方事实并存。抗辩是被告方需要承担证明责任的事项，抗辩事实和请求事实可以并存。比如，原告请求被告返还借款，被告否定说没有借过款。原告主张的借款和被告主张没有借款的事实不能并存。而原告请求被告返还借款。被告抗辩说该借款已经返还。原告主张借款和被告主张还款的事实可以并存。

是否产生新的法律效果不同。否定针对的仍然是原告请求的法律效果，而抗辩则产生了一个与请求效果相排斥的法律效果。如前所述，否定只是针对是否借款，而已经还款的抗辩构成权利消灭的法律效果。

（二）风险与争点

风险，就是导致相关标准无法满足的问题点，这些问题点进而可能导致负担无法卸除，面临败诉风险。有时候，也许对手没有提出有效的争点，但是这不代表法官不会对此进行审查。法官总是依靠客观的标准进行审查判断，如果法官认为真实性没有证明，符合性没有证成，一样会判决法律要件负担方承担败诉风险。

为了术语的统一，本书将风险定义为引起责任不满足的问题点，比如，必要的事实未主张，主张的事实证明未达到高度盖然性，待证明的事实未能证成和构成要件的连接。无论这个问题点是由对方提出的，还是法官依职权关注的，请求风险的存在会让原告败诉。请求无风险，抗辩有风险会让被告败诉。一言以蔽之，诉讼就是争点的艺术。起诉状就是让请求有理由，投石问路。代理词就是消除请求的风险，找出抗辩的风险。

通过锚定客观标准的证明责任和论证责任，通过将风险定义为引起责任不满足的问题点（对方反对形成、法官根据职权指出，或是法的观点指出），通过将原告胜诉的秘诀总结为：消除请求争点，找出抗辩争点，这样就实现了当事人追求胜诉的天然性和实现正义目标的协调。因法而胜，因法而败，一决于法。孔子曰：其争也君子乎！当然，实践中存在诉讼能力不均衡的情形，但那已经不是理论问题了。法官有义务也有足够的工具来消除这种不均衡。

（三）有效的说服

风险是导致法律不能适用的问题点，争点是双方争议的问题点，有效的争点总是指向风险。有些风险是由对方提出的争点造成的，有些风险是法官根据职权予以审查的。

在庭审中，律师要明确自己的法律要件负担，一只眼睛看着对方，一只眼睛看着法官，只有指向法律要件负担不满足的争点才是有效的争点，只有影响法官认定的辩论才是有效的辩论。在法庭上，律师要说服的对象是法官，而不是对方。对方激烈反驳的，也许只是伪争点，因为没有指向风险，根本没有攻击性。对方不予反驳的，也许存在风险，因为那正是法官关注的。法官发问或者表达意见的，要明确法官是否指向一个己方或者对方的风险点。对于我方的风险点，要按照后面的措施尽快消除。对于对方的风险点，要明确提出反对意见，将风险显性化，形成有效争点。

三、争点的立场性

我们以效果轴为界，划分了左右两边，左边是主张法律效果一方的积极主张、证明和论证，右边是另一方的否定。

这样就形成了四个象限的诉讼争点排查表。

请求权产生 原告的请求	被告的否定
请求权障碍、消灭、阻止 被告的抗辩	原告的否定

所谓争点也就是对方否定所形成的争议点，主要围绕要件事实的四个特性展开。不同性质的争点，解决方式也不同。

实质性争点：双方对事实是否影响该案的判决产生争议。

完整性争点：针对请求权基础或者抗辩规范，双方对是否提出完整的事实主张产生争议。

真实性争点：双方对事实主张的真伪产生争议。

符合性争点：双方对事实得否归入规范的构成要件产生争议。

主张某种法律效果的一方需要确保上诉四种特性全部满足，而否定方只需否定其中一项就可实现否定的效果。

高手下棋走三步，我们要预测和针对被告的反对，提出相应的措施。

如果被告否定的，我们要进一步采取消除措施，消除争点，使我们的请求满足条件。对于请求权基础的产生要件来讲，所有要件事实都得到满足才能得到支持。所以，要逐一考察请求权基础的各个要件事实。

如果被告抗辩的，我们要找出争点，否定被告的抗辩，使我们的请求能够得到支持。对于特定的请求权基础来讲，抗辩的事由和方向是多维的，我们需要尽可能查找可能的抗辩。但在具体的某一项抗辩上，只要我们能够有效制造一个争点，就足以化解一项抗辩。所以，我们在下方逐一考察的是针对此请求权基础可能的各种抗辩。

概括起来，原告胜诉的秘诀就是消除请求的争点，扩大抗辩的争点。具体运用方法如下：

原告视角下的争点排查表

权利请求	原告的主张	被告的否定	消除措施
要件1：		完整性争点	补充事实主张
要件2：		真实性争点	收集和补充证据
要件3：		符合性争点	法律解释说理论证
抗辩	被告的主张	原告的否定措施	
抗辩1：		主张无实质性	法律说理论证
抗辩2：		主张缺失	
抗辩3：		主张不真实	辅助证据等
		主张不符合	法律说理论证

根据我们对要件事实四种特性的分类，当事人可能对要件事实的实质性、完整性、真实性、符合性方面存在争议。不同性质的争点，解决方式也不同。

1. 诉讼标的的争点。

双方对原告主张的法律关系和请求权基础有争议，对此，《证据规定》第五十三条规定："诉讼过程中，当事人主张的法律关系性质或者民事行为效力与人民法院根据案件事实作出的认定不一致的，人民法院应当将法律关系性质或者民事行为效力作为焦点问题进行审理。但法律关系性质对裁判理由及结果没有影响，或者有关问题已经当事人充分辩论的除外。存在前款情形，当事人根据法庭审理情况变更诉讼请求的，人民法院应当准许并可以根据案件的具体情况重新指定举证期限。”

2. 实质性争点的解决方式。

实质性是法律问题，由法官决定。法官决定具有实质性的，当事人应该忽略这个争点。如果排除这个有争议的事项，当事人要件事实主张比较完整的话，这个事实也可以排除出审理范围。

例如：在一起涉及房屋腾退的案件中，出租人主张其要对租赁的房屋进行拆盖，经承租人同意，双方已签订了退租合同，故要求承租人腾退房屋。为补强自己的诉请，出租人还提出，即便双方对退租合同可能存在争议，鉴于涉案房屋破损较严重，基于改良建筑的需求，其亦有权提前解除租赁合同，收回房屋进行拆盖。承租人抗辩：（1）退租合同未成立；（2）房屋的拆盖这一所有权的行使，应受到租赁权限制，原告不得基于房屋需要拆盖而解除租赁合同。[①] 第一项退租合同是否协商并成立构成真实性的争议。第二项房屋需要拆盖是否能够解除租赁合同则构成实质性的争议，也就是该事实是否具有实质性，是否会对租赁合同产生实质影响。

3. 完整性争点的解决方式。

在辩论主义诉讼模式下，诉讼资料由双方进行主张。对于完整性存在争议的，法官需要进行判断。如果说根据请求权基础或者抗辩规范，一方当事人缺少必要的主张的话，那么法官应该行使释明权，促使当事人完善自己的主张，将完整性缺失的部分补充起来。职权主义诉讼模式下，法官可以依职权查明案件事实，不待当事人主张。

例如：A 以包工包料方式承揽 B 的房屋装修工程，A 与 C 就购买瓷砖达成合意。C 将价值 5000 元的瓷砖送往 B 的住处，B 在送货单上签字确认，所收瓷砖被用于 B 房屋建造。C 以 B 未支付货款为由，诉请法院判令 B 支付货款 5000 元。

买卖合同中的送货单仅能证明货物交付的事实，并不能证明 C 和 B 之间成立买卖合同的事实。C 要求 B 支付货款，还需要主张存在买卖合同的事实，否则就是遗漏诉讼主张，存在完整性争点。

---

① 黄湧：《民事审判争点归纳》，法律出版社 2016 年版，第 52 页。

4. 真实性争点的解决方式。

真实性的争点主要是当事人对具体事实是否存在产生的争议。比如说，在违反安全保障义务的侵权案件中，对是否采取安全保障措施的争议，对是否进行催收导致中断诉讼时效产生的争议。

如果真实性存在争议，就需要当事人举证证明。法官根据证据进行自由心证，如果无法形成心证结论，按照证明责任去裁判。

对于评价性要件，不能直接将该要件作为真实性争点，而是要将其基础事实作为真实性问题。比如，重大误解、显失公平、过错、故意、要约等。当事人是否于某年某月某日提出愿意以5000元购买一台小天鹅洗衣机，这个基础事实属于真实性争点，而这些事实是否可以被评价为一项要约，则是符合性的争点。

5. 符合性争点的解决方式。

符合性的争点主要是当事人对具体事实是否满足法律规定产生的争议。

对于符合性的争点，主要是由当事人去辩论，当事人的意见并不约束法官，法官知法，自行判断，但是需要在判决书中对符合性争点作出回应。为了避免裁判的突袭，法官具有法律观点开示义务。解决符合性争点的手段主要是传统的民法解释学。

比如，在一起交通事故中，被告司机在事故发生时的车速、是否接听电话等属于真实性争点，可以通过证据手段进行解决，比如同车证人的证言、电信部门的通话记录、交警部门的制动车距认定等。但对于开车过程中接听电话是否属于过错，则是符合性的问题，由法官根据相关法律规定和经验法则进行判断。

四、争点的位序性

（一）争点的位序

从逻辑和法律适用的程序上来讲，争点的位序按照实质性、完整性、真实性、符合性进行排列。这种顺序排列和要件诉讼九步法的步骤相衔接。第四步整理要件事实主要是把具有实质性的事实完整地整理出来，主张出来。第五步证明要件事实是对争议的事实主张进行证明，第六步论证要件事实，是对符合性进行论证。实质性、完整性、真实性、符合性层层递进，前一步构成了后一步的前提和基础。

1. 这样的顺序安排符合人们的思维规律和法律适用的原则。陈兴良教授对犯罪认定提出了四个判断标准：客观判断先于主观判断，形式判断先于实质判断，类型判断先于个别判断，事实判断先于价值判断。同属法教义学，这四个判断原则同样为要件诉讼九步法所遵循。实质性类似于根据规范对事实的粗加工，是一个大致的、初步的判断，是根据规范对生活事实的较为宽松的节选，尽量把法律适用相关的事实摘选进考察框里，留待下一步的精加工，同时又排除明显无关的法律事实和生活事实。完整性是一个数量上的判断，明确构成要件与事实之间的一一对应关系。实质性、完整性是形式判断，先于真实性和符合性的实质判断。真实性是对事实的证明，符合性是对事实和法律连接的说理。真实性是符合性的基础，没有证明的事实说得天花乱坠也是无用。真实性属于客观判断，符合性涉及主观判断，所以先讲真实性，再讲符合性。

2. 这样的顺序也和诉讼程序相对应，不同的诉讼阶段，四个特性的重要性有所不同。起诉答辩阶段，侧重把具有实质性的事实完整地主张出来。法庭调查阶段，侧重对要件事实的真实性进行处理。法庭辩论阶段，侧重对要件事实的符合性进行处理。

我们讨论争点的位序，更多的是针对原告一方在逻辑上和程序上的探讨。对于被告的否定来讲，位序没有太多的实际意义，伤其十指，不如断其一指，攻击原告最薄弱的一点就能达到否定的效果。对于被告的抗辩来讲，原告也是攻其一点即可。要件负担方需要所有的点都满足才能适用法律，而反对方只要击破一点。这也充分说明了要件负担之所在，败诉之所在。

（二）争点的位序实例

以黄湧法官书中所讲的例子说明一下争点的位序。①

原告 A 因旅游随团在被告 B 宾馆住宿，2008 年 9 月 19 日晚，原告 A 在洗浴房摔倒致伤，急送医院治疗，经医院诊断为右股骨颈骨折，行右侧全髋置换术。2008 年 11 月 14 日，原、被告签订《酒店公众事故赔偿协议书》，协议内容如下：原告 A 损失医疗费 40082 元、护理费 321 元；被告 B 一次性赔偿原告 A 人民币 43400 元整，其他责任双方互不追究。上述协议经双方签字认可。被告 B 已依协议约定赔付医疗费、护理费 43400 元。事后，经鉴定部门评定，原告 A 的伤情为九级伤残。

原告 A 于 2009 年 10 月 15 日以对涉案协议存在重大误解及协议内容显失公平为由向法院提出诉请：（1）撤销原、被告所签订的《酒店公众事故赔偿协议书》；（2）判令被告 B 支付医疗费、残疾赔偿金、交通费、伙食补助费、营养费、残疾鉴定费、精神损害抚慰金合计 164514 元。

---

① 黄湧：《民事审判争点归纳》，法律出版社 2016 年版，第 37~39 页。

被告B答辩称，宾馆配备设施齐全，工作人员也尽了相关的管理义务，原告A因不当使用洗浴房，应自担其责。况在事故发生之后，被告B出于人道主义与原告A签订了赔偿协议，原告A要求撤销该赔偿协议没有充分的理由，且已超过法定的申请撤销的除斥期间，请求驳回原告A的诉讼请求。

法院经审理认为：（1）原告A于订立赔偿协议一年内向法院申请撤销协议，未超出法定时限，被告B提出原告A已超过法定的申请撤销的除斥期间一节，无法律依据，法院不予支持。（2）原告A就其提出的对涉案协议之签订存在重大误解一节，未提供相应事实与法律依据，法院不予支持。（3）就原告A提出涉案协议内容显失公平一节，审查的重点在于协议的约定赔偿金额是否明显违反公平，而此首需对被告B是否承担赔偿责任做出判断。经法院释明，原告A主张以人身损害赔偿法律关系作为诉讼标的诉请赔偿，经法庭的现场勘查，较明显可感知浴房所铺设的地砖在浸水后较滑，被告B无法证明于事故发生时已配置防滑设施，法院因而认为被告B未尽善良管理人所应履行的保障义务，考虑原告A对自身安全没有尽到一般人所应尽到的谨慎注意义务，对自身的损害存有较大过错，法院认定被告B应承担的责任类型为次要责任，经计算原告A的各项损失金额并考虑被告B所应承担的赔偿比例，涉诉协议所约定的金额与原告A依法所能获得的损害赔偿金额并无大的差距，故原告A提出协议显失公平一说，缺乏依据，法院不予支持。依据《民法通则》第五十九条的规定，法院作出判决：驳回原告A的诉讼请求。

分析原、被告诉辩意见，在该案中，各方争议点包括：

1. 诉讼标的争点。

原告A提出了请求撤销赔偿协议的诉讼请求，其诉请内容是明确的，但本案的诉讼标的是基于重大误解法律规范，还是基于显失公平法律规范？在当事人间存在争议。被告B提出原告A只能选择其中的一项，而不能同时在诉讼中提起。原告A则认为，其有权提出预备之诉①，由法院先行审查重大误解法律规范是否成立，如不成立，再由法院审查显失公平法律规范是否成立。

引导当事人围绕特定的法律关系进行诉讼攻防，是法官审判之初首先要解决的问题。对于原告律师来讲，让被告在自己选定的法律关系之下进行答辩也是一种理想的状态。要件审判九步法将特定诉讼标的放在靠前的步骤。只有确定了诉讼标的，才能据此明确主张证明的重点，但是这只是一种典型和理想的情形。

① 为了促进争议的一次性解决，学界倾向于支持预备之诉，但法律并未明文规定，实务操作不一。

（据此，也可以看出法官裁判方法和律师诉讼方法论的不同。法院受处分权的限制，在审理之初即识别诉讼标的。律师维护当事人利益，在分析的最后才选定诉讼标的并向法庭提出。）

在实践中，也可能当事人首要的争点就是对法律关系的认识不同，呈现出来就是诉讼标的的争点，比如一方主张是买卖合同，另一方主张是加工承揽合同。一方主张是承揽合同，另一方主张是雇佣合同。按要件审判九步法的思路来讲，不确定诉讼标的就无法展开下一步的请求权基础以及要件事实的查找，但是诉讼标的的确定又需要具体的事实来确定。可能的解决方法是把两种诉讼标的要件事实和区别点都检索出来，结合事实主张和证据的提供最终确定一个标的。（从逻辑上来讲，这种状态也是清晰的，而不是不确定的。如果事实不确定，诉讼标的也不确定，两端不确定，游移而拖沓的庭审对法官和当事人来讲都不是值得期待的。）法官应该运用释明权指导诉讼标的的确定，当当事人攻防的标的与法官认定的标的不同时，应该向当事人开示，由他们针对法官认定的标的进行充分的攻防。

如果诉讼标的属于对方处分权的范畴，比如侵权和违约之诉的选择，物权和侵权之诉的选择，则对方的争议没有实质意义。如果是对是否选择了正确的法条产生争议，则需要按照法条冲突的方法进行解决。如果是对事实的法律定性产生争议，则按照前述的方法解决。

2. 完整性的争点。

虽然原告 A 主张重大误解或者显失公平撤销协议，但是却并没有主张相关的事实，对于重大误解来说，原告 A 在签订赔偿协议时是否存在对协议内容理解上的重大错误？对于显失公平来说，订立协议过程中被告 B 是否利用原告 A 急于处理的心态钳制对方？

3. 真实性的争点。

原告缺失的事实主张自然无法进入真实性的环节。对于原告 A 提出其在法定期限内已发送邮件到被告法定代表人邮箱，在邮件中已明确主张撤销协议，此属于合同法规定的通知形式，故未超出除斥期间。那么，原告 A 是否发出信件，以及被告 B 法定代表人的邮箱是否以及何时收到原告 A 发出的信件，这就属于真实性的问题。

4. 符合性问题。

原《合同法》第五十四条："下列合同，当事人一方有权请求人民法院或者仲裁机构变更或者撤销：（一）因重大误解订立的；（二）在订立合同时显失公平的。一方以欺诈、胁迫的手段或者乘人之危，使对方在违背真实意思的情况下订立的合同，受损害方有权请求人民法院或者仲裁机构变更或者撤销。当事人请求变更的，人民法院或者仲裁机构不得撤销。”①

假使原告A确实发出了信件，被告B提出了符合性争点。被告B认为，“发送邮件的行为”不属于《合同法》第五十四条规定行使撤销权的形式。由此，“发送邮件的行为”是否属于《合同法》第五十四条规定形式即构成一项法律争点。

五、争点的变动性

随着诉讼进程的推进，当事人双方会因为一条诉讼路径受阻而寻找其他的攻击或防御方法，从而造成从一个争点转移到另一个争点，或者从一个要件的争点转向其要素等深层次的争点，使得争点具有动态性和复杂性。

例如，原告是自动型柴油发电机组的买方，被告是此设备的卖方。买方诉至法院，请判令解除合同并由被告支付违约金。事实理由是被告未依约定交付设备，致原告的合同目的不能实现。被告答辩认为，延迟交货经过了双方多次磋商，有双方来往信函为证，被告并不构成逾期履约。法庭初步归纳本案的事实争点为：是否存在延迟交货的违约情形。庭审中，经双方当事人举证质证相关信函，并申请证人出庭作证，逐步确定了双方多次磋商修改交货期的事实。原告遂又提出“被告所提供的用户手册载明：涉案发电机的最小的燃油箱容积为14000升，但目前被告所配置的燃油箱容积明显小于14000升，被告的供货无法达到约定标准，应承担违约责任”。被告则提出“被告所提供的用户手册所载明的容量仅是一种建议，原、被告双方对使用日用油箱容油量可供机组运行8小时已达成一致，此从原告提交给被告的投标书中可以体现，另配用8小时日用油箱亦符合行业惯例”，由此，本案的争议逐步转移到对设备约定的标准问题上，双方究竟是以“燃油箱容积为14000升”，还是以“日用油箱容油量可供机组运行8小时”作为油箱容积的标准，成为本案的事实争点，庭审也围绕新的争点而展开。②

迟延交货解除合同和履行不符合约定承担违约责任属于不同的请求权基础，具有不同的攻防配置。虽然争点具有变动性，但是静态的分析框架并非没有用处，逻辑上的清晰反而有利于实践中的见招拆招。

---

① 《民法典》第一百四十七条、第一百五十条、第一百五十二条。

② 黄湧：《民事审判争点归纳》，法律出版社2016年版，第65页。

六、排查诉讼争点的全程性

争点犹如足球，胜败取决于踢入谁家的球门。负有证明责任的一方要把争点赶出去，踢入对方的证明责任区域。

争点预测、整理、攻防贯穿诉讼的全过程。

在诉前，律师根据预测的争点，准备诉讼策略，选择诉讼方案。

在起诉答辩阶段，律师根据被告的答辩状情况，整理诉讼争点，补充收集证据，准备辩论意见。

在法庭调查阶段，根据要件事实攻防表，逐一证明自己的事实争点，形成对方的争点。

在法庭辩论阶段，根据要件事实攻防表逐一消除自己的法律争点，形成对方的争点。

在判决生效之后，围绕事实争点考察事实认定，围绕法律争点考察法律适用，有针对性地撰写上诉状。

七、消除请求权基础要件事实的争点

高手下棋走三步，对于原告来讲，首先要预测对方对自己主张证明的要件事实可能存在哪些否定，然后有针对性地采取措施，消除争点。如下表所示：

规范	要件	原告	被告否定	消除措施
请求权基础	要件 1	要件事实 1	完整性争点	补充遗漏主张
	要件 2	要件事实 2	真实性争点	补充完善证据，加强证明说理
	要件 3	要件事实 3	符合性争点	运用民法解释学，加强说理论证

（一）总体步骤

1. 将前述整理、证明、论证的要件事实整理出来。

2. 结合被告的证据、态度等逐一查找被告可能主张的否定。

3. 针对可能的否定采取针对性的措施，确保针对请求权基础要件事实的每一个否定都能够被消除。

具体查找争点的方法就是按每个构成要件逐一进行甄别，某一项要件是否存在争议，不存在争议的进行排除，存在争议的，确定是在这四项特性中哪一项或哪几项上存在争议。这样的整理方法可以帮助自己一方发现缺失的诉讼主张，缺少的关键证据，缺乏的论证理由，以便自己进行充分的准备。

（二）消除完整性争点

例如：A 以向 B 的转账凭证要求 B 返还借款。B 答辩称，该 10 万元是 A 之前向 B 的借款（当时未签订书面协议，以现金形式交付），现 A 通过银行转账来偿还，请求驳回原告的诉讼请求。

要件事实：依民间借贷合同法律关系的构成要件，借款合同关系的基础事实不仅包括款项的实际支付，还应包括双方存在借款合意。

争点预测：如果 A 不能补充借款合意的要件事实，会因为遗漏必要的主张而被驳回诉讼请求。

消除措施：补充完善相关事实主张，比如，某年某月某日 B 因资金短缺向 A 借款，约定何时归还，A 于某年某月某日通过银行向 B 转账人民币 10 万元，现 B 未按期返还借款。

（三）消除真实性争点

原告主张承诺于 6 月 15 日到达，被告说超过了承诺期限，合同未成立，拒绝履行合同。

要件事实：原告要求主张履行合同，需要证明存在有效的合同，而存在有效的合同，有两个要素，一是要约，二是承诺。

争点预测：通过前期接触，本案在承诺何时到达上产生争议，如果在 6 月 15 日到达，承诺生效，合同成立。如果迟于这个时间，承诺未生效，合同未成立。

消除措施：为此，原告查询了 EMS 投递状态，确定是 6 月 15 日由被告签收。为此，原告律师收集了邮递员的证人证言，并申请出庭作证。

罗森贝克举的一个例子中，该判决是基于原告就食道位置的伤口导致的吞咽困难之诉。伤口产生的原因可能有两个，一个是医生无责，一个是医生有责。伤口可能是进行甲状腺瘤手术时正常的手术行为产生的创伤，但该创伤也可能是由于应当由医生担责的化脓造成的。根据专家的鉴定意见，两种可能性各占百分之五十，且两种可能性均有具体的证据。[①] 患者在诊疗活动中受到损害，医疗机构或者其医务人员有过错的，由医疗机构承担赔偿责任。（第一千二百一十八条）由于医疗损害责任是过错责任，原告必须进一步举证证明医生应该担责的情形，否则，赔偿之诉会因为构成要件不满足而被驳回诉讼请求。

① ［德］莱奥·罗森贝克：《证明责任论》，庄敬华译，中国法制出版社 2018 年版，第 223 页。

（四）消除符合性争点

以一起动物侵权为例，[1] 2017年8月13日19时许，原告欧丽珍在丈夫陪同下徒步经台山市一公共人行道时，遇趴在台阶上休息的由高燕饲养的一只棕色“泰迪犬”；“泰迪犬”见欧丽珍夫妻接近，站立起来向欧丽珍方向走了两步（约50厘米），此时欧丽珍与“泰迪犬”相距约3米；欧丽珍见“泰迪犬”靠近，惊慌往其左侧避让时摔倒受伤。欧丽珍受伤后即被送往台山市人民医院住院治疗，后鉴定意见为9级伤残。

要件事实：《民法典》第一千二百四十五条：“饲养的动物造成他人损害的，动物饲养人或者管理人应当承担侵权责任；但是，能够证明损害是因被侵权人故意或者重大过失造成的，可以不承担或者减轻责任。”本条为无过错责任，构成要件为：饲养的动物、他人损害、因果关系。

争点预测：根据证据和事实情况，因果关系一项可能存在争点，“泰迪犬”是一种比较温和的犬类，在该案中动作也不具备明显的危险性，是否存在因果关系可能存在争议。

消除措施：加强说理论证，在该案例中，法院认为“涉案的犬只虽未对人实施如抓伤、扑倒、撕咬等直接接触人体的动作，一般人在陌生犬只尤其是未被约束的犬只进入到在自身安全界线内的时候，本能会产生恐惧的心理，故欧丽珍在看到未被采取任何约束措施的涉案犬只突然起立并向其逼近的时候，因本能的恐惧而避让进而摔倒，并受伤。虽然犬只与人体不存在实际接触，但该伤害与犬只之间具备了引起与被引起的关系，故二者具备因果关系，动物饲养人或者管理人对此亦应当承担侵权责任”[2]。还可以从原告年龄原因（62岁）补强这种因果论证，一般人尚且会受到惊吓，更遑论易受惊吓的老年人。

（五）综合运用

为了思维上的精细和论述的方便，我们针对真实性、符合性按顺序分别进行了说明，但在实际运用中，符合性的证成也可能对真实性的攻防产生影响。尤其是涉及真实性攻防的争点在一些程序性事项或技术性规则上面的时候，相对于程序正义，我们更偏向实体正义一些。下面是一则关于陷阱取证中证据违法性判断与实体正义之间的衡量。

为了获取侵权证据，A公司让其员工以个人名义购买侵权公司的产品，并对

① 周江洪、陆青、章程：《民法判例百选》，法律出版社2020年10月版，第494~498页。

② 欧丽珍诉高燕饲养动物损害责任纠纷案，载《最高人民法院公报》2019年第10期。

侵权事实进行了公证证据保全，一审认可了该“陷阱取证”的侵权证据，二审不认可该取证方式，予以改判。A公司向最高人民法院申请再审，关于取证方式的问题作出如下结论：“A公司通过公证取证方式，不仅取得了B公司现场安装盗版A公司软件的证据，而且获取了其向其他客户销售盗版软件，实施同类侵权行为的证据和证据线索，其目的并无不正当性，其行为并未损害社会公共利益和他人合法权益。加之计算机软件著作权侵权行为具有隐蔽性较强、取证难度大等特点，采取该取证方式，有利于解决此类案件取证难问题，起到威慑和遏制侵权行为的作用，也符合依法加强知识产权保护的法律精神。此外，A公司采取的取证方式亦未侵犯B公司的合法权益……据此，本案涉及的取证方式合法有效，对其获取证据所证明的事实应作为定案根据。”

否定符合性也会对真实性争点画上休止符，假使主张全部真实的话都会因不符合而败诉，再进行证据调查已属无意义。

第五节　找出抗辩争点

原告在法院的帮助下选定了诉讼标的，那么也要承受被告相应的防御。诉讼标的是整体，法律要件分类是划分的依据，划分了双方的立场和各自承担的风险。对于请求权发生的要件，原告需要致力于让它满足，对于请求权障碍、消灭、阻止的要件，原告需要致力于让它不满足，这样，原告的请求才会最终得到支持。原告不能仅考察请求权基础就决定起诉，还要考察相应的抗辩如何。就好比古代打仗，攻击方有选择攻击方向的主动，但你不能仅考虑自己一方擅长山地战，却不去考虑对方可能比你更擅长。

与第四章第三步划分法律要件相衔接，我们在着重处理完请求权产生要件的相关问题后，我们转入请求权障碍、请求权消灭、请求权阻止等抗辩的考察。进入抗辩的考察后，原告就由法律要件负担方变成了反对方，攻守之势发生转变，但使用的还是前面介绍的方法。消除争点和找出争点都可以用到要件事实攻防图的方法。消除和找出实际上是同一个思考流程，只不过立场不同，破和立的目标有别。对于请求权基础，原告在于立，被告在于破；对于抗辩规范，原告在于破，被告在于立。破和立的攻防之间，考察的思维和方法是同一的，只不过立场有别而已。

一、主要步骤

风险是导致法律不能适用的问题点，争点是双方争议的问题点，有效的争点总是指向风险。有些风险是由对方提出的争点造成的，有些风险是法官根据职权予以审查的。无论如何，只要找出一项风险就足以化解一个抗辩，原告的任务就是尽可能地预测被告所有可能的抗辩，然后找出它们的风险，逐一化解所有的抗辩。这一步我们将自我进行模拟法庭的操作，也就是类似周伯通的左右互搏术。首先，律师要假定自己处于被告律师的角色，尽己所能提出可能的抗辩。在此，律师要假戏真做，拿出自己的专业水准去找出问题。其次，律师再回到原告的角色，针对这些抗辩进行挑刺，找出各种风险。在此过程中，律师要完全投入其中，而不是随意敷衍、低估对手。

1. 沿着考察的请求权基础，从法教义学的装备库里找出被告抗辩的最大范围，这样做有两个好处：一是不会遗漏对方主张而自己因为法律理解不足忽视的抗辩；二是除此之外的，被告的反驳可能就是无实质性的。

如前所述，每种请求权都有其各自的产生原因和构成要件，同样也有其相应的抗辩规范，从逻辑上分为请求权障碍、请求权消灭、请求权阻止三大类，具体内容还需要回到划分法律要件部分，结合具体的请求权进行具体考察。

2. 用最大抗辩范围做对照，检索本案的事实和被告的反应，确定需要重点排除的抗辩。使用和请求权产生要件事实同样的考察思路，针对抗辩规范，划分法律要件，整理要件事实，证明要件事实，论证要件事实，寻找其最薄弱之处，予以痛击。伤其十指，不如断其一指，此之谓也。

3. 看被告是否准确地划分抗辩的要件，准确地理解抗辩要件所具有的含义。

4. 针对抗辩规范构成要件，被告主张的事实是否具有实质性？实质性的事实是否完整覆盖所有要件？

5. 被告主张的事实是否为我方所自认？针对有争议的实质性事实，被告提出了哪些证据，是否和这些事实有关联性？有关联性的证据进行下一步审查，无关联性的证据原则上排除。

6. 有关联性的证据是否符合相关的形式和要求，来源是否合法？我方是否有对方严重违法和违背公序良俗的证据？最后再审查证据的真实性，因为这个最难判断，尤其可能需要和其他证据综合判断。

7. 该证据对于要件事实来讲是直接证据还是间接证据？直接证据如果真实无需推理就能证明该要件事实。间接事实涉及推理的过程，然后需要考察推理的可靠性。

8. 如果该事实的推理是可靠的，我们还可以从其他方面入手进行攻击，比如，提出反证，乃至进行反面证明。或者通过不可能同时为真的事实的证明，来从逻辑上间接证明被告所主张事实不可能为真。

9. 从被告证明的事实和要件之间连接的论证，我们可以看被告是否正确使用了其论证方法。另外，法律解释方法不是唯一的，可能体系解释指向一种解释结果，历史和文义解释又指向另外一种解释结果，总是可以考察另一种解释可能。

10. 即使构成要件是可以证成的，我们还可以从法律后果方面进行利益衡量。

11. 重复前述步骤，逐一排除各个抗辩。

找出抗辩争点的主要步骤如下：

规范	最大范围	划分法律要件	整理要件事实	证明要件事实	论证要件事实	找出风险
抗辩规范	请求权障碍	要件 1	主张无实质性			实质性风险
		要件 2	缺失事实主张			完整性风险
	请求权消灭	要件	要件事实	质证、反证		真实性风险
	请求权阻止	要件	要件事实		质论、反论	符合性风险

二、找出可能的抗辩

抗辩权具有多重性，再加上事实的多样性，律师无法穷尽所有的抗辩可能，只能根据本案的事实和诉讼进展，有针对性地考虑可能性较大的抗辩。

（一）根据已经掌握的事实

在一起原告索要货款的纠纷中，原告提供了一些原、被告双方解决质量问题的会议纪要和往来函件，这时原告的律师就要考虑被告可能提出质量不符合约定的先履行抗辩。

（二）根据被告的反应

诉前，原告一般都会要求被告履行，而被告的反应也预示了可能的抗辩。比如，原告要求被告返还借款，被告则说你还有完没完啦，我已经还过了，还要还什么借款？这就是权利消灭的抗辩。

（三）根据通常的经验

律师都会有一些通常的套路和做法。原告律师就需要对这些套路有所准备，比如诉讼时效的抗辩等。

三、找出真实性风险

真实性攻防：对于负有证明责任一方利用构建的证明体系，对方有三种反驳的手段：一是对对方提供的证据进行质证，质疑其证据资格；二是对证明推理进行反驳；三是提出反证，证明对方主张事实不存在或存在与其相排斥的事实。

（一）反驳对方的证据

裁判证据需要具有关联性、合法性、真实性三种主要属性。《民诉解释》第一百零四条规定："人民法院应当组织当事人围绕证据的真实性、合法性以及与待证事实的关联性进行质证，并针对证据有无证明力和证明力大小进行说明和辩论。能够反映案件真实情况、与待证事实相关联、来源和形式符合法律规定的证据，应当作为认定案件事实的根据。"

（二）反驳对方的证明推理

推理中使用的经验法则正如一剂黏合剂，它将间接证据和由其推导的案件事实连接在一起。"我们把案件的整个推理过程比喻成一条我们欲将法庭引导向我们所欲达到目的的路径，而这条路的终点是证明我方推理出来的关键事实命题的客观真实性。而在我们引导法庭每一步时，都会在主干道遭到很多分岔路，我们的对手总是会想方设法引导法官从我们铺设的主干道走向这些分岔路，然而无论法庭走向其中任何一条，我方的目的都不能达到。因此，我们只能竭尽所能将这些可能存在的分岔路堵上，从而达到我们的目的。反之亦然。"① 站在否定方的角度，则是要引导法官走到别的道路上。

（三）提出反证，反击对方的事实主张

针对被告的抗辩事实主张，原告还可以提出反证，比如，被告主张诉讼时效抗辩，提出起算点的事实依据，原告对此提出相反的事实，证明自己不知道且不应当知道的事实，这就是反证。

① ［澳］安德鲁·帕尔玛：《证明——如何进行庭前证据分析》，林诗蕴、都敏、张雪燃译，中国检察出版社2015年版，第117页。

四、找出符合性风险[①]

对于适用法律方构建的论证体系，反对方有三种不同类型的反驳，一是对论据的反驳，二是对论证方法的反驳，三是对论题的反驳。王泽鉴先生讲，“法律解释是一个以法律意旨为主导的思维过程。每一种解释方法各具功能，但亦受有限制，并非绝对；每一种解释方法的分量，虽有不同，但须相互补足，共同协力，始能获致合理结果，而在个案中妥当调和当事人利益，贯彻正义的理念”。从和法律解释的衔接上来讲，论据的反驳是指针对解释的材料和依据的反驳；论证方法的反驳指针对解释方法运用的反驳，指出该方法固有的限制或者未能正确使用该方法的错误之处；论题的反驳是指援引其他的解释方法，以便证成与其不同的论点。从反驳的效果来讲，对论据和论证过程的反驳更为有力，能起到釜底抽薪的效果。

（一）对论据的反驳

原《证据规定》第七条规定，在法律没有具体规定，依本规定及其他司法解释无法确定举证责任承担时，人民法院可以根据公平原则和诚实信用原则，综合当事人举证能力等因素确定举证责任的承担。该条规定了法官可以根据公平原则和诚实信用原则分配证明责任，但后来的《民诉解释》和新《证据规定》都没有规定法官决定证明责任分配的权利，从而转向法律要件分类说，证明责任必须由立法予以规定。如果一方以法官分配证明责任的案例作为论据，那么就是一个真实但并不有效的案例。

（二）对论证方法的反驳

这里又有两种区别：第一种是指出该种方法固有的缺点和风险，第二种是指出未能正确运用该方法。

1. 指出解释方法固有的缺点和风险。

文义解释：法律概念有些取自日常用语，有些是法律专业用语，取自日常用语时，有些具有和日常完全不同的含义，比如善意，日常指好心，法律上指不知情，常有歧义，需要明确。法律使用同一概念时，原则上固应作同一的解释，以维护法律适用的安定性。但这并非绝对，同一概念具有不同意义的，亦时有之，是为法律概念相对性，常常需要借助体系、语境做不同的理解。

① 王泽鉴：《法律思维与案例研习：请求权基础理论体系》，台北元照出版公司 2019 年版，第 185～275 页。

体系解释：又可分为法律的外在体系和内在体系。从法律的编制体例来讲，尽可能顾及条文关联而作统筹安排，但这种编排并非绝对。内在体系而言，民法总是在原则和例外之间协调各种价值冲突，也难有一定之规。

历史解释：立法机关发布的权威资料较少，可供参考的多是参与立法的专家学者所做的解释，在此，需要区分立法机关的解释和参与立法者个人的解释。另外，立法数据和资料随着社会变迁、案例积累，时间越久，参考价值越低。

目的解释：法律都有其规范目的，其构成要件的设置体现了其在冲突利益之间的权衡。目的解释作为一种效果指向的解释。对目的解释有三个反驳的方向：

一是反驳其所要追求的目的，因为目的追求有多样性，有公平正义、社会秩序、经济效率等，必须确认所要追求的目的本身是正义的、理性的以及有益的，这称之为“外部批判”。

二是反驳目的和手段之间的合理性。对于完整实现这个目的而言，这个解释结论是否是一个可行而必要的手段，这称之为“内部批判”。外部批判具有逻辑上的优先性，但内部批判确是较为有力的。因为目的是多元的，有时也不好证成或否定一个目的，但是假设接受这个目的，如果该规范也不能实现这个目的，无疑是较强的反驳。

三是反驳其后果。实现这个目的是否还会产生别的不利后果？如果该解释方法会有更大的不利后果产生也不是可接受的。

相较于文义、历史、体系解释，目的解释更多自由创设的可能性，有较多的解释空间，而自由就带有主观、恣意或滥用的风险，与法的安定性相违背。如果对方运用目的解释，我方可先运用文义、历史、体系解释反驳其观点，因为目的解释的论证要求更高，前三种解释的论证要求相对较低。

比较法解释：他山之石，可以攻玉。比较法上的方法虽然具有较强的说理价值，但也要注意纳入我国整体法律秩序和社会经济需要来认定其规范意义。

2. 未能正确运用该方法。

每一种法律解释方法都有其特殊的要求，其方法运用是否得当关系结论的可接受性。比如，归谬论证中对荒谬结果的推导就不能连续无限制，这样会导致论证中的滑坡谬误，最典型形式为“如果发生 A，接着就会发生 B，接着就会发生 C，接着就会发生 D……接着就会发生 Z”，而后通常会明示或暗示地推论“Z 不应该发生，因此我们不应允许 A 发生”。A 至 B、B 至 C、C 至 D 等因果关系好似一个个“坡”，从 A 推论至 Z 的过程就像一个滑坡。

类案检索的论证运用了类比思维，类比思维贯彻平等原则，等者等之，不等者不等之。要求参照者要论证其相似性，否定者要论证其差异性。除此之外，还可以从类案检索的主体、时间、平台、方法，生效案例的法院层级、裁判时间、是否经审判委员会讨论等因素进行反驳。最高人民法院做出的，说服力一般强于下级法院做出的。最高人民法院近期做出的，说服力一般强于前几年做出的。

（三）对论题的反驳

王泽鉴先生讲，“关于某个问题，之所以会众说纷纭，其主要原因之一，系由于法律解释方法的多样化，而每一种解释方法又常为不同的诠释，学者各执一端，致生歧异”。抗辩同样可以分解法律要件，同样需要进行法律解释，而各种法律解释方法之间并不总是能得出同样的结论，当被告援引对自己有利的解释进行抗辩时，原告就可以援引其他解释结论进行反驳。

在一起案例中，被告按照文义解释进行抗辩，而原告可以进行目的性限缩排除抗辩风险。《著作权法》第三十三条第二款规定：“作品刊登后，除著作权人声明不得转载、摘编的外，其他报刊可以转载或者作为文摘、资料刊登，但应当按照规定向著作权人支付报酬。”被告未经许可擅自将原告的著名小说传到网上，原告起诉被告侵犯著作权，被告辩称并不侵权，因为根据该条被告可以使用原告已经在其他报刊刊登的作品，被告存在的问题仅是未按规定向作者支付报酬。最后法庭对该条的文义进行了目的性限缩：“并非所有在报刊发表的作品都适合于转载，那些篇幅较长、能够独立成书的小说不应当包括在法律许可的范围之内，否则不利于对著作权的保护。”

《民法典》第五百九十条规定，当事人一方因不可抗力不能履行合同的，根据不可抗力的影响，部分或者全部免除责任。《民法典》第一百八十条第二款规定，不可抗力是不能预见、不能避免且不能克服的客观情况。一方要求承担违约责任，一方以不可抗力抗辩的，原告就需要衡量对方是否构成不可抗力，需要找出对方不构成不可抗力的论证理由。韩世远老师认为：“不可抗力的构成须与具体的事故类型结合并基于‘应否发生损害赔偿义务’之见地，具体地判断。某一事故在此情形下可能是不可抗力，在彼情形下却未必如此，一般性地称某种变故为不可抗力并不可取。因而，不可抗力的范围只能是大致的，不可抗力的判断只能是具体的，不可能盖棺定论、一成不变、一劳永逸。”[①] 同样的台风，对小渔船来讲可能是不可抗力，对几十万吨级的油轮可能就不构成不可抗力。现代资讯发达，天气预报准确度高，双方缔约时已经考虑台风影响并预留交货期的，不

① 韩世远：《合同法总论》，法律出版社2018年版，第483页。

能认为属于不可抗力。

比如，“在一起案件中，被告采石场的简易工棚因遭受18号台风所带来的一股龙卷风袭击而倒塌，给受害人造成了严重的损害。被告以不可抗力为由，主张免责。法院认为：热带风暴的到来虽然不能预见，但是采石场对其所有简易工棚容易遭受强热带风暴袭击倒塌，主棚顶上压着的石头砸中彭某凤，致其瘫痪的结果发生有过错，即其应该预见到这种结构的简易工棚不足以扛住强热带风暴的影响，而麻痹大意自以为能够避免，因此造成的损害结果，采石场应承担过错赔偿责任”①。

五、提出再抗辩

针对抗辩确无有效争点的，请求方还可以考虑援用再抗辩规范进行对抗，只不过再抗辩规范的法律要件负担又回到了请求方。比如，对方提出诉讼时效抗辩，我方提出诉讼时效中断、中止的事由。例如，“关于A公司向B公司主张权利是否超过保证期间和保证范围的问题。B公司上诉主张《保证担保书》载明的保证期间截至2018年11月16日，A公司于2019年1月提起本案诉讼已经超过行使权利的期限，其无权向B公司主张保证债权。经查，A公司于2017年12月19日向C公司发出《催款函》，要求C公司履行还款义务。C公司将《催款函》向B公司出示，B公司于2018年1月18日向A公司发出《工作联系函》，认可借款事实，并表示愿意与A公司商讨还款事宜。以上事实表明，B公司在保证期间自行认可A公司的催款事实并作出愿意就还款事宜进行协商的意思表示，故本案在B公司向A公司发出《工作联系函》时即产生诉讼时效中断的法律效果”②。

六、找出抗辩争点的示例

以最高人民法院指导案例17号“张莉诉北京合力华通汽车服务有限公司买卖合同纠纷案”为例，该案基本案情如下：

2007年2月28日，原告张莉从被告北京合力华通汽车服务有限公司（简称合力华通公司）购买上海通用雪佛兰景程轿车一辆，价格138000元，双方签有《汽车销售合同》。该合同第七条约定，“……卖方保证买方所购车辆为新车，在交付之前已作了必要的检验和清洁，车辆路程表的公里数为18公里且符合卖方

① 程啸：《侵权责任法》，法律出版社2021年版，第332页。

② （2020）最高法民终1071号：郑州B置业有限公司、新郑市A投资控股有限公司企业借贷纠纷二审民事判决书。

提供给买方的随车交付文件中所列的各项规格和指标……”合同签订当日，张莉向合力华通公司交付了购车款138000元，同时支付了车辆购置税12400元、一条龙服务费500元、保险费6060元。同日，合力华通公司将雪佛兰景程轿车一辆交付张莉，张莉为该车办理了机动车登记手续。2007年5月13日，张莉在将车辆送合力华通公司保养时，发现该车曾于2007年1月17日进行过维修。

审理中，合力华通公司表示张莉所购车辆确曾在运输途中造成划伤，于2007年1月17日进行过维修，维修项目包括右前叶子板喷漆、右前门喷漆、右后叶子板喷漆、右前门钣金、右后叶子板钣金、右前叶子板钣金，维修中更换底大边卡扣、油箱门及前叶子板灯总成。送修人系该公司业务员。合力华通公司称，对于车辆曾进行维修之事已在销售时明确告知张莉，并据此予以较大幅度优惠，该车销售定价应为151900元，经协商后该车实际销售价格为138000元，还赠送了部分装饰。为证明上述事实，合力华通公司提供了车辆维修记录及有张莉签字的日期为2007年2月28日的车辆交接验收单一份，在车辆交接验收单备注一栏中注有“加1/4油，此车右侧有钣喷修复，按约定价格销售”。合力华通公司表示该验收单系该公司保存，张莉手中并无此单。对于合力华通公司提供的上述两份证据，张莉表示对于车辆维修记录没有异议，车辆交接验收单中的签字确系其所签，但合力华通公司在销售时并未告知车辆曾有维修，其在签字时备注一栏中没有“此车右侧有钣喷修复，按约定价格销售”字样。

该案涉及消费者和经营者之间的纠纷，适用《消费者权益保护法》第五十五条，即“经营者提供商品或者服务有欺诈行为的，应当按照消费者的要求增加赔偿其受到的损失，增加赔偿的金额为消费者购买商品的价款或者接受服务的费用的三倍；增加赔偿的金额不足五百元的，为五百元。法律另有规定的，依照其规定”。

对此，被告提出了两项抗辩，一项抗辩是“原告不属于消费者”，另一项抗辩是根据《消费者权益保护法》第二十三条，“消费者在购买该商品或者接受该服务前已经知道其存在瑕疵，且存在该瑕疵不违反法律强制性规定”。

（一）提出反证

对于被告“原告不属于消费者”的抗辩，被告合力华通公司应该提供证据证明张莉购买该车用于经营或其他非生活消费。该证明责任在被告，原告提供的该车用于生活需要的证据属于反证，由于被告未提供相关证据，该抗辩被证伪。

（二）否定证据的可采性

对于被告“已经告知原告该瑕疵”的抗辩，被告提供了两份证据。一份证据是车辆交接验收单。车辆交接验收单对于证明已经告知原告瑕疵这个要件事实而言属于直接证据，但是原告对此证据的真实性予以否定，否定理由是原告在签字时备注一栏中没有“此车右侧有钣喷修复，按约定价格销售”字样，而且该备注字体和验收单其他内容不是同一人书写，法院对该证据未予采信。

（三）否定推理的可靠性

另一份证据是汽车降价和优惠的证据。汽车降价和优惠的证据对于证明“已经告知原告该瑕疵”的要件事实来讲，属于间接证据，这个过程中涉及了一个常识的推理“低于正常售价的商品，很有可能存在瑕疵”。根据该车优惠情况，可以推出该车存在瑕疵并进行磋商，进行了降价处理。原告对此可以提出不同的解释，有过买车经验的人都了解，标价 15 万元的车有个 2 万—3 万元的优惠是正常的促销手段，如果是降价 4 万—5 万元的非正常幅度或许能说明对瑕疵的磋商，事实上法院也认同了这个解释，“车辆销售价格的降低或优惠以及赠送车饰是销售商常用的销售策略，也是双方当事人协商的结果，不能由此推断出合力华通公司在告知张莉汽车存在瑕疵的基础上对其进行了降价和优惠”。

从上述案例中可以看出，对于被告抗辩的要件事实，原告分别采用了提出反证、反驳证明推理，否定证据可采性等方法。

第九章　合理制定方案

夫未战而庙算胜者，得算多也，未战而庙算不胜者，得算少也。多算胜，少算不胜，而况于无算乎！

——《孙子兵法》

律师了解影响裁判的因素，进而设计并贯彻正确的诉讼策略，往往就能取得期待的结果。正是在这个意义上，有人说办案千件，胜在思维。实践中不缺乏影响裁判的种种方法，缺乏的是如何正当地、合理地影响裁判者所需的思维。①

——周吉川

诉讼是双方的博弈。请求和抗辩就是双方的攻防武器。前一章，我们对某一个请求权方案进行了争点分析，总有一些请求风险无法消除，总有一些抗辩风险无法找出，除非是既定事实，煮熟的鸭子也可能飞走，律师和当事人都是在风险之中通过积极地准备争取最大的可能性。诉讼请求能否得到支持是不确定的，但律师费、时间成本等支出却是确定且不可转移的，在可能的收益和确定的支出之间，律师和当事人总是根据自己的风险偏好来选择是否诉讼，是选择 A 方案还是 B 方案。在本章，我们用 SWOT 分析法来分析胜诉的可能性，并利用诉讼公式（诉讼收益＝P×诉讼请求－不可转移成本）逐一考察多个请求方案，选出最优方案、次优方案等。

① 周吉川：《律师如何思考》，中国法制出版社 2015 年版，第 4 页。

第一节　诉讼公式

“大多数人是风险厌恶的。这就意味着，人们更不喜欢坏事发生在他们身上。这也意味着，他们对坏事的厌恶甚于对可比的好事的喜欢。例如，假设一个朋友向你提供了下面的机会。他将掷硬币。如果正面朝上，他支付给你 1000 美元。但如果背朝上，你必须给他 1000 美元。你会接受这个交易吗？如果你是一个风险厌恶者，你不会接受。对一个风险厌恶者来说，失去 1000 美元的痛苦大于赢得 1000 美元的快乐。”① 假如一个案子，赢面只有 50%。你诉请的赔偿额和自己承担的费用差不多，你会去打这个官司吗？如果你输了，你什么都得不到，还要为此支付律师费。如果你赢了，你也只是得到除了律师费之后剩下不多的赔偿额，你会去打这个官司吗？一个好的诉讼方案，总是要考虑当事人的收益、成本和风险。通过权衡取舍这些因素，得出当事人利益最大化的方案。

一、诉讼公式

经济学是研究社会如何管理稀缺资源的学问，常常面对效率和平等之间的权衡。民法规范平等主体之间的财产利益和人身利益，经济学的思考方式也有很强的解释力。

理性人考虑成本和收益。一个好的诉讼方案总要在这两者之间做出衡量。有时候是非常清晰地计算，有时候是潜意识地比较。

总收益是你所能得到的东西，总成本是你为了获得收益而支出的东西，利润就是总收益减去总成本。利润=总收益-总成本。在计算成本的时候，人们经常会忽略一些隐性成本。有个段子能够很形象地说明这个问题，比尔·盖茨一分钟可以赚 500 美金，如果路边掉了 100 美金，而且捡到这个 100 美金需要花 1 分钟的话，比尔·盖茨都懒得捡。因为 1 分钟的机会成本是 500 美金，而收益只有 100 美金，显然得不偿失。比如你是一位很火爆的餐厅的老板，你为了参加一场诉讼可能会影响经营而减少收入，所以你决定放弃起诉。人们决定是否起诉，总是看从这起诉讼中我能得到什么，以及我需要为此付出什么，然后计算其中的收

① ［美］曼昆：《经济学原理：宏观经济学分册》，梁小民、梁砾译，北京大学出版社 2012 年版，第 94 页。

益。现实中的不少案子会因为收益很少而不会走入诉讼阶段。有时候，我们会听当事人说，我要不惜一切代价讨回公道。这么说，要么是在气头上，要么是并不知道成本的边界会在哪里，只是想当然地认为在自己估算的范围内。律师应该把这句话当成是一种态度，而不是真正地支付承诺，会为一切的账单买单。

在法律的框架下，我们可以要求的就是请求权基础的法律效果，在个案中具体体现为诉讼请求。在给付之诉中，双方争议的主要利益就是请求权基础的法律效果。请求权基础是矛，属于利益的积极主张方。被告的抗辩是盾，没有积极的利益主张（如果有，涉及反诉和诉的合并等问题），主要是反对原告的利益请求。

对于原告来讲，最优的诉讼方案就是利润最大化的方案。诉讼收益＝诉讼请求（法律效果）－诉讼成本

作为律师，我们有必要让当事人清楚诉讼的利弊得失，成本和风险。在诉讼中始终请当事人着重思考下面几个问题：

· 最好的结果可能是什么？
· 能够接受的结果是什么？
· 不能接受的结果是什么？
· 最坏的结果是什么？
· 为了实现最好的结果，当事人准备承担怎样的风险？
· 为了实现特定的结果，他们准备放弃些什么？

经过前述的分析，我们应当就诉讼利弊得失和当事人进行充分的沟通交流，并形成书面的确认文件，以便按照当事人的决定行事，在将来诉讼结果不符合预期的时候，避免执业风险。①

（一）引入胜诉率的诉讼公式

诉讼的结果取决于双方的博弈，原、被告主要围绕诉讼请求也就是请求权基础的法律效果进行争夺，但攻防的武器却是各自的构成要件。就像不同的游戏场景中，双方配置了不同的攻防系统，不同的诉讼标的双方也具有不同的攻防武器。原告能否胜诉就有一个赢面的问题，这个赢面我们称之为胜诉可能性。对于原告来说，你的诉讼请求并不总是能实现，但有些诉讼成本却是确定要支出的。

收入、成本、可能性总是处在一个平衡的情形中。我们肯定喜欢收入最高、成本最小、可能性最大的方案，但是现实中并不总是将所有的优点放在一种情形

① ［澳］安德鲁·帕尔玛：《证明——如何进行庭前证据分析》，林诗蕴、都敏、张雪燃译，中国检察出版社2015年版，第11页。

中，这样我们就需要一个大致的衡量公式，也就是引入胜诉概率的诉讼公式。

诉讼收益=P×诉讼请求-不可转移成本

在上述公式中，诉讼请求是否能够实现是一个可能性问题，律师不可能确保诉讼的结果，所以我们就要引入胜诉可能性这个概念，记作 P（possibility）。P 是胜诉的概率，是通过 SWOT 估算出的结果。诉讼请求是你胜诉后可能得到的东西，成本是你为了诉讼所必须支出而不能转移的成本。诉讼收益最大的方案显然就是最合理的方案。

（二）过失判断的汉德公式

与该公式的内涵相类似的是美国法官勒尼德-汉德发展出的著名的汉德公式，该公式替代关于注意义务违反的过失判断标准，而是采用社会整体效益的视角进行经济学分析。按照该公式，如果事故导致的损失乘以该事故发生的概率，超过损失预防措施的成本，过失得以成立。法官的判决会引导社会的预期，如果损失乘以概率大于预防成本，因担心过失而承担责任的当事人就会采取预防措施，而该预防措施的成本能被因此避免的损失予以补偿，判决过失成立会使社会整体效益变好。

在判断人格权侵权时，也可以运用成本效益分析。“此外，在必要时也要进行成本效益分析。例如，在认定新闻报道是否侵害人格权时，确定报道人是否尽到核实义务，还应当考虑核实的成本。如果报道人付出极小的成本即可对报道内容的真实性进行核实，则其应当尽到相应的核实义务；反之，若核实成本较高，则其核实义务应当相应降低。例如，对于某个在网络上公布的有关某名人的负面信息，网络平台很容易核实，则其应当负有审核义务。”①

从原告的角度讲，诉讼公式得出数值大于零，这个方案才有实施的经济必要性。多个请求方案中，数值越大的越值得实施。诉讼公式的含义是考察原告的整体效益是否增加。汉德公式考察社会的整体效益是否增加。

二、SWOT 分析方法

一般来讲，当事人会希望律师对诉讼结果进行预测，判断胜诉的可能性有多大，这时候，我们就可以使用 SWOT 方法评估该诉讼方案。

SWOT 分析法是管理学上普遍采用的一个分析工具，又称为态势分析法，它是由旧金山大学的管理学教授于 20 世纪 60 年代提出来的，是一种能够较客观而

① 王利明：《民法典人格权编中动态系统论的采纳与运用》，载《法学家》2020 年第 4 期。

准确地分析和研究一个单位现实情况的方法。SWOT将分析要素分为企业内部资源和外部环境两大方面，企业内部资源有strengths（优势）和weaknesses（劣势）的区别，外部环境有opportunities（机遇）和threats（威胁）的区别，相互组合可以形成四个区域，以此来定性分析企业的发展方向和竞争策略。

民事诉讼以两造对抗为典型，分为原告和被告两大阵营，这样就可以借鉴SWOT方法分为企业内部资源和外部环境两大方面，同样分为己方和对方，按照请求权基础的术语来讲，就是请求与抗辩两大阵营。

既然构成要件配置了双方的攻防武器，胜诉的可能性也就只能从构成要件的满足程度上进行计算。诉讼是双方的博弈，当然要考虑双方的满足程度。根据我们在SWOT方法中的介绍，我们对这种满足程度进行了定义：

1. 请求的优势和劣势。

对于请求权基础的产生要件来讲，所有要件都得到满足才能得到支持。其中：

优势：无风险的要件事实定义为优势；

劣势：有风险的要件事实定义为劣势。

比如，在一般侵权诉讼中，过错是请求权的要件，过错能满足客观标准的就是优势，不能满足客观标准的就是劣势。

2. 抗辩的机会和威胁。

对于特定的请求权基础来讲，抗辩的事由和方向是多维的，我们需要尽可能查找可能的抗辩。但在具体的某一项抗辩上，只要存在一项风险，就足以化解一个抗辩。这样，我们把可能的抗辩分为机会和威胁。

机会：能够找出风险的抗辩定义为机会（原告视角，有机会能赢）。

威胁：不能找出风险的抗辩定义为威胁。

比如，在刚才的一般过错侵权的请求之诉中，被告可能有两项抗辩，一项是正当防卫，一项是诉讼时效。其中，正当防卫能够找出风险，就是机会；诉讼时效不能找出风险，不能克服它的影响，就是威胁。

需要注意的是，请求的优势和劣势逐一考察的是请求权基础的各个要件事实，抗辩的机会和威胁逐一考察的是针对此请求权基础可能的各种抗辩。结合要件事实攻防表分析如下：

序列＼角色		法律要件负担方			反对方			法庭
攻防层次	要件划分	辩论	调查	陈述	陈述	调查	辩论	认定
		本论	本证	主张	自认/否认	质证/反证	质论/反论	认证/认为
请求	要件 1	3	2	1	1	2	3	优势
	要件 2	3	2	1	1	2	3	劣势
抗辩 1	要件 1	3	2	1	1	2	3	机会
	要件 2	3	2	1	1	2	3	机会
抗辩 2	要件							威胁
再抗辩	要件 1							
再再抗辩	要件 1							

在分析中，法庭这个角色就是原告自居于法官的立场来中立地预判案件的走向。根据对请求权基础构成要件的满足和不满足，我们可以得到优势和劣势的预判。根据抗辩 1 以及抗辩 2 构成要件的满足与不满足，我们可以得到机会和威胁的预判。综合请求与抗辩的攻防情况，我们可以得到下面这张 SWOT 分析表，从这四个区域，以此来定性分析诉讼面临的风险级别和应采取的措施。

抗辩＼请求	S（Strengths） 优势	W（Weaknesses） 劣势
O（Opportunities） 机会	SO　4 请求满足、抗辩无力	WO　2 请求不足、抗辩无力
T（Threats） 威胁	ST　3 请求满足、抗辩有力	WT　1 请求不足、抗辩有力

该表的分析同样坚持木桶原理，诉讼中的短板最有可能决定诉讼的成败。一旦落入不利的区域，整个诉讼方案的综合胜诉率即被拉低，必须进行详细的风险评估和措施准备。

第一要观察是否属于 WT 区域，该区域请求有劣势，抗辩有威胁。比如，一般过错侵权中，过错不能证明，诉讼时效抗辩还成立。这种情况需要考虑放弃该方案，寻求诉讼和解、调解等渠道。胜诉率最低。

第二要观察是否属于 WO 区域，该区域请求有劣势，抗辩也无威胁。比如，一般过错侵权中，过错不能证明，但是正当防卫和诉讼时效抗辩也不构成。虽然不存在强有力的抗辩，但是原告总是负有首先的证明责任，这种情况就要进行风险决策。

第三要观察是否属于ST制造区域，该区域请求无劣势，抗辩有威胁。比如，一般侵权四个构成要件都能满足，但是同样的，正当防卫或诉讼时效的构成要件能满足。这个区域尤其需要注意的是，双方针尖对麦芒，对抗比较激烈，时间、金钱、人力等成本投入较大，需要认真进行成本收益分析。胜诉率比第二区域高一些。

第四种情况是比较理想的SO制造区域，该区域请求无劣势，抗辩无威胁。比如，一般侵权中四个构成要件都能满足，正当防卫或诉讼时效的构成要件不能满足。这属于最理想的情况，胜诉率最高。

上述的估计只是一个大致的估算。法律有中间选项，事实有真伪不明，律师的经验、知识，法官的裁量、价值取向、现实的利益考量和其他裁判动机、双方的力量博弈等都有可能影响胜诉的概率，再科学的方法也无法给出唯一正确的解答。

诉讼以两造对抗为典型，法律适用以是和否的二分法为准则，SWOT对于分析诉讼具有天然的妥适性。但它显然只分析两个阶层之间，对于请求—抗辩—再抗辩—再再抗辩的多阶层的实际应用来讲是否适用就存在一些疑问。从逻辑和实际操作来讲，战斗总是在相邻的两个阶层之间打响，SWOT总是可以适用。

三、案例应用

以下分别选取四个小案例进行讲解。

（一）WT型

2012年2月2日，原告张某恩的司机未经被告荥阳市豫龙镇某村民组允许驾驶挖掘机在被告荥阳市豫龙镇某村民组挖土。当日20时许，被被告王某平及该组村民发现，原告的司机驾驶的挖掘机被该组村民扣留并报警。同年2月21日，经协商，原告支付被告荥阳市豫龙镇某村民组现金6000元，原告将挖掘机开走。后原告诉至荥阳市人民法院，要求被告返还现金6000元，并赔偿损失30000元。本案审理过程中原告变更诉讼请求，要求被告赔偿损失18490.4元。[①]

原告要求赔偿损失为一般过错侵权，构成要件是：损害、行为、因果关系、违法性、过错。村民扣留挖掘机的行为确实会造成原告损失，损害、行为、因果关系能够满足。这三者满足的，违法性即推定成立。而该损失是由被告故意造成

① 河南省郑州市中级人民法院（2014）郑民一终字第1366号民事判决书。

的，请求的构成要件暂时成立。

这时就需要进一步考察被告是否具有阻却违法性事由，被告主张自己的行为是自助行为，属于阻却违法事由。法院也做出了同栏的认定：“本院认为，上诉人未经被上诉人允许在被上诉人地里取土，被上诉人将其挖掘机扣下并报警，系保护其合法权益的自助行为，双方纠纷经协商上诉人自愿赔偿被上诉人村民组6000元将车开走，是双方真实意思表示，且已履行完毕，现上诉人要求被上诉人返还其6000元并赔偿损失的理由不成立，本院不予支持。”

在本案中，请求的要件初步成立，如果被告阻却违法事由未能证成的话，就会得出支持原告的结论。但被告成功证明且证成了自助行为，违法性要件不能成立，属于请求有弱点，抗辩有力的情形。①

角色 序列		法律要件负担方			反对方			法庭
攻防层次	要件划分	辩论	调查	陈述	陈述	调查	辩论	认定
		本论	本证	主张	自认/否认	质证/反证	质论/反论	认证/认为
请求	损害			损失30000元				优势
	行为			被扣留				优势
	因果			扣留导致				优势
	违法性			?				劣势
	过错			有意				
抗辩	阻却违法性	自助		制止挖土				威胁
再抗辩	要件1							
再再抗辩	要件1							

① 此处可能有争议，按照要件事实理论的划分，一个要件只能由一方来承担风险，也就是说，一个问题的两个方面只能归于一方，违法性和阻却违法性属于一个问题，也即行为是否具有违法性，不可能违法性属于原告的要件，而阻却违法性又属于被告的要件，这样违法性是否具备不明确的时候，该让谁承担败诉的风险呢？按照侵害他人行为违法性推定成立的说法，应该是阻却违法性属于抗辩的要件。在实际的攻防中，违法性就不再属于原告的要件，据此，此案例可能就属于ST类型。更精致的说明，参见许可先生要件事实理论相关著作。

请求 抗辩	S（Strengths） 请求满足	W（Weaknesses） 请求不足
O（Opportunities） 抗辩无力	SO 4 请求满足、抗辩无力	WO 2 请求不足、抗辩无力
T（Threats） 抗辩有力	ST 3 请求满足、抗辩有力	**WT 1** **一般侵权要件不足，自助抗辩有力**

（二）WO 型

2011 年 2 月 20 日，被告帮原告将她的物品搬到新公寓中。被告在搬原告的电脑上楼时被绊了一跤，电脑从他的手中掉落并损坏。原告要求被告赔偿她电脑损坏的损失 10000 元人民币。被告主张自己出于好意帮助而要求免责。①

角色 序列		法律要件负担方			反对方			法庭
攻防层次	要件划分	辩论	调查	陈述	陈述	调查	辩论	认定
		本论	本证	主张	自认/否认	质证/反证	质论/反论	认证/认为
请求	损害			电脑	自认			优势
	行为			被告绊倒	自认			优势
	因果			摔坏电脑	自认			优势
	违法性			推定	无阻却事由			优势
	过错	有过错		疏于注意	自认		轻过失免责	劣势
抗辩	要件 1							
	要件 2							
再抗辩	要件 1							
再再抗辩	要件 1							

本案并不属于特殊侵权，原告只能依据一般过错侵权要求赔偿。按照一般过错的证明责任划分，原告需要满足损害、行为、行为与损害间具有因果关系、行为具有违法性、被告存在过错等要件。一般来讲，损害、行为、行为与损害间具有因果关系成立的，就推定违法性成立，由被告对阻却违法性事由承担证明责任。对于原告主张的被告疏于注意而摔倒导致电脑损失的事实不持异议，原告无

① 案例改编自国家法官学院、德国国际合作机构：《法律适用方法：合同法案例分析方法》，中国法制出版社 2015 年版，第 235 页。

需进一步举证证明。被告也没有提出阻却违法性事由，违法性成立。双方存在的争议在于被告是否存在过错。

针对被告是否存在过错的情形，原告主张：被告来过原告公寓多次，当天上上下下搬运东西也有三四次，早就熟悉该处台阶有凹陷，而且电脑又属于贵重物品，本应该更加注意，被告疏于注意具有一定的过错。《民法典》第一千一百六十五条规定："行为人因过错侵害他人民事权益造成损害的，应当承担侵权责任。"

被告对原告主张的事实不予争议，但对自己的行为是否构成该条的过错存在符合性争议。被告主张根据《民法典》第九百二十九条："有偿的委托合同，因受托人的过错造成委托人损失的，委托人可以请求赔偿损失。无偿的委托合同，因受托人的故意或者重大过失造成委托人损失的，委托人可以请求赔偿损失。"无偿的委托合同具有合同拘束力，尚且只因为故意或者重大过失承担赔偿责任，举重以明轻，对被告没有拘束力的好意施惠行为，更不能因为轻过失而要求承担责任。

原告对该条以文义解释进行请求，是为本论。被告以无偿委托合同进行目的性限缩，是为反论。法官不受双方发表法律意见的约束，即使被告没有提出该条辩论意见，也可以直接适用，因为法官知法，但是要在判断中说明理由。

根据前述分析，本案例在 SWOT 分析中的 WO 区域，因为不存在有威胁的抗辩，而请求的过错要件可能得不到满足。

请求 抗辩	S（Strengths） 请求满足	W（Weaknesses） 请求不足
O（Opportunities） 抗辩无力	SO　4 请求满足、抗辩无力	**WO　2** **一般侵权的过错要件存在不足，无抗辩**
T（Threats） 抗辩有力	ST　3 请求满足、抗辩有力	WT　1 请求不足、抗辩有力

（三）ST 型

孙女士于 2017 年 1 月 5 日从某商场购买一套化妆品，使用后皮肤红肿出疹，就医不愈花费巨大，1 月底出院，后经鉴定，该产品存在质量问题。2017 年 2 月起，孙女士多次与商场交涉，协商不成。2020 年 3 月孙女士将该商场诉至法院。该商场答辩称该纠纷已过诉讼时效，孙女士无法提供该期间要求赔偿的证据。

《民法典》第一千二百零二条规定："因产品存在缺陷造成他人损害的，生产者应当承担侵权责任。”第一千二百零三条第一款规定：“因产品存在缺陷造成他人损害的，被侵权人可以向产品的生产者请求赔偿，也可以向产品的销售者请求赔偿。”产品责任为无过错责任，孙女士因为该产品存在质量问题导致皮肤过敏入院治疗，可以依据相关法律要求赔偿。

商场答辩称已过诉讼时效，根据《民法典》第一百八十八条：“向人民法院请求保护民事权利的诉讼时效期间为三年。法律另有规定的，依照其规定。诉讼时效期间自权利人知道或者应当知道权利受到损害以及义务人之日起计算。法律另有规定的，依照其规定。但是，自权利受到损害之日起超过二十年的，人民法院不予保护，有特殊情况的，人民法院可以根据权利人的申请决定延长。”孙女士于 2017 年 2 月即知道该权利受侵害以及义务人，诉讼时效开始起算并且已经经过 3 年。为了阻止被告诉讼时效抗辩的效果，孙女士需要举证证明自己在这期间提出过请求，诉讼时效从请求之日起重新计算，但是孙女士不能提供相关证据。被告的诉讼时效抗辩找不出风险。

对于这个请求权方案，孙女士的请求已经满足，但是抗辩同样满足且找不出风险，所以属于 ST 区域。

角色 序列		法律要件负担方			反对方			法庭
攻防层次	要件划分	辩论	调查	陈述	陈述	调查	辩论	认定
		本论	本证	主张	自认/否认	质证/反证	质论/反论	认证/认为
请求	损害		医疗单据	皮肤红疹				优势
	产品缺陷		质量鉴定	质量问题				优势
	因果			缺陷造成				优势
抗辩	起算			2017. 02				
	期满			满三年				威胁
再抗辩	要件 1							
再再抗辩	要件 1							

请求 / 抗辩	S（Strengths） 请求满足	W（Weaknesses） 请求不足
O（Opportunities） 抗辩无力	SO 4 请求满足、抗辩无力	WO 2 请求不足、抗辩无力
T（Threats） 抗辩有力	**ST 3** **请求满足、诉讼时效抗辩有力**	WT 1 请求不足、抗辩有力

（四）SO 型

2010 年 7 月 15 日 18 时许，原告王某凤之夫马某智下班后冒暴风雨骑自行车沿永定河回家。突然大风把公路旁的护路树吹断。马某智躲避不及，被断树砸中头部，当即倒地昏迷，所骑自行车也被砸坏。马某智被同行的雷某学等人送往医院。马某智因重度脑挫伤致呼吸衰竭，颅底骨折，经抢救无效死亡。王某凤因其丈夫死亡一案，要求被告予以赔偿。[①]

《民法典》第一千二百五十七条规定："因林木折断、倾倒或者果实坠落等造成他人损害，林木的所有人或者管理人不能证明自己没有过错的，应当承担侵权责任。"本条属于过错推定责任，王某凤只需证明林木折断造成马某智死亡的损害即可。林木的所有人或者管理人需要证明自己无过错才可免责。被告对无过错的证明类似于抗辩，需要达到高度可能性。

王某凤提交的住院证明、死亡证明以及证明树木折断砸伤马某智的证人证言等属于请求的本证，需要达到高度可能性。这在本案中产生争议可能性不大，并且也没有符合性的争议。

另外，被告提交了自己无过错的说明。无过错虽然是用否定方式表示的概念，但它不能适用"否定事实不承担举证责任"的说法，该说法主要针对描述性要件，评价性要件虽然采取否定表述，但其对应的事实很可能是积极事实。比如，本案中，北京市某公路管理处可以证明自己在雨季来临前例行检查修剪树木，树木折断因为那天风大，而并非自己管理不善。被告提交了自己的员工朱某国的证言："的确，某公路处内是由我负责出事路段工作的。实际上，我们是在马某智出事之后才得知那段公路旁的树木已经枯死并构成危险的。我负责的那个路段非常长。要求我对那个路段每个设施都逐一实际检查是不可能的。"由于过错推定的存在，被告提交的自己无过错的反证需要达到高度可能性，在本案中，

① 案例改编自国家法官学院、德国国际合作机构：《法律适用方法：侵权法案例分析方法》，中国法制出版社 2015 年版，第 159~168 页。

首先，被告可以证明大雨前该树仍完好从而要求免责，但其未提供足够的反驳证据。其次，被告员工实际的工作难度并不构成无过错的证据，人员不足、管理措施跟不上反而正是过错的佐证。

被告也提出了自己无过错的符合性论证，“某公路管理处不可能知道那棵树在大风中会折断。这个事故虽然非常不幸，但完全是不可预料的意外”。但这个论证是建立在善尽管理人职责的基础上的，事实不清楚，无法得出意外的判断。

虽然存在过错推定，但是原告也提出了相应的证据来证明被告存在过错，即“北京市公路管理总局已经在1年前给被告下达文件，要求被告采伐更换因虫害蛀朽而对公路使用人构成危险的护路树”。为此，原告请北京市公路管理总局干部张某出庭作证：“2009年我们单位，即北京市公路管理总局，接到出事路段树木存在问题的报告。事实上，该路段的警察已经抱怨说枯死的树木对于交通构成很大危险。我们发现，由于长时间受虫蛀，许多树木已经枯死。因此在2009年11月，我记不得具体的日期，我们单位给负责该路段的北京市某公路管理处下发了一个文件。但不幸的是，我没有在我们的存档中发现这个文件。”管理总局发文的事实被朱某国的证言所否认：“我从来没有收到过北京市公路管理总局涉及本案争议事项的文件。通常情况下，我们秘书有责任把这样重要的文件交给我，因为我是负责人。但是我们不能完全排除文件在我们办公室被弄丢的可能性。”朱某国是某公路管理处的员工，他和被告具有利害关系，他不可能作证反对他的雇佣单位，而且他在证言中也没有肯定地排除收到过文件。[①] 张某的证言较为可信，因为属于被告的上级单位，没有直接的利害关系，而且其证言也和该路段的树木状况和其担负的管理职责相吻合。即使北京市公路管理总局是否发文的事实仍然无法确定，法官也不需要继续深究是否收到该文件。因为该事实不是要件事实，由于过错推定的存在，被告无过错才是待证事实，即使该事实为伪，也不能证明被告无过错，即使该事实为真，也只是为法律已经推定的被告的过错，添加了一些佐证而已。所以，该争点并非有效的争点，原告的请求权可以得到满足。

接着考察被告的抗辩，《民法典》第一千一百七十三条：“被侵权人对同一损害的发生或者扩大有过错的，可以减轻侵权人的责任。”被告为此提出，被侵权人对此存在过错，“马某智先生在这样恶劣的天气里还骑车是非常大意的，并且当地气象站已经预报了事故发生的当天下午会有大风”。大风天骑车回家符合

① 这是实践中当事人、证人、律师面对法官询问常会采用的措施，因为担心虚假陈述受到处罚，而选择是或否的陈述，不知道、不知情、忘记了是法律风险较小的一种应对。

一般人的标准，而且原告丈夫也不可能预见树木会折断，反而是其管理者应该预见到而事先采取防范措施。针对被告的这个抗辩可以提出符合性风险，从而进行化解。

请求权得到满足，抗辩可以有效化解，属于SO的最理想区域。

角色 序列		法律要件负担方			反对方			法庭
攻防层次	要件划分	辩论 本论	调查 本证	陈述 主张	陈述 自认/否认	调查 质证/反证	辩论 质论/反论	认定 认证/认为
请求	损害		住院证明	死亡	自认			优势
	林木折断		雷某学证言	林木折断	自认			优势
	因果关系		雷某学证言	砸伤	自认			优势
	过错推定		张某证言	过错	否认	朱某国证言	无过错	优势
抗辩	过错	被害人存在过错		大雨天出行			一般人标准	机会
再抗辩								
再再抗辩								

请求 抗辩	S（Strengths） 请求满足	W（Weaknesses） 请求不足
O（Opportunities） 抗辩无力	**SO　4** **请求满足、过错抗辩无力**	WO　2 请求不足、抗辩无力
T（Threats） 抗辩有力	ST　3 请求满足、抗辩有力	WT　1 请求不足、抗辩有力

四、诉讼成本

“民事诉讼相对于其他民事纠纷解决方式，是一种成本较高的纠纷解决方式。在通常情况下，民事诉讼的提起和进行需要消耗财力、人力和物力。尽管案件受理费等一些诉讼费用由败诉方承担，但胜诉当事人依然会因为民事诉讼而开支费用，消耗人力和物力。就社会资源的耗费而言，民事诉讼不是最经济的纠纷解决方式。另外，由于民事诉讼程序的复杂性，民事诉讼相对于其他民事纠纷解决方式来讲，更为消耗时间。例如，一些案件要经过多次审理才能终结。”①

诉讼的最大的成本就是事实的查明。案件事实的查明不可能按照自然研究那样无限期、不计成本。案件事实需要在一定的时间内以一定的成本查明。所以，诉讼中特别规定了证明责任等制度，在公平和效率之间选择了后者。

在诉讼成本中，有些费用是可以转由败诉方承担的，而有些费用是不能转移的，比如律师费。按照国际通行的做法，我国也采纳了原告就被告的一般原则，从制度设计上就有通过一定的制度成本抑制原告滥诉的考量。再加上地方保护主义和人情关系等因素，管辖法院实际上不仅影响了诉讼成本，而且在很大程度上也影响着胜诉的可能性。

一般认为，人们都是确定了请求权基础以后再考虑管辖的问题。而在实际运行中，人们在考虑请求权之前就需要考虑到管辖的问题。管辖在实际中会影响到人们对请求权基础的选择。比如说有一个山西的客人在新疆出差期间吃过午饭后坐飞机返回，下飞机感觉不适后去医院就医，经诊断是发生食物中毒，根据合同起诉，需要到合同履行地和被告所在地起诉。这两个地方远在新疆，路途遥远。而如果根据侵权起诉，侵权结果发生地也就是太原就可管辖，免去了舟车劳顿的辛苦。律师通过寻找有利的管辖法院，可以降低诉讼成本，规避地方保护主义等诉讼风险。大家都说，程序法是实体法作用的场，好像程序法为实体法服务，从而让人们产生了重实体轻程序的印象。但在实务中，没有程序的保障实体也就是一堆概念和法条。在具体操作中，程序问题也会影响实体请求权的选择。

管辖法院对于当事人诉讼的意义重大，涉及诉讼成本、诉讼方便程度以及地方保护等多重复杂因素。作为原告来讲，肯定希望在自己有利的法院提起诉讼。这就需要我们仔细地考察哪个法院具有管辖权。

思考管辖一般遵循以下的框架图，先纵轴级别管辖，再横轴地域管辖。

从纵轴级别管辖来讲，主要是明确中级人民法院管辖的案件，其他则大多在基层人民法院。

从横轴地域管辖来讲，一般可以按照下列的步骤来进行考察：

首先考察专属管辖。不动产纠纷、港口作业发生纠纷、继承遗产纠纷等由特定的人民法院管辖。

其次考察协议管辖。在不违反级别管辖和专属管辖的情况下，合同或者其他财产权益纠纷的当事人可以书面协议选择被告住所地、合同履行地、合同签订

① 张卫平：《民事诉讼法》，法律出版社 2019 年版，第 7 页。

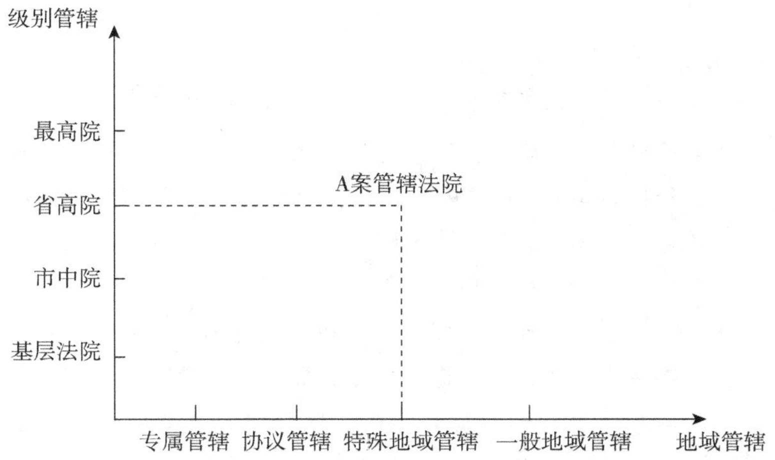

地、原告住所地、标的物所在地等与争议有实际联系的地点的人民法院管辖。这充分体现了当事人的意思自治，不属于专属管辖的情况下，对于财产纠纷我们要紧接着考察是否存在有效的管辖协议。

再次考察特殊地域管辖。对于特定的诉讼标的，增加了法律事实所在地或诉讼标的物所在地法院的管辖，这大大拓展了当事人确定管辖法院的范围，所以紧接着考察是否属于特殊地域管辖的情形。特殊地域管辖的案件主要有：合同纠纷、侵权纠纷、公司诉讼、保险合同纠纷、运输合同纠纷、运输侵权纠纷、海难救助、共同海损等。

最后考察一般地域管辖。原则上实行原告就被告的原则，由被告人住所地法院管辖。

五、综合分析

诉讼是一个手段而不是目的，在进行了法律上几种可能的分析之后，还要进一步分析能够达到的效果，这个效果不仅仅是一场诉讼的效果，还包括其他的商业利益、社会影响、情感等方面的因素，并不是具备诉讼条件的都需要通过诉讼的方式去解决。中国人讲究先礼后兵，但是弱国无外交，没有兵的牵制和保障，很难真正享有礼的平等和协商。有了礼的解决，又何须再用兵的大动干戈？所以，合理合法诉求的满足是诉讼的目标，诉讼的可能性是诉外解决方式的牵制和保障，是协商的基准。所以，自古知兵非好战，而今知诉不好诉，要件诉讼九步法在明确了法律上可能的请求之后，首先寻求诉外的解决途径。

1. 要从客户的长期利益、全部利益的角度综合衡量。法官对个案进行裁判，律师须为客户的短期利益和长远利益、部分利益和全部利益进行衡量，这样才能长期合作。

2. 当事人诉讼价值。通过诉讼确认了原告的请求权成立的，一般还需要被告的履行才能实现该请求权，如果被告不自动履行的，还可能要通过执行程序强制执行。无论自愿履行还是强制执行，原告请求权最终实现，都是以被告的责任财产作为保障，所以在不同的请求权基础的选择过程中，不同被告的履行能力也是重要的考量因素。根据对方当事人的财产情况，是否具有履行能力，优先选择履行能力较强的被告进行起诉。债务人没有偿债能力的，一般情况下，可以考虑代位权、撤销权、留置权、连带责任者、人格混同（揭开法人面纱）等方法。[①]

这里有一则案例来说明被告的选择问题。被告以其责任财产作为原告实现权利的保障，多一个被告就多一重保障。路保相律师的这个案例就充分说明了这一点。[②]

某村一年轻姑娘甲，受雇于107国道旁的某加油站，但甲未与加油站老板乙签订书面雇佣合同。在一次给过往汽车加油时，由于司机违规点燃打火机，导致油箱汽油燃烧起火，喷出的火焰把甲的全身烧着，导致头面部、颈部、胸部、右上肢和腹部大面积严重烧伤。在加油站工作人员全力救助甲时，汽车司机却趁机开车逃离。甲被送往医院，经全力抢救，保住了性命。前期治疗就花去老板乙五六万元，后期仍需巨额手术费用。迫于巨额的医药费，加油站老板乙暗自将加油站转交他人经营，自己逃之夭夭。甲在医院中因无后续治疗费用，只好出院回家休养，面对残酷的现实，甲一家人终日以泪洗面，无计可施。姑娘甲作为雇员受聘于某加油站，在工作中因工受伤，作为雇主的老板乙应承担全部医疗费用。但现在老板乙在逃，姑娘甲怎样才能维护自己的合法权益，继续进行康复治疗呢？

在聘请律师以后，代理律师除收集甲与加油站老板雇佣法律关系、工作中烧伤住院治疗等事实证据外，又重点开展了以下基本工作：

首先，律师到加油站实地调查，发现该加油站由原老板乙的哥哥（丙）暂时经营，问及乙的去向，丙说不知，有意隐瞒。但该加油站没有张贴营业执照，而仍沿用“某加油站”招牌。其房屋建筑有三间，丙说可能是当地供销社所建。加油设备，丙说自己已经从乙手中买得。该律师随即将加油站门面予以拍照，该照片显示加油站的地理位置和招牌名称。其次，代理律师手执该加油站照片到该辖区县工商局调查，通过县工商局确认，该加油站营业执照上的全称为“某某县

---

① 隋彭生：《律师民法业务思维》，中国政法大学出版社2015年版，第301页。

② 路保相：《胜诉与败诉——打官司的基本方法与技巧》，中国政法大学出版社2017年版，第2～3页。

某某镇供销合作社某加油站”，负责人正是乙的哥哥丙。律师随即调取该营业执照证据。最后，代理律师手执该加油站营业执照的复印件到该县某某镇供销合作社调查，该供销合作社主任承认该加油站是他们筹建的，加油站名称是他们起的，经营者是丙。供销社仅向丙收取一定量的管理费，不负其他任何责任。代理律师要求供销社主任对该事实出具了相关证据。

律师通过以上调查取得的证据，全面掌握了该加油站的法律事实。即某加油站与供销社是挂靠关系，某加油站的注册负责人与实际经营者不符。

《民诉解释》第 54 条规定，以挂靠形式从事民事活动，当事人请求由挂靠人和被挂靠人依法承担民事责任的，该挂靠人和被挂靠人为共同诉讼人。第 59 条规定，在诉讼中，个体工商户以营业执照上登记的经营者为当事人。有字号的，以营业执照上登记的字号为当事人，但应同时注明该字号经营者的基本信息。营业执照上登记的经营者与实际经营者不一致的，以登记的经营者和实际经营者为共同诉讼人。

根据以上法律规定，律师明确了案件的法律关系，确定了正确被告主体。律师把某加油站的实际经营者乙、某加油站营业执照上登记的业主丙及某加油站的挂靠集体单位供销社列为共同被告提起诉讼，要求以上三位被告共同赔偿事故对甲造成的人身损害所产生的全部损失并互负连带责任。

该案起诉后，供销社马上派人进驻某加油站防止丙逃脱，丙又千方百计把乙找回来，三方共同应诉。诉讼期间被告三方共同负担了甲的治疗费用。

3. 平衡商业利益、社会利益、家庭利益等。比如，小舅子打了姐夫，不影响夫妻感情的话，最好通过协商解决。再如，农村邻里之间的纠纷，不少是为了面子，但是大家抬头不见低头见，一场诉讼可能造成老死不相往来，对当事人日后的生产生活影响很大。

4. 要进行社会影响分析。比如，弱势群体和其他经济强势主体之间的选择；富士康起诉记者名誉侵权，对其个人进行 3000 万财产保全造成了不良社会影响。

经过上述几个方面的综合考察，才能确定一个诉讼方案大致的成本和收益。一个案件往往可能构成多个请求权基础，最终到底选择哪一个请求权基础进行诉讼，我们要对多个请求方案进行综合评比，最佳方案就是利益最大化的方案。

第二节 诉讼故事

在说服效果方面，好故事胜过真故事。

说服法官的手段，不外乎两种，他所看到和他所相信的。最有效的当然是提供证据让他看到；没有证据的地方，就是他所相信的内容，这就是锚定叙事理论告诉我们的。

大纲分析法和要件事实攻防图是“原子论主义”的，以构成要件为单位对证据群进行独立地、个体化地分析，功能侧重于分析和论证。在日常的交流和说服过程中，我们需要结合心理学、修辞学等进行“整体主义”的加工，叙事理论可以指导我们这方面的工作。原子论的逻辑分析为整体叙事提供了坚实的基底和素材，并为庖丁解牛般精细分析对方的叙事提供了有力工具。

一、案件理论、主题、案情和情境类型①

英美律师针对陪审团审判的特点，充分借鉴心理学、修辞学等学科理论，开发了一整套说服陪审团的理论和方法。有些方法过于戏剧化可能会产生相反的影响而不适用于法官审判。但人同此心，心同此理，虽然法官更专业，更注重构成要件指引下的结构化思维，但人类本能的正义感、情绪等非理性因素同样起着不可忽视的作用。这些因素可能使你的案件往好的方向发展，也可能往坏的方向发展。当非理性因素和理性考量一致的时候，法官会更加坚定已经做出的决定。当非理性因素和理性考量不一致的时候，非理性因素会驱使法官去考量其他的可能性，发现能够证成其非理性决定的法律理由，除非此路不通。

“为了准备或提出一个案件，每一方当事人的律师都必须开发一个逻辑性很强的案件理论。在大多数案件中，尤其是那些由陪审团审理的案件中，律师必须开发出将要用作关于本案关键部分强化之要点的不断重复的主题。在每一个案件中，律师都运用所采用的理论和所确定的主题，去建构一个关于案件中的证据还将表明什么的引人注目的案情。在大多数情况下，通过对案件中的一般情境进行区分和描述，律师将能更好地开发和检验他们的理论、主题和案情，案件像案情

① 参见［美］特伦斯·安德森等：《证据分析（第二版）》，张保生等译，中国人民大学出版社2012年版，第195~202页。直接引用内容摘选自该部分。

所列举的那样契合进这种情境。”

案件理论就是一个请求权基础（或抗辩权基础）的类型化故事。“在辩护中，一个案件理论是根据对方律师的预期理论以及律师对主题和案情的选择，由律师从可选方案中选择的作为案件整体的逻辑陈述，考虑到支配性法律原则、可用证据和对拟议推论之真实的假定，该理论应当能以一系列三段论形式进行陈述，三段论论证了想要的结论必然为真。”案件理论是一个可被逻辑检验的事项，是经过精细分析、逻辑重构的事实命题，具有以下的特点。

首先，案件理论在合理制定方案部分才能被确定，因为考虑了各种可能的请求权和相应的抗辩，而最终选择了胜算比较大的请求权方案。其次，案件理论具有司法三段论的特性，如果其证实为真，司法三段论就能成立。这种演绎逻辑的形式特性是由其分解构成要件及其要件事实的形式原则来保证的。最后，案件理论需要得到证据支持。

主题则是能对案件赋予意义，赋予感情色彩的句子或短语，在起诉状、开庭陈述中被反复强调使用。

案情（故事模型）是“一系列接连发生事件的叙事解释，通常是以其发生的时间顺序来呈现，作为一个有意义的整体而呈现的。一个案件的案情将是律师对于事件的叙事，从证据中抽象出来并按一定的顺序排列，以说服事实认定者，所讲的案情是从已出示或将出示的证据中能够建构的关于究竟发生了什么之最似真的解释。在辩护中……它必须是事实认定者、法官或陪审团都认为有说服力的案情，通常，该案情先被作为开审陈述的组成部分讲述，并在结审辩词中作为唯一或最可能的解释而得到重述和主张”。

情境，是当所描述或描绘的东西是事情在特定时刻的一种状态而不同于连续事件时，我们将使用的词语。一种情境之描述，就像一个静止图像；一个案情就像运动画面。二者都可被包含在一个叙述解释中。我们所构造的情境应该能够让法官迅速产生代入感，因而对我们的论述产生认同感。

二、故事模型

好律师就是一个会讲故事的人。

说起故事，大家首先会想到小说里虚构的事情，绘声绘色，娓娓道来。律师讲的是事实，怎么可能是故事。其实，故事，本来的含义就是“过去的事情”。

律师为过去代理，对于律师代理案件来讲，接触到的素材首先就是证据资料。从证据到事实“并非像人们想当然的那样，案件证据与事实的认识顺序是单向的、由证据到事实的线性过程。先对证据材料进行观察、思考和分析，发现证据与证据之间的关系，然后从中逐渐得到一个完整的事实样貌。这种传统的想象是不正确的。现实中的情况是，当人们了解了有关案件的大致信息，并初次浏览了呈现给他们的证据之后，会在头脑中形成一个关于案件基本面貌的叙事式的故事，接着，以这个叙事的故事作为指导，再去观察和整理证据，也就是说，该如何理解证据所显示的信息，很大程度上是由先前在头脑中的故事来决定的。而故事的具体形态是什么样子，则取决于审理者的个人经历、文化背景等因素”。这就是被美国律师和法官广泛认可和采用的“故事模型”认知模式。①

三、案件事实的六个原则

讲好案情故事，最终成为裁判事实，律师需要在规范、证据和事实之间不断循环考察，同时关注自己和对方，不仅要关注自己一方的证据，还要关注对方的证据，不仅要关注有利的事实，还要关注不利的事实，要把这些整合进一个融贯的、合乎情理的故事里。具体来讲，就是达到“六性原则”：实质性、完整性、真实性、符合性、覆盖性、一致性。

前面四个特性是己方的故事符合法律要求的四个特性，也就是实质性、完整性、真实性、符合性，后面两个特性是针对对方的证据的要求。

1. 覆盖性：建构出来的故事必须覆盖所有的可靠证据，根据证据的共通性原理，不仅包括己方提交的，还要包括对方提交的。

覆盖性原则衍生出来的一个原则就是包容性原则，除非我们能够斩钉截铁地确定的部分，我们应该预留下融合其他可能的空间。因为直到诉讼终结前我们才能大致确定是否已经提交了所有的证据。这种包容性使得根据诉讼进展加入对方证据和事实的情况下，我们的案情故事依然合乎情理，毫无违和感。

2. 一致性：具体包括外在一致性、内在一致性和证据的一致性。

外在一致性：故事不应存在自相矛盾或不能自圆其说的地方。故事整体上看起来合情合理，符合人们惯常理解和一般认知，这样更容易为法官所接受。对于不可能同时为真的事实，要选定一个立场，不能犹豫不决，含糊其词，比如：你的当事人不在侵权现场；或者虽然在现场，但是没有实施侵权行为；或者虽然实施了一定行为，但是属于正当防卫，具有违法阻却性。这三种可能性必选其一，不能前后自相矛盾。

① 刘燕：《法庭上的修辞——案件事实叙事研究》，中国书籍出版社 2017 年版，第 98 页。

内在一致性：对于相矛盾的证据，我们要能够给出合理的解释。比如，合同约定后来变更了，相关书证存在伪造、篡改，证人与本案存在利害关系等。又如，房屋买卖合同中约定付完尾款后才办理过户手续，过户手续办完后卖房人要求付尾款，买房人以合同约定抗辩说已经付过款了，否则原告不会协助办理过户手续。但是原告又向法庭提交了一份短信记录，内容是被告请求先办理过户手续然后抵押贷款后还清尾款。被告的故事版本就缺乏覆盖性和一致性，没有覆盖该短信记录，并且自相矛盾。

与证据的一致性：原告虽然可以宣称与自己相冲突或矛盾的证据都是假的，这样就具有了覆盖性，但是缺乏了与证据的一致性，己方无法解释的证据越多，被对方否认的可能性就越大。案情故事要与证据紧密结合。

叙事要关注己方，也要关注对方；要连接证据，也要连接法律。“在调查的后期阶段，分析者将建构一个案情，该案情由其打算向裁决者展示的所有证据来支持和解释，该案情不能被他预期其对手将展示的证据有效摧毁。最终，目标是创建一个事实认定者将接受为最似真（或者，对刑事案件中的检控方而言，唯一似真）的案情，即由证据支持的关于发生了什么的案情。然而，分析者必须能够找出他计划采用之叙事的逻辑弱点。目标是形成一个有说服力的叙事，该叙事不仅与证据一致并为证据所支持，而且使其可能易受攻击之点最小化。他还必须找出其对手预期叙事解释的弱点，以便计划如何能够说服事实认定者：对方的叙事有缺陷，或在任何情况下，与他的叙事相比都不太像是真的。”①

四、叙事策略

起诉状和答辩状基本上围绕这个故事模型展开。起诉状的构成要件故事就是一个对证据的描述性和解释性框架，通过这个叙事框架，让法官透过证据“看到”过去发生了什么，为什么发生。答辩状就是对这个故事的质疑和修正。法官是一个固执的观影者，只喜欢类型化的故事（构成要件）和固定的结局（法律效果），律师就要做一个高明的导演，将复杂的生活故事结合证据叙说成一个简短高效而又有趣的故事，以庭审的方式呈现给法官。这里就要处理好两个矛盾，既要类型化，法定的桥段必不可少，又要情景化，演员和剧情都要特定化。尤其要编排好证据的出场顺序，根据证据和事实之间的证明关系，尤其理清间接证据之间的逻辑串联，据此完美地编排证据。法官就是一个带着怀疑眼光看故事的

① ［美］特伦斯·安德森等：《证据分析（第二版）》，张保生等译，中国人民大学出版社 2012 年版，第 189 页。

人，看的故事多了，有时候会麻木，但无论如何，还是得根据自己相信的故事版本作出判决。从证据到事实的跨越过程，是一个创造性的过程，不存在机械的对应关系，需要一定的想象力、知识和经验。“证据所能提供证据信息是片段的、非叙事的，甚至是非语言的，而司法审判又要求产出一个语言的、叙事化的事实文本，这就需要我们有目的地运用语言建构案件的事实。在此过程中，修辞不仅仅是语言效果的外在修饰和包装，相反，它直接构成了事实的面貌和意义。这种建构性强烈地体现在：根据相同的一套证据和事件，确实有可能讲出完全不一样的故事，得出截然不同的事实文本，并引出不同的司法判决。”①

既然我们呈现的是一个法治的故事模型，那么在叙事的过程中就有一些叙事的策略可以采用。北京师范大学刘燕教授《法庭上的修辞——案件事实叙事研究》一书对构建案件事实进行了创新性研究，本节内容和观念采用该书的介绍。

（一）崔英杰案的多个事实版本

该书从一个刑事案件展开。案件大概情况如下：2006 年 8 月 11 日下午，小摊贩崔某杰在北京市中关村某路边无照摆卖，遇到北京市城市管理综合行政执法局下属的某区城管大队的巡查员来查处，被没收经营工具。在崔某杰与城管队员争抢摆卖用的三轮车的时候，城管大队副队长李某强被崔某杰手中的小刀扎伤，送往医院后不治。崔某杰逃离现场之后，第二天被北京市公安局刑警抓获。

崔某杰案相对于一般的案件来说，证据相当充分。除被告人供述之外，有 8 位证人提供证言，其中 5 位直接描述现场所见的案发经过，另外还有公安机关的现场勘察报告、法医鉴定报告、物证、现场执法录像等。即便证据确凿，但对该案的叙事还是呈现出不同的版本，对崔某杰是否应该判处故意杀人罪表达了不同看法。

判决书叙述如下：被告人崔某杰于 2006 年 8 月 11 日 17 时许，在北京市某区路边无照摆摊经营烤肠食品时，被北京市某区城市管理监察大队的执法人员查处，崔某杰对此不满，以持刀威胁的手段抗拒执法，当执法人员将崔某杰经营烤肠用的三轮车扣押并装上执法车时，崔某杰进行阻拦，后持刀猛刺该城市管理监察大队海淀分队的现场指挥人员李某强颈部一刀，致刀柄折断，后逃离现场。李某强因急性失血休克死亡。在这段叙事里，崔某杰是一个故意伤人犯，但是在另一个版本的叙事里，他却没有这么大的主观恶意。

---

① 刘燕：《法庭上的修辞——案件事实叙事研究》，中国书籍出版社 2017 年版，第 3 页。该书在建构案件事实方面进行了创新性的研究，本节内容来自该书。该书所举例子由于刑事案件的冲突张力，能够更好地表明叙事策略的重要性。该叙事策略同样适用于民事案件事实的构建。

媒体和社会公众却形成了案件事实的另一个版本：崔某杰是河北省保定市阜平县平阳镇各老村农民，曾被评为优秀士兵，退伍后因家境贫寒，在北京市某娱乐场所充当临时保安。从 2006 年 4 月起，崔已被雇主拖欠四个月工资，生活窘困，遂以摆摊售卖烤香肠的方式谋生。2006 年 8 月 11 日下午某区城管巡查队以崔无照经营为由予以查处，并没收其经营工具。崔某杰哀求城管不要没收他借钱买来的三轮车，城管不予理睬。为了寻找一同摆卖的女孩赵某，崔某杰离开现场后又返回，看见三轮车已经装上城管的专用卡车，试图在最后关头夺回自己的财产。城管上前阻止，崔某杰害怕遭到 4 人人身强制，混乱中以手里握着的切香肠用的水果刀刺伤某区城管队副队长李某强，李送往医院之后死亡。

为什么会造成如此反差巨大的两个故事文本，非常重要的环节就是修辞和叙事。人们很容易将事实想象成证据的直接拼图，但实际上，单个事件按照时间顺序排列，无法得出一个主题意义。例如，崔某杰并没有大喊“我要杀了你”之类的话，其后的供述也没有想要杀人的表述，主观故意的认定依赖于事件之间相互关系的推理和想象，比如判决书中所写“崔某杰对此不满，以持刀威胁的手段抗拒执法”，比如社会叙事中的“崔某杰害怕遭到 4 人人身强制，混乱中以手里握着的切香肠用的水果刀刺伤李某强”。法律语境中的叙事需要一个主题意义以赋予所有的事件和行为以内在的关联性。

按照时间顺序，刘燕教授整理了大家都比较清晰且无争议的脉络。

1. 崔某杰是进城务工的农民，被雇主拖欠四个月的工资，生活陷入困境。

2. 崔某杰借钱购买了三轮车等工具，在路边售卖烤香肠，崔某杰没有营业执照。

3. 2006 年 8 月 11 日 17 时左右，某区城管大队队员到崔某杰摆卖地点查处无照小商贩。

4. 第一批到达现场的城管没有穿制服，没有出示任何书面证件和文件，没有任何口头说明。

5. 崔某杰为了三轮车与城管纠缠，当时崔手里握有小刀。

6. 三轮车被没收，崔某杰离开现场，与一同摆卖的赵某失散。

7. 崔某杰返回现场，手握小刀跑进人群。

8. 城管大队长李某强被崔某杰刺伤颈部，送往医院后死亡。

通过比对，不难发现，判决书和公众的版本都没有超出上述证据确凿的八项事件，但是从证据信息到事实文本，却存在着相当大的差异。

上述事件的罗列，对于司法叙事来讲是远远不够，它无法回答以下的问题：

被记录的事件之间的关联如何？事件序列的完整性和连续性怎样体现？被记录的内容作为一个整体，讲述了什么样的中心问题？①

叙事化之后的故事就解决了这些问题。但是不同的叙事立场采取了不同的叙事策略。

（二）情节发挥：事件间断裂弥补

上述事件6、7、8之间存在明显的断裂，崔某杰离开现场，又是什么原因和目的跑回现场？手里握着的小刀是有意的还是无意的，如果是有意的，又是什么目的？拿着小刀跑进人群和扎伤李某强是怎么联系的？是在怎样的环境下，以怎样的方式和行动，怎样的心理活动和主观状态刺伤了被害人？

北京市公安局的起诉意见书这样写道：因被本市某区城管大队查处，即怀恨在心，持刀将执法的某区城管队副队长李某强颈部扎伤。该措辞“因……即怀恨在心，持刀将……”将证据显示的单纯身体举动换成了心理活动，并添加了因果关系。

辩护人则回应道，“崔某杰第二次跑回来是为了找跟他一起干活的小女孩，而并不是为了实施报复。他第二次返回，根本不是为了杀死李某强，就是为了讨回自己谋生的工具”。

从“怀恨在心，企图报复”到“寻找同伴，夺回财产”，这些都不是证据显示的信息，而是根据生活经验的推测，显然这两种解释在经验常识上都能说得通。

解释性的情节发挥“作用是弥补证据信息之间的断裂感，其方式是在事件基础上进行情节化的发挥，以语言引起场景、画面等情节细节的想象，来满足人们渴望了解然而证据信息又没有交代的模糊、空白、裂隙之处”。需要注意的是，“从证据到事实的跳跃过程里，情节化发挥以不自觉的、隐形的方式出现，暗中或明里指向叙事者的目的——控方必须成立故意杀人，辩方希望推翻故意杀人。正因为情节发挥的策略是隐形的、难以辨认的，它掩盖了证据和事实之间的距离，使读者感到案件事实似乎属于证据的产物”。

（三）事件挑选：整体的戏剧化效果

在法院判决的版本中，交代崔某杰的个人背景和经济状况的介绍，崔某杰中途离场又返回的情形和城管执法行为中的瑕疵都被忽略了。起诉书将“持刀威胁、抗拒执法，进行阻拦，持刀猛刺”等一系列动词流畅地排列在一起，仿佛这

① 刘燕：《法庭上的修辞——案件事实叙事研究》，中国书籍出版社2017年版，第56页。

些动作是短时间内连贯完成的，通过前面的情节化发挥，创作出一名穷凶极恶的歹徒公然抗拒执法进而行凶的剧情。

但是在辩护人的叙事中，通过社会背景和经济情况的介绍，迅速抓住了读者的同情心，“当一个人赖以谋生的饭碗被打碎，被逼上走投无路的绝境，将心比心，你们会不会比我的当事人更加冷静和忍耐”。在社会公众的叙事里，展现在读者眼前的是一个受生存环境所迫的善良人，在遭遇不公正对待的情况下，为了保护自己的合法财产及谋生工具，一时激动失手伤人。其目的是更换罪名，减轻刑罚。

判决书没有写城管执法的瑕疵，崔某杰的辩护律师却敏锐地抓住了这一点，城管来没收经营工具时没有出示证件和法律文书。基于此，有的律师甚至提出了假想防卫的可能。

叙事者对已经确认的证据信息进行有目的、戏剧化的情节化发挥，以及有选择地取用或忽略、强调或弱化的修辞策略，使证据信息变成全景式的、戏剧化的案件事实，同一组事件的确能衍生出不同的故事版本，并不失其合理性。

（四）人物建构、案件叙事的特殊策略

人物建构就是“按照通行的价值教条，塑造故事中的人物形象，再给予这些人物与其形象相称的结局”。

判决书没有任何铺垫开场即写崔某杰在闹市中无照经营，突出其违法者的角色定位，城管虽然有瑕疵，但是作为执法者出场，已经占据了道德优势。在辩护律师的版本中，第一句话交代其身份和来历，告诉大家他不是一个坏人，也是个可怜人。后面的一系列情况可能只是一个突发的悲剧。

通过叙事策略的运用，“对证据信息的挑选、裁剪、发挥，编织到一个由语言来呈现的戏剧化故事当中，情节塑造出人物，再用人物在叙事中的形象引发读者对他的评价”，这便是从证据到案件事实的建构过程。

（五）律师对叙事策略的运用

叙事就是一种“讲故事的行为，就是以形成故事文本为目的的使用语言的活动。1. 作为起始结构的开头，交代事情的发生动因和背景；2. 作为结尾，给出事情的结局或评价；3. 交代事情如何能够从开头运行到结尾的一种情节发展和推进；4. 比较明确的中心主题，也就是通常所说的必须能够使读者或听众分辨出‘这到底是一个关于什么的故事’”。需要把握如下六个方面：

1. 构建的故事中，应该包含那些确定无疑的事实。

2. 考虑你的听众，尽量结合你的听众的经历、背景和口味来讲述一个故事。判决理应追求公正，但“公正是难以界定的东西，是一种观念而非概念，缺少一种让人行动的动力。尽管人们对公正并不能达成共识，但是，却存在一些基本的共识：不公平的行为，或亟待纠正的错误，不公正具有让人热血沸腾的力量。要让法官看到他们有权力加以纠正的不公平现象”。这也容易理解，法官是风险厌恶型的职业，相比于追求公正，更在意避免不公正。律师可以着力凸显本案的不公正从而增强法律救济的必要性。另外，在侵权类型案件中，通过事实论证被告的故意越明显，法院支持的可能性越大，赔偿也越多。

即使是同样的赔偿项目，也需要结合案情进行个案式地论证。比如，过失致人死亡的精神损害赔偿金，如果是刚结婚的妻子，则在论证新婚燕尔，正值爱情如胶似漆，遽然遭此大难，不异于天崩地裂。如果是中年，则在论证人到中年，倍觉艰辛，正值相濡以沫，相互扶持的人生阶段，突然间老幼失养，孤苦无依。

3. 具有明确的主题。不同的请求权基础就是一个不同的类型化故事摹本。

4. 合理运用叙事策略。作为律师，应该清晰地界定证据信息和叙事之间的距离，褪去当事人基于各种目的自觉不自觉对案件事实进行的隐藏和加工。对于对方的叙事策略予以应对，对其发挥的情节予以否认，对其有意忽略或缺失的情节予以强调或补充，对其有意构建的脸谱化形象予以消解。

5. 叙事不能以议论文为主，“有意回避那些可能令人感到带有感情色彩的文学性的措辞，并以这种看上去没有装饰的语言来标榜一种理性的、未添油加醋的、忠于真相的事实陈述……仅仅是用最直白的语言诚恳地向大家讲述一段事实，告知一种真相而已”。

6. 有人说律师偏信则暗，法官兼听则明，其实是一种误读。律师的故事模型须臾不能离开对方。如果对方的事实不具备真实性，则从证据的三性和证明力狙击。如果对方的事实具备真实性，那么按照覆盖性和一致性的要求，把它融合进自己的案件故事里，同时狙击其符合性，不能得出权利反对的要素。

五、时间轴、叙事、大纲、图示法

穿插在九步法的具体过程中，我们主要介绍了时间轴、叙事、大纲、图示等四种方法。在案件的不同分析阶段，我们推荐最能适合该阶段分析任务的方法，但在各种方法之间并不存在明确清晰的界限，在实践运用中还有可能是相互促进，互为补充的。

时间轴在发现案件事实阶段推荐采用，主要是突出了时间的一维性，便于证据的组织。大纲分析法主要是按照构成要件去整理实质性事实和关联性证据，根据构成要件去进一步收集完整证据。要件事实攻防图则主要是构建、分析和评价从证据到要件的推理路径，用于法庭说服。叙事用在交流和说服中，突出案情的连贯性和情节一致性。大纲分析法和图示法都具有非常强的专业特点和结构化思维特征。法庭内外交流沟通中也经常运用叙事，只不过实施阶段的叙事已经增加了必要的修辞和戏剧化的因素。事实上前述几种方法都有各自不同的特色和功能，在为庭审准备的审判手册中都有可能用到。

第三节　诉讼标的

经过比对各个请求权方案的成本收益，以及比对各个请求权类型化故事的整体说服力，我们可能选定了一个请求权方案。基于一定的事实和理由，原告将实体法上的请求权在诉讼中具体而特定地主张，就构成了本案的诉讼标的。

一、请求权的前世今生

在早期罗马法时代，只有诉权概念，而无请求权的概念。因为在罗马法中，事实与规范尚未分开，是诉讼创造权利，而不是先有权利，再依据权利起诉。温德沙伊德认为，在罗马法中是审判保护产生权利；而在现代法的意识中，权利是本源，对权利的审判保护则是结果。至此请求权概念产生。此后，德国学者赫尔维格将诉权、诉讼上的请求权和实体上的请求权三个概念区别开来。认为实体法上的请求权是既存的实体权利，而诉讼法上的请求，则是原告在诉讼程序中所提出的权利主张。比项主张，是原告于起诉时所主张的法律关系。在诉讼程序中，原告须将实体法上的权利或法律关系具体而特定地主张，方能成为法院的审判对象。至此，我们可以得出这样一个结论，在现代民事实体法和诉讼法之间，有着这样一个过渡：实体法上的基础权利—实体法上的请求权—诉讼法上的请求权主张—具体诉讼请求。根据传统诉讼标的理论，原告在起诉时，不是从争议的自然事件本身出发，而是从实体规范出发，先找到调整这一事件的实体规范，再依据该实体规范来评价事件，主张自己应拥有的实体法上的请求权。当然，原告所主张的实体请求权，只是原告在诉讼中认为自己应拥有的请求权，这一权利是否真实存在，尚须法院裁判。[①] 用我们第二章所介绍的请求权公式的说明，就是用 Rule 来规整 $Fact_{(s1s2)}$，从而在诉讼中提出具体而特定的 Claim。

二、诉讼标的的识别

（一）旧实体法学说

传统诉讼标的理论为德国学者赫尔维格所主张，认为应当依原告的权利主张作为诉讼标的确定标准。按照这一观点，同一事实，常因法律观点评价不同，会产生不同的实体请求权，不同的实体请求权，经当事人于诉讼中具体而特定地主张，在诉讼上又构成不同的诉讼标的。[②]

旧实体法学说将一个法规构成要件充足即发生一个请求权的形式逻辑与一个实体法上的权利主张就等于一个诉讼标的的命题简单相连，具有简洁清晰、易于操作的优点。“判例及先前的通说即采用此学说（旧实体法学说），现在的实务也是基于该学说运行，本书也采该立场。”[③] “日本学界提倡新诉讼标的理论已经有 50 个年头，然而只要稍微看下日本的裁判实务，特别是初期的下级审判例，就会发现旧理论仍然处于绝对支配性的地位。个中缘由自然比较多，但是其中一个最为重要的原因在于旧说的可操作性强。”[④]

“旧实体法学说有其优点，主要包括：（1）诉讼标的明确、具体，便于法院审理和判决；（2）当事人只要围绕原告主张的实体上的请求权展开攻击和防御，便于当事人进行诉讼；（3）法院判决的效力仅及于当事人主张的实体法上的请求权，当事人未主张的就不是诉讼标的，不在法院的判决之列。法院判决既判力的客观范围明确。”[⑤] “由于‘旧实体法学说’所具有诉讼标的明确、具体，便于当事人进行攻击和防御、便于法院审理的优点，同时法院也习惯于按照法律关系来裁判案件，所以‘旧实体法学说’不仅在理论界仍然有相当大的影响力，而且受到立法机关和司法实务部门的支持。”[⑥]《民诉解释》在规定重复起诉时，也采用了旧实体法学说，“诉讼标的理论的发展经历了旧实体法学说、二分支说、一分支说、新实体法说等不同阶段，目前我国通说采用旧实体法学说，认为诉讼

---

① 江伟、段厚省：《请求权竞合与诉讼标的理论之关系重述》，载《法学家》2003 年第 4 期。

② 江伟主编、傅郁林副主编：《民事诉讼法学》，北京大学出版社 2015 年版，第 25 页。

③ ［日］伊藤真：《民事诉讼法（第四版补订版）》，曹云吉译，北京大学出版社 2019 年版，第 142 页。

④ 段文波：《规范出发型民事判决构造论》，法律出版社 2012 年版，第 53 页。

⑤ 李浩：《民事诉讼法学》，法律出版社 2016 年版，第 118 页。

⑥ 李浩：《民事诉讼法学》，法律出版社 2016 年版，第 121 页。

标的是指当事人之间发生争议，并要求人民法院作出裁判的民事法律关系，即将诉讼标的界定为民事法律关系。在民事诉讼中，由于诉的种类不同，其诉讼标的也就不同。在给付之诉中，诉讼标的是原告基于某种法律关系，向被告所提出的履行一定义务的实体权利的请求权；具体判断某一案件的诉讼标的，应以提起诉讼的当事人所表明的意思而定，即应以请求裁判的事项而定”①。

（二）旧实体法学说的不足和其他识别标准

旧实体法学说带来的问题是，当一个事实满足多个请求权基础的构成要件时，按其学说，将产生多个请求权，多个诉讼标的，可能造成重复起诉等问题。为了克服这个问题，产生了新诉讼标的理论，也就是二分支说和一分支说。既然一个事实有不同法律评价的可能，那么直接用案件事实代替了请求权基础构成要件的评价，用诉讼请求+案件事实来识别一个诉讼标的，即为二分支说。一分支说在此基础上，更进一步只用诉讼请求来识别一个诉讼标的。用下图来表示就是：

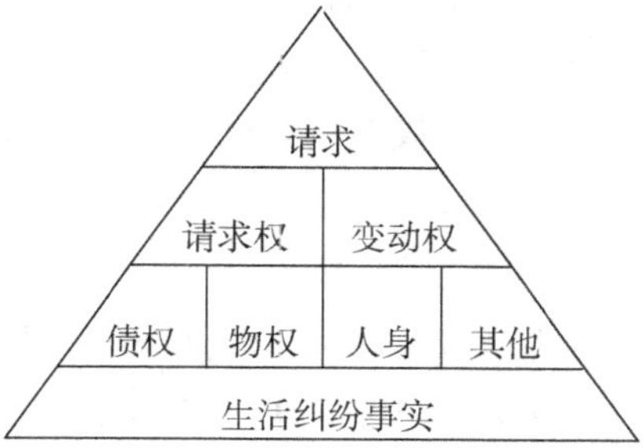

诉讼标的示意图

用请求权基础也就是构成要件+法律效果来识别诉讼标的是旧实体法学说。用法律效果也就是诉讼请求（塔尖部分）来确定诉讼标的是一分支说。用诉讼请求+案件事实来确定诉讼标的是二分支说。这三种学说各有其特点，但是也有不足。

一是造成主张责任和证明责任判断困难。以诉讼标的来判断划分主张责任和证明责任，相对有一个客观的可把握的框架。“更重要的理由或许是新诉讼标的理论在主张责任、证明责任分配问题上的懈怠。在实务家之间，以诉讼标的作为基点来分配主张责任、证明责任的做法占据着支配性的地位，甚至成为了一种‘信仰’。实务家们担忧，在给付之诉时完全无视实体法性质的新诉讼标的理论，

① 江必新：《新民诉法解释法义精要与实务指引》，法律出版社 2015 年版，第 559 页。

不能为主张责任、证明责任的分配提供指导性标准。"①

二是增加了法院释明的负担。邹碧华法官曾经讲过一个案例。张某曾向李某汇款3万元。后张某起诉李某，要求李某返还借款。但李某称，双方并无借款法律关系，而是其他业务往来。经过审理，法院认为，张某能够证明李某曾经收到其3万元，但不能证明双方存在借款法律关系，因此对张某的诉讼请求未予支持。之后张某不服，又以不当得利请求权起诉，要求李某返还借款。但法院立案庭认为，张某的诉构成重复起诉，做出了不予受理的裁定。"在这个案件中，判断是否'一案两诉'，其中起决定性的因素，是法院采取什么样的诉讼标的理论。如果我们采取了依职权检索请求权的理论，对张某基于汇款事实可能产生的请求权进行全面检索，那么，其诉讼标的因为经过了法院的审理而不得再行起诉，应当受到'禁止一案二诉'规则的限制。如果我们采取了比较简单的当事人自主理论，只审理了当事人单独主张的那个请求权，那么，当事人未行使的请求权并未消灭。上述案件中存在的问题，就是法院在审理时采用了旧实体法学说，在立案时又采用了新诉讼标的理论。这样，就出现了前后立场不统一的结果。"② 为此，邹碧华法官从法官素质难以承受、现行效率要求难以承受、现行法官资源难以承受、法官选择请求权有越俎代庖的嫌疑等六个方面的现实因素出发，建议选择旧实体法学说，认为"在这样的紧张状态下，要求法官们为当事人逐一检索请求权，采用'当事人仅提供事实，主要工作交给法官'的大包大揽的诉讼模式显然不够现实"。③ 日本的法官也有同样的担忧："为了使新诉讼标的理论下原告败诉判决既判力的失权范围扩大化获得正当化依据，法官不得不在审判实践中大量释明。这种负担感，也是法官们抵触新诉讼标的理论的重要理由。"④

从和其他制度的衔接上来看，旧实体法学说也比较适合当前的诉讼理念和诉讼制度。为了加快诉讼进程，德国规定了攻击防御方法失权制度，也就是超过期限以后，当事人不能提出新的攻击防御主张，事实的边界范围被框定了，用诉讼

① ［日］山本克己：《第二次世界大战后日本民事诉讼法学的诉讼标的论争》，史明洲译，载《清华法学》2019年第6期。

② 邹碧华：《要件审判九步法》，法律出版社2010版，第65页。如果依职权检索的话，法官应该帮助当事人检索借款返还请求权和不当得利请求权。如果法官只审理了借款返还请求权，那么就应该允许当事人以不当得利另诉。后来的立案庭以诉讼请求判断诉讼标的或者以诉讼请求+案件事实判断诉讼标的，就可能得出重复起诉的结论。

③ 邹碧华：《要件审判九步法》，法律出版社2010年版，第67页。

④ ［日］山本克己：《第二次世界大战后日本民事诉讼法学的诉讼标的论争》，史明洲译，载《清华法学》2019年第6期。

请求+案件事实的二分支说可以确定本案的审理范围，请求权检索训练和较高的法官素养使之成为可能。在我国制度语境下，没有规定主张失权制度，因为相较于程序正义而言，我们更注重实质正义，更注重查明事实真相，当事人可以根据案件进展适时提出主张，事实的边界范围不确定，可操作性的方法就是按照当事人主张的请求权来框定审理范围。这样较适合我们当下司法资源紧张、请求权训练不足、更注重实质正义等司法现状。

我国司法实践中，对于重复起诉的界定也反映出从窄界定诉讼标的的思想，以避免错判误判影响当事人的权利救济。一事不再理是民事诉讼的一项基本原则和制度，指同一当事人，就同一法律关系而为同一的诉讼请求，如果已在法院受理中或者已经被法院裁判，就不得再起诉，法院也不应再受理。但关于何为“一诉”即“一事”，《民诉解释》采用了“三同说”的观点，只有当事人、诉讼标的、诉讼请求三者均为一致时，才能构成重复起诉。

首先是后诉与前诉的当事人相同，也即相同的当事人以相同的身份参加前后诉，位置不能调换。其中，一方当事人不变，另一方当事人人数增减的情况下，不改变诉讼当事人的一致性。

其次是后诉与前诉的诉讼标的相同。我国通说采用了旧实体法学说，根据该说，诉讼标的是指当事人之间争议的请求法院审判的民事实体法律关系或者民事实体权利。同一事实，常因法律观点评价不同，而产生不同的实体请求权，经当事人在诉讼中具体而特定地主张，在诉讼上又构成不同的诉讼标的。

最后是后诉与前诉的诉讼请求相同，或者后诉的诉讼请求实质上否定前诉裁判结果。比如，原告先提起确认之诉，被驳回后，又提起给付之诉，但第二次提起的给付之诉的诉讼请求实际上否定了第一次诉讼的裁判结果，所以第二次起诉也被认定为重复起诉。①

三、诉讼标的的意义

诉讼标的构成了裁判的最基本和最小的单位，当事人的诉讼活动和法院的审判活动都围绕着诉讼标的展开，同时对于理解诉的合并、分离、追加和变更，理解重复起诉、既判力等问题都非常关键，诉讼标的也是民事诉讼的核心问题。

诉讼标的确定了当事人攻击防御的重心。当事人的攻击和防御围绕着该案的诉讼标的进行，偏离诉讼标的的攻击和防御是无效的诉讼行为。具体来讲，就是

① 江必新：《新民诉法解释法义精要与实务指引》，法律出版社2015年版，第559~561页。

原告主张的实体权利和法律关系，必须围绕着权利基础规范构成要件所必需的要件事实进行主张和举证，被告援引抗辩规范的，也需要主张和举证抗辩规范的要件事实，诉讼标的为当事人之间攻击和防御划定了疆界。

诉讼标的确定了法院审理与裁判的范围。法院的审理受到了当事人提出的诉讼请求和事实理由的约束，只有成为诉讼标的的事项，才能成为法院审理与审判的对象。

诉讼标的成为确认是否重复起诉的依据。判断两诉是否重复，基本依据就是看两诉的诉讼标的是否相同，相同的诉讼标的构成重复起诉。一个确定的诉应该包含哪些内容，何以构成一个独立的诉，此诉与彼诉如何区分，这涉及诉的合并、变更、追加、禁止重复起诉等一系列重大问题，涉及诉讼方案的科学制定和诉讼策略的实施。

诉讼标的是判断是否构成客观的诉的合并的依据。所谓客观的诉的合并，是指为实现纠纷的一次性解决在一个诉讼程序中就多个诉讼标的进行审理裁判，既避免分开审理可能带来的各判决之间的矛盾与冲突，同时也达成降低诉讼成本的目的。而判断是否构成客观的诉的合并，依据就是看是否存在多个诉讼标的。原告增加诉讼请求，看该请求是否构成独立的诉讼标的。被告究竟是反驳还是反诉，主要看是否构成独立的诉讼标的。

诉讼标的也是判断是否构成诉的变更的依据。变更诉讼标的构成了对诉的变更。比如，乙租住甲的房屋，甲基于租赁关系请求判决解除租赁合同，或者要求支付拖欠的房租，这就是诉讼请求的变更，而非诉的变更。如果甲基于所有物返还请求权，要求乙返还无权占有的房屋，那么就构成了诉的变更。

诉讼标的也是确定既判力客观范围的依据。既判力，是指民事判决一旦作出，就具有法律效力，当事人不得就同一案件再行起诉，或者在其他诉讼中提出与确定判决相反的主张。法院也不得就同一案件重复受理，或者作出与确定判决相矛盾的裁判。既判力只能及于法院裁判的事项。因此，既判力的客观范围与诉讼标的是一致的。

四、处分主义

《民事诉讼法》第七条规定："人民法院审理民事案件，必须以事实为根据，以法律为准绳。"当事人希望通过人民法院予以救济的，应该是法律所予以保护的民事权益。当事人只能在法律效果规定的框架下和法律允许的范围内提出请求，超过这个范围就是于法无据的请求。

具体内容如下：

1. 是否提起诉讼，原则由当事人自己决定。当事人可以放弃该利益，也可以选择和解、调解、仲裁等方式解决。

2. 是否结束诉讼，由当事人自己决定。当事人撤回起诉或者撤回上诉的，诉讼即告结束。也可以在诉讼中达成和解或调解协议。

3. 提起什么样的诉讼，由当事人自己决定。不同的诉讼标的、权利请求具有不同的构成要件、举证责任和赔偿范围，需要当事人根据自己的意思自治做出决定，法官不能越俎代庖。在请求权的竞合情形下，法官可以对当事人进行释明，当事人不对请求权做出选择的，应该驳回起诉。

4. 在诉讼中，当事人可以放弃、变更、追加诉讼请求。

对于原告在诉讼中提出的诉讼请求，被告可以承认或反对。如果被告承认的，就构成认诺，很有可能以调解、和解等方式解决。如果被告对诉讼请求予以反对，就需要通过对要件事实的确认来得出是否支持该请求的结论，案件就进入了作为请求理由的事实层面的审理。

简言之，请求权基础的法律效果构成了当事人提出合法请求的最大范围，而当事人是否提出以及提出什么样的诉讼请求权则是当事人的处分权。当事人具体提出的诉讼请求制约着审判权的行使，法官应该对当事人的诉讼请求一一做出回答。被告对原告诉讼请求的承认就构成认诺，被告对诉讼请求反对的，就需要进入事实审理阶段。

五、特定诉讼标的

如前所述，由于现代民事诉讼中的处分权主义原则，诉讼标的决定法官的裁判对象与范围，从当事人的角度来说，也就相应划定了当事人的攻击防御的有效范围，因此，在诉讼的开始阶段，也就是当事人并未展开真正的攻防之前，应当确定本次诉讼的诉讼标的。特定诉讼标的是通过原告的诉讼请求和最低限度的必要事实来完成的。相对权的特定标准是权利内容及其发生原因，因为在相同的主体之间可能同时成立内容相同的多个债权，所以仅仅依据权利内容尚无法特定债权，还必须依据债权的发生原因。比如相同的当事人之间就种类相同、数量相同的标的物进行了若干次买卖，而形成若干个权利义务内容相同的买卖合同，若出卖人依据其中的一个买卖合同请求买受人支付价款，为了与其他的价款支付请求权相区分，出卖人须以该债权的发生原因特定本次诉讼的诉讼标的，如达成买卖合意的具体时间。特定诉讼标的是原告的责任，在诉讼中的物理载体是起诉状。

根据我国《民事诉讼法》第110条第2项规定，原告须在诉状中记载“诉讼请求和所根据的事实与理由”，一般而言，通过诉状中的“诉讼请求”和“事实与理由”部分，本案的诉讼标的也可以得到特定。日本司法研修所认为，请求原因是导致作为诉讼标的的权利（法律关系）产生所需的最低限度的必要事实。许可先生认为，其中所谓的“最低限度的必要性”与权利根据规范所确定的要件之间具有某种对应关系。[1] 也就是说，不同的请求权具有不同的产生要件，原告想要主张该请求权的，就需要对该请求权产生要件相对应的具体事实进行相应的主张。

以房屋租赁合同期满后承租人未返还房屋为例，诉讼请求为返还房屋，请求权有两个：第一，原告的房屋所有与被告的房屋占有，基于该事实，原告方享有作为物权请求权的返还请求权，基于该权利，原告可请求被告返还房屋，第二，基于租赁合同到期的事实，出租人可向承租人请求返还标的物。从社会生活关系来看，上述两种事实并非独立存在，毫无关联的事实。但是作为实体法上的请求权的发生原因而言，上述两种事实为各自独立的请求原因事实。因此，若着眼于实体法上的请求权个数，上述情形则会存在两个不同的诉讼标的，这是采旧实体法学说的结果。[2] 原告需要主张足够的权利关系基础事实，进而基于该事实于法律上成立原告所主张的请求权，基于该请求权使得诉讼请求中的给付内容予以正当化，此时诉讼标的即被特定。

六、法官的释明

虽然法官恪守当事人主义，不能依据职权直接为当事人选择诉讼标的，但法官依据其法律专业知识检索请求权、判断诉讼标的也并非毫无意义。法官可以通过行使释明权，来指出当事人诉讼标的选择上的错误。法院不能直接进行变更，因为涉及当事人的处分原则。经释明后当事人拒绝变更的，应当驳回其诉讼请求，但不影响其另行提起诉讼。

《九民会议纪要》第三十六条对合同无效时的释明问题进行了规定：“在双务合同中，原告起诉请求确认合同有效并请求继续履行合同，被告主张合同无效的，或者原告起诉请求确认合同无效并返还财产，而被告主张合同有效的，都要防止机械适用‘不告不理’原则，仅就当事人的诉讼请求进行审理，而应向原告释明变更或者增加诉讼请求，或者向被告释明提出同时履行抗辩，尽可能一次

① 许可：《民事审判方法——要件事实引论》，法律出版社2009年版，第162页。
② ［日］伊藤真：《民事诉讼法（第四版补订版）》，曹云吉译，北京大学出版社2019年版，第142页。

性解决纠纷。例如，基于合同有给付行为的原告请求确认合同无效，但并未提出返还原物或者折价补偿、赔偿损失等请求的，人民法院应当向其释明，告知其一并提出相应诉讼请求；原告请求确认合同无效并要求被告返还原物或者赔偿损失，被告基于合同也有给付行为的，人民法院同样应当向被告释明，告知其也可以提出返还请求；人民法院经审理认定合同无效的，除了要在判决书‘本院认为’部分对同时返还作出认定外，还应当在判项中作出明确表述，避免因判令单方返还而出现不公平的结果。

“第一审人民法院未予释明，第二审人民法院认为应当对合同不成立、无效或者被撤销的法律后果作出判决的，可以直接释明并改判。当然，如果返还财产或者赔偿损失的范围确实难以确定或者双方争议较大的，也可以告知当事人通过另行起诉等方式解决，并在裁判文书中予以明确。

“当事人按照释明变更诉讼请求或者提出抗辩的，人民法院应当将其归纳为案件争议焦点，组织当事人充分举证、质证、辩论。”

对于法院释明后，当事人拒绝的，法院应该判决驳回诉讼请求。《九民会议纪要》第三十九条规定：“须经行政机关批准生效的合同，一方请求另一方履行合同主要权利义务的，人民法院应当向其释明，将诉讼请求变更为请求履行报批义务。一方变更诉讼请求的，人民法院依法予以支持；经释明后当事人拒绝变更的，应当驳回其诉讼请求，但不影响其另行提起诉讼。”

实践中也有出现一审法官释明变更后，二审法官又认为当事人原初的诉讼标的选择正确的尴尬情形，为此，《证据规定》对原来的做法进行了调整，不是直接释明变更，而是作为争点辩论，该规定第五十三条规定：“诉讼过程中，当事人主张的法律关系性质或者民事行为效力与人民法院根据案件事实作出的认定不一致的，人民法院应当将法律关系性质或者民事行为效力作为焦点问题进行审理。但法律关系性质对裁判理由及结果没有影响，或者有关问题已经当事人充分辩论的除外。存在前款情形，当事人根据法庭审理情况变更诉讼请求的，人民法院应当准许并可以根据案件的具体情况重新指定举证期限。”

第四节　多数请求权

在前面的步骤中，我们的讨论主要涉及单个规范的处理。然而，同一个事实可能会满足几个规范，这时就需要确定它们是可以同时适用还是相互排除。

一、法条竞合

法条竞合指的是不同法条对于个案发生适用效果上竞争状态的情形。比如，《民法典》合同编与《消费者权益保护法》。同一权利请求虽然指向两个以上法条，但按照法律适用规则，只能适用其中一个法条。主要通过上位法优于下位法，特别法优于普通法，新法优于旧法等冲突规则来解决。

（一）上位法优于下位法

如果一项上位法通过一项下位法而被正确地具体化，则应当仅仅适用下位法（适用最低位阶规范原则），若非如此，下位法则永远没有适用之时。若下位法出现多种解释的可能，则应该选择最符合上位法的解释。

（二）特别法优于普通法

在同位阶的规范中，当一个规范针对另一个规范具有特别性关系时，特别法优于普通法。这种特别性关系体现在，特别性规范规定了一般性法规的某些关键要素的特殊情形，从而对其他要素的要求上有所增加或减弱。否则，可能只是单纯的重复性规定或者提示规定。

另外，还需要考察两个规范之间的法律后果，“如果竞合法条的法律后果彼此可以相容，就必须依立法者的规范意图来决定，在其适用范围内，特殊规范的法律后果究竟是补充或修正一般规范的法律后果，抑或是取代一般规范的地位。这是（目的论或体系）解释的问题。只有当法律后果相互排斥时，逻辑上的普通—特殊关系才必然会排除一般规范的适用，因为不如此，特殊规范就完全没有适用领域。”①

《食品安全法》第一百四十八条规定，“生产不符合食品安全标准的食品或者经营明知是不符合食品安全标准的食品，消费者除要求赔偿损失外，还可以向生产者或者经营者要求支付价款十倍或者损失三倍的赔偿金；增加赔偿的金额不足一千元的，为一千元。但是，食品的标签、说明书存在不影响食品安全且不会对消费者造成误导的瑕疵的除外”。相对于《民法典》侵权责任编第四章产品责任来讲，就属于特别规定，符合相应情形时，应优先适用。

① ［德］卡尔·拉伦茨著：《法学方法论》，黄家镇译，商务印书馆2020年版，第340页。

二、选择性竞合

选择性竞合（择一竞合），指就二个以上的请求权，当事人得选择其一行使之，倘已行使其一时，即不得再行使其他的请求权。[①]

《民法典》第五百八十八条第一款规定："当事人既约定违约金，又约定定金的，一方违约时，对方可以选择适用违约金或者定金条款。"前述违约金条款和定金条款可以择一行使。

三、请求权竞合

选择性竞合指法律已明确提示其选择，而请求权竞合则需要结合给付目的进行判断。请求权竞合，指以同一给付目的（法律效果）的数个请求权并存，当事人得选择行使之，其中一个请求权因目的达到而消灭时，其他请求权亦因目的达到而消灭；反之，就一个请求权因目的达到以外之原因而消灭（如罹于时效）时，则仍得行使其他请求权。[②]

（一）侵权和违约的竞合

侵权责任与违约责任的竞合比较常见，一种是侵权性的违约，比如保管人非法使用保管财产造成损害；一种是违约性的侵权，比如供水公司突然中止供水，给水产品市场造成损害。在侵权和违约竞合的情形，产品缺陷所引起的加害给付更为常见。《民法典》第一百八十六条对此作出规定："因当事人一方的违约行为，损害对方人身权益、财产权益的，受损害方有权选择请求其承担违约责任或者侵权责任。"

例如，甲坐乙公司的汽车外出旅游，途中发生了车祸，甲因此受了伤。甲要求乙公司赔偿医疗费等损失。甲的这一主张涉及实体法上的两个请求权，即侵害公民生命健康权而产生的损害赔偿请求权和基于一方当事人违反合同义务而产生的损害赔偿请求权。原告甲因为这一车祸有两个实体法上的请求权，因而也就有两个诉讼标的。原告先可以依据侵权行为提起诉讼，如果诉讼被驳回，然后再以违反合同起诉乙，由于后一个诉讼的诉讼标的不同于前一个诉讼，所以后一个诉讼不为前一个诉讼的既判力所遮断，不违反一事不再理原则。

---

① 王泽鉴：《法律思维与案例研习：请求权基础理论体系》，台北元照出版公司2019年版，第97页。

② 王泽鉴：《法律思维与案例研习：请求权基础理论体系》，台北元照出版公司2019年版，第98页。

处理模式如下：

受害人不能同时主张违约责任和侵权责任，只能择一主张。

其中一个请求权得以实现的，另一请求权也得以消灭。

如果其中一个没有主张成功，可以另一个请求权主张，同时，也不构成重复起诉。

具体区别：

关于原告：违约的话，只能是合同当事人，而不能是其他受害人。在侵权责任限于当事人。

关于被告：违约之诉，只能是合同当事人。在侵权之诉，因产品存在缺陷造成他人损害的，被侵权人可以向产品的生产者请求赔偿，也可以向产品的销售者请求赔偿。(第一千二百零三条)

责任方式：若主张违约金、定金责任，应提起合同之诉。以前，能否诉请精神损害是合同和违约的主要区别之一。但《民法典》第九百九十六条一定程度上消解了此种区别："因当事人一方的违约行为，损害对方人格权并造成严重精神损害，受损害方选择请求其承担违约责任的，不影响受损害方请求精神损害赔偿。"

管辖法院：主要涉及合同履行地与侵权行为地和结果地之间的区别。

一般情况下，侵权和合同两类规范的适用按其构成要件各自考察，可以同时得到适用。然而，在某些情况下，会产生适用上的冲突，该如何解决，还有待学界的继续讨论和研究。比如，《民法典》第六百六十二条第二款规定："赠与人故意不告知瑕疵或者保证无瑕疵，造成受赠人损失的，应当承担赔偿责任。"第九百二十九条中规定，"无偿的委托合同，因受托人的故意或者重大过失造成委托人损失的，委托人可以请求赔偿损失"。在一般侵权责任中，因一般过失造成对方损失的，就应承担赔偿责任。如果同时适用侵权责任，将会妨害契约规范追求的调整目的。有的观点认为，该种情形应当让合同责任优先适用。"例如，赠与物存在隐蔽瑕疵但因赠与人疏忽大意而不知，将该物赠与受赠人，致使受赠人遭受损害。这符合《民法典》第 1165 条第 1 款或第 2 款规定的侵权责任的构成要件，但在赠与人未保证无瑕疵的场合，按照《民法典》第 662 条第 1 款前段关于'赠与的财产有瑕疵的，赠与人不承担责任'的规定，赠与人不负违约赔偿责任。于此场合，受赠人可否援用《民法典》第 1165 条的规定，请求仅有过失的赠与人承担损害赔偿责任？假如作肯定回答，就会使《民法典》第 662 条的规范意旨落空。为了贯彻法律宽恕无偿奉献者的精神，于此场合，必须优先适用

《民法典》第 662 条的规定，限制竞合。”[1] 然而，损失的概念较宽泛，对任何损失都排除侵权责任似乎也有不妥。笔者认为，是否应该区分债权人的财产损失和人身固有利益的损失而有所不同，因重大过失不告知瑕疵，造成受赠人人身损失的，也应当承担赔偿责任。这种区别评价的做法，在民法典第五百零六条也有体现，该条对造成人身损害和造成财产损失的免责条款进行了区别规定。

（二）物权和侵权的竞合

例如，甲有一只名贵狼犬，被乙所盗。甲对乙具有如下请求权：所有物返还请求权、占有物返还请求权、侵权责任请求权、占有的不当得利返还请求权。

区别如下：

物权请求权不以过错为要件，侵权损害赔偿一般以过错为要件。

物权遭受侵害，不要求具有损害，侵权赔偿要求有损失，无损失，无赔偿。

只有未登记的动产物权返还原物请求权适用诉讼时效，债权均适用诉讼时效。

（三）物权和债权的竞合

比如，所有人出租的情形下，承租人到期后不返还租赁物，出租人既享有所有物返还请求权，又享有基于租赁合同的返还请求权。

（四）债权和债权的竞合

在连带责任保证中，既可以向主债务人主张主债权，又可以向保证人主张保证债权。

请求权竞合时，由当事人进行选择。最高院《印发修改后的〈民事案件案由规定〉的通知》中也提出了当事人自主选择的做法：“在请求权竞合的情形下，人民法院应当按照当事人自主选择行使的请求权所涉及的诉争的法律关系的性质，确定相应的案由。”

奥卡姆剃刀原理告诉我们，如无必要，勿增实体。在诉讼标的选择上，较少的构成要件，较少的证据要求就能实现同样目的的情况下，优选要求较少者。就如要件事实攻防图演示的，多一个要件，多一重可疑来源或被攻击的目标。如同孔雀开屏，展示美丽的同时，也暴露了屁股。有些事实对你有害，而你又不得不面对，在选择诉讼方案时，应该选择那种不依赖这些事实并使这些事实不相关的方案。“由于不同的请求权具有不同的权利内容、构成要件、举证责任、诉讼时

[1] 崔建远：《中国民法典所设竞合规范论》，载《兰州大学学报（社会科学版）》2021 年第 1 期。

效等，差异较大，因而，如何选择请求权将对当事人产生较大影响。选择得当，其权利将受到较好保护，选择不当，不仅可能发生讼累，甚至可能使自己的权利遭到毁灭性影响，如公司决议之诉中，当事人误把决议撤销之诉混为无效确认之诉，即有可能导致行使撤销权的除斥期间的经过而丧失撤销权。在合同法上亦可能发生同样的问题。所以，我们应当对此类问题特别重视。”[①] “须再强调的是，请求权的竞合对债权人及债务人均具重要意义，因其涉及不同的要件、举证责任及消灭时效抗辩等。每一个从事法律工作的人必须掌握每一个得竞合的请求权，始能在诉讼上或诉讼外作适时必要的主张或抗辩。案例研究是为实务而准备，故在解题时‘切勿’任意选择一个请求权基础而作答，必须通盘检讨所有可能成立请求权基础及其竞合关系。”[②]

律师应该全面而体系化地掌握请求权行使可能面临的不同抗辩，衡量自己的证据和风险，预测对方的证据及应对策略，扬长避短，打好每一仗。从这个意义上说，证明责任犹如律师打怪升级的战略地图，通过衡量自己的武器装备和特长（事实和证据），选择在最有利的地形开打（最有利的诉讼方案）。[③]

四、请求权聚合

一个生活事实发生多个请求权，这些权利所依据的法条不同，可以同时或者分别主张。比如侵害人格权，可以分别主张医疗费和精神损害赔偿。比如，救助落水者，能够请求赔偿支出的医疗费用，赔偿受损的衣物。再如，离婚时无过错方损害赔偿请求权、经济帮助请求权和经济补偿请求权就属于聚合。另外，《民法典》第五百八十五条第三款规定：“当事人就迟延履行约定违约金的，违约方支付违约金后，还应当履行债务。”迟延履行约定的违约金和履行债务就属于请求权聚合，可以同时或者分别主张。

五、诉的合并[④]

请求权原本从诉中分离出来，在诉讼中的意义还需结合起来考察。按照旧实体法学说，我们按照当事人主张的实体法上的请求权来识别诉讼标的，当同一原

---

① 邹碧华：《要件审判九步法》，法律出版社 2010 年版，第 63 页。

② 王泽鉴：《法律思维与案例研习：请求权基础理论体系》，台北元照出版公司 2019 年版，第 101 页。

③ 这主要是针对原告律师来讲的，被告律师主要针对原告选择的诉讼标的进行防御。如果具备反诉的条件，也可以反守为攻。

④ 参考李浩：《民事诉讼法学》，法律出版社 2016 年版，第 123 页。

告针对同一被告提出两个或两个以上的请求权，而法院将其合并到同一诉讼程序中审理和裁判时，就发生了诉的合并现象。诉的合并，有助于一次性解决纠纷，避免诉累，提高审判效率，避免做出相矛盾的判决。

（一）单纯合并

单纯合并，是指原告针对同一被告提出的数个实体上的请求权之间并无法律上的联系，或者虽有法律上的联系，但处于并存的关系。比如，张三借钱不还，还把催还的债权人李四打伤，为此，李四提起借款返还之诉和人身伤害之诉，以及在租赁纠纷中，原告合并提起的返还租赁物和支付租金之诉。前者主要针对的是原、被告之间的属于同一生活事实或者同种类的多个请求权（多笔借款）。后者主要针对的是前文所述请求权聚合的情形。

在单纯合并情形，虽然在同一程序中进行审理，法官仍会分别审查各个诉，并针对每个诉做出判决。律师应该为每个诉都进行充分准备。

（二）预备合并

预备合并，又称顺序合并，其中一个是主诉（先位之诉），另一个是预备之诉（后位之诉）。这常常用在两个不能并存的法律效果的主张上，其中首先提出的对于原告较为有利，但原告担心事实和理由不够充分，得不到法院的支持，同时提出预备之诉，一旦被驳回，便以预备之诉代替。“例如，原告起诉要求履行合同，但合同是否有效争议较大。在这种情况下，如果他单独起诉履行合同，一旦合同被确认无效，他就必须从头来过，重新针对无效合同再兴诉讼。如果采用选择性预备之诉的做法，他就可以请求履行合同，同时提出一个备位之诉，即如果合同被确认无效，则请求返还原物或赔偿损失等。这样，就可以在一个案件中解决重复起诉引起的诉累问题。”①

预备合并的诉讼策略应谨慎采用，会给法官造成立场不坚定、态度骑墙的印象。狭路相逢勇者胜，应站定立场，选好一个攻击点进行进攻，庭审中视情况再做调整。

（三）选择合并

选择合并主要发生在选择之债和选择性竞合的情形。比如，货物质量不符合约定，原告提出修理、更换等请求。

（四）竞合合并

竞合合并，又称重叠合并，对应请求权竞合。比如，租赁房屋到期后，一方

① 邹碧华：《要件审判九步法》，法律出版社2010年版，第66页。

面基于所有物返还请求权请求返还，另一方面基于租赁协议请求返还，同时提出两个事实和理由。在请求权竞合，一诉实现目的，另一诉即不可行使，但如果前诉未成功，还可提起另一诉。在此，则是在同一个程序中一并提起。

六、诉的变更

在实践中，律师需要把握庭审动态，注意是否进行诉的变更。

诉讼请求数额的增加并不是诉的变更，诉的变更指的是诉讼标的的变更。比如，根据证据情况，将违约金的数额由1万元调整至2万元，这就只是诉讼请求数额的变动，而不是诉讼标的的变更，因为诉讼标的仍然是违约法律关系。但是，数额的增加也具有十分重要的意义，根据处分主义，法院并不能判超所请，原告不对增加额进行主张的话，也就丧失了取得救济的权利。

根据旧实体法学说，用实体上的请求权来识别诉讼标的，如果请求权发生变更，那么就发生了诉的变更。比如，前述返还房屋的案例中，既有房屋所有权返还请求权，又有基于租赁契约的返还请求权，如果房屋所有权无法证明，转而依据租赁契约的返还请求权，这里就发生了诉的变更。由于诉的变更能够方便一次性解决纠纷，理论上和实务中，还是倾向于支持和鼓励诉的变更。《九民会议纪要》第三十六条体现了同样的观点："在双务合同中，原告起诉请求确认合同有效并请求继续履行合同，被告主张合同无效的，或者原告起诉请求确认合同无效并返还财产，而被告主张合同有效的，都要防止机械适用'不告不理'原则，仅就当事人的诉讼请求进行审理，而应向原告释明变更或者增加诉讼请求，或者向被告释明提出同时履行抗辩，尽可能一次性解决纠纷。"

对律师的要求就是准确把握案件的庭审动态，认真分析事实和法律，在必要的时候，变更诉讼标的。这种变更的主张应该在辩论终结前提出。《九民会议纪要》第三十六条指出，"当事人按照释明变更诉讼请求或者提出抗辩的，人民法院应当将其归纳为案件争议焦点，组织当事人充分举证、质证、辩论"。

第五节　多数当事人

民事法律关系以双方为典型结构，民事诉讼法律关系中法官居中审判，也是以原告、被告两造对立为典型。双方结构中，其中一方或双方为多数的，主要涉及共同诉讼、主体适格、追加当事人的问题。原则上来讲，合同遵守相对性原则，侵权责任遵守自己责任原则，相关签约人或行为人为请求的相对方。但有原则，总有例外，合同有突破相对性的例外，侵权有替代责任、补充责任、连带责任的例外。这些多方主体的考察对诉讼方案和诉讼方向的设计非常关键。律师要充分考虑这些情形，制定合理的诉讼方案。[①] 这些情形主要包括：一是同属于本案争议的请求权的请求方或者被请求方，从而构成必要共同诉讼。二是具有同种类的多个请求权，从而构成普通的共同诉讼。三是对他人之间的诉讼标的具有独立的请求权或者具有法律上的利害关系，从而以第三人身份参加诉讼。

一、必要的共同诉讼

必要共同诉讼，指当事人一方或者双方为二人以上，诉讼标的是共同的，法院必须合并审理并在裁判中对诉讼标的合一确定的诉讼。所谓的合一确定，是指对当事人之间的权利义务关系作统一的、一致的裁判。在必要共同诉讼中，全体共同诉讼人必须一同起诉或被诉，当事人才适格。

必要共同诉讼产生的原因主要有两种：一种是当事人在纠纷产生前处于某种法律关系中，具有共同的权利义务关系，比如，财产共有人、连带保证人等。另一种是基于同一事实或法律上的原因，产生了共同的权利义务，比如共同侵权人作为共同被告，赔偿权利人起诉部分共同侵权人的，人民法院应当追加其他共同侵权人作为共同被告。赔偿权利人在诉讼中放弃对部分共同侵权人的诉讼请求的，其他共同侵权人对被放弃诉讼请求的被告应当承担的赔偿份额不承担连带责任。责任范围难以确定的，推定各共同侵权人承担同等责任。人民法院应当将放弃诉讼请求的法律后果告知赔偿权利人，并将放弃诉讼请求的情况在法律文书中叙明。(《人身损害赔偿解释》第二条)

二、普通的共同诉讼

普通的共同诉讼本质上是独立的诉，但由于诉讼标的是同种类的，所以合并在一起审理，方便一次性解决纠纷。比如，甲将房子分别出租给乙、丙、丁，后三人因为公共部分设备维修问题没有得到解决为由拖欠租金，甲起诉乙、丙、丁三人支付租金。这本是三个不同的请求权，不同的诉讼标的，但基于诉讼经济的原因一并起诉。

---

① 本部分内容参考李浩：《民事诉讼法学》，法律出版社 2016 年版，第 92~107 页。

三、有独立请求权的第三人

有独立请求权的第三人，指对他人之间的诉讼标的主张独立的请求权，而参加到原、被告之正在进行的诉讼的人。有独立请求权的人类似于原告，有自己不同于原告以及被告的诉求。之所以要参加原、被告已有的诉讼，主要是方便事实的查明，避免现有的诉讼做出不利于自己的判决，另行起诉受到前诉的影响。

比如，《买卖合同解释》第六条规定了普通动产多重买卖合同的处理规则："出卖人就同一普通动产订立多重买卖合同，在买卖合同均有效的情况下，买受人均要求实际履行合同的，应当按照以下情形分别处理：（二）均未受领交付，先行支付价款的买受人请求出卖人履行交付标的物等合同义务的，人民法院应予支持"。假如，甲分别和乙、丙就同一动产签订了买卖合同，乙已支付货款，丙虽未支付价款但已提起诉讼要求继续履行，乙、丙均未受领交付，如果乙另行起诉，很可能甲、丙判决对乙不利的结果出现，比如判决甲继续履行，丙取得物权，乙即使胜诉也履行不能。如果这个履行对乙意义很大，可以有独立请求权的第三人身份参加诉讼。

以下是关于有独立请求权的第三人的若干规定：

《婚姻家庭编解释一》第十六条："人民法院审理重婚导致的无效婚姻案件时，涉及财产处理的，应当准许合法婚姻当事人作为有独立请求权的第三人参加诉讼。"

《商品房买卖合同解释》第二十一条第一款："以担保贷款为付款方式的商品房买卖合同的当事人一方请求确认商品房买卖合同无效或者撤销、解除合同的，如果担保权人作为有独立请求权第三人提出诉讼请求，应当与商品房担保贷款合同纠纷合并审理；未提出诉讼请求的，仅处理商品房买卖合同纠纷。担保权人就商品房担保贷款合同纠纷另行起诉的，可以与商品房买卖合同纠纷合并审理。"

《技术合同纠纷解释》第四十四条第一款："一方当事人以诉讼争议的技术合同侵害他人技术成果为由请求确认合同无效，或者人民法院在审理技术合同纠纷中发现可能存在该无效事由的，人民法院应当依法通知有关利害关系人，其可以作为有独立请求权的第三人参加诉讼或者依法向有管辖权的人民法院另行起诉。"

四、无独立请求权的第三人

无独立请求权的第三人，指因正在进行的诉讼的裁判结果与其具有法律上的利害关系而参加诉讼的人。甲起诉乙提供货物具有质量问题，乙答辩称是购买的丙的原材料存在问题。根据合同相对性，虽然丙不对甲承担责任，但如果判决确定因此而认定乙的责任，乙将会据此对丙追偿。由于乙可以转嫁责任，在甲和乙的对抗中未必会尽全力，或者基于长期供货关系而放水。而丙很可能被前诉判决的既判力而误伤，因为后诉法官会认为原材料存在问题是判决确定的事实。所以，在可能的情形下，丙可以作为无独立请求权的第三人加入该诉讼。

五、复杂法律关系

请求权只是一支箭，而诉讼则是一场战役，一场攻防多变的战役。在此，我们不仅要考察自己射出的箭的锋利程度、力道、射程（请求权是否满足），还要考察对方的盔甲、盾牌的坚固程度（抗辩是否满足）。在针对一个目标，有多个攻击方向的时候，要考察哪个攻击点最能以较小的成本实现最大的战果。（请求权竞合）最终的战果，还要考察对方反射回来的箭（反诉，提起独立的诉讼进行对抗）。不仅要考察对方自身，还要考察是否能引起连锁反应（有独立请求权的第三人，无独立请求权的第三人）。在类似“三国杀”的多方法律关系中，还要考虑联合谁，攻击谁。

第十章　精准实施方案

论先后，知为先；论轻重，行为重。

——朱熹

阵而后战，兵法之常，运用之妙，存乎一心。

——岳飞

女排精神不是赢得冠军，而是有时候知道不会赢，也竭尽全力。是你一路虽走得摇摇晃晃，但站起来抖抖身上的尘土，依旧眼中坚定

——郎平

分析先于使用，方案先于实施。三分战略，七分执行。再好的方案，也需要精准的执行才能取得预期的效果。射箭比赛中，有效的射击是面向靶心的射击。精准实施，不是强调对既定方案的一成不变，而是强调以终为始，结果导向，强调面向结果精准地实施行为。未经过分析的行为不应该实施，而实施的行为都应是锚定要件的行为，或者单纯的策略行为。

由于普通程序是民事诉讼的主干程序，本章就按照普通程序的一般进展介绍诉讼方案实施中的关键和重点。一言以蔽之，诉讼就是争点的艺术。起诉状就是让请求有理由，投石问路。法庭调查就是要件事实真实性之间的攻防，法庭辩论主要是要件事实符合性之间的攻防。代理词就是要综合庭审情况，消除请求的争点，找出抗辩的争点。上诉状就是要指出判决中关于争点的错误认定，请求无争点而不予支持，抗辩有争点而予以认定。

第一节　要件诉讼操作要义

要件诉讼的操作要义可概括为：

两两配对、论题找法。

效果导向、假设驱动。

拉动操作、首尾相连。

构造清晰、立场坚定。

穷尽列举、逐项考察。

证据确凿、论证充分。

原子争点、整体叙事。

一、效果导向、假设驱动

（一）法律效果与请求权基础

法律规范可分解为构成要件和法律效果两大部分。在民事领域，法律效果多是规定法律关系的产生、变更、终止。

在诸多规范中，关于特定人特定义务的规范具有更加重要的实践作用。法律效果为产生特定人作为和不作为义务的规范，我们称之为“请求权基础”，也即根据该规范，一方得向另一方请求为或者不为特定行为。关于该义务不产生、消灭、不可行使的规范构成抗辩规范。以此为基准，形成了给付之诉请求—抗辩的对抗战线。

形成之诉和确认之诉也围绕相应法律效果展开对抗，比如形成效果是否产生、绝对权是否存在等。

（二）论题式找法与逻辑化验证

两点之间确定一条直线，构成要件和法律效果确定一个规范。实际的找法过程，是一个模糊匹配的过程。以当事人的诉求匹配法律效果，以案件事实匹配构成要件，寻找大致可能的规范，法学方法上称之为规范假设。找法的过程可采用论题式找法和关键词法，法典的体系化虽然能提供一些助力，但不是那么严丝合缝的逻辑操作。针对规范假设的验证分析和实际运用却遵循严格的逻辑操作。

（三）法学倒装句

法典中的规范多是正装语句，按照顺序依次介绍构成要件、法律效果。比如，《民法典》“第九百八十五条：得利人没有法律根据取得不当利益的，受损失的人可以请求得利人返还取得的利益……”但在实际运用中，双方围绕着法律效果产生争议，对抗的工具和手段却是构成要件。这就有点倒装句的意味。也就是说，受损失的人要请求得利人返还取得的利益，需要满足“得利人没有法律根据取得不当利益”的条件。

“在教科书中，针对某一规范群组成的一项具体制度，往往从介绍其事实构成开始，然后才是法律效果。而‘鉴定书式’思维顺序恰恰相反，撰写人从当事人的诉求开始，寻找请求权基础，然后再探寻个别规范中所包含的事实构成。简言之，其原则是‘从法效到要件’。”① 这种倒装句式的思考，只对法律效果的必要条件进行思考。当对某个要件产生争议时，我们将其作为法律效果，对能够产生这个要件的条件进行下一层次的考察，这样能够保证思维的经济性和考察的必要性。

（四）法学虚拟语气

法学的验证分析开始于假设驱动的法学倒装句。为了区别于确定性命题，德国鉴定式方法采用虚拟语气，中文表述也可借鉴使用，比如：如要实现当事人所欲求的某法律效果，则需要满足如下条件等。

对此，王泽鉴先生有过精彩论述：“判决体裁系以鉴定体裁为基础，即先有鉴定的思考过程，再将之转化为判决形式。法院评议时，不会立即作成判决，而是先思考假定命题，例如在凶宅案件，出租人得否依‘民法’第 184 条第 1 项前段或后段向自杀的承租人（其继承人）请求凶宅贬值的损害赔偿，问题在于其所受侵害究为何种权利或利益？是否以背于善良风俗方法加损害于他人？经过推理论证后，再作成结论，而以判决体裁加以表达……法律人遇到法律问题，系先就案例事实寻找规范（请求权基础），再检验是否具备构成要件而作成结论。律师、其他法务工作者及法官评议时均采此种思考方法，具有普遍适用性。”②

二、拉动操作、首尾相连

有个比喻，将案件分析比喻为堆积木的过程。事实上，德国民法学家只是把

① ［德］Detlef Leenen：《请求权结构与制定法：案例分析法与制定法的互动》，贺栩栩译，载《法律方法》2016 年第 1 期。

② 王泽鉴：《法律思维与案例研习：请求权基础理论体系》，台北元照出版公司 2019 年版，第 127 页。

民法典的编撰体系称为“积木原则”，把一个完整的规制图景拆分开来，将共同的、通用的法条语句放在总则编，以节约立法资源。对于案件的分析过程，用堆积木来比喻，最大的不贴切之处在于处理问题的基点和方向。由于重心的作用，堆积木是从下往上的，是推动式的。与此相反，按照请求权基础解决实际问题是从上往下的，是拉动式的，根据请求权基础的构成要件把相关的争议要件和争议事实逐步拉入考察的视野，这样操作保证了结果导向、按需考察、全面覆盖、重点突出、经济高效。如果要用一个行为比喻案件分析，笔者认为是拼拼图，请求权基础构成了拼图的示意图，如果拼图模型是蛇，就不用去考察脚的问题了。如果考察占有返还请求权，就没有必要考虑占有的权源和品质。

比如，乙租用甲的房屋，到期不肯搬走。甲运用民法典第二百三十五条要求返还房屋，即“无权占有不动产或者动产的，权利人可以请求返还原物”。这个请求权包括两个构成要件，权利人和无权占有。假设，甲以所有权人身份要求返还，如果乙对甲的所有权人身份没有争议，则不必展开。如果乙质疑甲的所有权人身份，甲就需要根据自己的实际情况和关于产生所有权的规定展开事实主张和证明。如果甲的所有权是通过继承取得的，那么需要主张和证明继承的事实。如果甲的所有权是通过交易取得的，那么需要主张和证明交易取得的事实。具体流程如下图所示：

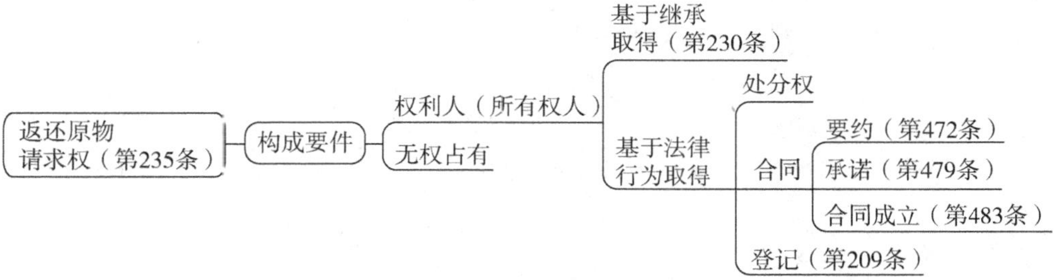

适用一个法条就是适用整个法典。这个适用过程不是平面的，不是从细节开始的，而是从一开始就有一个指导性的框架，也就是拟适用的请求权基础。拟适用的请求权基础具有明确的构成要件，根据争议的要件和案件的事实情况逐步再拉入其他需要考察的问题。比如，在交易取得的大背景下，如果乙对甲的交易合同产生争议，甲就需要主张和证明要约、承诺一致的事实。乙则可以根据抗辩情况，拉入被欺诈的事实，要约被撤回、撤销的事实等。

根据上面的图示，我们总结了“拉动操作、首尾相连”这个操作要点。想要获得请求权基础的法律效果的一方，就需要全部满足后面的构成要件。前一层次的构成要件又可以作为考察的法律效果，再次牵引出可以产生这个法律效果的其他构成要件，以此延伸下去，首尾相连，直至争议解决。

从形式上，总是可以归纳出一点，即前一层次是法律后果，后一层次必然是其穷尽列举的法律要件。比如，基于法律行为取得不动产所有权的，必须满足处分权、合意、登记等所有要件，否则就不能基于法律行为取得不动产所有权。对合同产生争议的，必须满足要约、承诺、合同成立生效的要件，否则就不足以产生合同的法律效果。

也就是说，这个考察的链条以“法律效果—构成要件”为纽带，第一层次是诉讼请求所对应的法律效果，第二层次为产生该法律效果的所有构成要件，而第三层次为第二层次的构成要件所分解的构成要素。从左至右，由法律效果依次拉出构成要件，类似法学倒装句的连环；而从右向左，则是由构成要件逐步推出法律效果，类似数学上的验算步骤，以此首尾相连。

三、构造清晰、立场坚定

（一）请求权构造的法律要件分类

民法上的请求权构造包括请求权基础和抗辩规范两大部分。在民法的案例演习中，常采用上帝视角或法官视角，是一体考察的，并没有区分程序法上的原告和被告，但在实际的诉讼中，却有鲜明的立场和不同的视角。按照法律要件分类，我们划分了请求与抗辩两大阵营。

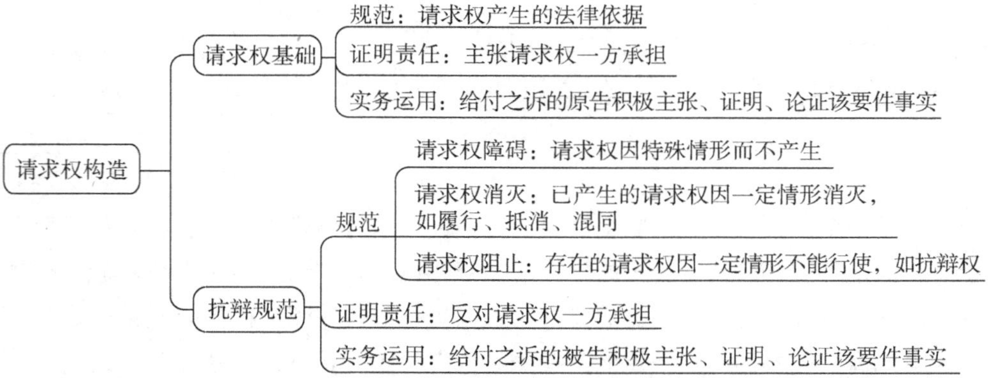

所谓构造清晰，就是以请求权为中心，将法律要件划分的证明责任了然于胸。

所谓立场坚定，就是明确自己的诉讼地位，有立场地运用法律，在法律的框架内维护自己一方的利益，此之谓职业精神。

请求：对于请求权产生的要件，原告应该进行积极的主张、证明和论证；对于被告的反驳，消除请求的争点。

抗辩：对于请求权障碍、消灭、阻止的要件，被告应该进行积极的主张、证明和论证。原告应积极地找出争点，使之不能成立。

以原告为视角：

在起诉答辩阶段：对于请求权产生事由积极主张，不能遗漏必要的主张。对于请求权障碍、消灭、阻止的事由，律师应该避免自作主张造成自认的效果。

在法庭调查阶段：提出证据证立请求权产生事由，应该避免自己提出的证据对己方主张证明作用小，而对对方的证明作用大。

在法庭辩论阶段：提出论据论证请求权产生事由，而提出反论驳斥请求权障碍、消灭、阻止的事由。

比如，在前述案例中，无权占有这个要件由乙对自己具有占有的本权进行证明，乙拿出了自己和甲的父亲签署的租赁合同，证明自己具有占有的本权。

对于甲的返还原物请求权来讲，租赁合同产生的占有的本权属于请求权障碍事项，乙要积极地主张、证明和论证，甲要进行反驳。比如，虽然甲的父亲签署了该租赁合同，可租赁合同遗漏了租赁期限的约定，后来甲的父亲和乙在微信聊天中约定了租赁期限，合同已到期，乙的占有的本权消灭等。

（二）法律效果构造的法律要件分类

请求权构造的法律要件分类只是划分了给付之诉的证明责任，诚如前面所述，诉讼的争点可能根据案情进展到无限的层次，这时，证明责任该如何划分呢？

立场上的坚定来自于理论上的清醒。以诉讼标的划分证明责任，也就划分了细分层次的证明责任。以上面所举的例子为例，甲要论证所有权的产生，就需要满足有效的合同、已经登记等要件，而有效的合同又会延伸出有效的要约和有效的承诺，那么，在要约是否生效这个争点上，就需要沿袭之前的立场，甲对要约的有效承担证明责任，乙对要约的撤回、撤销、失效等承担证明责任。

我们可以将一方需要的法律效果作为考察点，那么，就可以根据法律效果产生、法律效果障碍、法律效果消灭、法律效果阻止来划分细分争点的证明责任。

法律效果产生：对于法律效果产生的要件，主张该法律效果者应该进行积极的主张、证明和论证。

法律效果抗辩：对于法律效果障碍、消灭、阻止的要件，反对方应该进行积极的主张、证明和论证。

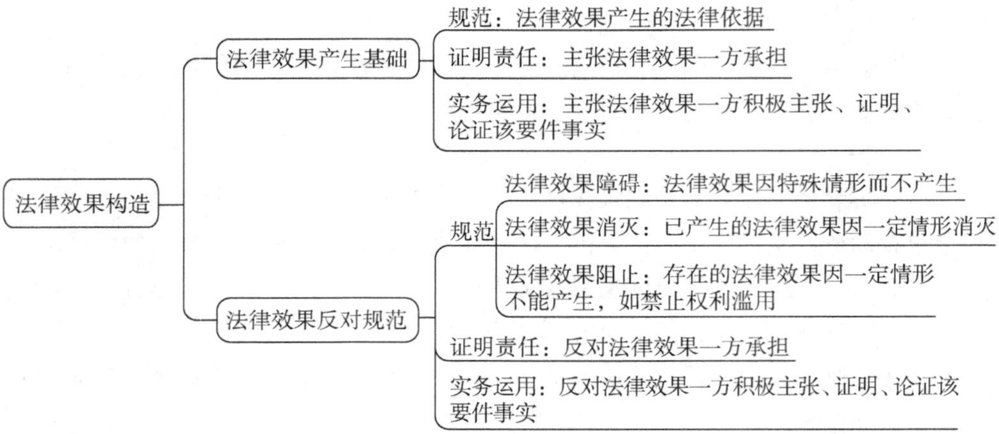

（三）证明责任的纵深体系

请求权—义务体现了人际界面的行为互动。关于义务产生的规定我们称为请求权基础，关于该义务因例外情形不产生、义务消灭、义务不能要求履行等的规定我们称为抗辩规范，分别为障碍抗辩、消灭抗辩、阻止抗辩规范。请求与抗辩的思维构成给付之诉原、被告攻防的实体法依据。其他关于主观权利的得丧变更的规定则成为相应的要件攻防的武器。比如，对于所有物返还请求权，其中关于所有权取得的规定就是进攻方的武器，所有权丧失、变更就是相对方的抗辩规范。以此类推，可构建以义务为中心的法条的纵深体系。最上层是请求权对应的义务的产生、障碍、消灭、阻止，往下延伸是其相应的要件作为法律效果由双方进行更细致的攻防。常常困扰实务人士的证明责任划分的多层次性问题也迎刃而解，本立而道生，马步扎好了，才能招数不乱。识别案件诉讼标的的请求权是什么，已经决定了各自攻防的阵营和武器是什么。

四、穷尽列举、逐项考察

（一）穷尽列举

要结合规范的语句，法教义学的知识、指导性案例等因素，穷尽列举构成要件中所要求的条件。这样就确保了全面性和经济性：所有对法律效果有影响的条件都进行了考虑，是为全面性；只考虑对法律效果有影响的条件，而不考虑其他，是为经济性和效率性。

法律不行赘言，凡具有实质意义的语词都应该逐字逐句分解为具体的法律适用的要求。比如《民法典》第三百一十一条第一款：“无处分权人将不动产或者动产转让给受让人的，所有权人有权追回；除法律另有规定外，符合下列情形的，受让人取得该不动产或者动产的所有权：（一）受让人受让该不动产或者动产时是善意；（二）以合理的价格转让；（三）转让的不动产或者动产依照法律规定应当登记的已经登记，不需要登记的已经交付给受让人。”根据这一规定，善意的要求是针对受让时，受让以后的知情不在其中；不仅要求有偿，而且要求合理的价格。

（二）逐项考察

按照列出的构成要件进行逐项考察，每一项都得出肯定的结论，才能最后得出规范的构成要件得到满足，法律效果应予适用的结论。这不仅适用于请求权的考察，也适用于形成权的考察。比如，第五百六十三条第一款规定：“有下列情形之一的，当事人可以解除合同：……（三）当事人一方迟延履行主要债务，经催告后在合理期限内仍未履行……”对此，就需要逐项考察：是否构成迟延履行，迟延履行的是否是主要债务，是否予以催告，给出的期限是否合理，期限届满后是否仍未履行，等等。其中一项得出否定的结论就可能影响形成权是否产生的结论。

五、证据确凿、论证充分

（一）证据确凿

每个要件对应的要件事实如果需要证明，都需要充分的证据，达到高度盖然性的证明标准。

（二）论证充分

每个证明的事实都能妥当地归入相应的构成要件之下，都有充足的理由得到支持。

六、原子争点、整体叙事

（一）原子争点

原子争点是指对于法律效果的攻防需要深入到构成要件的层面，以请求权基础构成要件的满足来论证应该支持请求一方，以抗辩要件的不满足来反驳对方，也就是原告胜诉的秘诀就是消除请求的争点，找出抗辩的争点。

（二）整体叙事

以构成要件为单位对证据群进行独立的、个体化的分析，功能侧重于分析和论证。但在我们日常的交流和说服过程中，还需要结合心理学、修辞学等进行“整体主义”的加工，叙事理论可以指导我们这方面的工作。我们要让法官从我们的叙事中读出不公正感，而消除这种不公正的主要手段就是支持我们的请求，比如，欠债还钱，伤人赔偿。原子论的逻辑分析为整体叙事提供了坚实的基底和素材，并为庖丁解牛般精细分析对方的叙事提供了有力工具。

七、一则案例

一天，刚转正的王律师独自接待了张女士的咨询。北京市东城区的张女士称自己被邻居的狗咬伤了，并提供了伤口的照片、注射狂犬疫苗费用单等证据。当事人决定委托王律师进行代理，并办理了相关手续。

1. 发现案件事实。

王律师按照程序调取了如下证据：现场围观群众甲的证词，证明张女士确被李先生的狗咬伤。乙的证词则除了前述事实，还补充了一个细节，当时李先生也在场，并警告说这条狗是藏獒，性子比较烈，希望周围的邻居避让。自己远远地避开了，当时还拉了张女士一把，但是张女士出于好奇，自己留在原地观看、逗弄。王律师还调取了小区的监控，与前述证人证言相吻合。

2. 寻找法律依据。

根据这个事实，王律师觉得应该适用侵权责任，但是在选择应该适用哪一条规定的时候犯难了，因为《民法典》侵权责任编有三个条文可以适用：

第一千二百四十五条：“饲养的动物造成他人损害的，动物饲养人或者管理人应当承担侵权责任；但是，能够证明损害是因被侵权人故意或者重大过失造成的，可以不承担或者减轻责任”。

第一千二百四十六条：“违反管理规定，未对动物采取安全措施造成他人损害的，动物饲养人或者管理人应当承担侵权责任；但是，能够证明损害是因被侵权人故意造成的，可以减轻责任。”

第一千二百四十七条：“禁止饲养的烈性犬等危险动物造成他人损害的，动物饲养人或者管理人应当承担侵权责任。”

这三条之间是什么关系呢？适用第一千二百四十五条的话，张女士不顾警告的逗弄行为是否构成重大过失？写起诉状的时候需不需要对此进行解释？

视频中显示当时狗身上没有拴狗绳，是否属于第一千二百四十六条“未对动物采取安全措施造成他人损害的”情形？

好像当时有人说这条狗是藏獒，王律师对狗的品种不是很熟悉，特地请所里的律师看了一下视频，确认就是藏獒。藏獒属于“禁止饲养的烈性犬等危险动物”吗？

带着这些疑问，王律师又去查找相关规定，理清楚了这三个法条之间的关系：第一千二百四十六条确立了无过错责任，第一千二百四十七条确立了更加严格的无过错责任，就是受害人对于损害的发生具有重大过失的，也不能减轻侵权人的责任。因为其行为不仅严重违反禁止饲养烈性犬的禁止性规定，主观上具有重大过错，且客观上对他人的人身、财产安全造成了很大的威胁。对这些漠视国家法度、肆意妄为之徒，自然不应宽待。

3. 划分法律要件。

根据无过错责任，张女士一方主张动物侵权，需要证明加害行为、结果、因果关系三个构成要件，被告李先生主张减免责的，需要证明张女士有重大过失、故意等减免责情形。

从本案来看，王律师觉得选择第一千二百四十七条较为有利，因为李先生并不能因为主张张女士有过错而予以免责。

4. 整理要件事实。

主张责任需要特定化和具体化，并不是仅仅主张法定的构成要件就能得到满足，需要将特定的时间、地点、人物、情节等代入进去。据此，王律师根据构成要件进行寻找、代入、比对，整理了本案的事实：“某年某月某日，李先生养的藏獒在何种情况下咬伤了张女士，伤情如何，花去费用若干，要求侵权损害赔偿等。”

5. 证明要件事实。

责任成立的三段论证据相对充分，关于赔偿数额还要进行责任范围的证明，王律师又收集了相关医疗费、误工费、护理费等相关费用的证明。

6. 论证要件事实。

适用第一千二百四十七条，需要进一步论证藏獒属于该条规定的“禁止饲养的烈性犬等危险动物”。为此，王律师查找了相关规定，《北京市养犬管理规定》第十条规定，禁止在重点管理区内饲养各种类的烈性犬、大型犬，其中第七条规定，东城区属于重点管理区。

7. 排查诉讼争点。

选择适用第一千二百四十五条，被告可能主张原告故意或重大过失减免责。选择基于第一千二百四十六条起诉，被告可能主张原告故意减免责。而选择第一千二百四十七条就没有相关的顾虑。

8. 合理制定方案。

根据前面的分析，综合评比衡量之后，王律师最终选定以第一千二百四十七条进行起诉。

9. 精准实施方案。

围绕诉讼方案，策略性地组织诉讼文书，王律师起草了起诉状和代理词。起诉状侧重于叙事，把要件事实描述出来；代理词重点在说理，把可能的反驳观点也列了出来。

第二节 民事起诉状

律师的写作水平至关重要。这是因为，法律文书不仅是律师办案过程和结果的载体，也是对律师工作进行监督和管理的重要依据。律师的文书写作水平，关系到案件的走向和成败，关系到律师的职业荣誉，不能不引起高度重视。

民事起诉状是指民事案件原告为维护自身的民事权益就有关民事权利和义务的争执向人民法院提起诉讼的书状。民事起诉状构成了法院审理的基础、被告答辩的靶心，所以要在诉讼方向的把握、诉讼请求的确定、事实的叙述和法律理由的说理部分力争无懈可击，尤其不能让对方有以子之矛攻子之盾的情形。

一、起诉状的总体介绍

根据《民事诉讼法》第一百二十条规定，提起民事诉讼并非必须提交书面的起诉状，书写起诉状确有困难的，可以口头起诉，由人民法院记入笔录，并告知对方当事人。除此以外，一般应当以书面形式起诉。

根据《民事诉讼法》第一百二十一条，起诉状应当记明下列事项：

1. 原告的姓名、性别、年龄、民族、职业、工作单位、住所、联系方式，法人或者其他组织的名称、住所和法定代表人或者主要负责人的姓名、职务、联系方式；

2. 被告的姓名、性别、工作单位、住所等信息，法人或者其他组织的名称、住所等信息；

3. 诉讼请求和所根据的事实与理由；

4. 证据和证据来源，证人姓名和住所。

结合该条的规定和实际操作，民事起诉状样式如下①：

民事起诉状

原告：××，男/女，××××年××月××日生，×族，……（写明工作单位和职务或职业），住……，联系方式……

法定代理人/指定代理人：×××，……

委托诉讼代理人：×××，……

被告：×××，……

……

（以上写明当事人和其他诉讼参与人的姓名或名称等基本信息）

诉讼请求：

……

事实和理由：

……

证据和证据来源，证人姓名和住所：

……

此致

××××人民法院

附：本起诉状副本×份

起诉人（签名）

××××年××月××日

【说明】

1. 本样式根据《中华人民共和国民事诉讼法》第一百二十条第一款、第一百二十一条制定，供公民提起民事诉讼用。

2. 起诉应当向人民法院递交起诉状，并按照被告人数提出副本。

3. 原告应当写明姓名、性别、出生日期、民族、职业、工作单位、住所、联系方式。原告是无民事行为能力或者限制民事行为能力人的，应当写明法定代理人名、性别、出生日期、民族、职业、工作单位、住所、联系方式，在诉讼地位后括注与原告的关系。原告是法人或者其他组织的，写明原告的名称、住所和法定代表人或者主要负责人的姓名、职务、联系方式。

① 最高人民法院修改后民事诉讼法贯彻实施工作领导小组：《民事诉讼文书样式（下册）》，人民法院出版社2016年版，第1162页。

4. 起诉时已经委托诉讼代理人的，应当写明委托诉讼代理人基本信息。

5. 被告是自然人的，应当写明姓名、性别、工作单位、住所等信息；被告是法人或者其他组织的，应当写明名称、住所等信息。（起诉时对被告的信息要求少于原告，这样方便原告行使自己的诉权，但为了法院开展工作，应尽量查找被告较为详细的信息）

6. 原告在起诉状中直接列写第三人的，视为其申请人民法院追加该第三人参加诉讼。是否通知第三人参加诉讼，由人民法院审查决定。

7. 起诉状应当由本人签名。

市面上有不少文书写作的书籍，对诉讼文书形式性要素介绍得比较多，但对实质性内容介绍得不多。就写作一份好的诉讼文书而言，难点反而在内容的组织上，主要难点集中在诉讼请求、事实与理由部分，而这就涉及实体法的内容，也即本文的重点所在。

起诉状就是倒置的司法三段论。诉讼请求：就是从三段论中可以得出的结论。事实：就是三段论的小前提，关于规范要件事实的描述。理由：就是三段论的大前提，关于适用的法律以及法律与规范事实有效连接的论证。从三段论的角度讲，起诉状主要运用记叙文的写法，将请求权要件事实按照时间顺序明白晓畅地表述出来，最后以请求权基础完全规范结尾，完美地体现“以事实为依据，以法律为准绳”。

人类的语言是一维的，而现实世界是丰富多彩的，如法律适用的金字塔一图所示，法律适用是多层次和体系性的。用一维的语言来展现体系性的内容，就需要我们在表述之初先有一个清晰的图景，然后掌握一定的表达技巧，按照一定的顺序渐次展开。这种表达的顺序，总结来看就是：请求先行，以上统下，要件归类，从前往后。

二、诉讼请求

（一）主要的诉讼请求类型

《民法典》第一百七十九条规定：“承担民事责任的方式主要有：（一）停止侵害；（二）排除妨碍；（三）消除危险；（四）返还财产；（五）恢复原状；（六）修理、重作、更换；（七）继续履行；（八）赔偿损失；（九）支付违约金；（十）消除影响、恢复名誉；（十一）赔礼道歉。法律规定惩罚性赔偿的，依照其规定。本条规定的承担民事责任的方式，可以单独适用，也可以合并适用。”

于法有据的诉讼请求主要规定在该条，在具体适用时还需搭配各自的请求权基础，不同的请求权原因类型可能具有不同的责任方式。

诉讼请求就是原告能从被告那里获得的东西，是提起诉讼所要追求的结果。

（二）诉讼请求的法律效果

“诉讼请求是原告针对被告提出的、请求法院予以裁判的实体权利主张。他使被告得以知晓争议的内容，使法院审判的内容得以具体化。”① 当事人的诉讼请求制约着审判权的行使，判决主文确定的权利义务应当与当事人的诉讼请求相对应，作为支持、部分支持或不予支持的明确结论，不能判超所请，判缺所请，判非所请。②

判超所请：原告只请求本金的，法官就不能连利息一起判决。原告只请求10万元损害赔偿的，法官就不能判决12万元，当然可以判决少于10万元。

判缺所请：原告请求停止侵害和赔礼道歉的，法官就不能只对停止侵害作出判决。原判决、裁定遗漏或者超出诉讼请求，可以作为提起再审的理由。

判非所请：原告要求承担瑕疵担保责任，法官就不应该判决承担损害赔偿责任。原告要求承担违约责任，法官就不能直接确认合同无效，判决双方各自返还财产，而是应该通过释明促使当事人主动补充或变更诉讼请求。③

（三）确定诉讼请求的原则

处分原则既是一种权利，也是一种责任。法官裁判受到诉讼请求的约束，作出的实体判决既不能不同于也不能多于当事人的诉讼请求。所以，律师必须本着“权利用尽”的原则慎重考察，具体需要考虑合法、有序、全面、足额、具体、特定几个方面。

1. 合法合规。

所谓合法，就是要做到诉讼请求与法律效果一致，与责任方式相一致。借贷纠纷中要求借款人赔礼道歉就不符合法律规定的请求。所谓合规就是在法律行为构成相关请求权基础的情况下，符合合同或协议的约定。

实体法规定的法律效果就是法律所支持的诉讼请求的范围，一般情况下可以套用实体法规定中关于法律效果的表述，比如请求返还原物、请求排除妨害、请求消除危险等。也可从最高人民法院的判决主文部分学习诉讼请求的写法，因为

① 江伟主编、傅郁林副主编：《民事诉讼法学》，北京大学出版社2015年版，第255页。
② 邹碧华：《要件审判九步法》，法律出版社2010年版，第170页。
③ 邹碧华：《要件审判九步法》，法律出版社2010年版，第170页。

诉讼请求以法院直接援引为目标。

要求数名被告承担责任的，要进一步根据实体法的要求明确他们之间的关系，是各自责任、连带责任还是替代责任。

2. 有序。

诉讼请求应与诉的类型相一致。

诉讼请求应当根据给付之诉、确认之诉和变更之诉有所不同。给付之诉应当明确给付标的的名称、范围、数量及品质等；确认之诉应当明确确认权利的范围；变更之诉应当明确变更权利的对象。

涉及多个请求的，要进一步明确诉讼请求的逻辑层次和关系，明确顺序。

并列的情形，按照主次和重要性进行排列。比如，先本金，再利息。

择一的情形，按照最优先等级排列。最想实现的请求放在第一顺位，其他次之。比如，先更换，再修理等。

备位的情形，先放第一顺位的，再放第二顺位的请求。比如，先提出继续履行，再提出备位的返还财产和赔偿损失。

递进的情形，按照顺序列明。比如，离婚诉讼中，离婚请求权获得支持后，才有财产分割、子女抚养、子女探视权、过错损害赔偿等诉讼请求成立的可能。所以在列明诉讼请求时，需要先请求依法判决离婚，然后再写财产、子女、赔偿等请求。

3. 全面。

在请求权聚合的情形下，要把法律支持的诉讼请求考虑周全，比如停止侵害、赔偿损失与赔礼道歉，解除合同之后要求返还财物、赔偿损失等，确认物权之后要求返还所有物，赠与人行使法定撤销权之后请求返还财产等。

4. 足额。

足额是指对于赔偿数额，需要认真研究赔偿的所有项目后确定，不宜太高或太低。过低则损害当事人利益，在和别的律师比较中，造成客户流失。太高则徒增诉讼费用，容易引起当事人不合理的期待，得不到法庭支持，人为造成代理结果的偏差从而产生争端。即便如此，在请求时也还是要留有足够的余量，比实际可能高出一定的数额，为法官调解和对方抗辩留下空间，这也是求其上而得其中的谈判策略。实践中，人们往往会对精神损失赔偿、劳动合同争议赔偿要求过高，需予以注意。

5. 具体。

具体明确，以适合于强制执行为标准。

写责任范围的请求，不要笼统地写要求对方赔偿原告的一切损失。要进一步具体化，明确其构成，以及每项构成的具体金额，如要求被告赔偿医疗费用×××元，误工费用×××元元，后期治疗费用×××元，合计×××元整。不能确定具体金额的，写明其具体的计算公式、计算标准，比如何时起算、何时截止、以何标准计算利息等。

6. 特定。

涉及物权的纠纷，请求返还财产时，要明确到底是哪一个物，比如某街某号的某间房屋等。

7. 可执行性。

要选择对于当事人有意义且便于执行的诉讼请求。对当事人意义特殊的特定物的买卖要求继续履行；对于种类物就没有必要请求对方继续履行，损害赔偿就是比较好的选择。相类似的，如果不是不可替代的服务，也没有必要要求继续履行。

三、民事起诉状的叙事策略

起诉状主要采用要件事实的故事模型理论，以要件事实为纲，佐以必要的叙事策略。我们结合一个小案例说明一下律师运用要件诉讼九步法实际参加民事诉讼的过程。[①]

（一）前期准备

1. 发现案件事实。

审核当事人的陈述和证据，通过扎实有效的事实调查，形成合理可信的生活事实。该案事实如下：

为了出售800辆豪华型和200辆旅行车型桑塔纳，某汽车公司在《中国日报》上刊载了一则广告。看到这一报价后，周某向某汽车公司发了一个传真，表明愿以800万元人民币购买800辆豪华型轿车。6月10日，某汽车公司作了回复：他们只愿意一并出售所有的汽车，并且总价款不低于1000万元人民币。某汽车公司对接受其价格设定了5天的承诺期限。如果进行了承诺，那么交付时间

① 案例改编自国家法官学院、德国国际合作机构：《法律适用方法：合同法案例分析方法（第2版）》，中国法制出版社2015年版，第43~58页。以民法典规定进行说明。

设定为7月15日。周某在6月12日收到了这封信，并在同日进行了回复，同意以1000万元人民币的价格购买所有的汽车。某汽车公司在7月15日没有任何举动。7月27日周某给某汽车公司打电话，要求其交付标的物。某汽车公司拒绝履行其义务并声称这封信到达得太迟了，因此合同没有成立。实际上，某汽车公司在7月15日前已经同另一个购买者签订了合同。周某寻求法律帮助，要求某汽车公司继续履行合同。

2. 寻找请求基础。

本案中，涉及的法律关系是汽车买卖合同法律关系，可以支持原告诉请的是《民法典》第五百九十八条："出卖人应当履行向买受人交付标的物或者交付提取标的物的单证，并转移标的物所有权的义务。"

3. 划分法律要件。

第五百九十八条还存在一个隐藏的条件，那就是存在一个有效的合同，关于合同成立和生效的条件规定在合同编通则部分，原告要求被告履行合同，需要证明存在有效的合同。具体来讲，就是存在有效的要约和承诺，意思表示达成一致。

4. 整理要件事实。

根据请求权基础构成要件逐一检索比对本案的具体事实，确保具有实质性的法律事实能够完整地整理出来，满足要件事实完整性的要求。这一步是构成要件面向案件事实的具体化。

新要约：6月10日，某汽车公司作了回复：他们只愿意一并出售所有的汽车，并且总价款不低于1000万元人民币。某汽车公司对接受其价格设定了5天的承诺期限。

承诺：周某在6月12日收到了这封信，并在同日进行了回复，同意以1000万元人民币的价格购买所有的汽车。

5. 证明要件事实。

某汽车公司的要约有相关信件、传真作为证明，原告的承诺有寄送EMS的留存单据证明，具体内容已经寄送给某汽车公司，可以申请法院命令某汽车公司提交。

6. 论证要件事实。

本案较简单，符合性方面没有太多需要论证的内容。

7. 排查诉讼争点。

原告主张承诺于6月15日到达，被告主张超过了承诺期限，合同未成立，拒绝履行合同。

要件事实：原告要求履行合同，需要证明存在有效的合同，而存在有效的合同，有两个要素，一是要约，二是承诺。

争点预测：通过前期接触，本案在承诺何时到达上产生争议，如果在6月15日到达，承诺生效，合同成立。如果迟于这个时间，承诺未生效，合同未成立。

消除措施：为此，原告查询了EMS投递状态，确定被告是6月15日签收。原告律师收集了邮递员的证人证言，并申请邮递员出庭作证。

该争点可以消除。

（二）要件事实

针对要件事实完整地提出主张是为了满足主张责任的要求。如果当事人没有主张，就要因此承担法律规范不适用的风险或不利后果。所以，拟适用的请求权基础的要件事实是起诉状的必要内容，这个是从逻辑上来讲的。

从本案来讲，必要的要件事实就是：

要约：6月10日，某汽车公司作了回复：他们只愿意一并出售所有的汽车，并且总价款不低于1000万元人民币。某汽车公司对接受其价格设定了5天的承诺期限。

承诺：周某在6月12日收到了这封信，并在同日进行了回复，同意以1000万元人民币的价格购买所有的汽车。

上述要件事实是必要范围但不是以此为限，只是说，小于这个范围就有可能遗漏必要的主张。超出这个范围，我们要更加谨慎，明确主张这个事实的必要性和目的性，避免造成自认或不利局面。《证据规定》第三条规定：“在诉讼过程中，一方当事人陈述的于己不利的事实，或者对于己不利的事实明确表示承认的，另一方当事人无需举证证明。在证据交换、询问、调查过程中，或者在起诉状、答辩状、代理词等书面材料中，当事人明确承认于己不利的事实的，适用前款规定。”第五条规定：“当事人委托诉讼代理人参加诉讼的，除授权委托书明确排除的事项外，诉讼代理人的自认视为当事人的自认。”这两条规定，扩大了自认的适用范围，修改了代理人自认的规则，律师应更加注意避免自作主张造成自认。

（三）故事模型

要件事实只是故事的梗概，为了使叙事更加合理可信，还要适当地使用一些叙事策略。

1. 情节弥补。

增加前期的背景知识，注重情节之间的连贯，形成有起因、有经过、有结果的连贯的故事。

开门见山直接写要件事实会造成很突兀的感觉，法官也很难理解这个案件的前因后果，所以要增加必要的背景知识铺垫，在作铺垫时一定要有所取舍，保留的内容一定是对理解后面的案情有所帮助的事实。

如“为了出售800辆豪华型和200辆旅行车型桑塔纳，某汽车公司在《中国日报》上刊载了一则广告。看到这一报价后，周某向某汽车公司发了一个传真，表明愿以800万元人民币购买800辆豪华型轿车的意向。6月10日，某汽车公司作了回复：他们只愿意一并出售所有的汽车，并且总价款不低于1000万元人民币。”某汽车公司以广告进行要约邀请，周某发出要约。但某汽车公司作了实质性的修改，构成新的要约。这段话就对最终成立的合同进行了前期的铺垫。

2. 突出主题。

原告根据案情和诉讼请求，应该构建的是一个“合同成立但对方违约”的故事。根据合同的相对性，某汽车公司和其他公司另外签订该笔汽车销售合同的事实本来不具有实质性，不是必须主张的事实。但为了突出对方违约这个主题，更好地说明对方违约的动机和事实，也可以进行描述。

3. 预期补强。

对于对方可能的事实争点，预先增加一些细节和场景描述，增强事实的可信度，以便配合后期的举证达到“事实果真如此”的效果。

通过前期接触，本案在承诺何时到达上产生争议，如果在6月15日到达，承诺生效，合同成立。如果迟于这个时间，承诺未生效，合同未成立。根据实际情况，对于这个事实我们可以稍作展开。比如，“6月12日原告通过EMS发送承诺信件并于6月15日到达对方”。

4. 预期辩护。

对于对方可能援引的抗辩，我方预先埋伏一些化解的事实，起到先入为主、化敌于无形的效果。

由于本合同并未约定履行顺序，对方可以主张同时履行抗辩权。为了避免诉讼中的争端，原告在诉讼请求中明确提出：“责令被告在原告支付1000万元人民币后向原告交付800辆豪华型和200辆旅行车型桑塔纳轿车。”

根据前述要求起草的起诉状如下：

民事起诉状

原告：周某

所在地址：北京市××路××号，邮编 100322

律师：某律师事务所段某民律师

被告：某汽车公司

所在地址：北京市××路××号，邮编 100428

诉讼请求：责令被告在原告支付 1000 万元人民币后向原告交付 800 辆豪华型和 200 辆旅行车型桑塔纳轿车。（预期辩护）

事实与理由：

为了出售 800 辆豪华型和 200 辆旅行车型桑塔纳，某汽车公司在《中国日报》上刊载了广告。看到这一报价后，我们的当事人向某汽车公司发了一个传真，表明愿以 800 万元人民币购买 800 辆豪华型轿车的意向。（背景铺垫）6 月 10 日，某汽车公司作了回复：他们只是一并出售所有的汽车，并且总价款不低于 1000 万元人民币。某汽车公司对接受其价格设定了 5 天的承诺期限。如果进行了承诺，那么交付时间设定为 7 月 15 日。我们的客户在 6 月 12 日收到了这封信，并在同日进行了回复，原告通过 EMS 发送承诺信件方式告知对方同意以 1000 万元人民币的价格购买所有的汽车。（预期补强）某汽车公司于 6 月 15 日收到这封信，因此在承诺限期之内。

被告在 7 月 15 日没有任何举动。7 月 27 日我们的当事人给被告打了电话，要求其交付标的物。某汽车公司拒绝履行其义务并声称这封信到达得太迟了，因此合同没有成立。我们请求人民法院责令被告履行合同义务并且将这些汽车交付给原告。

此外，我们希望法院注意这一事实：被告在 7 月 15 日前与另一个购买者签订了汽车买卖合同。合约必须信守，我方本信赖对方会如期履行合同，未曾想被告竟然毁约，给原告造成了重大损失。（突出主题）根据《民法典》第五百九十八条："出卖人应当履行向买受人交付标的物或者交付提取标的物的单证，并转移标的物所有权的义务。"恳请法院判如所请。

证据和证据来源、证人姓名和住址：（对案件事实的证明）

此致

××市××区人民法院

起诉人：周某

××××年×月×日

附项：本诉状副本一份

四、事实部分写作策略

起诉阶段的事实，是指原告提出诉讼请求所依据的客观事实，主要是双方当事人之间法律关系发生、变更、消灭的事实。根据要件诉讼九步法的分析，起诉状中的事实与理由部分，事实叙述的是要件事实，理由则是整理该要件事实的请求权基础。

（一）事实的叙述必须同时连接构成要件与证据

关于事实的描述，要时刻关注请求权基础的构成要件和证据。事实部分需要以当事人的角度进行报道，使阅读事实构成的读者（法官、律师）能够从该报道中读出对拟适用的法律的指向关系，并且能将这种指向与将来法院的判决进行比较。根据故事模型理论，虽然叙事者向受众说完一段故事，暗示他讲的一切都是在客观描述事情的经过，然后再告知人们，根据法律规定，应该得出什么样的法律结论，好像事实和法律是一种分离的状态，但实际上，后者已经包含在前者之中，或者说，后者决定了前者的面貌。

起诉状应该对自己的进攻方法和对方的防御方法有充分的预判，并在自己的进攻路线上准备充足的弹药，针对对方的防御和反攻埋好足够的地雷。具体来讲，就是在事实和理由部分针对请求的要件事实进行简练而充分的描述。简练是因为法官时间太紧张，内容多会造成法官的负担且重点不突出，主线不清晰。充分是因为该有的主张不能缺失，从而满足主张责任的要求。针对对方可能的抗辩，要准备好我方的再抗辩要件事实，预埋在整个事实的叙述过程中，以便在后续的庭审中发挥作用。

（二）民事起诉状先声夺人与后发制人

根据故事模型理论，民事起诉状提供一个可供法官理解和解释证据的故事模型，原告律师应该利用好这个先声夺人的机会。可以用案由加诉讼请求的方式来简要说明本案的特征。案由是法官给本案贴上的标签和主题，是法官审理案件的思维框架和认知模型，但是案由是中立的，没有立场，原告可以在起诉状起首简要地说明我方基于该案由提出哪些请求，以便起到先声夺人的效果。

同时，由于起诉状中的事实和证据只是自己一方的证据，被告答辩还要提交自己的解释和证据，根据故事模型一致性和覆盖性的要求，要根据预测预留融合的空间，不能把话说死以至于被告提交证据后自相矛盾，从而不得不更改自己的叙事，这样会给法官造成不诚信的印象，会无形中提高我方的证明难度。

从逻辑上，我们应当清晰拟援用的请求权基础及其完整的要件事实。但是从策略上，仅凭我们一方的证据无法确定选择哪一种请求权基础更为有利，可以采用模糊策略，多点并进，全面撒网，把多种请求权的要件事实融合在一个整体的叙事中，根据被告的答辩再调整确定。甚至也可以采用佯攻战略，在法律理由部分有意引用并非最终所欲选择的请求权基础，在庭审中再变更或补充诉讼请求。

（三）叙述的总体要求

1. 叙述的顺序。

在多个诉讼请求和事实理由的情况下，按照诉讼请求的顺序进行叙述。在一个诉讼请求和事实理由的情况下，按照责任成立和责任范围分别进行叙述。

在论述责任成立时，主要按照时间顺序、事件的进展流程进行叙述。在论述责任范围时，按照赔偿的项目的逐项列明。

2. 对具体的要件事实进行表述时的注意事项。

一是要准确简明，不需要法官再行整理，可以做一下目录或二级标题。关于起诉状的语言可以揣摩学习法考真题中关于案例题题干的叙述，因为它用简练准确的语言、清晰的描述，精准提示出所需要适用的法律规范。这和起诉状所发挥的作用有一定的相似性。

二是尽量明确、特定、具体。

三是对于重大误解、显失公平、过错、恶意等抽象概念和评价性要件，明确记载作为其推认依据的间接事实。

四是尽量避免和减少对于辅助事实的叙述，那样会使主线不清晰。

五是理由部分写明适用的法律和适用理由即可，点到为止。

五、证据

（一）证据的直接关联性和间接关联性

要件事实是关联性的试金石，能够证明一个要件事实更有可能或更无可能的证据具有直接关联性。关于证据之真假的辅助证据，以及关于推理正当理由的证据具有间接关联性，因为它们虽然不直接和要件事实相关联，但是对直接相关证据对要件事实的推理过程起着增强或削弱的作用。这里不应该混淆的是直接证据和间接证据的划分。直接证据和间接证据关注的是推理的步骤。直接关联性和间接关联性关注的是证据和要件事实的关联方式。

这样的区分具有实践意义，一般来讲，在起诉阶段主要提交具有直接关联性的证据，间接关联性的证据在我方遭遇质证和推理反驳时才需要提交。

（二）证据目录

虽然根据民事诉讼法的规定，起诉时应提供相应的证据材料，但在立案登记制改革之后，对于起诉证据材料的要求大为放宽，对于原告律师来讲，提供什么证据、提供多少证据基本是一个策略问题而并非强制要求。

在立案登记制实施之后，原告在起诉时应提交的材料包括证明原、被告主体资格的材料和与诉请相关的证据或者证明材料。证明原、被告主体资格的材料主要是指身份证明、户籍证明、营业执照、社会团体登记证等，对于这些材料的审验较为简单，基本不存在争议。对于与诉请相关的证明材料，《登记立案规定》第六条仅要求提供与诉请相关的证据或证明材料，并未像《最高人民法院关于人民法院立案工作的暂行规定》（已被废止）第九条规定的那样，要求原告提供证明其诉讼请求的主要证据。因此，审查原告提交的起诉证据是否符合要求，只需要在形式上检查原告提供的证据或证明材料是否与其诉请具有相关性，至于原告提交的证据是否是主要证据，是否充分、真实，均不在立案程序中审查判断。

民事起诉状中陈述的每个要件事实原则上应当与证据清单中每份证据确定的证明对象一一对应。如果民事起诉状中陈述的要件事实，证据清单中没有证据与之对应，应当向客户披露并告知可能存在的风险。缺少直接证据的，要进一步根据是“锁链型”还是“放射型”来组织间接证据，形成证据链条。对于证明力强但是具有瑕疵的证据，可以先行提供，根据情况再行提供补强证据。要注意排查那些杀敌一千、自损八百的有毒证据，尽量避免使用。

《证据规定》第十九条第一款规定：“当事人应当对其提交的证据材料逐一分类编号，对证据材料的来源、证明对象和内容作简要说明，签名盖章，注明提交日期，并依照对方当事人人数提出副本。”实践中，律师应整理一份证据目录，列明序号、证据名称、证据来源、证据内容、证明事项、页码等内容。整理好之后，提交给客户一整套证据复印件，由客户按照该顺序准备和保管原件，在证据交换或庭审时出示。

证据目录如下：（可根据实际情况调整）

组别	序号	证据名称	证据内容	证明对象	证据来源	页码

组别这一列主要是用于同一案件中有多个诉讼标的（多个请求权）的情形。证据名称中写明证据的原始名称，证据内容简要写明证据承载的主要案件信息。证明对象写本案的要件事实。（证据内容和证明对象在间接证据的场合区别比较明显）。

序号可以和起诉状的叙事顺序相呼应，方便法官在阅读到相应位置时查找。整理好之后，按此证据册，可以再制作一份目录，该目录以证明对象为首，以要件事实为纲进行整理，但是序号、页码仍按以前，方便对应要件争点进行查找。（这种按照要件整理的目录，对于高度结构化的侵权类案件更能凸显其优点）

六、理由

理由，是指法律理由，并非简单地指法律根据，而是将具体客观事实重新组合后归于某类法律关系的法律立场或法律结论。[①] 理由部分，原则上应当描述诉讼请求成立所适用的主要法律法规、司法解释以及参照的指导性案例和借鉴的其他案例，并简要论述法律适用的逻辑过程。由于并不清楚对方的态度和意见，为了避免言多必失，此处的理由说明不必洋洋洒洒，点到即可。

第三节　法庭审理

一、庭前准备

就像单凭 MBA 教程无法造就伟大的企业家一样，单凭精细的方法也无法造就优秀的律师。因为，审判是一门实践的艺术，在其中起作用的不仅仅是逻辑分

① 江伟主编、傅郁林副主编：《民事诉讼法学》，北京大学出版社 2015 年版，第 255 页。

析和准备，还有随机应变和临场发挥。“戏剧表演和剧院为审判和法庭提供一种有用的艺术比喻。在这种比喻中，审判手册是制片主任的主剧本。律师的角色是精彩的。他是编辑——编导。对每一位演员可用的事实必须加以编辑和组织，使其具有戏剧效果和逻辑关联。演员们事先都要经过排练或准备。每位演员的出场顺序及其故事的展开顺序，必须经过计划来决定。‘剧场’规矩必须经过分析，以确定如何保护和强化这场演出而约束和限制其他可能的演出。所有这些，都必须在审判前作好计划。在审判期间，律师还要扮演舞台监督和主要演员的额外角色。几乎不存在检验正要上演剧本的机会——第一场演出，通常就是最后一场演出。在同一舞台上为同一场观众进行的两个演出，是竞争性的。其中一个演出（无论是否应得到）好评如潮，另一个演出则被人们遗忘。”① 无法为庭审准备全部，但充分的逻辑分析和准备仍是必要条件，准备得越充分，成功的可能性越高。

庭前准备，就是律师在起诉以后、开庭审理之前所进行的一系列准备工作。主要有以下几项：

1. 庭前分析：在开庭前根据证据交换、阅卷的情况梳理诉讼方案。进一步审查对方的应诉策略以及我方的应对方案，对我方的诉讼方案再次进行 SWOT 分析。如果被告提出答辩状的，根据被告的答辩整理争议焦点，有针对性地进行反驳。融合对方的证据，构建一个更加合理、可靠并接近真相的故事。我国民事诉讼并没有建立强制答辩制度，有些被告不会按照《证据规定》在答辩期届满前提出答辩状，而是在开庭时提出自己的主张，想要造成出其不意、攻其不备的效果。原告需要根据预测做好准备，并在庭审中妥善应对被告的“诉讼偷袭”。

2. 庭审提纲：包括融入对方事实的大事记，方便庭审中快速定位相关细节；要件事实攻防表，概览本案的所有争点；要件事实攻防图，根据庭审情况在相关位置进行精准防御和攻击；按叙事准备的证据目录和按要件事实整理的证据目录；质证意见和发问提纲等。

3. 被告知合议庭组成人员后，若有必要，谨慎地行使回避申请权。

4. 在进行证据交换时，重点应做好诉请及争议焦点固定的工作。

5. 在举证期限届满前，申请人民法院调查收集证据、申请证据保全、申请证人出庭作证等。

---

① ［美］特伦斯·安德森等：《证据分析（第二版）》，张保生等译，中国人民大学出版社 2012 年版，第 423 页。

二、开庭陈述

开庭陈述主要以纲领性的形式对原告的案件进行说明，并对律师打算出具的证据进行介绍。根据故事模型理论，开庭陈述就是我们提供给法庭的一个认知模型，也可以把开庭陈述比作一幅地图，“我们可以用它来告诉法庭我们将要到达哪里和我们怎样到达那里”①。开庭陈述的目的在于预先影响法官，使其产生先入为主的意见，接受原告对案件的看法，并且将接下来出场的证据串联起来。

开庭陈述不要照本宣科朗读起诉状。大多数律师会在这个阶段把起诉状的内容照着念一遍，这样做不仅没有必要，还浪费了宝贵的机会。“根据上海市高院的抽样调查，90%的律师在开庭陈词中，会事无巨细地把各种细节事实陈述无遗，而其中相当多的内容其实都可以放在法庭调查中展开。按照正确的庭审思路，在开庭陈词阶段其实只需要列明要件事实和基本的法律观点即可。要件事实是否成立，能否得到证明以及如何证明，法律观点能否成立、本案是否具备适用条件等，在此阶段可以在所不问。”② 由于起诉状的副本已经送达被告，而法院庭前准备也已经充分了解了起诉状的内容，所以开庭陈述并没有必要按照起诉状的原文照本宣科地宣读。事实上，开庭陈述可以和起诉状形成良好的互补关系，起诉状力求客观、平实，用春秋笔法把评价寓于叙事之中，方便法官在认定事实时采用。与照本宣科的单调乏味相比，开庭陈述不读文字稿，充分发挥口头语言生动、活泼、实时的特点，表达的时候适当使用修辞和带有一些情感倾向性的词语，能够增强表达效果。比如，在一起违约诉讼中，原告在开庭陈述中使用了“均同意，签订了书面协议，承诺，仰赖，未曾料到，食言，要求加价，毁约”等词语，简单易懂而富有成效。③

开庭陈述尽量不要展开证据的推论和法律观点的辩论。法官的日程很满，开庭的时间有限，所以发言时间是稀缺资源。开庭之初，法官的注意力比较集中，正处于易于接收新信息的状态，律师要注意把握这个重要时机，庭审发言应言简意赅，直奔主题，简洁有力。比较完整和充分的论证可留在后续阶段，甚至可以庭后提交书面代理词。这需要律师对案件有通盘的把握，不是事无巨细地把案件

---

① ［澳］安德鲁·帕尔玛：《证明——如何进行庭前证据分析》，林诗蕴、都敏、张雪燃译，中国检察出版社 2015 年版，第 172 页。

② 邹碧华：《要件审判九步法》，法律出版社 2010 年版，第 47 页。

③ ［美］詹姆斯·W. 麦克尔哈尼：《美国庭审宝典》，吴宏耀等译，中国人民大学出版社 2003 年版，第 20 页。同时也要注意适度使用，入戏太深、使用过多，也会招致反感。

事实全部复述一遍，而是按照选定的请求权基础，把要件事实用口语化、形象化的表达呈现给法官。这种阐述可以采用总分总的表达框架。

总：以请求权基础规范为骨架，进行定性式的框架性描述。比如，本案是合同签订后，对方未按要求履行合同，我方主张违约责任损害赔偿。

分：将证据证明的要件事实以时间顺序进行简要的叙述。叙述中标明侧重点，说清梗概。

总：将原来引用的主要法条简要地说明，起到首尾呼应，以事实为依据，以法律为准绳的效果。

按照故事模型理论，开庭陈述应该是提供给法庭的一个认知证据、理解证据的解释性框架，是律师向法官展示他们将在法庭调查中出示什么证据的机会，是按照时间顺序，就发生了什么所作的事实性陈述，是一个有起因、经过、结果，情节连贯，主题突出的故事梗概。开庭陈述应尽量控制在 30 分钟以内，用口语化、生动化的表达把起诉状的故事梗概陈述给法庭。

具体步骤：

1. 强调主题。

3 分钟之内，通过简短的语言强调主题和案件理论。围绕“案由+请求”高度概括，然后具体展开。

2. 具体展开。

可以参考话剧剧本的展开和推进模式，简要介绍当事人，事件发生的背景信息，时间、地点，然后描述事件的起因、经过、结果，最后以法律依据结尾，再次强调我方的诉讼请求。

3. 让事实说话。

开庭陈述只是陈述事实，尽量不要用“我觉得”“我认为”或辩论的语言，让观点和主张通过事实说话。好的事实，对于创造令人印象深刻的精神画面更具有作用。比如，说一个人“疏忽大意”，不如描述他“开着他 10 吨重的大货车，以 40 迈的速度通过一个限速 20 迈的学校路口”，这样的事实会使对方的过错不言自明，而且令人印象深刻。①

4. 自动披露弱点。

如果事实中有些弱点显而易见，对手也极可能进行攻击，那么不要等着让对手把它说出来，自己主动披露反而更好。因为社会科学已经表明，自爆弱点可能

---

① ［美］托马斯·A. 马沃特：《庭审制胜》，郭烁译，中国人民大学出版社 2012 年版，第 63 页。

是更有效的方法，一方面维持了可信度，不会让法官觉得不够诚信，有意隐瞒；另一方面也降低了对方再次披露时的杀伤力。比较好的做法是，将这些弱点融入故事中，不加强调地，以伤害最小的方式表露出来。①

5. 反驳预期辩护。

预测对方的反驳，预埋下可以化解对方反驳的事实，在没有显示出刻意防御的情况下，化解对方的抗辩。

请看一则开庭陈述的例子，这个例子很好地阐述了前面的步骤。② 该案例主要背景是：Hi-Temp 是一家用熔炉冶炼金属制品的公司，1999 年 9 月，它从被告制造商林德伯格处购买了一个工业真空熔炉，2000 年 12 月 31 日，熔炉发生了爆炸。Hi-Temp 公司对熔炉进行了修理。Hi-Temp 主张，熔炉存在设计缺陷，特别是阀门的设计有缺陷，这是爆炸的原因。林德伯格公司则坚称，熔炉设计安全、生产合规。

下面是 Hi-Temp 公司的开庭陈述：

下午好，女士们、先生们。这是一个由于设计缺陷而引起熔炉爆炸的案件。(笔者注：开宗明义，提出案件理论和主题)

Hi-Temp，即我方公司，是一家在伊利诺斯北太湖营业的公司。Hi-Temp 使用高温真空熔炉来炼制各种金属制品。被告，林德伯格熔炉公司，设计、制造、销售此类熔炉。1999 年，Hi-Temp 与被告协商，意欲向被告购买一个真空熔炉。

(笔者注：简要介绍案件的当事人，背景信息)

真空熔炉有不同的形状和型号，但是它们基本的部件都是一样的。核心部分是一个内置的真空室（lined vaccum chamber）。原料通过一个大的舱口，放置到真空室内。熔炉通过一系列的泵体、阀门和加热元件而运行。当原料被放置到真空室内之后，再利用泵体和阀门将熔炉里的空气排尽。

紧接着，加热装置继续加热，将熔炉里的物件加热至所要求的温度，无论熔炉内的物件是什么。这个过程是对金属进行锻炼，让它们变得更强更硬。

当 Hi-Temp 与林德伯格就真空熔炉购买事宜进行协商时，他们告诉了林德伯格熔炉必须达到的要求。他们告诉了林德伯格他们需要的加热方式（kind of heat）、所需压力。他们告诉了林德伯格，熔炉需要满足的规格和要求。

林德伯格为 Hi-Temp 调整了真空熔炉的设计并进行制造，而 Hi-Temp 支付

---

① ［美］托马斯·A. 马沃特：《庭审制胜》，郭烁译，中国人民大学出版社 2012 年版，第 64 页。

② ［美］托马斯·A. 马沃特：《庭审制胜》，郭烁译，中国人民大学出版社 2012 年版，第 81 页。虽然是美国律师的例子，但也有借鉴意义。

了 103000 美元。此次购买是基于这样的理解：熔炉可以满足制造的目的，即加热 Hi-Temp 需要加热的原料。

（笔者注：由于本案的关键是产品设计缺陷，所以重点描述产品的作用、构造及功能，并预先反驳了被告的预期辩护——提供了产品设计必要的信息和支持）

熔炉在 1999 年 9 月的某个时间开始了运行。在熔炉运行的整个期间，HIi-Temp 对熔炉的维护、照料和保养都是一丝不苟的。出现任何维护修理和其他类似问题，他们都及时处理。通常，他们会电话咨询林德伯格，如何解决问题。

在 2000 年 12 月 31 日，熔炉正在运行中，在那天下午，熔炉正在加热涡轮叶片和其他的飞机零件。加热循环到 2000 度后，就会冷却，再加热到 1800 度，再冷却。这样的过程在一系列阶段中持续。所有的一切都一如既往。

那个晚上，熔炉中又放进了更多的涡轮叶片的部件，再次运行。所有的装置都设置正确。装载过程也无不妥。所有的事情都按我们被告诉的方式进行，也按照它一直以来的方式进行。

（笔者注：描述了案件发生时的场景，并再次反驳被告预期辩护——爆炸不是因维护、操作或使用不当造成的）

那天晚上 20 时左右，爆炸发生了，熔炉的周边被炸裂开，其他部分也受到了损害。爆炸发生之后，我方立即对爆炸的起因进行了调查。基于这里所有的证据，诸位会得出结论：正是真空熔炉的设计缺陷，直接导致了爆炸，并应为此负责。

根据设计目的，熔炉能够将熔炉内的大气压抽成真空。熔炉的加压部分与真空部分相分离，两部分由连接到主体真空泵体的阀门所连接，这个阀门又被称为前级管道阀门。根据设计和制造的方案，无须先关闭熔炉、也无须与部件上的其他阀门协调配合的情况下，真空部分和大气压部分之间的前级管道阀门，就可以打开。如果前级管道阀门由于某种原因打开，大气压就可以以惊人的速度和压力涌入真空部分，在熔炉中产生冲击波（shock wave）。

女士们、先生们，这就是在 2000 年 12 月 31 日发生的事情。前级管道阀门不恰当地开启之后，大气压冲入真空部分，造成了巨大的冲击波，炸裂了熔炉的侧部，还造成了其他损坏。

你们将了解到，爆炸是因林德伯格在前级管道阀门上的设计和制造缺陷而直接导致的。如果林德伯格，能简单地为前级管道阀门加一个保险锁装置，爆炸可能就能够避免了。

（笔者注：通过描述事实，提出缺陷的存在以及与爆炸之间的因果关系，重点论述产品责任成立）

爆炸之后，Hi-Temp 对真空熔炉进行了重建。这花费了几周的时间，而且在这期间，我们的客户订单都无法处理。Hi-Temp 修理的开销，和营业中断的损失，共计 55000 美元。

在举证完毕之后，我们请求你们作出有利于 Hi-Temp 的裁决，并判决林德伯格赔偿 55000 美元。

（笔者注：简述损害赔偿范围的构成，并在结尾强调诉讼请求）

三、举证

法庭调查是开庭审理的首要中心环节，是对案件进行实体性审理的重要阶段。这一阶段的主要任务是围绕双方当事人争议的事实，通过当事人的陈述和证人作证，出示书证、物证、视听资料和电子数据，宣读鉴定意见和勘验笔录，并就每一证据材料进行质证，以查明案件事实、审查核实证据，从而为下一步的法庭辩论奠定基础。[①]

对于举证顺序，我国没有作出明确规定，但从关于质证的相关规定也能看出相应的顺序。《证据规定》第六十二条第一款规定："质证一般按下列顺序进行：（一）原告出示证据，被告、第三人与原告进行质证；（二）被告出示证据，原告、第三人与被告进行质证；（三）第三人出示证据，原告、被告与第三人进行质证。"

法庭调查是使法官从我方角度，重历事件经过的机会。一个好的出庭律师，应该是一个好的导演。导演，可以运用拍摄的角度、镜片的类型、剪辑的方法，讲述出不同风格的作品。即使面临同样的素材，一个好的导演同样可以剪辑出不同作品。律师收集了一堆证据材料，也面临成为一个好导演的考验。他可以决定如何刻画一个特定的事件或场景，然后为了达到预期的效果，作出一定的技术处理。不重要的事项，要么避免，要么掩盖。重要的信息，放大细节、放慢动作。至关重要的信息，可以以定格的连续画面来呈现。"随着审判方式改革的深入，法官在审判中应该保持中立的角色，尽量让当事人去举证和质证。在这个问题上，人们需要进一步转变观念，即从法官本位的调查问案转变为当事人本位的举证和质证；法官也要转变办案的习惯，即从以'问证'为主的办案方式转变为

① 江伟：《民事诉讼法学》，高等教育出版社 2016 年版，第 273 页。

以‘听证’为主的办案方式。”[①] 随着当事人主义的日益确立，对律师组织和编排证据能力的要求会越来越高。

举证可以考虑按照时间顺序、要件顺序进行，在后期举证的时候，按照争点进行。对于律师来讲，应该按照举证从宽、质证从细的方法，将所有对待证事实有证明价值的证据都提交法庭调查，除非是严重违法收集或者对对方的证明价值更大甚至可能造成自认的证据。

四、质证

（一）质证的一般思路

对于对方提交的证据，则要进行从严从细的审查，主要有如下的方向可供参考。[②]

1. 无异议。对证据的关联性、合法性、真实性以及证明力均没有争议。

2. 逾期举证的异议。《民诉解释》第一百零二条：“当事人因故意或者重大过失逾期提供的证据，人民法院不予采纳。但该证据与案件基本事实有关的，人民法院应当采纳，并依照民事诉讼法第六十五条、第一百一十五条第一款的规定予以训诫、罚款。当事人非因故意或者重大过失逾期提供的证据，人民法院应当采纳，并对当事人予以训诫。当事人一方要求另一方赔偿因逾期提供证据致使其增加的交通、住宿、就餐、误工、证人出庭作证等必要费用的，人民法院可予支持。”可以建议人民法院对逾期提供证据的当事人进行处罚，明确主张多支出的交通、住宿、就餐、误工、证人出庭作证等必要费用，推进案件审理的进程。

3. 关联性异议。认为证据不具有证明待证事实的功能，或者与本案无关。

4. 合法性异议。证据主体、证据收集方式、证据收集程序、证据形式等不符合法律规定。比如，鉴定人员不具有鉴定资格，借条是被胁迫所写。

5. 真实性异议。认为证据非原件、原物或与原件不符，证人有虚假陈述，对真实性无法表态等。

6. 证明力异议。认为没有实质关联、没有证明力，或者证明力较小，不能证明对方的目的。

（二）当事人的陈述的质证

应认真倾听对方当事人陈述，不要急于否认，要善于借力打力，发现其中可

---

① 何家弘、刘品新：《证据法学》，法律出版社 2019 年版，第 242 页。

② 王新平：《民事诉讼证据运用与实务技巧》，中国民主法制出版社 2017 年版，第 35 页。

以为我所用的陈述。要善于利用对方的自认。对方消极质证的，提请法官适用拟制自认的法律效果。对当事人陈述的质证，可从以下方面进行：

对方当事人到庭陈述的，是否签署保证书，是否对保证书进行宣读。

对方当事人不到庭的，有无正当理由，是否属于无正当理由拒不到场、拒不签署或宣读保证书或者拒不接受询问的情形，提请法院适用《证据规定》第六十六条，作出不利于该当事人的认定。

当事人的陈述不能单独作为认定案件事实的根据，要件事实仅有当事人陈述的，可以在法庭最后发言时强调一下。

（三）书证的质证

对书证的质证，可从以下方面进行：

书证是否是原件，复制品、照片、副本、节录本是否与原件一致。

材质是否具有稳定性。

书证的内容是否反映了制作者的真实意思或真实情况，是否系变造、伪造等。

所宣称的公文书是否是国家机关或者其他依法具有社会管理职能的组织所制作，是否在其职能范围内，是否具备公文书所应具备的形式。超出职能范围所作的公交书，只是一般的证明材料。

私文书证是否有其签名、盖章，对方是否承认。不承认的话，是否有必要提起鉴定。书证经常会涉及鉴定真伪的问题，到底谁应该申请鉴定，要看行为意义上的举证责任在哪一方。

书证上是否有删除、涂改、增添或者其他形式瑕疵。

（四）物证

对物证进行质证，可以从如下方面进行：

对物证进行质证时，需要审查物证的来源，即审查来源是否可靠，出处是否确切，有无伪造、变造情况；审查证据的保存情况，查明其是否变形、损坏和被替换等。同时，还要注意与其他证据的相互印证。

是否提交了原件、原物，提交的复制件、复制品是否与原件、原物相符。

动产是否提交了原物，未提交原物的情况下，是否进行现场查验。现场查验后，复制品、影像资料或者其他替代品是否与原物一致。

在提交不动产影像资料的情况下，必要的时候要进行现场查验，进行拍照、测量，亲身感知其具体方位、位置、面积、环境等，以此确定影像内容的真实性。

在无法获得原物的情况下，律师可以采取其他证据进行补强。比如，证人证言等。甚至可以想办法取得和对方聊起该物的录音，以便强化对物证存在的证明。即使录音因为偷录无法采用，但是其对法官的心证仍会产生一定影响。

无法与原件、原物核对的复制件、复制品不能单独作为认定案件事实的根据，可以在法庭最后发言时强调一下。

（五）视听资料

对视听资料的质证可以从以下方面进行：

是否提交了其原始载体。

对相关的视听资料有疑义时，可以申请进行鉴定。

存有疑点的视听资料不能单独作为认定案件事实的根据，可以在法庭最后发言时强调一下。

（六）电子数据

电子数据具有无纸质、传递快、易复制、易变造等特点，对其真实性，一般可以从操作人员、操作程序、信息系统等方面进行质证和判断。

如是否提交了原件。如果没有提交原件，是否证明副本与原件一致。是否直接来源于电子数据的打印件或其他可以显示、识别的输出介质。

电子数据的生成、存储、传输所依赖的计算机系统的硬件、软件环境是否完整、可靠。

电子数据的生成、存储、传输所依赖的计算机系统的硬件、软件环境是否处于正常运行状态，或者处于不正常运行状态时对电子数据的生成、存储、传输是否有影响。

电子数据的生成、存储、传输所依赖的计算机系统的硬件、软件环境是否具备有效的防止出错的监测、核查手段。

电子数据是否被完整地保存、传输、提取，保存、传输、提取的方法是否可靠。

电子数据是否在正常的往来活动中形成和存储。

保存、传输、提取电子数据的主体是否适当。

存有疑点的电子数据不能单独作为认定案件事实的根据，可以在法庭最后发言时强调一下。

（七）证人证言

对证人证言的质证可以从以下方面进行：

证人是否能够正确表达意思，证人证言是否与其年龄、智力状况或者精神健康状况相适应。

证人是否签署保证书，并在法庭上宣读。

证人作证事实是否属于其亲身感知，是在描述事实，还是在使用猜测、推断或者评论性语言。

证人是否进行隔离。证人不能旁听，不能在场。对于证人出庭作证，律师最有效的方法就是打破砂锅问到底。

证人发表书面证言，是否确有困难不能出庭。证人出庭作证是其法定的证据形式，无正当理由未出庭作证的证人证言也不能作为认定案件事实的依据。

有利害关系的证人证言不能单独作为认定案件事实的根据。没有利害关系的证言可以单独成证。

未成年人可以作证，但未成年人所作的与其年龄和智力状况不相当的证言不能单独作为认定案件事实的依据。

（八）鉴定意见

对鉴定意见的质证可以从以下方面进行：

当事人申请鉴定的，双方是否对鉴定人进行协商。协商不成的，才能由人民法院指定。

鉴定委托书是否由人民法院出具，委托书中是否载明鉴定事项、鉴定范围、鉴定目的和鉴定期限。

鉴定开始之前，鉴定人是否签署承诺书。

鉴定材料是否经过质证，未经质证的材料，不得作为鉴定的根据。

鉴定书是否按期提交，未按期提交有无正当理由。鉴定人无正当理由未按期提交鉴定书的，当事人可以申请人民法院另行委托鉴定人进行鉴定。

鉴定书的内容是否完整，是否具有如下内容：（1）委托法院的名称；（2）委托鉴定的内容、要求；（3）鉴定材料；（4）鉴定所依据的原理、方法；（5）对鉴定过程的说明；（6）鉴定意见；（7）承诺书。

鉴定书是否有鉴定人签名或盖章，是否负有相应资格证明。

鉴定人不具备相应资格，鉴定程序严重违法的，鉴定意见明显依据不足的，可以申请重新鉴定。

鉴定人是否出庭作证。不出庭作证的，鉴定意见不得作为认定案件事实的根据。

（九）勘验笔录

当事人可以根据勘验笔录的制作主体、过程、结果等方面进行质证。

（十）法庭调查表

要件事实攻防表属于概览性表格，我们可以将表格拆分开来，根据法庭调查和法庭审理整理成不同的表格进行使用。

风险 序列		法律要件负担方			反对方		法律要件负担方			法庭
攻防层次	要件划分	要件事实	证据名称	举证意见	质证	反证	反驳质证意见	反证质证意见	巩固本证	认证
请求	要件 1									
	要件 2									
抗辩	要件 1									
	要件 2									

举证意见提出我方证据的证据内容为何，证明对象为何，以及证据如何证明证明对象等内容。

预测反对方可能对我方证据提出哪些质证意见，从证据可采性（关联性、合法性、真实性）、证明力（证据可信性、推理可靠性、证明力）等方面考虑。预测反对方可能提出的反证。

再回到我方立场，对前述预测进行有针对性的反击，反驳质证意见，对反证进行质证，或者补充和巩固本证。

站到法官的立场，综合考量双方的举证质证，是否能够得出支持我方的结论，找出薄弱之处，有针对性补强。

五、法庭辩论

法庭调查的工作结果是法庭辩论的基础。如果法庭辩论使用了不可采的证据，律师应该提出来。

（一）概述

法庭辩论，是指在合议庭的主持下，双方当事人根据此前法庭调查已经基本查明的案件事实和证据材料，各自阐明自己的观点，论述自己的意见，反驳对方的主张，相互进行言词辩论的诉讼活动。①

法庭辩论重在论，次在辩。主要是分析证据，说明从证据性事实推知案件事实的推理过程，并对事实与要件的连接进行证成。这个过程就是向法庭解释证据→事实→要件之间的推论链条。主要包括两个阶段：推理之可靠性，即根据已知的证据事实，结合经验法则和逻辑推理，推知案件事实；符合性，即针对证明的事实，对法律进行进一步精确化和具体化的解释，完成要件事实的证成。

律师应该借助排查诉讼争点的图表和方法。请准确记忆这两张图表并熟练应用，此处只勾勒其大概。

通过要件事实攻防表，我们能总揽全局，综观整个对抗局面，然后有条不紊地进攻和防御。要全面了解对方将主要火力配置到了哪里，我们应该采取哪些措施。总的原则依然是消除请求的争点，找出抗辩的争点。

风险 序列		法律要件负担方			反对方			法庭
攻防层次	要件划分	辩论	调查	陈述	陈述	调查	辩论	认定
		本论	本证	主张	自认/否认	质证/反证	质论/反论	认证/认为
请求	要件1	3	2	1	1	2	3	有/无争点
	要件2	3	2	1	1	2	3	有/无争点
抗辩	要件1	3	2	1	1	2	3	有/无争点
	要件2	3	2	1	1	2	3	有/无争点
再抗辩	要件1							
再再抗辩	要件1							

通过要件事实攻防图，我们能把握细节，精细入微地掌握某个要件的对抗局部，然后有针对性地进攻和防御，一剑封喉、一记绝杀。对于立论，哪里薄弱补哪里。对于破论，哪里薄弱攻哪里。

① 江伟：《民事诉讼法学》，高等教育出版社2016年版，第275页。

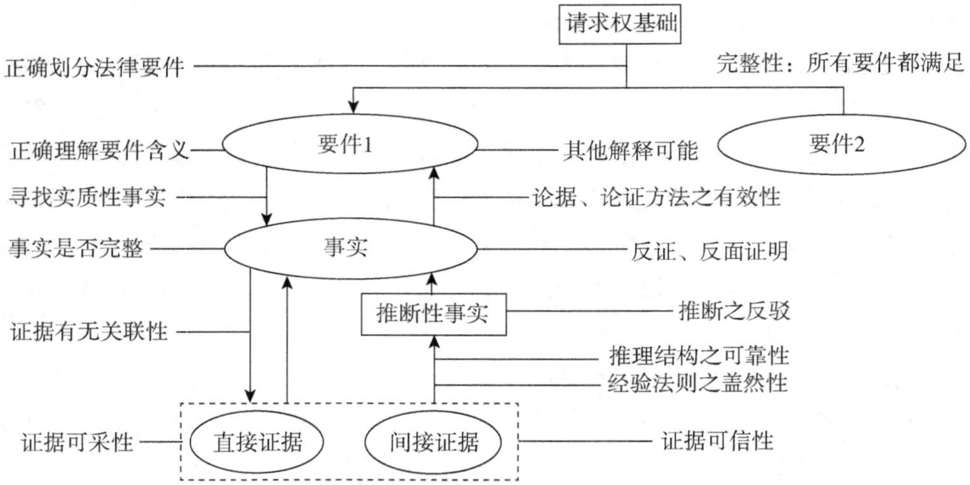

在一个请求权基础也就是一个诉讼标的的框架之下，有效的攻击和防御总是在这一表一图里体现。当然，现实中还会有关于法律性质和请求权基础的争议，但这是清晰的多个标的之间的选择问题，而不是混沌的不确定。比如，乙是一个木工，按照甲的要求在甲家吃住打造一套家具，在工作期间，致丙受伤。乙主张自己和甲之间是劳务关系，因为按照《民法典》第一千一百九十二条，提供劳务一方因劳务造成他人损害的，由接受劳务一方承担侵权责任。而甲主张和乙之间是承揽关系，因为按照第一千一百九十三条，承揽人在完成工作过程中造成第三人损害或者自己损害的，定作人不承担侵权责任。在法庭上，双方应该围绕能够区别这两个法律关系的事实特征点进行攻防，比如，乙主张劳务关系的理由：甲也懂木工，图样和一部分设备都是甲提供的，吃住都在甲家，工作时间也由甲来安排，并且工资也是按天来支付的。甲主张承揽的理由：我把打造家具的工作承包给乙，乙要提供打造好的家具。邻居们打造家具都是乙在家里打造好了再把家具拉回来。因为这套家具不方便搬运，才让乙住到家里来的。我以前也做过木工，有些工具还能用，乙为了方便拿去用了。本来费用是包死的，但是乙说这套定制家具以前没做过，自己也拿不准价钱，就按天来结算吧。为了保证工期和工作量，我才和他说好工作时间。甲和乙的说法都指向了区分劳务和承揽的关键点：是否存在支配和管理关系，谁来提供工具，工资如何结算，提供劳务还是最终的工作成果等。

（二）具体方法

法庭辩论是庭审最为激烈的阶段，双方唇枪舌剑，来往之间实际上是双方不断立论、破论、再立论、再破论的过程。但由于庭审时间的局限性，法庭辩论又往往采取集中阐述方式，即由一方律师先完整阐述辩论意见，另一方予以全面回应，而此种辩论也多以二至三轮为限。基于这一程序特点，应把握三个层次。

1. 首轮在立，开宗明义，主线清晰，把请求权基础的构成要件依据证据→事实→要件之间的推论链条牢固地树立起来。起诉状中只是列明证据目录和证明内容等重要事项。法庭辩论则可以针对证据调查情况，根据逻辑和经验法则上的联系，进一步说明为什么我方的证据应予以采信，我方的事实应为真。如果对方前期进行答辩的，有针对性地进行反驳。

2. 第二轮是迎破而立，把对方的否定消解掉，傲然而立。如果对方抗辩的，寻找最薄弱之处迎头痛击，争取一击而溃。从辩论效果上来讲，可以采用问题取向法。“问题取向法系着眼于具体个案事实，其思考层次系先提出自己不赞同的法律见解，并在具体案例上加以涵摄，获得结论。对此意见加以检讨，说明不赞同的理由。”① “如果你首先介绍一个可能的反对意见，接着论述支持己方观点的理由，最后以强烈、有说服力的论证结束，那么泛泛的理由也会变得有说服力。”②

3. 第三轮是有破有立，全面排除请求权构成要件的各个争点，低于客观标准的，有针对性地补强。重点出击抗辩规范的最薄弱之处，各个击破可能的抗辩。注意不要重复已经发表过的意见，要针对对方有杀伤力的意见予以回应。

在法庭辩论中，尤其要注意法庭辩论的方式是说服而不是驳倒，说服的对象是法官而不是对方律师。气势很强，滔滔不绝未必能达到想要的效果，把法庭当成演讲台也不是好的做法。基于诉讼的对抗性和律师的好胜心，很多律师总想胜过对方律师一头，从气势、词锋上碾压对手，但殊不知，过犹不及，太过强势也会招致法官的不舒服和反感。

---

① 王泽鉴：《法律思维与案例研习：请求权基础理论体系》，台北元照出版公司 2019 年版，第 138 页。

② ［德］托马斯·M. J. 默勒斯：《法律研习的方法》，申柳华、杜志浩、马清伟译，北京大学出版社 2019 年版，第 49 页。

（三）法庭辩论表格

风险 序列		法律要件负担方		反对方		法律要件负担方			法庭
攻防层次	要件划分	要件事实	辩论意见	质论	反论	反驳质论意见	反论质论意见	巩固本论	认为
请求	要件 1								
	要件 2								
抗辩	要件 1								
	要件 2								

在英美法的举证环节，并不允许就证据展开推论和辩论，而是在随后的环节展开辩论。我国的举证环节并没有这样强制性的要求，举证时一般会提出证据推出要件事实的事实推论过程。事实辩论的过程同于法律意见辩论。上表处理的主要是法律意见辩论过程，也就是事实和要件之间勾连的辩论过程。

辩论意见就是运用法学方法论说明为什么本案事实符合构成要件。

预测反对方可能对我方辩论意见提出哪些质论意见，从论据、论证过程等方面进行考虑。预测反对方可能提出的反论，也就是从法学方法论上得出相反结论的可能。

再回到我方立场，对前述预测进行有针对性的反击，反驳质论意见，对反论进行质论，或者补充和巩固本论。

站到法官的立场，综合考量双方的辩论，是否能够得出支持我方的结论，找出薄弱之处，有针对性补强。

庭审犹如战场，战况瞬息多变，运用之妙，存乎一心。能够详细介绍的只是逻辑、规律、技能的部分，其他则属于庭审风格和艺术的部分了。技可进乎道，艺可通乎神。诉讼律师的根基还在于技，技者，要件诉讼九步法也。

六、结案发言

前面的辩论是点式的、你来我往的，结案发言就是把前述辩论有重点有针对性地捋一捋，说服法官为什么我方的争点已经消除了，而对方仍然存在争点。

开庭陈述重在引导，法庭辩论重在辩论，而结案发言重在说服，即总结概括，以高度凝练的语言说服法庭应该支持我方而不是对方。

结案发言，一言以蔽之，巩固我方推理链条，破除对方推理链条。“结审辩词的性质，是使事实认定者对证据合乎逻辑地使一个案情更似真而消除疑虑（笔者注：巩固我方），并使其关注与法官主张之核心法律原则相关的对方案情中的不一致和逻辑错误（笔者注：破除对方）。迫不得已的是（由于时间和听众注意范围等因素），律师们必须击中要害：通常，只有对方推论链条中最弱的环节，只有那些切断作为整体案情中的信念，才能受到攻击；对次要细节的攻击既无时间也无目的方面的要求。"①

结案发言是最容易被诉讼律师忽略的庭审阶段。经过法庭调查和辩论，该说的可能都已经说了，最通常的说法就是"没有新的意见"或"坚持我方请求"。

其实，前期的发言容易流于细节，在最后总结发言时用高度凝练而概括的语言重申一下自己的论证思路是非常有利的。这时候，就需要从有利于己方当事人的角度出发对证据进行回顾，并进一步论证法官应该支持己方的法律理由。另外，还要查缺补漏，进一步审查庭审中还未陈述的内容，要对法庭辩论的薄弱之处予以补强。

七、法庭笔录

庭审结束后，还需要认真核对庭审记录。法庭笔录就是在开庭审理过程中，人民法院的书记员对法庭审理的全部活动所做的书面记录。② 律师需要高度重视法庭笔录，因为法庭笔录是开庭审理全部活动和全部过程的记录，是人民法院固定证据、认定事实的依据，是二审和再审的重要基础材料，在没有录音或者录像的情况下，尤其重要。

在签字前，要认真核对。一看是否有记录缺失。激烈的庭审过程中，书记员也许会不经意地遗漏重要的质证意见或辩论意见。二看记录是否忠实于原话，是否发生误解或曲解。

八、提交书面代理词

（一）代理词的作用和功能

一般来讲，律师会在庭审前准备代理词，事前准备的代理词不能完全预见庭审的全部情况，而庭审实况中的发言又都是不连贯、不完整的，这就有必要在事后及时提交书面的代理词。

---

① ［美］特伦斯·安德森等：《证据分析（第二版）》，张保生等译，中国人民大学出版社 2012 年版，第 201 页。

② 江伟：《民事诉讼法学》，高等教育出版社 2016 年版，第 277 页。

1. 补充完善庭审中的观点。

由于诉讼程序由法官主导，举证、质证、法庭辩论都是实时、口头进行的，难免有不充分、不完整的地方，律师可以在庭后及时提交书面意见，结合庭审情况，将论证中的薄弱之处予以补强，丰富完善自己的理由。

2. 补强庭审笔录。

我国目前还未实现庭审实录，庭审笔录由于书记员的理解、归纳和语言能力，一般只能记个大概，不偏离原意即可，离内容翔实、准确表达，还有一定的距离。另外，法庭记录按照对席记录，侧重部分而整体不足，代理词可以进行整合梳理，从整体上进行通盘把握，起到类似鸟瞰图的效果。

3. 有效地说服法官并约束自由裁量权。

法官裁判需要依法裁判，以事实为依据，以法律为准绳，并写明裁判理由。代理词从证据推出事实，从事实推出法律的适用，逻辑清晰，论证充分，说理水平高，无疑会约束法官的自由裁量权。法官的职业使命感和司法责任制会促使法官充分考量代理意见，法官如果不采纳代理意见，会负担更重的说理论证义务。在这里，律师要注意不要扣大帽子，不要以揣测、猜测等没有依据的事由，发表一些类似情绪性的意见，比如造成国有资产流失，侵犯工人阶级利益，枉法裁判引起恶劣的社会效果等。律师的代理意见同样要以事实为依据，以法律为准绳。

4. 成为二审、再审法官的重要考量因素。

二审既是书面审，也是事实审。二审法官首先接触的就是案件的卷宗材料，一份文字通顺、逻辑清晰，事实叙述清楚、法律论证有力的代理词无疑会成为二审法官的重要考量因素。

代理词重点在补强，即根据庭审情况更新要件事实分析表，对庭审的薄弱之处予以补强。采用针对式的写法，不要面面俱到，在构成要件的完整框架下，对于其中存在争点的进行重点阐释和强调。

（二）代理词的撰写原则

代理词和起诉状有着明显的不同。起诉状只是一块敲门砖，主要是描述请求权基础的要件事实。法庭调查是为这个事实奠定证据基础，法庭辩论则是实时地、多轮地、对抗式地展示要件事实之间的攻防。而代理词则是一个全景图，将庭审中出现的，用于支持自己、反驳对方的众多事实全面而结构化地整理出来。

总体来说，代理词的目的就是针对庭审情况，有针对性地查缺补漏，巩固对我方有利的因素，消除对我方不利的因素。根据要件事实攻防表，原告就是要补强请求，补刀抗辩。在庭后，运用要件事实攻防表撰写书面代理词更能发挥其优势。因为在前期阶段，原告还只是预测，还不清楚对方掌握的底牌。在庭后阶段，对方的底牌也基本放到桌面上来了，我们可以攻防表进行详细的推演，有针对性地进行补强和攻击。另外，在开庭的前期阶段，开庭陈述和法庭调查主要还是事实的故事模式，以便法官了解、认知案件细节，在庭审的靠后阶段，主要是运用要件事实模式，以便法官作出准确的法律判断。

风险 序列		法律要件负担方			反对方			法庭
攻防层次	要件划分	辩论	调查	陈述	陈述	调查	辩论	认定
		本论	本证	主张	自认/否认	质证/反证	质论/反论	认证/认为
请求	要件 1	3	2	1	1	2	3	补强
	要件 2	3	2	1	1	2	3	补强
抗辩	要件 1	3	2	1	1	2	3	补刀
	要件 2	3	2	1	1	2	3	补刀
再抗辩	要件 1							
再再抗辩	要件 1							

1. 补强请求。

对于请求，原告需要面面俱到，哪里薄弱补哪里，因为任何一个要件的任何一个争点没有消除，都会让法官得出不予支持的结论。

2. 补刀抗辩。

对于抗辩，伤其十指，不如断其一指。只要找准一个要件的最薄弱之处予以猛击，让其不能成立就能达到目的。不宜面面俱到、蜻蜓点水式地攻击，防止给法官留下攻击方向不明且无力，只是泛泛地为了攻击而攻击的印象。

第四节　民事上诉状

收到一审法院的判决书后，首先要确认送达时间并计算上诉期限，将上诉期限的起止时间告知当事人，由其决定是否上诉。关于领取判决书的时间，这里也有个小技巧，就是判决书结果还算理想的情况下，可以有意晚于对方几天领取判决书，当对方的上诉期经过后根据对方的反应再决定我方是否上诉。

上诉是当事人的权利，只要在上诉期内提出即可，也称为无因上诉。但上诉总是要实现特定的目的，或者争取有利于己方的判决，或者迫使对方调解、和解，这样就需要找到强有力的理由支持自己的诉求。当然，这种理由的寻找，总是从找出一审判决的错误点开始。

我们在排查诉讼争点中讲到，从原告的视角来看，胜诉的唯一秘诀就是消除请求争点，找出抗辩争点。审查判决、撰写上诉状也可以从这个角度出发。对于原告来讲，错误的判决主要分两种：一是请求权基础已经消除争点而错误地不予支持。二是请求权基础满足的情况下，被告抗辩存在争点而错误地认定抗辩满足，从而判决原告败诉。我们分别从程序部分、诉讼标的方面、请求权基础方面、抗辩方面进行叙述。

一、程序部分

首先，我们要考察案件诉讼程序与诉讼法规定的一致性。无论如何，我们不能忽视程序的独立价值。我们要结合本案的全部进展，审查其与诉讼程序法规定的一致性，如管辖异议、证据收集申请、鉴定申请、回避申请等程序是否合法，否则可能发回重审。

根据《民事诉讼法》第二百条规定，以下事项应当再审，自然是上诉的强有力的理由：审判组织的组成不合法或者依法应当回避的审判人员没有回避的；无诉讼行为能力人未经法定代理人代为诉讼或者应当参加诉讼的当事人，因不能归责于本人或者其诉讼代理人的事由，未参加诉讼的；未经传票传唤，缺席判决的。

再如，人民法院如果没有向当事人说明举证的要求，从而导致当事人贻误举证时机的，当事人为此提起上诉，上级人民法院可以原审判决程序违法而予以撤销。人民法院的举证告知义务是其适用举证责任原则判决案件的法定前提。①

二、诉讼标的方面

（一）判决主文与实体法规范效果的一致性

请求权基础的法律效果是判决主文可能的最大范围，否则，判决主文将可能

① 最高人民法院民事审判第一庭：《最高人民法院新民事诉讼证据规定理解与适用（上）》，人民法院出版社 2020 年版，第 83 页。

是于法无据，适用法律错误的。

站在原告的视角上，如果该诉讼请求有明确的请求权基础支持，而法院以于法无据驳回，就属于错误。

（二）考察原告诉讼请求与法院的判决主文的一致性

诉讼请求直接决定了判决主文的范围，根据处分主义原则，原告请求什么，法官审判什么，不能判超所请，判缺所请，判非所请，否则构成再审的事由。“判决主文是法官针对当事人的诉讼请求，根据认定的事实和适用的法律，对当事人之间争议的权利义务关系作出的实体性的处理决定。判决主文的内容必须与当事人的诉讼请求一致：首先，判决主文确定的权利义务应与当事人的诉讼请求相对应，体现‘不告不理’和当事人意思自治原则；其次，判决主文应对当事人的所有诉讼请求（包括反诉请求）作出支持、部分支持或者不予支持的明确结论；最后，判决主文不能超越当事人诉讼请求的范围，例如德国将裁判主文放在裁判文书的正文开首，与原告起诉状中诉讼请求的位置相应，以禁止法官在当事人请求范围之外进行裁判。”① 判缺所请、判非所请是原告重点查找的错误点，判超所请则是对方查找的问题了。

需要注意的是诉讼请求的检索不限于起诉状，这是因为在诉讼进展中可能发生了诉讼请求的变更、追加或请求额的增加而法官没有注意。诉讼请求的增加，比如本金之外追加利息；请求额的增加，比如将赔偿额由 1 万元增加到 2 万元。

（三）考察是请求权聚合还是请求权竞合

在原告根据一个事实提出多项请求的情况下，就要观察多项请求是否相排斥，是否可以一并提出或者只能进行选择。相排斥的多项请求就不能得到同时支持。相容的请求就不能只支持其中一项而不支持其他。

如果属于请求权聚合，法官只支持其中一项而遗漏其他，也属于错误。

（四）原告诉讼请求和被告态度的一致性

原告起诉，首先要看被告对此诉讼请求的态度。对于原告的请求，被告作出回应的方式无非就是承认、反对、部分承认/反对这三种。承认、部分承认就构成了认诺。根据处分主义，诉讼请求的承认直接导致被告败诉。除非法院认定该案有虚假诉讼或者涉及公益的，被告的认诺即应得出支持原告的结果，否则，有违处分主义原则。

---

① 邹碧华：《要件审判九步法》，法律出版社 2010 年版，第 170 页。

原告提起多项诉讼请求，被告对此其中几项认诺，对其他项有争议而审理的，法院就不能因为其他项的争点而不予支持认诺的请求。

三、请求权基础方面的错误：不存在争点或已经消除争点而未予支持

沿着下面的裁判逻辑图顺时针考察每个节点以及节点与节点之间的连接，我们能够比较容易找出判决书中关于请求权基础适用的错误点。

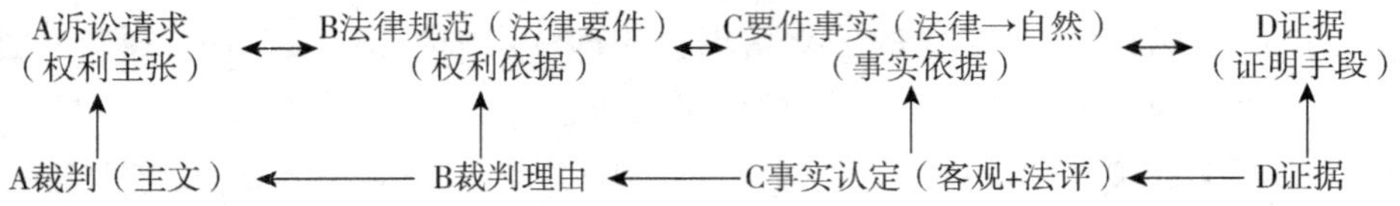

请求与裁判关系图[①]

接下来，我们转入请求权基础构成要件的审查。为了做到精细分析，我们作出这样的强制要求：一个判决主文对应一个诉讼请求以及请求权基础，对应一个诉讼标的，对应一张要件事实攻防考察表。对于原告来讲，请求权基础法律适用的错误可能是：请求权不存在争点或存在争点已经消除而未予支持。

风险 / 序列		法律要件负担方			反对方			法庭
攻防层次	要件划分	辩论	调查	陈述	陈述	调查	辩论	认定
		本论	本证	主张	自认/否认	质证/反证	质论/反论	认证/认为
请求	要件1	本论1	本证1	主张1	自认			无争点未认定
	要件2	本论2	本证2	主张2	否认	反证	反论	消除争点未认定

根据前述说明可以看出，要件事实攻防表的法律要件负担方和反对方是从中心线往两边逐层展开攻防的，前一层次缺失的，很难进行到下一层次的攻防。如果一个事实主张都没有被一方引入到诉讼中来，自然谈不上运用证据证明真假的问题。一个事实主张还没有经过法庭调查证明，展开辩论自然是操之过急。我们要逐个要件审查双方的主张、自认否认，举证、质证、反证，论证、质论、反论，然后考察法官认定与否的决定是否与实际攻防情况相符，是否作出了正确的判断，针对一个要件法庭已经得出错误结论的，很难说整个判决建立在正确的基础上。

① 江伟主编、傅郁林副主编：《民事诉讼法学》，北京大学出版社2015年版，第113页。

（一）考察原告的诉讼主张是否具有实质性、是否完整

如果被告否认了原告的诉讼请求，就将诉讼引入了事实层面，这就需要考察原告的诉讼主张与构成要件的一致性。法庭辩论终结，如果仍然缺少必要的要件事实主张，那么只能判决原告败诉。

只要原告针对构成要件进行了全面完整的主张，就不能因为主张责任而败诉。这里常见的有两个错误点：一是法官错误地划分了法律要件，从而要求原告主张被告承担证明责任的事项，原告因为没有主张而败诉。二是原告在诉讼进展中变更、补充了事实主张，而法官主要从判决书中的原告诉称中进行查找。判决书没有全面、客观地反映原告的主张，可能只摘抄了起诉状中的事实主张部分。

邹碧华法官在书中举了这个例子："需要注意的是，当事人在诉状中未涉及，但在庭审中增加的主张，有时对法官的判断会产生特别的影响，在裁判文书中应当分别予以表述。如在一起房屋租赁合同案件中，作为承租人的原告于2009年7月以提前两个月通知出租人解除合同符合合同约定为由提起诉讼要求解除合同，但在庭审中增加了出租人于2009年4月擅自对涉案房屋上锁构成违约导致合同提前解除的主张，该事实主张成为本案的事实争点。原告在诉状中和庭审中分别主张的事实、所依据的法律规范及由此产生的法律效果截然不同，其在2009年7月起诉之时对发生于2009年4月的所谓'关键事实'只字未提，对法官的判断产生了重大影响，并进而影响到对证据效力的认定和裁判结论，因此在裁判文书中应当对原告主张的两节事实分别予以表述。"①

（二）考察原告的事实主张与被告态度的一致性

自认就是被告对原告主张的要件事实陈述予以承认。对于原告主张的事实，如果被告承认的，除了涉及身份关系、国家利益、公共利益的以外，就构成了诉讼中的自认，而属于免证的事实了。也就是该要件事实不存在真实性的争点，法院如果对要件事实未予认定并因此判决原告败诉，就违反了辩论主义原则。

否认是针对对方要件事实的否定性陈述。单纯的否认即引出对方举证的必要。

（三）考察原告诉讼主张争点与提供证据的一致性

原告的主张，被告予以否认的，原告方应该对自己存在争点的要件事实主张

---

① 邹碧华：《要件审判九步法》，法律出版社2010年版，第164页。

提出证据证明，这里就需要看原告提出的证据是否与诉讼主张一致，不一致可能涉及对相关事实没有提出证据或提出证据不充分的问题。从原告的角度看，证据充分而不予认定属于认定事实错误。

对于原告要件事实所需要的证据，原告因客观原因不能自行收集，书面申请人民法院调查收集，人民法院未调查收集的，构成再审事由。

（四）审查原告提出证据与被告质证、反证的一致性

原告提出证据证明自己一方的要件事实，就是本证，需要达到高度可能性。对于原告提出的证据，被告可能会从关联性、合法性、真实性、证明力等方面发表不同意见，这就是质证的过程。除了对原告提供的证据进行质证，被告还可以提出证据证明该事实不真实，被告反对该要件事实的证据是反证，只需要把原告的证明降低到高度可能性以下、真伪不明即可。对于被告提出的反证，原告也可以质证。

质证与反证的区别是：质证针对原告提交的证据的可采性和事实推理进行反对，反证针对原告的事实主张进行反对。

判决书一般缺乏对当事人质证情况的叙述，对当事人的程序性权利未予充分的尊重。被告的质证意见不能成立，被告的反证未经质证但因此对原告事实不予认定而有错误的，也是对判决书审查的重点。

（五）审查证据争点与法官采信理由的一致性

对于原告、被告的质证意见，也就是证据方面的争点，法官应作出判断，到底采信哪些证据，不采信哪些证据，理由如何。法官可能在这个部分说理不充分，只是简略地写明“某某证据本院予以采信，某某证据不予采信”，判决书对证据的认证未予展开，没有从关联性、合法性、真实性方面充分阐释证据的证明力、证明力的大小等。证据是构建案件事实的基础，无证据即无案件事实，缺乏对证据的认证分析，就不能展示法官心证的过程，当事人存在争议的案件事实为什么是一方主张的甲而不是另一方主张的乙则不得而知。[①]

如果法院对原告的证据不予采信却没有充分的理由，对于被告的反证不应采信却采信的，则可能涉及证据认证的错误。

（六）审查证据认证与事实认定的一致性

即使证据被采信了，在证据和事实之间还有一个需要说理进行连接的鸿沟，

---

① 孙华璞、王利明、马来客：《裁判文书如何说理》，北京大学出版社 2016 年版，第 50 页。

也就是根据现有的证据，法官是如何对认定的事实形成心证的。

“裁判文书认定的事实是根据证据推导出的法律事实。法官对证据的真伪、证据与案情有无关联性、证据能否形成证据锁链等问题的分析是一个思辨过程，应当予以公开。但多数裁判文书采取简单列举证据的方式，不对证据展开充分的分析论证，看不出事实与证据之间的逻辑关联，对证据是否采信、为何采信避而不谈或避重就轻。”①

如果法院对原告有充分证据证明的事实不予采信而理由不清，则可能涉及事实认定的错误。

（七）审查法律争点和裁判理由的一致性

即使事实能够认定，对于这样的事实应否适用请求权基础规范，被告还会有争议，原告会有反驳。如果对一方观点不予支持，就需要有针对性的说理。

“对判决理由的说明，不但应成为法官的权利，更应是其义务和职责，离开了充分的说理及论证，司法判决的合法性和合理性就会受到质疑。这就要求法官在裁判文书中必须说明法律理由，以认定的事实和选择的基础规范，围绕当事人的诉讼请求进行法律解释、论据分析并最终推导出正确的结论。实践中，裁判文书不说理或简单说理的主要原因，一方面可能受制于法官的法学功底，但不可否认的重要原因是在审理过程中不注重归纳当事人的法律争点而由法官‘独断’，由此产生的结果是裁判文书的说理失去针对性，说理散乱、模糊或不充分。当事人就法律的适用、解释等问题形成对抗并向法官充分展示，法官在裁判文书中论述的法律理由就应当与法律争点保持一致。”②

本论是指法律要件负担方对自己的事实符合法律规定提出的论证，质论就是反对方对本论的论据和论证过程的反对，反论则是反对方提出事实不应归入要件的反对命题。

对于我方的本论优于反论，而法官反而支持对方的，原告可以法律适用错误进行上诉。

（八）考察裁判理由和立法目的的一致性

在疑难复杂的案件中，判决的裁判理由应该和立法目的相一致，也就是不能进行机械式的执法，应该对法律进行目的性的限缩或扩张，或者类推适用，从而实现法的目的。“法学昌明时代，不拘于文字，悉本于法的精神而适用之”，罗

① 邹碧华：《要件审判九步法》，法律出版社2010年版，第156页。

② 邹碧华：《要件审判九步法》，法律出版社2010年版，第169页。

马法时代尚且如此，现代社会更应如此。无锡冷冻胚胎案二审考究法的目的、伦理人情，从而支持原告对胚胎的监管权。对立法目的的考察，是律师代理复杂疑难案件的重要着眼点之一。

四、抗辩规范方面错误：存在争点而予以认定抗辩成立

抗辩主张和前面的诉讼请求直接相对抗，请求权即使满足，也需要抗辩不满足才能得到支持。如果判决认为请求权基础得以满足，但是因为被告抗辩而不予支持的，那么就要按照前述的步骤进一步审查抗辩规范。对于原告来讲，抗辩规范法律适用的错误可能是：抗辩规范存在争点未能消除而予以认定。

沿着下面的裁判逻辑图顺时针考察每个节点以及节点与节点之间的连接，我们能够比较容易找出判决书中关于抗辩规范适用的错误点。

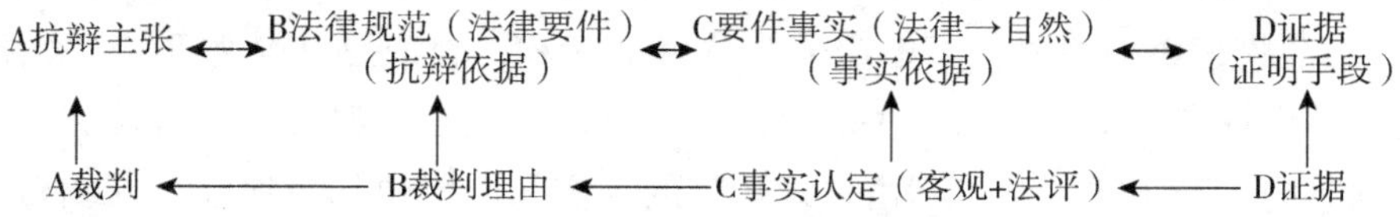

抗辩与裁判关系图[①]

根据要件事实攻防表，请求和抗辩都根据同样的考察步骤。所不同的是，带来了攻防层次的转换，请求权基础的法律要件负担方是原告，反对方是被告。抗辩规范的法律要件负担方是被告，反对方是原告。

风险 序列		法律要件负担方			反对方			法庭
攻防层次	要件划分	辩论	调查	陈述	陈述	调查	辩论	查明或认为
		本论	本证	主张	自认/否认	质证/反证	质论/反论	
请求	要件1							无争点未认定
	要件2							无争点未认定
抗辩	要件1							有争点而认定
	要件2							有争点而认定
再抗辩	要件1							
再再抗辩	要件1							

① 江伟主编、傅郁林副主编：《民事诉讼法学》，北京大学出版社2015年版，第113页。

（一）抗辩意见与实体法规范法律效果的一致性

被告援引抗辩规范进行抗辩的，其抗辩意见应该与该规范的法律效果相一致，不一致的意见于法无据，不能得到法律的支持，很可能该意见就是无实质性的。比如，违约责任的被告提出无过错的意见，饲养动物的管理人提出不是所有人的意见。

邹碧华法官所举的例子更具有代表性：“例如，在一起房屋租赁合同案件中，原告以欺诈为由诉请撤销租赁合同，被告则抗辩称为将房屋出租给原告，提前解除了与他人的租赁合同并支付了违约金，如撤销租赁合同，则将遭受重大经济损失；该案裁判文书对被告抗辩事实予以了认定，但该事实与原告主张的事实和诉讼请求均无关联性。”①

（二）考察被告的诉讼主张与抗辩规范构成要件的一致性

被告主张一定的法律效果的，应该对该规范对应的要件事实进行完整、具体的主张，如果没有主张，就应该承担结果意义上的主张责任。

缺少必要主张的，抗辩规范不应适用。法院适用的，属于法律适用错误。比如，提出不安抗辩权却没有主张相应的事实。

（三）考察被告诉讼主张与提供证据的一致性

针对被告的抗辩事实主张，我方不予自认的，被告方应该对自己存在争点的诉讼主张提出证据证明，不一致可能涉及对相关事实没有提出证据或提出证据不充分的问题。原判决、裁定认定的基本事实缺乏证据证明的，据以作出原判决、裁定的法律文书被撤销或者变更的，属于再审事由。

（四）审查被告提出证据与原告质证的一致性

对于被告提出的证据，原告可能会从关联性、合法性、真实性、证明力等方面发表不同意见，这就是质证的过程。原判决、裁定认定事实的主要证据未经质证的，属于再审事由。

（五）审查证据争点与法官采信理由的一致性

对于原告的质证意见，法院应予以充分的考虑，并在采信理由中予以说明。但判决书“不能全面反映举证、质证及认定的过程。多数裁判文书采取‘以上事实，有……为证’的列举式表述方式，简单罗列证据的名称，证据的证明内容、当事人关于‘三性’的质证意见、法官对证据的分析认证等均无涉及。尤

① 邹碧华：《要件审判九步法》，法律出版社2010年版，第156页。

其是对于那些有重大争议的证据，缺乏深入的认证意见。”①

为此，《证据规定》第九十七条第一款规定：“人民法院应当在裁判文书中阐明证据是否采纳的理由。”如果我方提出了强有力的质证意见而法院未充分说明采信理由的，原告可以提出证据认证错误的上诉理由。如果原判决、裁定认定事实的主要证据是伪造的，属于再审事由。

（六）审查证据认定与事实认定的一致性

即使被告的证据被采信了，在证据和事实之间还有一个需要说理进行连接的鸿沟，也就是根据现有的证据，法官是如何对认定的事实形成心证的。原告可以提出事实认定错误的上诉理由。

“认定事实是法官裁判案件的基础。认定事实的过程，是法官在当事人的陈述和举证的基础上，运用一定的规则对证据的证明力进行评判，并根据高度盖然性的证明标准，结合一定的生活经验和价值观念，对当事人有争议的事实作出的最终确认，毫无疑问这是一个充满规则的思维过程。因此，裁判文书认定的事实是对当事人事实争点的解答和回应。对于当事人无争议的事实，当事人不必举证，法官也无需运用证据规则进行筛选、认定，只需要在裁判文书中直接确认即可。认定事实与事实争点一致，有效地突出了案件的审理重点，为裁判文书的说理论证奠定基础，也表明法官在认定事实方面的自由裁量权受证据规则的约束，使社会公众在阅读裁判文书时能真实地体会到法官‘断案’的从容，从而使司法裁判获得正当性。”②

法官在这个部分容易说理也不充分，只是简略地写明“经审理查明……”这种缺乏形成案件事实的过程，存在“认定事实的突然性”，没有产生事实的认识过程和认识依据。实践中一般是先写审理查明的事实，然后再写对证据的认证情况。这种写法有先天的缺陷，经过审理后确定的案件事实，是通过证据、自证以及推定技术、不证自明等建构起来的事实，应先考察证据再根据证据确立事实，而先写事实，后写证据，即先结论后原因，存在逻辑上的颠倒。③这种颠倒使人误以为证据只是罗列和佐证，忽视了证据充分性的判断。

（七）审查法律争点和裁判理由的一致性

即使事实能够认定，对于这样的事实应否适用抗辩规范，原告还会有争议。

① 邹碧华：《要件审判九步法》，法律出版社2010年版，第156页。

② 邹碧华：《要件审判九步法》，法律出版社2010年版，第169页。

③ 孙华璞、王利明、马来客：《裁判文书如何说理》，北京大学出版社2016年版，第50页。

对于法律适用说理不清的，当事人可以依法律适用错误进行上诉。

虽然法律争点并不拘束法官，但要达到辨法析理，胜败皆服的目标，就需要针对当事人的法律争点进行详细的说理论证。但判决书的现状是，仅笼统地列明法律条文，无法反映出法律规范与案件事实之间的必然逻辑关系，过渡生硬，自然就欠缺内在的逻辑说服力。①

上诉是当事人的权利，无因亦可上诉。但上诉的目的不是上诉，而是赢得法庭的支持，这就需要我们找出充足的理由说明原审判决的错误之处。

法谚云：正义是从裁判中发声的。其实，法律职业共同体的养成也是从裁判中实现的。证据如何举证、质证、认证；事实如何认定，从证据到事实如何形成心证，法官又如何进行论证；事实和法律怎样一一对应，为什么适用这一法条而不是别的法条；适用这一法条是否实现立法目的，结果是否公正合理。在一份优秀的裁判文书中这些都应该予以充分体现。这些方面，既是我们进行判决审查，决定如何撰写上诉状的着眼点，也是我们律师学习提升的好素材。论语有言，择其善者而从之，其不善者而改之。

第五节 被告视角下的九步法

从诉讼的本质来讲，就是一方请求，另一方反对。确定了一方的请求权基础，就确定了对方的抗辩规范。诉讼标的是一根主轴，以义务产生、障碍、消灭、阻止等法律效果贯彻始终。在请求和反对的逻辑关系中，就划分了原、被告两方所援用的法律效果。请求与抗辩，是一项法律制度的两个侧面，都是围绕诉讼标的效果轴这条战线来进行攻防。对于原告来讲，应重点关注是否存在一项足以穿透对方防御的请求权；对于被告来讲，应重点关注是否存在一项足以抵御对方请求的抗辩。请求与抗辩，互有攻防，其中的核心是发生相应法律效果的要件事实，最终的结果取决于这条战线上的对抗和博弈。所以，无论是原告，还是被告，都需要沿着权利效果轴进行思考。

一、总体论述

关于九步法，我们一直都是从原告视角进行阐述的，对于被告如何应用，还

① 孙华璞、王利明、马来客：《裁判文书如何说理》，北京大学出版社 2016 年版，第 52 页。

需要进行适当的调整和扩展。

对于被告而言，原告的进攻已经现实化，所以总是应该先有针对性地考察原告的进攻，再考虑自己的防守以及进行反诉，以攻为守。现进行对比分析如下：

第一步，发现案件事实。

原告：按照侦探家的角色，通过当事人陈述和证据收集分析，形成合理可信的生活事实。运用历史方法，将生活事实翻译为法律事实。

被告：审视原告的故事版本，选择是有针对性地修正，还是提出自己的故事版本。

第二步，寻找请求基础。

原告：按照请求权基础体系，逐一检讨可能的请求权基础，查找最密切联系法条。

被告：审视原告选择的请求权基础是否确实存在，目前是否仍合法有效。“请求权基础具有一体两面的特性：正面是支持原告诉讼请求的法律依据，反面则确立了被告提出否认、抗辩的对象。”① 如果原告在庭审中未明确提出其请求权基础，被告可以提请法官要求原告明确，否则被告无法有针对性地进行答辩。

第三步，划分法律要件。

原告：通过实体法的解释，划分法律要件，明确原告主张权利的构成要件，被告主张权利妨碍、消灭、阻止的构成要件。

被告：审视原告是否正确划分了法律要件，并正确理解了要件的含义，是否遗漏了其他的辅助规范。法官对证明责任的划分是否正确，提出证明责任划分错误的答辩意见。

第四步，整理要件事实。

原告：根据构成要件逐一检索比对本案的事实，通过归入的尝试，明确下一步证明、论证的难点，从而通过后面的证明和论证满足归入的要求。

被告：审视原告证明责任下的要件事实是否完整、具体地主张；是否存在遗漏必要主张的情形；假定原告主张的事实全部真实，都不能符合法律适用的要求的，可以直接请求驳回原告的请求，而不必进行法庭调查。

第五步，证明要件事实。

原告：根据整理的要件事实有的放矢地补充完善证据，构建证明体系。

---

① 徐海勇：《请求权基础功能的三重性》，载《人民司法》2015 年第 11 期。

被告：审视原告的要件事实是否有证据证明，提出证据的关联性、真实性、合法性、证明力方面的答辩意见。

第六步，论证要件事实。

原告：根据证明的要件事实，有针对性地说理论证，弥补事实和规范之间的落差，证成构成要件的符合性。

被告：审视原告证明的事项是否符合法律规定，是否可以提出法律不适用的答辩意见。

第七步，排查诉讼争点。

前几步我们考察了被告如何否认原告的请求权基础，接下来逐步检视自己可能援引的抗辩规范，根据自己的抗辩规范逐一进行划分法律要件、整理要件事实、证明要件事实、论证要件事实的考察，确保进行有效的抗辩。

第八步，合理制定方案。

对 SWOT 的分析考察步骤，和原告相同，只不过局势互换而已。

原告 / 被告	S（Strengths） 1. 2. 3. 请求满足	W（Weaknesses） 1. 2. 3. 请求不足
O（Opportunities） 1. 2. 3. 抗辩无力	SO 请求满足 抗辩无力	WO 请求不足 抗辩无力
T（Threats） 1. 2. 3. 抗辩有力	ST 请求满足 抗辩有力	WT 请求不足 抗辩有力

首先要观察是否属于 WT 区域，该区域请求权基础有不能消除的争点，请求本身不满足，并且还存在强有力的抗辩，比如诉讼时效经过等，这种情况对原告最不利，对被告最有利。被告拥有两层防线。

其次要观察是否属于 WO 区域，该区域请求权基础有不能消除的争点，请求本身不满足，虽然不存在强有力的抗辩，但是原告总是负有首先的证明责任。这时候只有一层防线，如果攻破了，请求权就不存在有效的抗辩。

再次要观察是否属于 ST 区域，该区域请求权基础得到满足，但是存在不能找出争点的抗辩。这个时候势均力敌，双方针尖对麦芒，对抗比较激烈，虽然存在第二道防线，但是也不能让原告轻易地转到抗辩中来，御敌于国门之外是首选。

最后是最不理想的SO制造区域，该区域请求权基础得到满足，并且所有的抗辩都能找出争点，严防死守已无多少意义。除非时间本身已经非常可贵，一般情况下还是和解比较好。

第九步，精准实施方案。

围绕答辩方案，策略性地组织诉讼文书，推进诉讼进展，实现我方主张。

二、民事答辩状简介

（一）提交答辩状的必要性

《民事诉讼法》第一百二十五条规定："人民法院应当在立案之日起五日内将起诉状副本发送被告，被告应当在收到之日起十五日内提出答辩状。答辩状应当记明被告的姓名、性别、年龄、民族、职业、工作单位、住所、联系方式；法人或者其他组织的名称、住所和法定代表人或者主要负责人的姓名、职务、联系方式。人民法院应当在收到答辩状之日起五日内将答辩状副本发送原告。被告不提出答辩状的，不影响人民法院审理。"

我国没有强制答辩或答辩失权制度，但对于以反驳事实为主的答辩还是建议提交答辩状进行答辩为好。俗语讲，兼听则明、偏信则暗，提出己方的诉讼主张，有助于法官全面了解案件事实真相，化解原告先入为主的印象，不答辩有时还会被误认为理亏或者对请求的默许。但对于以法律观点为主的答辩，则不必提交答辩状，当庭发表针对性强且更有说服力的法律意见，无疑能达到更好的庭审效果。

（二）答辩状的总体思路

在撰写答辩状之前，已经收到了对方的起诉状，对方对于事实和法律的意见已经树立了我方批驳的靶心。但还是要坚持以我为主的方针，不能局限于反驳对方的证据和观点，这样就比较被动，容易被对方的观点和逻辑所左右。要站在我方的立场上重新审视现有的证据，提出能够融合双方现有证据，更加全面、更加合乎情理的故事版本。这在以下两种情形中更为主要：一种是对方的故事版本与事实不符，我方另行提出能够覆盖更多证据、更加合理可信的事实版本。另一种是对该事实存在法律关系认识上的不同，也就是诉讼标的的不同，比如一方主张承揽，另一方主张雇佣等。

要区分原告的诉讼请求的类型，如果是递进型的多个诉讼请求，比如前一个诉讼请求是确认之诉，然后基于确认之诉，提出给付之诉，只需要对前一个诉的主张进行对抗，使其不成立即可。如果是并列型的多个诉讼请求，因为其中一个不成立不影响另一个诉讼请求，则需要对每个诉讼请求的主张一一进行对抗。对一个诉讼请求进行防御，也需要审视构成要件是“且”还是“或”的关系，对于联言式的构成要件，只要攻其一点即可；对于选言式的构成要件，则要根据原告举证的方向进行抗辩，但也不能忽视对其他构成要件的审视。

在对诉讼标的不存在争议的情况下，也就是被告同意原告选定的法律框架的情况下，又有五种答辩的层次：一是诉讼要件的答辩，二是请求权要件事实的否定答辩，三是主张抗辩规范要件事实进行抗辩答辩，四是进行责任范围的答辩，五是反诉。以上五个层次的答辩应该逐次考察，以下分别论述之。

三、诉讼要件的答辩

目前我国立案审查制已改为立案登记制，对起诉条件的审查标准放宽，甚至有时候法院也可能出现审查上的疏漏，导致一些应当不予受理的案件进入到诉讼程序中，损害被告的权利，这些事项都需要律师先于实体进行审查，提出自己一方的意见。“立案登记制把对原告起诉进行‘审查把关’的主要权能和责任都交给了被告，由当事人双方在诉讼程序中围绕原告是否有足够的理由将被告‘拉入’诉讼或者让被告承受‘讼累’是否正当等展开攻击防御，法院则只是居中对双方在这些方面的争议加以处理解决即可。”①

这些要件一般包括：当事人实际存在、具有当事人能力，当事人适格，当事人实施起诉行为、实施了有效送达，不属于重复起诉，具有诉的利益，属于法院裁判权范围，属于本院管辖等。②

1. 是否属于裁判权范围。比如，当事人提起诉讼仅请求解除同居关系的，人民法院不予受理。(《婚姻家庭编解释一》第三条)

2. 受诉法院是否有管辖权，需要及时提出管辖异议。除违反级别管辖和专属管辖规定的，当事人未提出管辖异议，并应诉答辩的，视为受诉人民法院有管辖权。不同的请求权会有不同的案件管辖。“民事诉讼立法关于地域管辖的规定，在‘原告就被告’的基本原则之外，特别作出依不同法律关系确定管辖权之规

---

① 王亚新、陈杭平、刘君博：《中国民事诉讼法重点讲义》，高等教育出版社 2017 年版，第 37 页。

② 肖荣远：《民事案件审理思路集成》，法律出版社 2016 年版，第 7 页。

定。如依合同法律关系起诉，合同履行地法院有管辖权；依票据法律关系起诉，则票据支付地法院有管辖权。因此，确定争议的法律关系对于法院确定案件的管辖权，具有重要意义。”①

3. 根据《仲裁法》第二十六条规定，当事人达成仲裁协议，一方向人民法院起诉未声明有仲裁协议，人民法院受理后，另一方应当在首次开庭前提交仲裁协议，在首次开庭前未对人民法院受理该案提出异议的，视为放弃仲裁协议。因此存在仲裁协议的，也应及时提出。

4. 是否存在《民事诉讼法》第一百二十四条第七项规定的“判决不准离婚和调解和好的离婚案件，判决、调解维持收养关系的案件，没有新情况、新理由，原告在六个月内又起诉的，不予受理”的情形。

5. 不同的请求权会有不同的适格当事人的考察。“同一生活事实，可能产生复数的、竞合的法律关系。构建诉讼基础的法律关系不同，则当事人主张权利的方式亦不同，对当事人适格问题的判断结果也会不同。例如，甲公司向乙公司出售水泥，乙公司以丙公司出具的 10 万元支票未进行背书即交付甲公司。甲公司因支票无法兑付，起诉要求乙公司支付 10 万元。如果甲以票据法律关系起诉，因乙公司非票据当事人，则乙属不适格之被告；如果甲以买卖合同关系起诉，则因乙系水泥买卖合同之债的债务人，则属适格之被告。”②

6. 还要看原告主张的请求权是否已经经过审理，受既判力的约束，禁止重复起诉。

四、请求权要件事实的否定答辩

答辩状首先针对原告的请求权要件事实的实质性、完整性、真实性、符合性进行答辩。毛主席曾说过：“对于人，伤其十指不如断其一指，对于敌，击溃其十个师不如歼灭其一个师。”对于被告而言，泛泛地攻击原告请求权基础的十个构成要件，不如彻底地击溃其一个构成要件，因为原告需要满足所有的构成要件才有可能胜诉，我们只要选择其中最薄弱的环节予以痛击即可。

（一）否定请求权基础本身

1. 该诉请不存在请求权基础，该请求于法无据。

2. 规范竞合，选择了错误的法条。

---

① 邹碧华：《要件审判九步法》，法律出版社 2010 年版，第 44 页。

② 邹碧华：《要件审判九步法》，法律出版社 2010 年版，第 44 页。

3. 是请求权竞合而不是聚合，必须作出选择，不能同时主张。

4. 请求权要件没有找全，尤其是缺少隐藏式的要件；或者是要件划分不正确，划丢了一个要件；或者是把原告自己的要件划给了被告。

（二）否定完整性

根据《民法典》第六百六十二条，受赠人主张赔偿责任的，就需要主张证明“赠与人故意不告知瑕疵或者保证无瑕疵，造成受赠人损失”的有关事实，缺少这一要件就无法行使该权利。被告就可以针对原告缺失这一主张进行答辩。

（三）否定真实性

1. 否定证据关联性和证明力。

如原告请求被告偿还借款，被告答辩否认向原告借款的事实。原告委托被告代工生产服装一批，用于出口外销，双方约定了交货期限，但被告逾期交货，因时间紧迫，原告为不违反与国外公司订立合同所确定的交货期限，将原拟海运的运输方式改为空运，造成运费增加，原告诉请被告赔偿运费损失。被告对合同约定交货期限、逾期交货等均无异议，但提出空运费用的计算缺乏依据，空运单上无法体现承运货物与本案货物之间存在关联性。[①] 也就是说该答辩方案否定赔偿数额的真实性。

2. 对证据作出与原告不同的解读。

我们以一个兄妹之间关于房产赠与合同争议的案件进行说明。[②] 该案中被告的答辩策略就是对原告的证据作出不同的解读，但到底哪一个版本更接近真相还要结合其他证据进行综合判断。

原告戴某诉称：原告戴某与被告戴某甲、戴其乙、戴某丙、戴某丁（于2002年去世）系兄弟姐妹关系。戴某丁与张某系夫妻关系，生有三个子女，即戴某戊、戴某己、戴某庚。北京市东城区北新桥炮局四条×号院房屋9间系原、被告家庭祖产，由兄妹5人继承。“文化大革命”期间该房被收归公有，“文化大革命”后落实私房政策发还。1984年办理涉诉房屋继承时，原告主动放弃继承权。在1984年登记的房产证上，被告戴某甲、戴某乙、戴某丙、戴某丁各占四分之一产权。1998年，兄妹商议房屋具体划分时，被告戴某甲提出原告对家庭贡献最大，虽之前放弃继承，但父母留下的遗产应该有原告的份额，并提议9间房屋4人每人分2间，剩余1间（北房东数第二间，以下简称涉诉房屋）集体

① 黄湧：《民事审判争点归纳》，法律出版社2016年版，第45页。

② 肖荣远：《民事案件审理思路集成》，法律出版社2016年版，第124页。

赠与原告，其他兄妹也表示赞同。当即戴某甲、戴某乙、戴某丙、戴某丁拟定房屋分割协议，四人签字后到东城区公证处进行公证。但公证员告知，当事人要全部到场才能办理。因原告未到场，戴某乙第二天就要返回长沙，戴某丁也要返回山西，无法全部到场。公证员建议，作为权宜之计，可以将赠与原告的房屋写到某个人名下，以后再进一步办理赠与公证。鉴于戴某甲提出赠与意见，且房屋由其代管，四人遂同意将涉诉房屋暂登记在戴某甲名下，并于当天办理完毕公证手续。2000 年 12 月、2001 年 12 月及 2007 年 1 月，戴某甲多次写信表明将涉诉房屋赠与原告的意思。2002 年 12 月前后，原告也写信表示同意接受赠与。2000 年，涉诉房屋的租客搬走后，戴某甲告知原告要以每月 400 元的标准承租涉诉房屋，并一直向原告交纳租金。2009 年，原告告知戴某甲打算将涉诉房屋进行翻建和装修，并委托在京的戴某乙负责此事，戴某甲表示同意并腾空房屋。后原告支付全部翻建费用并购置新家具。随后，考虑到戴某丙身体不好，原告将涉诉房屋交由戴某丙管理，并由其在此午休。对此，戴某甲并未提出异议。此后，原告来京即住在涉诉房屋处，原告的孙女偶尔来京，也在涉诉房屋处居住，水电费亦由原告交纳。2012 年 5 月，戴某甲称涉诉房屋归其所有，并要求收回房屋。

2013 年 6 月，戴某甲未经原告同意，强行占有涉诉房屋。为维护原告的合法利益，现原告诉至法院，要求确认被告向原告赠与涉诉房屋的行为有效。

被告戴某甲辩称：根据 1984 年的《房屋所有权证》《房产共有执照》以及 1998 年 5 月 8 日的《房产分割协议公证书》，戴某甲依法单独享有涉诉房屋所有权。戴某甲与戴某从未签订任何形式的房屋赠与合同，也未进行过房屋赠与行为。1998 年办理公证的真实意思就是将涉诉房屋权利确认为戴某甲所有。原告所述书信往来情况属实，但原告对信的内容断章取义，戴某甲只是出于兄妹之间的客气表达赠与的意思，并非真的要赠与戴某。戴某甲给原告的钱也不是房租，只是考虑戴某当初放弃继承房屋，而戴某甲又多一间房屋，以房租的形式给戴某一些补偿。出于对戴某甲的回报，戴某同意出钱替戴某甲修缮房屋，但并不是出钱修缮自己的房屋。故不同意原告的诉讼请求。

（四）否定符合性

在原告刘某诉被告北京某百货（集团）股份有限公司买卖合同纠纷案中，[①] 被告的答辩意见主要是从否定消费者身份的符合性和欺诈的符合性展开的。

---

① 肖荣远：《民事案件审理思路集成》，法律出版社 2016 年版，第 133 页。详见北京市东城区人民法院（2011）东民初字第 06986 号民事判决书。

刘某诉称：原告于2011年1月22日在被告北京某百货（集团）股份有限公司（以下简称某百货公司）处购得紫砂壶一把，壶盖落款为“道洪”，售价为319998元（标价为380000元）。被告售货员告知原告该壶是江苏宜兴何道洪所做的一件获奖作品，名为“神竹壶”。后当原告找到何道洪补办证书时，被告知其所购买的紫砂壶并非何道洪作品。原告认为，被告卖假货的行为已经构成欺诈，故原告起诉要求：（1）判令被告允许原告退货并退还货款319998元；（2）判令被告赔偿原告所退紫砂壶价款一倍的赔偿金319998元；（3）判令被告赔偿原告其他损失，包括交通费、住宿费共计7436.5元；（4）判令被告承担本案诉讼费用。

某百货公司辩称：（1）本案争议紫砂壶属于特殊商品，已经脱离了普通日常消费品的使用价值；本案原告不是为了生活消费，不具有《消费者权益保护法》所规定的主体资格，因此本案应当适用《合同法》来规范，赔偿范围应以原告实际损失为基础，不应适用《消费者权益保护法》的规定给予原告双倍赔偿。（2）被告在客观上没有欺诈的行为，主观上没有欺诈的故意，故原告不符合双倍赔偿的条件。本案紫砂壶是广州市百福茶艺乐园有限公司从陈某某处获得，陈某某是从裴某某处获得，裴某某是从台湾地区商人处购得，陈、裴两人均为资深紫砂制品收藏家，他们均坚信涉案紫砂壶为何道洪早期作品，因此，在各方均相信该壶为“真壶”的情况下，不存在所谓对原告的“欺诈”。

（五）先否定真实性，再否定符合性

以王泽鉴先生所讲的一则台湾地区判决为例：“民法第976条第1项第9款规定，婚约当事人之一方，有第1款至第8款以外之‘其他重大事由’者，他方得解除婚约。问题在于乙女订婚前与他人有性关系，是否为‘其他重大事由’。‘最高法院’采否定说，69年度台上字第489号判决谓：‘第查被上诉人拒不履行婚约，无非以上诉人已非处女……为论据。惟上诉人谓其童贞为被上诉人所夺取，初未承认曾与他人发生性关系，被上诉人又自认曾与上诉人外出同游，并拟云雨巫山，其谓上诉人告知已非清白之身躯，复为上诉人所否认，是上诉人之童贞，是否为被上诉人所取，尚非毫无疑问。即令上诉人于订婚前已非处女，而衡诸现代社会一般观念，能否合于民法第976条第1项第9款所谓重大事由，亦非无推求之余地。’”① 对该请求的否定分为两个层次，首先是原告主张的事实是否已经证实，判决认为真伪不明。在此基础上，判决进一步指出，即使上诉人婚

① 王泽鉴：《法律思维与案例研习：请求权基础理论体系》，台北元照出版公司2019年版，第239页。

前已经并非处女，按照现代社会观念，也不能认为是解除婚约的重大事由。被告律师在进行这种让步抗辩的时候，需要先对原告事实主张表明清晰而明确的否定态度，再转入符合性的否定，防止给法官造成我方对事实没有争议的错觉。

五、以抗辩为主的答辩

在考虑可能的抗辩方向时，我们建议围绕权利效果轴逐一审视可能的攻击方向。逐次考察：

权利障碍：是否存在请求权不产生的特殊情况？

权利消灭：权利是否已经消灭？

权利变更：是否依然如其所请？

权利阻止：是否具有抗辩权？

权利抗辩：是否有留置权？

法律关系：是否存在不同的法律关系主张可以动摇、抵消、吞并本诉主张的法律关系？

以一则案例进行说明：A 诉称，其与 B 订立钢材买卖合同一份，其已依约向 B 发送钢材，但 B 未依约给付钢材款，现诉请判令给付。B 答辩称：

1. 合同系 B 的职工 C 与 A 订立，而 C 并未获得 B 之授权，涉案合同并未成立。

2. 本案系附条件合同，双方约定，若 B 取得某建设工程的承包权，则 A 向 B 供货。而目前 B 未取得承包权，条件未成就，故涉案合同未生效。

3. A 交付钢材时，接收人为 B 之门卫 D，D 擅自将该批钢材挪用于自己建房，故 A 未履行合同义务。

4. A 虽有交付部分钢材，但钢材质量存在问题，其应承担违约责任。这样就构建了一个逐层递进的抗辩顺序。逻辑层次清晰，也有助于法官理清审判思路，作出对我方有利的判决。①

有些时候答辩顺序非常关键，答辩层次不清晰有可能损害当事人利益。比如在一起债务纠纷中，被告有两种答辩方向，一是诉讼时效，二是抵消抗辩。这时就应该把诉讼时效作为首位的抗辩，只有这个抗辩不能成立的时候，才能退而求其次，转向抵消抗辩。

另外还要考虑是相互独立的抗辩还是不相容的抗辩，比如，合同因为违背公

---

① 黄湧：《民事审判争点归纳》，法律出版社 2016 年版，第 47 页。

序良俗无效和因合法形式掩盖非法目的无效是两个相互独立的抗辩。但合同无效的抗辩和合同已经解除的抗辩从法律效果上就是不相容的。

六、以责任范围为主的答辩

请求和抗辩都是围绕请求权进行定性的考察，对于是否存在有效的请求权，该请求权是否可行使，在原告主张义务未履行，应该承担民事责任的情形下，还存在以下四个层次的考察：

1. 免责。

是否存在法律规定或者合同约定免责的情形。比如，不可抗力。

2. 责任范围。

在不能免除责任的情况下，就需要考虑原告对于责任范围的主张是否合适。如人身损害列出了法定的赔偿项目和计算依据，原告主张的是否属于赔偿项目，属于该项目的，计算标准是否正确，计算依据是否有证据支持，是否存在计算错误。

比如，《民法典》第一千二百三十一条规定："两个以上侵权人污染环境、破坏生态的，承担责任的大小，根据污染物的种类、浓度、排放量，破坏生态的方式、范围、程度，以及行为对损害后果所起的作用等因素确定。"被告律师就可以从前述几个方面反驳己方承担的责任范围。

3. 责任限额。

在有些赔偿中，还存在责任限额的情形，如货运合同中货物毁损、灭失的赔偿额（第八百三十三条），机动车交强险限额（第一千二百一十三条），高度危险责任赔偿限额（第一千二百四十四条）。

4. 减责。

只有明确了被减数和减数才能计算差，在减责之前，首先要明确责任范围的问题，才能接着考虑减去多少的问题。被告可以主张与有过失、损益相抵的减责。

七、提起反诉

反诉是指在本诉的程序中，被告以原告为被告提起的与本诉相关联的诉讼。也就是说，被告具有一个与原告的请求权针锋相对的请求权。提起反诉需要具备的条件为：与本诉有牵连，能够抵销、吞并本诉，属于受诉法院管辖等，能提出单独的给付请求。比如，《买卖合同解释》第三十一条规定："出卖人履行交付义务后诉请买受人支付价款，买受人以出卖人违约在先为由提出异议的，人民法院应当按照下列情况分别处理：……（二）买受人主张出卖人应支付违约金、赔偿损失或者要求解除合同的，应当提起反诉。”

如果确实没有什么好答辩的，可以像螳螂一样，对对方的每一项主张都反击一下，这被形象地称为“螳螂辩护”。[①]

① ［美］詹姆斯·W. 麦克尔哈尼：《美国庭审宝典》，吴宏耀等译，中国人民大学出版社2012年版，第14页。

第二编

基 础 编[1]

---

① 民法体系精深、内容繁复，笔者颇感尚无力驾驭如此宏大的内容。但请求权基础的体系性梳理为应用要件诉讼九步法的核心所在，所以勉为其难撰写本编。体例方面，颇多参考［德］迪特尔·梅迪库斯：《请求权基础》，陈卫佐、田士永、王洪亮、张双根译，法律出版社 2012 年版。王泽鉴：《法律思维与案例研习：请求权基础理论体系》，台北元照出版公司 2019 年版。欧阳苏苏、陈世昌：《请求权基础理论体系》，法律出版社 2015 年版。民法知识的梳理方面，参考《钟秀勇讲民法之精讲（2020 年）》，中国商务出版社 2020 年版；李建伟：《民法专题讲座（2020 年）》，人民日报出版社 2020 年版；方志平：《民法宝典（2020 年）》，中国政法大学出版社 2020 年版。特此说明，谨致谢意。

第一章　身份行为及身份法请求权

对于高年级的法科生，有必要整理法定请求权清单。无论应试或应对实践问题，对请求权基础的整体把握均具有决定性意义。掌握了民法典中最重要的请求权基础，并且懂得以此作为学习制定法规范的“导航”，将规范分类整理，填充入各个重要的请求权基础，可以说才算“进入”了民法典思维，并为进一步学习其他请求权基础打下坚实根基。①

——莱嫩

第一编仅是思路性提及十大类请求权基础，并未具体展开相关内容，在本编作个概览性、体系性的介绍，希望能为请求权基础方法的实务应用起到些许参考作用。作者也希望能随着理论和实务知识的增长，将本编内容继续扩充完善。特别私法的相关内容本编未涉及，余下按照十大类请求权基础的顺序进行介绍。

用哲学术语来讲，人作为生命个体，生命和人格的产生是不自由的，仿佛被抛入时光之流中。人无往而不在身份之中。近代以来，身份权的效力和内容发生了极大的变化：“平等观念彻底改变了民法的面貌。身份权一改以前对人身支配的面貌，变成了仅仅是对身份利益的支配。可以单凭一己意志决定妻子（妾）、子女等他人生命、健康、财产多寡的时代已经一去不复返了……在这一过程中，身份权的客体不再是活生生的自然人，而是演变成了身份利益。这样，身份权的主体开始具有对偶性，身份权在权利主体与相对人之间的天平开始从绝对的支配性向相对的请求性转变，身份权的性质变得复杂化，即身份权不再像物权一样是一种纯粹的绝对权。身份权已经演变成为具有相对性的绝对权。”②

身份权在对内效力上，主要对这种身份关系的维系提供向心力，和一般的请求权—义务模式有所区别。比如，生育权，一方有生育的自由，另一方有不生育的自由，为此发生争议的时候，还是需要夫妻双方协商解决，“夫以妻擅自中止

---

① ［德］Detlef Leenen：《请求权结构与制定法：案例分析法与制定法的互动》，贺栩栩译，载《法律方法》2016 年第 1 期。

② 杨立新、袁雪石：《论身份权请求权》，载《法律科学》2006 年第 2 期。

妊娠侵犯其生育权为由请求损害赔偿的，人民法院不予支持”。(《婚姻家庭编解释一》第二十三条)。配偶权项下的同居义务、忠实义务则更多地体现为不作为义务，即一方不能造成分居，不能婚内出轨等，出现相关行为则可能成为离婚损害赔偿的原因，至于有多少可以要求积极履行的内容，有待理论和案例的发展。

在身份权的对外效力上，可以参照适用人格权编的相应内容。在具体应用中，身份权的对世性具有怎样的对外效力，仍待理论和实务的廓清。一方和第三人通奸，另一方能否起诉第三人侵害配偶权要求损害赔偿，仍不甚明晰。父母依法排除他人对其未成年子女的侵害，则存在未成年人人格权请求权和父母身份权请求权的竞合。

鉴于身份权的复杂性，我们主要关注与此相关的财产内容的请求权。第一节关注婚姻家庭编的请求权，第二节关注继承编的请求权，第三节关注身份权的对外效力，也即身份权保护请求权。

第一节　婚姻家庭编

一、婚姻

(一)彩礼返还请求权

当事人请求返还按照习俗给付的彩礼的，如果查明属于以下情形，人民法院应当予以支持：(1)双方未办理结婚登记手续；(2)双方办理结婚登记手续但确未共同生活；(3)婚前给付并导致给付人生活困难。适用前款第二项、第三项的规定，应当以双方离婚为条件。(《婚姻家庭编解释一》第五条)

(二)夫妻之间的扶养费请求权

夫妻有相互扶养的义务。需要扶养的一方，在另一方不履行扶养义务时，有要求其给付扶养费的权利。(第一千零五十九条)

构成要件有三项：具有合法有效的夫妻关系，一方需要扶养，另一方不履行扶养义务。

抗辩规范：婚姻无效、婚姻已撤销。

再抗辩规范：当事人依据民法典第一千零五十一条规定向人民法院请求确认

婚姻无效，法定的无效婚姻情形在提起诉讼时已经消失的，人民法院不予支持。（《婚姻家庭编解释一》第十条）

（三）无效、被撤销婚姻的损害赔偿请求权

婚姻无效或者被撤销的，无过错方有权请求损害赔偿。（第一千零五十四条第二款）

无效婚姻：（1）重婚；（2）有禁止结婚的亲属关系；（3）未到法定婚龄。（第一千零五十一条）

可撤销婚姻：（1）因胁迫结婚的；（2）一方患有重大疾病，在结婚登记前不如实告知另一方的。（第一千零五十二条、第一千零五十三条）

（四）离婚形成诉权

离婚是一种形成权，属于形成诉权，其行使同样需要具备相应的要件。

形成权发生要件：存在合法有效的婚姻、感情确已破裂。

有下列情形之一，调解无效的，应当准予离婚：（1）重婚或者与他人同居；（2）实施家庭暴力或者虐待、遗弃家庭成员；（3）有赌博、吸毒等恶习屡教不改；（4）因感情不和分居满二年；（5）其他导致夫妻感情破裂的情形。一方被宣告失踪，另一方提起离婚诉讼的，应当准予离婚。经人民法院判决不准离婚后，双方又分居满一年，一方再次提起离婚诉讼的，应当准予离婚。（第一千零七十九条）

变动权障碍要件：（1）无效、可撤销婚姻。（2）现役军人的配偶要求离婚，应当征得军人同意。现役军人的配偶可以进行再抗辩：军人一方有重大过错。（第一千零八十一条）（3）女方在怀孕期间、分娩后一年内或者终止妊娠后六个月内，男方不得提出离婚。（第一千零八十二条）

（五）离婚时无过错方损害赔偿请求权

权利发生要件：具有法定的严重过错行为：（1）重婚；（2）与他人同居；（3）实施家庭暴力；（4）虐待、遗弃家庭成员；（5）有其他重大过错。（第一千零九十一条）

权利障碍要件：请求方具有过错。

（六）分割夫妻共同财产

夫妻一方隐藏、转移、变卖、毁损、挥霍夫妻共同财产，或者伪造夫妻共同债务企图侵占另一方财产的，在离婚分割夫妻共同财产时，对该方可以少分或者不分。离婚后，另一方发现有上述行为的，可以向人民法院提起诉讼，请求再次

分割夫妻共同财产。(第一千零九十二条)

（七）离婚补偿请求权

夫妻一方因抚育子女、照料老年人、协助另一方工作等负担较多义务的，离婚时有权向另一方请求补偿，另一方应当给予补偿。具体办法由双方协议；协议不成的，由人民法院判决。(第一千零八十八条)

（八）经济帮助请求权

离婚时，如果一方生活困难，有负担能力的另一方应当给予适当帮助。具体办法由双方协议；协议不成的，由人民法院判决。(第一千零九十条)

二、家庭

（一）抚养费、赡养费请求权

父母不履行抚养义务的，未成年子女或者不能独立生活的成年子女，有要求父母给付抚养费的权利。

成年子女不履行赡养义务的，缺乏劳动能力或者生活困难的父母，有要求成年子女给付赡养费的权利。(第一千零六十七条)

有负担能力的祖父母、外祖父母，对于父母已经死亡或者父母无力抚养的未成年孙子女、外孙子女，有抚养的义务。有负担能力的孙子女、外孙子女，对于子女已经死亡或者子女无力赡养的祖父母、外祖父母，有赡养的义务。(第一千零七十四条)

（二）扶养请求权

有负担能力的兄、姐，对于父母已经死亡或者父母无力抚养的未成年弟、妹，有扶养的义务。由兄、姐扶养长大的有负担能力的弟、妹，对于缺乏劳动能力又缺乏生活来源的兄、姐，有扶养的义务。(第一千零七十五条)

三、收养

收养关系解除后，经养父母抚养的成年养子女，对缺乏劳动能力又缺乏生活来源的养父母，应当给付生活费。因养子女成年后虐待、遗弃养父母而解除收养关系的，养父母可以要求养子女补偿收养期间支出的抚养费。

生父母要求解除收养关系的，养父母可以要求生父母适当补偿收养期间支出的抚养费；但是，因养父母虐待、遗弃养子女而解除收养关系的除外。(第一千一百一十八条)

第二节　继承编

一、遗赠扶养协议

被继承人生前与他人订有遗赠扶养协议，同时又立有遗嘱的，继承开始后，如果遗赠扶养协议与遗嘱没有抵触，遗产分别按协议和遗嘱处理；如果有抵触，按协议处理，与协议抵触的遗嘱全部或者部分无效。(《继承编解释一》第三条)

二、继承恢复请求权

国家保护自然人的继承权。(第一千一百二十条)

继承人根据继承恢复请求权可以要求法院确认自己依法享有继承权，并可以请求返还其依法应得的遗产。“由于我国继承法对于遗产权属的变动始终采取当然继承主义，继承人基于继承权取得遗产所有权，只需经过‘逻辑上的一秒钟’，因此在现实生活中，遗产所有权人与占有人发生分离的情况并不鲜见。如果此时占有人构成非法占有，那么继承人就有必要通过行使继承回复请求权，在确认自己继承人资格的同时请求返还被他人无权占有的遗产。”继承恢复请求权的构成要件为：对标的依法享有继承权，无继承权人事实上已经占有或处分遗产，无继承权人对于遗产的占有构成无权占有，无继承权人否认继承人对遗产享有继承权或者以继承人的名义主张对遗产享有财产权①。

遗嘱继承和法定继承中关于继承权取得的规定可能构成请求权基础的辅助规范。关于丧失或放弃继承权的情形属于障碍规范，租赁、质权等占有的本权可能成为占有的正当理由，由反对方证明。

《民法典》将遗嘱算作不触及他人权利范围的法律行为。虽然遗嘱常常改变法定的继承顺序，但在被继承人死亡（继承开始）之前，法定的继承顺序并未成立法定继承人的权利，而只是成立了一种在法律上不受保护的期待，所以也不构成继承人的期待权。

① 陈甦、谢鸿飞：《民法典评注（继承编）》，中国法制出版社2020年版，第8~9页。

三、必留份请求权

遗嘱应当为缺乏劳动能力又没有生活来源的继承人保留必要的遗产份额。(第一千一百四十一条）遗嘱人未保留缺乏劳动能力又没有生活来源的继承人的遗产份额，遗产处理时，应当为该继承人留下必要的遗产，所剩余的部分，才可参照遗嘱确定的分配原则处理。(《继承编解释一》第二十五条)

指导案例50号，李某、郭某阳诉郭某和、童某某继承纠纷案裁判要点：1. 夫妻关系存续期间，双方一致同意利用他人的精子进行人工授精并使女方受孕后，男方反悔，而女方坚持生出该子女的，不论该子女是否在夫妻关系存续期间出生，都应视为夫妻双方的婚生子女。2. 如果夫妻一方所订立的遗嘱中没有为胎儿保留遗产份额，因违反《继承法》第十九条规定，该部分遗嘱内容无效。分割遗产时，应当依照《继承法》第二十八条规定，为胎儿保留继承份额。

四、酌分遗产请求权

对继承人以外的依靠被继承人扶养的人，或者继承人以外的对被继承人扶养较多的人，可以分给适当的遗产。(第一千一百三十一条）依照《民法典》第一千一百三十一条规定可以分给适当遗产的人，在其依法取得被继承人遗产的权利受到侵犯时，本人有权以独立的诉讼主体资格向人民法院提起诉讼。(《继承编解释一》第二十一条)

五、遗产管理人责任

遗产管理人应当依法履行职责，因故意或者重大过失造成继承人、受遗赠人、债权人损害的，应当承担民事责任。(第一千一百四十八条)

构成要件包括：遗产管理人在客观上实施了不当的遗产管理行为；遗产管理人在主观上有故意或者重大过失；遗产管理人的行为给继承人、受遗赠人、债权人造成了损害，需要承担赔偿损失等责任。

六、遗产管理人的报酬请求权

遗产管理人可以依照法律规定或者按照约定获得报酬。(第一千一百四十九条)

七、履行请求权

遗嘱继承或者遗赠附有义务的，继承人或者受遗赠人应当履行义务。没有正当理由不履行义务的，经利害关系人或者有关组织请求，人民法院可以取消其接受附义务部分遗产的权利。（第一千一百四十四条）由提出请求的继承人或者受益人负责按遗嘱人的意愿履行义务，接受遗产。（《继承编解释一》第二十九条）

第三节　身份权保护请求权

对自然人因婚姻家庭关系等产生的身份权利的保护，适用《民法典》总则编、婚姻家庭编和其他法律的相关规定；没有规定的，可以根据其性质参照适用人格权保护的有关规定。（第一千零一条）

一、身份权请求权

参照《民法典》第九百九十五条规定，身份权受到侵害的，受害人有权依照《民法典》和其他法律的规定请求行为人承担民事责任。受害人的停止侵害、排除妨碍、消除危险、消除影响、恢复名誉、赔礼道歉请求权，不适用诉讼时效的规定。

二、侵权责任

实践中常有侵害监护权、配偶权的情形。身份权作为绝对权，受到侵害的，也可以依据侵权责任相关规定请求损害赔偿。

非法使被监护人脱离监护，导致亲子关系或者近亲属间的亲属关系遭受严重损害，监护人向人民法院起诉请求赔偿精神损害的，人民法院应当依法予以受理。（《精神损害赔偿解释》第二条）

三、禁止令

参照《民法典》第九百九十七条规定，民事主体有证据证明行为人正在实施或者即将实施侵害其身份权的行为，不及时制止将使其合法权益受到难以弥补的损害的，有权依法向人民法院申请采取责令行为人停止有关行为的措施。

第二章　合同请求权

第一节　合同请求权概说

在合同领域，合同本身和规范都可以作为请求权基础。《民法典》第五百零九条规定，当事人应当按照约定全面履行自己的义务。以合同有效为前提，合同一方当事人有权请求对方履行合同的主给付义务。在双务合同中，双方当事人各有其给付请求权。在单务合同中，仅一方有给付请求权。

除非法律规定对合同的效力不予认可，否则，双方缔结的合同对于双方具有约束力，可以作为双方权利义务的裁判依据。但合同贯彻意思自治原则，由当事人自主决定合同内容，难以统一描述，这里主要介绍法律规范的法律适用。

一、合同请求权

合同请求权有原生请求权和派生请求权之别。原生请求权主要规定在《民法典》典型合同分编各章，因其特定义务而有别。派生请求权，比如违约责任却规定在合同编总则部分，因为所有合同都可能违约，属于合同法的“公因式”，更适合规定在合同编通则部分。

（一）合同履行请求权

指以合同有效为前提，请求对方履行合同承诺的主给付义务的权利。以日常生活中常见的买卖合同为例，合同有效的情况下，合同履行请求权为：买受人可以请求出卖人交付标的物或者交付提取标的物的单证，并转移标的物所有权。（第五百九十八条）出卖人可以请求买受人按照约定的数额支付价款。（第六百二十六条）

（二）次合同请求权

指在合同生效之后，发生了给付障碍或合同解除而产生的补救的请求权。比如，交付的标的物不符合质量要求，买受人可以请求对方承担修理、更换、重作、退货、减少价款或者报酬等违约责任。

合同履行请求权应该优先于次合同请求权进行考察，这是因为合同履行请求权更容易实现合同目的。在当事人不履行合同义务的时候，一般首先想到的可能是违约责任，这种处理是不合适的，应首先考察合同的原请求权。原请求权具有执行力，且更容易实现合同目的。

二、合同的整体考察步骤

按照时间轴的顺序来看，考察合同需要经过如下步骤：

1. 适用范围。

合同是民事主体之间设立、变更、终止民事法律关系的协议。婚姻、收养、监护等有关身份关系的协议，适用有关该身份关系的法律规定；没有规定的，可以根据其性质参照适用《民法典》合同编规定。（第四百六十四条）一般以下法律关系不适用合同的有关规定：合同域外的约定；婚姻、收养、监护等有关身份关系的协议；属于其他部门法调整的，如行政合同。

还应考察当事人是否有受约束的法律效果意思，属于合同还是好意施惠关系。

2. 要约的作出和生效。

（1）是否构成要约，构成要约还是要约邀请。

（2）要约是否符合意思表示的要求，主观上的行为意思、表示意思、效果意思，客观上的表示行为。

（3）要约是有相对人的意思表示，需要经过作成和作出，要逐一考察。

（4）要约是否生效，了解或到达。

3. 承诺的作出和生效。

（1）承诺的方式。

（2）承诺的期限。

（3）内容。

（4）承诺是否作出。

（5）承诺是否生效。

4. 要约承诺一致与意思表示解释。

（1）常素与偶素。

（2）意思表示的解释方法。

5. 特殊成立条件。

(1) 要式行为。

履行补正形式瑕疵。

(2) 要物行为。

6. 生效条件。

生效手续、附条件、附期限。

7. 效力障碍。

无效、可撤销、效力待定的情形。

8. 权利消灭。

解除、履行、提存、抵销、混同、免除。

9. 变更。

主体变更（债权让与、合同转让）、内容变更、作用变更。

10. 权利阻止。

同时履行抗辩权、顺序履行抗辩权、不安抗辩权、诉讼时效的抗辩、留置权抗辩。

11. 免责。

不可抗力、合同约定的免责事由。

三、合同纠纷的证明责任分配。

一般来讲，主张合同请求权的一方需要证明合同的存在，合同的成立障碍、效力障碍及合同请求权的消灭、阻止等情形由反对合同请求权的一方来承担证明责任。

从举证责任分配来讲，主张合同请求权的原告一般应当举证证明：(1) 当事人双方之间存在有效合同；(2) 对方当事人有不履行合同义务或履行合同义务不符合约定的事实。但主张对方当事人不履行的义务为积极义务的除外；(3) 具体违约的责任承担方式所要求的事实。

被告否认违约的，对合同未成立、未生效、无效、可撤销、解除、效力待定、抗辩权、减免责事由等承担证明责任。

案例：在北京的一次纺织品展览会上，上海 A 公司与深圳 B 公司口头约定由 A 公司向 B 司订购十件纺织机械零配件。后来货物运到上海后，A 公司拒绝支付货款。A 公司声称，双方曾经约定要签订一个书面合同，但事实上并没有签订。B公司则否认双方之间曾经有此约定。①

对此，本案中A公司是否能够提供充分的证据证明当事人之间存在这种约定对于本案的裁判至关紧要。如果不能提供，对这项争议将会根据证明责任规则作出裁决：负有证明责任而未能提供充分证据的一方败诉。在合同纠纷案件中，主张合同关系成立并生效的一方当事人对合同订立和生效的事实承担证明责任。按照字面意思来理解，B公司要主张合同已经成立并生效，就需要证明双方之间不存在关于书面合同的约定。但由于该事实是一个否定性事实，无法进行证明。本着合同形式自由的原则，以及肯定事实主张者承担证明责任的原则，本案应由主张签订书面合同的A公司承担证明责任，如果无法证明该约定存在，则合同有效。

第二节 合同的成立

一般来讲，合同成立的方式主要有以下三种：第一种是经当事人个别磋商，讨价还价，通过要约、承诺的方式订立。第二种是通过接受对方为了重复使用而提供的格式合同。第三种是使用第三方提供的合同样本。②

接下来我们简单介绍一下后两种方式，后面着重介绍个别磋商的典型情形。

一、格式合同

（一）格式条款

格式条款是当事人为了重复使用而预先拟定，并在订立合同时未与对方协商的条款。为了保障格式合同相对方的利益，《民法典》对格式合同规定了相应的规制措施。

1. 对条款订立方式的控制。

采用格式条款订立合同的，提供格式条款的一方应当遵循公平原则确定当事人之间的权利和义务，并采取合理的方式提示对方注意免除或者减轻其责任等与对方有重大利害关系的条款，按照对方的要求，对该条款予以说明。提供格式条

① 国家法官学院、德国国际合作机构：《法律适用方法：合同法案例分析方法（第2版）》，中国法制出版社2015年版，第75页。

② 欧阳苏苏、陈世昌：《请求权基础理论体系》，法律出版社2015年版，第16页。

款的一方未履行提示或者说明义务，致使对方没有注意或者理解与其有重大利害关系的条款的，对方可以主张该条款不成为合同的内容。（第四百九十六条）提供格式条款一方对已尽合理提示及说明义务承担举证责任。

指导案例64号，刘超捷诉中国移动通信集团江苏有限公司徐州分公司电信服务合同纠纷案裁判要点：1. 经营者在格式合同中未明确规定对某项商品或服务的限制条件，且未能证明在订立合同时已将该限制条件明确告知消费者并获得消费者同意的，该限制条件对消费者不产生效力。2. 电信服务企业在订立合同时未向消费者告知某项服务设定了有效期限限制，在合同履行中又以该项服务超过有效期限为由限制或停止对消费者服务的，构成违约，应当承担违约责任。

2. 对条款内容的控制。

根据《民法典》第四百九十七条规定，有下列情形之一的，该格式条款无效：

（1）具有本法第一编第六章第三节和本法第五百零六条规定的无效情形，主要包括：无民事行为能力人实施的、限制民事行为能力人不能自己实施的民事法律行为无效。（第一百四十四条、第一百四十五条）行为人与相对人以虚假的意思表示实施的民事法律行为无效。（第一百四十六条）违反法律、行政法规的强制性规定的民事法律行为无效。但是，该强制性规定不导致该民事法律行为无效的除外。违背公序良俗的民事法律行为无效。（第一百五十三条）行为人与相对人恶意串通，损害他人合法权益的民事法律行为无效。（第一百五十四条）合同中的下列免责条款无效：①造成对方人身损害的；②因故意或者重大过失造成对方财产损失的。（第五百零六条）

（2）提供格式条款的一方不合理地免除或者减轻其责任、加重对方责任，限制对方主要权利。

（3）提供格式条款的一方排除对方主要权利。

3. 对格式条款解释的控制。

对格式条款的理解发生争议的，应当按照通常理解予以解释。对格式条款有两种以上解释的，应当作出不利于提供格式条款一方的解释。格式条款和非格式条款不一致的，应当采用非格式条款。（第四百九十八条）一般来讲，手写的优于电脑打印和印刷的，电脑打印的又优先于印刷的。

（二）示范合同

示范合同有别于格式条款。示范合同是由有关部门或行业协会为交易双方提供的合同范本，并不影响双方的具体磋商。

严格来讲，使用示范合同或者接受第三方的草案，类似于合同的解释、漏洞填补，并非独立的缔约方式，因为当事人双方需对当事人、标的、数量等要素达成一致，不一致则合同不成立。对于其他条款当然可以采用示范合同或者第三方的草案。

二、通过要约承诺订立合同

由于要约承诺是通常的订立合同的方式，接下来我们主要介绍要约承诺方式。当事人通过要约和承诺订立个别的合同是合同的典型情形。

（一）要约

要约是一项意思表示，是希望与他人订立合同的意思表示，该意思表示应当符合下列条件：（1）内容具体确定；（2）表明经受要约人承诺，要约人即受该意思表示约束。（第四百七十二条）

要约应当和要约邀请进行区分，区分的意义在于发生争议时需要判断合同是否成立并生效，成立生效的话可能承担违约责任，合同未成立只能考虑缔约过失责任。要约邀请是希望他人向自己发出要约的表示。拍卖公告、招标公告、招股说明书、债券募集办法、基金招募说明书、商业广告和宣传、寄送的价目表等为要约邀请。商业广告和宣传的内容符合要约条件的，构成要约。（第四百七十三条）

对于要约，应当适用意思表示的一般规则。以对话方式作出的意思表示，相对人知道其内容时生效。以非对话方式作出的意思表示，到达相对人时生效。以非对话方式作出的采用数据电文形式的意思表示，相对人指定特定系统接收数据电文的，该数据电文进入该特定系统时生效；未指定特定系统的，相对人知道或者应当知道该数据电文进入其系统时生效。当事人对采用数据电文形式的意思表示的生效时间另有约定的，按照其约定。（第一百三十七条）

要约可以撤回。撤回意思表示的通知在要约到达受要约人之前或者与要约同时到达，要约可以撤回。（第四百七十五条、第一百四十一条）

要约可以撤销，但是有下列情形之一的除外：（1）要约人以确定承诺期限或者其他形式明示要约不可撤销。（2）受要约人有理由认为要约是不可撤销的，并已经为履行合同做了合理准备工作。（第四百七十六条）（3）撤销要约的意思表示以对话方式作出的，该意思表示的内容应当在受要约人作出承诺之前为受要约人所知道；撤销要约的意思表示以非对话方式作出的，应当在受要约人作出承诺之前到达受要约人。（第四百七十七条）

要约会失效。有下列情形之一的，要约失效：（1）要约被拒绝；（2）要约被依法撤销；（3）承诺期限届满，受要约人未作出承诺；（4）受要约人对要约的内容作出实质性变更。（第四百七十八条）

上述描述是结构化的，在具体的案件争议中，当合同成立的争点集中在要约时，就会产生证明责任的划分，主张要约作出并生效的一方证明其相应事实，反对方则可以证明要约撤回、撤销、失效来达到主张合同不成立的目的。

（二）承诺

承诺是受要约人同意要约的意思表示。（第四百七十九条）

承诺需要以适当的方式作出。承诺应当以通知的方式作出，但根据交易习惯或者要约表明可以通过行为作出承诺的除外。（第四百八十条）

承诺应当适时地作出。如果要约人确定了承诺期限，那么承诺应当在要约确定的期限内到达要约人。要约没有确定承诺期限的，承诺应当依照下列规定到达：

（1）要约以对话方式作出的，应当即时作出承诺；（2）要约以非对话方式作出的，承诺应当在合理期限内到达。（第四百八十一条）如果受要约人超过承诺期限发出承诺，或者在承诺期限内发出承诺，按照通常情形不能及时到达要约人的，为新要约。但是，要约人及时通知受要约人该承诺有效的除外。（第四百八十六条）如果受要约人在承诺期限内发出承诺，按照通常情形能够及时到达要约人，但是因其他原因致使承诺到达要约人时超过承诺期限的，该承诺原则上有效。如果要约人不接受该承诺，那么就需要及时通知受要约人因承诺超过期限不接受该承诺。（第四百八十七条）立法者对期外发出的承诺、期内发出但通常不能及时到达的承诺、期内发出但通常能够及时到达的承诺作出了区别对待，前两者原则上视为新要约，主张承诺生效的一方需要证明要约人及时通知该承诺有效；后者原则上生效，主张承诺不生效的一方需要证明要约人及时通知受要约人因承诺超过期限不接受该承诺，原则和例外的不同，带来证明责任的不同。

和要约不同的是，承诺可以撤回，但是不可以撤销，这是因为承诺一旦生效合同就成立了，就是合同撤销或解除的问题了。撤回承诺的通知应当在承诺通知到达要约人之前或者与承诺通知同时到达要约人。

承诺的内容应该和要约的内容一致，这种情形下，才是达成了合意。对于一致性的判断，《民法典》采用了实质性变更的标准，有关合同标的、数量、质量、价款或者报酬、履行期限、履行地点和方式、违约责任和解决争议方法等的变更，是对要约内容的实质性变更，为新的要约。（第四百八十八条）承诺对要约的内容作出非实质性变更的，该承诺有效，合同的内容以承诺的内容为准，除非要约表明承诺不得对要约的内容作出任何变更或者要约人及时表示反对。（第四百八十九条）

（三）合同的偶素和常素

要约和承诺在什么内容上达成一致，这往往是需要进行解释的，不能仅凭一方决定。现在的通说是表示主义的解释方法，即并不是要确定行为人的内心真意，更多的是确定其表达在理性相对人看来所应具有的意义。有相对人的意思表示的解释，应当按照所使用的词句，结合相关条款、行为的性质和目的、习惯以及诚信原则，确定意思表示的含义。（第一百四十二条）

对于要约和承诺的解释，应根据合同的综合情况，看这种情形下，依照诚实信用和一般社会观念应对该行为进行何种理解。如果这种理解和表意方的理解偏差较大，可以重大误解进行撤销，但需要对对方的信赖利益予以保护。这就是所谓的“解释先行于错误”。这样操作的意义在于，虽然合同贯彻意思自治，但也需要遵守一定的规则和约束，否则，合同自由就会成为任意和任性的代名词，显然这对社会的交易是不可行的。

有的学者对合同内容进行了分类，分为要素、常素和偶素。要素是合同必备的内容，否则合同不成立；常素是当事人没有约定，但是可以通过合同法任意性规定进行填补的要素；偶素是当事人在法律行为中特别约定的条款。如果一方想将某一内容订入合同，主张合同成立的一方必须对双方在实质性内容上达成一致进行证明。如果双方只是对要素进行了磋商，可以认为合同成立，其他内容可以用任意性条款进行填补。如果对要素仍未达成一致，只能按照合同未成立来处理。

（四）合同成立的证明责任

合同的成立是行使合同请求权的前提。在诉讼实务中，主张合同请求权的一方只要举出双方间具体合同载体（书面、口头或电子媒介）的证明，即可初步证明合同成立并有效。“每一个法律行为均包含一个或数个意思表示。意思表示所要求的无非是一个可推断出一定的行为意志的行为。因此，其诉讼请求以自己或对方当事人的法律行为的意思表示为前提条件的当事人，必须证明产生此等行为的情事。此等情事要么表现为令人信赖地再现意思表示的语言，要么表现为根据解释规则可以得出一定的行为意志的推论；如果对方当事人主张，存在妨碍得出此等推论的其他情事，原则上由对方当事人承担证明责任。相反，意思的存在及它与当事人的表示的一致性并不是法律行为的前提条件。”①

主张合同不成立的一方则需要证明以下情形：要约已经撤回、要约被撤销、承诺被撤回、要约人通知承诺超过期限不接受等。

案例：甲在乙的4S店购买汽车一辆，购车时，乙以车辆维修优惠券作为优惠条件，给予甲2万元优惠券，每满1000元可用券折抵消费额500元。两年后，甲在4S店维修，乙拒绝接受使用优惠券。因此产生争议。甲要求乙继续按照原条件履行，乙答辩称：（1）该券为丙员工为了个人冲业绩违反公司规定发放，丙于半年前已经离职。（2）另外，该券应该在两年之内使用，两年之后不能使用。

该案需要综合认定该优惠券的法律性质来进行分析。该优惠券应该理解为汽车销售合同整体内容的一部分，给予一定额度的价格优惠，只是根据汽车维修需要分步执行，优惠券只是价格约定的书面凭证。价格优惠既然约定为合同的一部分，就需要按约履行。单方取消优惠属于违约行为。如果允许今天以较高优惠达成协议，明天将优惠取消，对消费者显然不公平。综合考量汽车的全生命周期和该优惠券载明的价格条件，在没有有效期限制的情况下，可以理解为在抵用额度范围内有效，用完为止。如果乙主张有期限限制，应该由乙证明，但优惠券本身并没有载明期限限制，合同也没有约定，也没有其他证据证明。另外，乙主张丙违反公司管理制度，属于无权代理，但由于丙为该公司员工，对于甲来说，没有了解该公司内部管理规定的必要，该优惠券为乙制作，并由该公司员工发放给甲，即使丙超越代理权也属于表见代理，合同理应有效，继续履行。丙离职属于无实质性的事实。

三、合同的类型与法律适用

（一）合同的类型判断与法律意义

典型合同，也称有名合同，是指法律设有规范，并赋予一定名称的合同。非典型合同，也称无名合同，是指法律尚未特别规定，也没有赋予一定名称的合同。对于典型合同，法律进行特别规定，设立强制性规定来规范和矫正失衡的利益，设立任意性规定对当事人进行引导和补充。②

合同请求权基于一定契约而发生，首先应认定合同的类型，究竟是典型合

① ［德］莱奥·罗森贝克：《证明责任论》，庄敬华译，中国法制出版社2018年版，第303页。

② 韩世远：《合同法总论》，法律出版社2018年第4版，第70~72页。

同、无名合同还是混合合同，这具有双重意义：第一，法律针对不同的合同类型会有不同的规制，合同的成立、效力、强制性规定的适用均与合同的类型相关。第二，任意性条款的适用取决于合同类型。

在实际运用中，合同的类型判断和法律适用应该同时进行，对向交流，根据当事人约定的权利义务去匹配相应的合同，再根据有关该类合同的规定和判断规则进行更详细的审查。比如，甲和乙约定，甲将自己旧手机的所有权移转给乙，但是通篇没有约定乙是否需要支付对价。甲没有在约定期限内履行该约定，在考察乙是否可以起诉要求甲履行的时候，就需要明确这个约定的性质，是好意施惠行为还是构成合同？是构成买卖合同还是赠与合同？买卖合同能够诉请履行，如果属于赠与合同，赠与人在赠与财产的权利转移之前可以撤销赠与。（第六百五十八条）

（二）非典型合同、混合合同的法律适用①

对于非典型合同的法律适用，《民法典》第四百六十七条第一款规定："本法或者其他法律没有明文规定的合同，适用本编通则的规定，并可以参照适用本编或者其他法律最相类似合同的规定。"非典型合同的具体类型不同，法律适用规则也不相同。

纯粹的非典型合同，指以法律全无规定的事项为其内容的合同。这种合同与现行法律规定的典型合同均不相当，其权利义务应当根据合同的约定、诚实信用原则并斟酌交易惯例加以决定。

合同联立，即数个典型的合同具有相互结合的关系。一种是单纯外观的结合，数个独立的合同，仅因缔结合同的行为而结合，相互之间没有依存关系。比如，甲将车交给乙修理，并向乙租车代步。关于修车适用承揽的规定，关于租车，适用租赁的规定，彼此之间没有牵连。另一种是数个合同的结合具有一定的依存关系，依照当事人的意思，一个合同的效力或存在依存于另一个合同的效力或存在。比如，甲经营养鸡场，乙向甲借款开设炸鸡店，与甲约定乙所需的鸡均应向甲购买，此时，甲乙的借款合同与买卖合同具有依存关系，其中一个合同不成立、无效、撤销或解除时，另一个合同亦应当同其命运。

混合合同，即数个典型（非典型）合同的部分而构成的合同，在性质上属于一个合同。又有四中类型：

1. 典型合同附有其他种类的从给付义务。比如，甲向乙购买煤气（买卖合

① 韩世远：《合同法总论》，法律出版社2018年版，第73~75页。

同)，约定使用后返还煤气罐（使用借贷的构成部分）。对此，应采用吸收说，适用主要部分的合同规范，非主要部分被主要部分吸收。

2. 类型结合合同，即一方当事人所负的数个给付义务属于不同的合同类型，彼此间居于等值的地位，而对方当事人仅负单一的对待给付或者不负任何对待给付义务的合同。例如，甲在大学城经营宿舍，负责提供住宿，并每天供应早点，乙每月支付费用若干。此时，分别属于租赁、买卖合同的构成部分，应采用结合说，分解各构成部分，分别适用各部分的有名合同规范。如果乙搬出宿舍，则需要终止整个合同。如果只是某一天的早点存在瑕疵和问题，则适用买卖合同的规定。

3. 双种典型合同，又称混血儿合同，指双方当事人互负的给付义务分别属于不同的合同类型。此时，原则上采用结合说，分别适用各部分的有名合同规范。

4. 类型融合合同，即一个合同中所含构成部分同时属于不同的合同类型的合同。如，甲以半赠与的意思将价值2000元的物品以1000元出售给乙，甲的给付同时属于赠与和买卖，原则上适用两种典型合同的相关规范，关于物的瑕疵按照买卖的规定处理，关于乙的不当行为，依赠与的规定处理。

四、合同的内容

合同成立后一方主张对其内容变更的，当然由主张变更的一方承担证明责任。这并不构成证明责任划分上的困难，大家对曾经试图订立一个合同并不存在争议，而是对订立了什么样的合同存在争议，原告主张了一个合同，而被告作出了一个与此不同的陈述，在此需要区分的是，影响合同成立的不一致和不影响合同成立的不一致。如果只要有不同意见就认为合同因为不一致而不成立，那么走到法庭的合同纠纷很多都会是合同未成立的缔约过失责任。这样交易安全就得不到保障。同样，也不能认为合同好像只有在法庭的主持下才最终成立，那样很多任意性规定也就没有了用武之地。

只要合同的必要条款已经具备，并且从当时的磋商情况中不能得出合同存在不一致的情形，尤其是一方想要订立合同而另一方有实质性不一致的，那么一般应认为合同已经成立，以保障交易安全。

在争议情况下，原告首先要对由其所主张的关于合同的实质内容的约定加以证明，尤其是必要条款。如在双务合同情况下，就是对给付和对待给付，即标的物和价款（第五百九十五条）、租赁物和租金（第七百零三条）、工作成果和报酬（第七百七十条）等加以证明。如果原告主张根据租赁、保管等返还财物，而被告主张是赠与、代物清偿、买卖等，则原告必须对租赁和保管承担证明责任。因为正如前面所分析的，原、被告双方一致的陈述是，有一个财物从原告那里流向被告，但流向的原因有很多种，既有原告陈述的可能，也有被告陈述的可能，原告作为攻击者，首先要证明自己的理由。让我们想象一个生活场景，大部分人买了东西可能会将购物发票之类的扔掉，如果出卖人为此主张租赁或保管要求返还，法官不让原告承担证明责任，而是让被告承担购买的证明责任的话，会产生什么后果？民间借贷中也存在这样的问题，比如，甲曾经给乙微信转账2000元，后来甲要求返还。在现实生活中，甲给乙转账可以基于很多原因，比如返还欠款、支付货款、帮忙将现金兑换微信支付等，如果甲主张返还借款，需要主张借贷合意的要件事实。因为甲主张借款，乙抗辩赠与，只是让法官能确信有过这笔资金流动，再加上其他的事实，可能更容易形成借款的心证，而不是首先由乙证明赠与，如果不能证明，则判乙还款。同样，如果甲主张乙不当得利，按照给付型不当得利的构成要件，甲必须证明给付目的不存在、给付目的不达等要件事实。

当我们谈论证明责任的分配，我们用的是法学概念的方式，这是从客观的证明责任角度讲的，但不是说在具体的个案中也适用法学概念的方式进行攻防，而是必须主张和证明相对应的事实。为此，罗森贝克有经典表述：“如果说这里——如同在大多数所列举的裁判中那样——相互对立的当事人主张采用法学概念的表达方式，那只是为了简便而已，这绝不是说，当事人事实上是以如此抽象的概念提出其主张和为举证行为的，或者是应该这么做的。当事人应当向法院提供事实；至于此等事实的法律评价问题，那纯粹是法官的事情。因此，法官不是根据当事人选择的名称，而是根据实际上双方当事人达成的约定，根据双方的权利和义务，来决定一个合同的法律特征的。如果当事人对他们之间存在的合同关系的法律特征发生争议，法官不得以提出法律概念主张加以敷衍，并作出证据调查的决定。相反，法官应当首先借助于其发问权，坚持以尽可能少的抽象的语言来表达协商和约定的内容。在此等情况下常常会出现这样的结果，即当事人之间根本就不存在对事实的争议，而只是‘对事实的理解’存在争议。在此等情况下不得适用证明责任规则。但是，如果当事人关于他们的协商和约定的内容的陈述，在对法官认定合同的法律特征具有重要意义的那些条款上大相径庭，则原告应当承担证明责任。这就是说，如果他不能使自己的主张有说服力，不能对被告的主张给予反驳，其诉讼将会被驳回。”①

如果双方对合同的性质没有争议，而只是对原告主张给付的范围、内容、标的物的种类、质量有争议，那么，原告对其请求的具体内容承担证明责任。

如果对原告主张的合同关系的本质没有争议，被告只是对原告主张给付的范围和种类有争议，则原告有义务对其请求的尺度承担证明责任。

对于非必要条款，法律规定了相关的任意性条款和解释规则，主张与任意性条款和解释规则法律效果相一致的一方不承担证明责任，主张存在其他约定的一方承担证明责任。

比如，任意性条款：《民法典》第六百条规定：“出卖具有知识产权的标的物的，除法律另有规定或者当事人另有约定外，该标的物的知识产权不属于买受人。”如果买受人主张存在约定，由其取得标的物的知识产权，那么买受人应当承担证明责任。

解释规则：《民法典》第一千零二十一条规定：“当事人对肖像许可使用合同中关于肖像使用条款的理解有争议的，应当作出有利于肖像权人的解释。”如果当事人主张不利于肖像权人的解释，应当对能够得出其他解释可能的资料承担证明责任。

如果双方对履行地点产生争议，原告主张前来提货，被告主张送货上门，对此双方又无法协商一致的，那么由被告承担送货上门的证明责任。因为根据《民法典》第五百一十一条，交付不动产的，在不动产所在地履行；其他标的，在履行义务一方所在地履行。即使原告只承认送货至中途的某个地点，送货上门的约定也由被告承担证明责任，因为他要求比法律和原告自认更多的东西。

如果双方都主张作出了不同于任意性规定的约定，只是双方各自主张有利于自己的不同于法律的约定。那么，首先由原告承担证明责任。如果原告未证明存在有利于自己的约定，那么暂时适用任意性规定，除非被告证明了有利于自己的规定。

《民法典》第九百七十二条规定：“合伙的利润分配和亏损分担，按照合伙合同的约定办理；合伙合同没有约定或者约定不明确的，由合伙人协商决定；协商不成的，由合伙人按照实缴出资比例分配、分担；无法确定出资比例的，由合伙人平均分配、分担。”如果原告主张平均分摊合伙损失，则不承担证明责任。如果对方主张按照实缴出资比例进行分担的，由其对实缴出资比例承担证明责

① ［德］莱奥·罗森贝克：《证明责任论》，庄敬华译，中国法制出版社2018年版，第339页。

任。如果对方主张存在其他约定的，则由主张存在约定一方承担证明责任。

五、合同的解释

合同的法律适用，不仅仅是事实确证的结果，还是一种规范性审查的结果，在这一审查过程中，应当根据为此而创设的、被预定为有效的规范来审查在预期的意义上被把握的各种情况，并作出判断。“对契约有效性问题的讨论亦无不同。此处也存在一些可感知的过程，如当事人以口头或书面形式所为的意思表示，这些都是必须在诉讼程序中举证证明的对象。然而，这些过程在法律上重要是因为它们包含了当事人预期的意义：当事人表示他们愿意受约定事项的‘约束’，想要约定事项生效。这一表达是否具有这种意义，在法律人看来是意思表示的解释问题。如果他得到肯定的答案，并同样借助‘解释’的方法获悉当事人具体约定的事项，他将再度根据制定法来衡量当事人所作的约定，追问制定法所规定的契约有效要件（例如行为能力、形式要件）是否已经满足、意思表示的内容是否有抵触法定要求的地方。一方面他必须再次确定当事人这些行为指向的意义，另一方面还要确定将要适用在这些行为之上的规范的意义，最后还要思量这些将被评判的行为是否符合规范的要求。总之，即使是因为外在行为过程引发的法律问题，最终被关注的还是其法律意义。”①

对于合同案件的法律依据的适用，应按照如下步骤进行：

1. 区分强制性规定、任意性规定。强制性规定直接适用。属于任意性规定的事项进入下列操作。

2. 当事人协议补充。

合同生效后，当事人就质量、价款或者报酬、履行地点等内容没有约定或者约定不明确的，可以协议补充；不能达成补充协议的，按照合同相关条款或者交易习惯确定。（第五百一十条）

3. 协商不成，对合同进行解释。

有相对人的意思表示的解释，应当按照所使用的词句，结合相关条款、行为的性质和目的、习惯以及诚信原则，确定意思表示的含义。（第一百四十二条）

具体的解释方法包括：

体系解释，即结合当事人使用的词句，结合合同条款之间的关系进行解释。

目的解释，即有两种以上含义时，应该解释为最能实现合同目的的那种解

---

① ［德］卡尔·拉伦茨：《法学方法论》，黄家镇译，商务印书馆2020年版，第255页。

释。如果一种解释方法的含义使得合同成立，一种使得合同不成立时，应选择那种使合同成立的解释方案。

习惯解释，即按照系列交易或交易前例进行解释。

诚信解释（公平解释），即根据一个诚实守信的人所应具有的理解来解释。

4. 适用合同编分编各章任意性规定。这里再区分典型合同和非典型合同而有不同。

“在制定法对特定契约类型制备有任意性规定，而且该具体契约又完全符合该类型时，则通常可以通过制定法的任意性规定来填补‘契约漏洞’。”[①]

《民法典》或者其他法律没有明文规定的合同，适用合同编通则的规定，并可以参照适用合同编或者其他法律最相类似合同的规定。（第四百六十七条）

法律对其他有偿合同有规定的，依照其规定；没有规定的，参照适用买卖合同的有关规定。（第六百四十六条）

当事人约定易货交易，转移标的物的所有权的，参照适用买卖合同的有关规定。（第六百四十七条）

5. 适用合同编通则的规定。

当事人就有关合同内容约定不明确，依据协议或者合同解释仍不能确定的，适用下列规定：

（1）质量要求不明确的，按照强制性国家标准履行；没有强制性国家标准的，按照推荐性国家标准履行；没有推荐性国家标准的，按照行业标准履行；没有国家标准、行业标准的，按照通常标准或者符合合同目的的特定标准履行。

（2）价款或者报酬不明确的，按照订立合同时履行地的市场价格履行；依法应当执行政府定价或者政府指导价的，依照规定履行。

（3）履行地点不明确，给付货币的，在接受货币一方所在地履行；交付不动产的，在不动产所在地履行；其他标的，在履行义务一方所在地履行。

（4）履行期限不明确的，债务人可以随时履行，债权人也可以随时请求履行，但是应当给对方必要的准备时间。

（5）履行方式不明确的，按照有利于实现合同目的的方式履行。

（6）履行费用的负担不明确的，由履行义务一方负担；因债权人原因增加的履行费用，由债权人负担。（第五百一十一条）

这样的操作步骤，主要是贯彻私法自治原则，同时体系化地适用法律。

---

① ［德］卡尔·拉伦茨：《法学方法论》，黄家镇译，商务印书馆2020年版，第380页。

6. 合同漏洞填补。

"和任何规则体一样，当事人间约定的规则体也会有漏洞，或者有时连当事人创设的规则体是否已经包含某一特定问题可能都存在疑问。对这种情况下的'补充性契约解释'具有决定性意义的是契约的整体意义脉络、双方共同承认的契约目的以及对任何当事人都应有的利益状态。于此又必须追问：什么是任何当事人在此环境中都能视作符合公正的利益平衡状态，因此能期待他方当事人也能注意到。法律把这种补充性契约解释的标准称为：'诚实信用'原则。"①

第三节　合同的成立和生效条件

民法实行合同自由，要约承诺意思表示一致，合同就成立并生效。依法成立的合同，自成立时生效，但是法律另有规定或者当事人另有约定的除外。（第五百零二条）本节就法律规定或当事人另有约定的情形进行简要说明。

一、批准手续

法律、行政法规规定应当办理批准等手续生效的，主张合同请求权的一方应该承担取得批准手续的证明责任。依照法律、行政法规的规定，合同应当办理批准等手续的，依照其规定。未办理批准等手续影响合同生效的，不影响合同中履行报批等义务条款以及相关条款的效力。应当办理申请批准等手续的当事人未履行义务的，对方可以请求其承担违反该义务的责任。（第五百零二条）

《九民会议纪要》对未经批准的合同的效力进行了专门规定，第三十七条规定："法律、行政法规规定某类合同应当办理批准手续生效的，如商业银行法、证券法、保险法等法律规定购买商业银行、证券公司、保险公司5%以上股权须经相关主管部门批准，依据《合同法》第44条第2款的规定，批准是合同的法定生效条件，未经批准的合同因欠缺法律规定的特别生效条件而未生效。实践中的一个突出问题是，把未生效合同认定为无效合同，或者虽认定为未生效，却按无效合同处理。无效合同从本质上来说是欠缺合同的有效要件，或者具有合同无效的法定事由，自始不发生法律效力。而未生效合同已具备合同的有效要件，对

① ［德］卡尔·拉伦茨：《法学方法论》，黄家镇译，商务印书馆2020年版，第379页。

双方具有一定的拘束力，任何一方不得擅自撤回、解除、变更，但因欠缺法律、行政法规规定或当事人约定的特别生效条件，在该生效条件成就前，不能产生请求对方履行合同主要权利义务的法律效力。”

一方因另一方不履行报批义务，请求解除合同并请求其承担合同约定的相应违约责任的，人民法院依法予以支持。(《九民会议纪要》第三十八条）须经行政机关批准生效的合同，一方请求另一方履行合同主要权利义务的，人民法院应当向其释明，将诉讼请求变更为请求履行报批义务。一方变更诉讼请求的，人民法院依法予以支持；经释明后当事人拒绝变更的，应当驳回其诉讼请求，但不影响其另行提起诉讼。(《九民会议纪要》第三十九条）人民法院判决一方履行报批义务后，该当事人拒绝履行，经人民法院强制执行仍未履行，对方请求其承担合同违约责任的，人民法院依法予以支持。一方依据判决履行报批义务，行政机关予以批准，合同发生完全的法律效力，其请求对方履行合同的，人民法院依法予以支持；行政机关没有批准，合同不具有法律上的可履行性，一方请求解除合同的，人民法院依法予以支持。(《九民会议纪要》第四十条）

二、条件

民事法律行为可以附条件，但是根据其性质不得附条件的除外。附生效条件的民事法律行为，自条件成就时生效。附解除条件的民事法律行为，自条件成就时失效。(第一百五十八条）附条件的民事法律行为，当事人为自己的利益不正当地阻止条件成就的，视为条件已经成就；不正当地促成条件成就的，视为条件不成就。(第一百五十九条）

条件约定的证明责任：对于是否约定了条件产生争议的，由主张存在条件约定的一方承担证明责任。

条件成就的证明责任：主张条件成就的一方承担证明责任。

三、期限

民事法律行为可以附期限，但是根据其性质不得附期限的除外。附生效期限的民事法律行为，自期限届至时生效。附终止期限的民事法律行为，自期限届满时失效。(第一百六十条）

期限约定的证明责任：对于是否约定了期限产生争议的，由主张存在期限约定的一方承担证明责任。

期限届至的证明责任：主张期限届至的一方承担证明责任。

在条件成就或期限到来之前，当事人享有期待权。可以在条件成就和期限到来之后，要求损害赔偿。

四、形式

合同以不要式为原则，要式为例外，能够证明当事人达成合意的一切证据都可以作为合同的证明。当事人之间没有书面合同，一方以送货单、收货单、结算单、发票等主张存在买卖合同关系的，人民法院应当结合当事人之间的交易方式、交易习惯以及其他相关证据，对买卖合同是否成立作出认定。（《买卖合同解释》第一条）

一般来讲，当事人约定合同应当采用特定形式的，如果没有采用特定形式，通常认为合同无效。但也存在特殊情形：

一种是履行补正合同瑕疵。当事人采用合同书形式订立合同的，自当事人均签名、盖章或者按指印时合同成立。在签名、盖章或者按指印之前，当事人一方已经履行主要义务，对方接受时，该合同成立。法律、行政法规规定或者当事人约定合同应当采用书面形式订立，当事人未采用书面形式但是一方已经履行主要义务，对方接受时，该合同成立。（第四百九十条）

一种是产生新的法律效果。比如，租赁期限六个月以上的，应当采用书面形式。当事人未采用书面形式，无法确定租赁期限的，视为不定期租赁。（第七百零七条）

五、实践合同

一般来讲，承诺生效时合同成立，但在实践合同中，还需要满足特定的条件。

定金合同：当事人可以约定一方向对方给付定金作为债权的担保。定金合同自实际交付定金时成立。（第五百八十六条）

保管合同：保管合同自保管物交付时成立，但是当事人另有约定的除外。（第八百九十条）

自然人之间的借款合同：自然人之间的借款合同，自贷款人提供借款时成立。（第六百七十九条）

第四节　合同的效力障碍

合同成立的要件和合同生效的要件并不相同，属于前后相继的两个步骤、两个问题，所以单独作为一节。上一节“合同的成立和生效条件”和本节“合同的效力障碍”主要是根据证明责任来划分的。一般来讲，双方意思表示一致合同即成立，成立即生效。例外情形下，会有约定或法律规定合同的成立和生效条件，原则上，合同的成立和生效条件由主张合同请求权的一方来主张和举证。为了鼓励私人自治，根据生活经验法则，从证明责任的角度作了如下区分：合同成立主要考察当事人是否有权利能力，是否存在意思表示，成立合同的必要要素是否具备（标的具体）；合同生效的障碍事由则主要由反对合同有效的一方来承担证明责任，比如，欠缺行为能力，意思表示不真实、不自由，标的违法、违背公序良俗等。

并非咬文嚼字，我们要认真区分：未成立未生效的合同和无效的合同、可撤销的合同有着本质上的区别，未成立未生效的合同是因为欠缺成立、生效条件，还没有生效以致产生合同履行请求权。而无效的合同是法律对合同效力作的否定性评价，自始不会产生法律效力。和第五节“整个合同的失效”的区别在于，效力障碍的不生效是自始的不生效，整个合同的失效一般还需要介入当事人撤销权、解除权的行使，如果没有当事人的相应行为，合同是有效的。从证明责任的角度讲，主张合同失效的一方，不仅要证明存在撤销事由，还要证明按照规定行使了撤销权。

一、私人自治的范围

民法实行私人自治，权利主体按照自己的意思安排自己的生活。但自由并非绝对，总是有一定的边界。民事主体可以共享单车、共享汽车，甚至共享一间公寓，但不能像旧社会一样协议“典妻”；可以在一定范围处分自己的人格利益，比如，肖像权使用等，但不能自由地处分自己的身体，乃至处分生命，比如安乐死。《民法典》第四百六十四条表达了对私人自由的限制，婚姻、收养、监护等有关身份关系的协议，适用有关该身份关系的法律规定；没有规定的，可以根据其性质参照适用合同编的规定。法律只是调整社会关系的一种手段，社会、道德、宗教等也共同发挥作用。即使不属于身份关系的范畴，对于涉及个人隐私和人类尊严的领域也应保持法律的谦抑性。比如，对于同居期间女子应该服用避孕药的协议约定是否有效？如果女子未服避孕药意外怀孕生子，该男子为此支付的抚养费就不能以女子不作为侵权而要求损害赔偿。

二、行为能力

民事行为能力，指自然人能够独立实施一个有效法律行为的资格。欠缺行为能力就属于效力障碍事项。

1. 无民事行为能力人。

无民事行为能力人订立的合同无效。（第一百四十四条）本条规定一律无效，构成法律漏洞。建议类推适用关于限制行为能力人的规定“纯获利益的合同或者与其年龄、智力、精神健康状况相适应而订立的合同有效”。[①] 比如，坐公交、买文具。

2. 限制行为能力人。

限制民事行为能力人订立的合同，原则上属于效力待定的合同，经其法定代理人追认后，该合同有效，但纯获利益的合同或者与其年龄、智力、精神健康状况相适应而订立的合同，不必经法定代理人追认。

相对人可以催告法定代理人自收到通知之日起三十日内予以追认。法定代理人未作表示的，视为拒绝追认。民事法律行为被追认前，善意相对人有撤销的权利。撤销应当以通知的方式作出。（第一百四十五条）

纯获利益不是经济衡量的结果，比如非常划算的买卖，而是从法律上是否存在直接联系的不利来确定的，比如支付价款。但是间接联系的不利并不影响，比如赠与的房屋需要承担税收负担等。

三、意思表示瑕疵

行为人与相对人以虚假的意思表示实施的民事法律行为无效。以虚假的意思表示隐藏的民事法律行为的效力，依照有关法律规定处理。（第一百四十六条）

意思表示的其他瑕疵，如存在重大误解、欺诈、胁迫、显失公平的法律行为为可撤销的法律行为，具体内容在“整个合同的失效”部分考察。

---

① 梁慧星：《民法总则讲义》，法律出版社 2018 年版，第 117 页。

四、违反法律

1. 恶意串通，损害他人合法权益。

行为人与相对人恶意串通，损害他人合法权益的民事法律行为无效。（第一百五十四条）

2. 违反法律、行政法规的强制性规定。

违反法律、行政法规的强制性规定的民事法律行为无效。但是，该强制性规定不导致该民事法律行为无效的除外。（第一百五十三条）这里需要区分“禁止性强制规定”和“命令性规定”。违反命令性规定不产生合同无效的后果，违反禁止性强制规定才无效。比如，禁止以任何形式买卖人体细胞、人体组织、人体器官、遗体。违反前述规定的买卖行为无效。（第一千零七条）

《九民会议纪要》对此进行了专门强调：“合同法施行后，针对一些人民法院动辄以违反法律、行政法规的强制性规定为由认定合同无效，不当扩大无效合同范围的情形，合同法司法解释（二）第14条将《合同法》第52条第5项规定的‘强制性规定’明确限于‘效力性强制性规定’。此后，《最高人民法院关于当前形势下审理民商事合同纠纷案件若干问题的指导意见》进一步提出了‘管理性强制性规定’的概念，指出违反管理性强制性规定的，人民法院应当根据具体情形认定合同效力。随着这一概念的提出，审判实践中又出现了另一种倾向，有的人民法院认为凡是行政管理性质的强制性规定都属于‘管理性强制性规定’，不影响合同效力。这种望文生义的认定方法，应予纠正。人民法院在审理合同纠纷案件时，要依据《民法总则》第153条第1款和合同法司法解释（二）第14条的规定慎重判断‘强制性规定’的性质，特别是要在考量强制性规定所保护的法益类型、违法行为的法律后果以及交易安全保护等因素的基础上认定其性质，并在裁判文书中充分说明理由。下列强制性规定，应当认定为‘效力性强制性规定’：强制性规定涉及金融安全、市场秩序、国家宏观政策等公序良俗的；交易标的禁止买卖的，如禁止人体器官、毒品、枪支等买卖；违反特许经营规定的，如场外配资合同；交易方式严重违法的，如违反招投标等竞争性缔约方式订立的合同；交易场所违法的，如在批准的交易场所之外进行期货交易。关于经营范围、交易时间、交易数量等行政管理性质的强制性规定，一般应当认定为‘管理性强制性规定’。”

五、违背公序良俗

《民法典》第一百五十三条第二款规定：“违背公序良俗的民事法律行为

无效。"

第五节　整个合同的失效

合同请求权依赖于有效的合同。生效的合同会因为撤销、解除、终止而失去效力。皮之不存毛将焉附，既然合同已经失效，也就不存在合同请求权了。

一、撤销

可撤销的合同在撤销以前是有效的合同，自撤销权人胜诉的法律文书生效时，法律行为溯及成立时自始无效。（第一百五十五条）所以，撤销涉及的是整个合同的失效。

（一）撤销事由

1. 重大误解。

基于重大误解实施的民事法律行为，行为人有权请求人民法院或者仲裁机构予以撤销。（第一百四十七条）重大误解的当事人自知道或者应当知道撤销事由之日起九十日内没有行使撤销权，当事人自民事法律行为发生之日起五年内没有行使撤销权的，撤销权消灭。（第一百五十二条）

2. 欺诈。

一方以欺诈手段，使对方在违背真实意思的情况下实施的民事法律行为，受欺诈方有权请求人民法院或者仲裁机构予以撤销。（第一百四十八条）

第三人实施欺诈行为，使一方在违背真实意思的情况下实施的民事法律行为，对方知道或者应当知道该欺诈行为的，受欺诈方有权请求人民法院或者仲裁机构予以撤销。（第一百四十九条）

当事人自知道或者应当知道撤销事由之日起一年内没有行使撤销权，当事人自民事法律行为发生之日起五年内没有行使撤销权的，撤销权消灭。（第一百五十二条）

3. 胁迫。

一方或者第三人以胁迫手段，使对方在违背真实意思的情况下实施的民事法律行为，受胁迫方有权请求人民法院或者仲裁机构予以撤销。（第一百五十条）

当事人受胁迫，自胁迫行为终止之日起一年内没有行使撤销权，当事人自民

事法律行为发生之日起五年内没有行使撤销权的，撤销权消灭。（第一百五十二条）

4. 显失公平。

一方利用对方处于危困状态、缺乏判断能力等情形，致使民事法律行为成立时显失公平的，受损害方有权请求人民法院或者仲裁机构予以撤销。（第一百五十一条）当事人自知道或者应当知道撤销事由之日起一年内没有行使撤销权，当事人自民事法律行为发生之日起五年内没有行使撤销权的，撤销权消灭。（第一百五十二条）

（二）证明责任

1. 发生规范。

主张撤销权的一方应当对存在重大误解、欺诈、胁迫、显失公平等撤销事由承担证明责任。（第一百四十八条、第一百四十九条、第一百五十条、第一百五十一条）

主张合同可撤销、无效的一方对此事项承担证明责任。例如，乙胁迫甲将自己祖传的花瓶卖给不知情的丙，后来乙因为扫黑除恶被判刑，甲以受胁迫为由起诉撤销合同。对此，甲需要证明受乙胁迫的事实，并且证明标准要高于高度可能性的一般标准，要达到排除合理怀疑的标准。（《证据规定》第八十六条）

2. 消灭规范。

当事人知道撤销事由后明确表示或者以自己的行为表明放弃撤销权。（第一百五十二条）

反对撤销权的一方可以主张除斥期间的抗辩，主张除斥期间届满需要证明：规定了除斥期间，该期间从何时开始，以及该期间已经届满。主张撤销权的一方必须证明，他在法律规定的期间内实施了撤销行为。以受胁迫方行使撤销权为例，胁迫方主张除斥期间，需要证明：胁迫行为终止已经满一年。（第一百五十二条）

二、解除

主张解除权的，对解除权的产生及行使承担证明责任。反对解除权的，对解除权障碍、消灭、阻止规范承担证明责任。

（一）解除权产生规范

合同的解除分为约定解除和法定解除。

约定解除，包括事前约定和事后协商解除合同。当事人协商一致，可以解除合同。当事人可以约定一方解除合同的事由。解除合同的事由发生时，解除权人可以解除合同。（第五百六十二条）

法定解除包括《民法典》合同编通则中规定的解除事由和分编典型合同中规定的解除事由。通则规定的解除权产生事由包括：（1）因不可抗力致使不能实现合同目的；（2）在履行期限届满前，当事人一方明确表示或者以自己的行为表明不履行主要债务；（3）当事人一方迟延履行主要债务，经催告后在合理期限内仍未履行；（4）当事人一方迟延履行债务或者有其他违约行为致使不能实现合同目的；（5）法律规定的其他情形。（第五百六十三条）

（二）解除权障碍规范

比如，事后解除合同的约定因为欺诈、胁迫而可撤销。

（三）解除权消灭规范

1. 期限。法律规定或者当事人约定解除权行使期限，期限届满当事人不行使的，该权利消灭。法律没有规定或者当事人没有约定解除权行使期限，自解除权人知道或者应当知道解除事由之日起一年内不行使，或者经对方催告后在合理期限内不行使的，该权利消灭。（第五百六十四条）

2. 单方放弃或者双方约定排除解除权的行使。

3. 合同已经因其他原因终止的，或者合同因清偿、期限届满、债的抵销等原因而终止，合同解除权当然也不能再行使。

（四）解除表示

解除权应依照法定或者约定的方式行使。

解除合同所需的条件具备后，合同也不是当然解除，解除权人还须作出解除合同的意思表示，并将该意思表示通知对方，方能发生解除的效果。

根据《民法典》第五百六十五条的规定，当事人一方依法主张解除合同的，应当通知对方。合同自通知到达对方时解除。通知载明债务人在一定期限内不履行债务则合同自动解除，债务人在该期限内未履行债务的，合同自通知载明的期限届满时解除。当事人一方未通知对方，直接以提起诉讼或者申请仲裁的方式依法主张解除合同，人民法院或者仲裁机构确认该主张的，合同自起诉状副本或者仲裁申请书副本送达对方时解除。

三、情势变更

合同成立后，合同的基础条件发生了当事人在订立合同时无法预见的、不属于商业风险的重大变化，继续履行合同对于当事人一方明显不公平的，受不利影响的当事人可以与对方重新协商；在合理期限内协商不成的，当事人可以请求人民法院或者仲裁机构变更或者解除合同。人民法院或者仲裁机构应当结合案件的实际情况，根据公平原则变更或者解除合同。（第五百三十三条）

四、条件和期限

1. 条件。

附解除条件的民事法律行为，自条件成就时失效。（第一百五十八条）附条件的民事法律行为，当事人为自己的利益不正当地阻止条件成就的，视为条件已经成就；不正当地促成条件成就的，视为条件不成就。（第一百五十九条）

2. 期限。

附终止期限的民事法律行为，自期限届满时失效。（第一百六十条）

第六节　合同请求权的消灭

合同虽然存在，但是合同已经因为履行、提存、抵销、混同、免除等而消灭的，合同履行请求权就消灭了，所剩的就是后合同义务了。（第五百五十七条）

一、履行

当事人按照约定全面履行债务的，请求权消灭。因为履行和违约责任相关联，在违约责任部分进行详细介绍。

债务不一定必须由义务人履行，或者必须向请求权人履行，具体内容见合同上的请求权与第三人。

二、提存

有下列情形之一，难以履行债务的，债务人可以将标的物提存：（一）债权人无正当理由拒绝受领；（二）债权人下落不明；（三）债权人死亡未确定继承人、遗产管理人，或者丧失民事行为能力未确定监护人；（四）法律规定的其他情形。标的物不适于提存或者提存费用过高的，债务人依法可以拍卖或者变卖标的物，提存所得的价款。债务人将标的物或者将标的物依法拍卖、变卖所得价款

交付提存部门时，提存成立。提存成立的，视为债务人在其提存范围内已经交付标的物。(第五百七十条、第五百七十一条)

三、抵销

当事人互负债务，该债务的标的物种类、品质相同的，任何一方可以将自己的债务与对方的到期债务抵销；但是，根据债务性质、按照当事人约定或者依照法律规定不得抵销的除外。当事人主张抵销的，应当通知对方。通知自到达对方时生效。抵销不得附条件或者附期限。当事人互负债务，标的物种类、品质不相同的，经协商一致，也可以抵销。(第五百六十八条、第五百六十九条)

四、混同

债权和债务同归于一人的，债权债务终止，但是损害第三人利益的除外。(第五百七十六条)

五、免除

债权人免除债务人部分或者全部债务的，债权债务部分或者全部终止，但是债务人在合理期限内拒绝的除外。(第五百七十五条)

六、合同变更

(一) 协议变更

当事人协商一致，可以变更合同。(第五百四十三条)

(二) 法定变更

在情势变更的场合，若人民法院或者仲裁机构变更合同，则原有的合同请求权消灭，产生变更后合同的请求权。

七、合同转让

债权转让和债务承担，产生该请求权针对原债权人或原债务人消灭的效果。这在理解上显而易见，但在实务中发生争议的却并不少见，已经转让了权利的债权人仍然催收和受领，已经被免责的债务承担的债务人仍然被要求偿还，只因为他更有偿还能力等，这时就可以请求权相对消灭的事实来进行抗辩。具体内容见合同请求权与第三人部分。

第七节　抗辩权

虽然合同履行请求权没有消灭，但是如果存在有效的抗辩权，履行请求权的行使也会受到阻碍。这里的抗辩权主要有诉讼时效的抗辩权、留置权的抗辩权和双务合同的三大抗辩权、履行不能的抗辩等。

一、诉讼时效抗辩

诉讼时效抗辩权也是一种变动权，依照单方的意志使得对方的请求权不能强制执行，成为自然债务。

1. 变动权发生规范。

主张诉讼时效的一方，对诉讼时效的开始和届满承担证明责任。需要证明自权利人知道或者应当知道权利受到损害以及义务人之日起已经经过三年。（第一百八十八条）

2. 变动权障碍规范。

反对方可以主张自己的请求权属于下列情形，不适用诉讼时效，并承担证明责任：（一）请求停止侵害、排除妨碍、消除危险；（二）不动产物权和登记的动产物权的权利人请求返还财产；（三）请求支付抚养费、赡养费或者扶养费；（四）依法不适用诉讼时效的其他请求权。（第一百九十六条）

反对方还可以主张诉讼时效中止，中止时效的原因未消除，不计算诉讼时效。（第一百九十四条）

反对方还可以主张诉讼时效中断，从中断、有关程序终结时起，诉讼时效期间重新计算。（第一百九十五条）

3. 变动权消灭规范。

反对方可以主张并证明诉讼时效期间届满后，义务人同意履行，已自愿履行的，不得请求返还。（第一百九十二条）

二、留置权抗辩

债务人不履行到期债务，债权人可以留置已经合法占有的债务人的动产，并有权就该动产优先受偿。（第四百四十七条）

三、同时履行抗辩权

当事人互负债务，没有先后履行顺序的，应当同时履行。一方在对方履行之前有权拒绝其履行请求。一方在对方履行债务不符合约定时，有权拒绝其相应的履行请求。（第五百二十五条）

合同解除后，如果当事人互负恢复原状或者采取其他补救措施的义务，可以行使同时履行抗辩权。

四、先履行抗辩权

当事人互负债务，有先后履行顺序，应当先履行债务一方未履行的，后履行一方有权拒绝其履行请求。先履行一方履行债务不符合约定的，后履行一方有权拒绝其相应的履行请求。（第五百二十六条）

五、不安抗辩权

应当先履行债务的当事人，有确切证据证明对方有下列情形之一的，可以中止履行：（1）经营状况严重恶化；（2）转移财产、抽逃资金，以逃避债务；（3）丧失商业信誉；（4）有丧失或者可能丧失履行债务能力的其他情形。（第五百二十七条）

第八节 违约责任请求权

一、违约责任概述

和法定的请求权基础类似，违约责任也包括构成要件和法律效果两大部分。构成要件部分包括：存在有效的合同、当事人的违约行为、不存在免责事由等。法律效果主要是各种违约责任的承担方式。对此法律采取了分别规定的方式，在具体适用时需要根据具体的违约行为和责任承担方式的不同，来搭配组合成不同的请求权基础。

只有合同已经成立并生效，当事人才具备行使违约责任请求权的前提条件。如果合同并未成立或者已经成立但尚未生效，则当事人间便不存在合同关系，当事人便不能行使违约责任请求权。违约责任以严格责任为原则，以过错责任为例外，一方当事人未按合同的约定履行义务即具有违约行为。

违约根据其形态，可以分为预期违约和实际违约。预期违约是指履行期限届满之前，当事人一方明确表示或者以自己的行为表明不履行合同义务。（第五百七十八条）此时，非违约方有三个救济渠道，一是可以在履行期限届满之前请求其承担违约责任；二是不履行主要债务的，可以解除合同（第五百六十三条）；三是等待合同履行期届满后，要求其实际履行，如果对方不履行，转化为实际违约。

实际违约包括拒绝履行、迟延履行和不完全履行。拒绝履行，又称不履行，指履行期限到来之后，债务人无正当理由拒绝履行债务的行为。迟延履行包括迟延给付和迟延受领。不完全履行，指债务人虽有履行行为，但在履行数量、质量、方式、地点等方面存在瑕疵。

一般情况下原告认为被告违约的，只需要证明双方之间存在有效合同，被告不履行合同义务或履行合同义务不符合合同约定即可。如果合同义务是不作为义务，则由主张存在作为行为的一方承担证明责任。违约责任也有不同的承担方式，因此不同的责任可能还需要具备各自不同的要件。违约形态和不同的违约责任承担方式搭配组合形成不同的请求权基础。违约责任的免责事由由违约方承担证明责任。被告不能以自己主观上没有过错而要求免除责任，只能以存在不可抗力、原告自己有过错等有限的理由抗辩。另外，合同的违约责任以合同有效为前提，合同不成立、未生效、无效、可撤销、效力待定、消灭，抗辩权，原告自身原因、受领迟延等都可以作为抗辩事由。

二、继续履行请求权

原告需要证明存在有效的合同，以及合同义务未履行或履行不符合约定。对积极的履行义务，如果被告没有履行该积极义务，原告对被告没有履行合同这一不存在的事实显然无法举证，比如依照合同约定被告应当向原告支付钱款而未支付的，原告是无法举证的。原告主张被告不履行的是积极合同义务的，仅须主张而不是举证证明被告没有按约履行合同，由被告证明履行。

当事人一方未支付，或者不履行其他金钱债务的，不享有履行不能的抗辩，对方可以请求其支付。违约方可以主张履行不能的情形有：（1）法律上或者事实上不能履行；（2）债务的标的不适于强制履行或者履行费用过高；（3）债权人在合理期限内未请求履行。（第五百八十条）价款、报酬、租金、利息等金钱债务不发生履行不能的抗辩。（第五百七十九条）当事人一方不履行债务或者履行债务不符合约定，根据债务的性质不得强制履行的，对方可以请求其负担由第三人替代履行的费用。（第五百八十一条）

三、采取补救措施请求权

1. 履行不符合约定的，应当按照当事人的约定承担违约责任。对违约责任没有约定或者约定不明确，依据协议、合同解释、任意性规定仍不能确定的，受损害方根据标的的性质以及损失的大小，可以合理选择请求对方承担修理、重作、更换、退货、减少价款或者报酬等违约责任。（第五百八十二条）

2. 修理费用请求权。买受人在检验期限、质量保证期、合理期限内提出质量异议，出卖人未按要求予以修理或者因情况紧急，买受人自行或者通过第三人修理标的物后，主张出卖人负担因此发生的合理费用的，人民法院应予支持。（《买卖合同解释》第十六条）

3. 减少价款请求权。标的物质量不符合约定，买受人依照规定要求减少价款的，人民法院应予支持。当事人主张以符合约定的标的物和实际交付的标的物按交付时的市场价值计算差价的，人民法院应予支持。价款已经支付，买受人主张返还减价后多出部分价款的，人民法院应予支持。（《买卖合同解释》第十七条）

四、损害赔偿请求权

由于合同的相对性，债权人的债权仅仅针对债务人。故只有债务人才能被要求履行，也只有债务人才应赔偿损害。当事人一方不履行合同义务或者履行合同义务不符合约定的，在履行义务或者采取补救措施后，对方还有其他损失的，应当赔偿损失。（第五百八十三条）从纯粹事实的角度看，处于债务关系之外的第三人当然可能妨害履行：比如第三人毁灭了所出卖的物，以致它不能再被交付；或第三人伤害了债务人，使其不能提供所许诺的劳务。一般情况下，债权人只能让债务人负责，而债务人基于其他法律关系让第三人负责。但是在例外情况下，第三人意识到了该债权，并且其有意采取行为侵害该债权的，也可能产生债权人的侵权责任请求权。

请求违约损害赔偿的构成要件有：存在有效的合同、违约行为，受有损失，损失和违约行为之间具有因果关系。违约责任实行严格责任，不以违约方有过错为前提。与此不同的是，德国民法采用过错推定，要求违约方由于可归责于他的原因未履行或未正确地履行，但是举证责任不在于要求赔偿方，而是由义务方证明自己没有过错。

违约责任的损害赔偿以完全赔偿为原则，也就是，损失赔偿额应当相当于因违约所造成的损失，包括合同履行后可以获得的利益。对此，违约方可以主张可预见规则的抗辩，即损害赔偿不得超过违反合同一方订立合同时预见到或者应当预见到的因违反合同可能造成的损失。(第五百八十四条)

减损规则的抗辩，即当事人一方违约后，对方应当采取适当措施防止损失的扩大；没有采取适当措施致使损失扩大的，不得就扩大的损失请求赔偿。当事人因防止损失扩大而支出的合理费用，由违约方负担。(第五百九十一条)

五、违约金请求权

违约金请求权的构成要件有：存在有效的合同、违约行为、存在违约金条款。

对方享有的抗辩：约定的违约金过分高于造成的损失的，人民法院或者仲裁机构可以根据当事人的请求予以适当减少。当事人就迟延履行约定违约金的，违约方支付违约金后，还应当履行债务。(第五百八十五条)

指导案例 1 号：上海中原物业顾问有限公司诉陶德华居间合同纠纷案

基本案情：原告上海中原物业顾问有限公司（以下简称中原公司）诉称：被告陶德华利用中原公司提供的上海市虹口区株洲路某号房屋销售信息，故意跳过中介，私自与卖方直接签订购房合同，违反了《房地产求购确认书》的约定，属于恶意“跳单”行为，请求法院判令陶德华按约支付中原公司违约金 1.65 万元。

被告陶德华辩称：涉案房屋原产权人李某某委托多家中介公司出售房屋，中原公司并非独家掌握该房源信息，也非独家代理销售。陶德华并没有利用中原公司提供的信息，不存在“跳单”违约行为。

法院经审理查明：2008 年下半年，原产权人李某某到多家房屋中介公司挂牌销售涉案房屋。2008 年 10 月 22 日，上海某房地产经纪有限公司带陶德华看了该房屋；11 月 23 日，上海某房地产顾问有限公司（以下简称某房地产顾问公司）带陶德华之妻曹某某看了该房屋；11 月 27 日，中原公司带陶德华看了该房屋，并于同日与陶德华签订了《房地产求购确认书》。该《确认书》第 2.4 条约定，陶德华在验看过该房地产后六个月内，陶德华或其委托人、代理人、代表人、承办人等与陶德华有关联的人，利用中原公司提供的信息、机会等条件但未通过中原公司而与第三方达成买卖交易的，陶德华应按照与出卖方就该房地产买卖达成的实际成交价的1%，向中原公司支付违约金。当时中原公司对该房屋报价165万元，而某房地产顾问公司报价145万元并积极与卖方协商价格。11月30日，在某房地产顾问公司居间下，陶德华与卖方签订了房屋买卖合同，成交价138万元。后买卖双方办理了过户手续，陶德华向某房地产顾问公司支付佣金1.38万元。

分析结果：根据证明责任分配，原告请求违约金的需要证明存在有效的合同、违约行为，存在违约金条款。在本案中有效的合同、违约金条款都已得到证明，违约行为也是该意定请求权基础的构成要件，也就是“陶德华在验看过该房地产后六个月内，陶德华或其委托人、代理人、代表人、承办人等与陶德华有关联的人，利用中原公司提供的信息、机会等条件但未通过中原公司而与第三方达成买卖交易的”，到底被告陶德华是否利用原告的信息、机会属于原告负证明责任的待证事实。最后法院认定“原产权人通过多家中介公司挂牌出售同一房屋，陶德华及其家人分别通过不同的中介公司了解到同一房源信息，并通过其他中介公司促成了房屋买卖合同成立。因此，陶德华并没有利用中原公司的信息、机会，故不构成违约，对中原公司的诉讼请求不予支持”。

《九民会议纪要》第五十条规定了违约金过高标准及举证责任：“认定约定违约金是否过高，一般应当以《合同法》第113条规定的损失为基础进行判断，这里的损失包括合同履行后可以获得的利益。除借款合同外的双务合同，作为对价的价款或者报酬给付之债，并非借款合同项下的还款义务，不能以受法律保护的民间借贷利率上限作为判断违约金是否过高的标准，而应当兼顾合同履行情况、当事人过错程度以及预期利益等因素综合确定。主张违约金过高的违约方应当对违约金是否过高承担举证责任。”

六、定金请求权

定金请求权的构成要件有：存在有效的合同、违约行为，存在定金条款以及定金已经实际支付。

当事人可以约定一方向对方给付定金作为债权的担保。定金合同自实际交付定金时成立。（第五百八十六条）收受定金的一方不履行债务，或者履行债务不符合约定致使不能实现合同目的的，应当双倍返还定金。（第五百八十七条）

可能的抗辩：定金的数额由当事人约定，但是不得超过主合同标的额的百分之二十，超过部分不产生定金的效力。实际交付的定金数额多于或者少于约定数额的，视为变更约定的定金数额。

债务人履行债务后，定金应当抵作价款或者收回。给付定金的一方不履行债务，或者履行债务不符合约定致使不能实现合同目的的，无权请求返还定金。

七、瑕疵担保责任

出卖人交付的标的物不符合质量要求的，买受人可以请求承担违约责任。(第六百一十七条)

出卖人的抗辩1：当事人约定减轻或者免除出卖人对标的物瑕疵承担的责任。

买受人的再抗辩：当事人约定减轻或者免除出卖人对标的物瑕疵承担的责任的，因出卖人故意或者重大过失不告知买受人标的物瑕疵的，出卖人无权主张减轻或者免除责任。(第六百一十八条)

出卖人的抗辩2：买受人在缔约时知道或者应当知道标的物质量存在瑕疵，主张出卖人承担瑕疵担保责任的，人民法院不予支持。

买受人的再抗辩：买受人在缔约时不知道该瑕疵会导致标的物的基本效用显著降低。

第九节　解除所生的请求权

《民法典》合同编第五百六十六条规定了合同解除后的法律后果，主要分三种情况，尚未履行部分如何处理，已经履行的如何恢复，产生损失如何赔偿。

一、尚未履行的

解除具有解脱功能，也就是使债务人从合同请求权中解脱出来，尚未履行的，终止履行。

二、已经履行的

已经履行的，根据履行情况和合同性质，当事人可以请求恢复原状或者采取其他补救措施。

1. 恢复原状。

恢复原状，是指恢复到订约前的状态。恢复原状时，因合同而取得的财产应当返还，财产已不存在的，如果原物是种类物，可以用同一种类物返还。返还时，还应一并返还财产所产生的利息和其他孳息。

2. 折价补偿。

租赁、保管、供水、供电等持续性合同，体现在工作成果上的合同，比如委托、建设工程等合同，不必恢复原状或不能恢复原状，以原合同相应的对价折价补偿。

三、赔偿损失

合同解除与损害赔偿可以并存，当事人可以请求恢复原状或者采取其他补救措施，并有权请求赔偿损失。（第五百六十六条第一款）在合同因违约解除后，损失数额依《民法典》第五百八十四条计算，也即损失赔偿额应当相当于因违约所造成的损失，包括合同履行后可以获得的利益；但是，不得超过违约一方订立合同时预见到或者应当预见到的因违约可能造成的损失。

对于委托合同，委托人或者受托人可以随时解除委托合同。因解除合同造成对方损失的，除不可归责于该当事人的事由外，无偿委托合同的解除方应当赔偿因解除时间不当造成的直接损失，有偿委托合同的解除方应当赔偿对方的直接损失和合同履行后可以获得的利益。（第九百三十三条）

四、承担违约责任

合同因违约解除的，解除权人可以请求违约方承担违约责任，但是当事人另有约定的除外。（第五百六十六条第二款）

解除后的违约责任并不包括继续履行、修理、重作、更换，解除与这些违约责任形式是互斥的。合同因违约而解除后，解除权人可以请求违约方承担退货、减少价款或者报酬、赔偿损失等违约责任。

合同解除后，关于管辖协议、仲裁协议等争议解决条款，关于结算和清理条款的效力并不受影响，可以据此进行主张。买卖合同因违约而解除后，守约方主张继续适用违约金条款的，人民法院应予支持。（《买卖合同解释》第二十条）

主合同解除后，担保人对债务人应当承担的民事责任仍应当承担担保责任，但是担保合同另有约定的除外。（第五百六十六条第三款）

第十节　合同上的请求权与第三人

一、合同的相对性

（一）合同相对性概述

民法实行私人自治，自主决定自己事务，自己受其约束，原则上不涉及第三人。依法成立的合同，仅对当事人具有法律约束力，但是法律另有规定的除外。（第四百六十五条第二款）合同的相对性主要体现在主体的相对性、内容的相对性、责任的相对性三点：

1. 主体的相对性。除非另有规定或约定，仅债权人有权请求合同债务人履行合同义务，其他人无权提出请求；债权人仅能向债务人提出请求，无权向其他人提出请求。

2. 内容的相对性。除非另有规定或约定，当事人之间存在的仅是自己双方约定的权利义务，不能主张与第三人相同的权利义务。同样的商品卖出不同的价格，高价购买者从谈判策略上可以要求和他人同样低的价格，但从法律上没有权利这样要求。

3. 责任的相对性。债务不履行的责任也只能在当事人之间发生，第三人不承担不履行责任。仅债权人有权请求合同债务人承担债务不履行责任，其他人无权提出请求；债权人仅能向债务人提出请求，无权向其他人提出请求；不能向履行辅助人提出请求，债务人应对履行辅助人的行为负责。

（二）向第三人履行的合同

不纯正的利益第三人合同：当事人约定由债务人向第三人履行债务，债务人未向第三人履行债务或者履行债务不符合约定的，应当向债权人承担违约责任。（第五百二十二条第一款）

（三）由第三人履行的合同

当事人约定由第三人向债权人履行债务，第三人不履行债务或者履行债务不符合约定的，债务人应当向债权人承担违约责任。（第五百二十三条）

（四）第三人造成违约

当事人一方因第三人的原因造成违约的，应当依法向对方承担违约责任。当事人一方和第三人之间的纠纷，依照法律规定或者按照约定处理。（第五百九十三条）

二、合同相对性的例外

（一）纯正的利益第三人合同

法律规定或者当事人约定第三人可以直接请求债务人向其履行债务，第三人未在合理期限内明确拒绝，债务人未向第三人履行债务或者履行债务不符合约定的，第三人可以请求债务人承担违约责任；债务人对债权人的抗辩，可以向第三人主张。（第五百二十二条第二款）这一规定与不纯正的利益第三人合同的区别在于，第三人取得了履行请求权，并有权请求债务人承担违约责任。

（二）有法律上利害关系第三人代为清偿请求权与代位求偿权

债务人不履行债务，第三人对履行该债务具有合法利益的，第三人有权向债权人代为履行；但是，根据债务性质、按照当事人约定或者依照法律规定只能由债务人履行的除外。债权人接受第三人履行后，其对债务人的债权转让给第三人，但是债务人和第三人另有约定的除外。（第五百二十四条）

另外，在交强险、第三者责任商业险、建设工程施工合同、单式联运合同中也规定了合同相对性的若干例外。

三、代位权和债权人撤销权

（一）代位权

因债务人怠于行使其债权或者与该债权有关的从权利，影响债权人的到期债权实现的，债权人可以向人民法院请求以自己的名义代位行使债务人对相对人的权利，但是该权利专属于债务人自身的除外。（第五百三十五条第一款）

（二）债权人撤销权

债务人以放弃其债权、放弃债权担保、无偿转让财产等方式无偿处分财产权益，或者恶意延长其到期债权的履行期限，影响债权人的债权实现的，债权人可以请求人民法院撤销债务人的行为。（第五百三十八条）

债务人以明显不合理的低价转让财产、以明显不合理的高价受让他人财产或者为他人的债务提供担保，影响债权人的债权实现，债务人的相对人知道或者应当知

道该情形的，债权人可以请求人民法院撤销债务人的行为。（第五百三十九条）

四、合同转让

（一）债权转让

债权人可以将债权的全部或者部分转让给第三人，但是有下列情形之一的除外：（一）根据债权性质不得转让；（二）按照当事人约定不得转让；（三）依照法律规定不得转让。（第五百四十五条）

（二）债务承担

1. 免责的债务承担。

债务人将债务的全部或者部分转移给第三人的，应当经债权人同意。债务人或者第三人可以催告债权人在合理期限内予以同意，债权人未作表示的，视为不同意。（第五百五十一条）

2. 并存的债务承担。

第三人与债务人约定加入债务并通知债权人，或者第三人向债权人表示愿意加入债务，债权人未在合理期限内明确拒绝的，债权人可以请求第三人在其愿意承担的债务范围内和债务人承担连带债务。（第五百五十二条）

（三）概括承受

当事人一方经对方同意，可以将自己在合同中的权利和义务一并转让给第三人。合同的权利和义务一并转让的，适用债权转让、债务转移的有关规定。（第五百五十五条、第五百五十六条）

五、法定让与

（一）连带责任

连带责任人的责任份额根据各自责任大小确定；难以确定责任大小的，平均承担责任。实际承担责任超过自己责任份额的连带责任人，有权向其他连带责任人追偿。（第一百七十八条第二款）

（二）保证人的追偿权

保证人承担保证责任后，除当事人另有约定外，有权在其承担保证责任的范围内向债务人追偿，享有债权人对债务人的权利，但是不得损害债权人的利益。（第七百条）

第三章　类合同请求权

本章考察的是与缔结合同相关，但并非以合同有效为前提而产生的一系列请求权，总称为类合同请求权。

这些请求权主要有：

1. 基于缔约过失的请求权。
2. 基于无权代理的请求权。
3. 合同无效、被撤销的请求权。
4. 其他单方和多方财产行为。

类合同请求权和合同请求权的关系大体如下：如果合同有效，则选择合同请求权；如果合同不成立或无效，则按情形分别考虑缔约过失、无权代理、无效或撤销的法律后果等。虽然在理解上可以作出这样清晰的区分，在实务中却需要在合同请求权和类合同请求权之间进行来回穿梭的思考。

第一节　基于缔约过失的请求权

缔约过失责任，主要是指在合同订立过程中，一方因违背诚实信用原则而造成对方信赖利益的损失，对此应承担的损害赔偿责任。缔约过失责任是一种法律特别规定的责任。

一、历史由来与实务规定

缔约过失责任是德国法学家耶林所创设，被称为“法学上的发现”，耶林在文章中指出，“从事契约缔结之人，是从契约外的消极义务范畴，进入了契约上的积极义务范畴；其因此而承担的首要义务，系于缔约时须善尽必要的注意。法律所保护的，并非仅是一个业已存在的契约关系，正在发展中的契约关系亦应包括在内；否则契约交易将暴露于外，不受保护，使缔约一方当事人成为他方疏忽或不注意的牺牲品……当事人因自己过失致契约不成立或无效者，对信其契约为有效成立的相对人应赔偿因此项信赖所生之损害”①。

《民法典》第五百条规定了缔约过失责任：“当事人在订立合同过程中有下列情形之一，造成对方损失的，应当承担赔偿责任：（一）假借订立合同，恶意进行磋商；（二）故意隐瞒与订立合同有关的重要事实或者提供虚假情况；（三）有其他违背诚信原则的行为。”本条规定旨在平衡缔约自由和信赖保护，一方面，当事人享有缔约自由，对达成协议不负有义务，达不成协议的，也不承担责任。但另一方面，如果缔约一方违背诚信原则的行为造成另一方信赖利益损失的，应当承担赔偿责任。

二、缔约过失责任和违约责任的区别

缔约过失责任和违约责任具有如下区别：

1. 缔约过失责任发生在缔结合同阶段，违约责任则以合同有效为前提。缔约过失责任多发生在合同不成立、无效、被撤销等情形，但缔约过失责任的承担不以合同不成立或不生效为前提条件，只要违反了先合同义务，给对方造成信赖利益损失或固有利益损失，即使合同成立并生效，也可以构成缔约过失责任。

2. 缔约过失责任与侵权责任同属法定之债。违约责任是对意定之债义务违反的责任承担。

3. 缔约过失责任方式只是损害赔偿。而违约责任方式包括继续履行、违约金、损害赔偿等多种方式。

4. 缔约过失仅赔偿信赖利益的直接损失，不同于违约责任的履行利益，所以赔偿的范围较窄。

5. 违约责任实行严格责任，缔约过失责任是过错责任。

三、缔约过失责任和侵权责任的区别

缔约过失责任和侵权责任具有如下区别：

1. 责任产生的前提条件不同，缔约过失责任发生在缔结合同阶段当事人之间的特别结合关系场合，一般侵权无此要求。

2. 归责原则不同，缔约过失责任是过错责任。侵权责任中还包括过错推定和无过错责任。

3. 赔偿范围不同，缔约过失赔偿信赖利益损失，侵权责任包括直接损失和

---

① 王泽鉴：《债法原理》，北京大学出版社 2009 年版，第 181 页。

间接损失等。

第二节　基于无权代理的请求权

身份行为一般需要亲自办理，财产行为以合同最为普遍，所以在类合同部分考虑无权代理产生的请求权。

一、代理及其证明责任划分

（一）代理

对于有权代理、表见代理，代理人所实施的法律行为效果归于被代理人。代理的法律行为在被代理人和相对人之间发生关系，代理人和被代理人之间的关系各按其法律关系如监护、委托、侵权等来处理。

（二）证明责任

"正确且得到普遍承认的做法是，从以代理方式所作的意思表示中推导出权利的人，在对代理权产生争议时，只需证明代理权的产生，尤其是代理权的授予，无需证明代理权的持续存在或者权利妨碍事实的不存在，而主张代理权的产生受妨碍或者代理权消灭之人，则必须对此承担证明责任。"①

相对人主张由被代理人履行合同的，应该证明相对人和代理人签订了合同、该合同是代理人以被代理人名义签订的而且具有代理权。即使实际上行为人没有代理权、超越代理权或者代理权终止，但相对人有理由相信行为人有代理权的，代理行为有效。（第一百七十二条）

相对人主张由行为人来履行合同，代理人抗辩该合同是其代理被代理人签订的，则由代理人证明他以被代理人名义签订合同以及他具有代理权。

二、无权代理

在无权代理的场合，就产生了代理的法律行为的效果归属以及相对人保护的问题。根据《民法典》第一百七十一条规定说明如下：

---

① ［德］莱奥·罗森贝克：《证明责任论》，庄敬华译，中国法制出版社 2018 年版，第 179 页。

（一）本人享有追认权和否认权

行为人没有代理权、超越代理权或者代理权终止后，仍然实施代理行为，未经被代理人追认的，对被代理人不发生效力。

（二）相对人的催告权

相对人可以催告被代理人自收到通知之日起三十日内予以追认。被代理人未作表示的，视为拒绝追认。

（三）善意相对人的撤销权

行为人实施的行为被追认前，善意相对人有撤销的权利。撤销应当以通知的方式作出。

（四）善意相对人的请求权

行为人实施的行为未被追认的，善意相对人有权请求行为人履行债务或者就其受到的损害请求行为人赔偿。但是，赔偿的范围不得超过被代理人追认时相对人所能获得的利益。

善意相对人的请求权是《民法总则》借鉴德国民法新增的权利，当事人可以在这两种请求权中选择行使，是择一的关系，而非同时行使。

如果代理的外观可归因于被代理人，则可能有表见代理的适用。

（五）恶意相对人的责任

《民法典》第一百七十一条第四款规定："相对人知道或者应当知道行为人无权代理的，相对人和行为人按照各自的过错承担责任。"

这一规定可以构成代理人承担责任时的抗辩，应该由代理人承担举证责任。

第三节　法律行为无效、被撤销、确定不生效的法律后果

一、适用情形及请求内容

《民法典》第一百五十七条规定："民事法律行为无效、被撤销或者确定不发生效力后，行为人因该行为取得的财产，应当予以返还；不能返还或者没有必要返还的，应当折价补偿。有过错的一方应当赔偿对方由此所受到的损失；各方

都有过错的，应当各自承担相应的责任。法律另有规定的，依照其规定。”

无效法律行为自始确定无效，可撤销的法律行为经撤销后溯及地无效，效力待定行为经确定不发生法律效力的，原先因为法律行为而提供的给付缺乏正当化基础，可基于给付不当得利的相关规则要求返还。

1. 返还财产。

民事法律行为无效、被撤销或者确定不发生效力后，行为人因该行为取得的财产，应当予以返还。由于我国并不采用物权无因性理论，物权变动并不发生，返还的请求权基础可以是物权请求权。在此还需要考虑善意占有人的返还范围和赔偿问题。

2. 折价补偿。

不能返还或者没有必要返还的，应当折价补偿。不能返还包括法律上不能和事实上不能，法律上不能主要包括已经转让第三人善意取得。事实上不能如物已经灭失等。提供劳务的，则没有必要返还。

3. 赔偿损失。

有过错的一方应当赔偿对方由此所受到的损失。各方都有过错的，应当各自承担相应的责任。法律另有规定的，依照其规定。在合同行为的场合，可依缔约过失责任主张损害赔偿。在其他情形，可依侵权责任规则主张损害赔偿。

合同被撤销，返还财产、赔偿损失请求权的诉讼时效期间从合同被撤销之日起计算。（《民事诉讼时效规定》第五条第二款）

二、无效情形的证明责任

人民法院主动审查合同的效力，具有无效情形的应当认定为无效。从客观的证明责任负担来讲，即使职权探知主义也有无效情形真伪不明的问题。从实践可能性来讲，法官的实际工作负担也不可能基于想象的线索主动排除所有的无效情形才能认定合同有效，法院也只是对当事人提交的证据中涉及的可能的无效情形进行必要的审查，而不是主动去查证并排除所有可能导致合同无效的情形。所以，主张合同无效的一方应承担无效情形的证明责任，并积极提供证据。

第四节　单方、多方财产行为产生的请求权

身份行为总是优先考察。在财产行为中以双方法律行为（合同行为）为其典型，在合同请求权部分进行了介绍。单方、多方法律行为产生请求权并不多，因此放在类合同请求权部分一并考察。

变动权总是和单方法律行为结合在一起考察。在分析法学基础部分，囿于篇幅所限，我们没有对变动权进行展开论述。变动权主要和单方法律行为相关，按照单方意思发生法律效果，因此总是要追问按照单方意思产生法律效果的正当性。法律效果的正当性来自变动权，有变动权按其意思产生法律效果，无变动权不能按其意思产生法律效果。我们在此处集中进行论述。

一、变动权

（一）变动权的定义

通过自己的行为对他人法律状态予以改变的资格、地位和可能性，称为变动权，对方必须承受的状态，称为拘束。也就是变动权—拘束的行为模式。前者的否定就是无拘束—无变动权的状态。

变动权这个概念并非仅仅是从逻辑周延角度进行的划分，而是面向法律实践贯彻诉讼精细化理念的必然要求。人们的思维还是比较喜欢目标收敛的总结，比如请求权，不管基于什么样的原因（法定之债或者意定之债），总是产生了可以向对方行为进行要求的正当性。请求权—义务模式是结果聚敛的、目标导向的，无论产生的原因是什么，法律效果是一致的，那就是被请求人当为一定的行为。所以请求权—义务这种行为规制模式得到了高度概括和凝练。罗森贝克又从请求权产生、请求权障碍、请求权消灭、请求权阻止四种法律效果进行了证明责任划分，为给付之诉确立了高度结构化的清晰而可操作的原则。大学中的请求权基础鉴定式训练也多着力于此。

但反观变动权—拘束模式，一方可以作出的行为种类是多样的，对法律关系产生、消灭、变更的影响也是多样的，两端发散的模式是否有必要和可能用一个概念去统率？

在现实生活中，如果双方一致同意且属于私法自治的领域，那么按照双方的

意思产生法律效果。产生争议的情形总是一方主张自己的行为产生了某种法律效果，另一方对此否认。那么，我们就要考虑一方的行为是否足以产生该法律效果。事实行为和违法行为按照法律规定直接产生相应的法律效果，变动权考察的主要是法律行为，也就是按照一方的意思表示发生法律效果的正当性。那么，根据这些行为的家族相似性，我们可以提炼出以下规则：

1. 行为方仅凭单方的行为就能实现这种法律状态的改变，行为方享有法律上的塑造力。

2. 行为方对法律效果的塑造不需要相对方的配合，同时也不考虑相对方的意思，相对方只是被动地承受这种法律效果，受这种法律状态的拘束。

3. 由于变动权的单方决定性和法律效果的必然性，总是需要考察变动权权源的正当性。这种正当性来自法律明文规定、双方约定、单方授权。没有权源的正当性，不能产生相应的法律效果。权源需要回到具体的法律制度中去考察和论证，这里无法作统一的、概括化的总结。

4. 变动权的实现和请求权—义务模式最大的不同是，它的实现不需要对方的配合，但需要权利人的行为。由于变动权的单方性、霸道性，出于对相对方的保护，它总是需要按照相应的条件、方式和程序行使。不遵守相应的规定，不能产生预定的法律效果。这种行为的要求是指向权利人的，而不像请求权—义务模式，对行为的要求指向义务人。

（二）变动权和请求权区别

民法法条关于行为的规制主要有两大类：一类是规定何种情形下，一方可以如何要求对方，这是请求权基础。另一类是一方的行为在何种情形下对对方产生何种法律效果，此为变动权基础。

请求权—义务中的“应当”能够引起相应的责任和强制执行，比如买受人应当支付价款。变动权中的“应当”是指某一行为要产生法律上的影响，必须遵守法定或者约定的某些要求，它只是一种类似烤面包指南之类的规定，不遵守相应的规定只是不能产生想要的后果而已。比如，应当在期间内发出解除通知。“有时法律明确规定，只有以特定的形式和期限实施的法律行为才具有效力。由此可见，一个同样必不可少的且不言而喻的后果是：不以特定的形式、不在特定的期限内实施的行为，不可能取得所期望的法律后果。但是，这些法律规定并不强迫任何人去遵守，当事人的行为总是自愿的。违反规定的行为的无效并不是惩罚，而是客观的法规定的结果。如果那些没有遵守规定的形式和期限的法律行为，与那些遵守法律规定的形式和期限的法律行为一样，同样被承认并具有相同的后果，那么，法律就失去了其价值。”①

对于相对人来说，变动权对应的不是一种义务，而是一种拘束，一种必须承受法律状态的拘束。“德国著名民法学家拉伦茨教授指出，形成权相对人在法律上所承受的负担并非法律义务，而是一种法律上的拘束。即当形成权人行使解除权或终止权之类权利使法律关系或权利发生改变时，形成权相对人就必须允许其发生变化。法律对形成权相对人的‘拘束’体现在，当对方当事人基于形成权将对法律关系的变化强加给他时，他所能做的只是必须接受这种法律后果。”②

变动权和请求权还有一个不同就是，请求权一般是权利人主张。变动权的效果也约束权利人，实践中较多出现相对方主张的情形。比如，解除权人发出解除通知并到达后，又反悔了，想要继续履行。如相对人和别人重新签订了合同，这时，相对人就会积极主张解除的法律效果，以对抗反悔的解除权人继续履行合同的请求，相对人对合同解除的法律效果负担证明责任。

（三）变动权的现实意义

变动权不试图改变法教义学的概念体系和学科系统，只是以实务分析的视角提出一种分析框架，就像一把精致的手术刀，它并不试图改变人体的生理结构，只是在需要治疗的时候，通过分析解决病灶。它在产生争议的时候，深入到现实中的每个行为的内部，去考察这个行为是否足以产生一方宣称的法律效果。

变动权的考察思路有三大优势：

一是可以借鉴请求权的证明责任划分，从逻辑上清晰现实诉讼中的攻防，如变动权产生、变动权障碍、变动权消灭、变动权阻止。这种分析法学的思考更多的是结构化的、形式化的，它并没有涉及实质性的论证。何种行为影响是正当的，总是要回到具体的民法制度中去，回到法规范的目的和意义中去。

二是可以借鉴请求权鉴定式的训练方法，从实际运用上按照划分法律要件、定义、整理、证明、涵摄来进行精细化的操作。

三是细化攻防思维。变动权可能存在于给付之诉中，对请求权行使产生支持或反对的作用，比如，法定代理人的追认支持合同请求权的行使，抗辩权的行使产生对抗请求权的效果，而抗辩权内部又有产生、障碍、消灭的事由，请求权一方可以援引抗辩权障碍、消灭规定进行再抗辩。

① ［德］莱奥·罗森贝克：《证明责任论》，庄敬华译，中国法制出版社 2018 年版，第 69 页。

② 申卫星：《形成权基本理论研究》，载梁慧星主编：《民商法论丛（第 30 卷）》，法律出版社 2004 年版，第 12 页。

（四）证明责任

变动权的考察和请求权的考察类似，证明责任也类似，想要变动权发生作用的，对其产生要件和已经行使承担证明责任；不想要变动权发生作用的，对其障碍、消灭规范承担证明责任。

但也有一处重要不同：请求权只是对是否拥有请求权产生争议，证明和论证请求权构成要件即可，对方符合要求的行为是请求权的消灭原因，由相对方承担证明责任和论证责任。而对于变动权，其构成要件和符合要求的行为都由主张变动权法律效果的一方承担证明责任和论证责任。

以合同解除为例，包括以下四种情形，

	按照条件行为	未按照条件行为
有变动权	1. 有变动权、按照条件行为	2. 有变动权、未按照条件行为
无变动权	3. 无变动权、按照条件行为	4. 无变动权、未按照条件行为

1. 有变动权、按照条件行为：对于解除方并不存在有效的争议。

2. 有变动权、未按照条件行为：解除权的权源正当性不存在争议，只是对行为是否已经按照条件实施存在争议，此情形下更多是对行为的证明。比如发出了解除通知，已经到达对方受领范围等。

3. 无变动权、按照条件行为：对于这个行为不存在争议，而是对权源产生争议，主要是对权源进行论证，比如法律规定、约定、对方同意、授权等。

4. 无变动权、未按照条件行为：既要论证权源，又要证明行为。

实践中更为关键的是考察单方法律行为，变动权或者是法律认为属于个人自由决定的事项，比如处分权，遗嘱自由等；或者是法律的规定，比如撤销权；或者是双方的约定，比如意定解除权；或者是单方授权，比如代理权授予。具有变动权的，就是变动权—拘束模式，仅凭单方的意思就能发生相应的法律效果。否则，就是无拘束—无变动权模式，单方的意思不能发生相应的法律效果。

形成权是最主要的变动权，我们在此就先介绍一下形成权的有关内容。

二、形成权

形成权，以单方的意思表示发生、变更、消灭法律关系为其特征，形成权的行使、效力的发生不以相对人的配合为要件，具有“权力”的霸道属性。[①]

根据形成权发生的效果不同，可以进一步分为设定性形成权、变更性形成

① 申海恩：《私法中的权力：形成权理论之新开展》，北京大学出版社 2011 年版，第 2 页。

权、消灭性形成权。

（一）设定性形成权

设定性形成权，即形成权的行使使形成权人和相对人之间产生特定的法律关系。

1. 共有人法定优先购买权。

《民法典》第三百零五条规定："按份共有人可以转让其享有的共有的不动产或者动产份额。其他共有人在同等条件下享有优先购买的权利。"

第三百零六条规定："按份共有人转让其享有的共有的不动产或者动产份额的，应当将转让条件及时通知其他共有人。其他共有人应当在合理期限内行使优先购买权。两个以上其他共有人主张行使优先购买权的，协商确定各自的购买比例；协商不成的，按照转让时各自的共有份额比例行使优先购买权。"

2. 承租人优先购买权。

《民法典》第七百二十六条："出租人出卖租赁房屋的，应当在出卖之前的合理期限内通知承租人，承租人享有以同等条件优先购买的权利；但是，房屋按份共有人行使优先购买权或者出租人将房屋出卖给近亲属的除外。出租人履行通知义务后，承租人在十五日内未明确表示购买的，视为承租人放弃优先购买权。"

3. 股东的优先购买权。

《九民会议纪要》第九条规定："审判实践中，部分人民法院对公司法司法解释（四）第21条规定的理解存在偏差，往往以保护其他股东的优先购买权为由认定股权转让合同无效。准确理解该条规定，既要注意保护其他股东的优先购买权，也要注意保护股东以外的股权受让人的合法权益，正确认定有限责任公司的股东与股东以外的股权受让人订立的股权转让合同的效力。一方面，其他股东依法享有优先购买权，在其主张按照股权转让合同约定的同等条件购买股权的情况下，应当支持其诉讼请求，除非出现该条第1款规定的情形。另一方面，为保护股东以外的股权受让人的合法权益，股权转让合同如无其他影响合同效力的事由，应当认定有效。其他股东行使优先购买权的，虽然股东以外的股权受让人关于继续履行股权转让合同的请求不能得到支持，但不影响其依约请求转让股东承担相应的违约责任。"

（二）变更性形成权

变更性形成权是通过单方权利行使使法律关系的内容产生变更的权利。

1. 选择之债的选择权。

《民法典》第五百一十五条规定："标的有多项而债务人只需履行其中一项的，债务人享有选择权；但是，法律另有规定、当事人另有约定或者另有交易习惯的除外。享有选择权的当事人在约定期限内或者履行期限届满未作选择，经催告后在合理期限内仍未选择的，选择权转移至对方。"

2. 损害赔偿权人多种救济方法的选择权。

3. 隐名的间接代理中，第三人的选择权。

《民法典》第九百二十六条第二款规定："受托人因委托人的原因对第三人不履行义务，受托人应当向第三人披露委托人，第三人因此可以选择受托人或者委托人作为相对人主张其权利，但是第三人不得变更选定的相对人。"

（三）消灭性形成权

消灭性形成权是通过单方权利行使使法律关系消灭的权利。

三、单方法律行为产生的请求权

（一）捐助

捐助：赠与合同中，赠与人享有任意撤销权。单方捐助中，很难说受捐助方有请求履行的权利。但《慈善法》第四十一条规定："捐赠人应当按照捐赠协议履行捐赠义务。捐赠人违反捐赠协议逾期未交付捐赠财产，有下列情形之一的，慈善组织或者其他接受捐赠的人可以要求交付；捐赠人拒不交付的，慈善组织和其他接受捐赠的人可以依法向人民法院申请支付令或者提起诉讼：（一）捐赠人通过广播、电视、报刊、互联网等媒体公开承诺捐赠的；（二）捐赠财产用于本法第三条第一项至第三项规定的慈善活动，并签订书面捐赠协议的。捐赠人公开承诺捐赠或者签订书面捐赠协议后经济状况显著恶化，严重影响其生产经营或者家庭生活的，经向公开承诺捐赠地或者书面捐赠协议签订地的民政部门报告并向社会公开说明情况后，可以不再履行捐赠义务。"

（二）悬赏广告

《民法典》第四百九十九条规定："悬赏人以公开方式声明对完成特定行为的人支付报酬的，完成该行为的人可以请求其支付。"悬赏广告属于单方允诺之债，对方完成一定行为的，悬赏人应按照允诺履行。

四、多方法律行为产生的请求权

（一）合伙协议

《合伙企业法》第六十五条规定："有限合伙人应当按照合伙协议的约定按期足额缴纳出资；未按期足额缴纳的，应当承担补缴义务，并对其他合伙人承担违约责任。"

（二）设立公司的协议

《公司法》第二十八条规定："股东应当按期足额缴纳公司章程中规定的各自所认缴的出资额。股东以货币出资的，应当将货币出资足额存入有限责任公司在银行开设的账户；以非货币财产出资的，应当依法办理其财产权的转移手续。股东不按照前款规定缴纳出资的，除应当向公司足额缴纳外，还应当向已按期足额缴纳出资的股东承担违约责任。"

如上所述，单方、多方法律行为产生的请求权并不多，本书单列为一类主要是为了思维上的严谨和体系上的完备。

第四章　无因管理

无因管理，指没有法定的或者约定的义务，为避免他人利益受损失而管理他人事务的行为。管理事务的人，被称为管理人；他人被称为被管理人或者本人。管理人有权请求受益人偿还由此支出的必要费用。

无因管理是一种法定之债。制度虽小，意义颇大。一是社会意义大。无因管理在于平衡“不得随意干涉他人事务”和“必要时互帮互助”两项原则。原则上任何人不得干涉他人事务，这是民事生活意思自治的应有之义。但是我们身处一个广泛连接而相互影响的社会，互帮互助是社会共同体的常见现象，这时民法就创设了无因管理制度进行调整，使管理人和本人之间成立法定的债权债务关系，赋予管理人管理他人事务的阻却违法性。这样既坚持了民事生活意思自治，干涉他人事务违法的原则，又容许一定条件下的干涉构成违法阻却事由，以便于充分发扬互帮互助的精神。二是制度意义大，切实掌握无因管理制度，对于和其他各项请求权起承转合、融会贯通具有十分重要的作用。无因管理在请求权基础体系中起到了承上启下的作用。法律行为以及身份法常常构成义务的来源，所以无因管理后于前者进行考察。又因为无因管理制度的违法阻却性，所以优先于防御性质和赔偿性质的物权请求权、侵权请求权进行考虑。我们将在无因管理构成要件中穿插介绍其与各种请求权的关系。

第一节　正当无因管理

一、正当无因管理的要件

（一）构成要件

1. 管理他人事务；
2. 具有为他人管理的意思；
3. 没有法定或者约定义务；

4. 管理有利于本人，或不违反本人明示或可得而知的意思。

以上四项构成要件，缺一不可，且每一项都含义丰富，以下逐一进行介绍。

（二）管理他人事务

这是无因管理的客观要件。

1. 事务。

该事务是能够满足生活利益并适合作为债之客体的事项。下列行为不构成无因管理：违法事项，纯粹道德、宗教、好意施惠行为，依法必须由本人亲自办理的事项，需要本人授权才能办理的事项，单纯的不作为等。[①]

2. 他人事务。

根据事务的归属关系，可以分为客观他人事务和主观他人事务。

客观他人事务：事务在性质上与他人具有当然结合关系，事务内容属于他人利益。比如，照顾他人小孩，为他人房屋灭火等。

主观他人事务：从事务本身无法看出事务与他人的结合关系，需要根据管理人的管理意思来确定。比如，代购邮票等。

根据债的相对性，该他人需要是特定的人。需要注意的是，在该利益可归属于多人时，一个行为也可能成立多个无因管理之债。比如，丙租赁的乙的房屋着火了，甲进行灭火，同时可以对实际使用人丙和房屋所有人乙成立无因管理。

对他人认识错误也不影响无因管理的成立，比如甲误以为是乙丢失的马进行喂养，实际上却是丙的马。

3. 管理。

管理行为既可以是事实行为，也可以是准法律行为、法律行为。法律行为既可以管理人自己的名义，也可以被管理人的名义实施；在以被管理人名义实施的情况下，会产生无权代理的问题。是否产生紧急代理还需要依据情形具体判断。但无权代理和无因管理需要各自考察，互不影响。

无因管理制度重在管理事务本身，目的是否达到，不影响无因管理的成立。

（三）为他人管理的意思

管理意思，指管理人知其管理涉及他人利益（认识因素），且愿使管理利益归于他人（意愿因素）。这是无因管理的主观要件。在客观他人事务上，通常依据具体情形能够推断出为他人管理的意思。在主观他人事务的场合下，管理人需要举证证明为他人管理的意思。

---

① 钟秀勇：《钟秀勇讲民法（2017）》，北京日报出版社2016年版，第317页。

（四）欠缺法定或者约定的义务

如果具有法律规定或者法律行为确定的法律关系，管理事务的效果一般按相关规定来确定。如公司的法定代表人，未成年子女的父母管理子女的财产，遗嘱执行人按照遗嘱行事等。

1. 约定的义务。

合同会产生整个义务群，即使合同已经履行，也会有照顾、保密的后合同义务。所以无因管理在法律行为产生的请求权之后考察。

2. 法定的义务。

身份法上如监护、赡养，职务行为如警察制止侵权，先前行为引起的义务等。

本来没有义务而误以为有义务的，欠缺管理意思，按误信管理处理。虽然有义务但是超出了义务的范围的，超出部分可构成无因管理。

（五）管理有利于本人，或不违反本人明示或可得而知的意思

这构成了正当的无因管理和不当无因管理的区别，不可不察。在以下三种情形下，虽然违反本人明知或可得而知的意思，但仍构成正当的无因管理：

1. 为本人尽公益上的义务。

2. 为本人履行法定扶养义务。

3. 本人之意思违反公共秩序或善良风俗。

《民法典》第九百七十九条第二款规定："管理事务不符合受益人真实意思的，管理人不享有前款规定的权利；但是，受益人的真实意思违反法律或者违背公序良俗的除外。"

（六）证明责任

由于主张无因管理的人主张没有法定或者约定的义务，因此具有法定或者约定的义务应该由被告来承担。

同样，对于为他人管理的意思，在客观他人事务的场合，管理人不需要承担过多的证明责任。

（七）实务案例

清远A爆破工程有限公司排水排污工程施工现场发生泥土塌方事故，致施工人员四人死亡。清远市安全生产委员会作出事故调查报告批复，认为这是一起生产安全责任事故，事故直接原因为清远市B建筑工程有限公司没有按施工方案做好防护措施、清远A爆破工程有限公司人员违章指挥，间接原因为C循环经济工业园有限公司排污管道工程建设、施工、监理、爆破等单位企业安全生产主体责任不落实，某区某镇委镇政府、区水务局、区住建局安全生产一岗双责制度落实不够到

位，对企业安全生产监管力度不够。法院认为："虽然清远市安全生产委员会认为清远市某区某镇人民政府安全生产一岗双责制度落实不够到位，对企业安全生产工作监管力度不够，是造成这起事故的间接原因，但这只是对其在行政监管方面所应承担的行政责任。清远市某区某镇人民政府既不是涉案工程的施工方，也不是发包方或者承包方，其对本次事故的发生不具有民事行为上的过错，故其不需要承担此次事故的民事赔偿责任。清远市某区某镇人民政府对事故的民事损害赔偿并没有法定或者约定的义务，但其为了缓解社会矛盾，避免事态扩大，以免造成不利于社会稳定、不利于责任方正常工作的情况出现，主动代相关责任方向死者家属支付赔偿款。事实上，由于清远市某区某镇人民政府的垫付行为而使得本次事故矛盾得到缓解，相关责任方也从中获益。故此，清远市某区某镇人民政府的垫付行为构成无因管理，其有权要求受益人偿付由此而支付的必要费用。"①

二、正当无因管理的法律效果

（一）相关制度的关联

正当无因管理成立，在管理人和本人之间产生无因管理之债，管理人负有相应的权利义务，并具有违法阻却性和排除不当得利的后果。

1. 违法阻却性。

一旦无因管理能够成立，具有违法阻却性，在管理过程中即使有一定程度的妨害、危险、侵害，也不承担责任。

2. 排除不当得利。

成立无因管理，管理人虽然获得利益但也并非自己所有，排除了不当得利的适用。对本人而言，无因管理即是获得此利益之法律上理由，也没有不当得利的适用。

（二）管理人的义务

1. 适当管理的义务。前已论及，无因管理制度旨在平衡不得干涉他人事务和互帮互助之间的紧张关系，如果偏向个人主义，对介入他人事务予以更加谨慎的考察，则会对管理人科以较高的注意义务，一般认为应当按照善良管理人的注意标准。但另一方面，对于管理人要求过高会给互帮互助设置过高的门槛。可类推适用无偿委托的标准，因受托人的故意或者重大过失造成委托人损失的，委托人可以请求赔偿损失。（第九百二十九条）若非如此，无因管理和一般的侵权责任没有区别。②《民法典》第一百八十四条也体现了这种较为宽松的要求，"因自

① 广东省清远市中级人民法院（2014）清中法民一终字第164号民事判决书。

② 王利明、杨立新、王轶、程啸：《民法学》，法律出版社2017年版，第534页。

愿实施紧急救助行为造成受助人损害的，救助人不承担民事责任”。

2. 通知义务。无因管理是一种暂时的状态，管理人管理他人事务，能够通知受益人的，应当及时通知受益人。管理的事务不需要紧急处理的，应当等待受益人的指示。（第九百八十二条）如果本人同意管理，转变为委任管理，如果本人拒绝管理，管理人就应该停止管理，否则就转化为不法管理。管理人管理事务经受益人事后追认的，从管理事务开始时起，适用委托合同的有关规定，但是管理人另有意思表示的除外。（第九百八十四条）

3. 报告、计算义务。管理结束后，管理人应当向受益人报告管理事务的情况。管理人管理事务取得的财产，应当及时转交给受益人。（第九百八十三条）

（三）管理人的权利

1. 必要费用偿还请求权。受益人应偿还因管理事务而支出的必要费用。（第九百七十九条）费用支出是否达到其效果，在所不问。

2. 清偿负担债务请求权。管理人因管理事务而对第三人负担的债务，可请求被管理人代为清偿。

3. 损失补偿请求权。管理人因管理事务受到损失的，可以请求受益人给予适当补偿。（第九百七十九条）

根据无因管理的制度本意，管理人并没有报酬请求权或劳务费用请求权。

（四）本人的权利

本人的请求权：管理效果归属请求权。

（五）可能的抗辩

债的消灭原因、减免责事由、留置权等都可能成为该请求权的抗辩原因。

三、见义勇为

见义勇为是无因管理的一种形态，在《民法典》第一百八十三条有特别规定：“因保护他人民事权益使自己受到损害的，由侵权人承担民事责任，受益人可以给予适当补偿。没有侵权人、侵权人逃逸或者无力承担民事责任，受害人请求补偿的，受益人应当给予适当补偿。”

第二节 非正当无因管理

非正当无因管理不属于理论上约定俗成的称呼，只是本书用来统称不属于本章第一节所讨论的正当无因管理的各种情形。《民法典》第九百七十九条规定了正当无因管理，第九百八十条规定了“管理人管理事务不属于前条规定的情形”，即不属于正当无因管理的情形，包括不真正管理和不当无因管理。

一、不真正管理

前述已说明，为他人管理的意思需要具备认识因素和意愿因素，又有两种常见的例外情形：

一是认识因素方面，没有认识到管理的是他人的事务，以为是自己的事务而管理，这构成误信管理，不能成立无因管理。

二是意愿因素方面，意识到这是他人的事务，但为了自己的利益仍然进行管理，这构成不法管理，不能成立无因管理。

二、不当无因管理

不当无因管理和正当无因管理前三项要件相同，只是管理不利于本人，或违反本人明示或可得而知的意思。

构成要件包括：

1. 管理他人事务；
2. 具有为他人管理的意思；
3. 没有法定或者约定义务；
4. 管理不利于本人，或违反本人明示或可得而知的意思。

三、处理规则

根据《民法典》第九百八十条规定，如果本人主张，本人对管理人有管理利益移交请求权，相应的，管理人对本人有费用偿还与损害补偿请求权。该条和正当无因管理的区别是，正当无因管理成立法定之债，不论本人的意思如何，管理人均可主张相应的请求权。而第九百八十条规定则是按照本人是否主张管理效果来定，如果本人主张管理利益，可以在管理人和本人之间构成内容修正的无因管理之债。如果本人不主张无因管理利益，一般可按照不当得利或侵权的规则来处理。

该条规定自有其独特的价值。在无权处分他人之物获得溢价款的情形下，由于侵权和合同受限于赔偿范围（填平补齐），不当得利返还受限于因果关系（损失和所得因果关系），无权处分人都可以名正言顺地保有溢价款部分的利益。这样，不仅对所有人的救济不够充分，还违背了法律所追求的公平正义的价值理念。我国台湾地区“民法”为此情形允许类推适用无因管理，由所有人主张无因管理的效果归属，同时支付其必要费用。但在我国大陆地区，根据《民法典》可直接请求管理利益移交，无需类推适用。

第五章　物上请求权

第一节　物权保护请求权

物权法上的请求权基础数量远少于合同法，因为物权的直接效力并非“请求”，但物权的保护与实现仍须借助“请求”。作为支配权、绝对权，物权的实现一般不需假手他人。法律所规制的主要是侵害或者妨碍物权的情形。法律对于物权的保护是立体的、多层次的。侵害物权，除承担民事责任外，违反行政管理规定的，依法承担行政责任；构成犯罪的，依法追究刑事责任。即使在民法上，也具有多种保护方式，对物权归属产生争议的，可以提起确认之诉；占有被侵夺的，可以主张占有请求权；在受有损害的情况下，还有债权性质的侵权损害赔偿请求权。物权受到侵害不仅有公力救济途径，一定条件下，还可以实施正当防卫、紧急避险和自助行为。除去上述的救济方式，民法还创设了物权请求权，赋予权利人返还原物、排除妨害、消除危险请求权，以便恢复其物权圆满状态，其功能主要在于防御。因为物权请求权是建立在物权之上的，所以首先必须确认请求人是否享有物权或者占有。另外，还需要考察被请求人是否属于有权占有，或者请求人是否负有特别容忍义务。[①] 从请求权基础的层次性上讲，关于物权取得和丧失、占有取得和丧失的规范可能构成物权请求权的辅助规范，相关事实作为构成要件中的制度性事实。

一、返还原物请求权

（一）构成要件

《民法典》第二百三十五条规定：“无权占有不动产或者动产的，权利人可

① ［德］迪特尔·梅迪库斯：《请求权基础》，陈卫佐、田士永、王洪亮、张双根译，法律出版社 2012 年版，第 123 页。

以请求返还原物。”因此，返还原物请求权的构成要件包括：

1. 请求人为物权人；

2. 被请求人为现时的无权占有人。

（二）物权人

请求人限于所有权、用益物权、质权等包含有占有权能的物权人，不包括抵押权人、地役权人，也不包括基于债权的权利人，比如承租人等。

诉讼担当的情况下，破产管理人、遗产管理人等可以作为原告行使返还原物请求权。

（三）现时的无权占有人

1. 现时的。

被请求人须是现时的无权占有人，无权的直接占有人和无权的间接占有人都可。如乙将偷来的手机转卖他人，对乙就不能行使返还原物请求权，因为乙已经不再占有该手机。在这种情形下，可对乙主张侵权损害赔偿请求权或不当得利返还请求权。但如果乙借给或者租给他人，乙仍然是间接占有人，可以主张返还原物请求权。

2. 无权。

具有占有的本权，即为有权占有，也无返还原物请求权。即使自然债务也可构成有权占有。如乙购买的房屋交付以后，一直没有办理过户登记，即使物权变动请求权过了诉讼时效，变成了自然债务，乙对于出卖人依然属于有权占有，可以对抗出卖人的原物返还请求权。

但基于债权成立的占有具有相对性，债权人也有可能成为返还原物请求权的被请求人。如甲的房屋一物二卖，先卖给乙并交付但并未过户，后来又卖给不知情的丙。对于甲来讲，乙构成有权占有。但对于善意取得的丙来讲，乙属于无权占有，丙当然可以向乙行使返还原物请求权。①

3. 占有人。

被请求人不包括占有辅助人。

如果物已经灭失，物权消灭，占有消灭，返还原物请求权也就不复存在了。

（四）返还对象

返还的范围为原物及其孳息。根据《民法典》第四百五十九条、第四百六

---

① 善意取得属于原始取得，取得人不继受物上的负担。

十条、第四百六十一条规定，无权占有人的返还义务和赔偿义务，根据善意占有人和恶意占有人而有所区别。

		使用致损	占有人必要费用返还	毁损灭失
无权占有	善意自主	不承担	要求返还	不需补足损失
	善意他主	超越权限赔偿	假想权限范围内返还	超越权限范围补足
	恶意占有	承担赔偿责任	不能要求返还	补足损失

1. 善意的自主占有人。

应该返还原物及孳息，但享有必要费用请求权，请求人应当支付善意占有人因维护该不动产或者动产支出的必要费用。(第四百六十条)

应当将因毁损、灭失取得的保险金、赔偿金或者补偿金等返还给权利人，但不需补足损失。

2. 善意的他主占有人。

应该返还原物及孳息。对假想权限范围内支出的必要费用享有请求权。超过假想权限范围使用造成损害的，应该承担相应赔偿责任。

应当将因占有物毁损、灭失取得的保险金、赔偿金或者补偿金等返还给权利人。超越假想权限范围的，需要补足损失。

3. 恶意占有人。

没有必要费用请求权。

占有人因使用占有的不动产或者动产，致使该不动产或者动产受到损害的，恶意占有人应当承担赔偿责任。(第四百五十九条)

应当将因占有物毁损、灭失取得的保险金、赔偿金或者补偿金等返还给权利人；权利人的损害未得到足够弥补的，恶意占有人还应当赔偿损失。(第四百六十一条)

(五) 履行障碍和抗辩

可能的抗辩：所有具有占有权能的基础法律关系，都能作为抗辩，比如居住权、质权、留置权、租赁、自助行为等；标的物法律上或事实上不能返还等。占有人返还原物的请求权，自侵占发生之日起一年内未行使的，该请求权消灭。(第四百六十二条)

不能返还的情形，一般需要先适用关于占有返还的相关规定。在不与物权请求权性质相冲突的范围内，也可适用债权的有关规定，如过失相抵、迟延履行等。[①]

考虑到举证责任分担的一般原理，“无权占有”是消极事实，提起诉讼的一方不负举证责任；如果另一方抗辩其为有权占有，应由其负举证责任。

虽然《民法典》第二百二十七条规定，“动产物权设立和转让前，第三人占有该动产的，负有交付义务的人可以通过转让请求第三人返还原物的权利代替交付”。这个表述容易让人误解为所有物返还请求权可以单独转让，但通说更多地认为与源权利“所有权”相分离的返还请求权转让是根本不可能的，不如说，这是所有权转让产生的效果。

二、排除妨害请求权

排除妨害请求权是指当物权人的权利受到占有以外的方式妨害时，物权人请求排除妨害以使自己的权利恢复圆满状态的一项请求权。

（一）构成要件

《民法典》第二百三十六条规定：“妨害物权或者可能妨害物权的，权利人可以请求排除妨害或者消除危险。”

请求权人为物权人。不要求占有权能，抵押权人亦可。但基于债权的权利人不可。具体构成要件包括：

1. 造成了占有以外的其他妨害，这主要是与返还原物请求权相区分。
2. 具有不法性或者超过了必要的限度。
3. 请求时妨害仍在持续中。
4. 被请求人为对妨害具有支配力的人。

（二）具有不法性

主要是排除物权人具有特别容忍义务的情形。特别容忍义务可以来自法定，也可以来自约定。法定的容忍义务如相邻关系或者法律限定的极限值，[②] 约定的如地役权等。

（三）被请求人

被请求人包括行为妨害人或状态妨害人。行为妨害人是以其行为造成妨害的人。状态妨害人是对造成妨害的物或者设施具有事实上支配力的人。

---

① 方志平：《民法宝典》，中国政法大学出版社 2017 年版，第 210 页。
② 王利明、杨立新、王轶、程啸：《民法学》，法律出版社 2017 年版，第 371 页。

（四）请求效果

请求排除妨害，其效果可因具体情形而不同，比如拆除违章建筑，清倒恶臭垃圾，涂销错误登记等。

被妨害人以其费用排除妨害的，可依不当得利或无因管理追偿。

（五）抗辩

原告具有容忍义务的，构成排除妨害的抗辩。考虑是否构成妨害时，需要综合考虑容忍度等。

指导案例128号，李劲诉华润置地（重庆）有限公司环境污染责任纠纷案裁判要点：由于光污染对人身的伤害具有潜在性、隐蔽性和个体差异性等特点，人民法院认定光污染损害，应当依据国家标准、地方标准、行业标准，是否干扰他人正常生活、工作和学习，以及是否超出公众可容忍度等进行综合认定。对于公众可容忍度，可以根据周边居民的反应情况、现场的实际感受及专家意见等判断。

三、消除危险请求权

（一）构成要件

《民法典》第二百三十六条规定："妨害物权或者可能妨害物权的，权利人可以请求排除妨害或者消除危险。"具体构成要件包括：

1. 请求权人为物权人。
2. 具有受到妨害的现实危险。
3. 请求时危险仍在持续中。
4. 被请求人为对危险的除去具有支配力的人。

（二）现实危险

"危险"，应为具体的、事实的危险，必须是可以合理预见和感知确实存在着某种危险，而不是主观臆测的危险，此种损害尚未发生但又确有可能发生，如请求邻居拆除可能倒塌的建筑物。排除妨害要求相对人积极地采取措施排除现实已经发生了的妨害，而消除危险则要求相对人积极地消除将来发生妨害或损害的可能性，换言之，妨害必须是已经发生的，而危险则是尚未发生的。

四、修理、重作、更换或者恢复原状请求权

《民法典》第二百三十七条规定："造成不动产或者动产毁损的，权利人可

以依法请求修理、重作、更换或者恢复原状。”本条并非独立的请求权基础，需要结合侵权责任编及其他法律规定。“本条在物权法规定的基础上，增加了‘依法’二字。在民法典编纂过程中，不少意见提出，返还原物、排除妨害、消除危险请求权属于物权请求权。而《物权法》第36条规定的修理、重作、更换或者恢复原状请求权，在性质上不属于物权法律制度上的物权请求权，而属于债权请求权。本条吸收这一意见，增加‘依法’二字，以示区分。这里的‘依法’是指依照民法典侵权责任编以及其他相关法律规范的规定。这就意味着权利人行使这种权利，需要符合这些相关法律关于请求权具体要件等方面的规定。”①

可能的抗辩：(1) 标的物已灭失，无法进行修理、重作、更换或恢复原状。(2) 标的物对当事人没有特殊意义，且修理、重作、更换或恢复原状的费用过高，不符合经济效率原则。

五、损害赔偿请求权

《民法典》第二百三十八条规定：“侵害物权，造成权利人损害的，权利人可以依法请求损害赔偿，也可以依法请求承担其他民事责任。”本条只是提示性规定，需要按照侵权责任编的损害赔偿相关规定进行考察。

损害物权一般情况下不能请求精神损害赔偿，但有例外。因故意或者重大过失侵害自然人具有人身意义的特定物造成严重精神损害的，被侵权人有权请求精神损害赔偿。(第一千一百八十三条第二款) 人身权益或者具有人身意义的特定物受到侵害，自然人或者其近亲属向人民法院提起诉讼请求精神损害赔偿的，人民法院应当依法予以受理。(《精神损害赔偿解释》第一条)

六、考察思路

因为物权请求权是建立在物权基础之上的，所以必须首先确认物权，就像在合同请求权必须先确立合同成立并生效一样。对于所有权来说，必须区分动产与不动产，依靠各自的物权变动规则来检验所有权的取得与丧失。

除考察权利人方面外，还要检验债务人方面的条件，比如是占有辅助人还是占有人。还要考察有权占有的本权，比如租赁，债权性的占有、物权性的占有，留置权等。

---

① 黄薇：《中华人民共和国民法典物权编解读》，中国法制出版社2020年版，第72页。

第二节 物权变动

一、先决的权利或法律状态

前面我们讲了作为给付之诉的诉讼标的的请求权的证明责任划分，并进一步分析了变动权—拘束的法律要件分类。但是我们无往而不在法律关系之中，在痛点法律关系分析中，在请求权或者变动权的分析过程中，总会面对先决的作为构成要件特征的权利状态或法律关系。前述的划分原则也同样适用于作为构成要件的权利或法律关系。“根据前面几节中论及的原则，原告必须对权利产生规范的前提条件（或权利产生事实）承担证明责任，被告必须对权利妨碍规范、权利消灭规范或权利排除规范的前提条件（或权利妨碍等的事实）承担证明责任。该原则是法律适用的一般原则，它不仅适用于直接形成诉讼的、有效裁判标的那些权利和法律关系，而且还适用于作为提起诉讼或者抗辩所依据的权利或法律关系的构成要件特征的权利和法律关系（所谓先决的或者预设的权利和法律关系）。”① 比如在侵权之诉中，被告对侵害的财产权属产生争议；在所有物返还之诉中，被告对原告是否享有所有权产生争议。在前述情况下，原告只需要对被侵害的权利、所有权产生进行证明，而妨碍权利产生的以及使权利消灭或者排除的主张责任和证明责任，则由对方当事人承担。比如，在罗森贝克所举的一个案例中，“原告委托被告为其代销生猪，风险由原告承担；被告可以允许顾客赊购，而且被告不对顾客履行义务承担责任。在为期数年的业务往来中断后，原告为索要到期应付款项提起诉讼。双方对其中一笔 6366 马克的款项有争议。被告主张，他将由原告送来的一批生猪用赊购的方式以 6366 马克卖给了×，×不久便逃往美国，因而，要款不成。于是，被告主动提出将对×的债权转让给原告。但是原告要求被告支付价款，原告否认被告将生猪卖给了×”②。由于被告对于原告请求权的存在并不否认，只是试图让与其对×的债权来履行原告的货款请求权，那么，被告就应该对×的债权承担证明责任。

先决的权利属于债权的，按照请求权的法律要件分类进行解决。先决的权利

① ［德］莱奥·罗森贝克：《证明责任论》，庄敬华译，中国法制出版社 2018 年版，第 176 页。

② ［德］莱奥·罗森贝克：《证明责任论》，庄敬华译，中国法制出版社 2018 年版，第 2 页。

属于人身权的，由于其涉及“当然权利、绝对权利”，只要是人，就享有这些权利，并不涉及权利产生、障碍、消灭的划分。所以本节主要处理的问题是作为绝对权的物权。

二、物权和债权的区分与互动

（一）物权和债权的区分

物权是支配权，债权是请求权。物权是绝对权，需要公示其权利状况。债权是相对权，当事人知晓就行。物权具有排他性，债权具有兼容性。物权具有优先性，债权具有平等性。所有权不受时间限制（用益物权和担保物权有期限），债权通常有期限。债权具有任意性，而物权是法定的。物权受到侵害之后，可以进行物上请求权和债权请求权的救济。债权受到侵害，只能采取债权的保护。

物是人类生存于世不可或缺的物质基础，物权是一种绝对权、对世权，大体上可以说是一种目的性的权利，以直接支配其物满足人类的生产生活为目的，不像债权是一种手段性的权利，具有死亡的基因，一经实现，即告消灭。①

物权不同于债权，债权的权利义务发生在当事人之间，遵循自愿原则，而物权是一种对世权、绝对权，如许其以契约或习惯创设，不利于维护市场交易秩序，因此需要物权法定原则，使物权关系明确化，维护物权关系的稳定性。（1）物权种类法定，是指物权类型除法律明确规定的外，不得随意创设。这与合同法的规则不同，实行合同自由，因此存在着所谓有名合同和无名合同的区分。如果当事人为了自身的利益而创设了新类型物权，那么这种创设不具有物权法上的效力。例如，不允许当事人在他人的动产上创设用益物权，不得创设《民法典》所未规定的不动产质权等。（2）物权内容法定，是指物权主体的权利义务的内容由法律明确规定，当事人不得创设与物权的法定内容相悖的物权。例如，买卖合同中当事人约定买受人取得标的物的所有权，但该所有权不包含处分权，此即创设物权的内容，为法律所不许。

（二）物权和债权的互动

债权通常是物权变动的原因，也是物权变动的媒介和手段，物权是债权变化的结果和目的。但是在具体的处理方式上，又有不同：

---

① 人们将物权和其他权利相比较时一般以所有权为原型，这样有助于理解。用益物权和担保物权也是有期限的。

1. 物债区分及物权行为的无因性。

在德国和我国台湾地区的民法理论上，区分了负担行为和处分行为，负担行为是指创设权利义务，他人由此产生相应请求权的行为，处分行为是指直接使某种权利发生、变更、消灭的法律行为。比如，在买卖的场合，买卖合同是一种负担行为，只是产生了一方可以向对方请求交付其物的请求权。在履行日，双方移转所有权的合意是物权行为。由于负担行为只影响合同双方当事人，并且只是产生义务，还没有实际进行履行，所以不涉及处分的特定性，这尤其体现在种类物买卖中，不需要明确到底现实世界中的哪一个物被买卖。但是在处分中则不同，我们必须明确交付的是哪一个物，是哪一个物的所有权发生了变动，与债权只是在当事人双方间产生义务不同，物权的变动针对不特定第三人产生了不作为的义务，由此产生了物权保护请求权和侵权责任上的问题。这在准物权行为——债权让与中也存在，我们要区分转让200万元债权的义务的约定以及到底是哪个200万元债权被转让了，前者只是产生转让的义务，是负担行为；后者则是生效的债权让与，是处分行为。

一般来讲，负担行为是处分行为的原因和基础，但是为了保障交易安全，在负担行为和物权行为相分离的基础上，德国法（且几乎只在德国法上）创设了与分离原则相联系的无因性原则：处分的有效性应不取决于作为基础的负担行为的有效性。例如，一件被不生效力的合同出卖的物的所有权转让可以是有效的。结果是出卖人先是丧失了其所有权，且不能行使所有物返还请求权。他必须依照因给付而发生的不当得利返还请求权请求返还占有和所有权。到转让回来时为止，该物属于买受人的财产，并受买受人的债权人的处置。①

2.《民法典》的处理方式。

我国通说并不采用负担行为和处分行为的区分制度，更谈不上物权行为的无因性了。通说认为，我国只承认票据行为的无因性、代理权授予的无因性等。

在我国的民法制度上，也存在区分原则，只不过是债权和物权效果的区分。

如果是通过法律行为进行物权变动的，需要遵循以下模式：

债权合意+处分权+交付（登记）= 物权变动。

对这个公示说明如下：

基于法律行为的物权变动，需要区分三个阶段进行考察，第一个阶段是判断法律行为的成立及生效。法律行为是否成立或生效，依照法律行为成立与生效的

① ［德］迪特尔·梅迪库斯：《请求权基础》，陈卫佐、田士永、王洪亮、张双根译，法律出版社2012年版，第23页。

规范判断。不能因为处分权和交付登记等原因影响法律行为的效力。当事人不得以物权变动未进行登记、交付的要件事实，即物权变动未发生，从而拒绝履行合同，这是一种倒果为因的做法。

第二个阶段看处分权，罗马法谚语有云："人不能转让自己并不拥有的东西，任何人不能基于交易从无权处分权人手里取得物权。"善意取得是基于法律的规定。

第三个阶段看登记和交付，动产没有交付的，不享有物权，只享有相应的请求权。不动产没有登记的，不享有相应的不动产物权，只享有相应的履行请求权。必须在法律行为的效力和物权效果之间进行区分，欠缺公示不能发生物权效果变动的，法律行为的效力不因此而受影响。

展开说明如下：

（1）关于法律行为效力。

我们区分了合同效力和登记的效力。

法律行为是否成立或生效，依照法律行为成立与生效的规范判断。不能因为处分权和交付登记等影响法律行为的效力。当事人之间订立有关设立、变更、转让和消灭不动产物权的合同，除法律另有规定或者当事人另有约定外，自合同成立时生效；未办理物权登记的，不影响合同效力。（第二百一十五条）"目前，无论是民法学界，还是法律规定和司法实践，对于区分合同效力和登记效力，在认识上已经基本达成一致。合同法规定，依法成立的合同，自成立时生效。合同法还规定了导致合同无效的各种情形，在这些情形中，并没有不动产物权未依法登记的规定。"①

（2）合同行为和物权变动的相对独立性。

应明确合同行为与物权变动之间的相对独立性。作为物权变动原因的合同行为，是指以产生债权债务为内容的法律行为，亦称负担行为，主要以意思表示为要件，适用合同编调整；作为处分结果的物权变动，是指直接使权利发生、变更或消灭的行为，包括不动产的转移登记以及动产的交付等行为，主要以法定要素为要件，适用物权编调整。

需要注意区分物权和债权两种效果。需要特别注意的是，当事人创设物权的民事行为，虽不发生物权效果，但是该创设行为如果符合其他法律行为的要件，则当事人之间仍然产生该法律行为的法律效果。比如，《九民会议纪要》第七十

---

① 黄薇：《中华人民共和国民法典物权编解读》，中国法制出版社2020年版，第29页。

一条关于让与担保规定："债务人或者第三人与债权人订立合同，约定将财产形式上转让至债权人名下，债务人到期清偿债务，债权人将该财产返还给债务人或第三人，债务人到期没有清偿债务，债权人可以对财产拍卖、变卖、折价偿还债权的，人民法院应当认定合同有效。合同如果约定债务人到期没有清偿债务，财产归债权人所有的，人民法院应当认定该部分约定无效，但不影响合同其他部分的效力。当事人根据上述合同约定，已经完成财产权利变动的公示方式转让至债权人名下，债务人到期没有清偿债务，债权人请求确认财产归其所有的，人民法院不予支持，但债权人请求参照法律关于担保物权的规定对财产拍卖、变卖、折价优先偿还其债权的，人民法院依法予以支持。债务人因到期没有清偿债务，请求对该财产拍卖、变卖、折价偿还所欠债权人合同项下债务的，人民法院亦应依法予以支持。"

（3）有因性。

物权变动是坚持无因性，还是坚持有因性，对于当事人的权利状态、权利救济有着重大影响。在坚持物权行为理论的德国和我国台湾地区，以无因性作为其原则，物权行为的效力不受债权行为左右，债权合同不成立、无效或者被撤销，而物权行为仍为有效，出卖人只能依不当得利请求买受人返还原物，不能以物权人的身份请求返还原物。但与之相反，在我国《民法典》体系中，合同是物权变动的重要基础和原因，无此基础关系，当事人要求物权变动的请求权就失去了权源根基，无法请求对方履行交付或协助登记等变动义务。已经登记的，在物权变动的效力受到作为变动原因的合同行为的影响和支配，即债权行为不成立、不生效、被撤销或无效时，其物权状态也应随之变动，原权利人可以要求恢复物权。

民事法律行为无效、被撤销或者确定不发生效力后，行为人因该行为取得的财产，应当予以返还；不能返还或者没有必要返还的，应当折价补偿。（第一百五十七条）

（4）关于处分权。

处分权是否影响合同的效力是民法典编撰过程中主要争议点之一。后来，立法明确处分权不影响合同效力。

《民法典》第五百九十七条规定："因出卖人未取得处分权致使标的物所有权不能转移的，买受人可以解除合同并请求出卖人承担违约责任。法律、行政法规禁止或者限制转让的标的物，依照其规定。"买卖合同并不因为出卖人无权处分而无效。"处分他人之物所订立合同的效力。尽管在本条中没有明确出卖人处分他人之物所订立的合同是否为有效合同，实质上我们对此是持肯定态度的，主要理由：一是买卖当事人订立的合同只要不违反法律、行政法规的强制性规定以及不违背公序良俗，原则上均属有效，有利于交易的正常开展。二是为保护善意买受人的利益，也应当认定处分他人之物所订立的合同有效，从而有利于交易的安全。从善意的受让人角度而言，认定合同有效，其可以追究相对人的违约责任，若不认定有效，则只能主张缔约过失责任，不符合公平原则。三是司法实践中已普遍认为，处分他人之物所订立的合同原则上为有效，且行之有效，故立法不应当与实际情况相违背。四是本法第215条规定：‘当事人之间订立有关设立、变更、转让和消灭不动产物权的合同，除法律另有规定或者当事人另有约定外，自合同成立时生效；未办理物权登记的，不影响合同效力。’从侧面显示出卖人对标的物没有所有权或者处分权时所订立的合同，原则上从合同成立时生效。五是域外规定通常认为处分他人之物所订立的合同有效，《国际商事合同通则》第3.1.3条规定，合同订立时一方当事人无权处置与该合同相关联之财产的事实本身，并不影响合同的效力；《欧洲合同法原则》第4：102条规定，合同订立时不可能履行所承担之义务，或一方当事人无权处分与合同有关的财产的，不影响合同的效力。”①

处分权的有无，不影响合同的效力，但是影响物权变动。在无权处分的场合，就需要看是否有善意取得的适用。根据《民法典》第三百一十一条第二款规定：“受让人依据前款规定取得不动产或者动产的所有权的，原所有权人有权向无处分权人请求损害赔偿。”受让人享有善意推定，原所有权人主张不适用善意取得的需要戳破善意的面纱，证明受让人的恶意。受让人不能善意取得的，买受人可以要求出卖人承担违约责任或者要求解除合同并主张损害赔偿。

（5）关于交付和登记。

动产没有交付的，不享有物权，只享有相应的请求权。不动产没有登记的，不享有相应的不动产物权，只享有相应的履行请求权。必须在法律行为的效力和物权效果之间进行区分，欠缺公示不能发生物权变动效果，但法律行为的效力不因此而受影响。

基于事实物权而进行处分的，处分合同有效，未登记或者交付的，不发生物权效力。

---

① 黄薇：《中华人民共和国民法典合同编解读（上册）》，中国法制出版社2020年版，第494页。

三、基于法律行为的动产物权变动

物权变动有两种形式，第一种是基于法律行为而进行的物权变动，是指以一方当事人的单方意思表示或双方当事人共同的意思表示为基础进行的物权变动。第二种是基于非法律行为而进行的物权变动，指基于法律行为以外的原因引起的物权变动。根据前述说明，我们分三块进行说明：基于法律行为的动产物权变动、基于法律行为的不动产物权变动、基于非法律行为的物权变动。

（一）从有权利人处取得

基于法律行为的动产物权变动需要具备合同有效、具有处分权、已经交付等条件，此处论述交付的含义。

1. 交付的意义和种类

动产物权的设立和转让，自交付时发生效力，但是法律另有规定的除外。(第二百二十四条)

交付又有以下三种：

简易交付：动产物权设立和转让前，权利人已经占有该动产的，物权自民事法律行为生效时发生效力。(第二百二十六条)

指示交付：动产物权设立和转让前，第三人占有该动产的，负有交付义务的人可以通过转让请求第三人返还原物的权利代替交付。(第二百二十七条)

占有改定：动产物权转让时，当事人又约定由出让人继续占有该动产的，物权自该约定生效时发生效力。(第二百二十八条)

交付以后，发生“一交三转”的法律意义：所有权、风险、孳息随之转移。

2. 动产的登记

对于某些特殊动产，法律规定了登记的特殊意义。

（1）特殊动产的登记对抗。船舶、航空器和机动车等的物权的设立、变更、转让和消灭，未经登记，不得对抗善意第三人。(第二百二十五条)

（2）动产抵押的登记对抗。以动产抵押的，抵押权自抵押合同生效时设立；未经登记，不得对抗善意第三人。(第四百零三条)

（二）动产所有权的善意取得

无处分权人将动产转让给受让人的，所有权人有权追回；除法律另有规定外，符合下列情形的，受让人取得该动产的所有权：（1）受让人受让该动产时是善意的；（2）以合理的价格转让；（3）转让的动产已经交付给受让人。受让

人依照前述规定取得动产的所有权的，原所有权人有权向无处分权人请求损害赔偿。（第三百一十一条）

所有权人或者其他权利人有权追回遗失物。该遗失物通过转让被他人占有的，权利人有权向无处分权人请求损害赔偿，或者自知道或者应当知道受让人之日起二年内向受让人请求返还原物；但是，受让人通过拍卖或者向具有经营资格的经营者购得该遗失物的，权利人请求返还原物时应当支付受让人所付的费用。权利人向受让人支付所付费用后，有权向无处分权人追偿。（第三百一十二条）

四、基于法律行为的不动产物权变动

（一）基于法律行为的不动产物权变动

基于法律行为的不动产物权变动需要具备合同有效、具有处分权、已经登记等条件，此处论述不动产登记的含义。

不动产物权的设立、变更、转让和消灭，经依法登记，发生效力；未经登记，不发生效力，但是法律另有规定的除外。依法属于国家所有的自然资源，所有权可以不登记。（第二百零九条）

登记生效的例外：

1. 土地承包经营权：土地承包经营权互换、转让的，当事人可以向登记机构申请登记；未经登记，不得对抗善意第三人。（第三百三十五条）

2. 地役权：地役权自地役权合同生效时设立。当事人要求登记的，可以向登记机构申请地役权登记；未经登记，不得对抗善意第三人。（第三百七十四条）

（二）不动产所有权善意取得

无处分权人将不动产转让给受让人的，所有权人有权追回；除法律另有规定外，符合下列情形的，受让人取得该不动产的所有权：（1）受让人受让该不动产时是善意的；（2）以合理的价格转让；（3）转让的不动产已经登记。受让人依照前述规定取得不动产所有权的，原所有权人有权向无处分权人请求损害赔偿。（第三百一十一条）

（三）不动产物权的登记

不动产登记簿是物权归属和内容的根据。（第二百一十六条）由于不动产登记的公信力，在产权权属产生争议时，不动产登记人无需证明权利发生要件，而是由对方证明权利错误登记，权利障碍、消灭等事由。

（四）预告登记

预告登记是与本登记相对应的一项登记制度，二者有着明显区别。本登记是已经完成的不动产物权的登记，是现实物权的登记，实质是终局登记，当事人所期待的物权变动效果得以实现。预告登记所登记的不是现实的不动产物权，它是在确定的物权登记条件还不具备时，所进行的预先保全登记，预告登记并不导致不动产物权的设立或变动，只是取得一种请求将来发生物权变动的排他性权利。

从性质上讲，经预告登记后的物权变动请求权仍然是一种债的请求权，但客观效果上具有类似物权的效力，也就是说，对后来发生的与该项请求权内容相同的不动产物权的处分行为，具有对抗的效力。具体来讲，预告登记权利包括两个方面：

1. 对物权权利人的限制性效力。预告登记之后，不动产物权人对不动产所为的物权处分行为，不得妨害已经进行预告登记的未来物权，否则预告登记权利人可以请求确认物权人的处分行为不发生物权效力。此处所说的“处分行为”，主要是指不动产物权人将所有权转移至他人名下，或者在不动产上设定抵押权等物权变动行为。《民法典》第二百二十一条第一款规定：“当事人签订买卖房屋的协议或者签订其他不动产物权的协议，为保障将来实现物权，按照约定可以向登记机构申请预告登记。预告登记后，未经预告登记的权利人同意，处分该不动产的，不发生物权效力。”《物权编解释一》第四条规定：“未经预告登记的权利人同意，转让不动产所有权等物权，或者设立建设用地使用权、居住权、地役权、抵押权等其他物权的，应当依照民法典第二百二十一条第一款的规定，认定其不发生物权效力。”

2. 对第三人的排他性效力。由于预告登记在先，基于该登记所具有的公示、公信效力，向之后第三人的交易安全发出预警，第三人在明知存在预告登记的情况下，仍进行的交易将被认定为具有主观恶意，不能以善意第三人为由主张取得相应的不动产物权。

如果当事人主张预告登记权利，认为不动产权利人未经其同意处分不动产，相应的处分行为不发生物权效力，应当举证证明物权变动合同确已进行了预告登记的要件事实。这里需要注意两个方面的问题：第一，“不发生物权效力”具有相对性。即不动产物权人的处分行为，在妨害登记请求权的范围内不发生物权效力，如果预告登记权利人的请求权不存在或嗣后消灭，或权利人对义务人的处分表示同意，那么不动产物权人的处分行为便会发生物权效力。第二，预告登记权利人不能主张不动产物权人与第三人之间的合同无效。如果不动产物权人与第三人之间恶意串通的，则违反了民法典的规定，预告登记权利人则有权主张相应的合同无效。

预告登记只是对处分权的限制，预告登记权利人并不自然地享有请求过户登记的权利，还要看原来的债权债务关系。如在商品房预售合同中，虽然预售合同已进行了预告登记，但是购房人违约未付清房款，出卖人有权对购房人要求过户的请求提出抗辩；如果购房人事后又履行了合同义务，补清了房款，可以请求转移物权。

主张预告登记失效的一方，应提供证据证明预告登记后，债权消灭或者自能够进行不动产登记之日起九十日内未申请登记。（第二百二十一条）

五、基于非法律行为的物权变动

非因法律行为的物权变动，不以登记或交付为生效要件。处分该物权时，依照法律规定需要办理登记的，未经登记，不发生物权效力。（第二百三十二条）

非因法律行为取得物权，但未办理登记或交付，可以行使物权保护的相关请求权。《物权编解释一》第八条规定："依据民法典第二百二十九条至第二百三十一条规定享有物权，但尚未完成动产交付或者不动产登记的权利人，依据民法典第二百三十五条至第二百三十八条的规定，请求保护其物权的，应予支持。"

（一）生效法律文书、征收

因人民法院、仲裁机构的法律文书或者人民政府的征收决定等，导致物权设立、变更、转让或者消灭的，自法律文书或者征收决定等生效时发生效力。（第二百二十九条）

《物权编解释一》第七条规定："人民法院、仲裁机构在分割共有不动产或者动产等案件中作出并依法生效的改变原有物权关系的判决书、裁决书、调解书，以及人民法院在执行程序中作出的拍卖成交裁定书、变卖成交裁定书、以物抵债裁定书，应当认定为民法典第二百二十九条所称导致物权设立、变更、转让或者消灭的人民法院、仲裁机构的法律文书。"

（二）继承

因继承取得物权的，自继承开始时发生效力。（第二百三十条）

（三）事实行为

因合法建造、拆除房屋等事实行为设立或者消灭物权的，自事实行为成就时发生效力。（第二百三十一条）

（四）加工、附合、混合

因加工、附合、混合而产生的物的归属，有约定的，按照约定；没有约定或者约定不明确的，依照法律规定；法律没有规定的，按照充分发挥物的效用以及保护无过错当事人的原则确定。因一方当事人的过错或者确定物的归属造成另一方当事人损害的，应当给予赔偿或者补偿。（第三百二十二条）

（五）法律未规定的物权变动

《民法典》没有规定先占、取得时效等制度。取得时效立法有意采取否定态度，未予规定，不能认为是漏洞。其他制度虽未规定，应认为有适用之可能。比如先占，以所有的意思，先于他人而占有无主动产，依法取得所有权的事实。

六、物权变动请求权

（一）基于法律行为的物权变动

这里的物权变动，包括所有权转移、用益物权设定、担保物权设定等法律行为，当事人主张相应的物权变动时，应当提供证据证明双方之间存在买卖合同、用益物权设定合同、抵押权设定合同、质权设定合同，因债务人不履行到期债务而债权人可以留置合法占有的动产等要件事实。比如，买受人依据房屋买卖合同请求出卖人办理不动产登记手续，“当事人双方订立了房屋买卖合同之后，合同就已经生效，如果没有办理登记手续，房屋所有权不能发生移转，但买受人基于有效合同而享有的占有权仍然受到保护。违约的合同当事人一方应该承担违约责任。依不同情形，买受人可以请求债务人实际履行合同，即请求出卖人办理不动产转让登记，或者请求债务人赔偿损失”①。

（二）基于非法律行为的物权变动

对于基于非法律行为的物权变动，如依人民法院、仲裁委员会的法律文书或者人民政府的征收决定等引发的物权变动，因继承或者受遗赠引发的物权变动，因合法建造、拆除房屋等事实行为引发的物权变动，当事人无需主张物权变动，因为法定的非法律行为一旦出现，相应的物权变动便依据法律规定自行完成，无需他人协助，如果当事人对物权归属有争议的，可以提起物权确认之诉。

（三）主张恢复物权变动

基于物权变动的有因性，如果原因行为解除、无效、被撤销，或者物权变动

---

① 黄薇：《中华人民共和国民法典物权编解读》，中国法制出版社2020年版，第30页。

的原因事实不成立的，比如引起物权变动的人民法院、仲裁委员会的法律文书或人民政府的征收决定等被撤销的，当事人可以主张恢复物权变动。

登记、占有也是一种不当得利的利益，可能发生不当得利请求权的竞合。

（四）更正登记请求权

《民法典》第二百二十条规定："权利人、利害关系人认为不动产登记簿记载的事项错误的，可以申请更正登记。不动产登记簿记载的权利人书面同意更正或者有证据证明登记确有错误的，登记机构应当予以更正。不动产登记簿记载的权利人不同意更正的，利害关系人可以申请异议登记。登记机构予以异议登记，申请人自异议登记之日起十五日内不提起诉讼的，异议登记失效。异议登记不当，造成权利人损害的，权利人可以向申请人请求损害赔偿。"《物权编解释一》第二条规定："当事人有证据证明不动产登记簿的记载与真实权利状态不符、其为该不动产物权的真实权利人，请求确认其享有物权的，应予支持。"

七、物权确认请求权（确认之诉）

因物权的归属、内容发生争议的，利害关系人可以请求确认权利。物权归属和内容不明或发生争议时，可以提起物权确认之诉。（第二百三十四条）

由于物权登记和占有的公示效力，登记和占有一方不承担证明责任，由发起攻击方承担取得或者享有物权的证明责任。比如，通过合同协议等法律行为取得了标的物物权，通过法院、仲裁机构的裁决等取得了标的物物权，通过继承或者受遗赠等行为取得了标的物物权，通过合法建造等事实行为取得了标的物物权，自己系实际的隐名物权人。

对用益物权、担保物权的范围、内容产生争议的，可以提起确认之诉。对担保物权无争议的，可以通过非讼程序实现担保物权。

第六章　占　有

占有是对物的事实上的控制和支配。理解占有制度，需要从两个方面来考虑，一方面是占有作为一种法律保护的归属秩序，被侵夺、被妨害或者具有妨害的危险时，该如何保护，我们在本章第一节占有保护请求权部分进行介绍。另一方面是，被占有的不动产或动产的原物返还、使用收益、损害赔偿该如何确定，这又根据有权占有和无权占有而有区别，在本章第二节进行介绍。

第一节　占有保护请求权

一、保护占有的重要意义

占有返还请求权体现了一种对私力救济的禁止。为了社会的和平安宁，只有在自力救济等极少数情形才允许私力，一般需要通过公权力救济恢复。“占有保护的理由在于，已经成立的事实状态，不应受私力而为的扰乱，而只能通过合法的方式排除，这是一般公共利益的要求。例如甲借用乙的自行车，到期不还构成无权占有，乙即使作为自行车的物主也不可以采取暴力抢夺的方式令甲归还原物。”① 对此，甲可以对乙提起侵占之诉，当然，乙对甲可以提起本权之诉进行对抗。

通过保护占有，可以达成以下的目的：

1. 占有被称为保护物权的快捷键，通过保护占有可以更好地保护以占有为内容的物权。

2. 因为债权人不享有物权请求权，可以通过保护占有，保护以占有为内容的债权，比如，承租人、借用人等。

3. 通过占有的推定，禁止个人擅自剥夺他人的占有，最终保护社会秩序。

① 黄薇：《中华人民共和国民法典物权编解读》，中国法制出版社 2020 年版，第 846 页。

当然，对无权占有的保护只是暂时、非终局确定的保护，只是一种技术性的过渡安排。

不少书中将占有保护请求权放在物权请求权部分进行介绍，本书将其单独作为一类。债权在现代法中具有优越地位，债权性的占有和使用在土地资源国有、房价居高不下等大背景下具有更加重要的价值。另外，随着城镇化加快发展，熟人社会日益向陌生人社会转变，人和人之间的生存和活动空间日渐拥挤，尊重他人的占有状态更显重要。基于这些理由，本书将其作为独立的类型，以避免放在物权部分让人误以为该请求权受到物权的影响。事实上，占有保护请求权的规范目的也不是保护物权。

二、占有返还请求权

（一）构成要件

1. 请求权人为占有人。

此处包括有权占有，也包括无权占有。占有的品质、占有的本权在所不问。这体现了对他人物的管领控制的尊重，体现了对归属秩序的保护。

2. 占有被侵夺。

立法使用了“侵占”一词，但理论上使用“侵夺”一词，指违背占有人的意思，以法律禁止的私人力量剥夺占有人的占有，将占有人的占有物移转到自己的管领控制之下。

如果占有并非被侵夺，则不能适用占有物返还请求权。如受欺诈或胁迫而订立合同移转占有的，则应该通过撤销合同来要求所有物返还。拾得遗失物不交还的也不适用，因为所有人丧失占有并非由于侵夺。

3. 被请求人为侵夺人或者侵夺人的占有继受人。

4. 在除斥期间，侵占发生之日起一年内行使。

（二）抗辩

侵夺人不能以占有的品质、占有的权利来抗辩，占有的权利并不构成对私力的允许。自助行为可以构成抗辩。

（三）物权请求权与占有返还请求权的区别

1. 请求权基础：返还原物请求权的请求权基础是《民法典》第二百三十五条，是基于物权的支配性、绝对性、排他性而产生的请求权，目的是恢复物权的圆满状态。占有返还请求权的请求权基础是第四百六十二条，其目的是恢复原占有人对物的占有，并不涉及最终的权利归属问题。

2. 请求权人：返还原物请求权的请求人是物权人，需要证明相关权利的归属。占有返还请求权的请求权人是占有人，只要证明占有被侵夺即可。基于债权占有被侵夺的，可以请求占有返还请求权，但不能行使返还原物请求权。

3. 被请求人：返还原物请求权的被请求人是现时的无权占有人，占有返还请求权的被请求人是侵夺人及其继受人。在占有物被侵夺的情形，物权人（占有人）发生返还原物请求权和占有返还请求权的竞合。但对于遗失物、占有委托物等情形，不能适用占有返还请求权。在侵夺人将物转卖的情形下，买受人属于善意的占有特定继受人，不能适用占有返还请求权，但能适用返还原物请求权。

4. 时间限制：不动产物权和登记的动产物权的权利人请求返还财产不适用诉讼时效，未登记的动产物权适用诉讼时效（第一百九十六条）。占有人返还原物的请求权，自侵占发生之日起一年内未行使的，该请求权消灭。（第四百六十二条）

三、占有妨害排除请求权

（一）构成要件

1. 占有被妨害。
2. 请求人为占有被妨害的人。
3. 被请求人为对妨害的除去具有支配力的人。
4. 妨害具有不法性或者超越了正常的容忍限度。
5. 请求时，妨害仍在持续中。

（二）抗辩规范

妨害排除请求权以妨害持续中为条件，无此状态，自无行使必要，不适用诉讼时效的规定。若妨害产生实际损害，则可行使损害赔偿请求权，适用普通诉讼时效规定。请求权人具有容忍义务，构成抗辩规范。

四、占有妨害防止请求权

（一）构成要件

1. 具有妨害的现实危险。
2. 请求人为占有人。
3. 相对人为对危险除去具有支配力的人。

4. 请求时危险仍在持续中。

（二）抗辩规范

妨害防止请求权以危险状态持续为条件，无此状态，自无行使必要，不适用诉讼时效的规定。请求权人具有容忍义务，构成抗辩规范。

五、占有损害赔偿权

“占有虽非一种权利，但也属法律所保护的一种财产利益，不受他人非法的任意侵害。侵害占有的，应负侵权的损害赔偿责任。”①

第二节　占有及占有的本权

一、占有的要素

占有保护请求权以占有被侵夺、妨害或具有妨害之危险为前提，与之相关的，就需要清晰如下问题：谁取得或丧失占有，何种情况算是侵害或妨害？

占有，就是人对物的实际控制和支配。

占有需要具备心素和体素两方面的要素。

（一）心素

占有的意思是一种自然意思，不以行为能力为必要，具有对物的自然能力已足。而且，一般占有意思已足，不需要特定化。

（二）体素

可从两个层次上认定：

1. 有相应的法律关系足以认定的，直接依法律关系认定谁是占有人，占有的类型为何。

2. 没有相应的法律关系时，按照一般社会观念依据人与物的时空结合关系进行认定。

占有，是自然人出于支配意志，对某个对象所具有的一种事实、社会上的支

① 黄薇：《中华人民共和国民法典物权编解读》，中国法制出版社2020年版，第848页。

配。这个概念表明，“占有”具有事实上的支配和社会对支配的承认两个可分级的概念。握在手中的物事实上的支配力是最强的，出国后停在停车场的汽车支配力弱，但社会承认的支配力强。在这两者之间存在各种不同的组合，对于占有这个概念的实现而言，在事实上的支配力越强，社会承认的因素可以越弱，比如，无权占有也受保护。社会上承认度越高，事实上的支配力可以越弱，比如前面所举的汽车的例子。当这两个概念中的要素其中之一强烈地显示时，纵使另一个只有微弱的显现，占有这个概念仍然清楚地实现。只有当这两个概念都很微弱地显现时，才会不确定这个概念是否实现。①

二、有权占有

有权占有，是指具有本权的占有，凡是对物享有占有的物权、债权、监护权、身份权等，都可能成为占有的本权。基于合同关系等产生的占有，有关不动产或者动产的使用、收益、违约责任等，按照合同约定；合同没有约定或者约定不明确的，依照有关法律规定。(第四百五十八条) 依据物权等产生的占有，适用相关合同及物权编的有关规定。

兹以租赁合同、保管合同、质权为例：

(一) 租赁合同

1. 返还原物。

租赁期限届满，承租人应当返还租赁物。返还的租赁物应当符合按照约定或者根据租赁物的性质使用后的状态。(第七百三十三条)

2. 使用、收益。

承租人按照约定的方法或者根据租赁物的性质使用租赁物，致使租赁物受到损耗的，不承担赔偿责任。(第七百一十条)

在租赁期限内因占有、使用租赁物获得的收益，归承租人所有，但是当事人另有约定的除外。(第七百二十条)

3. 损害赔偿。

承租人应当妥善保管租赁物，因保管不善造成租赁物毁损、灭失的，应当承担赔偿责任。(第七百一十四条)

---

① ［德］英格博格·普珀：《法学思维小学堂》，蔡圣伟译，法律出版社 2011 年版，第 27 页。

（二）保管合同

1. 返还原物。

保管期限届满或者寄存人提前领取保管物的，保管人应当将原物及其孳息归还寄存人。（第九百条）

2. 使用、收益。

保管人不得使用或者许可第三人使用保管物，但是当事人另有约定的除外。（第八百九十五条）

3. 损害赔偿。

保管期内，因保管人保管不善造成保管物毁损、灭失的，保管人应当承担赔偿责任。但是，无偿保管人证明自己没有故意或者重大过失的，不承担赔偿责任。（第八百九十七条）

（三）质权

1. 返还原物。

债务人履行债务或者出质人提前清偿所担保的债权的，质权人应当返还质押财产。（第四百三十六条）

2. 使用、收益。

质权人有权收取质押财产的孳息，但是合同另有约定的除外。收取的孳息应当先充抵收取孳息的费用。（第四百三十条）

质权人在质权存续期间，未经出质人同意，擅自使用、处分质押财产，造成出质人损害的，应当承担赔偿责任。（第四百三十一条）

3. 损害赔偿。

质权人负有妥善保管质押财产的义务；因保管不善致使质押财产毁损、灭失的，应当承担赔偿责任。质权人的行为可能使质押财产毁损、灭失的，出质人可以请求质权人将质押财产提存，或者请求提前清偿债务并返还质押财产。（第四百三十二条）

三、占有权利推定①

占有权利的推定，是指占有人于占有物上行使的权利，推定其适法有此权利。例如，甲以行使所有权的意思占有某小提琴，推定甲有该小提琴的所有权。乙主张该小提琴归其所有，必须举证推翻。

---

① 崔建远：《物权法》，中国人民大学出版社 2017 年版，第 159 页。

民法典虽未对占有权利推定作出明确规定，但也应该承认该项推定，主要理由如下：（1）由于占有某物通常多基于本权，具有权利存在的盖然性，尤其在法律对动产物权的移转采取交付主义的背景下，占有权利的推定具有保护占有背后权利的功能；（2）占有权利的推定可以避免占有人就权利存在举证的困难，使排除本权的妨害趋于容易，维护物的秩序。我们所穿衣服，所戴手表，所驾汽车，所用钢笔，倘若不推定为我们所有，则他人任意争执，诉讼不断，危及社会秩序。（3）占有的权利既受推定，产生公信力，使善意信赖占有而为交易者，可受保护，有益于交易安全。（4）《民法典》第二百一十六条第一款规定："不动产登记簿是物权归属和内容的根据。"《民法典》就不动产登记承认了权利推定，对动产物权的移转采取了交付主义，设置了善意取得制度，从体系化的角度看，可认为也承认占有权利的推定。

受权利推定之后，占有人就自己具有占有权利，可不负举证之责，因而，有权以此推定对抗他人就该占有物权利的争执，对方必须举证推翻该推定。占有人就占有权利的推定，不仅仅在于防御，亦可作为向第三人主张权利的依据。例如，占有未登记房屋的所有权人，在该房屋的使用收益权被他人妨害时，对该妨害之人有权行使排除妨害请求权，因为按照占有权利推定，占有该房屋之人被推定为所有权人。

四、无权占有

（一）具体的分类

无权占有是指欠缺本权的占有。对无权占有又可以根据是否知情和是否以所有的意思进行占有分为四大类：

善意占有：指占有人不知道也不应当知道自己没有权利的占有。

恶意占有：占有人明知没有占有的权利，或虽非明知但理应有所怀疑所形成的占有。

自主占有：指以所有的意思对物进行的占有。

他主占有：非以所有的意思对物进行的占有。

上述四类相互组合，又可以分成以下四类：

1. 善意的自主占有人，没有权限的限制。

2. 善意的他主占有人，因为可能具有"假想的占有权限"的限制，超越假想的占有权限造成的不动产、动产的损害，应由善意的他主占有人承担赔偿责任。

3. 恶意的自主占有人、恶意的他主占有人，理论上可以细分，但是对于赔偿范围和返还必要费用来讲，细分似乎就没有必要了。

（二）分类的意义

无权占有人承担的责任，根据占有的品质进行了区分。

1. 原物和孳息返还请求权、善意占有人的必要费用请求权。

善意占有人和恶意占有人都应该返还原物及其孳息，但善意占有人因维护该不动产或者动产支出的必要费用有请求权，恶意占有人没有必要费用的请求权。（第四百六十条）

2. 恶意占有人的赔偿责任。

占有人因使用占有的不动产或者动产，致使该不动产或者动产受到损害的，恶意占有人应当承担赔偿责任。（第四百五十九条）善意占有人使用占有物致使物遭受损害的，无需承担责任。“各国或地区立法之所以规定善意占有人不担责任，背后的立法逻辑就是，法律对于占有赋予了几种法律效力，其一就是权利的推定效力，占有人于占有物上行使的权利，推定其适法有此权利，而善意占有人在使用占有物时即被法律推定为物的权利人，具有占有使用的权利。因此，对于使用被占有的物而导致的物的损害，不应负赔偿责任。对于恶意占有则不同，各国立法一般都明确规定，恶意占有人应当承担赔偿责任。”①

3. 占有财产毁损、灭失的赔偿责任。

占有的不动产或者动产毁损、灭失，该不动产或者动产的权利人请求赔偿的，占有人应当将因毁损、灭失取得的保险金、赔偿金或者补偿金等返还给权利人；权利人的损害未得到足够弥补的，恶意占有人还应当赔偿损失。（第四百六十一条）

具体见下表：

占有的分类		使用致损	占有人必要费用返还	毁损灭失
有权占有		依照本权解决		
无权占有	善意自主	不承担	可要求返还	不需补足损失
	善意他主	超越权限范围内赔偿	假想权限范围内返还	超越权限范围补足
	恶意占有	承担赔偿责任	不能要求返还	补足损失

① 黄薇：《中华人民共和国民法典物权编解读》，中国法制出版社 2020 年版，第 838 页。

第七章 人格权

《民法典》将人格权独立成编，全面加强对包括自然人隐私权和个人信息在内的人格权保护，彰显了民法典的人民立场和人文关怀。但人格权编显然有其不同于其他各编的特点。与同为绝对权的物权编一样，其完整的请求权基础并不多，因为作为支配权，主要是权利主体对客体的直接支配，假手他人的内容不多，主要是目的在于恢复绝对权圆满状态的绝对权请求权。人格权和自然人的生命同在，人格权不得放弃、转让或者继承。（第九百九十二条）从请求权基础的角度看，不像物权编，关于所有权取得（法律行为取得、法定取得）、丧失、他物权等诸多规定可以作为绝对权请求权的辅助规范和抗辩规范，人格权编少有此类规定。虽然人格权是绝对权，但一个主体的人格权总是要遭遇另一个主体的人格权，这就涉及人格权和人格权之间的冲突和协调问题。所以，人格权编的主要内容就是明确界定具体人格权的概念、保护范围及其特别规制。从编撰技术角度讲，这些规定大部分会和侵权责任结合起来考察。但由于人格权的特殊性，立法采用了动态系统论的观点，对其侵权责任的考察和赔偿范围的确定有不少不同于一般侵权的特色规定。本章第一节总体介绍人格权请求权和人格权侵权责任。第二节介绍各种具体人格权的概念、保护范围、特别规制措施。

第一节 人格权请求权

一、一般人格权和具体人格权

人格权是指以主体固有的人格利益为客体的权利，包括一般人格权和具体人格权。《民法典》第九百九十条规定："人格权是民事主体享有的生命权、身体权、健康权、姓名权、名称权、肖像权、名誉权、荣誉权、隐私权等权利。除前款规定的人格权外，自然人享有基于人身自由、人格尊严产生的其他人格权益。"根据该条，在具体法律适用上，应该优先考虑具体人格权，然后再考虑一般人格权。“抽象人格权是方法性、权能性的权利，具体人格权才是真实的民事权利，前者指导后者的行使和保护，后者被前者所指导和保护，由此构成我国人格权的权利体系，使《民法典》人格权编确立的人格权体系，既有逻辑基础，又有现实权利的具体构成，展现了新时代人格权体系的魅力。”①

人格权的适用要区分宪法人格权和私法人格权。“不仅民法规定了‘私法人格权’，宪法也规定了作为基本权利的‘宪法人格权’，如《中华人民共和国宪法》第37条第1款规定：‘中华人民共和国公民的人身自由不受侵犯。’再如《中华人民共和国宪法》第38条规定：‘中华人民共和国公民的人格尊严不受侵犯。禁止用任何方法对公民进行侮辱、诽谤和诬告陷害。’‘宪法人格权’，是公民对国家享有的公权利，国家因此负有义务制定民事（刑事、行政）方面的法律规范以防范人格权遭受国家和其他第三人（私人）的侵犯。规定‘宪法人格权’的宪法规范‘不能司法化’，不能作为裁判民事案件的直接依据（即不能作为演绎推理三段论的大前提）；但是，在民法规范适用过程中应作符合‘宪法人格权’的解释适用。‘宪法人格权’对民法具有间接效力（基本权利的第三人效力）。‘宪法人格权’所确立的客观价值秩序（体系），具有客观规范内容，应放射作用于整个法秩序（包括民法领域），透过‘概括条款’和‘不确定概念’进入民法适用于民事法律关系。例如：雇佣合同包含‘女职工怀孕即作自动离职处理’条款的，该条款（‘单身条款’）因侵害了宪法明文保护的人格平等、人格尊严、人格自由（自主决定生育）的人格利益，属于‘违背公序良俗’，根据《民法典》第153条第2款的规定，该‘单身条款’无效。”②

二、人格权请求权

人格权受到侵害的，受害人有权依照本法和其他法律的规定请求行为人承担民事责任。受害人的停止侵害、排除妨碍、消除危险、消除影响、恢复名誉、赔礼道歉请求权，不适用诉讼时效的规定。(第九百九十五条)

人格权请求权与损害赔偿请求权有着诸多不同，主要表现在以下方面：

1. 对过错的举证不同。绝对权请求权中，停止侵害、排除妨碍等责任形式无需考虑加害人是否存在过错。损害赔偿责任的承担一般要考虑加害人是否存在过错。

2. 是否需要损害证明不同。停止侵害、排除妨碍、消除危险等责任形式不

---

① 杨立新：《我国民法典人格权立法的创新发展》，载《法商研究》2020年第4期。

② 《钟秀勇讲民法之精讲》，中国商务出版社2020年版，第553页。

需要证明损害；而损害赔偿这种责任形式必须以损害的举证、损害的实际发生为基础，没有损害就没有赔偿。

3. 绝对权请求权不受诉讼时效的限制。人格权请求权作为一种绝对权请求权属性的权利，本身不应受到诉讼时效的限制。一方面，人格权请求权的功能在于保护民事主体对其人格利益的圆满支配，只要该圆满支配的状态受到不当影响，权利人即有权主张人格权请求权。因此，人格权请求权原则上不应当适用诉讼时效。如果对人格权的侵害和妨碍仍处于持续状态，则权利人即应当享有人格权请求权，以消除相应的不利影响。另一方面，在人格权受到侵害或者妨害的情形下，由于行为人的行为一直处于持续状态，诉讼时效无法确定起算点，因此，不应当适用诉讼时效。①

停止侵害请求权、排除妨害请求权、消除危险请求权需要以妨害和危险存在且具有不法性为前提，侵害行为、妨害推定具有不法性，违法阻却事由属于抗辩规范。根据下文动态系统论的构成要件，需要通过利益衡量、比例原则来综合认定违法性。

行为人因侵害人格权承担消除影响、恢复名誉、赔礼道歉等民事责任的，应当与行为的具体方式和造成的影响范围相当。(第一千条第一款)

行为人拒不承担前述规定的民事责任的，人民法院可以采取在报刊、网络等媒体上发布公告或者公布生效裁判文书等方式执行，产生的费用由行为人负担。(第一千条第二款)

三、禁止令

对于人格权的保护，预防损害比救济损害更重要。并且，诉讼救济旷日持久，有可能权利最终确定的时候，已经造成不可挽回的损失，为了有效保护人格权，《民法典》新增了侵害人格权的禁令制度。民事主体有证据证明行为人正在实施或者即将实施侵害其人格权的违法行为，不及时制止将使其合法权益受到难以弥补的损害的，有权依法向人民法院申请采取责令行为人停止有关行为的措施。(第九百九十七条)

四、死者人格权的保护

死者的姓名、肖像、名誉、荣誉、隐私、遗体、遗骨等受到侵害，其近亲属

① 王利明：《民法典人格权编的立法亮点、特色与适用》，载《法律适用》2020年第17期。

向人民法院提起诉讼请求精神损害赔偿的，人民法院应当依法予以支持。（精神损害赔偿解释第三条）

五、侵权责任与动态系统论①

动态系统论最早由奥地利学者维尔伯格于20世纪40年代提出，经日本学者山本敬三等人的介绍与传播，已经为我国法学界所熟知，并在世界范围内产生了重要的影响。我国《民法典》人格权编中的多个条文均体现了动态系统论的思想，这也成为人格权编的重要特色之一。

（一）人格权编采纳动态系统论的重要意义

人格权编中采纳动态系统论，主要有以下几个原因。

1. 人格权中各项权利的位阶存在差异。

在各项具体人格权中，各种权利或利益的价值不同，其利益价值越高，受到的保护就越广泛和有力。具体到人格权中，生命、身体、健康等人格利益是处于最优越地位的，尤其是生命权应该被置于首位；而精神性人格利益，如肖像、隐私等相较于物质性人格权而言，位阶则相对较低。

2. 人格权保护与其他利益冲突频发。

人格权不同于财产权，与其他利益常常发生冲突。例如，在判断隐私权是否应当受到保护时，其常常要与言论自由、公共利益等权利或利益进行平衡；而在名誉权的保护中，也往往要考虑新闻自由与舆论监督的关系。因此，法律需要协调各种可能产生的利益冲突，确保每一种权利都受到相应的保护，而不能因为保护其中一种，就牺牲其他的权利或利益。

（二）人格权编对动态系统论运用的特点

《民法典》人格权编对动态系统论的吸收和采纳在多个条文中都有所体现，但最典型的是《民法典》第九百九十八条："认定行为人承担侵害除生命权、身体权和健康权外的人格权的民事责任，应当考虑行为人和受害人的职业、影响范围、过错程度，以及行为的目的、方式、后果等因素。"

第一，要区分物质性人格权与其他人格权（标表性人格权和精神性人格权）。物质性人格权是生命权、健康权、身体权等以生命、健康利益为客体的具有最强人身专属性的人格权。物质性人格权是人格权乃至所有民事权利中居于最

---

① 本部分内容选自王利明：《民法典人格权编中动态系统论的采纳与运用》，载《法学家》2020年第4期。有部分删减，请参阅原文。

重要位阶的权利。我国民法典关于人格权的规定首先列举生命、健康、身体等权利，也表明其是具有基础性地位的权利。物质性人格权也可以说是所有民事权利享有的基础和前提，因为任何权利都无法离开生命与身体这一物质载体。生命不存在，各种权利的享有也将不复存在。同时，物质性人格权也是最基本的人格权，所以，法律对于物质性人格权的保护应当被置于首要位置，以加强对物质性人格权的保护。对于侵害物质性人格权的情形，法律往往规定了特殊的救济方式，如侵害生命权的，依据《民法典》第1179条的规定，造成死亡的应当赔偿丧葬费与死亡赔偿金。这些损害赔偿被称为法定的损害赔偿。法官对侵害物质性人格权的情形，应当直接适用法定赔偿金，而一般不再考虑行为人和受害人的职业、影响范围、过错程度等因素。

第二，对于物质性人格权以外的标表性和精神性人格权的侵害，在确立民事责任时，要采用动态系统论的方式进行判定。

第三，确定法官要考量的“因素”。

第四，对这些“因素”进行有序排列。动态系统论观点的核心在于确定需要考量的因素和因子，而非赋予法官无限的自由裁量。这些因素与因子，只能通过立法加以明确并对这些“因素”进行有序排列，“因素”排列越靠前，则越要重点考虑。

人格权编引入动态系统论，要求法官在确定责任时对诸多因素存在的范围、程度以及它们在整体权重中的相互关系，作出一种综合的、动态的评估，相对于决定性的责任构成要件而言，更为科学合理。

（三）精神损害赔偿

侵害自然人人身权益造成严重精神损害的，被侵权人有权请求精神损害赔偿。(第一千一百八十三条第一款)

在财产权遭受侵害的情形下，一般都要采取损害赔偿的救济方式，而此种方式以及完全赔偿原则的采用，就是对财产权进行保护的最佳方法。但人格权遭受侵害的情形并不相同。一方面，在人格权遭受侵害的情形下，常常并没有发生财产损害，而只是发生了精神损害。但是精神损害赔偿很难像财产损害一样，运用清晰明确的标准进行判定或计算。在财产损害计算中可适用“差额说”，通过比较损害发生前后的财产差额，即可确定损害赔偿的数额；但是在精神损害赔偿中，却无法根据这一差额进行判断，而只能由法官综合考量各种因素进行判定。《精神损害赔偿解释》第五条规定：“精神损害的赔偿数额根据以下因素确定：（一）侵权人的过错程度，但是法律另有规定的除外；（二）侵权行为的目的、方式、场合等具体情节；（三）侵权行为所造成的后果；（四）侵权人的获利情况；（五）侵权人承担责任的经济能力；（六）受理诉讼法院所在地的平均生活水平。”该条并没有采用构成要件的方式，只是列举了诸多精神损害赔偿数额判断的因素，引导法官结合个案进行考量。

第二节　具体人格权

具体人格权包括生命权、身体权、健康权、姓名权、名称权、肖像权、名誉权、荣誉权、隐私权等具体权利。

一、生命权、身体权和健康权

（一）生命权

自然人享有生命权。自然人的生命安全和生命尊严受法律保护。任何组织或者个人不得侵害他人的生命权。（第一千零二条）

（二）身体权

自然人享有身体权。自然人的身体完整和行动自由受法律保护。任何组织或者个人不得侵害他人的身体权。（第一千零三条）

《民法典》确立了规制和防止性骚扰的规则，第一千零一十条第一款规定：“违背他人意愿，以言语、文字、图像、肢体行为等方式对他人实施性骚扰的，受害人有权依法请求行为人承担民事责任。”立法明确了性骚扰的概念和认定标准，有利于受害人据此进行维权。

（三）健康权

自然人享有健康权。自然人的身心健康受法律保护。任何组织或者个人不得侵害他人的健康权。（第一千零四条）以前人们将健康权主要理解为生理健康，现在也包括心理健康。

如前文所述，生命权、身体权、健康权属于物质性人格权，应适用严格的保护方式，并适用法定赔偿金。侵害他人造成人身损害的，应当赔偿医疗费、护理费、交通费、营养费、住院伙食补助费等为治疗和康复支出的合理费用，以及因误工减少的收入。造成残疾的，还应当赔偿辅助器具费和残疾赔偿金；造成死亡的，还应当赔偿丧葬费和死亡赔偿金。（第一千一百七十九条）因生命、身体、健康遭受侵害，赔偿权利人起诉请求赔偿义务人赔偿物质损害和精神损害的，人民法院应予受理。（《人身损害赔偿解释》第一条）其他人格权侵权责任成立和赔偿范围的考察适用动态系统论。《民法典》第九百九十八条规定：“认定行为人承担侵害除生命权、身体权和健康权外的人格权的民事责任，应当考虑行为人和受害人的职业、影响范围、过错程度，以及行为的目的、方式、后果等因素。”

二、姓名权和名称权

（一）姓名权

自然人享有姓名权，有权依法决定、使用、变更或者许可他人使用自己的姓名，但是不得违背公序良俗。（第一千零一十二条）自然人应当随父姓或者母姓，父姓和母姓之外选取姓氏应当符合一定条件。（第一千零一十五条）自然人决定、变更姓名，应当依法向有关机关办理登记手续，并且更名不影响其更名前实施的法律行为的效力。（第一千零一十六条）具有一定社会知名度，被他人使用足以造成公众混淆的笔名、艺名、网名、译名、字号、姓名和名称的简称等，参照适用姓名权和名称权保护的有关规定。（第一千零一十七条）

（二）名称权

法人、非法人组织享有名称权，有权依法决定、使用、变更、转让或者许可他人使用自己的名称。（第一千零一十三条）

三、肖像权和声音权

肖像是通过影像、雕塑、绘画等方式在一定载体上所反映的特定自然人可以被识别的外部形象。自然人享有肖像权，有权依法制作、使用、公开或者许可他人使用自己的肖像。（第一千零一十八条）民法典加强了对肖像权的保护，对肖像的界定从面部特征转向可识别性，同时，废除了侵害肖像权必须以营利为目的的要件。

为了平衡权利人与社会公益、合法利用人之间的利益，法律规定了五种情形下可以合理使用，不需经过肖像权人同意。（第一千零二十条）同时，确立了肖像使用许可合同的“有利解释”规则，对使用许可合同期限及其解除作了规定。（第一千零二十一条、第一千零二十二条）

《民法典》承认声音作为一种新型的人格利益。对自然人声音的保护，参照

适用肖像权保护的有关规定。（第一千零二十三条第二款）

四、名誉权和荣誉权

（一）名誉权

名誉是对民事主体的品德、声望、才能、信用等的社会评价。民事主体享有名誉权。任何组织或者个人不得以侮辱、诽谤等方式侵害他人的名誉权。（第一千零二十四条）

实施新闻报道、舆论监督等行为，常常涉及评价他人的品德、声望、才能、信用，由于为公共利益需要，具有违法阻却性，一般不承担民事责任。但捏造、歪曲事实，对他人提供的严重失实内容未尽到合理核实义务，使用侮辱性言辞等贬损他人名誉等情形需要承担责任。判定行为人是否尽到合理核实义务，需要衡量以下因素：（1）内容来源的可信度；（2）对明显可能引发争议的内容是否进行了必要的调查；（3）内容的时限性；（4）内容与公序良俗的关联性；（5）受害人名誉受贬损的可能性；（6）核实能力和核实成本。设置义务过高，有碍新闻报道和舆论监督。“法院的任务在于努力使个人名誉及言论自由均能获得最大限度的保护，即一方面维护名誉所体现之人的尊严及人格发展价值，他方面亦须保障一个活泼自由的言论市场，确保新闻自由呼吸（喘息）的空间，不致产生寒蝉效应，造成媒体自我检查、自我限制，难以充分自由表达。”①

指导案例143号，北京兰世达光电科技有限公司、黄晓兰诉赵敏名誉权纠纷案裁判要点：1. 认定微信群中的言论构成侵犯他人名誉权，应当符合名誉权侵权的全部构成要件，还应当考虑信息网络传播的特点并结合侵权主体、传播范围、损害程度等具体因素进行综合判断。2. 不特定关系人组成的微信群具有公共空间属性，公民在此类微信群中发布侮辱、诽谤、污蔑或者贬损他人的言论构成名誉权侵权，应当依法承担法律责任。

（二）荣誉权

民事主体享有荣誉权。任何组织或者个人不得非法剥夺他人的荣誉称号，不得诋毁、贬损他人的荣誉。获得的荣誉称号应当记载而没有记载的，民事主体可以请求记载；获得的荣誉称号记载错误的，民事主体可以请求更正。（第一千零三十一条）

为公共利益实施新闻报道、舆论监督等行为的，可以合理使用民事主体的姓

① 王泽鉴：《法律思维与案例研习：请求权基础理论体系》，台北元照出版公司2019年版，第549页。

名、名称、肖像、个人信息等；使用不合理侵害民事主体人格权的，应当依法承担民事责任。(第九百九十九条) 法人或者非法人组织名誉权、荣誉权、名称权遭受侵害的，不能请求精神损害赔偿。(《精神损害赔偿解释》第四条)

五、隐私权和个人信息权

(一) 隐私权

隐私是自然人的私人生活安宁和不愿为他人知晓的私密空间、私密活动、私密信息。自然人享有隐私权。任何组织或者个人不得以刺探、侵扰、泄露、公开等方式侵害他人的隐私权。(第一千零三十二条)《民法典》强化了对隐私的保护，适应了互联网、大数据时代背景下，对个人隐私和信息保护的迫切需要。

(二) 个人信息权

个人信息是以电子或者其他方式记录的能够单独或者与其他信息结合识别特定自然人的各种信息，包括自然人的姓名、出生日期、身份证件号码、生物识别信息、住址、电话号码、电子邮箱、健康信息、行踪信息等。自然人的个人信息受法律保护。(第一千零三十四条) 个人信息中的私密信息，适用有关隐私权的规定；没有规定的，适用有关个人信息保护的规定。

第八章　侵权责任

以前的《侵权责任法》采用大侵权模式，不仅包含损害赔偿，还包括了停止侵害、排除妨碍、消除危险等内容。《民法典》把侵权责任形式主要聚焦到损害赔偿，侵权责任编第二章专章规定“损害赔偿”，建立了以损害赔偿为中心的责任方式，因此也和恢复绝对权圆满状态的物权请求权和人格权请求权区别开来。

侵权责任制度的目的在于明确侵权责任，预防并制裁侵权行为，促进社会和谐稳定。侵权责任的归责原则体现了立法者的价值判断，是判定是否构成侵权的主要标准，需要我们认真掌握。归责原则主要有过错、无过错、公平责任三种。

第一节　一般侵权行为

一、构成要件

（一）总体介绍

侵权责任主要是平衡行为人的行为自由和受害人权利保护，这种平衡体现在侵权责任的构成要件上。一般过错责任的构成要件在结构上可归纳为事实要件、违法性及有责性（故意、过失）的三阶层结构。[①] “过错原则的功能，在于保障普遍的行为自由：凡是谨慎注意地为行为者，自毋庸担心赔偿义务问题。”[②]

事实要件：损害，行为，因果关系。

违法性：损害行为推定具有违法性，考察是否有违法阻却事由。

过错：行为人主观上有无故意或过失。

---

① 王泽鉴：《侵权行为》，北京大学出版社 2016 年版，第 101 页。

② ［德］迪特尔·梅迪库斯：《请求权基础》，陈卫佐、田士永、王洪亮、张双根译，法律出版社 2012 年版，第 161 页。

（二）民事权益受到损害

1. 民事权益。

即考察是否属于侵权责任所保护的权益，不属于则适用范围不合适，不能适用侵权责任。另外，也可以该权益属于何人来判断原告是否具有诉的利益。

请求方需证明在侵权行为发生时，自己享有合法权益并受到了损失。这在人身权等绝对权的场合容易证明。在动产灭失的场合需要结合证人证言、当事人陈述提供的间接证据等予以证明。

2. 损害。

《侵权责任法》第六条规定：“行为人因过错侵害他人民事权益，应当承担侵权责任。”《民法典》第一千一百六十五条规定：“行为人因过错侵害他人民事权益造成损害的，应当承担侵权责任。”该条新增“造成损害的”要求，从而使侵权责任回归损害赔偿的定位，侵权责任编第二章专章就损害赔偿进行了规定。

（三）行为

这里包括两层含义，首先是人的行为，没有行为，不会产生侵权责任。完全与人无关的自然事件，比如地震、海啸等造成的人员伤亡和财产损失，虽然会产生保险赔偿金和国家救灾等方面的法律效果，但不会产生侵权责任的效果。

（四）因果关系

原告应该证明行为人的行为和损害之间存在相当的因果关系。

（五）违法性

损害权益的行为一般推定为具有违法性。被告需要对违法阻却事由进行证明。违法阻却事由是侵权责任的障碍规范。“在相对简单的情形中，人之行为（其违法性须待检查）连同侵害结果之出现构成一个整体，可称之为直接的侵害（行为）。基于这一整体性或直接性，可由结果之产生原因推导出违法性：人们认为，可非难的结果与（行为）违法性紧密相连，有此结果即推知有其违法性。比如，卡车司机撞上行人或他人庭院围篱，其行为违法性也就不在话下。在此情形须检查的是，是否有正当性理由而破坏此推知逻辑。如司机是为了避让一个小孩而撞上庭院围篱。”①

① ［德］迪特尔·梅迪库斯：《请求权基础》，陈卫佐、田士永、王洪亮、张双根译，法律出版社2012年版，第167页。

（六）过错

包括故意和过失。

（七）考察思路

一般过错侵权，在规范构成上与刑法规范极为近似，故而在考察其构成要件时亦应采取类似方法，也就是三阶层的思考方法。程啸先生也讲，对于一般过错侵权，法律只是原则规定，应按照从客观要件到主观要件的顺序进行考察。[①]“上述各责任构成要件，大多在彼此之间构成一种逻辑上的位序关系。尤其是在客观要件充分之前，不能肯认违法性的存在；而在肯认违法性要件之前，也不能首先认定过错的存在。这一逻辑位序关系，在思考侵权责任之构成时应予注意。反过来，若是否定某一构成要件，则不必考虑这一逻辑要求。例如，在确实欠缺过错要件或者可予赔偿之损害时，则即便不检查客观要件与违法性要件，在逻辑上仍可无障碍地否定《民法典》第 823 条第 1 款之请求权的成立。”[②]

人格权作为一种框架性权利、发展中的权利，其检视流程与前述不同，需要利益衡量、合一判断。“因内容与边界模糊，是否存在加害行为须在个案中借助法益衡量判断，不法性也无从推定，而须借助加害行为的认定予以积极认定。换言之，加害行为与不法性的认定同一，均须借助法益衡量，这一过程也同时合并过错的认定……据此，框架权利侵权请求权责任成立的检视程式为：框架权利受侵害（法益衡量，与加害行为、不法性、过错判断合一）。”[③]

二、侵权的三种类型

德国民法根据侵害的是绝对权还是其他权益分别规定了侵权责任的构成要件。我国《民法典》未作区分，但在学理和实务上可以解释为三类：“结合第 8 条（民事主体从事民事活动，不得违反法律，不得违背公序良俗）将第 1165 条第 1 款之‘过错侵害他人民事权益’解释为三种具体类型：其一，过错侵害他人绝对权（与类绝对权），绝对权本身具有对世性；其二，过错违反保护性法律致他人纯粹经济损失，保护性法律为对世规范；其三，故意违反善良风俗致他人纯粹经济损失，善良风俗为对世规范。”[④] 葛云松老师在论文中说明了这种类型化

① 程啸：《侵权责任法》，法律出版社 2015 年版，第 208 页。

② ［德］迪特尔·梅迪库斯：《请求权基础》，陈卫佐、田士永、王洪亮、张双根译，法律出版社 2012 年版，第 173 页。

③ 吴香香：《中国法上侵权请求权基础的规范体系》，载《政法论坛》2020 年第 6 期。

④ 吴香香：《中国法上侵权请求权基础的规范体系》，载《政法论坛》2020 年第 6 期。

区分的理由，“人与人在社会上高度依存，互相之间发生着各种有利或者不利的影响。但是，只有加害人对于自己的行为可能致人损害能够预见时，法律上才应当使其负担避免该损害的义务，并在其因为过失而导致该损害时，使其负担损害赔偿责任。绝对权具有对世性，第三人均可方便查知，自然可以预见到其行为的后果。法律具有公开性，可以为众人所知，对于那些以保护他人为目的的法律，不论法律的目的是保护绝对权还是保护其他权益，行为人对于自己违反这些法律的行为将导致他人发生损害，都可以预见。因此，因过失而违反保护他人的法律而致人损害的，应负损害赔偿责任。但是，在此之外，债权和其他纯粹经济利益不具有公开性，第三人难以了解其存在，因此应当仅在故意违反善良风俗而损害他人的该利益时，才应当承担赔偿责任”①。

三、抗辩规范

1. 被侵权人对同一损害的发生或者扩大有过错的，可以减轻侵权人的责任。(第一千一百七十三条)

2. 故意。损害是因受害人故意造成的，行为人不承担责任。(第一千一百七十四条)

3. 第三人原因。损害是因第三人造成的，第三人应当承担侵权责任。(第一千一百七十五条)

4. 不可抗力。因不可抗力不能履行民事义务的，不承担民事责任。法律另有规定的，依照其规定。不可抗力是不能预见、不能避免且不能克服的客观情况。(第一百八十条)

5. 正当防卫。因正当防卫造成损害的，不承担民事责任。正当防卫超过必要的限度，造成不应有的损害的，正当防卫人应当承担适当的民事责任。(第一百八十一条)

6. 紧急避险。因紧急避险造成损害的，由引起险情发生的人承担民事责任。危险由自然原因引起的，紧急避险人不承担民事责任，可以给予适当补偿。紧急避险采取措施不当或者超过必要的限度，造成不应有的损害的，紧急避险人应当承担适当的民事责任。(第一百八十二条)

7. 自助行为。合法权益受到侵害，情况紧迫且不能及时获得国家机关保护，不立即采取措施将使其合法权益受到难以弥补的损害的，受害人可以在保护自己

---

① 葛云松：《一份基于请求权基础方法的案例练习报告》，载《北大法律评论》2015 年第 2 期。

合法权益的必要范围内采取扣留侵权人的财物等合理措施；但是，应当立即请求有关国家机关处理。受害人采取的措施不当造成他人损害的，应当承担侵权责任。（第一千一百七十七条）

8. 救助行为。因自愿实施紧急救助行为造成受助人损害的，救助人不承担民事责任。（第一百八十四条）

9. 正当职务行为。

10. 权利的行使。

11. 合法行为。指导案例 142 号，刘明莲、郭丽丽、郭双双诉孙伟、河南兰庭物业管理有限公司信阳分公司生命权纠纷案裁判要点：行为人为了维护因碰撞而受伤害一方的合法权益，劝阻另一方不要离开碰撞现场且没有超过合理限度的，属于合法行为。被劝阻人因自身疾病发生猝死，其近亲属请求行为人承担侵权责任的，人民法院不予支持。

第二节　特殊侵权责任

一、过错推定责任

依照法律规定推定行为人有过错，其不能证明自己没有过错的，应当承担侵权责任。（第一千一百六十五条第二款）

（一）过错评价规范

医疗损害责任是过错责任，《民法典》第一千二百二十二条是过错评价规范，而并非过错推定责任的规定。“患者在诊疗活动中受到损害，有下列情形之一的，推定医疗机构有过错：（一）违反法律、行政法规、规章以及其他有关诊疗规范的规定；（二）隐匿或者拒绝提供与纠纷有关的病历资料；（三）遗失、伪造、篡改或者违法销毁病历资料。”

《医疗损害责任纠纷解释》第六条：“民法典第一千二百二十二条规定的病历资料包括医疗机构保管的门诊病历、住院志、体温单、医嘱单、检验报告、医学影像检查资料、特殊检查（治疗）同意书、手术同意书、手术及麻醉记录、病理资料、护理记录、出院记录以及国务院卫生行政主管部门规定的其他病历资料。患者依法向人民法院申请医疗机构提交由其保管的与纠纷有关的病历资料等，医疗机构未在人民法院指定期限内提交的，人民法院可以依照民法典第一千二百二十二条第二项规定推定医疗机构有过错，但是因不可抗力等客观原因无法提交的除外。”

（二）过错推定责任具体规定

《民法典》第一千二百四十八条规定：“动物园的动物造成他人损害的，动物园应当承担侵权责任；但是，能够证明尽到管理职责的，不承担侵权责任。”

《民法典》第一千二百五十三条规定：“建筑物、构筑物或者其他设施及其搁置物、悬挂物发生脱落、坠落造成他人损害，所有人、管理人或者使用人不能证明自己没有过错的，应当承担侵权责任。所有人、管理人或者使用人赔偿后，有其他责任人的，有权向其他责任人追偿。”

《民法典》第一千二百五十六条规定：“在公共道路上堆放、倾倒、遗撒妨碍通行的物品造成他人损害的，由行为人承担侵权责任。公共道路管理人不能证明已经尽到清理、防护、警示等义务的，应当承担相应的责任。”

《民法典》第一千二百五十八条第一款规定：“在公共场所或者道路上挖掘、修缮安装地下设施等造成他人损害，施工人不能证明已经设置明显标志和采取安全措施的，应当承担侵权责任。”

二、无过错责任

（一）构成要件

行为人造成他人民事权益损害，不论行为人有无过错，法律规定应当承担侵权责任的，依照其规定。（第一千一百六十六条）

构成要件：

1. 限于法律规定的特定情形。

2. 加害人实施了违法加害行为。

3. 受害人遭受了损害。

4. 加害行为和损害间具有因果关系。

虽然无过错责任并不以过错为要件，但是对过错的证明也是必要的。在德国，无过错责任具有一定的限额，如果主张超出限额的赔偿，需要对过错进行证明。我国支持当事人在过错责任侵权和无过错责任间选择对自己有利的规范。如果过错可以证明，则能够激起法官的公平正义感，从而体现在获得支持的赔偿数额上。

（二）具体规定

因产品存在缺陷造成他人损害的，生产者应当承担侵权责任。（第一千二百零二条）

因污染环境、破坏生态造成他人损害的，侵权人应当承担侵权责任。（第一千二百二十九条）

从事高度危险作业造成他人损害的，应当承担侵权责任。（第一千二百三十六条）

禁止饲养的烈性犬等危险动物造成他人损害的，动物饲养人或者管理人应当承担侵权责任。（第一千二百四十七条）

三、侵权责任上的多数人

侵权责任以发生于以受害人和行为人之间为典型，但也有例外。

（一）请求人的扩展

1. 近亲属、支付被侵权人医疗费、丧葬费等合理费用的人。

被侵权人死亡的，其近亲属有权请求侵权人承担侵权责任。被侵权人为组织，该组织分立、合并的，承继权利的组织有权请求侵权人承担侵权责任。被侵权人死亡的，支付被侵权人医疗费、丧葬费等合理费用的人有权请求侵权人赔偿费用，但是侵权人已经支付该费用的除外。（第一千一百八十一条）

2. 国家规定的机关或者法律规定的组织。

违反国家规定造成生态环境损害，生态环境能够修复的，国家规定的机关或者法律规定的组织有权请求侵权人在合理期限内承担修复责任。侵权人在期限内未修复的，国家规定的机关或者法律规定的组织可以自行或者委托他人进行修复，所需费用由侵权人负担。（第一千二百三十四条）

（二）被请求人的扩展

在下述这些情形，立法者基于一定的考量，将承担侵权责任的主体规定为行为人以外的人和组织，其并没有统一的原因和特点以供体系化和逻辑化整理，不如说我们要留心这些特别的规定，以便在实务中遇到相关情形时能够联想起来。

1. 监护人。

无民事行为能力人、限制民事行为能力人造成他人损害的，由监护人承担侵权责任。监护人尽到监护职责的，可以减轻其侵权责任。（第一千一百八十八条）

2. 用人单位。

用人单位的工作人员因执行工作任务造成他人损害的，由用人单位承担侵权责任。用人单位承担侵权责任后，可以向有故意或者重大过失的工作人员追偿。（第一千一百九十一条第一款）

3. 接受劳务方。

个人之间形成劳务关系，提供劳务一方因劳务造成他人损害的，由接受劳务一方承担侵权责任。（第一千一百九十二条）

4. 网络服务提供者。

网络服务提供者知道或者应当知道网络用户利用其网络服务侵害他人民事权益，未采取必要措施的，与该网络用户承担连带责任。（第一千一百九十七条）

5. 教育机构。

无民事行为能力人在幼儿园、学校或者其他教育机构学习、生活期间受到人身损害的，幼儿园、学校或者其他教育机构应当承担侵权责任；但是，能够证明尽到教育、管理职责的，不承担侵权责任。（第一千一百九十九条）

（三）多数被请求人

共同侵权中存在多数被请求人的情形，有以下几种类型。

1. 共同加害型。

二人以上共同实施侵权行为，造成他人损害的，应当承担连带责任。（第一千一百六十八条）

2. 因果关系竞合型。

二人以上分别实施侵权行为造成同一损害，每个人的侵权行为都足以造成全部损害的，行为人承担连带责任。（第一千一百七十一条）

3. 因果关系聚合型。

二人以上分别实施侵权行为造成同一损害，能够确定责任大小的，各自承担相应的责任；难以确定责任大小的，平均承担责任。（第一千一百七十二条）

4. 共同危险行为型。

二人以上实施危及他人人身、财产安全的行为，其中一人或者数人的行为造成他人损害，能够确定具体侵权人的，由侵权人承担责任；不能确定具体侵权人的，行为人承担连带责任。（第一千一百七十条）

第九章　不当得利

得利人没有法律根据取得不当利益的，受损失的人可以请求得利人返还取得的利益。(第九百八十五条) 萨维尼对该条文也有贡献，抛弃了“以不公平方式”而得利的自然法的积极表述，转而创造了“没有法律依据”这个抽象的否定标准。反映了其体系化、抽象化的努力，希望构建出一项尽可能抽象的规则体系，对所有可能的情形都事先完整地提供答案。① 没有法律上的原因，这个否定性表达需要穷尽法律上的原因才能作出判断，这在实践中总会造成困难。所以，学说和实践中发展了非统一说，也就是区分给付型不当得利和非给付型不当得利而分别进行考察。给付型不当得利应优先于非给付型不当得利进行考察，“理论上称非给付不当得利具有从属性，也即仅在得利人之得利并非来自任何人之给付时才可能成立非给付不当得利”②。

第一节　给付型不当得利

给付不当得利，指一方因他方的给付而受利益，因欠缺目的而无法律上原因，应负返还义务。

私法实行意思自治，当事人可以依照其意思自主决定其财产交易，有目的有意识地增加他人财产。这种特定目的来自当事人间的基础法律关系，也即给付在法律上的原因。该基础法律关系对当事人间利益状态有专门的协调机制（意定之债或法定之债）。当事人是在预设该原因存在的前提下进行给付的，当交易失败，欠缺给付目的时，也应在该给付关系的框架内进行清算。合同请求权优先于不当得利进行考察，即使是无效的合同，也具有意义，因为给付关系得以确立。在多

① ［德］米夏埃尔·马丁内克：《德意志法学之光巨匠与杰作》，田士永译，法律出版社 2016 年版，第 23 页。

② 胡坚明：《请求权基础规则与法典化立法》，载《华东政法大学学报》2016 年第 6 期。

方法律关系的考察中，也应保持这种相对性，以便保持相应的抗辩。例如，“因意思表示错误而撤销致双务契约自始无效时，当事人彼此的对待给付回复请求权（给付不当得利之返还）构成同时履行抗辩。在一方请求回复自己所为的给付而其所受领的给付却已经不存在时，另一方的同时履行抗辩便具有对本方回复请求权的保护功能”①。虽然同时履行抗辩只是一时抗辩权，但如果对方不具有履行能力时，则具有了永久抗辩的实际效果。

法律规定不当得利制度，矫正这种欠缺正当性的利益变动。

一、构成要件和法律效果

（一）构成要件

1. 受有利益。包括财产的积极增加和消极增加。消极增加指本应减少而未减少。“不当得利制度演变至今，作为构成要件之一的所受利益，已经不限于取得所有权、用益物权、担保物权，而是延伸至物的占有、不动产的登记、债务免除、债权、劳务的提供、物的使用。如此，在无权占有、不动产登记的原因不复存在的情况下，从债法的角度看，就构成不当得利返还请求权，占有、登记均为不当得利构成中的利益，适用《民法典》第985条的规定，无权占有人有义务返还占有物，登记名义人有义务协助注销登记。”②

2. 他方当事人受有损失。在给付不当得利类型中，一方当事人因他方当事人为给付而取得利益，就是他方当事人的损失。

3. 因果关系。在给付不当得利中，因果关系要件已由给付关系取而代之。

4. 没有法律依据。欠缺给付目的，构成无法律上原因。③ 欠缺给付目的包括三种情形。给付目的不存在：误以为债务存在而清偿。给付目的消灭：附解除条件或终期的赠与，条件成就或期限届满；撤销赠与合同等。给付目的不达：附停止条件的债务，给付后条件并未成就；因增资扩股而给付资金，事后并未增资。

原告请求给付型不当得利返还，需要证明被告受有利益，该利益由给付而发生，并且欠缺给付目的。欠缺给付目的从字面上看是一个消极事实，但作为一个评价性概念，必有其相对应的具体事实。给付作为有目的有意识地增加他人利益的行为，原告给付时总是基于某些原因，如消灭债务、取得债权或者赠与等，嗣

---

① 胡坚明：《请求权基础规则与法典化立法》，载《华东政法大学学报》2016年第6期。

② 崔建远：《中国民法典所设竞合规范论》，载《兰州大学学报（社会科学版）》2021年第1期

③ 王泽鉴：《法律思维与案例研习：请求权基础理论体系》，台北元照出版公司2019年版，第487~491页。

后这些原因不成立、无效、被撤销也总是有相应的事实。另外，从证据距离和常识来讲，作出给付的一方，一般更注意给付目的是否实现以及保留相应的证据，作为意外情况下要求返还的保障。从常识和交易习惯看，一方给付清偿债务的，通常会将欠条收回或者销毁，而少有债权人要求重新写出字据，申明某笔资金是清偿某笔债务，已经清偿云云。一方的给付究竟是原有的法律关系的终结，还是一个不当得利法律关系的开启，应由原告来承担证明责任。“在给付型不当得利纠纷中，主张不当得利返还请求权的一方当事人，作为不当得利的主动支付方，理当对支付理由或原因作出合理说明并承担相应举证责任。本案中，高某对其中45万元款项的支付原因解释为借款人和保证人重复还款，然在此前孔某法、严某七起诉高某及保证人还款纠纷案件审理过程中，高某并未以重复还款为由对该45万元付款提出过主张，故高某在本案中就支付原因所作解释实有悖常理，难以成立，原判对其该部分诉诸未予支持，并无不当。”①

（二）法律效果

1. 以返还所受利益的原状为原则，以价额偿还为例外。

2. 恶意得利人的加重责任：得利人知道或者应当知道取得的利益没有法律根据的，受损失的人可以请求得利人返还其取得的利益并依法赔偿损失。（第九百八十七条）

二、抗辩规范

（一）权利障碍抗辩

以下情况不能请求返还：

1. 为履行道德义务进行的给付。返还违背诚实信用和一般道德观念。

2. 债务到期之前的清偿。为了避免给付徒劳往复，徒增无益纠纷，而规定不能返还。

3. 明知无给付义务而进行的债务清偿。根据禁反言原则，不应返还。

4. 善意得利人的得利丧失抗辩。得利人不知道且不应当知道取得的利益没有法律根据，取得的利益已经不存在的，不承担返还该利益的义务。（第九百八十六条）“依据通说，不当得利受领人于受有利益时是否为善意，由利益受损失的人承担证明责任，而‘取得的利益已经不存在’之举证责任，则由得利人

① 孔某法诉高某不当得利纠纷案，浙江省高级人民法院（2014）浙民申字第1400号民事裁定书。

承担。”①

（二）权利消灭抗辩

如免除、抵销等。

（三）权利阻止抗辩

诉讼时效等。返还不当得利请求权的诉讼时效期间，从当事人一方知道或者应当知道不当得利事实及对方当事人之日起计算。（《民事诉讼时效规定》第六条）

给付型不当得利和合同请求权的考察关系密切。在采用物权行为无因性的情况下，给付型不当得利主要用来保护出卖人的利益。我国不采物权无因性理论，这就大大限制了不当得利的适用范围。

第二节 非给付型不当得利

非给付型不当得利包括权益侵害型不当得利、支出费用型不当得利、求偿型不当得利。

一、权益侵害型不当得利

权益侵害型不当得利，侵害应归属于他人的权益内容而受利益，致他人受损害（直接性），欠缺保有该项利益的正当性。比如，擅自使用他人肖像做广告获利。

（一）构成要件

1. 受有利益。

2. 他方受有损失。

3. 获得利益和受有损失之间有因果关系。藉由因果关系可以确定不当得利的双方当事人。在反射利益的情形，他方并未受有损失。渔夫利用灯塔航行，房地产商建设地标建筑使周边住户房价上涨，渔夫和住户虽有得利但未使他方受有损失。

① 谢鸿飞、朱广新：《民法典评注合同编（4）》，中国法制出版社2020年版，第654页。

4. 欠缺保有利益的权利或法律原因。此处不以行为的违法性，而以是否具有保有得利的正当性（契约关系或法律规定）作为判断标准。

（二）抗辩规范

一方因侵害他方而获益的，推定欠缺保有利益的正当性，而由对方对具有正当性进行证明。

权益侵害型不当得利和侵权制度具有关联，侵害权益型不当得利在原告无法证明对方过错和自身损害的情况下，如果仍存在不当利益变动，可以作为备选的方案。“权益侵害不当得利旨在保护权益，与侵权行为具有相同的功能，其主要的不同在于权益侵权不当得利不以加害人具有故意或过失或违法性为要件，其目的不在填补被害人所受损害，而在于返还应归属于被害人的权益内容。权益侵害不当得利得与侵权责任发生竞合关系。”①

二、支出费用型不当得利

支出费用型不当得利指非以给付的目的，为他人支出费用。支出费用型不当得利和无因管理相关联。正当的无因管理成立法定债的关系，误信管理和不法管理按照不当得利和侵权来解决。

三、求偿型不当得利

求偿型不当得利，指不具备委托、其他法定求偿要件而发生的请求权。比如，保留所有权买卖情况下，为了避免所有物被出卖人的债权人强制执行而清偿债务，由此取得所有权而取得对出卖人的不当得利请求权。

当法律有其他求偿的规定时，则应优先适用该规定，不能适用不当得利这个相对一般的规定。比如，法人承担责任后，向有过错的法定代表人追偿（第六十二条第二款）；不动产或者动产的共有人偿还债务超过自己应当承担的份额，向其他共有人追偿（第三百零七条）；次承租人代为支付租金和违约金，向承租人追偿。（第七百一十九条第二款）

① 王泽鉴：《法律思维与案例研习：请求权基础理论体系》，台北元照出版公司2019年版，第502页。

法律文件简称对照表

全称	简称
《中华人民共和国宪法》	《宪法》
《中华人民共和国民法典》	《民法典》
《中华人民共和国民法总则》	《民法总则》
《中华人民共和国民法通则》	《民法通则》
《中华人民共和国合同法》	《合同法》
《中华人民共和国刑法》	《刑法》
《中华人民共和国立法法》	《立法法》
《中华人民共和国民事诉讼法》	《民事诉讼法》
《中华人民共和国仲裁法》	《仲裁法》
《中华人民共和国治安管理处罚法》	《治安管理处罚法》
《中华人民共和国产品质量法》	《产品质量法》
《中华人民共和国消费者权益保护法》	《消费者权益保护法》
《中华人民共和国著作权法》	《著作权法》
《中华人民共和国合伙企业法》	《合伙企业法》
《中华人民共和国公司法》	《公司法》
《中华人民共和国慈善法》	《慈善法》
《最高人民法院关于适用〈中华人民共和国民法典〉婚姻家庭编的解释（一）》	《婚姻家庭编解释一》
《最高人民法院关于审理劳动争议案件适用法律问题的解释（一）》	《劳动争议解释一》
《最高人民法院关于适用〈中华人民共和国民法典〉物权编的解释（一）》	《物权编解释一》
《最高人民法院关于适用〈中华人民共和国民法典〉有关担保制度的解释（一）》	《担保制度解释》
《最高人民法院关于适用〈中华人民共和国民法典〉继承编的解释（一）》	《继承编解释一》

（续表）

全称	简称
《最高人民法院关于贯彻执行〈中华人民共和国民法通则〉若干问题的意见（试行）》	《民通意见》
《最高人民法院关于审理人身损害赔偿案件适用法律若干问题的解释》	《人身损害赔偿司法解释》
《最高人民法院关于确定民事侵权精神损害赔偿责任若干问题的解释》	《精神损害赔偿解释》
《最高人民法院关于审理利用信息网络侵害人身权益民事纠纷案件适用法律若干问题的规定》	《网络侵害人身权规定》
《最高人民法院关于审理买卖合同纠纷案件适用法律问题的解释》	《买卖合同解释》
《最高人民法院关于审理侵害信息网络传播权民事纠纷案件适用法律若干问题的规定》	《信息网络传播权解释》
《最高人民法院关于审理涉及计算机网络域名民事纠纷案件适用法律若干问题的解释》	《计算机域名纠纷解释》
《最高人民法院关于审理道路交通事故损害赔偿案件适用法律若干问题的解释》	《交通事故损害赔偿解释》
《最高人民法院关于审理医疗损害责任纠纷案件适用法律若干问题的解释》	《医疗损害责任纠纷解释》
《最高人民法院关于审理环境民事公益诉讼案件适用法律若干问题的解释》	《环境公益诉讼案件解释》
《最高人民法院关于审理商品房买卖合同纠纷案件适用法律若干问题的解释》	《商品房买卖合同解释》
《最高人民法院关于审理技术合同纠纷案件适用法律若干问题的解释》	《技术合同纠纷解释》
《全国法院民商事审判工作会议纪要》	《九民会议纪要》
《最高人民法院关于适用〈中华人民共和国民事诉讼法〉的解释》	《民诉解释》
《最高人民法院关于民事诉讼证据的若干规定》	《证据规定》
《最高人民法院关于审理民事案件适用诉讼时效制度若干问题的规定》	《民事诉讼时效规定》
《最高人民法院关于人民法院登记立案若干问题的规定》	《登记立案规定》

后　　记

喜逢新时代，中国《民法典》制定出台，几代民法人夙愿得偿。准确解释和严格适用《民法典》就成为当前和今后一段时期的主题。以精湛的技艺贯彻落实好这部《民法典》，推动社会主义法治滚滚向前，是我们这辈民法学人肩负的重任。贯彻《民法典》，舍我辈其谁？

民法为生民立命，民法为个人立身。民富强则国富强，民法兴盛则国家兴盛。然而，徒法不足以自行，法典的真正生命力在于广大人民学法、懂法、守法、用法。这部以当事人和律师视角系统性介绍民法实施和运用的书籍，希望能为广大的民法运用者、法律学生、民商事律师朋友提供一些帮助。

以前准备的后记中写了不少抒情的话，把这么多年坚持写作的初衷交代得明明白白。写作是件辛苦和孤独的事情，写到酣畅处，禁不住想要手舞足蹈。写到艰难处，又是抓耳挠腮，苦闷无比。个中滋味，难以对外人道也。删去抒情的话，只是想让作品自己说话。

以前读到作者的致谢部分，总是一带而过。直到自己写到这一部分，才感到其中包含的深情和下笔的艰难。一路走来，需要感谢的人有很多。首先，是我的爷爷奶奶，在篇首已经说明。其次，要感谢我的爸爸妈妈，所有帮助、支持过我的亲人、师友、领导和同事。关于九步法的研究和成型，感谢民法学人公众号21000多名读者、民法学人交流群1700多名群友的支持和鼓励，大家一路吐槽点赞，见证了九步法从构思到成型的点点滴滴，容忍我的唠叨和不足，鼓励我一路前行，再次致以诚挚的感谢。南京的郜曦曦律师、丁璐博士阅读了本书的各个版本，提出了许多中肯的意见和建议。还有许多律师朋友提出了不少好的意见和建议，向他们表示衷心的感谢，恕我不一一写出他们的名字。感谢许可老师、李昊老师，他们在百忙之中拨冗作序，借助李昊老师的民事法教义学群和许可老师的民诉学人群，得以向群内实体法、程序法的学术大咖们请教交流，受益匪浅。感谢王进喜老师、李志刚先生、王葆莳老师的推荐语。关于本书的出版，还要特别感谢中国法制出版社的袁笋冰主任和李璞娜编辑。最后，特别要感谢我的爱人武爱红，她作为一名企业法务，同样热爱专业，业务精通，但为了支持我，花了更多精力照顾家庭，养育一双儿女。中年人谈论理想是奢侈的，我对民法有多大的倾注，她对家庭就得有成倍的付出，她的全力支持，才使本书的写作成为可能。

需要特别指出的是，本书构思之初只是作为心得笔记的摘录，经过两三年积累一定素材后才有写成书稿的念头，由于前期疏于注意，后期虽尽力补充，可能仍有未标明出处的内容，恳请作者谅解并与我联系，待我在以后的书稿中完善。若本书有些许可观之处，端赖前辈指引，而其鄙陋之处，也多是作者领悟有差，力所不逮。欢迎大家批评指正。

本书只是诉讼方法论系列研究的第一部分，随着学习的深入，我想扩展成一个三本书的小系列，分别为方法编、基础编和案例编。基础编的研究重点是补充完善特别私法上的请求权，简要勾勒出特别私法和一般私法的互动关系，进一步深化丰富本书基础编的内容，增加必要的实例说明。案例编的研究重点是选取经典的一审判决，用要件事实攻防表的思路进行剖析解读，为实务学习应用提供一些素材。欢迎有兴趣的研究者一起加入。

所有过往，皆为序章。谢谢一路走来的所有人们。民法为生民立命，民法为个人立身。在民法之路上，有你，有我。

欢迎交流。

微信号：icanaris

邮箱：471368256@ qq. com

段清泉

图书在版编目（CIP）数据

诉讼精细化：要件诉讼思维与方法 / 段清泉著. —
北京：中国法制出版社，2021.8（2024.6重印）
ISBN 978-7-5216-2103-7

Ⅰ.①诉… Ⅱ.①段… Ⅲ.①诉讼法-研究-中国
Ⅳ.①D925.04

中国版本图书馆 CIP 数据核字（2021）第 156007 号

责任编辑 李璞娜　　　　封面设计 李 宁

诉讼精细化：要件诉讼思维与方法
SUSONG JINGXIHUA：YAOJIAN SUSONG SIWEI YU FANGFA

著者/段清泉
经销/新华书店
印刷/北京虎彩文化传播有限公司
开本/710 毫米×1000 毫米 16 开　　印张/43.50　　字数/775 千
版次/2021 年 8 月第 1 版　　2024 年 6 月第 6 次印刷

中国法制出版社出版
书号 ISBN 978-7-5216-2103-7　　定价：149.00 元

北京市西城区西便门西里甲 16 号西便门办公区
邮政编码 100053　　传真：010-63141852
网址：http：//www.zgfzs.com　　**编辑部电话：010-63141670**
市场营销部电话：010-63141612　　**印务部电话：010-63141606**

（如有印装质量问题，请与本社印务部联系。）